国家出版基金项目
NATIONAL PUBLICATION FOUNDATION

2021—2035年国家古籍工作规划重点出版项目

『十四五』时期国家重点图书出版物出版专项规划项目

『十四五』安徽省重点出版物规划项目

本书获国家社科基金项目『西夏文《大宝积经》整理研究集成』资助

主持人：孙伯君　批准号：16BMZ026

西夏文《大宝积经》整理研究集成

第一辑　第六册

孙伯君◎主编

孙颖新◎著

黄山书社

图书在版编目(CIP)数据

西夏文《大宝积经》整理研究集成. 第一辑. 第六册/
孙伯君主编;孙颖新著. —合肥:黄山书社,2024.3
ISBN 978-7-5737-1203-5

Ⅰ.①西… Ⅱ.①孙… ②孙… Ⅲ.①西夏语-佛
经-研究 Ⅳ.①B948

中国版本图书馆 CIP 数据核字(2024)第 031632 号

西夏文《大宝积经》整理研究集成(第一辑)·第六册
XIXIAWEN DABAOJIJING ZHENGLI YANJIU JICHENG

孙伯君 主编
孙颖新 著

出品人 葛永波
策　划 葛永波 李　旭 张向奎
项目统筹 李玲玲 代立媛
责任编辑 胡　月 汪盎然
责任印制 李　磊
装帧设计 尹　晨
出版发行 黄山书社(http://www.hspress.cn)
地址邮编 安徽省合肥市蜀山区翡翠路 1118 号出版传媒广场 7 层 230071
印　刷 安徽新华印刷股份有限公司
版　次 2024 年 3 月第 1 版
印　次 2024 年 3 月第 1 次印刷
开　本 890 mm×1240 mm 1/16
字　数 299 千字
印　张 27.75
书　号 ISBN 978-7-5737-1203-5
定　价 230.00 元

服务热线 0551-63533706
销售热线 0551-63533761
官方直营书店(https://hsss.tmall.com)

目录

西夏文《大宝积经》

·卷十九·

《不动如来会》

第六之一整理与研究

内容和版本介绍

《大宝积经 · 不动如来会》为菩提流志新译,主要叙述的是不动如来因地的弘誓愿行、其所成就的东方妙喜世界的殊胜无比、功德庄严以及众生往生彼佛刹土的种种善行因缘等内容。

西夏文《大宝积经》卷十九《不动如来会》第六之一,为 1909 年科兹洛夫率领的俄国皇家蒙古四川地理考察队于黑水城遗址所获,今藏俄罗斯科学院东方文献研究所。经题著录首见戈尔巴乔娃和克恰诺夫的《西夏文写本和刊本》[①],又见西田龙雄的《西夏文佛经目录》[②],其后有克恰诺夫给出的版本形制和内容描述[③]。据克恰诺夫《西夏佛典目录》可知,俄藏《大宝积经》卷十九共有 3 个编号,即 инв. № 415,инв. № 7377 和 инв. № 5734。具体版本形制如下:

инв. № 415,白绵纸。写本,经折装,折面 34.5 厘米×13.5 厘米,版框高 27.5 厘米。每折 7 行,行 21 字。凡 55 折,全文保存。尾题"二遍校同"。

инв. № 7377,本色麻纸。梵夹装,纸幅 32.5 厘米×50 厘米,每叶 26 行,行 19 字。全文保存。

инв. № 5734,本色麻纸。梵夹装,纸幅 19.5 厘米×54.5 厘米,每叶 29 行,行 13 字。全文保存。

在上述编号中,инв. № 7377 卷首存有款题"天生圆能禄番式法正国皇太后梁氏御译,就德主国增福正民大明皇帝嵬名御译",此为西夏惠宗秉常(1067—1086 年在位)时期的初译本。

下面的录文和释读依据 инв. № 415,这一编号首次刊布于《俄藏黑水城文献》第 21 册。[④] 释读采用逐行对译的形式,以数字标示西夏文录文的卷次、原版折面和行次,如 19.1.1,为第十九卷第一折第一行。每卷之后附有原文图版,以便对照阅读。

---

① З. И. Горбачева и Е. И. Кычанов, *Тангутские рукописи и ксилографы*, Москва: Издательство восточной литературы, 1963, с. 119, 157.

② 西田龙雄:《西夏文华严经》Ⅲ,京都:京都大学文学部,1977 年,第 23 页。

③ Е. И. Кычанов, *Каталог тангутских буддийских памятников*, Киото:Университет Киото, 1999, с.35, 320, 324, 347- 350.

④ 俄罗斯科学院东方文献研究所、中国社会科学院民族学与人类学研究所、上海古籍出版社编《俄藏黑水城文献》第 21 册,上海:上海古籍出版社,2013 年,第 130—133 页。

文本释读

19.1.1

[illegible]	[illegible]	[illegible]	[illegible]	[illegible]	[illegible]	[illegible]	[illegible]	[illegible]
ljij^{2}	ljɨ̣^{1}	tśiow^{1}	lwər^{2}	lhejr^{2}	?	ɣạ^{2}	gjɨ̱^{1}	tsew^{2}
大	宝	积	经	契	卷	十	九	第

《大宝积经》卷第十九

19.1.2

[illegible]	[illegible]	[illegible]	[illegible]	[illegible]	[illegible]	[illegible]	[illegible]
mji^{1}	mju^{2}	mjor^{1}	ljij^{2}	ljwu^{2}	tśhjiw^{1}	tsew^{2}	·jij^{1}
不	动	如	来	会	六	第	之
[illegible]	[illegible]	[illegible]	[illegible]	[illegible]	[illegible]	[illegible]	[illegible]
lew^{1}	la^{1}	ɣiwej^{1}	śjwo^{2}	tshjịj^{2}	tjij^{1}	lew^{1}	tsew^{2}
一	记	授	庄	严	品	一	第

《不动如来会》第六之一授记庄严品第一①

19.1.3

[illegible]	[illegible]	[illegible]	[illegible]:	[illegible]	[illegible],	[illegible]	[illegible]	[illegible]	[illegible]
thjɨ^{2}	sju^{2}	mjo^{1}	ŋa^{2}	ljɨ^{1}	dzjɨj^{1}	tha^{1}	njij^{2}	mji̱^{1}	we^{2}
是	如	我	闻:	一	时,	佛	王	舍	城
[illegible]	[illegible]	[illegible]	[illegible]	[illegible],	[illegible]	[illegible]	[illegible]	[illegible]	[illegible]
khji^{1}	śja^{1}	khjwɨ^{1}	ŋər^{1}	kha^{1}	ljịj^{2}	phji^{2}	khjiw^{2}	·ji^{1}	tụ^{1}
耆	阇	崛	山	中,	大	比	丘	众	千

如是我闻:一时,佛在王舍城耆阇崛山,与大比丘众千

19.1.4

[illegible]	[illegible]	[illegible]	[illegible]	[illegible]	[illegible]	[illegible]	[illegible],	[illegible]	[illegible]	[illegible]

① 此上汉文本署"大唐三藏菩提流志奉诏译",西夏文本无。

njɨ̱^{1}　·jir^{2}　ŋwə^{1}　ɣa̩^{2}　dzjwo^{2}　rjir^{2}　gu^{2}　dźji̱j^{1}　źji^{2}　·ja　lo^{1}

二　百　五　十　人　与　俱　在，　皆　阿　罗

[illegible]

xã^{1}　ŋwu^{2}　·ji^{1}　źji^{2}　nwə^{1}　sjij^{2}　rjur^{1}　rar^{2}　wjɨ^{2}　dzjar^{2}

汉　是　众　皆　知　识，　诸　漏　已　尽，

二百五十人俱，皆是阿罗汉众所知识，诸漏已尽，

19.1.5

[illegible]

niow^{1}　źji̩^{1}　njɨ̱^{2}　mjij^{1}　nji̱j^{1}　źjɨr^{1}　bie^{2}　thjij^{2}　·jij^{1}　dzju^{2}

复　烦　恼　无，　心　慧　解　脱，　自　在

[illegible]

ɣie^{2}　mjij^{1}　we^{1}　ljij^{2}　wjɨ^{2}　sju^{2}　wji^{1}　lew^{2}　wjɨ^{2}　tjɨ̱^{2}

碍　无。　龙　大　犹　如，　作　所　已　办，

无复烦恼，心慧解脱，自在无碍。犹如大龙，所作已办，

19.1.6

[illegible]

rjur^{1}　·u̩^{2}　ljɨ̱^{1}　phjɨ^{1}　·jij^{1}　gjij^{1}　njɨ^{2}　rjir^{1}　rjur^{1}　dju^{1}

诸　担　重　舍，　己　利　至　得，　诸　有

[illegible]①

tśhiow^{1}　sji^{1}　tśhja^{2}　tsji̱r^{1}　mji̱jr^{2}　dar^{1}　tjij^{1}　rewr^{2}　ɣa^{2}　njɨ^{2}

结　尽，　正　教　通　达，　彼　岸　于　到。

舍于重担，逮得己利，尽诸有结，正教通达，到于彼岸。

19.1.7

[illegible]

lew^{1}　·ja　na^{1}　thow^{1}　ɣiew^{1}　ljɨ̱^{2}　ɣa^{2}　dźji̱j^{1}　tśhjɨ^{1}　zjo̩^{2}

唯　阿　难　陀　学　地　于　住。　尔　时，

[illegible]

① 原件字形作“[illegible]”，为左右结构。

pjụ¹ tja¹ śja¹ rjir² gji² dzu̠² tjị² ·ja wor¹ źjɨ̣¹

尊 者 舍 利 子 座 处 △ 起， 左

唯有阿难①住于学地。尔时，尊者舍利弗②从座而起，

19.2.1

[illegible] [illegible] [illegible]， [illegible] [illegible] [illegible] [illegible]， [illegible] [illegible] [illegible] [illegible]

wạ¹ pha¹ gjwi² tśier¹ ŋwer² ljɨ̣² zjịj¹ tha¹ rjijr² pjạ¹ phjo̠²

肩 半 服， 右 膝 地 著， 佛 向 掌 合

[illegible] [illegible] [illegible] [illegible] [illegible]： [illegible] [illegible] [illegible] [illegible] [illegible]

rjur¹ pjụ¹ ·jij¹ dạ² jɨ² pjɨ¹ njwo² rjur¹ po¹ tsa¹

世 尊 之 言 曰： 往 昔 诸 菩 萨

偏袒右肩③，右膝著地，合掌向佛白言：世尊，④云何往昔诸菩萨

19.2.2

[illegible] [illegible] [illegible] [illegible] [illegible]， [illegible] [illegible] [illegible] [illegible] [illegible]

ma² ŋạ² tsa¹ thjij² sjo² ·ja du̠² tow¹ lo¹ sã¹

摩 诃 萨 何 云， 阿 耨 多 罗 三

[illegible] [illegible] [illegible] [illegible] [illegible] [illegible]， [illegible] [illegible] [illegible] [illegible]

bia¹ sã¹ po¹ tjɨj¹ śjwo¹ tshwew¹ njɨ² gji¹ sej¹ dźjɨ

藐 三 菩 提 发 趣， 遍 清 净 行

摩诃萨，发趣阿耨多罗三藐三菩提，修行遍清净行，

19.2.3

[illegible] [illegible]， [illegible] [illegible] [illegible] [illegible]， [illegible] [illegible] [illegible] [illegible]。

djọ² dźjij¹ khu¹ dźjij¹ zjir² gjwi² tśhja² ·iow¹ śjwo² tshjịj²

修 行， 精 进 甲 衣， 德 功 庄 严。

[illegible] [illegible] [illegible] [illegible] [illegible] [illegible] [illegible]， [illegible] [illegible] [illegible]

① 阿难，梵文 Ānanda，又译作“阿难陀”，意译作“欢喜”“庆喜”等。斛饭王之子，提婆达多之弟，佛陀之从弟，十大弟子之一。西夏文音译作“[illegible]”（阿难陀）。

② 舍利弗，西夏本作“[illegible]”（舍利子）。梵文Śāri- putra，汉译佛经作“舍利子”或“舍利弗”。《出三藏记》一曰：“旧经舍利子，亦秋露子，新经舍利弗。”西夏本从旧译，下同。另，西夏文佛经中亦音译作“[illegible]”（舍利弗）。

③ 偏袒右肩，西夏本作“[illegible]”，字面意思是“左肩半服”。

④ 西夏本作“[illegible]”（白世尊言）。

thja[1] rjur[1] ɲia[2] tsjij[2] zjir[2] gjwi[2] nio̱w[1] ku[1] ·ja du̱[2]

是 诸 菩 萨 甲 衣 故, 则 阿 耨

被精进甲,功德庄严。是诸菩萨由被甲故,于阿耨

19.2.4

[illegible] [illegible] [illegible] [illegible] [illegible] [illegible] [illegible] [illegible] [illegible] [illegible] [illegible]

tow[1] lo[1] sã[1] bia[1] sã[1] po[1] tjɨj[1] ɣa[2] mji[1] lhji̱[1] lhjwo[1]

多 罗 三 藐 三 菩 提 于 不 悔 退

[illegible]。 [illegible] [illegible], [illegible] [illegible] [illegible] [illegible] [illegible] [illegible] [illegible]

rjir[1] rjur[1] pjụ[1] thjɨ[2] sju[2] dźjɨ tjị[1] niow[1] njij[1] śjwo[1]

得。 世 尊, 是 如 行 愿 及 心 发

多罗三藐三菩提得不退转。世尊,如是行愿及以发心,

19.2.5

[illegible], [illegible] [illegible] [illegible] [illegible] [illegible] [illegible] [illegible] [illegible] [illegible] [illegible]

tja[1] lew[1] tjị[1] rjur[1] pjụ[1] ljịj[2] njij[2] wju̱[1] ŋwu[2] phie[2] ne̱j[2]

者, 惟 愿 世 尊 大 慈 悲 以 开 示

[illegible] [illegible] [illegible] [illegible]。 [illegible] [illegible], [illegible] [illegible] [illegible] [illegible]

rjɨr[2] tshji̱j[1] wji[1] ŋa[2] rjur[1] pjụ[1] thja[1] rjur[1] po[1] tsa[1]

△ 说 △ ∧。 世 尊, 彼 诸 菩 萨

惟尊大慈开示演说。世尊,彼诸菩萨

19.2.6

[illegible] [illegible] [illegible], [illegible] [illegible] [illegible] [illegible] [illegible] [illegible] [illegible] [illegible]

ma[2] ŋạ[2] tsa[1] rjur[1] kha[1] dzjwo[2] mə[1] ·jij[1] gjịj[1] ɣie[2] no[2]

摩 诃 萨, 世 间 人 天 之 利 益 安

[illegible] [illegible], [illegible] [illegible] [illegible] [illegible] [illegible] [illegible] [illegible] [illegible],

lhejr[2] nio̱w[1] jɨr[2] ŋwu[2] njɨ[2] gji[1] sej[1] dźjɨ djọ[2] dzjɨ̱[2]

乐 为, 勤 以 遍 清 净 行 修 习,

摩诃萨,为利益安乐天人世间,精勤修习遍清净行,

19.2.7

[illegible] [illegible] [illegible] [illegible]。 [illegible] [illegible] [illegible] [illegible] [illegible] [illegible] [illegible]

khu¹ dźjij¹ zjir² gjwi² thjɨ² nioౢw¹ ɲia² tśhju¹ ŋowr² ŋowr² ·jij¹
精 进 甲 衣。 是 由 众 生 一 切 之
[illegible] [illegible] [illegible] [illegible], [illegible] [illegible] [illegible] [illegible] [illegible] [illegible]
gjịj¹ ɣie² no² lhejr² niow¹ mjor¹ dźjịj¹ mjij² ljịj² ɲia²
利 益 安 乐, 及 现 在 未 来 菩

被精进甲。由是利益安乐一切众生,及为现在未来菩

19.3.1

[illegible] [illegible] [illegible] [illegible] [illegible] [illegible] [illegible], [illegible] [illegible] [illegible] [illegible],
tsjij² ·jij¹ tha¹ tsjịr¹ bji¹ swew¹ wji¹ tśhja² ·iow¹ ·jow² śja²
萨 之 佛 法 光 明 为, 德 功 赞 扬,
[illegible] [illegible] [illegible] [illegible] [illegible], [illegible] [illegible] [illegible] [illegible] [illegible]
ne̱w² tśhji² ljạ¹ rjir¹ nioౢw¹ ku¹ rjur¹ ɲia² tsjij² ·jij¹
善 根 证 得 故, 则 诸 菩 萨 之

萨当作佛法光明,赞扬功德,证获善根故,使诸菩萨

19.3.2

[illegible] [illegible] [illegible] [illegible], [illegible] [illegible] [illegible] [illegible] [illegible] [illegible] [illegible]
thjɨ² tsjịr¹ mji¹ niow¹ mjor¹ ɣiej¹ tsjịr¹ tsjịr² ɣa² jɨr² dźjij¹
此 法 闻 已, 如 真 法 性 于 勤 精
[illegible] [illegible], [illegible] [illegible] [illegible] [illegible] [illegible] [illegible] [illegible] [illegible]
djọ² ɣiew¹ kụ¹ ·ja du̱² tow¹ lo¹ sã¹ bia¹ sã¹
修 学, 当 阿 耨 多 罗 三 藐 三

闻此法已,于真如法性精勤修学,当得阿耨多罗三藐三

19.3.3

[illegible] [illegible] [illegible] [illegible] [illegible]。 [illegible] [illegible]: [illegible] [illegible] [illegible] [illegible]!
po¹ tjɨj¹ rjir¹ phji¹ lew² tha¹ dạ² tjij² rjijr² tjij² rjijr²
菩 提 得 令 应。 佛 言: 善 哉 善 哉!
[illegible] [illegible] [illegible]! [illegible] [illegible] [illegible] [illegible] [illegible] [illegible] [illegible]①

① "[illegible]"[菩]疑为"[illegible]"[摩]字之误。

śja^{1} rjɨr^{2} gji^{2} nji^{2} ·wjɨ^{2} rar^{2} mjij^{2} ljịj^{2} po^{1} tsa^{1} po^{1}

舍 利 子！ 汝 △ 去 未 来 菩 萨 摩

菩提。佛言：善哉善哉！舍利弗！汝能问过去未来菩萨摩

19.3.4

[illegible]

ŋạ^{2} tsa^{1} ·jij^{1} sej^{1} dźjɨ bji^{1} swew^{1} wạ^{2} ljịj^{2} gjwɨ^{1} zjir^{2}

诃 萨 之 净 行 光 明 广 大 甲 胄

[illegible]

tśhja^{2} ·iow^{1} ·jow^{2} śja^{2} ·jɨr^{1} njwi^{2} nja^{2} mjij^{2} ljịj^{2} po^{1}

德 功 阐 扬 问 能 △， 未 来 菩

诃萨净行光明广大甲胄阐扬功德，为摄受未来菩

19.3.5

[illegible]

tsa^{1} ma^{2} ŋạ^{2} tsa^{1} ·jij^{1} ɣjiw^{1} ɣiwej^{1} nio̱w^{1} djị^{2} nji^{2} djị^{2}

萨 摩 诃 萨 之 摄 受 故。 谛 听 谛

[illegible]

nji^{2} wo^{2} tsji̱r^{1} ljɨ̱r^{2} lew^{2} nji^{2} ·jij^{1} tshjịj^{1} wji^{1} nja^{2} śja^{1}

听！ 理 如 思 应， 汝 之 说 为 △。 舍

萨摩诃萨故。谛听谛听！如理思惟，当为汝说。舍

19.3.6

[illegible]

rjir^{2} gji^{2} dạ^{2} rjur^{1} pjụ^{1} rjɨr^{2} tshjịj^{1} nja^{2} ŋa^{2} sjij^{1} mji^{1}

利 子 言： 世 尊， 所 说 汝 我 今 闻

[illegible]

ŋwe^{1} tha^{1} śja^{1} rjir^{2} gji^{2} ·jij^{1} jɨ^{2} thjɨ^{2} ɣa^{2} śjwo^{1}

愿。 佛 舍 利 子 之 告： 是 于 从

利弗言：唯然②世尊，愿乐欲闻。佛告舍利弗：从是

---

① [illegible]，第二人称后缀，与句首“[illegible]”(汝)呼应。

② “唯然”二字义西夏本未见。

19.3.7

[illegible]	[illegible]	[illegible]	[illegible]	[illegible]，	[illegible]	[illegible]	[illegible]	[illegible]	[illegible]	[illegible]
wjɨ̣^{2}	rjijr^{2}	tụ^{1}	rjur^{1}	kięj^{2}	tjij^{1}	ɣa^{2}	tha^{1}	lhjịj^{2}	gjɨ^{2}	wjij^{2}
东	方	千	世	界，	彼	于	佛	刹	一	有
[illegible]	[illegible]	[illegible]	[illegible]。	[illegible]	[illegible]	[illegible]	[illegible]	[illegible]	[illegible]、	
mjij^{2}	tja^{1}	thjo̱^{1}	de^{2}	pjɨ^{1}	njwo^{2}	mej^{1}	wạ^{2}	mjor^{1}	ljij^{2}	
名	者	妙	喜。	往	昔	目	广	如	来、	

东方过千世界，彼有佛刹名曰妙喜。昔广目如来、

19.4.1

[illegible]	[illegible]、	[illegible]	[illegible]	[illegible]	[illegible]	[illegible]	[illegible]	[illegible]	[illegible]，	[illegible]
bju^{1}	wo^{2}	tśhja^{2}	ka^{1}	dwewr^{2}	thja^{2}	rjur^{1}	kha^{1}	to^{2}	śja^{2}	rjur^{1}
应	供、	正	等	觉	彼	诸	中	出	现，	诸
[illegible]	[illegible]	[illegible]	[illegible]	[illegible]	[illegible]	[illegible]	[illegible]	[illegible]	[illegible]	
po^{1}	tsa^{1}	ma^{2}	ŋạ^{2}	tsa^{1}	·jij^{1}	tśhjiw^{1}	po^{1}	lo^{1}	dzu^{1}	
菩	萨	摩	诃	萨	之	六	波	罗	蜜	

应①、正等觉出现于彼，与诸菩萨摩诃萨说微妙法，从六波罗蜜

19.4.2

[illegible]	[illegible]	[illegible]，	[illegible]	[illegible]	[illegible]	[illegible]	[illegible]。	[illegible]	[illegible]	[illegible]！
ŋwu^{2}	ɣu^{1}	we^{2}	źji^{2}	thjo̱^{1}	tsji̱r^{1}	rjɨr^{2}	tshjij^{1}	śja^{1}	rjir^{2}	gji^{2}
以	首	为，	微	妙	法	乃	说。	舍	利	子！
[illegible]	[illegible]，	[illegible]	[illegible]	[illegible]	[illegible]	[illegible]	[illegible]	[illegible]，	[illegible]	
thja^{1}	zjọ^{2}	phji^{2}	khjiw^{2}	gjɨ^{2}	dzu̱^{2}	tjị^{2}	·ja	wor^{1}	źjị^{1}	
彼	时，	比	丘	一	坐	处	△	起，	左	

为首。舍利弗！彼时，有一比丘从座而起，

19.4.3

[illegible]	[illegible]	[illegible]，	[illegible]	[illegible]	[illegible]	[illegible]，	[illegible]	[illegible]	[illegible]	[illegible]
wạ^{1}	pha^{1}	gjwi^{2}	tśier^{1}	ŋwer^{2}	ljị^{2}	zjij^{1}	tha^{1}	rjijr^{2}	pjạ^{1}	phjo̱^{2}

① 应，西夏本作"[illegible]"二字。此二字常用于对译汉文本"应供"。下文皆同。

肩　半　服，　右　膝　地　著，　佛　向　掌　合

[illegible]

rjur^{1}　pjụ^{1}　·jij^{1}　dạ^{2}　jɨ^{2}　tha^{1}　rjɨr^{2}　tshjịj^{1}　bju^{1}　ɲia^{2}

世　尊　之　言　曰：　佛　所　说　如，　菩

偏袒右肩，右膝著地，向佛合掌白世尊言：如佛所说，菩

19.4.4

[illegible]

tsjij^{2}　tsji̠r^{1}　bju^{1}　tjị^{1}　śjwo^{1}　djọ^{2}　dźjij^{1}　kięj^{2}　ŋa^{2}　tha^{1}　dạ^{2}

萨　法　依，　愿　发　修　行　欲　△。　佛　言：

[illegible]

nẹw^{2}　go̱r^{1}　gji^{2}　nji^{2}　sjij^{1}　nwə^{1}　lew^{2}　ɲia^{2}　tsjij^{2}　·jij^{1}

善　男　子！　汝　今　当　知，　菩　萨　之

萨法教，志愿修行。佛言：善男子！汝今当知，菩萨

19.4.5

[illegible]

tsji̠r^{1}　tja^{1}　djọ^{2}　dzjɨ̠^{2}　gie^{1}　ljɨ^{1}　thjɨ^{2}　tja^{1}　thjij^{2}　sjo^{2}　ɲia^{2}

法　者　修　习　难　也。　此　者　何　云？　菩

[illegible]

tsjij^{2}　rjur^{1}　ɲia^{2}　tśhju^{1}　ɣa^{2}　tshjạ^{1}　tśju̠^{1}　njij^{1}　mji^{1}　śjwo^{1}

萨　诸　众　生　于　瞋　害　心　不　生

教法难可修习。何以故？菩萨于诸众生不生瞋害心故。

19.4.6

[illegible]

ljɨ^{1}　dzjɨj^{1}　thja^{1}　phji^{2}　khjiw^{2}　tha^{1}　·jij^{1}　dạ^{2}　jɨ^{2}　rjur^{1}　pjụ^{1}

故。　时，　彼　比　丘　佛　之　言　曰：　世　尊，

[illegible]

ŋa^{2}　pjɨ^{1}　njɨ̠^{2}　·ja　du̱^{2}　tow^{1}　lo^{1}　sã^{1}　bia^{1}　sã^{1}

我　今　日　阿　耨　多　罗　三　藐　三

彼比丘白佛言①：世尊，我从今日发阿耨多罗三藐三

① 西夏本句上有“[illegible]”（时）字。

19.4.7

[illegible]	[illegible]	[illegible]	[illegible]	[illegible]	[illegible]①,	[illegible]	[illegible]	[illegible]	[illegible]	[illegible]	[illegible]
po^{1}	tjɨj^{1}	njij^{1}	·ja	śjwi^{1}	ŋa^{2}	lạ^{1}	mjij^{1}	ljo̱r^{1}	mjij^{1}	źjɨr^{1}	dạ^{2}
菩	提	心	△	发	△,	谄	无	诳	无	实	语
[illegible]	[illegible]	[illegible]	[illegible],	[illegible]	[illegible]	[illegible]	[illegible]	[illegible],	[illegible]	[illegible]	
do^{2}	mjij^{1}	dạ^{2}	ŋwu^{2}	ŋowr^{2}	ŋowr^{2}	sjịj^{2}	sjịj^{2}	kjụ^{1}	rjɨr^{2}	njɨ^{2}	
异	不	语	以,	一	切	智	智	求,	乃	至	

菩提心,以无谄无诳实语不异语,求一切智智,乃至

19.5.1

[illegible]	[illegible]	[illegible]	[illegible]	[illegible]	[illegible],	[illegible]	[illegible]	[illegible]	[illegible]	[illegible]
źji^{2}	phju^{2}	po^{1}	tjɨj^{1}	mji^{1}	rjir^{1}	thjɨ^{2}	rjijr^{2}	tjij^{1}	ɲia^{2}	tśhju^{1}
无	上	菩	提	未	得,	此	方	若	众	生
[illegible]	[illegible]	[illegible]	[illegible]	[illegible]	[illegible],	[illegible]	[illegible]	[illegible]	[illegible]	[illegible]
ɣa^{2}	tshja̱^{1}	tśju̱^{1}	njij^{1}	śjwi^{1}	ŋa^{2}	ku^{1}	mjɨ^{1}	pjụ^{1}	ŋew^{2}	mjij^{1}
于	瞋	害	心	起	△,	则	无	量	数	无

未得无上菩提,若于众生起瞋害心者,则为违背无量无数

19.5.2

[illegible]	[illegible]	[illegible]	[illegible]	[illegible]	[illegible]	[illegible]	[illegible]	[illegible]	[illegible]	[illegible]
bju^{2}	mjij^{1}	rjur^{1}	kięj^{2}	·u^{2}	mjor^{1}	dźjij^{1}	tsji̱r^{1}	tshji̱j^{1}	mjijr^{2}	rjur^{1}
边	无	世	界	中	现	在	法	说	者	诸
[illegible]	[illegible]	[illegible]	[illegible]	[illegible]	[illegible]	[illegible]	[illegible]	[illegible]	[illegible]	[illegible]
tha^{1}	mjor^{1}	ljịj^{2}	·jij^{1}	ljwu^{1}	nu^{1}	rjir^{2}	·ja	tjɨj^{2}	djij^{2}	we^{2}
佛	如	来	之	违	背	与	一	样	当	为

无边世界中现在说法诸佛如来。

19.5.3

[illegible]。	[illegible]	[illegible],	[illegible]	[illegible]	[illegible]	[illegible]	[illegible]	[illegible]	[illegible]	[illegible]
ŋa^{2}	rjur^{1}	pjụ^{1}	ŋa^{2}	sjij^{1}	thjɨ^{2}	ŋowr^{2}	ŋowr^{2}	sjịj^{2}	njij^{1}	·ja

① [illegible],第一人称后缀,与句首“[illegible]”(我)呼应。

△。 世 尊， 我 今 此 一 切 智 心 △

[illegible] [illegible] [illegible]， [illegible] [illegible] [illegible] [illegible]， [illegible] [illegible] [illegible]

śjwi^{1} ŋa^{2} bju^{1} thjɨ^{2} sju^{2} ljɨ̣^{1} tshwew^{1} tjij^{1} źjạ^{1} ɣię^{2}

发 △ 因， 是 如 回 向， 若 间 声

世尊，我今发此一切智心，如是回向，于其中间若发声

19.5.4

[illegible]、 [illegible] [illegible] [illegible] [illegible] [illegible] [illegible]， [illegible] [illegible] [illegible] [illegible]

mji^{1} tjij^{1} dwewr^{2} njij^{1} ·ja śjwi^{1} ŋa^{2} ku^{1} rjur^{1} tha^{1} ŋowr^{2}

闻、 独 觉 心 △ 发 △， 则 诸 佛 一

[illegible] [illegible] [illegible] [illegible] [illegible] [illegible] [illegible] [illegible] [illegible] [illegible]。

ŋowr^{2} ·jij^{1} dźju^{1} wji^{1} rjir^{2} ·ja tjɨj^{2} djij^{2} we^{2} ŋa^{2}

切 之 欺 为 与 一 样 当 为 △。

闻、独觉心者，则为欺诳一切诸佛。

19.5.5

[illegible] [illegible]， [illegible] [illegible] [illegible] [illegible] [illegible] [illegible] [illegible] [illegible] [illegible]

rjur^{1} pjụ^{1} ŋa^{2} sjij^{1} thjɨ^{2} ŋowr^{2} ŋowr^{2} sjij^{2} njij^{1} ·ja śjwi^{1}

世 尊， 我 今 此 一 切 智 心 △ 发

[illegible] [illegible]， [illegible] [illegible] [illegible] [illegible]， [illegible] [illegible] [illegible] [illegible]

ŋa^{2} bju^{1} thjɨ^{2} sju^{2} ljɨ̣^{1} tshwew^{1} źji^{2} phju^{2} po^{1} tjɨj^{1}

△ 因， 是 如 回 向， 无 上 菩 提

世尊，我今发此一切智心，如是回向，乃至未得无上菩提。

19.5.6

[illegible] [illegible]。 [illegible] [illegible] [illegible] [illegible] [illegible] [illegible] [illegible] [illegible] [illegible]

mji^{1} rjir^{1} thjɨ^{2} rjijr^{2} tjij^{1} ɲia^{2} tśhju^{1} ɣa^{2} lẹj^{2} tshjạ^{1} lə^{2}

未 得。 此 方 若 众 生 于 贪 瞋 痴

[illegible]， [illegible] [illegible] [illegible] [illegible] [illegible] [illegible] [illegible] [illegible] [illegible] [illegible]

njij^{1} tjij^{1} mur^{1} ljwɨj^{1} ·jij^{1} bjij^{1} lhjị^{1} rjir^{2} bju^{1} śjij^{1} njij^{1}

心， 或 惛 沉 自 高 悔 与 相 应 心

若于众生起爱欲瞋痴之心，或与惛沉贡高恶作相应，

19.5.7

[illegible]	[illegible]，	[illegible]	[illegible]	[illegible]	[illegible]	[illegible]	[illegible]	[illegible]	[illegible]	[illegible]
śjwi^1	ŋa^2	ku^1	rjur^1	tha^1	ŋowr^2	ŋowr^2	·jij^1	dźju^1	wji^1	rjir^2
发	△，	则	诸	佛	一	切	之	欺	为	与
[illegible]	[illegible]	[illegible]	[illegible]	[illegible]。	[illegible]	[illegible]，	[illegible]	[illegible]	[illegible]	
·ja	tjɨj^2	djij^2	we^2	ŋa^2	rjur^1	pjụ^1	ŋa^2	sjij^1	thjɨ^2	
一	样	当	为	△。	世	尊，	我	今	此	

则为欺诳一切诸佛。世尊，我今发此

19.6.1

[illegible]	[illegible]	[illegible]	[illegible]	[illegible]	[illegible]	[illegible]	[illegible]，	[illegible]	[illegible]	[illegible]
ŋowr^2	ŋowr^2	sjij^2	njij^1	·ja	śjwi^1	ŋa^2	bju^1	ljɨ^1	tshwew^1	no^2
一	切	智	心	△	发	△	依，	回	向	安
[illegible]，	[illegible]	[illegible]	[illegible]	[illegible]	[illegible]	[illegible]	[illegible]	[illegible]。	[illegible]	
dźjij^1	rjɨr^2	njɨ^2	źji^2	phju^2	po^1	tjɨj^1	mji^1	rjir^1	thjɨ^2	
住，	乃	至	无	上	菩	提	未	得。	此	

一切智心，安住回向，乃至未得无上菩提。

19.6.2

[illegible]	[illegible]	[illegible]	[illegible]	[illegible]，	[illegible]	[illegible]	[illegible]	[illegible]	[illegible]、
rjijr^2	tjij^1	·jiw^2	ljɨj^1	njij^1	thjɨ^2	sju^2	tjij^1	sjwụ^2	sja^1
方	若	疑	惑	心，	是	如	或	生	杀、
[illegible]	[illegible]	[illegible]	[illegible]，	[illegible]	[illegible]	[illegible]	[illegible]、	[illegible]	[illegible]
mji^1	khjow^1	lhjwi^1	njij^1	tjij^1	kięj^2	dow^1	dźjɨ	lạ^1	wji^1
不	与	取	心，	或	欲	邪	行、	欺	为

若生疑惑心，如是或起杀害①、不与取心，或起邪见及非梵行②、妄语

19.6.3

[illegible]	[illegible]	[illegible]	[illegible]	[illegible]	[illegible]	[illegible]	[illegible]，	[illegible]	[illegible]	[illegible]

① 杀害，西夏本作“[illegible]”（杀生），于义为切。

② 邪见及非梵行，西夏本作“[illegible]”（欲邪行），于义较简。

dzjwɨ¹ lhjwa¹ niow² nẹ¹ rjir² bju¹ śjij¹ njij¹ tjij¹ ŋjwo² tśju̠¹
两 舌 恶 语 与 相 应 心， 或 损 害
[illegible]
rjir² bju¹ śjij¹ njij¹ śjwi¹ ŋa² ku¹ rjur¹ tha¹ ŋowr²
与 相 应 心 发 △， 则 诸 佛 一

两舌粗语相应，或与损害相应，则为欺诳一切诸佛。

19.6.4

[illegible]
ŋowr² ·jij¹ dźju¹ wji¹ rjir² ·ja tjɨj² djij² we² ŋa² śja¹
切 之 欺 为 与 一 样 当 为 △。 舍
[illegible]
rjir² gji² tśhjɨ¹ zjij¹ dzjij² rjijr² phji² khjiw² gjɨ² thjɨ²
利 子！ 尔 许， 异 方 比 丘 一 是

舍利弗！时①，有异比丘作

19.6.5

[illegible]
sju² ljɨr² wji¹ thjɨ² po¹ tsa¹ ma² ŋạ² tsa¹ ɣu¹ njij¹
如 念 作： 此 菩 萨 摩 诃 萨 初 心
[illegible]
·ja śjwo¹ khu¹ dźjij¹ zjir² gjwi² nio̱w¹ ɲia² tśhju¹ ŋowr²
△ 发 精 进 甲 衣 由， 众 生 一

如是念：此菩萨摩诃萨由初发心被精进甲，于一切众生

19.6.6

[illegible]
ŋowr² ɣa² tshjạ¹ njɨ² ·jij¹ mju² ljɨj² lew² mji¹ we² ljɨ¹
切 于 瞋 等 之 摇 动 所 不 为 也
[illegible]

---

① 时，西夏本作“[illegible]”（尔许）。按，“[illegible]”zjij¹（许）字于义不合，在此假借作“[illegible]”zjij¹（时）。此二字在西夏字书《择要常传同训杂字》（下文简称《择要》）中同组（11.5.6）。

jɨ^{2} śja^{1} rjir^{2} gji^{2} dzjɨj^{1} thja^{1} ɲia^{2} tsjij^{2} thjɨ^{2} ljɨ̱r^{2}

谓。 舍 利 子！ 时， 彼 菩 萨 此 念

不为瞋等之所摇动。舍利弗！时，彼菩萨因此

19.6.7

[illegible]

nio̱w^{1} ku^{1} thjo̱^{1} de^{2} lhjij^{2} ·u^{2} mji^{1} mju^{2} mjij^{2} rjir^{2} dzjɨj^{1}

因 故， 妙 喜 国 中 不 动 号 得。 时，

[illegible]

mej^{1} wa̤^{2} mjor^{1} ljij^{2} bju^{1} wo^{2} tśhja^{2} ka^{1} dwewr^{2} thja^{1}

广 目 如 来、 应 供、 正 等 觉 彼

念故，妙喜国中号为不动。时，广目如来、应、正等觉

19.7.1

[illegible]

ɲia^{2} tsjij^{2} mji^{1} mju^{2} mjij^{2} rjir^{2} ljij^{2} ku^{1} śjwiw^{2} de^{2}

菩 萨 不 动 名 得 见， 则 随 喜

[illegible]

·jow^{2} śja^{2} ljɨr^{1} ljij^{2} ŋwər^{1} njij^{2} śjɨ^{2} xiwã^{1} rjur^{1} wə^{1}

赞 叹。 四 大 天 王、 释 梵 世 主

见彼菩萨得不动名，随喜赞善。四大天王、释梵世主

19.7.2

[illegible]

tsjɨ^{1} thja^{1} mjij^{2} mji^{1} niow^{1} to^{2} źji^{2} śjwiw^{2} de^{2}

亦 彼 名 闻 已， 悉 皆 随 喜。

闻彼名已，亦皆随喜。

汉文本

《大宝积经》卷第十九

《不动如来会》第六之一授记庄严品第一

如是我闻：一时，佛在王舍城耆阇崛山，与大比丘众千二百五十人俱，皆是阿罗汉众所知识，诸漏

已尽,无复烦恼,心慧解脱,自在无碍。犹如大龙,所作已办,舍于重担,逮得己利,尽诸有结,正教通达,到于彼岸。唯有阿难住于学地。

尔时,尊者舍利弗从座而起,偏袒右肩,右膝著地,合掌向佛白言:世尊,云何往昔诸菩萨摩诃萨,发趣阿耨多罗三藐三菩提,修行遍清净行,被精进甲,功德庄严。是诸菩萨由被甲故,于阿耨多罗三藐三菩提得不退转。世尊,如是行愿及以发心,惟尊大慈开示演说。世尊,彼诸菩萨摩诃萨,为利益安乐天人世间,精勤修习遍清净行,被精进甲。由是利益安乐一切众生,及为现在未来菩萨当作佛法光明,赞扬功德,证获善根故,使诸菩萨闻此法已,于真如法性精勤修学,当得阿耨多罗三藐三菩提。佛言:善哉善哉!舍利弗!汝能问过去未来菩萨摩诃萨净行光明广大甲胄阐扬功德,为摄受未来菩萨摩诃萨故。谛听谛听!如理思惟,当为汝说。舍利弗言:唯然世尊,愿乐欲闻。

佛告舍利弗:从是东方过千世界,彼有佛刹名曰妙喜。昔广目如来、应、正等觉出现于彼,与诸菩萨摩诃萨说微妙法,从六波罗蜜为首。舍利弗!彼时,有一比丘从座而起,偏袒右肩,右膝著地,向佛合掌白世尊言:如佛所说,菩萨法教,志愿修行。

佛言:善男子!汝今当知,菩萨教法难可修习。何以故?菩萨于诸众生不生瞋害心故。彼比丘白佛言:世尊,我从今日发阿耨多罗三藐三菩提心,以无谄无诳实语不异语,求一切智智,乃至未得无上菩提,若于众生起瞋害心者,则为违背无量无数无边世界中现在说法诸佛如来。

世尊,我今发此一切智心,如是回向,于其中间若发声闻、独觉心者,则为欺诳一切诸佛。

世尊,我今发此一切智心,如是回向,乃至未得无上菩提。若于众生起爱欲瞋痴之心,或与惛沉贡高恶作相应,则为欺诳一切诸佛。

世尊,我今发此一切智心,安住回向,乃至未得无上菩提。若生疑惑心,如是或起杀害、不与取心,或起邪见及非梵行、妄语两舌粗语相应,或与损害相应,则为欺诳一切诸佛。

舍利弗!时,有异比丘作如是念:此菩萨摩诃萨由初发心被精进甲,于一切众生不为瞋等之所摇动。舍利弗!时,彼菩萨因此念故,妙喜国中号为不动。时,广目如来、应、正等觉见彼菩萨得不动名,随喜赞善。四大天王、释梵世主闻彼名已,亦皆随喜。

19.7.2

[illegible] [illegible] [illegible]! [illegible] [illegible] [illegible] [illegible] [illegible] [illegible] [illegible] [illegible]

śja^{1} rjir^{2} gji^{2} thja^{1} mji^{1} mju^{2} po^{1} tsa^{1} ma^{2} ŋạ^{2} tsa^{1}

舍 利 子! 彼 不 动 菩 萨 摩 诃 萨

舍利弗!彼不动菩萨摩诃萨

19.7.3

[illegible] [illegible] [illegible] [illegible] [illegible] [illegible] [illegible]: [illegible] [illegible], [illegible]

thja^{1} tha^{1} ·ju^{2} rjir^{2} thjɨ^{2} sju^{2} dạ^{2} rjur^{1} pjụ^{1} ŋa^{2}

彼 佛 前 面 是 如 言: 世 尊, 我

[illegible] [illegible] [illegible] [illegible] [illegible] [illegible] [illegible] [illegible] [illegible] [illegible],

sjij¹ thjɨ² ŋowr² ŋowr² sjịj² njịj¹ ·ja śjwi¹ ŋa² bju¹
今 此 一 切 智 心 △ 发 △ 因，

于彼佛前作如是言：世尊，我今发此一切智心，

19.7.4

[illegible]
thjɨ² sju² ŋwu² ·ja dụ² tow¹ lo¹ sã¹ bia¹ sã¹ po¹
是 如 以 阿 耨 多 罗 三 藐 三 菩
[illegible]
tjɨj¹ rjijr² ljɨ̣¹ tshwew¹ rjɨr² njɨ² źji² phju² tśhja² dwewr²
提 方 回 向， 乃 至 无 上 正 觉

如是回向阿耨多罗三藐三菩提，乃至未证无上正觉，

19.7.5

[illegible]
mji¹ ljạ¹ thjɨ² rjijr² rjɨr² djọ² dźjɨ sjwɨj¹ tjij¹ thjɨ² dạ²
未 证， 此 方 所 修 行 业 或 此 言
[illegible]
rjir² ljwu¹ ku¹ mjɨ¹ pjụ¹ ŋew² mjij¹ rjur¹ kięj² ·u²
与 违， 则 无 量 数 无 世 界 中

所修行业或违此言者，则为欺诳无量无数世界

19.7.6

[illegible]
no² dźjij¹ tsjịr¹ tshjịj¹ mjijr² rjur¹ tha¹ mjor¹ ljịj² ·jij¹ dźju¹
安 住 法 说 者 诸 佛 如 来 之 欺
[illegible]
wji¹ rjir² ·ja tjɨ̣j² djij² we² ŋa² rjur¹ pjụ¹ ŋa²
为 与 一 样 当 为 △。 世 尊， 我

诸佛如来安住说法者。世尊，我

19.7.7

[illegible]

sjij^{1}	thjɨ^{2}	ljij^{2}	njij^{1}	·ja	śjwi^{1}	ŋa^{2}	bju^{1}	thjɨ^{2}	sju^{2}	ljɨ^{1}
今	此	大	心	△	发	△	因，	是	如	回
[illegible]，	[illegible]	[illegible]	[illegible]	[illegible]	[illegible]	[illegible]，	[illegible]	[illegible]	[illegible]	[illegible]
tshwew^{1}	rjɨr^{2}	njɨ^{2}	po^{1}	tjɨj^{1}	mji^{1}	lja̱^{1}	thjɨ^{2}	rjijr^{2}	ljɨ^{1}	ljɨ^{1}
向，	乃	至	菩	提	未	证，	此	方	一	一

今发此大心，如是回向，乃至未证菩提，若于一一

19.8.1

[illegible]	[illegible]	[illegible]	[illegible]	[illegible]	[illegible]	[illegible]	[illegible]	[illegible]	[illegible]	[illegible]
ŋwu̱^{1}	da̱^{2}	tha^{1}	ljɨ̱r^{2}	niow^{1}	ŋowr^{2}	ŋowr^{2}	sjij^{2}	rjir^{2}	mji^{1}	bju^{1}
语	言	佛	念	及	一	切	智	与	不	相
[illegible]，	[illegible]	[illegible]	[illegible]	[illegible]	[illegible]	[illegible]	[illegible]	[illegible]	[illegible]	[illegible]
śjij^{1}	ku^{1}	rjur^{1}	tha^{1}	ŋowr^{2}	ŋowr^{2}	·jij^{1}	dźju^{1}	wji^{1}	rjir^{2}	·ja
应，	则	诸	佛	一	切	之	欺	为	与	一

语言不与念佛及一切智相应，则为欺诳一切诸佛。

19.8.2

[illegible]	[illegible]	[illegible]	[illegible]。	[illegible]	[illegible]，	[illegible]	[illegible]	[illegible]	[illegible]	[illegible]
tjɨj^{2}	djij^{2}	we^{2}	ŋa^{2}	rjur^{1}	pju̱^{1}	ŋa^{2}	sjij^{1}	thjɨ^{2}	sju^{2}	njij^{1}
样	当	为	△。	世	尊，	我	今	是	如	心
[illegible]	[illegible]	[illegible]，	[illegible]	[illegible]	[illegible]	[illegible]	[illegible]	[illegible]	[illegible]	
śjwo^{1}	ljɨ^{1}	tshwew^{1}	rjɨr^{2}	njɨ^{2}	źji^{2}	phju^{2}	po^{1}	tjɨj^{1}	mji^{1}	
发	回	向，	乃	至	无	上	菩	提	未	

世尊，我今如是发心回向，乃至未证无上菩提，

19.8.3

[illegible]，	[illegible]	[illegible]	[illegible]	[illegible]	[illegible]	[illegible]	[illegible]	[illegible]	[illegible]	[illegible]
lja̱^{1}	thjɨ^{2}	rjijr^{2}	ljo̱^{2}	rjɨr^{2}	we̱^{1}	twu̱^{1}	nji^{1}	dźjij^{1}	nji^{1}	mji^{1}
证，	此	方	何	所	生	处	家	在	家	不
[illegible]	[illegible]，	[illegible]	[illegible]	[illegible]	[illegible]	[illegible]	[illegible]	[illegible]	[illegible]	
phjɨ^{1}	ŋa^{2}	ku^{1}	rjur^{1}	tha^{1}	ŋowr^{2}	ŋowr^{2}	·jij^{1}	ljwu^{1}	nu^{1}	

出	△，	则	诸	佛	一	切	之	违	背

生生在家不出家者，则为违背一切诸佛。

19.8.4

[illegible]	[illegible]	[illegible]	[illegible]	[illegible]	[illegible]。	[illegible]	[illegible]，	[illegible]	[illegible]	[illegible]
rjir^2	·ja	tjɨj^2	djij^2	we^2	ŋa^2	rjur^1	pjụ^1	ŋa^2	sjij^1	thjɨ^2
与	一	样	当	为	△。	世	尊，	我	今	此
[illegible]	[illegible]	[illegible]	[illegible]	[illegible]，	[illegible]	[illegible]	[illegible]	[illegible]	[illegible]	
ŋowr^2	ŋowr^2	sjịj^2	njịj^1	śjwo^1	rjɨr^2	njɨ^2	źji^2	phju^2	po^1	
一	切	智	心	发，	乃	至	无	上	菩	

世尊，我今发此一切智心，乃至未得无上菩

19.8.5

[illegible]	[illegible]	[illegible]，	[illegible]	[illegible]	[illegible]	[illegible]	[illegible]	[illegible]	[illegible]	[illegible]
tjɨj^1	mji^1	lja^1	thjɨ^2	rjijr^2	ljọ^2	wjɨ^2	we^1	twụ^1	·ju^2	nji^1
提	未	得，	此	方	何	已	生	处	常	家
[illegible]	[illegible]，	[illegible]	[illegible]	[illegible]	[illegible]、	[illegible]	[illegible]	[illegible]	[illegible]	
phjɨ^1	rjir^1	tjij^1	tjị^1	mji^1	śjij^2	·ja	dzụ^2	tjị^2	tjị^1	
出	得，	若	食	不	乞、	一	坐	处	食	

提，生生出家，若不乞食、不一坐食、

19.8.6

[illegible]、	[illegible]	[illegible]	[illegible]	[illegible]	[illegible]、	[illegible]	[illegible]	[illegible]	[illegible]、	[illegible]
mji^1	thji^1	tjị^1	mji^1	dzji^1	dzja^1	·jị^2	·jị^2	tjị^1	thji^1	tjij^1
不、	饮	食	不	食	节、	再	再	饮	食、	若
[illegible]	[illegible]	[illegible]	[illegible]、	[illegible]	[illegible]	[illegible]	[illegible]	[illegible]	[illegible]、	
sọ^1	lhwu^1	mji^1	·jij^1	tjij^1	bə^2	bjij^1	lhwu^1	mji^1	gjwi^2	
三	衣	不	持、	若	疮	衲	衣	不	著、	

不节减食、再食不食①、不持三衣、不著粪扫衣②、

---

① 再食不食，西夏本作“[illegible]”，字面意思是“再再饮食”。“不”字义未见。

② 粪扫衣，西夏本作“[illegible]”（疮衲衣）。按，“[illegible]”bə^2（疮）字于义不合，在此假借作“[illegible]”bə^2（补）。“[illegible]”二字为“补衲”义。

19.8.7

[illegible]	[illegible]	[illegible]	[illegible]	[illegible]	[illegible]、	[illegible]	[illegible]	[illegible]	[illegible]、
tjij^{1}	dźjij^{1}	tji^{2}	bju^{1}	mji^{1}	dźjij^{1}	tjij^{1}	·ju^{2}	mji^{1}	dzu̱^{2}
若	住	所	随	不	住、	若	常	不	坐、
[illegible]	[illegible]	[illegible]	[illegible]	[illegible]	[illegible]、	[illegible]	[illegible]	[illegible]	[illegible]
tjij^{1}	·ja	lã^{1}	rja^{2}	mji^{1}	dźjij^{1}	tjij^{1}	phu^{2}	khju^{1}	mji^{1}
若	阿	兰	若	不	住、	若	树	下	不

不随所而坐、不常坐、不住阿兰若、不安止树下、

19.9.1

[illegible]、	[illegible]	[illegible]	[illegible]	[illegible]	[illegible]	[illegible]、	[illegible]	[illegible]	[illegible]	[illegible]
dźjij^{1}	tjij^{1}	ljɨ̣^{2}	śja^{2}	twụ^{1}	mji^{1}	dzu̱^{2}	tjij^{1}	ljɨ̣^{2}	la^{2}	·u^{2}
住、	若	地	现	处	不	坐、	若	地	冢	间
[illegible]	[illegible]	[illegible]，	[illegible]	[illegible]	[illegible]	[illegible]	[illegible]	[illegible]	[illegible]	[illegible]
mji^{1}	dźjij^{1}	ŋa^{2}	ku^{1}	rjur^{1}	tha^{1}	ŋowr^{2}	ŋowr^{2}	·jij^{1}	dźju^{1}	wji^{1}
不	住	△，	则	诸	佛	一	切	之	欺	为

不露坐①、不住冢间，则为欺诳一切诸佛。

19.9.2

[illegible]	[illegible]	[illegible]	[illegible]	[illegible]	[illegible]。	[illegible]	[illegible]，	[illegible]	[illegible]	[illegible]
rjir^{2}	·ja	tjɨj^{2}	djij^{2}	we^{2}	ŋa^{2}	rjur^{1}	pjụ^{1}	ŋa^{2}	sjij^{1}	thjɨ^{2}
与	一	样	当	为	△。	世	尊，	我	今	此
[illegible]	[illegible]	[illegible]	[illegible]	[illegible]	[illegible]	[illegible]	[illegible]，	[illegible]	[illegible]	
ljịj^{2}	po^{1}	tjɨj^{1}	njịj^{1}	·ja	śjwi^{1}	ŋa^{2}	bju^{1}	thjɨ^{2}	sju^{2}	
大	菩	提	心	△	发	△	因，	是	如	

世尊，我今发此大菩提心，如是

19.9.3

[illegible]	[illegible]，	[illegible]	[illegible]	[illegible]	[illegible]	[illegible]	[illegible]	[illegible]	[illegible]，	[illegible]
ljɨ̣^{1}	tshwew^{1}	rjɨr^{2}	njɨ^{2}	ŋowr^{2}	ŋowr^{2}	sjij^{2}	sjij^{2}	mji^{1}	ljạ^{1}	thjɨ^{2}

① 不露坐，西夏本作"[illegible]"，字面意思是"若现地处不坐"。

回 向， 乃 至 一 切 智 智 未 得， 此

[illegible]

rjijr^2 tjij^1 ɣie^2 mjij^1 nuə ŋwo^2 mji^1 śjɨj^1 ·jiw^2 rjur^1

方 若 碍 无 辩 才 不 成 就， 诸

回向，乃至未得一切智智，若不成就无碍辩才，

19.9.4

[illegible]

thjo̱^{1} tsji̱r^1 mji^1 tshji̱j^1 ŋa^2 ku^1 ŋew^2 mjij^1 rjur^1 tha^1 ·jij^1

妙 法 不 说 △， 则 数 无 诸 佛 之

[illegible]

dźju^1 wji^1 rjir^2 ·ja tjɨ̣j^2 djij^2 we^2 ŋa^2 rjur^1 pjụ^1 ŋa^2

欺 为 与 一 样 当 为 △。 世 尊， 我

说诸妙法，则为欺诳无数诸佛。世尊，我

19.9.5

[illegible]

sjij^1 thjɨ^2 sju^2 nji̱j^1 ·ja śjwi^1 ŋa^2 bju^1 rjɨr^2 njɨ^2 źji^2

今 是 如 心 △ 发 △ 因， 乃 至 无

[illegible]

phju^2 po^1 tjɨj^1 mji^1 ljạ^1 thjɨ^2 rjijr^2 tjij^1 sọ^1 pjụ^1 wer^1

上 菩 提 未 得， 此 方 若 三 威 仪

今如是发心，乃至未得无上菩提，若不住三威仪，

19.9.6

[illegible]

mji^1 dźjij^1 tjij^1 ·jar^1 tjij^1 dzu̱^{2} tjij^1 dzjɨ̱^{2} dźjij^1 ŋa^2 ku^1

不 住， 或 立 或 坐 或 习 行 △， 则

[illegible]

mjɨ^1 pjụ^1 rjur^1 tha^1 ·jij^1 dźju^1 wji^1 rjir^2 ·ja tjɨ̣j^2

无 量 诸 佛 之 欺 为 与 一 样

或立或坐或复经行，则为欺诳无量诸佛。

19.9.7

[illegible]	[illegible]	[illegible]。	[illegible]	[illegible]，	[illegible]	[illegible]	[illegible]	[illegible]	[illegible]
djij^{2}	we^{2}	ŋa^{2}	rjur^{1}	pjụ^{1}	ŋa^{2}	sjij^{1}	śji^{1}	rjɨr^{2}	tshjịj^{1}
当	为	△。	世	尊，	我	今	上	所	说
[illegible]	[illegible]	[illegible]	[illegible]	[illegible]，	[illegible]	[illegible]	[illegible]	[illegible]	[illegible]
njij^{1}	·ja	śjwi^{1}	ŋa^{2}	bju^{1}	rjɨr^{2}	njɨ^{2}	ŋowr^{2}	ŋowr^{2}	sjij^{2}
心	△	发	△	因，	乃	至	一	切	智

世尊，我今发如上心，乃至未得一切智

19.10.1

[illegible]	[illegible]	[illegible]，	[illegible]	[illegible]	[illegible]	[illegible]	[illegible]	[illegible]	[illegible]	[illegible]
sjij^{2}	mji^{1}	ljạ^{1}	thjɨ^{2}	rjijr^{2}	tjij^{1}	ɲia^{2}	tśhju^{1}	ɣa^{2}	mər^{2}	tśhji^{2}
智	未	得，	此	方	或	众	生	于	根	本
[illegible]	[illegible]，	[illegible]	[illegible]	[illegible]	[illegible]	[illegible]	[illegible]	[illegible]	[illegible]	
dzwej^{1}	tsjụ^{1}	tjij^{1}	lạ^{1}	dạ^{2}	niow^{1}	dzjij^{2}	rjur^{1}	mur^{1}	tsowr^{2}	
罪	犯，	或	妄	语	及	余	世	俗	愦	

智，或于众生犯根本罪，或作妄语及余世俗愦

19.10.2

[illegible]	[illegible]	[illegible]，	[illegible]	[illegible]	[illegible]	[illegible]	[illegible]	[illegible]	[illegible]	[illegible]
ŋewr^{1}	dạ^{2}	wji^{1}	tjij^{1}	dow^{1}	ljɨ̣^{1}	·jij^{1}	dźjwu^{1}	wə̣^{1}	bju^{1}	śjij^{1}
闹	言	作，	或	邪	论	之	摧	伏	相	应
[illegible]	[illegible]	[illegible]，	[illegible]	[illegible]	[illegible]	[illegible]	[illegible]	[illegible]	[illegible]	
njij^{1}	śjwi^{1}	ŋa^{2}	ku^{1}	ŋew^{2}	mjij^{1}	rjur^{1}	tha^{1}	·jij^{1}	dźju^{1}	
心	起	△，	则	数	无	诸	佛	之	欺	

闹之言，或起摧伏他论相应之心，则为欺诳无数诸佛。

19.10.3

[illegible]	[illegible]	[illegible]	[illegible]	[illegible]	[illegible]	[illegible]。	[illegible]	[illegible]，	[illegible]	[illegible]
wji^{1}	rjir^{2}	·ja	tjɨj^{2}	djij^{2}	we^{2}	ŋa^{2}	rjur^{1}	pjụ^{1}	ŋa^{2}	sjij^{1}
为	与	一	样	当	为	△。	世	尊，	我	今

thjɨ^{2}	ŋowr^{2}	ŋowr^{2}	sjịj^{2}	njịj^{1}	·ja	śjwi^{1}	ŋa^{2}	bju^{1}	·ja	du̱^{2}
此	一	切	智	心	△	发	△	因，	阿	耨

世尊，我今发此一切智心，安住回向阿耨

19.10.4

tow^{1}	lo^{1}	sã^{1}	bia^{1}	sã^{1}	po^{1}	tjɨj^{1}	ljɨ^{1}	tshwew^{1}	no^{2}
多	罗	三	藐	三	菩	提	回	向	安
dźjịj^{1}	sji^{2}	dzjwo^{2}	·jij^{1}	tsjɨ̱r^{1}	tshjij^{1}	zjij^{1}	tjij^{1}	mji^{1}	·ju^{2}
住，	妇	人	之	法	说	时，	若	无	常

多罗三藐三菩提，或与妇人说法，若不起无常

19.10.5

tśjị^{1}	ŋa^{1}	ŋa^{2}	mjij^{1}	·jij^{1}	mji^{1}	śjwo^{1}	niow^{1}	thja^{1}	·jij^{1}	lhjwi^{1}
苦	空	我	无	相	不	起，	而	彼	相	取
śjwi^{1}	thjɨ^{1}	djij^{1}	ŋa^{2}	zjij^{1}	rjur^{1}	tha^{1}	ŋowr^{2}	ŋowr^{2}	·jij^{1}	
齿	露	笑	△	时，	诸	佛	一	切	之	

苦空无我之相，而取彼相及露齿而笑，则为欺诳一切诸佛。

19.10.6

dźju^{1}	wji^{1}	rjir^{2}	·ja	tjɨj^{2}	djij^{2}	we^{2}	ŋa^{2}	rjur^{1}	pjụ^{1}	tjij^{1}
欺	为	与	一	样	当	为	△。	世	尊，	若
ŋa^{2}	thjɨ^{2}	ŋowr^{2}	ŋowr^{2}	sjịj^{2}	njịj^{1}	·ja	śjwi^{1}	ŋa^{2}	bju^{1}	·ja
我	此	一	切	智	心	△	发	△	因，	阿

世尊，若我发此一切智心，安住回向阿

19.10.7

[illegible]	[illegible]	[illegible]	[illegible]	[illegible]	[illegible]	[illegible]	[illegible]	[illegible]	[illegible]	[illegible]
du̱[2]	tow[1]	lo[1]	sã[1]	bia[1]	sã[1]	po[1]	tjɨj[1]	rjijr[2]	ljɨ̱[1]	tshwew[1]
耨	多	罗	三	藐	三	菩	提	向	回	趣
[illegible]	[illegible]，	[illegible]	[illegible]	[illegible]	[illegible]	[illegible]	[illegible]	[illegible]	[illegible]	
no[2]	dźji̱j[1]	tsji̱r[1]	tshji̱j[1]	·jij[1]	zjij[1]	djɨj[1]	·jij[1]	khju̱[2]	rjijr[2]	
安	住，	法	说	临	时	浅	轻	视	向	

耨多罗三藐三菩提,于说法时顾指轻躁,

19.11.1

[illegible]	[illegible]，	[illegible]	[illegible]	[illegible]	[illegible]	[illegible]	[illegible]	[illegible]	[illegible]	[illegible]
nur[1]	ne̱j[2]	tjij[1]	dzjij[2]	ɲia[2]	tsjij[2]	·jij[1]	ljij[2]	ljij[2]	dzji̱j[2]	sji̱j[2]
指	示，	或	余	菩	萨	之	见	大	师	想
[illegible]	[illegible]	[illegible]，	[illegible]	[illegible]	[illegible]	[illegible]	[illegible]	[illegible]	[illegible]	
mji[1]	śjwi[1]	ŋa[2]	ku[1]	ŋew[2]	mjij[1]	rjur[1]	tha[1]	·jij[1]	dźju[1]	
不	生	△，	则	数	无	诸	佛	之	欺	

或见余菩萨不生大师之想,则为欺诳无数诸佛。

19.11.2

[illegible]	[illegible]	[illegible]	[illegible]	[illegible]	[illegible]	[illegible]。	[illegible]	[illegible]，	[illegible]	[illegible]
wji[1]	rjir[2]	·ja	tjɨj[2]	djij[2]	we[2]	ŋa[2]	rjur[1]	pju̱[1]	ŋa[2]	sjij[1]
为	与	一	样	当	为	△。	世	尊，	我	今
[illegible]	[illegible]	[illegible]	[illegible]	[illegible]	[illegible]	[illegible]	[illegible]	[illegible]，	[illegible]	[illegible]
thjɨ[2]	ŋowr[2]	ŋowr[2]	sji̱j[2]	njij[1]	·ja	śjwi[1]	ŋa[2]	bju[1]	·ja	du̱[2]
此	一	切	智	心	△	发	△	因，	阿	耨

世尊,我今发此一切智心,乃至阿耨

19.11.3

[illegible]	[illegible]	[illegible]	[illegible]	[illegible]	[illegible]	[illegible]	[illegible]	[illegible]，	[illegible]	[illegible]
tow[1]	lo[1]	sã[1]	bia[1]	sã[1]	po[1]	tjɨj[1]	kjɨ[1]	njɨ[2]	tjij[1]	dzu̱[2]

多 罗 三 藐 三 菩 提 乃 至， 若 坐

[illegible]

ŋwu^{2} tsji̱r^{1} nji^{2} lew^{1} rjur^{1} tha^{1} śia^{1} mẽ^{1} dzji̱j^{2} gji^{2}

以 法 听 唯 诸 佛 沙 门 弟 子

多罗三藐三菩提，若坐听法及礼外道沙门婆罗门，唯除诸佛沙门弟子，

19.11.4

[illegible]

rjɨr^{2} niow^{1} tśja^{1} niow^{1} śia^{1} mẽ^{1} pho^{1} lo^{1} mẽ^{1} ·jij^{1} tśja^{1}

除， 及 道 外 沙 门 婆 罗 门 之 礼

[illegible]

tshjwu^{1} ŋa^{2} ku^{1} rjur^{1} tha^{1} ŋowr^{2} ŋowr^{2} ·jij^{1} dźju^{1} wji^{1} rjir^{2}

敬 △， 则 诸 佛 一 切 之 欺 为 与

则为欺诳一切诸佛。

19.11.5

[illegible]

·ja tjɨ̱j^{2} djij^{2} we^{2} ŋa^{2} rjur^{1} pju̱^{1} ŋa^{2} sjij^{1} thjɨ^{2} ljɨ̱j^{2}

一 样 当 为 △。 世 尊， 我 今 此 大

[illegible]

njij^{1} ·ja śjwi^{1} ŋa^{2} bju^{1} źji^{2} phju^{2} dwewr^{2} ɣa^{2} kjɨ^{1}

心 △ 发 △ 因， 无 上 觉 于 乃

世尊，我今发此大心，至无上觉，

19.11.6

[illegible]

njɨ^{2} tsji̱r^{1} ·war^{2} mji^{1} zjij^{1} ɲia^{2} tśhju^{1} ɣa^{2} tśhju^{2} thja^{2} njij^{1} tśhju^{1}

至， 法 财 施 时， 众 生 于 彼 此 心 有，

[illegible]

kju̱^{1} tshwew^{1} wo^{2} dzjwo^{2} do^{2} tsji̱r^{1} gji̱j^{1} njij^{1} śjwi^{1} ŋa^{2} ku^{1}

供	养	应	人	处	选	择	心	生	△，	则

若行财法施时，情①有彼此②，应③供养所生简④异⑤心，则

19.11.7

[illegible]	[illegible]	[illegible]	[illegible]	[illegible]	[illegible]	[illegible]	[illegible]	[illegible]	[illegible]	[illegible]
rjur^1	tha^1	ŋowr^2	ŋowr^2	·jij^1	dźju^1	wji^1	rjir^2	·ja	tjɨj^2	djij^2
诸	佛	一	切	之	欺	为	与	一	样	当
[illegible]	[illegible]。	[illegible]	[illegible]，	[illegible]	[illegible]	[illegible]	[illegible]	[illegible]	[illegible]	[illegible]
we^2	ŋa^2	rjur^1	pjụ^1	ŋa^2	sjij^1	ŋowr^2	ŋowr^2	sjij^2	njij^1	·ja
为	△。	世	尊，	我	今	一	切	智	心	△

为欺诳一切诸佛。世尊，我今发一切智心，

19.12.1

[illegible]	[illegible]	[illegible]，	[illegible]	[illegible]	[illegible]	[illegible]	[illegible]	[illegible]	[illegible]，
śjwi^1	ŋa^2	bju^1	źji^2	phju^2	po^1	tjɨj^1	ɣa^2	kjɨ^1	njɨ^2
发	△	因，	无	上	菩	提	于	乃	至，
[illegible]	[illegible]	[illegible]	[illegible]	[illegible]	[illegible]	[illegible]	[illegible]	[illegible]	[illegible]
tjij^1	rjur^1	dźjar^2	·o^1	dzjwo^2	kjɨ^1	mjij^2	sja^1	tśjụ^1	·jij^1
若	诸	罪	有	人	△	亡	杀	害	将

乃至无上菩提，若见诸罪人将被刑罚⑥，

19.12.2

[illegible]	[illegible]，	[illegible]	[illegible]	[illegible]	[illegible]	[illegible]	[illegible]	[illegible]	[illegible]	[illegible]，
ljij^2	zjij^1	ljụ^2	kạ^1	mji^1	dźjɨr^1	thja^2	·jij^1	mji^1	gjụ^2	ŋa^2
见	时，	身	命	不	舍	彼	之	不	救	△，
[illegible]	[illegible]	[illegible]	[illegible]	[illegible]	[illegible]	[illegible]	[illegible]	[illegible]	[illegible]	

① 情，西夏本作“[illegible]”（众生、有情）。

② [illegible]（此），原件字形作“[illegible]”，疑为“[illegible]”[勾]字形讹。“[illegible]”二字连用为“彼此”之义。

③ 应，西夏本作“[illegible]”wo^2（义）。按，“[illegible]”wo^2（义）字于义不合，在此假借作“[illegible]”wo^2（应）。此二字在《择要》中同组(7.4.2)。

④ 简，西夏本作“[illegible]”（选择）。此二字在西夏文《大宝积经》其他卷中亦对译汉文本“简择”。

⑤ 异，西夏本作“[illegible]”do^2（处）。按，“[illegible]”do^2（处）字于义不合，在此假借作“[illegible]”do^2（异）。此二字在《择要》中同组(14.5.3)。

⑥ 将被刑罚，西夏本作“[illegible]”，字面意思是“将被杀死”。

ku^{1}	rjur^{1}	tha^{1}	ŋowr^{2}	ŋowr^{2}	·jij^{1}	dźju^{1}	wji^{1}	rjir^{2}	·ja
则	诸	佛	一	切	之	欺	为	与	一

不舍身命而[①]救护彼，则为欺诳一切诸佛。

19.12.3

[illegible]	[illegible]	[illegible]	[illegible]。
tjɨj^{2}	djij^{2}	we^{2}	ŋa^{2}
样	当	为	△。

汉文本

舍利弗！彼不动菩萨摩诃萨于彼佛前作如是言：世尊，我今发此一切智心，如是回向阿耨多罗三藐三菩提，乃至未证无上正觉，所修行业或违此言者，则为欺诳无量无数世界诸佛如来安住说法者。

世尊，我今发此大心，如是回向，乃至未证菩提，若于一一语言不与念佛及一切智相应，则为欺诳一切诸佛。

世尊，我今如是发心回向，乃至未证无上菩提，生生在家不出家者，则为违背一切诸佛。

世尊，我今发此一切智心，乃至未得无上菩提，生生出家，若不乞食、不一坐食、不节减食、再食不食、不持三衣、不著粪扫衣、不随所而坐、不常坐、不住阿兰若、不安止树下、不露坐、不住冢间，则为欺诳一切诸佛。

世尊，我今发此大菩提心，如是回向，乃至未得一切智智，若不成就无碍辩才，说诸妙法，则为欺诳无数诸佛。

世尊，我今如是发心，乃至未得无上菩提，若不住三威仪，或立或坐或复经行，则为欺诳无量诸佛。

世尊，我今发如上心，乃至未得一切智智，或于众生犯根本罪，或作妄语及余世俗愦闹之言，或起摧伏他论相应之心，则为欺诳无数诸佛。

世尊，我今发此一切智心，安住回向阿耨多罗三藐三菩提，或与妇人说法，若不起无常苦空无我之相，而取彼相及露齿而笑，则为欺诳一切诸佛。

世尊，若我发此一切智心，安住回向阿耨多罗三藐三菩提，于说法时顾指轻躁，或见余菩萨不生大师之想，则为欺诳无数诸佛。

世尊，我今发此一切智心，乃至阿耨多罗三藐三菩提，若坐听法及礼外道沙门婆罗门，唯除诸佛沙门弟子，则为欺诳一切诸佛。

世尊，我今发此大心，至无上觉，若行财法施时，情有彼此，应供养所生简异心，则为欺诳一切诸佛。

世尊，我今发一切智心，乃至无上菩提，若见诸罪人将被刑罚，不舍身命而救护彼，则为欺诳一切诸佛。

---

① 而，西夏本作“[illegible]”（不）。两者义同，仅在表述不同。

19.12.3

[illegible]	[illegible]	[illegible]！	[illegible]	[illegible]	[illegible]	[illegible]	[illegible]	[illegible]
śja¹	rjir²	gji²	dzjɨj¹	thja¹	ɲia²	tsjij²	thjɨ²	ljij²
舍	利	子！	时	彼	菩	萨	此	大
[illegible]	[illegible]，	[illegible]	[illegible]	[illegible]	[illegible]	[illegible]	[illegible]	
dźjɨ	djọ²	rjɨr²	njɨ²	źji²	phju²	po¹	tjɨj¹	
行	修，	乃	至	无	上	菩	提	

舍利弗！时彼菩萨修此大行，乃至未证无上菩提，

19.12.4

[illegible]	[illegible]，	[illegible]	[illegible]	[illegible]	[illegible]	[illegible]	[illegible]	[illegible]	[illegible]	[illegible]
mji¹	lja̱¹	thjɨ²	rjijr²	gji²	gjɨ²	zjɨj¹	ɲia²	tśhju¹	kjɨ¹	mjij²
未	证，	此	方	一	有	许	众	生	△	死
[illegible]	[illegible]	[illegible]	[illegible]，	[illegible]	[illegible]	[illegible]	[illegible]	[illegible]	[illegible]。	
sja¹	tśju̱¹	·jij¹	ljij²	ku¹	mji¹	gju̱²	·wejr²	tja¹	mjij¹	
杀	害	将	见，	则	不	救	护	者	无。	

无一众生将被刑罚，不救护者。

19.12.5

[illegible]	[illegible]	[illegible]！	[illegible]	[illegible]，	[illegible]	[illegible]	[illegible]	[illegible]	[illegible]	[illegible]
śja¹	rjir²	gji²	tśhjɨ¹	zjọ²	phji²	khjiw²	gjɨ²	thjɨ²	sju²	ljɨ̱r²
舍	利	子！	尔	时，	比	丘	一	是	如	念
[illegible]：	[illegible]	[illegible]	[illegible]	[illegible]	[illegible]	[illegible]	[illegible]	[illegible]	[illegible]，	
wji¹	mjor¹	ljịj²	thjɨ²	dźjɨ	dźjịj¹	mjijr²	·jij¹	mjor¹	lja̱¹	
作：	如	来	此	行	行	者	之	现	证，	

舍利弗！尔时，有一比丘作如是念：如来于此行者当为作证，

19.12.6

[illegible]	[illegible]	[illegible]	[illegible]、	[illegible]	[illegible]	[illegible]	[illegible]	[illegible]	[illegible]	[illegible]
ku¹	thja¹	dzjwo²	mə¹	·ja	sew²	lo¹	njɨ²	tsjɨ¹	mjor¹	lja̱¹
则	彼	人	天、	阿	修	罗	等	亦	现	证

[illegible]	[illegible]。	[illegible]	[illegible]	[illegible]！	[illegible]	[illegible]	[illegible]	[illegible]	[illegible]、
ljɨ^{1}	jɨ^{2}	śja^{1}	rjir^{2}	gji^{2}	dzjɨj^{1}	mej^{1}	wạ^{2}	mjor^{1}	ljịj^{2}
也	谓。	舍	利	子！	时	广	目	如	来、

彼天人、阿修罗等亦为证见。舍利弗！时广目如来、

19.12.7

[illegible]	[illegible]、	[illegible]	[illegible]	[illegible]	[illegible]	[illegible]	[illegible]	[illegible]	[illegible]	[illegible]
bju^{1}	wo^{2}	tśhja^{2}	ka^{1}	dwewr^{2}	thja^{1}	phji^{2}	khjiw^{2}	·jij^{1}	njịj^{1}	ljɨ̣r^{2}
应	供、	正	等	觉	彼	比	丘	之	心	念
[illegible]	[illegible]，	[illegible]	[illegible]	[illegible]	[illegible]：	[illegible]	[illegible]	[illegible]	[illegible]！	[illegible]
tja^{1}	djwu^{1}	thja^{2}	·jij^{1}	dạ^{2}	jɨ^{2}	ŋwu^{2}	ljɨ^{1}	ŋwu^{2}	ljɨ^{1}	mjor^{1}
者	仪，	彼	之	言	谓：	是	也	是	也！	如

应、正等觉知①彼比丘心之所念，告言：如是如是！如

19.13.1

[illegible]、	[illegible]	[illegible]、	[illegible]	[illegible]	[illegible]	[illegible]	[illegible]	[illegible]，	[illegible]	[illegible]
ljịj^{2}	bju^{1}	wo^{2}	tśhja^{2}	ka^{1}	dwewr^{2}	mjor^{1}	ljạ^{1}	ljij^{2}	thja^{1}	rjur^{1}
来、	应	供、	正	等	觉	如	证	见，	彼	诸
[illegible]	[illegible]	[illegible]	[illegible]、	[illegible]	[illegible]	[illegible]	[illegible]	[illegible]	[illegible]	
rjur^{1}	kha^{1}	dzjwo^{2}	mə^{1}	·ja	sew^{2}	lo^{1}	njɨ^{2}	tsjɨ^{1}	mjor^{1}	
世	间	人	天、	阿	修	罗	等	亦	现	

来、应、正等觉之所证见，彼诸世间天人、阿修罗等亦

19.13.2

[illegible]	[illegible]	[illegible]。	[illegible]	[illegible]！	[illegible]	[illegible]	[illegible]	[illegible]	[illegible]	[illegible]
ljạ^{1}	ljij^{2}	ljɨ^{1}	phji^{2}	khjiw^{2}	tjɨ^{1}	tjij^{1}	po^{1}	tsa^{1}	ma^{2}	ŋạ^{2}
证	见	也。	比	丘！	如	若	菩	萨	摩	诃
[illegible]	[illegible]	[illegible]	[illegible]	[illegible]	[illegible]	[illegible]	[illegible]	[illegible]，	[illegible]	
tsa^{1}	thjɨ^{2}	sju^{2}	njɨ^{2}	ljij^{2}	khu^{1}	dźjij^{1}	zjir^{2}	gjwi^{2}	·ja	
萨	是	如	等	大	精	进	甲	衣，	阿	

为证见。比丘！若复有菩萨摩诃萨被如是等大精进甲，

① 知，西夏本作“[illegible]”（威仪）。按，“[illegible]”djwu^{1}（威仪）于义不合，在此假借作“[illegible]”dwewr^{2}（知）。此二字在《择要》中同组（7.7.4）。

19.13.3

[illegible]	[illegible]	[illegible]	[illegible]	[illegible]	[illegible]	[illegible]	[illegible]	[illegible]	[illegible]	[illegible]，
du̱^{2}	tow^{1}	lo^{1}	sã^{1}	bia^{1}	sã^{1}	po^{1}	tjɨj^{1}	rjijr^{2}	ljɨ̱^{1}	tshwew^{1}
耨	多	罗	三	藐	三	菩	提	向	回	趣，
[illegible]	[illegible]	[illegible]	[illegible]	[illegible]	[illegible]	[illegible]	[illegible]。	[illegible]	[illegible]	
ku^{1}	źji^{2}	źji^{2}	phju^{2}	tśhja^{2}	dwewr^{2}	śjɨj^{1}	lew^{2}	śja^{1}	rjir^{2}	
则	皆	无	上	正	觉	成	当。	舍	利	

趣向阿耨多罗三藐三菩提，彼皆当成无上正觉。舍利

19.13.4

[illegible]！	[illegible]	[illegible]	[illegible]	[illegible]	[illegible]	[illegible]	[illegible]	[illegible]	[illegible]	[illegible]
gji^{2}	dzjɨj^{1}	mji^{1}	mju^{2}	po^{1}	tsa^{1}	ma^{2}	ŋa̱^{2}	tsa^{1}	tha^{1}	·jij^{1}
子！	时	不	动	菩	萨	摩	诃	萨	佛	之
[illegible]	[illegible]：	[illegible]	[illegible]，	[illegible]	[illegible]	[illegible]	[illegible]	[illegible]	[illegible]	[illegible]
da̱^{2}	jɨ^{2}	rjur^{1}	pju̱^{1}	ŋa^{2}	sjij^{1}	thjɨ^{2}	ŋowr^{2}	ŋowr^{2}	sjɨ̱j^{2}	njɨ̱j^{1}
言	谓：	世	尊，	我	今	此	一	切	智	心

弗！时不动菩萨摩诃萨白佛言：世尊，我今发此一切智心，

19.13.5

[illegible]	[illegible]	[illegible]	[illegible]，	[illegible]	[illegible]	[illegible]	[illegible]	[illegible]	[illegible]	[illegible]
·ja	śjwi^{1}	ŋa^{2}	bju^{1}	rjɨr^{2}	njɨ^{2}	źji^{2}	phju^{2}	po^{1}	tjɨj^{1}	mji^{1}
△	发	△	因，	乃	至	无	上	菩	提	未
[illegible]，	[illegible]	[illegible]	[illegible]	[illegible]	[illegible]	[illegible]，	[illegible]	[illegible]	[illegible]、	[illegible]
lja̱^{1}	thjɨ^{2}	rjijr^{2}	thja^{1}	njɨ̱^{1}	njɨ̱^{1}	ljwu^{1}	tjij^{1}	phji^{2}	khjiw^{2}	phji^{2}
证，	此	方	其	二	二	间，	若	比	丘、	比

乃至未证无上菩提，于其中间①，若比丘、比

19.13.6

[illegible]	[illegible]、	[illegible]	[illegible]	[illegible]、	[illegible]	[illegible]	[illegible]	[illegible]	[illegible]	[illegible]
khjiw^{2}	nji^{1}	·jiw^{2}	pho^{1}	se^{2}	·jiw^{2}	pho^{1}	·ji^{1}	rjur^{1}	dźjar^{2}	dzwej^{1}

① 于其中间，西夏本作"[illegible]"，字面意思是"此方其二二间"。

丘 尼、 优 婆 塞、 优 婆 夷 诸 罪 过

[illegible]

tsjụ^{1} tjij^{1} thja^{2} ·jij^{1} dźjar^{2} dzwej^{1} tshjịj^{1} ŋa^{2} zjij^{1} rjur^{1}

犯， 若 其 之 罪 过 说 △ 时， 诸

丘尼、优婆塞、优婆夷有诸罪衅，若说其所犯，

19.13.7

[illegible]

tha^{1} mjor^{1} ljij^{2} ·jij^{1} ljwu^{1} nu^{1} rjir^{2} ·ja tjɨj^{2} djij^{2} we^{2}

佛 如 来 之 违 背 与 一 样 当 为

[illegible]

ŋa^{2} rjur^{1} pjụ^{1} ŋa^{2} thjɨ^{2} dźjɨ tjị^{1} djọ^{2} bju^{1} kụ^{1}

△。 世 尊， 我 是 行 愿 修 因， 当

则为违背诸佛如来。世尊，我修是行，

19.14.1

[illegible]

źji^{2} phju^{2} tśhja^{2} ka^{1} po^{1} tjɨj^{1} śjɨj^{1} ŋa^{2} zjij^{1} ŋa^{2} ·jij^{1}

无 上 正 等 菩 提 成 △ 时， 我 之

[illegible]

lhjij^{2} iọ^{1} wạ^{2} ljij^{2} gji^{1} sej^{1} djij^{2} we^{2} rjur^{1} ɣię^{2}

刹 中 广 大 清 净 当 为， 诸 声

愿成无上正等菩提，使我刹中广大清净，诸声

19.14.2

[illegible]

mji^{1} ·ji^{1} tsjɨ^{1} źji^{2} dźjar^{2} lju^{2} djij^{2} mjij^{1} rjur^{1} pjụ^{1} tjij^{1}

闻 众 亦 悉 罪 过 当 无。 世 尊， 若

[illegible]

ŋa^{2} thjɨ^{2} ŋowr^{2} ŋowr^{2} sjij^{2} njij^{1} ·ja śjwi^{1} ŋa^{2} bju^{1}

我 此 一 切 智 心 △ 发 △ 因，

闻众悉无过失。世尊，若我发此一切智心，

19.14.3

[illegible]	[illegible]	[illegible]	[illegible]	[illegible]	[illegible]，	[illegible]	[illegible]	[illegible]	[illegible]	[illegible]
źji^{2}	phju^{2}	po^{1}	tjɨj^{1}	mji^{1}	lja̱^{1}	thjɨ^{2}	rjijr^{2}	rjɨr^{2}	njɨ^{2}	mjịj^{1}
无	上	菩	提	未	证，	此	方	乃	至	梦
[illegible]	[illegible]	[illegible]	[illegible]	[illegible]	[illegible]	[illegible]	[illegible]，	[illegible]	[illegible]	
ku^{1}	tjij^{1}	kiej^{2}	sjij^{2}	śjwo^{1}	mji^{1}	sej^{1}	to^{2}	ku^{1}	rjur^{1}	
则	若	欲	想	生	不	净	出，	则	诸	

若未证得无上菩提,乃至梦中若生欲想而有所泄,则

19.14.4

[illegible]	[illegible]	[illegible]	[illegible]	[illegible]	[illegible]	[illegible]	[illegible]	[illegible]	[illegible]	[illegible]
tha^{1}	mjor^{1}	ljij^{2}	·jij^{1}	ljwu^{1}	nu^{1}	rjir^{2}	·ja	tjɨj^{2}	djij^{2}	we^{2}
佛	如	来	之	违	背	与	一	样	当	为
[illegible]。	[illegible]	[illegible]，	[illegible]	[illegible]	[illegible]	[illegible]，	[illegible]	[illegible]	[illegible]	[illegible]
ŋa^{2}	rjur^{1}	pjụ^{1}	ŋa^{2}	thjɨ^{2}	dźjɨ	djo̱^{2}	źji^{2}	phju^{2}	dwewr^{2}	lja̱^{1}
△。	世	尊，	我	是	行	修，	无	上	觉	证

为违背诸佛如来。世尊,我修是行,证无上觉,

19.14.5

[illegible]，	[illegible]	[illegible]	[illegible]	[illegible]	[illegible]	[illegible]	[illegible]	[illegible]，	[illegible]	[illegible]
zjij^{1}	thja^{1}	lhjịj^{2}	io̱^{1}	·u^{2}	nji^{1}	phjɨ^{1}	ɲia^{2}	tsjij^{2}	mjịj^{1}	gu^{2}
时，	彼	国	土	中	家	出	菩	萨，	梦	间
[illegible]	[illegible]	[illegible]	[illegible]	[illegible]	[illegible]。	[illegible]	[illegible]，	[illegible]	[illegible]	
mji^{1}	sej^{1}	rar^{2}	tsjɨ^{1}	djij^{2}	mjij^{1}	rjur^{1}	pjụ^{1}	tjij^{1}	ŋa^{2}	
不	净	漏	亦	当	无。	世	尊，	若	我	

使彼国中出家菩萨,彼于梦间亦无漏泄。世尊,若我

19.14.6

[illegible]	[illegible]	[illegible]	[illegible]	[illegible]	[illegible]	[illegible]	[illegible]	[illegible]，	[illegible]	[illegible]
thjɨ^{2}	ŋowr^{2}	ŋowr^{2}	sjij^{2}	njij^{1}	·ja	śjwi^{1}	ŋa^{2}	bju^{1}	źji^{2}	phju^{2}
此	一	切	智	心	△	发	△	因，	无	上

[illegible]	[illegible]	[illegible]	[illegible]	[illegible]	[illegible]	[illegible]，	[illegible]	[illegible]	[illegible]	[illegible]
po^1	tjɨj^1	lja̱^{1}	rjir^1	ɣa^2	kjɨ^1	njɨ^2	ŋa^2	tha^1	lhjịj^2	·u^2
菩	提	证	得	于	乃	至，	我	佛	刹	中

发此一切智心，乃至证得无上菩提，我佛刹中

19.14.7

[illegible]	[illegible]	[illegible]	[illegible]	[illegible]	[illegible]	[illegible]	[illegible]	[illegible]	[illegible]	[illegible]
tjij^1	rjur^1	sji^2	dzjwo^2	dzjij^2	lhjịj^2	·u^2	sju^2	sji^2	dźjar^2	lju^2
若	诸	女	人	余	土	中	如	女	过	失
[illegible]，	[illegible]	[illegible]	[illegible]	[illegible]	[illegible]	[illegible]	[illegible]。	[illegible]	[illegible]	[illegible]
dju^1	ku^1	tśjo	tśhja^2	dwewr^2	mji^1	lja̱^{1}	ŋa^2	tjij^1	tśhja^2	dwewr^2
有，	则	终	正	觉	不	证	△。	若	正	觉

若诸女人有女过失如余土者，终不取正觉。若取正觉，

19.15.1

[illegible]	[illegible]，	[illegible]	[illegible]	[illegible]	[illegible]	[illegible]	[illegible]	[illegible]	[illegible]	[illegible]	[illegible]
lja̱^{1}	ŋa^2	ku^1	rjur^1	tha^1	ŋowr^2	ŋowr^2	·jij^1	dźju^1	wji^1	rjir^2	·ja
证	△，	则	诸	佛	一	切	之	欺	为	与	一
[illegible]	[illegible]	[illegible]	[illegible]。	[illegible]	[illegible]	[illegible]！	[illegible]	[illegible]	[illegible]	[illegible]	
tjɨj^2	djij^2	we^2	ŋa^2	śja^1	rjir^2	gji^2	tjij^1	ɲia^2	tsjij^2	thjɨ^2	
样	当	为	△。	舍	利	子！	若	菩	萨	此	

则为欺诳一切诸佛。舍利弗！若菩萨以此

19.15.2

[illegible]	[illegible]	[illegible]	[illegible]	[illegible]	[illegible]	[illegible]，	[illegible]	[illegible]	[illegible]	[illegible]	[illegible]
ljij^2	tjị^1	ŋwu^2	sjwɨ^1	ljwi^1	śjɨj^1	·jiw^2	ku^1	ljɨ̣r^2	bju^1	thjɨ^2	sju^2
大	愿	以	种	子	成	就，	则	念	随	是	如
[illegible]	[illegible]	[illegible]	[illegible]，	[illegible]	[illegible]	[illegible]	[illegible]	[illegible]	[illegible]	[illegible]	
rjur^1	tsjịr^1	to^2	we̱^{1}	rjur^1	ɲia^2	tśhju^1	·jij^1	mə^2	mə^2	tsjịr^1	
诸	法	出	生，	诸	众	生	之	种	种	教	

大愿种子成就者，念随出生如是诸法，能为众生说种种教。

19.15.3

[illegible]

tshji̱j^{1} njwi^{2} ljɨ^{1} śja^{1} rjir^{2} gji^{2} dzjɨj^{1} phji^{2} khjiw^{2} gjɨ^{2} mji^{1} mju^{2}

说 能 也。 舍 利 子! 时 比 丘 有 不 动

[illegible]

ɲia^{2} tsjij^{2} ·jij^{1} dạ^{2} jɨ^{2} ljịj^{2} mjijr^{2} tjij^{1} thjɨ^{2} źjɨr^{1} nji̱j^{1}

菩 萨 之 言 谓: 大 士, 若 此 诚 心

舍利弗!时有比丘白不动菩萨言:大士,若此诚心

19.15.4

[illegible]

mji^{1} lhji̱^{1} dạ^{2} źjɨr^{1} mji^{1} lạ^{1} ku^{1} khjɨ^{1} nər^{2} ŋwu^{2} ljịj^{2} ljị̈^{2}

不 退 言 实 无 妄, 则 足 指 以 大 地

[illegible]

dja^{2} sa̱r^{1} mju̱^{2} phjo^{2} nja^{2} dzjɨj^{1} mji^{1} mju^{2} ɲia^{2} tsjij^{2} tha^{1}

△ 摇 动 使 △。 时 不 动 菩 萨 佛

不退至言无妄者,愿以足指摇动大地。时不动菩萨以佛

19.15.5

[illegible]

·jij^{1} pjụ^{1} ɣie^{1} nio̱w^{1} ·jij^{1} mər^{2} tji̱^{1} ne̱w^{2} tśhji^{2} ɣie^{1} bju^{1}

之 威 力 故, 自 本 愿 善 根 力 以,

[illegible]

thja^{1} ljịj^{2} ljị̈^{2} ·jij^{1} tśhjiw^{1} mə^{2} dja^{2} sa̱r^{1} mju̱^{2} phji^{1}

彼 大 地 之 六 种 △ 摇 动 令,

威神,及本愿善根力故,令彼大地六种摇动,

19.15.6

[illegible]

thjɨ^{2} tja^{1} mju^{2} ljịj^{2} mju^{2} njɨ^{2} mju̱^{2} sa̱r^{1} ljịj^{2} sa̱r^{1} njɨ^{2}

此 者 动、 大 动、 遍 动, 摇、 大 摇、 遍

[illegible]。	[illegible]	[illegible]	[illegible]!	[illegible]	[illegible]	[illegible]	[illegible]	[illegible]	[illegible]
sa̱r^{1}	śja^{1}	rjir^{2}	gji^{2}	thja^{1}	mji^{1}	mju^{2}	po^{1}	tsa^{1}	ma^{2}
摇。	舍	利	子!	彼	不	动	菩	萨	摩

所谓动、大动、遍动①,摇、大摇、遍摇。舍利弗! 彼不动菩萨摩

19.15.7

[illegible]	[illegible]	[illegible]	[illegible]	[illegible]	[illegible]	[illegible]	[illegible]	[illegible]	[illegible]	[illegible]。
ŋa̱^{2}	tsa^{1}	·jij^{1}	pjɨ^{1}	njwo^{2}	ljij^{2}	tji̱^{1}	sju^{2}	thjɨ^{2}	wjɨ^{2}	śjɨj^{1}
诃	萨	之	往	昔	大	愿	如	是	今	成。
[illegible]	[illegible]	[illegible]	[illegible]	[illegible]	[illegible]	[illegible]	[illegible]	[illegible]	[illegible]	
thjɨ^{2}	nio̱w^{1}	po^{1}	tsa^{1}	ma^{2}	ŋa̱^{2}	tsa^{1}	·ja	du̱^{2}	tow^{1}	
是	故	菩	萨	摩	诃	萨	阿	耨	多	

诃萨如昔所愿今已成办。是故菩萨摩诃萨欲证阿耨多

19.16.1

[illegible]	[illegible]	[illegible]	[illegible]	[illegible]	[illegible]	[illegible]	[illegible],	[illegible]	[illegible]	[illegible]
lo^{1}	sã^{1}	bia^{1}	sã^{1}	po^{1}	tjɨj^{1}	śjɨj^{1}	kiẹj^{2}	ku^{1}	mji^{1}	mju^{2}
罗	三	藐	三	菩	提	成	欲,	则	不	动
[illegible]	[illegible]	[illegible]	[illegible]	[illegible]	[illegible]	[illegible]	[illegible]。	[illegible]	[illegible]	
po^{1}	tsa^{1}	ma^{2}	ŋa̱^{2}	tsa^{1}	sju^{2}	ɣiew^{1}	lew^{2}	tjɨ^{1}	tjij^{1}	
菩	萨	摩	诃	萨	如	学	应。	如	若	

罗三藐三菩提者,应学不动菩萨摩诃萨。若

19.16.2

[illegible]	[illegible]	[illegible]	[illegible]	[illegible]	[illegible],	[illegible]	[illegible]	[illegible]	[illegible]	[illegible]
ɲia^{2}	tsjij^{2}	thja^{1}	dźjɨ	djo̱^{2}	njwi^{2}	ku^{1}	thja^{2}	·jij^{1}	tha^{1}	lhji̱j^{2}
菩	萨	其	行	修	善,	则	彼	之	佛	刹
[illegible]	[illegible]	[illegible],	[illegible]	[illegible]	[illegible]	[illegible]	[illegible]	[illegible]	[illegible]	
sju^{2}	lhjij^{2}	rjir^{1}	niow^{1}	xja^{1}	·ja	du̱^{2}	tow^{1}	lo^{1}	sã^{1}	
如	受	得,	及	速	阿	耨	多	罗	三	

有菩萨善修其行,当获如彼佛刹,及能速证阿耨多罗三

① 遍动,西夏本作"[illegible][illegible]"(遍摇)。按,"[illegible]"mju̱^{2}(摇)字于义不合,在此假借作"[illegible]"mju^{2}(动)。参看上文"动、大动",西夏作"[illegible]、[illegible][illegible]"。此二字在《择要》中同组(11.4.9)。

19.16.3

[illegible]	[illegible]	[illegible]	[illegible]	[illegible]	[illegible]。
bia[1]	sã[1]	po[1]	tjɨj[1]	lja̱[1]	njwi[2]
藐	三	菩	提	证	能。

藐三菩提。

汉文本

舍利弗！时彼菩萨修此大行,乃至未证无上菩提,无一众生将被刑罚,不救护者。舍利弗！尔时,有一比丘作如是念:如来于此行者当为作证,彼天人、阿修罗等亦为证见。舍利弗！时广目如来、应、正等觉知彼比丘心之所念,告言:如是如是！如来、应、正等觉之所证见,彼诸世间天人、阿修罗等亦为证见。比丘！若复有菩萨摩诃萨被如是等大精进甲,趣向阿耨多罗三藐三菩提,彼皆当成无上正觉。

舍利弗！时不动菩萨摩诃萨白佛言:世尊,我今发此一切智心,乃至未证无上菩提,于其中间,若比丘、比丘尼、优婆塞、优婆夷有诸罪衅,若说其所犯,则为违背诸佛如来。世尊,我修是行,愿成无上正等菩提,使我刹中广大清净,诸声闻众悉无过失。世尊,若我发此一切智心,若未证得无上菩提,乃至梦中若生欲想而有所泄,则为违背诸佛如来。世尊,我修是行,证无上觉,使彼国中出家菩萨,彼于梦间亦无漏泄。世尊,若我发此一切智心,乃至证得无上菩提,我佛刹中若诸女人有女过失如余土者,终不取正觉。若取正觉,则为欺诳一切诸佛。

舍利弗！若菩萨以此大愿种子成就者,念随出生如是诸法,能为众生说种种教。舍利弗！时有比丘白不动菩萨言:大士,若此诚心不退至言无妄者,愿以足指摇动大地。时不动菩萨以佛威神,及本愿善根力故,令彼大地六种摇动,所谓动、大动、遍动,摇、大摇、遍摇。舍利弗！彼不动菩萨摩诃萨如昔所愿今已成办。是故菩萨摩诃萨欲证阿耨多罗三藐三菩提者,应学不动菩萨摩诃萨。若有菩萨善修其行,当获如彼佛刹,及能速证阿耨多罗三藐三菩提。

19.16.3

[illegible]	[illegible],	[illegible]	[illegible]	[illegible]	[illegible]	[illegible]	[illegible]	[illegible]:
tśhjɨ[1]	zjo̱[2]	śja[1]	rjir[2]	gji[2]	tha[1]	·jij[1]	da̱[2]	jɨ[2]
尔	时,	舍	利	子	佛	之	言	谓:
[illegible]	[illegible],	[illegible]	[illegible]	[illegible]	[illegible]	[illegible]	[illegible]	
rjur[1]	pjṳ[1]	mji[1]	mju[2]	ɲia[2]	tsjij[2]	ɣu[1]	njij[1]	
世	尊,	不	动	菩	萨	初	心	

尔时,舍利弗白佛言:世尊,不动菩萨初

19.16.4

[illegible] [illegible] [illegible], [illegible] [illegible] [illegible] [illegible] [illegible] [illegible] [illegible] [illegible]?

·ja	śjwo^{1}	zjọ^{2}	zjij^{1}	zjij^{1}	mə^{1}	zjɨ^{1}	ljwu^{2}	dzjɨ^{2}	ljij^{2}	sji^{2}
△	发	时，	几	何	天	子	集	会	来	△？
[illegible]	[illegible]	[illegible]	[illegible]	[illegible]	[illegible]：	[illegible]	[illegible]	[illegible]	[illegible]	
tha^{1}	śja^{1}	rjir^{2}	gji^{2}	·jij^{1}	jɨ^{2}	thja^{1}	zjọ^{2}	sọ^{1}	tụ^{1}	
佛	舍	利	子	之	告：	彼	时	三	千	

发心时，几何天子而来集会？佛告舍利弗：彼时三千

19.16.5

[illegible]	[illegible]	[illegible]	[illegible]	[illegible]	[illegible]	[illegible]	[illegible]	[illegible]	[illegible]	[illegible]
ljij^{2}	tụ^{1}	rjur^{1}	kięj^{2}	·u^{2}	dźjij^{1}	dźjij^{1}	ljɨr^{1}	ljij^{2}	ŋwər^{1}	njij^{2}
大	千	世	界	中	有	有	四	大	天	王
[illegible]	[illegible]	[illegible]	[illegible]	[illegible]、	[illegible]	[illegible]	[illegible]	[illegible]	[illegible]	
niow^{1}	śjɨ^{2}	dzjwɨ^{1}	ljij^{2}	njij^{2}	so^{2}	pho^{1}	rjur^{1}	kięj^{2}	wə^{1}	
及	帝	释	魔	王、	娑	婆	世	界	主	

大千世界所有四大天王及与帝释魔王、娑婆世界主

19.16.6

[illegible]	[illegible]	[illegible]	[illegible]，	[illegible]	[illegible]	[illegible]	[illegible]	[illegible]，	[illegible]	[illegible]
xiwã^{1}	ŋwər^{1}	njij^{2}	njɨ^{2}	źji^{2}	njij^{1}	ljɨj^{2}	pją^{1}	phjo̱^{2}	thjɨ^{2}	sju^{2}
梵	天	王	等，	皆	欢	喜	掌	合，	是	如
[illegible]	[illegible]：	[illegible]	[illegible]	[illegible]	[illegible]	[illegible]	[illegible]	[illegible]	[illegible]	
dạ^{2}	jɨ^{2}	thjɨ^{2}	wjɨ^{2}	tśhja^{2}	·iow^{1}	zjir^{2}	gjwi^{2}	mji^{1}	nji^{2}	
言	谓：	是	今	德	功	甲	衣	闻	△	

梵天王等，皆欢喜合掌，作如是言：今此所闻被功德甲，

19.16.7

[illegible]，	[illegible]	[illegible]	[illegible]	[illegible]	[illegible]	[illegible]	[illegible]	[illegible]。	[illegible]	[illegible]，
tja^{1}	ŋa^{2}	njɨ^{2}	śji^{1}	mji^{1}	mjij^{2}	djij^{2}	nji^{2}	jɨ^{2}	rjur^{1}	pjụ^{1}
者，	我	等	昔	闻	未	曾	△	谓。	世	尊，
[illegible]	[illegible]	[illegible]	[illegible]	[illegible]	[illegible]	[illegible]	[illegible]	[illegible]，	[illegible]	[illegible]
thja^{1}	mji^{1}	mju^{2}	ɲia^{2}	tsjij^{2}	kụ^{1}	tha^{1}	we^{2}	zjij^{1}	thja^{1}	lhjij^{2}
彼	不	动	菩	萨	当	佛	成	时，	彼	刹

我等昔未曾闻。世尊，彼不动菩萨当成佛时，于彼刹

19.17.1

io̜1	·u2	dźjij1	dźjij1	ɲia2	tśhju1	bji̱2	dźju2	ne̱w2	tśhji2	ŋwu2
土	中	有	有	众	生，	下	劣	善	根	以
śjɨj1	·jiw2	ljɨ1	nja̱2	śja1	rjir2	gji2	tha1	·jij1	da̜2	
成	就	并	非。	舍	利	子	佛	之	言	

中所有众生，不以下劣善根而得成就。舍利弗白佛言：

19.17.2

jɨ2	rjur1	pju̜1	tha1	rjɨr2	tshjij1	mji1	mju2	ɲia2	tsjij2	dja2
谓：	世	尊，	佛	所	说	不	动	菩	萨	△
gjwi2	tśhja2	·iow1	zjir2	tja1	dzjij2	rjur1	ɲia2	tsjij2	źji2	mji1
衣	德	功	甲	者，	余	诸	菩	萨	皆	未

世尊，如佛所说不动菩萨被甲功德，诸余菩萨所未曾有。

19.17.3

dźjij2	ljɨ1	tha1	śja1	rjir2	gji2	·jij1	jɨ2	ŋwu2	ljɨ1	ŋwu2
有	也。	佛	舍	利	子	之	告：	是	也	是
ljɨ1	ljij2	gjwɨ1	zjir2	gjwi2	źji2	phju2	po1	tjɨj1	śjwo1	
也！	大	甲	胄	衣，	无	上	菩	提	发	

佛告舍利弗：如是如是！诸余菩萨被大甲胄，发

19.17.4

tshwew1	mjijr2	dzjij2	rjur1	ɲia2	tsjij2	mji1	mju2	po1	tsa1	ma2
趣	者，	余	诸	菩	萨	不	动	菩	萨	摩

[illegible]	[illegible]	[illegible]	[illegible]	[illegible]	[illegible]	[illegible]。	[illegible]	[illegible]	[illegible]！	[illegible]
ŋạ^2	tsa^1	rjir^2	ŋwer^1	tja^1	mjij^1	ljɨ^1	śja^1	rjir^2	gji^2	thja^1
诃	萨	与	等	者	无	也。	舍	利	子！	彼

趣无上菩提，无有如不动菩萨摩诃萨者。舍利弗！彼

19.17.5

[illegible]	[illegible]	[illegible]	[illegible]	[illegible]	[illegible]	[illegible]	[illegible]	[illegible]	[illegible]，	[illegible]
mji^1	mju^2	ɲia^2	tsjij^2	dja^2	śjɨj^1	·jiw^2	tśhja^2	·iow^1	tja^1	thjɨ^2
不	动	菩	萨	△	成	就	德	功	者，	此
[illegible]	[illegible]	[illegible]	[illegible]	[illegible]	[illegible]	[illegible]	[illegible]	[illegible]	[illegible]	[illegible]。
me̱^{2}	kja^2	kha^1	ɲia^2	tsjij^2	ŋowr^2	ŋowr^2	źji^2	mji^1	dźjij^2	ljɨ^1
贤	劫	中	菩	萨	一	切	皆	无	有	也。

不动菩萨成就功德，于贤劫中一切菩萨皆悉无有。

19.17.6

[illegible]	[illegible]	[illegible]！	[illegible]	[illegible]，	[illegible]	[illegible]	[illegible]	[illegible]	[illegible]
śja^1	rjir^2	gji^2	tśhjɨ^1	zjọ^2	mej^1	wạ^2	mjor^1	ljij^2	mji^1
舍	利	子！	尔	时，	目	广	如	来	不
[illegible]	[illegible]	[illegible]	[illegible]	[illegible]	[illegible]	[illegible]	[illegible]	[illegible]	[illegible]
mju^2	po^1	tsa^1	ma^2	ŋạ^2	tsa^1	·jij^1	·ja	dụ^2	tow^1
动	菩	萨	摩	诃	萨	之	阿	耨	多

舍利弗！尔时，广目如来授不动菩萨摩诃萨阿耨多

19.17.7

[illegible]	[illegible]	[illegible]	[illegible]	[illegible]	[illegible]	[illegible]	[illegible]	[illegible]，	[illegible]	[illegible]	[illegible]
lo^1	sã^1	bia^1	sã^1	po^1	tjɨj^1	kjɨ^1	la^1	ɣiwej^1	thjɨ^2	sju^2	dạ^2
罗	三	藐	三	菩	提	△	记	授，	是	如	言
[illegible]：	[illegible]	[illegible]	[illegible]！	[illegible]	[illegible]	[illegible]	[illegible]	[illegible]	[illegible]	[illegible]，	
jɨ^2	ne̱w^2	go̱r^1	gji^2	nji^2	kụ^1	lja^1	zjọ^2	ɣa^2	tha^1	we^2	
谓：	善	男	子！	汝	当	来	世	于	佛	作，	

罗三藐三菩提记，言①：善男子！汝于来世当得作佛，

① 言，西夏本作"[illegible]"（作如是言）。

19.18.1

[illegible]	[illegible]	[illegible]	[illegible]	[illegible]	[illegible]、	[illegible]	[illegible]、	[illegible]	[illegible]	[illegible]、
mji̱j^{2}	tja^{1}	mji^{1}	mju^{2}	mjor^{1}	lji̱j^{2}	bju^{1}	wo^{2}	tśhja^{2}	ka^{1}	dwewr^{2}
号	者	不	动	如	来、	应	供、	正	等	觉、
[illegible]	[illegible]	[illegible]	[illegible]、	[illegible]	[illegible]、	[illegible]	[illegible]	[illegible]、	[illegible]	[illegible]
swew^{1}	dźjɨ	iọ^{1}	sə^{1}	ne̱w^{2}	bji̱j^{2}	rjur^{1}	kha^{1}	tsjij^{2}	go̱r^{1}	kiej^{2}
明	行	圆	满、	善	逝、	世	间	解、	丈	夫

号曰不动如来、应、正等觉、明行圆满、善逝、世间解、无上丈夫、

19.18.2

[illegible]	[illegible]	[illegible]、	[illegible]	[illegible]	[illegible]、	[illegible]	[illegible]	[illegible]、	[illegible]、	[illegible]
·jij^{1}	rjur^{1}	·jar^{2}	źji^{2}	phju^{2}	mjijr^{2}	me̱^{2}	dzjwo^{2}	dzji̱j^{2}	tha^{1}	rjur^{1}
之	调	御、	无	上	士、	天	人	师、	佛、	世
[illegible]。	[illegible]	[illegible]	[illegible]	[illegible]	[illegible]	[illegible]	[illegible]	[illegible]	[illegible]	
pjụ^{1}	tjij^{1}	njwɨ̣^{2}	tha^{1}	ŋa^{2}	·jij^{1}	kjɨ^{1}	la^{1}	ɣiwej^{1}	rjir^{2}	
尊。	灯	燃	佛	我	之	△	记	授	与	

调御士①、天人师、佛、世尊。如燃灯佛与我授记。

19.18.3

[illegible]	[illegible]。	[illegible]	[illegible]	[illegible]！	[illegible]	[illegible]	[illegible]	[illegible]	[illegible]	[illegible]
·ja	tjɨ̱j^{2}	śja^{1}	rjir^{2}	gji^{2}	mji^{1}	mju^{2}	ɲia^{2}	tsjij^{2}	la^{1}	ɣiwej^{1}
一	样。	舍	利	子！	不	动	菩	萨	记	授
[illegible]	[illegible]，	[illegible]	[illegible]	[illegible]	[illegible]	[illegible]	[illegible]	[illegible]	[illegible]，	
rjir^{2}	zjọ^{2}	lji̱j^{2}	bji^{1}	swew^{1}	to^{2}	rjur^{1}	kię̣j^{2}	zjir^{2}	swew^{1}	
得	时，	大	光	明	出	世	界	普	照，	

舍利弗！不动菩萨得授记时，有大光明普照世界，

19.18.4

[illegible]	[illegible]，	[illegible]	[illegible]	[illegible]	[illegible]	[illegible]	[illegible]。	[illegible]	[illegible]	[illegible]
tśhjɨ^{1}	zjọ^{2}	lji̱j^{2}	ljɨ̣^{2}	tśhjiw^{1}	mə^{2}	sa̱r^{1}	mju^{2}	ŋa^{2}	njwo^{2}	zjọ^{2}

① 无上丈夫、调御士，西夏译作"[illegible]、[illegible]"（调御丈夫、无上士）。

是　时，　大　地　六　种　震　动。　我　昔　世

[illegible]

ŋowr² ŋowr² sjij² lja̧¹ zjo̧² thjɨ² ljɨj² tu̧¹ kię̧j² tśhjiw¹

一　切　智　证　时，　此　大　千　界　六

是时，大地六种震动。如我往昔证一切智时，此大千界六

19.18.5

[illegible]

mə² sa̱r¹ mju² rjir² ·ja tjɨj²

种　震　动　与　一　样。

动震动①。

19.18.6

[illegible]

niow¹ tśjɨ¹ śja¹ rjir² gji² thja¹ zjo̧² so̧¹ tu̧¹ ljɨj² tu̧¹

复　次，　舍　利　子！　彼　时　三　千　大　千

[illegible]

rjur¹ kię̧j² ·u² sji¹ śjɨ² lhejr² bo¹ dzjiw¹ dzjiw¹ źji² ɲia²

世　界　中　草　木　树　林　丛　林　皆　菩

复次，舍利弗！彼时三千大千世界所有卉木丛林皆向菩

19.18.7

[illegible]

tsjij² rjijr² ɣu¹ tshwew¹ ŋa² njwo² po¹ tjij¹ lja̧¹ ŋa² zjo̧² sji¹

萨　向　上　趣，　我　昔　菩　提　证　△　时，　草

[illegible]

śjɨ² ŋowr² ŋowr² źji² ŋa² rjijr² ɣu¹ tshwew¹ rjir² ·ja tjɨj²

木　一　切　皆　我　向　上　趣　与　一　样。

萨倾靡②，亦如我昔证菩提时，一切草木倾向于我。

① 六动震动，西夏本作“[illegible]”（六种震动），是。

② 倾靡，西夏本作“[illegible]”（向上趣）。下文亦用于对译“倾向”。

19.19.1

[illegible]	[illegible]，	[illegible]	[illegible]	[illegible]！	[illegible]	[illegible]	[illegible]	[illegible]	[illegible]	[illegible]
niow^{1}	tśjɨ^{1}	śja^{1}	rjir^{2}	gji^{2}	mji^{1}	mju^{2}	ɲia^{2}	tsjij^{2}	tha^{1}	la^{1}
复	次，	舍	利	子！	不	动	菩	萨	佛	记
[illegible]	[illegible]	[illegible]，	[illegible]	[illegible]	[illegible]	[illegible]	[illegible]	[illegible]	[illegible]	[illegible]
ɣiwej^{1}	rjir^{2}	zjọ^{2}	thja^{1}	ljịj^{2}	tụ^{1}	kięj^{2}	·u^{2}	dźjij^{1}	dźjij^{1}	mẹ^{2}
受	得	时，	彼	大	千	界	中	有	有	天

复次，舍利弗！不动菩萨蒙佛记时，彼大千界所有天

19.19.2

[illegible]、	[illegible]	[illegible]、	[illegible]	[illegible]	[illegible]、	[illegible]	[illegible]	[illegible]、	[illegible]	[illegible]
we^{1}	·ja^{2}	tśhia^{1}	·ja	sew^{2}	lo^{1}	kja^{1}	lew^{1}	lo^{1}	kjĩ^{1}	no^{1}
龙、	夜	叉、	阿	修	罗、	迦	楼	罗、	紧	那
[illegible]、	[illegible]	[illegible]	[illegible]	[illegible]，	[illegible]	[illegible]	[illegible]	[illegible]	[illegible]	[illegible]
lo^{1}	bji^{1}	xew^{1}	lo^{1}	khja^{2}	to^{2}	źji^{2}	pjạ^{1}	phjọ^{2}	ɲia^{2}	tsjij^{2}
罗、	摩	睺	罗	伽，	皆	悉	掌	合	菩	萨

龙、夜叉、阿修罗、迦楼罗、紧那罗、摩睺罗伽，皆悉合掌顶礼菩萨。

19.19.3

[illegible]	[illegible]	[illegible]。	[illegible]	[illegible]①	[illegible]	[illegible]	[illegible]	[illegible]	[illegible]	[illegible]，
·jij^{1}	tśjiw^{2}	tshwew^{1}	ŋa^{2}	kew^{1}	ljịj^{2}	po^{1}	tjij^{1}	ljạ^{1}	ŋa^{2}	zjọ^{2}
之	顶	礼。	我	高	大	菩	提	得	△	时，
[illegible]	[illegible]	[illegible]	[illegible]	[illegible]	[illegible]	[illegible]	[illegible]	[illegible]	[illegible]，	[illegible]
so^{2}	pho^{1}	rjur^{1}	kięj^{2}	·u^{2}	dźjij^{1}	dźjij^{1}	mẹ^{2}	we^{1}	njɨ^{2}	to^{2}
娑	婆	世	界	中	有	有	天	龙	等，	皆

如我于此证大菩提，娑婆世界所有天龙等，皆

19.19.4

[illegible]	[illegible]	[illegible]	[illegible]	[illegible]	[illegible]	[illegible]	[illegible]	[illegible]	[illegible]。
źji^{2}	pjạ^{1}	phjọ^{2}	ŋa^{2}	·jij^{1}	tśjiw^{2}	tshwew^{1}	rjir^{2}	·ja	tjịj^{2}

① [illegible]（此），原件字形作"[illegible]"，疑为"[illegible]"[句]字形讹。

悉	掌	合	我	之	顶	礼	与	一	样。

悉合掌顶礼于我。

19.19.5

[illegible]	[illegible]，	[illegible]	[illegible]	[illegible]！	[illegible]	[illegible]	[illegible]	[illegible]	[illegible]	[illegible]
niow1	tśjɨ1	śja1	rjir2	gji2	thja1	mji1	mju2	po1	tsa1	ma2
复	次，	舍	利	子！	彼	不	动	菩	萨	摩
[illegible]	[illegible]	[illegible]	[illegible]	[illegible]	[illegible]，	[illegible]	[illegible]	[illegible]	[illegible]	[illegible]
ŋạ2	tsa1	la1	ɣiwej1	rjir1	zjọ2	thja1	rjur1	kięj2	·u2	dźjij1
诃	萨	记	授	得	时，	彼	世	界	中	有

复次，舍利弗！彼不动菩萨摩诃萨得授记时，彼世界中所

19.19.6

[illegible]	[illegible]	[illegible]	[illegible]	[illegible]	[illegible]	[illegible]，	[illegible]	[illegible]	[illegible]	[illegible]
dźjij1	sji2	dzjwo2	phow1	dzwew1	low2	tja1	źji2	ljɨ2	ljɨ2	mə2
有	女	人	怀	襟	宽	者，	皆	易	易	产
[illegible]，	[illegible]	[illegible]	[illegible]	[illegible]。	[illegible]	[illegible]	[illegible]	[illegible]，	[illegible]	[illegible]
we̱1	rjur1	tśjị1	ŋjir1	mjij1	mə̣1	tja1	tsə̣1	ljij2	ba1	tja1
生，	诸	苦	难	无。	盲	者	视	见，	聋	者

有女人怀孕①，皆得安和分释②，无诸苦难。盲者得视，聋者

19.19.7

[illegible]	[illegible]。	[illegible]	[illegible]	[illegible]	[illegible]	[illegible]	[illegible]	[illegible]	[illegible]	[illegible]	[illegible]。
ɣię2	mji1	ŋa2	tha1	dja2	śjɨj1	zjọ2	rjir2	·ja	tjịj2	mji1	do2
声	闻。	我	佛	△	成	时	与	一	样	无	异。

能闻。如我成佛时等无有异。

19.20.1

[illegible]	[illegible]，	[illegible]	[illegible]	[illegible]！	[illegible]	[illegible]	[illegible]	[illegible]	[illegible]	[illegible]	[illegible]
niow1	tśjɨ1	śja1	rjir2	gji2	thja1	mji1	mju2	po1	tsa1	ma2	ŋạ2

① 怀孕，西夏本作“[illegible][illegible][illegible]”，字面意思是“怀襟宽”。下文 19.43.6 同。

② 安和分释，西夏本作“[illegible][illegible][illegible][illegible]”，字面意思是“易易生产”。

复 次， 舍 利 子！ 彼 不 动 菩 萨 摩 诃

[illegible]

tsa^{1} ·ja du̱^{2} tow^{1} lo^{1} sã^{1} bia^{1} sã^{1} po^{1} tjɨj^{1} śjwo^{1}

萨 阿 耨 多 罗 三 藐 三 菩 提 发

复次，舍利弗！彼不动菩萨摩诃萨发趣阿耨多罗三藐三菩提，

19.20.2

[illegible]

tshwew^{1} niow^{1} mej^{1} wạ^{2} mjor^{1} ljịj^{2} bju^{1} wo^{2} tśhja^{2} ka^{1} dwewr^{2}

趣， 及 目 广 如 来、 应 供、 正 等 觉

[illegible]

po^{1} tjɨj^{1} kjɨ^{1} la^{1} ɣiwej^{1} zjọ^{2} thja^{1} sọ^{1} dzjɨj^{1} kha^{1}

菩 提 △ 记 授 时， 彼 三 时 中

及广目如来、应、正等觉授菩提记，于彼二时①

19.20.3

[illegible]

ɲia^{2} tśhju^{1} ŋowr^{2} ŋowr^{2} lwow^{1} sjɨ^{1} tja^{1} mjij^{1} ŋa^{2}

众 生 一 切 横 死 者 无， 我

[illegible]

ŋowr^{2} ŋowr^{2} sjịj^{2} ljạ^{1} zjọ^{2} rjir^{2} ·ja tjịj^{2}

一 切 智 证 时 与 一 样。

一切众生无横死者，亦如我证一切智时无有异也。

19.20.4

[illegible]

niow^{1} tśjɨ^{1} śja^{1} rjir^{2} gji^{2} thja^{1} mji^{1} mju^{2} ɲia^{2} tsjij^{2} la^{1}

复 次， 舍 利 子！ 彼 不 动 菩 萨 记

[illegible]

ɣiwej^{1} rjir^{2} zjọ^{2} njij^{1} ·o^{2} śja^{1} lji^{2} rjur^{1} kiẹj^{2} zjir^{2}

① 二时，西夏本作"[illegible]"（三时）。

授 得 时， 心 悦 香 香 世 界 普

复次，舍利弗！彼不动菩萨得授记时，有悦意香普熏世界，

19.20.5

[illegible]， [illegible] [illegible] [illegible] [illegible] [illegible] [illegible]， [illegible]

me̱¹ ŋa² ljịj² po¹ tjɨj¹ lja̱¹ zjo̱² njịj¹

熏， 我 大 菩 提 证 时， 心

[illegible] [illegible] [illegible] [illegible] [illegible] [illegible] [illegible] [illegible]。

·o² thjo̱¹ śja¹ me̱¹ lew² rjir² ·ja tjɨj²

悦 妙 香 香 芬 与 一 样。

亦如我昔证大菩提，妙香遍闻适意无异。

汉文本

尔时，舍利弗白佛言：世尊，不动菩萨初发心时，几何天子而来集会？佛告舍利弗：彼时三千大千世界所有四大天王及与帝释魔王、娑婆世界主梵天王等，皆欢喜合掌，作如是言：今此所闻被功德甲，我等昔未曾闻。世尊，彼不动菩萨当成佛时，于彼刹中所有众生，不以下劣善根而得成就。

舍利弗白佛言：世尊，如佛所说不动菩萨被甲功德，诸余菩萨所未曾有。佛告舍利弗：如是如是！诸余菩萨被大甲胄，发趣无上菩提，无有如不动菩萨摩诃萨者。舍利弗！彼不动菩萨成就功德，于贤劫中一切菩萨皆悉无有。舍利弗！尔时，广目如来授不动菩萨摩诃萨阿耨多罗三藐三菩提记，言：善男子！汝于来世当得作佛，号曰不动如来、应、正等觉、明行圆满、善逝、世间解、无上丈夫、调御士、天人师、佛、世尊。如燃灯佛与我授记。舍利弗！不动菩萨得授记时，有大光明普照世界，是时，大地六种震动。如我往昔证一切智时，此大千界六动震动。

复次，舍利弗！彼时三千大千世界所有卉木丛林皆向菩萨倾靡，亦如我昔证菩提时，一切草木倾向于我。

复次，舍利弗！不动菩萨蒙佛记时，彼大千界所有天龙、夜叉、阿修罗、迦楼罗、紧那罗、摩睺罗伽，皆悉合掌顶礼菩萨。如我于此证大菩提，娑婆世界所有天龙等，皆悉合掌顶礼于我。

复次，舍利弗！彼不动菩萨摩诃萨得授记时，彼世界中所有女人怀孕，皆得安和分释，无诸苦难。盲者得视，聋者能闻。如我成佛时等无有异。

复次，舍利弗！彼不动菩萨摩诃萨发趣阿耨多罗三藐三菩提，及广目如来、应、正等觉授菩提记，于彼二时一切众生无横死者，亦如我证一切智时无有异也。

复次，舍利弗！彼不动菩萨得授记时，有悦意香普熏世界，亦如我昔证大菩提，妙香遍闻适意无异。

19.20.6

[illegible] [illegible]， [illegible] [illegible] [illegible] [illegible] [illegible] [illegible] [illegible]： [illegible] [illegible]， [illegible]

tśhjɨ^{1}	zjọ^{2}	śja^{1}	rjir^{2}	gji^{2}	tha^{1}	·jij^{1}	dạ^{2}	jɨ^{2}	rjur^{1}	pjụ^{1}	thja^{1}
尔	时,	舍	利	子	佛	之	言	谓:	世	尊,	彼
[illegible]											
mji^{1}	mju^{2}	po^{1}	tsa^{1}	ma^{2}	ŋạ^{2}	tsa^{1}	thjɨ^{2}	sju^{2}	wạ^{2}	ljịj^{2}	
不	动	菩	萨	摩	诃	萨	是	如	广	大	

尔时,舍利弗白佛言:世尊,彼不动菩萨摩诃萨成就如是广大

19.20.7

[illegible]										
tśhja^{2}	·iow^{1}	śjɨj^{1}	·jiw^{2}	tha^{1}	śja^{1}	rjir^{2}	gji^{2}	·jij^{1}	jɨ^{2}	thja^{1}
德	功	成	就。	佛	舍	利	子	之	谓:	彼
[illegible]										
mji^{1}	mju^{2}	ɲia^{2}	tsjij^{2}	tha^{1}	la^{1}	ɣiwej^{1}	rjir^{2}	lew^{1}	thjɨ^{2}	sju^{2}
不	动	菩	萨	佛	记	授	得,	唯	此	如

功德。佛告舍利弗言:彼不动菩萨蒙佛授记,非唯有此

19.21.1

[illegible]							
tśhja^{2}	·iow^{1}	dźjij^{2}	ljɨ^{1}	mji^{1}	dźjij^{2}	niow^{1}	bju^{2}
德	功	有	及	非	有,	又	边
[illegible]							
mjij^{1}	tśhja^{2}	·iow^{1}	tjij^{1}	rewr^{2}	ɣa^{2}	njɨ^{2}	
无	德	功	彼	岸	于	至。	

功德,又能到无边功德彼岸。

19.21.2

[illegible]										
niow^{1}	tśjɨ^{1}	śja^{1}	rjir^{2}	gji^{2}	thja^{1}	mji^{1}	mju^{2}	ɲia^{2}	tsjij^{2}	mej^{1}
复	次,	舍	利	子!	彼	不	动	菩	萨	目
[illegible]										
wạ^{2}	mjor^{1}	ljij^{2}	kjɨ^{1}	la^{1}	ɣiwej^{1}	niọw^{1}	thja^{1}	zjọ^{2}	rjur^{1}	
广	如	来	△	记	授	由,	彼	时	世	

复次,舍利弗!彼不动菩萨由广目如来与授佛记,彼时

19.21.3

[illegible]	[illegible]	[illegible]	[illegible]	[illegible]	[illegible]	[illegible]，	[illegible]	[illegible]	[illegible]	[illegible]
kha^{1}	dzjwo^{2}	mə^{1}	·ja	sew^{2}	njij^{1}	njɨ^{2}	njij^{1}	źji^{2}	ljwu^{2}	de^{2}
间	人	天	阿	修	罗	等，	心	皆	庆	悦
[illegible]	[illegible]	[illegible]	[illegible]，	[illegible]	[illegible]	[illegible]	[illegible]	[illegible]	[illegible]	
wə^{1}	lhji̱^{1}	ne̱w^{2}	dźjij^{1}	ŋa^{2}	źji^{2}	phju^{2}	po^{1}	tjɨj^{1}	ljạ^{1}	
孝	柔	善	精，	我	无	上	菩	提	证	

天人世间阿修罗等，心皆悦庆柔顺调善①，亦如我证无上菩提，

19.21.4

[illegible]，	[illegible]	[illegible]	[illegible]	[illegible]	[illegible]	[illegible]	[illegible]	[illegible]	[illegible]	[illegible]。
zjọ^{2}	rjur^{1}	dzjwo^{2}	mə^{1}	njɨ^{2}	źji^{2}	njij^{1}	ljɨ̣j^{2}	rjir^{2}	·ja	tjɨ̣j^{2}
时，	诸	人	天	等	皆	心	喜	与	一	样。

诸天人等皆同欢喜。

19.21.5

[illegible]	[illegible]，	[illegible]	[illegible]	[illegible]！	[illegible]	[illegible]	[illegible]	[illegible]	[illegible]	[illegible]
niow^{1}	tśjɨ^{1}	śja^{1}	rjir^{2}	gji^{2}	thja^{1}	mji^{1}	mju^{2}	ɲia^{2}	tsjij^{2}	la^{1}
复	次，	舍	利	子！	彼	不	动	菩	萨	记
[illegible]	[illegible]	[illegible]，	[illegible]	[illegible]	[illegible]	[illegible]	[illegible]	[illegible]	[illegible]	
ɣiwej^{1}	rjir^{2}	zjọ^{2}	ljịj^{2}	·ja^{2}	khja^{2}	gjɨ^{2}	lạ^{1}	·u^{2}	kie^{1}	
授	获	时，	大	夜	叉	有	手	中	金	

复次，舍利弗！彼不动菩萨获授记时，有大夜叉手持金

19.21.6

[illegible]	[illegible]	[illegible]	[illegible]	[illegible]	[illegible]	[illegible]，	[illegible]	[illegible]	[illegible]	[illegible]	[illegible]	[illegible]。
dźja^{2}	zow^{2}	ɲia^{2}	tsjij^{2}	·jij^{1}	tshji^{2}	·wejr^{2}	thji^{2}	tsjɨ^{1}	ŋa^{2}	rjir^{2}	·ja	tjɨ̣j^{2}
刚	持	菩	萨	之	侍	卫，	此	亦	我	与	一	样。

刚侍卫菩萨，如我无异。

---

① 柔，西夏本作“[illegible]”（孝）。按，“[illegible]”wə^{1}（孝）在此疑为假借作“[illegible]”wə̱^{1}（柔）。此二字在《择要》中同组（12.14.4）。

19.21.7

niow^1	tśjɨ^1	śja^1	rjir^2	gji^2	mji^1	mju^2	ɲia^2	tsjij^2	la^1
复	次,	舍	利	子!	不	动	菩	萨	记
ɣiwej^1	rjir^2	zjọ^2	rjur^1	mə^1	niow^1	dzjwo^2	rjur^1	wją^1	ŋạ^2
受	得	时,	诸	天	及	人	诸	花	名、

复次,舍利弗!不动菩萨蒙佛记时,诸天及人散诸名花、

19.22.1

ma^2	śja^1	nji^1	śja^1	ɲia^2	tsjij^2	tśhjạ^1	lju^2	ŋa^2	ljịj^2
涂	香	末	香	菩	萨	上	散,	我	大
po^1	tjɨj^1	ljạ^1	ŋa^2	zjọ^2	rjur^1	śja^1	wją^1	lju^2	rjir^2
菩	提	证	△	时	诸	香	华	散	与

涂香末香于菩萨上,亦如我证大菩提时散诸香华。

19.22.2

·ja	tjɨj^2	niow^1	tśjɨ^1	śja^1	rjir^2	gji^2	thja^1	mji^1	mju^2	ɲia^2
一	样。	复	次,	舍	利	子!	彼	不	动	菩
tsjij^2	la^1	ɣiwej^1	rjir^2	zjọ^2	dzjij^2	rjur^1	dzjwo^2	mə^1	njɨ^2	·jij^1
萨	记	授	得	时,	余	诸	人	天	等	自

复次,舍利弗!彼不动菩萨得授记时,有诸天人各

19.22.3

twụ^1	njɨ^1	ɣạ^2	rjir^2	gji^2	źji^2	·ja	dụ^2	tow^1	lo^1	sã^1	bia^1
各	二	十	亿,	时	皆	阿	耨	多	罗	三	藐

[illegible]	[illegible]	[illegible]	[illegible]	[illegible]	[illegible]，	[illegible]	[illegible]	[illegible]	[illegible]	[illegible]
sā^{1}	po^{1}	tjɨj^{1}	njij^{1}	·ja	śjwo^{1}	mej^{1}	wạ^{2}	mjor^{1}	ljij^{2}	do^{2}
三	菩	提	心	△	发，	目	广	如	来	处

二十亿，皆发阿耨多罗三藐三菩提心，得广目如来

19.22.4

[illegible]	[illegible]	[illegible]	[illegible]	[illegible]。	[illegible]	[illegible]，	[illegible]	[illegible]	[illegible]！	[illegible]
po^{1}	tjɨj^{1}	la^{1}	ɣiwej^{1}	rjir^{2}	niow^{1}	tśjɨ^{1}	śja^{1}	rjir^{2}	gji^{2}	thja^{1}
菩	提	记	授	得。	复	次，	舍	利	子！	彼
[illegible]	[illegible]	[illegible]	[illegible]	[illegible]	[illegible]	[illegible]	[illegible]，	[illegible]	[illegible]	[illegible]
mji^{1}	mju^{2}	ɲia^{2}	tsjij^{2}	la^{1}	ɣiwej^{1}	rjir^{2}	zjọ^{2}	·jiw^{2}	pa^{2}	lo^{1}
不	动	菩	萨	记	授	得	时，	优	钵	罗

授佛①菩提记。复次，舍利弗！彼不动菩萨蒙佛记时，优钵罗

19.22.5

[illegible]、	[illegible]	[illegible]	[illegible]	[illegible]、	[illegible]	[illegible]	[illegible]	[illegible]	[illegible]	[illegible]
wjạ^{1}	pa^{2}	thew^{2}	mo^{2}	wjạ^{1}	xjwi^{1}	thow^{1}	lji^{1}	wjạ^{1}	ljɨ̣^{2}	njijr^{2}
花、	波	头	摩	华、	纷	陀	利	华	地	面
[illegible]	[illegible]，	[illegible]	[illegible]	[illegible]	[illegible]	[illegible]	[illegible]	[illegible]	[illegible]	[illegible]
nja^{1}	lə^{2}	ŋa^{2}	·jij^{1}	lhejr^{2}	lhjo̱r^{1}	zjir^{2}	rjur^{1}	wjạ^{1}	nja^{1}	lə^{2}
满	遮，	我	之	道	场	遍	诸	华	满	遮

花、波头摩华、纷陀利华遍满大地②，亦如我道场诸华遍覆。

19.22.6

[illegible]	[illegible]	[illegible]。	[illegible]	[illegible]，	[illegible]	[illegible]	[illegible]！	[illegible]	[illegible]	[illegible]
rjir^{2}	·ja	tjɨ̣j^{2}	niow^{1}	tśjɨ^{1}	śja^{1}	rjir^{2}	gji^{2}	thja^{1}	mji^{1}	mju^{2}
与	一	样。	复	次，	舍	利	子！	彼	不	动
[illegible]	[illegible]	[illegible]	[illegible]	[illegible]	[illegible]，	[illegible]	[illegible]	[illegible]	[illegible]	[illegible]
ɲia^{2}	tsjij^{2}	la^{1}	ɣiwej^{1}	rjir^{2}	zjọ^{2}	mjɨ^{1}	pjụ^{1}	rjur^{1}	mə^{1}	ŋa^{1}
菩	萨	记	授	得	时，	无	量	诸	天	空

复次，舍利弗！彼不动菩萨得授记时，有无量诸天

① “佛”字义西夏本未见。

② 汉文本“花、华”二字西夏本皆作“[illegible]”（花）。

19.22.7

[illegible]										
gu^{2}	rjur^{1}	mə^{1}	lhwu^{1}	dźjij^{1}	ɲia^{2}	tsjij^{2}	tśhja̱^{1}	lju^{2}	źji^{2}	thjɨ^{2}
中	诸	天	衣	精	菩	萨	上	散，	咸	是
[illegible]										
da̱^{2}	jɨ^{2}	tji̱^{1}	thjɨ^{2}	ɲia^{2}	tsjij^{2}	xja^{1}	źji^{2}	phju^{2}	tśhja^{2}	ka^{1}
言	谓：	愿	此	菩	萨	速	无	上	正	等

在虚空中散诸天衣覆菩萨上，咸作是言：愿此菩萨速证无上正等

19.23.1

[illegible]										
po^{1}	tjɨj^{1}	kjij^{1}	lja̱^{1}	jɨ^{2}	ŋa^{2}	ŋowr^{2}	ŋowr^{2}	sji̱j^{2}	rjor	ŋa^{2}
菩	提	愿	证	谓，	我	一	切	智	得	△
[illegible]										
zjo̱^{2}	rjur^{1}	mə^{1}	lhwu^{1}	lju^{2}	rjir^{2}	·ja	tjɨj^{2}	niow^{1}	tśjɨ^{1}	
时，	诸	天	衣	散	与	一	样。	复	次，	

菩提，亦如我昔得一切智，诸天散衣无有异也。复次，

19.23.2

[illegible]										
śja^{1}	rjir^{2}	gji^{2}	thja^{1}	rjur^{1}	kha^{1}	dzjwo^{2}	mə^{1}	·ja	sew^{2}	lo^{1}
舍	利	子！	彼	世	间	人	天、	阿	修	罗
[illegible]										
njɨ^{2}	mji^{1}	mju̱^{2}	ɲia^{2}	tsjij^{2}	·ja	du̱^{2}	tow^{1}	lo^{1}	sã^{1}	
等，	不	动	菩	萨	阿	耨	多	罗	三	

舍利弗！彼世间天人、阿修罗等，见不动菩萨得授阿耨多罗三

19.23.3

[illegible]										
bia^{1}	sã^{1}	po^{1}	tjɨj^{1}	la^{1}	ɣiwej^{1}	rjir^{2}	ljij^{2}	źji^{2}	ljij^{2}	njij^{1}
藐	三	菩	提	记	授	得	见，	皆	大	欢

[illegible]，	[illegible]	[illegible]	[illegible]	[illegible]	[illegible]	[illegible]	[illegible]	[illegible]。	[illegible]
ljɨj^{2}	rjur^{1}	kha^{1}	wja^{1}	mja^{1}	gji^{2}	dju^{2}	su^{1}	dzjịj^{1}	ŋa^{2}
喜，	世	间	父	母	子	生	于	过。	我

藐三菩提记，皆大欢喜，甚于世间父母生子。

19.23.4

[illegible]	[illegible]	[illegible]	[illegible]	[illegible]，	[illegible]	[illegible]	[illegible]
ŋowr^{2}	ŋowr^{2}	sjịj^{2}	ljạ^{1}	zjọ^{2}	rjur^{1}	dzjwo^{2}	mə^{1}
一	切	智	证	时，	诸	人	天
[illegible]	[illegible]	[illegible]	[illegible]	[illegible]	[illegible]	[illegible]	[illegible]。
nji^{2}	źji^{2}	ljịj^{2}	njịj^{1}	ljɨj^{2}	rjir^{2}	·ja	tjɨj^{2}
等	皆	大	欢	悦	与	一	样。

犹如我证一切智时，诸天人等皆大欢悦。

19.23.5

[illegible]	[illegible]，	[illegible]	[illegible]	[illegible]！	[illegible]	[illegible]	[illegible]	[illegible]	[illegible]	[illegible]
niow^{1}	tśjɨ^{1}	śja^{1}	rjir^{2}	gji^{2}	thja^{1}	sọ^{1}	tụ^{1}	ljịj^{2}	tụ^{1}	rjur^{1}
复	次，	舍	利	子！	彼	三	千	大	千	世
[illegible]	[illegible]	[illegible]	[illegible]	[illegible]	[illegible]，	[illegible]	[illegible]	[illegible]	[illegible]	
kiẹj^{2}	·u^{2}	dźjịj^{1}	dźjịj^{1}	dzjwo^{2}	mə^{1}	tha^{1}	mẹ^{2}	ɣie^{1}	bju^{1}	
界	中	有	有	人	天，	佛	神	力	以	

复次，舍利弗！彼三千大千世界所有天人，以佛神力

19.23.6

[illegible]	[illegible]	[illegible]	[illegible]	[illegible]	[illegible]	[illegible]	[illegible]	[illegible]，	[illegible]
źji^{2}	mji^{1}	mju^{2}	ɲia^{2}	tsjij^{2}	la^{1}	ɣiwej^{1}	rjir^{2}	mji^{1}	twụ^{1}
皆	不	动	菩	萨	记	授	得	闻，	各
[illegible]	[illegible]	[illegible]	[illegible]	[illegible]	[illegible]、	[illegible]	[illegible]	[illegible]	
mə^{2}	mə^{2}	phju^{2}	thjo̱^{1}	lhwu^{1}	gjwi^{2}	kiwej^{2}	ljɨ^{1}	tji^{1}	
种	种	上	妙	服	衣、	珍	宝	食	

皆闻不动菩萨授菩提记，各施种种上服名衣、珍奇美膳，

19.23.7

[illegible]，	[illegible]	[illegible]，	[illegible]	[illegible]	[illegible]	[illegible]	[illegible]	[illegible]	[illegible]	[illegible]，
ljɨj^{2}	zji^{1}	mji^{1}	dzjọ^{1}	sju^{2}	phji^{2}	khjiw^{2}	dźjwij^{2}	dzjị^{2}	·ja̱r^{2}	lhə
甘	布	施，	譬	如	比	丘	夏	寂	日	满，
[illegible]	[illegible]	[illegible]	[illegible]	[illegible]	[illegible]	[illegible]	[illegible]。	[illegible]	[illegible]	
rjur^{1}	dzjwo^{2}	ŋowr^{2}	ŋowr^{2}	to^{2}	źji^{2}	kjụ^{1}	tshwew^{1}	śja^{1}	rjir^{2}	
诸	人	一	切	悉	皆	供	养。	舍	利	

譬如比丘加提月满①,一切诸人悉皆供养。舍利

19.24.1

[illegible]！	[illegible]	[illegible]	[illegible]	[illegible]	[illegible]	[illegible]	[illegible]	[illegible]	[illegible]，	[illegible]
gji^{2}	thja^{1}	mji^{1}	mju^{2}	ɲia^{2}	tsjij^{2}	la^{1}	ɣiwej^{1}	rjir^{2}	zjọ^{2}	kięj^{2}
子！	彼	不	动	菩	萨	记	授	得	时，	欲
[illegible]	[illegible]	[illegible]	[illegible]	[illegible]	[illegible]	[illegible]，	[illegible]	[illegible]	[illegible]	
kięj^{2}	ɲia^{2}	tśhju^{1}	rjur^{1}	phju^{2}	wjị^{1}	zow^{2}	niow^{1}	mə^{1}	tshow^{1}	
界	众	生	诸	上	味	持，	并	天	乐	

弗！彼不动菩萨得授记时,欲界众生持诸上味,并奏天乐,

19.24.2

[illegible]，	[illegible]	[illegible]	[illegible]	[illegible]。	[illegible]	[illegible]	[illegible]！	[illegible]	[illegible]	[illegible]
khu^{1}	thja^{2}	·jij^{1}	kjụ^{1}	tshwew^{1}	śja^{1}	rjir^{2}	gji^{2}	thja^{1}	mji^{1}	mju^{2}
献，	彼	之	供	养。	舍	利	子！	彼	不	动
[illegible]	[illegible]	[illegible]	[illegible]	[illegible]	[illegible]	[illegible]	[illegible]	[illegible]，	[illegible]	[illegible]
po^{1}	tsa^{1}	ma^{2}	ŋạ^{2}	tsa^{1}	la^{1}	ɣiwej^{1}	rjir^{2}	niow^{1}	thjɨ^{2}	sju^{2}
菩	萨	摩	诃	萨	记	授	得	已，	是	如

而以供养。舍利弗！彼不动菩萨摩诃萨得授记已,有如是

19.24.3

[illegible]	[illegible]	[illegible]	[illegible]	[illegible]。	[illegible]，	[illegible]	[illegible]	[illegible]	[illegible]	[illegible]
njɨ^{2}	tśhja^{2}	·iow^{1}	śjɨj^{1}	·jiw^{2}	dzjɨj^{1}	pjụ^{1}	tja^{1}	śja^{1}	rjir^{2}	gji^{2}

① 加提月满,西夏本作“[illegible][illegible][illegible][illegible]”(夏寂日满)。

等	德	功	成	就。	时，	尊	者	舍	利	子
[illegible]	[illegible]	[illegible]	[illegible]：	[illegible]	[illegible]，	[illegible]	[illegible]、	[illegible]	[illegible]、	[illegible]
tha^1	·jij^1	dạ^2	jɨ^2	rjur^1	pjụ^1	mjor^1	ljij^2	bju^1	wo^2	tśhja^2
佛	之	言	谓：	世	尊，	如	来、	应	供、	正

等功德成就。时，尊者舍利弗白佛言：世尊，如来、应、正

19.24.4

[illegible]	[illegible]	[illegible]	[illegible]	[illegible]	[illegible]，	[illegible]	[illegible]	[illegible]	[illegible]	[illegible]
ka^1	dwewr^2	źji^2	kha^1	zjɨr^1	dju^1	rjur^1	tha^1	·jij^1	mjɨ^2	kięj^2
等	觉	甚	中	稀	有，	诸	佛	之	境	界
[illegible]	[illegible]	[illegible]	[illegible]，	[illegible]	[illegible]	[illegible]	[illegible]	[illegible]	[illegible]	[illegible]
sew^2	tshjij^1	tjį^2	mjij^1	thjɨ^2	sju^2	śjā^1	djɨj^2	mjɨ^2	kięj^2	niow^1
思	议	可	不，	是	如	禅	定	境	界	及

等觉甚为稀有，善说诸佛境界不可思议，如是禅定境界及

19.24.5

[illegible]	[illegible]	[illegible]	[illegible]	[illegible]	[illegible]	[illegible]	[illegible]	[illegible]	[illegible]，	[illegible]
rjur^1	we^1	·jij^1	mjɨ^2	kięj^2	tsjɨ^1	sew^2	tshjij^1	tjį^2	mjij^1	rjur^1
诸	龙	之	境	界	亦	思	议	可	不，	诸
[illegible]	[illegible]	[illegible]	[illegible]	[illegible]	[illegible]	[illegible]	[illegible]	[illegible]	[illegible]。	
sjwɨ^1	rjir^2	tshja^2	sew^2	tshjij^1	tjį^2	mjij^1	tshjij^1	njwi^2	nja^2	
业	果	报	思	议	可	不	说	能	△。	

诸龙境界不可思议，诸业果报不可思议。

汉文本

尔时，舍利弗白佛言：世尊，彼不动菩萨摩诃萨成就如是广大功德。佛告舍利弗言：彼不动菩萨蒙佛授记，非唯有此功德，又能到无边功德彼岸。

复次，舍利弗！彼不动菩萨由广目如来与授佛记，彼时天人世间阿修罗等，心皆悦庆柔顺调善，亦如我证无上菩提，诸天人等皆同欢喜。

复次，舍利弗！彼不动菩萨获授记时，有大夜叉手持金刚侍卫菩萨，如我无异。

复次，舍利弗！不动菩萨蒙佛记时，诸天及人散诸名花、涂香末香于菩萨上，亦如我证大菩提时散诸香华。

复次，舍利弗！彼不动菩萨得授记时，有诸天人各二十亿，皆发阿耨多罗三藐三菩提心，得广目如

来授佛菩提记。

复次,舍利弗!彼不动菩萨蒙佛记时,优钵罗花、波头摩华、纷陀利华遍满大地,亦如我道场诸华遍覆。

复次,舍利弗!彼不动菩萨得授记时,有无量诸天在虚空中散诸天衣覆菩萨上,咸作是言:愿此菩萨速证无上正等菩提,亦如我昔得一切智,诸天散衣无有异也。

复次,舍利弗!彼世间天人、阿修罗等,见不动菩萨得授阿耨多罗三藐三菩提记,皆大欢喜,甚于世间父母生子。犹如我证一切智时,诸天人等皆大欢悦。

复次,舍利弗!彼三千大千世界所有天人,以佛神力皆闻不动菩萨授菩提记,各施种种上服名衣、珍奇美膳,譬如比丘加提月满,一切诸人悉皆供养。

舍利弗!彼不动菩萨得授记时,欲界众生持诸上味,并奏天乐,而以供养。舍利弗!彼不动菩萨摩诃萨得授记已,有如是等功德成就。

时,尊者舍利弗白佛言:世尊,如来、应、正等觉甚为稀有,善说诸佛境界不可思议,如是禅定境界及诸龙境界不可思议,诸业果报不可思议。

19.24.6

[illegible]	[illegible],	[illegible]	[illegible]	[illegible]	[illegible]	[illegible]	[illegible]	[illegible]	[illegible]	[illegible],
rjur^{1}	pjụ^{1}	thja^{1}	mji^{1}	mju^{2}	ɲia^{2}	tsjij^{2}	ɣu^{1}	nji̱j^{1}	·ja	śjwo^{1}
世	尊,	彼	不	动	菩	萨	初	心	△	发,
[illegible]	[illegible]	[illegible]	[illegible]	[illegible]	[illegible]	[illegible]	[illegible],	[illegible]	[illegible]	
thjɨ^{2}	sju^{2}	bu̱^{2}	gjij^{1}	tśhja^{2}	·iow^{1}	ɣjiw^{1}	ɣiwej^{1}	mjor^{1}	ljịj^{2}	
是	如	胜	殊	德	功	摄	受,	如	来	

世尊,彼不动菩萨住初发心,摄受如是殊胜功德,得如来

19.24.7

[illegible]	[illegible]	[illegible],	[illegible]	[illegible]	[illegible]	[illegible]	[illegible]	[illegible]	[illegible]	[illegible]
do^{2}	la^{1}	rjir^{2}	niow^{1}	thjɨ^{2}	sju^{2}	njɨ^{2}	sew^{2}	tshji̱j^{1}	tjị^{2}	mjij^{1}
处	记	得,	又	此	如	等	思	议	可	不
[illegible]	[illegible]	[illegible]	[illegible]	[illegible]	[illegible]。	[illegible]	[illegible]	[illegible]	[illegible]	[illegible]
rjur^{1}	ljịj^{2}	tśhja^{2}	·iow^{1}	śjɨj^{1}	·jiw^{2}	tha^{1}	śja^{1}	rjir^{2}	gji^{2}	·jij^{1}
诸	大	德	功	成	就。	佛	舍	利	子	之

记,又成此等不可思议诸大功德。佛告舍利弗:

19.25.1

[illegible]: [illegible] [illegible] [illegible] [illegible], [illegible] [illegible] [illegible] [illegible]。 [illegible] [illegible],

jɨ^2	thjɨ^2	sju^2	thjɨ^2	sju^2	dạ^2	mjor^1	ŋwu^2	nja^2	tśhjɨ^1	zjọ^2
谓：	是	如	是	如，	说	如	是	汝。	尔	时，
[illegible]	[illegible]	[illegible]	[illegible]	[illegible]	[illegible]	[illegible]	[illegible]	[illegible]：	[illegible]	[illegible]！
pjụ^1	tja^1	·ja	na^1	śja^1	rjir^2	gji^2	·jij^1	jɨ^2	ljịj^2	tśhja^2
尊	者	阿	难	舍	利	子	之	谓：	大	德！

如是如是，如汝所说。尔时，尊者阿难白舍利弗言：大德！

19.25.2

[illegible]	[illegible]	[illegible]	[illegible]	[illegible]	[illegible]	[illegible]	[illegible]	[illegible]	[illegible]，	[illegible]
thja^1	ɣu^1	njij^1	śjwo^1	ɲia^2	tsjij^2	khu^1	dźjij^1	zjir^2	gjwi^2	rjur^1
彼	初	心	发	菩	萨	精	进	甲	衣，	世
[illegible]	[illegible]	[illegible]	[illegible]	[illegible]	[illegible]	[illegible]	[illegible]	[illegible]，	[illegible]	
pjụ^1	thja^2	·jij^1	zjɨ̱r^1	phiạ^2	tśhja^2	·iow^1	ljow^2	tshjịj^1	thja^1	
尊	彼	之	少	分	德	功	略	说，	彼	

彼初发心菩萨被精进甲胄，世尊略说少分功德，

19.25.3

[illegible]	[illegible]	[illegible]	[illegible]	[illegible]。	[illegible]	[illegible]	[illegible]	[illegible]：	[illegible]	[illegible]	[illegible]
tsjɨ^1	tshjịj^1	mji^1	sji^1	ljɨ^1	śja^1	rjir^2	gji^2	dạ^2	ŋwu^2	ljɨ^1	ŋwu^2
亦	说	未	尽	也。	舍	利	子	言：	是	也	是
[illegible]！	[illegible]	[illegible]	[illegible]	[illegible]	[illegible]	[illegible]。	[illegible]	[illegible]	[illegible]？	[illegible]	
ljɨ^1	mjor^1	ljịj^2	ljow^2	zjij^1	rjɨr^2	tshjịj^1	thjij^2	sjo^2	ljɨ^1	thja^1	
也！	如	来	边	许	乃	说。	何	云	故？	彼	

犹故未尽。舍利弗言：如是如是！如来略①说。何以故？彼

19.25.4

[illegible]	[illegible]	[illegible]	[illegible]	[illegible]	[illegible]	[illegible]	[illegible]	[illegible]	[illegible]，	[illegible]	[illegible]
ɲia^2	tsjij^2	ɣu^1	njij^1	·ja	śjwo^1	khu^1	dźjij^1	zjir^2	gjwi^2	sew^2	tshjịj^1
菩	萨	初	心	△	发	精	进	甲	衣，	思	议
[illegible]	[illegible]	[illegible]	[illegible]	[illegible]	[illegible]	[illegible]	[illegible]	[illegible]。	[illegible]	[illegible]	

① 略，西夏本作“[illegible][illegible]”（边许）。按，“[illegible]”ljow^2（边）字于义不合，在此假借作“[illegible]”ljow^2（少、微）。此二字在《择要》中同组（14.1.6）。参看下文 19.25.6 汉文本“略”字，西夏本译作“[illegible][illegible]”（少许、略微）。

tji̱^{2} mjij^{1} mjɨ^{1} pju̱^{1} tśhja^{2} ·iow^{1} śjɨj^{1} ·jiw^{2} ljɨ^{1} dzjɨj^{1} śja^{1}

可 不 无 量 德 功 成 就 也。 时 舍

菩萨住初发心被精进甲，成就不可思议无量功德。时舍

19.25.5

[illegible] [illegible] [illegible] [illegible] [illegible] [illegible] [illegible]： [illegible] [illegible]， [illegible] [illegible]

rjir^{2} gji^{2} niow^{1} tha^{1} ·jij^{1} da̱^{2} jɨ^{2} rjur^{1} pju̱^{1} thjɨ^{2} wjɨ^{2}

利 子 复 佛 之 言 谓： 世 尊， 是 今

[illegible] [illegible] [illegible] [illegible] [illegible] [illegible] [illegible] [illegible] [illegible]， [illegible]

mji^{1} mju^{2} ɲia^{2} tsjij^{2} ·jij^{1} khu^{1} dźjij^{1} zjir^{2} gjwi^{2} bu̱^{2}

不 动 菩 萨 之 精 进 甲 衣， 胜

利弗复白佛言：世尊，今已略赞不动菩萨被甲精进，殊

19.25.6

[illegible] [illegible] [illegible] [illegible] [illegible] [illegible] [illegible]， [illegible] [illegible] [illegible] [illegible]

gjij^{1} tśhja^{2} ·iow^{1} ljow^{2} zjij^{1} rjɨr^{2} tshjij^{1} lew^{1} tji̱^{1} rjur^{1} pju̱^{1}

殊 德 功 少 许 乃 说， 唯 愿 世 尊

[illegible] [illegible]、 [illegible] [illegible] [illegible] [illegible] [illegible] [illegible] [illegible] [illegible] [illegible]，

mjor^{1} dźjij^{1} mjij^{2} ljij^{2} rjur^{1} ɲia^{2} tsjij^{2} ·jij^{1} ɣjiw^{1} ɣiwej^{1} nio̱w^{1}

现 在、 未 来 诸 菩 萨 之 摄 受 故，

胜功德，唯愿世尊为摄受现在、未来诸菩萨故，

19.25.7

[illegible] [illegible] [illegible] [illegible] [illegible]。 [illegible] [illegible] [illegible] [illegible] [illegible] [illegible]：

wa̱^{2} rjɨr^{2} tshjij^{1} wji^{1} ŋa^{2} tha^{1} śja^{1} rjir^{2} gji^{2} ·jij^{1} jɨ^{2}

广 乃 说 为 我。 佛 舍 利 子 之 告：

[illegible] [illegible] [illegible] [illegible] [illegible] [illegible] [illegible] [illegible]， [illegible] [illegible] [illegible]

mji^{1} mju^{2} ɲia^{2} tsjij^{2} ɣu^{1} njij^{1} ·ja śjwo^{1} khu^{1} dźjij^{1} zjir^{2}

不 动 菩 萨 初 心 △ 发， 精 进 甲

广为宣说。佛告舍利弗：不动菩萨住初发心，被精进甲，

19.26.1

[illegible]， [illegible] [illegible] [illegible] [illegible] [illegible] [illegible] [illegible] [illegible]， [illegible] [illegible] [illegible] [illegible]

gjwi2 thjɨ2 sju2 tśhja2 ·iow1 sew2 tshjịj1 tjị2 mjij1 ŋa2 sjij1 nji2 ·jij1
衣， 是 如 德 功 思 议 可 不， 吾 今 汝 之
□ □ □ □ □。 □ □ □ □， □ □ □ □！
zjɨr1 phia2 tshjịj1 wji1 nja2 djị2 nji2 djị2 nji2 njij1 tjị1 ljɨr2 lew2
少 分 说 为 汝。 谛 听 谛 听， 心 诚 念 应！

如是功德不可思议，吾今为汝说其少分。谛听谛听，善思念之！

19.26.2

□ □ □ □： □ □ □ □， □ □ □
śja1 rjir2 gji2 dạ2 lew1 tjị1 rjur1 pjụ1 rjɨr2 tshjịj1 nja2
舍 利 子 言： 唯 愿 世 尊， 所 说 汝
□ □ □ □。 □ □： □ □ □ □ □
ŋa2 tsjɨ1 mji1 ŋwe1 tha1 dạ2 thja1 mji1 mju2 ɲia2 tsjij2
我 亦 闻 乐。 佛 言： 彼 不 动 菩 萨

舍利弗言：唯然世尊，愿乐欲闻。佛言：彼不动菩萨

19.26.3

□ □ □ □ □： □ □ □ □ □ □
thjɨ2 sju2 tjị1 ·ja śjwo1 tjɨ1 tjij1 tshọ2 ŋa1 wjɨ1 ?
是 如 愿 △ 发： 假 使 虚 空 异 变
□ □， □ □ □ □ □ □ □ □
djij2 dju1 tsjɨ1 ŋa2 ·jij1 ljij2 tjị1 tśjo mji1 lhjị1
而 有， 亦 我 之 弘 誓 终 无 退

发如是愿：假使虚空而有变异，我之弘誓终无退

19.26.4

□ □ □。 □ □ □ □，
lhjwo1 ŋa2 jɨ2 thjɨ2 tjị1 niow1 ku1
转 △ 谓。 此 愿 由 故，
□ □ □ □ □ □ □
mji1 mju2 ɲia2 tsjij2 dju1 dju1 tśhja2
不 动 菩 萨 有 有 德

转。由此愿故，不动菩萨所有功德

19.26.5

[illegible]	[illegible]	[illegible]	[illegible]	[illegible]。	[illegible]	[illegible]	[illegible]！	[illegible]	[illegible]	[illegible]
·iow^{1}	xja^{1}	źji^{2}	śjɨj^{1}	·jiw^{2}	śja^{1}	rjir^{2}	gji^{2}	ŋa^{2}	thjɨ^{2}	mẹ^{2}
功	速	皆	成	就。	舍	利	子！	我	此	贤
[illegible]	[illegible]	[illegible]	[illegible]	[illegible]	[illegible]	[illegible]	[illegible]	[illegible]	[illegible]，	
kja^{2}	kha^{1}	rjur^{1}	ɲia^{2}	tsjij^{2}	djij^{1}	khu^{1}	dźjij^{1}	zjir^{2}	gjwi^{2}	
劫	中	诸	菩	萨	辈	精	进	甲	衣，	

皆速成就。舍利弗！我不见有于贤劫中诸菩萨辈被精进甲，

19.26.6

[illegible]	[illegible]	[illegible]	[illegible]	[illegible]	[illegible]	[illegible]	[illegible]	[illegible]	[illegible]	[illegible]。
mji^{1}	mju^{2}	ɲia^{2}	tsjij^{2}	rjir^{2}	ŋwer^{1}	tja^{1}	mjɨ^{1}	tśhjɨ^{1}	lji^{2}	ŋa^{2}
不	动	菩	萨	与	比	者	未	彼	见	△。
[illegible]	[illegible]	[illegible]！	[illegible]	[illegible]	[illegible]	[illegible]	[illegible]	[illegible]	[illegible]	[illegible]，
śja^{1}	rjir^{2}	gji^{2}	ljɨ^{1}	dźjow^{1}	ɲia^{2}	tsjij^{2}	rjɨr^{2}	djọ^{2}	dźjɨ	tja^{1}
舍	利	子！	宝	幢	菩	萨	所	修	行	者，

如不动菩萨者。舍利弗！宝幢菩萨所修之行，

19.26.7

[illegible]	[illegible]	[illegible]	[illegible]	[illegible]	[illegible]	[illegible]，	[illegible]	[illegible]	[illegible]	[illegible]
thja^{1}	mji^{1}	mju^{2}	ɲia^{2}	tsjij^{2}	rjir^{2}	dzjọ^{1}	ku^{1}	zjɨr^{1}	phiạ^{2}	kha^{1}
彼	不	动	菩	萨	与	比，	则	少	分	中
[illegible]	[illegible]	[illegible]	[illegible]	[illegible]	[illegible]	[illegible]	[illegible]	[illegible]。	[illegible]	[illegible]
rjɨr^{2}	njɨ^{2}	ko^{1}	lo^{1}	phiạ^{2}	kha^{1}	lew^{1}	mjɨ^{1}	?	śja^{1}	rjir^{2}
乃	至	歌	罗	分	中	一	不	及。	舍	利

比于不动菩萨,于少分中乃至歌罗分亦不及一。舍利

19.27.1

[illegible]！	[illegible]	[illegible]	[illegible]	[illegible]	[illegible]	[illegible]	[illegible]	[illegible]	[illegible]	[illegible]，
gji^{2}	mji^{1}	mju^{2}	ɲia^{2}	tsjij^{2}	dja^{2}	gjwi^{2}	khu^{1}	dźjij^{1}	zjir^{2}	tja^{1}
子！	不	动	菩	萨	△	衣	精	进	甲	者，

[illegible]	[illegible]	[illegible]	[illegible]	[illegible]	[illegible]	[illegible]	[illegible]	[illegible]	[illegible]。
mjɨ^{1}	pju̱^{1}	tụ^{1}	ɲia^{2}	tsjij^{2}	źji^{2}	ŋwer^{1}	ka^{1}	mjɨ^{1}	njwi^{2}
无	量	千	菩	萨	悉	与	等	无	能。

弗！不动菩萨所被精进甲胄,无量千菩萨悉无与等。

19.27.2

[illegible]	[illegible]	[illegible]！	[illegible]	[illegible]	[illegible]	[illegible]	[illegible]	[illegible]	[illegible]	[illegible]
śja^{1}	rjir^{2}	gji^{2}	mji^{1}	mju^{2}	po^{1}	tsa^{1}	ma^{2}	ŋạ^{2}	tsa^{1}	thja^{1}
舍	利	子！	不	动	菩	萨	摩	诃	萨	此
[illegible]	[illegible]	[illegible]	[illegible]	[illegible],	[illegible]	[illegible]	[illegible]	[illegible]	[illegible]	[illegible]
gjwɨ^{1}	lwo^{2}	ŋwụ^{1}	tjị^{1}	bju^{1}	·ja	dụ^{2}	tow^{1}	lo^{1}	sã^{1}	bia^{1}
坚	固	誓	愿	以,	阿	耨	多	罗	三	藐

舍利弗！不动菩萨摩诃萨以此坚固誓愿,证得阿耨多罗三藐

19.27.3

[illegible]	[illegible]	[illegible]	[illegible]	[illegible]。	[illegible]	[illegible]	[illegible]	[illegible]	[illegible]	[illegible]
sã^{1}	po^{1}	tjɨj^{1}	lja̱^{1}	rjir^{2}	thjɨ^{2}	wjɨ^{2}	thjo̱^{1}	de^{2}	rjur^{1}	kiẹj^{2}
三	菩	提	证	得。	是	今	妙	喜	世	界
[illegible]	[illegible]	[illegible],	[illegible]	[illegible]	[illegible]	[illegible]	[illegible]	[illegible]、	[illegible]	[illegible]、
·u^{2}	mjor^{1}	dźjij^{1}	mjij^{2}	tja^{1}	mji^{1}	mju^{2}	mjor^{1}	ljịj^{2}	bju^{1}	wo^{2}
中	现	住,	号	者	不	动	如	来、	应	供、

三菩提。今现住于妙喜世界,号为不动如来、应、

19.27.4

[illegible]	[illegible]	[illegible]。	[illegible]	[illegible],	[illegible]	[illegible]	[illegible]！	[illegible]	[illegible]	[illegible]
tśhja^{2}	ka^{1}	dwewr^{2}	niow^{1}	tśjɨ^{1}	śja^{1}	rjir^{2}	gji^{2}	thja^{1}	mji^{1}	mju^{2}
正	等	觉。	复	次,	舍	利	子！	彼	不	动
[illegible]	[illegible]	[illegible]	[illegible]	[illegible]	[illegible]	[illegible]	[illegible]	[illegible],	[illegible]	[illegible]
mjor^{1}	ljịj^{2}	njwo^{2}	ɲia^{2}	tsjij^{2}	dźjɨ	rjɨr^{2}	dźjij^{1}	zjọ^{2}	rjur^{1}	dzjwo^{2}
如	来	昔	菩	萨	行	△	行	时,	诸	人

正等觉。复次,舍利弗！彼不动如来往昔行菩萨行时,诸有

19.27.5

[illegible]	[illegible]	[illegible]	[illegible]、	[illegible]	[illegible]	[illegible]	[illegible]	[illegible]	[illegible]	[illegible]
ɣu^{1}	mej^{1}	lhu̱^{2}	no^{2}	khjɨ^{1}	la̱^{1}	tsewr^{1}	war^{2}	njɨ^{2}	śjij^{2}	lja^{1}
头	目	髓	脑、	足	手	支	节	等	求	来
[illegible]，	[illegible]	[illegible]	[illegible]	[illegible]，	[illegible]	[illegible]	[illegible]	[illegible]。	[illegible]	
zjij^{1}	thja^{1}	śjwo^{1}	śjwo^{1}	bju^{1}	to^{2}	źji^{2}	mji^{1}	khjow^{1}	śja^{1}	
时，	其	需	需	依	悉	皆	施	与。	舍	

乞求头目髓脑、手足支节,不逆其意①,悉皆施与。舍

19.27.6

[illegible]	[illegible]！	[illegible]	[illegible]	[illegible]	[illegible]	[illegible]	[illegible]	[illegible]	[illegible]	[illegible]
rjir^{2}	gji^{2}	thja^{1}	mji^{1}	mju^{2}	mjor^{1}	ljij^{2}	ɣu^{1}	njij^{1}	·ja	śjwo^{1}
利	子！	彼	不	动	如	来	初	心	△	发
[illegible]	[illegible]	[illegible]，	[illegible]	[illegible]	[illegible]	[illegible]	[illegible]	[illegible]	[illegible]	
ɣa^{2}	rjɨr^{2}	ljij^{2}	rjɨr^{2}	njɨ^{2}	źji^{2}	phju^{2}	po^{1}	tjɨj^{1}	mji^{1}	
于	乃	来，	乃	至	无	上	菩	提	未	

利弗！彼不动如来从初发心,乃至未证无上菩提,

19.27.7

[illegible]，	[illegible]	[illegible]	[illegible]	[illegible]	[illegible]	[illegible]，	[illegible]	[illegible]	[illegible]	[illegible]
lja̱^{1}	thjɨ^{2}	rjijr^{2}	thja^{1}	·jiw^{1}	nio̱w^{1}	bju^{1}	ljɨ^{1}	nər^{2}	niəj^{1}	niow^{1}
证，	此	方	彼	因	缘	由，	风	黄	浊	及
[illegible]	[illegible]	[illegible]	[illegible]	[illegible]	[illegible]	[illegible]。	[illegible]	[illegible]	[illegible]！	
ɣu^{1}	ŋo^{2}	njɨ^{2}	rjur^{1}	ŋo^{2}	źji^{2}	mjij^{1}	śja^{1}	rjir^{2}	gji^{2}	
头	痛	等	诸	病	皆	无。	舍	利	子！	

由此因缘,无风黄痰及头痛等和合诸病。舍利弗！

19.28.1

[illegible]	[illegible]	[illegible]	[illegible]	[illegible]	[illegible]	[illegible]	[illegible]	[illegible]	[illegible]	[illegible]
thja^{1}	mji^{1}	mju^{2}	mjor^{1}	ljij^{2}	njwo^{2}	zjo̱^{2}	ɲia^{2}	tsjij^{2}	tśja^{1}	rjɨr^{2}

① 不逆其意,西夏本作"[illegible]",字面意思是"依其所需"。

彼 不 动 如 来 昔 世 菩 萨 道 △

[illegible]

dźjij^{1} zjọ^{2} mjor^{1} ljịj^{2} njɨ^{2} ·jij^{1} dju^{1} mjij^{2} djij^{2} tsji̱r^{1}

行 时， 如 来 等 之 有 未 曾 法

彼不动如来往昔行菩萨道时，得如是①等未曾有法。

19.28.2

[illegible]

rjir^{2} śja^{1} rjir^{2} gji^{2} thja^{1} pjɨ^{1} njwo^{2} ljọ^{2} rjɨr^{2} we̱^{1} twụ^{1}

得。 舍 利 子！ 彼 往 昔 何 所 生 处

[illegible]

rjur^{1} tha^{1} mjor^{1} ljịj^{2} ·jij^{1} kjụ^{1} tshwew^{1} tshji^{2} ljịj^{1} thja^{1}

诸 佛 如 来 之 供 养 奉 事， 彼

舍利弗！彼由往昔于生生处供养奉事诸佛如来，于彼

19.28.3

[illegible]

tha^{1} do^{2} ·ju^{2} xiwã^{1} dźjɨ rjɨr^{2} djọ^{2} thjɨ^{2} ·jiw^{1} nio̱w^{1} bju^{1}

佛 所 常 梵 行 △ 修， 是 因 缘 由，

[illegible]

ljọ^{2} wjɨ^{2} we̱^{1} twụ^{1} ·ji^{2} mər^{2} mjịj^{2} mji^{1} ? niow^{1}

何 已 生 处 复 本 名 不 变 既

佛所常修梵行，由是因缘，生生之处还复本名号为不动。

19.28.4

[illegible]

mji^{1} mju^{2} jɨ^{2} lew^{1} tha^{1} lhjịj^{2} ɣa^{2} śjwo^{1} lew^{1} tha^{1} lhjịj^{2}

不 动 谓。 一 佛 刹 于 从 一 佛 刹

[illegible]

ɣa^{2} njɨ^{2} tha^{1} dju^{1} lhjịj^{2} kha^{1} we̱^{1} ·ju^{2} mjor^{1} ljịj^{2}

① 如是，西夏本作“[illegible]”（如来）。

于 至， 佛 有 国 中 生 常 如 来

从一佛刹至一佛刹，生有佛世常见如来。

19.28.5

[illegible]。

ljij²

见。

汉文本

世尊，彼不动菩萨住初发心，摄受如是殊胜功德，得如来记，又成此等不可思议诸大功德。佛告舍利弗：如是如是，如汝所说。尔时，尊者阿难白舍利弗言：大德！彼初发心菩萨被精进甲胄，世尊略说少分功德，犹故未尽。舍利弗言：如是如是！如来略说。何以故？彼菩萨住初发心被精进甲，成就不可思议无量功德。时舍利弗复白佛言：世尊，今已略赞不动菩萨被甲精进，殊胜功德，唯愿世尊为摄受现在、未来诸菩萨故，广为宣说。佛告舍利弗：不动菩萨住初发心，被精进甲，如是功德不可思议，吾今为汝说其少分。谛听谛听，善思念之！舍利弗言：唯然世尊，愿乐欲闻。

佛言：彼不动菩萨发如是愿：假使虚空而有变异，我之弘誓终无退转。由此愿故，不动菩萨所有功德皆速成就。舍利弗！我不见有于贤劫中诸菩萨辈被精进甲，如不动菩萨者。舍利弗！宝幢菩萨所修之行，比于不动菩萨，于少分中乃至歌罗分亦不及一。舍利弗！不动菩萨所被精进甲胄，无量千菩萨悉无与等。舍利弗！不动菩萨摩诃萨以此坚固誓愿，证得阿耨多罗三藐三菩提。今现住于妙喜世界，号为不动如来、应、正等觉。

复次，舍利弗！彼不动如来往昔行菩萨行时，诸有乞求头目髓脑、手足支节，不逆其意，悉皆施与。舍利弗！彼不动如来从初发心，乃至未证无上菩提，由此因缘，无风黄痰及头痛等和合诸病。舍利弗！彼不动如来往昔行菩萨道时，得如是等未曾有法。舍利弗！彼由往昔于生生处供养奉事诸佛如来，于彼佛所常修梵行，由是因缘，生生之处还复本名号为不动。从一佛刹至一佛刹，生有佛世常见如来。

19.28.5

[illegible]！[illegible]

śja¹ rjir² gji² dzjo̦¹ sju² tśhia¹ tjɨ¹ lji¹ tśjiw² pho¹

舍 利 子！ 譬 如 刹 帝 利 灌 顶

[illegible]，

ljij² njij² rjur¹ kiẹj² kha¹ bu̱² ·jij¹ dzju² rjir²

大 王 世 界 中 胜 自 在 得，

舍利弗！譬如刹利①灌顶大王于世间中得胜自在，

① 刹利，西夏本作“[illegible]”（刹帝利）。

19.28.6

[illegible]

lew^{1} mji̱^{1} pjụ^{2} ɣa^{2} śjwo^{1} lew^{1} mji̱^{1} pjụ^{2} ɣa^{2} njɨ^{2} ljɨ̣^{2}

一 宫 殿 于 从 一 宫 殿 于 至， 地

[illegible]

lej^{2} mjij^{2} djij^{2} ŋwə^{1} kięj^{2} lhejr^{2} lhjịj^{2} thja^{1} mji^{1} mju^{2}

踏 不 曾， 五 欲 乐 受。 彼 不 动

从一宫殿至一宫殿，足不履地，受五欲乐。彼不动

19.28.7

[illegible]

ɲia^{2} tsjij^{2} njwo^{2} ɲia^{2} tsjij^{2} dźjɨ rjɨr^{2} dźjịj^{1} zjọ^{2} ljọ^{2} rjɨr^{2}

菩 萨 昔 菩 萨 行 △ 行 时， 何 所

[illegible]

we̱^{1} twụ^{1} ·ju^{2} xiwã^{1} dźjɨ rjɨr^{2} djọ^{2} rjur^{1} tha^{1} ·jij^{1} kjụ^{1}

生 处 常 梵 行 △ 修， 诸 佛 之 供

菩萨往昔行菩萨行时，生生之处常修梵行，供养诸佛，

19.29.1

[illegible]

tshwew^{1} rjɨr^{2} tshji̱j^{1} tsji̱r^{1} bju^{1} ne̱j^{2} dzji̱j^{2} gji̱j^{1} de^{2} źji^{2} po^{1}

养， 所 说 法 随， 示 教 利 喜， 皆 波

[illegible]

lo^{1} dzu^{1} rjir^{2} bju^{1} śjij^{1} rjɨr^{2} mja̱^{2} ɣię^{2} mji^{1} ljɨ̣^{2}

罗 蜜 与 相 应、 △ 大 声 闻 地

随所说法，示教利喜，皆与波罗蜜相应、少与声闻地

19.29.2

[illegible]

rjir^{2} mji^{1} bju^{1} śjij^{1} rjur^{1} ɲia^{2} tsjij^{2} ·jij^{1} ·ja du̱^{2} tow^{1}

与 不 相 应， 诸 菩 萨 之 阿 耨 多

lo¹ sã¹ bia¹ sã¹ po¹ tjɨj¹ tshwew¹ ·o² no² dźjịj¹

罗 三 藐 三 菩 提 趣 入 安 住

相应,能令诸菩萨趣入安住阿耨多罗三藐三菩提。

19.29.3

phji¹ njwi² thjɨ² njɨj¹ śjwo¹ nio̱w¹ źji² phju² po¹ tjɨj¹ ɣa²

令 能。 此 心 发 由 无 上 菩 提 于,

thjɨ² sju² wạ² ljɨj² tśhja² ·iow¹ gjịj¹ ɣie² lhjụ² rjir² niow¹

此 如 广 大 德 功 利 益 获 得。 又

由此发心于无上菩提故,获此广大功德利益。又

19.29.4

tsjir¹ mji¹ ne̱w² tśhji² bju¹ po¹ tjɨj¹ rjijr² ljɨ̣¹ tshwew¹ thjɨ²

法 施 善 根 以, 菩 提 向 回 趣, 是

sju² tjị¹ śjwo¹ ŋa² tha¹ we² zjịj¹ thja¹ lhjịj² io̱¹

如 愿 发: 我 佛 成 时, 彼 刹 土

以法施善根,回向菩提,发如是愿:愿我成佛,于彼刹

19.29.5

·u² ɲia² tsjịj² ŋowr² ŋowr² tha¹ pjụ¹ ɣie¹ bju¹ ŋa² rjɨr²

中 菩 萨 一 切, 佛 威 力 以, 我 所

tshjịj¹ tsjɨr¹ mji¹ zjịj¹ wjij² ɣiwej¹ ·jịj¹ rjijr² do¹ tshjɨ̣¹

说 法 闻 时, 愿 受 持 愿 读 诵,

中一切菩萨,以佛威力,闻我说法,受持读诵,

19.29.6

[illegible]	[illegible]	[illegible]	[illegible]	[illegible]	[illegible]	[illegible]	[illegible]	[illegible]	[illegible]，	[illegible]
niow¹	rjur¹	tha¹	mjor¹	ljịj²	rjijr²	da̱²	kjij¹	tshji²	ljịj¹	lew¹
及	诸	佛	如	来	愿	历	经	侍	奉，	一
[illegible]	[illegible]	[illegible]	[illegible]，	[illegible]	[illegible]	[illegible]	[illegible]	[illegible]，	[illegible]	[illegible]
tha¹	lhjịj²	ɣa²	śjwo¹	lew¹	tha¹	lhjịj²	ɣa²	njɨ²	rjɨr²	njɨ²
佛	刹	于	从，	一	佛	刹	于	至，	乃	至

及能历事诸佛如来，从一佛刹至一佛刹，乃至

19.29.7

[illegible]	[illegible]	[illegible]	[illegible]	[illegible]	[illegible]，	[illegible]	[illegible]	[illegible]	[illegible]	[illegible]，
źji²	phju²	po¹	tjɨj¹	mji¹	lja̱¹	thjɨ²	rjijr²	ŋa²	wjɨ²	sju²
无	上	菩	提	未	证，	此	方	我	犹	如，
[illegible]	[illegible]	[illegible]	[illegible]	[illegible]	[illegible]	[illegible]	[illegible]	[illegible]	[illegible]，	[illegible]
lew¹	tew¹	śie¹	mə¹	mji̱¹	·u²	lu²	twẹ¹	rjɨr²	niow¹	·ju²
唯	兜	率	天	宫	中	位	补	除	外，	常

未证无上菩提，常不远离诸佛世尊，譬如于我，唯除至兜率天宫补处之位。

19.30.1

[illegible]	[illegible]	[illegible]	[illegible]	[illegible]	[illegible]	[illegible]	[illegible]	[illegible]。	[illegible]	[illegible]
rjur¹	tha¹	rjur¹	pjụ¹	rjir²	wjɨ²	tsji̱r¹	tji¹	ka²	thjij²	sjo²
诸	佛	世	尊	与	△	不	远	离。	何	云
[illegible]？	[illegible]	[illegible]	[illegible]	[illegible]	[illegible]	[illegible]	[illegible]	[illegible]	[illegible]	[illegible]。
ljɨ¹	rjur¹	po¹	tsa¹	ma²	ŋạ²	tsa¹	tsji̱r¹	tjɨj²	thjɨ²	sju²
故？	诸	菩	萨	摩	诃	萨	法	则	是	如。

何以故？诸菩萨摩诃萨法尔如是。

19.30.2

[illegible]	[illegible]	[illegible]	[illegible]	[illegible]	[illegible]	[illegible]	[illegible]	[illegible]	[illegible]	[illegible]
tjij¹	tew¹	śie¹	mə¹	·ji¹	kha¹	nja¹	ljịj²	mja¹	·o¹	·u²
若	兜	率	天	众	中	△	来	母	腹	中

[illegible]，	[illegible]	[illegible]	[illegible]	[illegible]，	[illegible]	[illegible]，	[illegible]	[illegible]	[illegible]
ljị1	tśier1	śjwa̱1	khju1	dju2	tśhjɨ1	zjij1	ljij2	ljɨ̣2	sa̱r1
入，	右	胁	下	生，	尔	时，	大	地	震

若从兜率天众降神母胎，右胁生时，大地震动。

19.30.3

[illegible]	[illegible]。	[illegible]	[illegible]	[illegible]！	[illegible]	[illegible]	[illegible]	[illegible]	[illegible]	[illegible]
mju̱2	ljɨ1	śja1	rjir2	gji2	źji2	mjij2	lju̱2	po1	tsa1	ma2
动	也。	舍	利	子！	最	后	身	菩	萨	摩
[illegible]	[illegible]	[illegible]	[illegible]	[illegible]	[illegible]	[illegible]	[illegible]。	[illegible]	[illegible]	[illegible]！
ŋa̱2	tsa1	thjɨ2	sju2	lja2	·jij1	dju1	ljɨ1	śja1	rjir2	gji2
诃	萨	是	如	瑞	相	有	也。	舍	利	子！

舍利弗！最后身菩萨摩诃萨有如是瑞相。舍利弗！

19.30.4

[illegible]	[illegible]	[illegible]	[illegible]	[illegible]	[illegible]	[illegible]	[illegible]，	[illegible]	[illegible]	[illegible]
dzjo̱1	sju2	phji2	khjiw2	rjur1	me̱2	rewr2	dźjij2	mji̱1	pju̱2	·o2
譬	如	比	丘	诸	神	足	有，	宫	殿	入
[illegible]	[illegible]	[illegible]	[illegible]	[illegible]，	[illegible]	[illegible]	[illegible]	[illegible]	[illegible]	[illegible]
zjij1	tsho̱2	ŋa1	·o2	sju2	rjur1	pju̱1	wer1	dźjij1	źji2	ɣie2
时	虚	空	入	如，	诸	威	仪	住	皆	障

譬如比丘具诸神足，入宫殿内犹处虚空，住诸威仪皆无障

19.30.5

[illegible]	[illegible]。	[illegible]	[illegible]	[illegible]	[illegible]	[illegible]	[illegible]	[illegible]	[illegible]	[illegible]
lu̱2	mjij1	thja1	źji2	mjij2	lju̱2	ɲia2	tsjij2	tsjɨ1	thja1	wjɨ2
碍	无。	彼	最	后	身	菩	萨	亦	是	犹
[illegible]，	[illegible]	[illegible]	[illegible]	[illegible]	[illegible]	[illegible]	[illegible]	[illegible]	[illegible]，	[illegible]
sju2	mja1	·o1	·u2	kjɨ1	dźjij1	ŋa1	gu2	dźjij1	sju2	·o1
如，	母	腹	中	△	在	虚	空	住	如，	腹

碍。彼后身菩萨亦复如是，虽在母胎而住虚空，

19.30.6

[illegible]	[illegible]	[illegible]	[illegible]	[illegible]	[illegible]	[illegible]，	[illegible]	[illegible]	[illegible]	[illegible]
·u^2	mji^1	sej^1	tśior^2	la^1	mjɨ^1	ljɨ^1	tshie^2	tśior^2	lji^2	no^2
中	不	净	污	染	不	能，	臭	秽	气	味
[illegible]	[illegible]	[illegible]。	[illegible]	[illegible]	[illegible]！	[illegible]	[illegible]	[illegible]	[illegible]	[illegible]
tsjɨ^1	mji^1	dwewr^2	śja^1	rjir^2	gji^2	thja^1	mji^1	mju^2	mjor^1	ljịj^2
亦	不	闻。	舍	利	子！	彼	不	动	如	来

一切胎垢不净不能污染，臭秽之气彼亦不闻。舍利弗！彼不动如来

19.30.7

[illegible]	[illegible]	[illegible]	[illegible]	[illegible]	[illegible]	[illegible]	[illegible]	[illegible]	[illegible]	[illegible]：
njwo^2	ɲia^2	tsjij^2	tśja^1	rjɨr^2	dźjịj^1	zjọ^2	thjɨ^2	sju^2	tjị^1	śjwo^1
昔	菩	萨	道	△	行	时	是	如	愿	发：
[illegible]	[illegible]	[illegible]	[illegible]	[illegible]	[illegible]	[illegible]	[illegible]	[illegible]，	[illegible]	
tjij^1	ŋa^2	kụ^1	źji^2	phju^2	po^1	tjɨj^1	ljạ^1	zjịj^1	thja^1	
若	我	当	无	上	菩	提	证	时，	彼	

往昔行菩萨道发如是愿：若我当证无上菩提，

19.31.1

[illegible]	[illegible]	[illegible]	[illegible]	[illegible]	[illegible]	[illegible]	[illegible]	[illegible]	[illegible]	[illegible]
tha^1	lhjịj^2	·u^2	ɲia^2	tsjij^2	·ụ^2	dźjịj^1	mjijr^2	niow^1	ɣiẹ^2	mji^1
佛	刹	中	菩	萨	乘	行	者	及	声	闻
[illegible]	[illegible]	[illegible]，	[illegible]	[illegible]	[illegible]	[illegible]	[illegible]	[illegible]。	[illegible]	
·ụ^2	dźjịj^1	mjijr^2	źji^2	rjur^1	ljịj^2	sjwɨ^1	·jij^1	phja^1	rjur^1	
乘	行	者，	皆	诸	魔	业	△	断。	诸	

于彼佛刹行菩萨乘及声闻乘者，皆断诸魔业。

19.31.2

[illegible]	[illegible]	[illegible]	[illegible]	[illegible]	[illegible]、	[illegible]	[illegible]	[illegible]	[illegible]，	[illegible]	[illegible]
ɲia^2	tśhju^1	djịj^1	mə^2	ŋowr^2	ŋowr^2	dzjɨj^1	ŋowr^2	ŋowr^2	kha^1	rjur^1	ljịj^2
众	生	类	种	一	切、	时	一	切	中，	诸	魔

·ji^{1}	·jij^{1}	tśier^{1}	tsji̱r^{1}	tji^{1}	phji^{1}	ŋa^{2}	ɲia^{2}	tsjij^{2}	dźjɨ	rjɨr^{2}
众	之	便	不	得	令，	我	菩	萨	行	△

诸众生类于一切种、于一切时，令诸魔众不得其便，亦犹于我行菩萨行

19.31.3

dźjịj^{1}	zjọ^{2}	ljịj^{2}	sjwɨj^{1}	ŋowr^{2}	ŋowr^{2}	phja^{1}	rjir^{2}	·ja	tjɨj^{2}	djij^{2}
行	时，	魔	业	一	切	断	与	一	样	当
we^{2}	thja^{1}	rjur^{1}	ɲia^{2}	tsjij^{2}	rjɨr^{2}	njɨ^{2}	rjur^{1}	ljịj^{2}	tśhja^{2}	·iow^{1}
为，	彼	诸	菩	萨	乃	至	诸	大	德	功

时，断一切魔业，而彼诸菩萨乃至未成诸大功德，

19.31.4

mjij^{2}	śjij^{1}	thjɨ^{2}	rjijr^{2}	·ju^{2}	jɨr^{2}	ŋwu^{2}	po^{1}	tjɨj^{1}	dźjɨ	rjijr^{2}
未	成，	此	方	常	勤	以	菩	提	行	愿
djọ^{2}	wjij^{2}	ɣjiw^{1}	ɣiwej^{1}	jɨ^{2}	śja^{1}	rjir^{2}	gji^{2}	thja^{1}	mji^{1}	
修	愿	摄	受	谓。	舍	利	子！	彼	不	

常勤摄受修菩提行。舍利弗！彼不

19.31.5

mju^{2}	mjor^{1}	ljịj^{2}	bju^{1}	wo^{2}	tśhja^{2}	ka^{1}	dwewr^{2}	njwo^{2}	ɲia^{2}	tsjij^{2}
动	如	来、	应	供、	正	等	觉	昔	菩	萨
dźjɨ	rjɨr^{2}	dźjịj^{1}	zjọ^{2}	rjur^{1}	tsji̱r^{1}	nẹ^{1}	tshjịj^{1}	nji^{2}	lhjɨj^{1}	
行	△	行	时，	诸	法	演	说	听	闻	

动如来、应、正等觉往昔行菩萨行，演说诸法及听闻时，

19.31.6

[Tangut]	[Tangut]，	[Tangut]	[Tangut]	[Tangut]	[Tangut]	[Tangut]	[Tangut]	[Tangut]	[Tangut]。	[Tangut]
·jij1	zjij1	ljụ2	ljɨ̣1	niow1	njij1	dwər1	·jar2	mji1	śjwo1	thjij2
临	时，	身	并	及	心	疲	倦	不	生。	何
[Tangut]	[Tangut]？	[Tangut]	[Tangut]	[Tangut]	[Tangut]	[Tangut]	[Tangut]	[Tangut]	[Tangut]	
sjo2	ljɨ1	thja1	ɣu1	njij1	·ja	śjwo1	ɲia2	tsjij2	dźjɨ	
云	故？	彼	初	心	△	发	菩	萨	行	

身之与心不生疲倦。何以故？彼初发心修菩萨行

19.31.7

[Tangut]	[Tangut]	[Tangut]，	[Tangut]	[Tangut]	[Tangut]	[Tangut]	[Tangut]	[Tangut]	[Tangut]	[Tangut]。
rjɨr2	dźjịj1	zjọ2	tsji̱r1	ljụ2	pjụ1	ɣie1	rjir1	sji2	nio̱w1	ljɨ1
△	行	时，	法	身	威	力	得	△	故	也。
[Tangut]	[Tangut]	[Tangut]！	[Tangut]	[Tangut]	[Tangut]	[Tangut]、	[Tangut]	[Tangut]、	[Tangut]	[Tangut]
śja1	rjir2	gji2	mji1	mju2	mjor1	ljịj2	bju1	wo2	tśhja2	ka1
舍	利	子！	不	动	如	来、	应	供、	正	等

时，得法身威力故。舍利弗！不动如来、应、正等

19.32.1

[Tangut]	[Tangut]	[Tangut]	[Tangut]	[Tangut]	[Tangut]	[Tangut]	[Tangut]，	[Tangut]	[Tangut]	[Tangut]	[Tangut]：
dwewr2	njwo2	ɲia2	tsjij2	dźjɨ	rjɨr2	dźjịj1	zjọ2	thjɨ2	sju2	tjị1	śjwo1
觉	昔	菩	萨	行	△	行	时，	是	如	愿	发：
[Tangut]	[Tangut]	[Tangut]	[Tangut]	[Tangut]	[Tangut]	[Tangut]	[Tangut]	[Tangut]	[Tangut]	[Tangut]	
ŋa2	tha1	lhjịj2	·u2	dźjịj1	dźjịj1	po1	tsa1	ma2	ŋạ2	tsa1	
我	佛	刹	中	有	有	菩	萨	摩	诃	萨	

觉往昔行菩萨行时，作如是愿：我佛刹中所有菩萨摩诃萨

19.32.2

[Tangut]	[Tangut]	[Tangut]	[Tangut]	[Tangut]	[Tangut]	[Tangut]	[Tangut]	[Tangut]，	[Tangut]	[Tangut]	[Tangut]	[Tangut]	[Tangut]	[Tangut]。
to2	źji2	tsji̱r1	ljụ2	iọ1	sə1	djij2	rjir1	jɨ2	thjɨ2	wjɨ2	ŋa2	rjir2	·ja	tjɨ̣j2
悉	皆	法	身	圆	满	当	得	谓，	是	今	我	与	一	样。

皆得法身圆满，如我无异。

汉文本

舍利弗！譬如刹利灌顶大王于世间中得胜自在，从一宫殿至一宫殿，足不履地，受五欲乐。彼不动菩萨往昔行菩萨行时，生生之处常修梵行，供养诸佛，随所说法，示教利喜，皆与波罗蜜相应、少与声闻地相应，能令诸菩萨趣入安住阿耨多罗三藐三菩提。由此发心于无上菩提故，获此广大功德利益。又以法施善根，回向菩提，发如是愿：愿我成佛，于彼刹中一切菩萨，以佛威力，闻我说法，受持读诵，及能历事诸佛如来，从一佛刹至一佛刹，乃至未证无上菩提，常不远离诸佛世尊，譬如于我，唯除至兜率天宫补处之位。何以故？诸菩萨摩诃萨法尔如是。若从兜率天众降神母胎，右胁生时，大地震动。

舍利弗！最后身菩萨摩诃萨有如是瑞相。舍利弗！譬如比丘具诸神足，入宫殿内犹处虚空，住诸威仪皆无障碍。彼后身菩萨亦复如是，虽在母胎而住虚空，一切胎垢不净不能污染，臭秽之气彼亦不闻。

舍利弗！彼不动如来往昔行菩萨道发如是愿：若我当证无上菩提，于彼佛刹行菩萨乘及声闻乘者，皆断诸魔业。诸众生类于一切种、于一切时，令诸魔众不得其便，亦犹于我行菩萨行时，断一切魔业，而彼诸菩萨乃至未成诸大功德，常勤摄受修菩提行。

舍利弗！彼不动如来、应、正等觉往昔行菩萨行，演说诸法及听闻时，身之与心不生疲倦。何以故？彼初发心修菩萨行时，得法身威力故。舍利弗！不动如来、应、正等觉往昔行菩萨行时，作如是愿：我佛刹中所有菩萨摩诃萨皆得法身圆满，如我无异。

19.32.3

[illegible] [illegible] [illegible] [illegible] [illegible] [illegible] [illegible] [illegible] [illegible]

tha^{1} lhjịj^{2} tśhja^{2} ·iow^{1} śjwo^{2} tshjịj^{2} tjij^{1} nji̱^{1} tsew^{2}

佛 刹 德 功 庄 严 品 二 第

佛刹功德庄严品第二

19.32.4

[illegible] [illegible]， [illegible] [illegible] [illegible] [illegible] [illegible] [illegible] [illegible]： [illegible] [illegible]，

tśhjɨ^{1} zjọ^{2} śja^{1} rjir^{2} gji^{2} tha^{1} ·jij^{1} dạ^{2} jɨ^{2} rjur^{1} pjụ^{1}

尔 时， 舍 利 子 佛 之 言 谓： 世 尊，

[illegible] [illegible] [illegible] [illegible] [illegible] [illegible] [illegible] [illegible] [illegible] [illegible]

tha^{1} ma^{2} śji^{1} thja^{1} mji^{1} mju^{2} mjor^{1} ljịj^{2} ·jij^{1} ɲia^{2}

佛 往 昔 彼 不 动 如 来 之 菩

尔时，舍利弗白佛言：世尊，如佛已说不动如来修菩

19.32.5

[illegible] [illegible] [illegible] [illegible] [illegible] [illegible] [illegible] [illegible] [illegible] [illegible] [illegible]

$tsjij^{2}$ dźjɨ $rjɨr^{2}$ $djọ^{2}$ $zjọ^{2}$ $dźjij^{2}$ $dźjij^{2}$ $tśhja^{2}$ $·iow^{1}$ $rjɨr^{2}$ $tshjịj^{1}$

萨 行 △ 修 时 有 有 德 功 △ 说

[illegible]

nja^{2} lew^{1} $tjị^{1}$ $rjur^{1}$ $pjụ^{1}$ $niow^{1}$ $thja^{1}$ mji^{1} mju^{2} $mjor^{1}$ $ljịj^{2}$

△, 唯 愿 世 尊 及 彼 不 动 如 来

萨行时所有功德,复愿世尊开示①广说不动如来

19.32.6

[illegible]

$·jij^{1}$ $mjor^{1}$ $dźjij^{1}$ $lhjịj^{2}$ $·u^{2}$ $tśhja^{2}$ $·iow^{1}$ $śjwo^{2}$ $tshjịj^{2}$ tja^{1} $wạ^{2}$

之 现 在 刹 土 德 功 庄 严 者 广

[illegible]

$rjɨr^{2}$ $tshjịj^{1}$ wji^{1} $ŋa^{2}$ $thjij^{2}$ sjo^{2} $ljɨ^{1}$ $ɲia^{2}$ $tsjij^{2}$ $·ụ^{2}$ $dźjịj^{1}$

△ 说 为 我。 何 云 故? 菩 萨 乘 行

见今刹土功德严胜。何以故?

19.32.7

[illegible]

$mjijr^{2}$ $rjur^{1}$ pu^{1} te^{1} $khja^{2}$ lo^{1} $thja^{1}$ $tśhja^{2}$ $·iow^{1}$ mji^{1} $zjịj^{1}$

者 诸 补 特 伽 罗, 彼 德 功 闻 时,

[illegible]

dzu^{1} $ŋwe^{1}$ $njij^{1}$ $·jij^{1}$ $śjwo^{1}$ $thja^{1}$ tha^{1} $·jij^{1}$ $tśja^{1}$ $tshwew^{1}$ $kjụ^{1}$

爱 乐 心 △ 生, 彼 佛 之 礼 拜 供

使诸补特伽罗行菩萨乘者,闻彼功德,生爱乐心,欲见彼佛礼拜供

19.33.1

[illegible]

$tshwew^{1}$ $ljij^{2}$ $djij^{2}$ $kięj^{2}$ $ɣię^{2}$ mji^{1} $ljɨ^{2}$ $dźjij^{1}$ pu^{1} te^{1}

养 见 当 欲。 声 闻 地 住, 补 特

[illegible]

① “开示”二字义西夏本未见。

khja² lo¹ ɣiew¹ mjij¹ lja̱¹ mjijr² tsjɨ¹ thja¹ lhji̱j² ·u²

伽 罗 学 无 证 者, 亦 彼 刹 土

养。住声闻地,补特伽罗证无学者,闻彼刹土

19.33.2

[illegible]

tśhja² ·iow¹ śjwo² tshji̱j² mji¹ zjij¹ bju̱¹ tshwew¹ kju̱¹ tshwew¹ tshji²

德 功 庄 严 闻 时, 尊 敬 供 养 事

[illegible]

lji̱j¹ śjij¹ kjij¹ dzu¹ tha¹ śja¹ rjir² gji² ·jij¹ jɨ² tjij²

侍 顺 敬 欲。 佛 舍 利 子 之 谓: 善

功德庄严,亦希瞻礼供养奉事。佛告舍利弗:善

19.33.3

[illegible]

rjijr² tjij² rjijr² nji² sjij¹ thjɨ² wjɨ² thjɨ² sju² wo² ·jɨr¹

哉 善 哉! 汝 今 是 今 是 如 义 问

[illegible]

njwi² nja² dji̱² nji² dji̱² nji² njij¹ tji̱¹ ljɨ̱r² lew² thjɨ²

能 △。 谛 听 谛 听, 心 诚 念 应! 是

哉善哉！汝今乃能问如是义。谛听谛听,善思念之!

19.33.4

[illegible]

wjɨ² nji² ·jij¹ phjo² kar² phie² tshji̱j¹ wji¹ nja² śja¹ rjir² gji²

今 汝 之 分 别 解 说 为 汝。 舍 利 子

[illegible]

da̱² lew¹ tji̱¹ rjur¹ pju̱¹ rjɨr² tshji̱j¹ nja² ŋa² tsjɨ¹ mji¹

言: 唯 然 世 尊, 所 说 汝 我 亦 闻

今当为汝分别解说。舍利弗言:唯然世尊,愿乐欲闻。

19.33.5

[illegible]

ŋwe¹	tha¹	śja¹	rjir²	gji²	·jij¹	jɨ²	thja¹	mji¹	mju²	mjor¹
乐。	佛	舍	利	子	之	谓：	彼	不	动	如
[illegible]、	[illegible]	[illegible]、	[illegible]	[illegible]	[illegible]	[illegible]	[illegible]	[illegible]	[illegible]	
ljịj²	bju¹	wo²	tśhja²	ka¹	dwewr²	ŋowr²	ŋowr²	sjij²	ljạ¹	
来、	应	供、	正	等	觉	一	切	智	证	

佛告舍利弗：彼不动如来、应、正等觉证一切智

19.33.6

[illegible]，	[illegible]	[illegible]	[illegible]	[illegible]	[illegible]	[illegible]	[illegible]	[illegible]	[illegible]	[illegible]
zjọ²	ljịj²	bji¹	swew¹	wjạ²	sọ¹	tụ¹	ljịj²	tụ¹	rjur¹	kięj²
时，	大	光	明	放	三	千	大	千	世	界
[illegible]	[illegible]，	[illegible]	[illegible]，	[illegible]	[illegible]	[illegible]	[illegible]	[illegible]	[illegible]。	[illegible]
zjir²	swew¹	tśhjɨ¹	zjọ²	ljịj²	ljɨ²	tśhjiw¹	mə²	sa̱r¹	mju̱²	thja¹
普	照，	尔	时，	大	地	六	种	震	动。	彼

时，放大光明普照三千大千世界，是时，大地六种震动。彼

19.33.7

[illegible]	[illegible]	[illegible]	[illegible]	[illegible]	[illegible]	[illegible]，	[illegible]	[illegible]	[illegible]	[illegible]
rjur¹	kięj²	·u²	dźji̱j¹	dźji̱j¹	ɲia²	tśhju¹	thja¹	mji¹	mju²	mjor¹
世	界	中	有	有	众	生，	彼	不	动	如
[illegible]	[illegible]	[illegible]	[illegible]	[illegible]	[illegible]，	[illegible]	[illegible]	[illegible]	[illegible]	
ljịj²	źji²	phju²	dwewr²	ljạ¹	dwewr²	śjạ¹	njɨ̱²	śjạ¹	gjɨ²	
来	无	上	觉	证	知，	七	日	七	夜	

世界中所有众生，知不动如来证无上觉，经七昼夜

19.34.1

[illegible]	[illegible]	[illegible]	[illegible]	[illegible]、	[illegible]	[illegible]	[illegible]	[illegible]，	[illegible]	[illegible]
tjị¹	thji¹	sjij²	mji¹	śjwo¹	dźjwiw²	pạ²	sjij²	mjij¹	dwər¹	·jar²
饮	食	想	无	生、	饥	渴	想	无，	疲	倦
[illegible]	[illegible]	[illegible]	[illegible]，	[illegible]	[illegible]	[illegible]	[illegible]	[illegible]、	[illegible]	
·jɨ²	me²	sjij²	mjij¹	lew¹	no²	lhejr²	njij¹	ljɨ̱j²	dzu¹	

睡 眠 想 无， 唯 安 乐 欢 喜、 爱

无有食想、无饥渴想，亦无疲倦宴处①睡眠之想，唯有安乐欢喜、爱

19.34.2

[illegible] [illegible] [illegible] [illegible]。 [illegible] [illegible]， [illegible] [illegible] [illegible] [illegible] [illegible]

ŋwe1 ne̱w2 njij1 dju1 tśhjɨ1 zjọ2 thja1 rjur1 kięj2 ·u2 dźjij1

乐 善 心 有。 尔 时， 彼 世 界 中 有

[illegible] [illegible] [illegible] [illegible] [illegible] [illegible] [illegible]， [illegible] [illegible] [illegible]

dźjij1 ɲia2 tśhju1 niow1 kięj2 kięj2 mə1 tjụ2 kięj2 mji1

有 众 生 及 欲 界 天， 淫 欲 无

乐善心。而于彼时，世界之中所有众生及欲界天，无有淫欲。

19.34.3

[illegible]。 [illegible] [illegible] [illegible]？ [illegible] [illegible] [illegible] [illegible] [illegible] [illegible] [illegible]

dju1 thjij2 sjo2 ljɨ1 thja1 mjor1 ljij2 ·jij1 mər2 tjị1 ɣie1

有。 何 云 故？ 彼 如 来 之 本 愿 力

[illegible] [illegible]， [illegible] [illegible] [illegible] [illegible] [illegible] [illegible] [illegible] [illegible] [illegible]

nio̱w1 ljɨ1 thja1 rjur1 ɲia2 tśhju1 mjor1 zjọ2 thjɨ2 rjur1 tśhja2

由 故， 彼 诸 众 生 现 世 此 诸 德

何以故？由彼如来本愿力故，彼诸众生现世摄受此诸功德。

19.34.4

[illegible] [illegible] [illegible]。 [illegible] [illegible] [illegible]！ [illegible] [illegible] [illegible] [illegible]、 [illegible]

·iow1 ɣjiw1 ɣiwej1 śja1 rjir2 gji2 mji1 mju2 mjor1 ljij2 bju1

功 摄 受。 舍 利 子！ 不 动 如 来、 应

[illegible]、 [illegible] [illegible] [illegible] [illegible] [illegible] [illegible] [illegible] [illegible]， [illegible] [illegible]

wo2 tśhja2 ka1 dwewr2 ŋowr2 ŋowr2 sjij2 ljạ1 zjọ2 thja1 rjur1

供、 正 等 觉 一 切 智 证 时， 彼 世

舍利弗！不动如来、应、正等觉证一切智时，彼世

① “宴处”二字义西夏本未见。

19.34.5

[illegible]	[illegible]	[illegible]	[illegible]	[illegible]	[illegible]	[illegible]	[illegible]	[illegible]	[illegible]	[illegible]
kięj^{2}	·u^{2}	dźjij^{1}	dźjij^{1}	ɲia^{2}	tśhju^{1}	źji^{2}	njij^{1}	tji̱^{1}	ŋwu^{2}	mji^{1}
界	中	有	有	众	生	皆	心	诚	以	不
[illegible]	[illegible]	[illegible]	[illegible]	[illegible]	[illegible]，	[illegible]	[illegible]	[illegible]	[illegible]	
mju^{2}	mjor^{1}	ljij^{2}	rjijr^{2}	pja̱^{1}	phjo̱^{2}	mjor^{1}	ljij^{2}	·jij^{1}	sju̱^{1}	
动	如	来	向	掌	合，	如	来	之	仰	

界中所有众生皆至诚合掌向不动如来，由渴仰如来

19.34.6

[illegible]	[illegible]	[illegible]，	[illegible]	[illegible]	[illegible]	[illegible]	[illegible]
pa̱^{2}	nio̱w^{1}	ku^{1}	mjor^{1}	zjo̱^{2}	thji^{2}	sju^{2}	mjɨ^{1}
渴	由	故，	现	世	是	如	无
[illegible]	[illegible]	[illegible]	[illegible]	[illegible]	[illegible]	[illegible]。	
pju̱^{1}	tśhja^{2}	·iow^{1}	ɣjiw^{1}	ɣiwej^{1}	njwi^{2}	ljɨ^{1}	
量	德	功	摄	受	能	也。	

故，能于现世摄受如是无量功德。

19.34.7

[illegible]	[illegible]，	[illegible]	[illegible]	[illegible]！	[illegible]	[illegible]	[illegible]	[illegible]	[illegible]	[illegible]
niow^{1}	tśjɨ^{1}	śja^{1}	rjir^{2}	gji^{2}	thja^{1}	tha^{1}	rjur^{1}	kięj^{2}	tśhja^{2}	·iow^{1}
复	次，	舍	利	子！	彼	佛	世	界	德	功
[illegible]	[illegible]，	[illegible]	[illegible]	[illegible]	[illegible]	[illegible]	[illegible]	[illegible]	[illegible]	
śjwo^{2}	tshjij^{2}	mjɨ^{1}	pju̱^{1}	tha^{1}	lhjij^{2}	źji^{2}	thja^{1}	rjir^{2}	ŋwer^{1}	
庄	严，	无	量	佛	国	悉	彼	与	比	

复次，舍利弗！彼佛世界功德庄严，无量佛国悉

19.35.1

[illegible]	[illegible]	[illegible]。	[illegible]	[illegible]	[illegible]！	[illegible]	[illegible]	[illegible]	[illegible]	[illegible]
ka^{1}	mjɨ^{1}	njwi^{2}	śja^{1}	rjir^{2}	gji^{2}	thja^{1}	mjor^{1}	ljij^{2}	njwo^{2}	ɲia^{2}
等	无	能。	舍	利	子！	彼	如	来	昔	菩

tsjij^{2}	dźjɨ	rjɨr^{2}	djo̜^{2}	zjo̜^{2}	ljij^{2}	tjị^{1}	·ja	śjwo^{1}	tjị^{1}
萨	行	△	修	时，	弘	愿	△	发，	愿

无与等。舍利弗！由彼如来修菩萨行时，发斯弘誓愿，

19.35.2

·jij^{1}	tha^{1}	lhjij^{2}	djij^{2}	bu̱^{2}	gjij^{1}	rjijr^{2}	śjwo^{2}	tshjịj^{2}	jɨ^{2}	thjɨ^{2}
自	佛	刹	当	胜	殊	愿	庄	严	谓，	是
wjɨ^{2}	ŋa^{2}	mər^{2}	tjị^{1}	śjɨj^{1}	·jiw^{2}	rjir^{2}	·ja	tjɨj^{2}	śja^{1}	
今	我	本	愿	成	就	与	一	样。	舍	

此佛刹殊胜庄严，如我于今本愿成就。舍

19.35.3

rjir^{2}	gji^{2}	thja^{1}	mji^{1}	mju^{2}	mjor^{1}	ljịj^{2}	bju^{1}	wo^{2}	tśhja^{2}	ka^{1}
利	子！	彼	不	动	如	来、	应	供、	正	等
dwewr^{2}	źji^{2}	phju^{2}	po^{1}	tjɨj^{1}	ljạ^{1}	rjir^{2}	zjo̜^{2}	ka̱r^{1}	no^{1}	
觉	无	上	菩	提	证	得	时，	刹	那	

利弗！彼不动如来、应、正等觉证无上菩提时，于其刹那

19.35.4

ljij^{1}	tsej^{2}	ljij^{1}	zjij^{1}	so̜^{1}	tụ^{1}	rjur^{1}	kiẹj^{2}	·u^{2}	dźjij^{1}	dźjij^{1}
停	须	臾	时，	三	千	世	界	中	有	有
ɲia^{2}	tśhju^{1}	mə^{1}	mej^{1}	dźjij^{2}	mji^{1}	dźjij^{2}	lew^{2}	mjij^{1}	to^{2}	
众	生，	天	眼	有	无	有	应	无，	悉	

或须臾顷，三千世界所有众生，若有天眼若无天眼，

19.35.5

[illegible]	[illegible]	[illegible]	[illegible]	[illegible]	[illegible]	[illegible]。	[illegible]	[illegible]	[illegible]！	[illegible]
źji^{2}	mji^{1}	mju^{2}	mjor^{1}	ljịj^{2}	·jij^{1}	ljij^{2}	śja^{1}	rjir^{2}	gji^{2}	thja^{1}
皆	不	动	如	来	之	见。	舍	利	子！	彼

[illegible]	[illegible]	[illegible]	[illegible]	[illegible]	[illegible]	[illegible]	[illegible]	[illegible]，	[illegible]
tsjɨ^{1}	mjor^{1}	ljij^{2}	·jij^{1}	mər^{2}	tjị^{1}	śjɨj^{1}	·jiw^{2}	bju^{1}	rjur^{1}
亦	如	来	之	本	愿	成	就	因，	诸

彼皆得见不动如来。舍利弗！此亦如来本愿成就，令诸

19.35.6

[illegible]	[illegible]	[illegible]	[illegible]	[illegible]	[illegible]	[illegible]	[illegible]	[illegible]。
ɲia^{2}	tśhju^{1}	·jij^{1}	thjɨ^{2}	sju^{2}	tśhja^{2}	·iow^{1}	lhjụ^{2}	phji^{1}
有	情	之	此	如	德	功	获	令。

有情获此功德。

19.35.7

[illegible]	[illegible]，	[illegible]	[illegible]	[illegible]！	[illegible]	[illegible]	[illegible]	[illegible]	[illegible]	[illegible]
niow^{1}	tśjɨ^{1}	śja^{1}	rjir^{2}	gji^{2}	mji^{1}	mju^{2}	mjor^{1}	ljịj^{2}	po^{1}	tjɨj^{1}
复	次，	舍	利	子！	不	动	如	来	菩	提

[illegible]	[illegible]	[illegible]	[illegible]，	[illegible]	[illegible]	[illegible]	[illegible]	[illegible]，	[illegible]
lhejr^{2}	lhjọr^{1}	·u^{2}	dzụ^{2}	źji^{2}	phju^{2}	dwewr^{2}	ljạ^{1}	zjọ^{2}	mə^{1}
道	场	中	坐，	无	上	觉	证	时，	天

复次，舍利弗！不动如来坐菩提道场，证无上觉时，天

19.36.1

[illegible]	[illegible]	[illegible]	[illegible]	[illegible]	[illegible]	[illegible]	[illegible]。	[illegible]	[illegible]	[illegible]
ljịj^{2}	po^{1}	sjwɨ^{1}	ɣie^{2}	lụ^{2}	sjịj^{2}	mji^{1}	śjwo^{1}	niow^{1}	ŋew^{2}	mjij^{1}
魔	波	旬	障	碍	想	不	生。	复	数	无

[illegible]	[illegible]	[illegible]	[illegible]，	[illegible]	[illegible]	[illegible]	[illegible]	[illegible]	[illegible]	[illegible]
·jir^{2}	tụ^{1}	rjur^{1}	mə^{1}	rjur^{1}	śja^{1}	wjạ^{1}	niow^{1}	mə^{1}	tshow^{1}	wjị^{1}
百	千	诸	天，	诸	香	花	及	天	乐	伎

魔波旬不生障碍之想。复有无数百千诸天，以诸香花及天伎乐

19.36.2

ŋwu^2	mjor^1	ljịj^2	·jij^1	kjụ^1	tshwew^1	twụ^1	tśja^1	thã^1	śja^1	mẹ^2
以	如	来	之	供	养,	各	栴	檀	香	末
zow^2	tha^1	tśhjạ^1	sar^2	lju^2	thja^1	rjur^1	śja^1	mẹ^2	niow^1	
持	佛	上	散	洒,	是	诸	香	末	及	

供养如来,各持细末栴檀而散佛上,是诸香末及

19.36.3

thja^1	wjạ^1	rer^2	ŋa^1	gu^2	śio̱^{1}	dzjị^2	ɣja^2	gjɨ^2	dja^2
彼	花	鬘,	虚	空	集	聚	盖	一	而
we^2	śja^1	rjir^2	gji^2	thja^1	tsjɨ^1	źji^2	mji^1	mju^2	mjor^1
成。	舍	利	子!	彼	亦	皆	不	动	如

彼花鬘,于虚空中合而成盖。舍利弗!此皆不动如

19.36.4

ljịj^2	·jij^1	mər^2	tjị^1	ɣie^1	thjɨ^2	wjɨ^2	śjɨj^1	sə^1	nio̱w^1	ljɨ^1
来	之	本	愿	力,	是	今	成	满	故	也。

来本愿之力,今得成满。

汉文本

佛刹功德庄严品第二

尔时,舍利弗白佛言:世尊,如佛已说不动如来修菩萨行时所有功德,复愿世尊开示广说不动如来见今刹土功德严胜。何以故?使诸补特伽罗行菩萨乘者,闻彼功德,生爱乐心,欲见彼佛礼拜供养。住声闻地,补特伽罗证无学者,闻彼刹土功德庄严,亦希瞻礼供养奉事。佛告舍利弗:善哉善哉!汝今乃能问如是义。谛听谛听,善思念之!今当为汝分别解说。舍利弗言:唯然世尊,愿乐欲闻。

佛告舍利弗:彼不动如来、应、正等觉证一切智时,放大光明普照三千大千世界,是时,大地六种震动。彼世界中所有众生,知不动如来证无上觉,经七昼夜无有食想、无饥渴想,亦无疲倦宴处睡眠之

想，唯有安乐欢喜、爱乐善心。而于彼时，世界之中所有众生及欲界天，无有淫欲。何以故？由彼如来本愿力故，彼诸众生现世摄受此诸功德。舍利弗！不动如来、应、正等觉证一切智时，彼世界中所有众生皆至诚合掌向不动如来，由渴仰如来故，能于现世摄受如是无量功德。

复次，舍利弗！彼佛世界功德庄严，无量佛国悉无与等。舍利弗！由彼如来修菩萨行时，发斯弘誓愿，此佛刹殊胜庄严，如我于今本愿成就。舍利弗！彼不动如来、应、正等觉证无上菩提时，于其刹那或须臾顷，三千世界所有众生，若有天眼若无天眼，彼皆得见不动如来。舍利弗！此亦如来本愿成就，令诸有情获此功德。

复次，舍利弗！不动如来坐菩提道场，证无上觉时，天魔波旬不生障碍之想。复有无数百千诸天，以诸香花及天伎乐供养如来，各持细末栴檀而散佛上，是诸香末及彼花鬘，于虚空中合而成盖。舍利弗！此皆不动如来本愿之力，今得成满。

19.36.5

niow^{1}	tśjɨ^{1}	śja^{1}	rjir^{2}	gji^{2}	thja^{2}	tha^{1}	po^{1}	tjɨj^{1}	rjir^{1}	zjọ^{2}
复	次，	舍	利	子！	彼	佛	菩	提	得	时，
ljịj^{2}	bji^{1}	sọ^{1}	tụ^{1}	rjur^{1}	kięj^{2}	zjir^{2}	swew^{1}	be^{2}	lhjị^{2}	rjur^{1}
大	光	三	千	世	界	普	遍，	日	月	诸

复次，舍利弗！彼佛得菩提时，大光普遍①三千世界，日月诸

19.36.6

mə^{1}	·jij^{1}	bji^{1}	swew^{1}	to^{2}	źji^{2}	mji^{1}	śja^{2}	thja^{1}	tsjɨ^{1}	mji^{1}
天	之	光	明	悉	皆	不	现。	此	亦	不
mju^{2}	mjor^{1}	ljij^{2}	·jij^{1}	njwo^{2}	tjị^{1}	iọ^{1}	sə^{1}	niọw^{1}	thjɨ^{2}	
动	如	来	之	昔	愿	圆	满	故，	是	

天光悉不现。此亦不动如来昔愿圆满，

19.36.7

① 普遍，西夏本作“[illegible]”，字面意思是“普照、遍照”。参看上下文19.18.3、19.33.6和19.45.2三处，“[illegible]”二字皆对译汉文本“普照”，可知此处西夏本于义为切。

wjɨ^{2} thjɨ^{2} lja^{2} ·jij^{1} rjir^{2} dzjịj^{1} śja^{1} rjir^{2} gji^{2} tha^{1} ·jij^{1}

今 斯 瑞 像 获。 时 舍 利 子 佛 之

[illegible]

dạ^{2} jɨ^{2} rjur^{1} pjụ^{1} thja^{1} mji^{1} mju^{2} mjor^{1} ljịj^{2} njwo^{2}

言 谓： 世 尊， 彼 不 动 如 来 昔

今获斯瑞。时舍利弗白佛言：世尊，彼不动如来昔

19.37.1

[illegible]

ɲia^{2} tsjij^{2} tśja^{1} rjɨr^{2} dźjij^{1} thju^{1} thju^{1} wạ^{2} ljịj^{2} khu^{1} dźjij^{1}

菩 萨 道 △ 行， 诚 诚 广 大 精 进

[illegible]

gjwɨ^{1} zjir^{2} dźjij^{2} thjɨ^{2} sju^{2} ljịj^{2} tjị^{1} njịj^{1} śjwo^{1} njwi^{2} thja^{2}

甲 胄 有， 是 如 弘 誓 心 发 能。 彼

行菩萨道，诚有广大精进甲胄，能发如是弘誓之心。由彼

19.37.2

[illegible]

·jij^{1} njwo^{2} ɲia^{2} tsjij^{2} dźjɨ tjị^{1} rjɨr^{2} djọ^{2} niọw^{1} ŋew^{2} mjij^{1}

之 昔 菩 萨 行 愿 △ 修 由， 数 无

[illegible]

·jir^{2} tụ^{1} ɲia^{2} tśhju^{1} ·jij^{1} źji^{2} phju^{2} po^{1} tjɨj^{1} ɣa^{2} rjur^{1}

百 千 众 生 之 无 上 菩 提 于 诸

往修菩萨行愿，能令无数百千众生殖诸善本于无上菩提，

19.37.3

[illegible]

nẹw^{2} tśhji^{2} ljị^{1} phji^{1} niow^{1} nẹw^{2} tśhji^{2} ŋwu^{2} ·ja dụ^{2} tow^{1}

善 本 植 令， 又 善 根 以 阿 耨 多

[illegible]

lo^{1} sã^{1} bia^{1} sã^{1} po^{1} tjɨj^{1} gji^{1} sej^{1} tha^{1} lhjịj^{2} rjijr^{2}

罗 三 藐 三 菩 提 清 净 佛 刹 向

又以善根回向阿耨多罗三藐三菩提清净佛刹，

19.37.4

[illegible]	[illegible]，	[illegible]	[illegible]	[illegible]	[illegible]	[illegible]
ljɨ^{1}	tshwew^{1}	thjɨ^{2}	sju^{2}	thjɨ^{2}	sju^{2}	ljɨ^{1}
回	趣，	是	如	是	如	回

[illegible]，	[illegible]	[illegible]	[illegible]	[illegible]	[illegible]	[illegible]。
tshwew^{1}	tjị^{1}	ɣie^{1}	to^{2}	źji^{2}	iọ^{1}	sə^{1}
向，	愿	力	悉	皆	圆	满。

如是如是回向，愿力悉皆圆满。

19.37.5

[illegible]	[illegible]，	[illegible]	[illegible]	[illegible]！	[illegible]	[illegible]	[illegible]	[illegible]	[illegible]	[illegible]
niow^{1}	tśjɨ^{1}	śja^{1}	rjir^{2}	gji^{2}	thja^{2}	tha^{1}	lhjịj^{2}	·u^{2}	po^{1}	tjɨj^{1}
复	次，	舍	利	子！	彼	佛	刹	中	菩	提

[illegible]	[illegible]	[illegible]，	[illegible]	[illegible]	[illegible]	[illegible]，	[illegible]	[illegible]	[illegible]
phu^{2}	gjɨ^{2}	dzu̱^{2}	śjạ^{1}	ljị^{1}	ŋwu^{2}	śjɨj^{1}	bji̱^{2}	bjij^{2}	·ja
树	有	植，	七	宝	以	成，	下	高	一

复次，舍利弗！彼佛刹中有菩提树，成以七宝，高一

19.37.6

[illegible]	[illegible]	[illegible]，	[illegible]	[illegible]	[illegible]	[illegible]	[illegible]	[illegible]	[illegible]	[illegible]，
·jiw^{1}	sjwɨ^{1}	rjar^{1}	phu^{2}	kạ^{2}	tshjɨj^{1}	mja̱^{1}	khwə^{1}	kju^{1}	lu^{1}	śja^{2}
由	旬	远，	树	茎	细	粗	半	拘	卢	舍，

[illegible]	[illegible]	[illegible]	[illegible]	[illegible]	[illegible]	[illegible]	[illegible]	[illegible]，	[illegible]
war^{2}	bạ^{2}	rar^{2}	du^{1}	·wiọ^{1}	·ja	·jiw^{1}	sjwɨ^{1}	rjar^{1}	thja^{1}
枝	叶	影	有	周	一	由	旬	远，	其

由旬，树身周围①半拘卢舍，条叶垂荫周一由旬，

19.37.7

[illegible]	[illegible]	[illegible]	[illegible]	[illegible]	[illegible]	[illegible]	[illegible]	[illegible]，	[illegible]	[illegible]
khju^{1}	njir^{2}	gjɨ^{2}	wjij^{2}	·wiọ^{1}	ljɨr^{1}	·jiw^{1}	sjwɨ^{1}	rjar^{1}	tha^{1}	thja^{1}

① 周围，西夏译作"[illegible]"，字面意思是"细粗"。

下	台	一	有	周	四	由	旬	远，	佛	其
□	□，	□	□	□	□。	□	□	□	□	□
tśhja̱1	dzu̱2	po1	tjij1	tśja1	lja̱1	tśja1	phu2	ljɨr1	njijr2	tow1
上	坐，	菩	提	道	证。	道	树	四	边	多

下有基陛周四由旬，佛坐其上，证菩提道。道树四边有多

19.38.1

□	□	□	□	□	□	□	□	□	□	□，
lo1	phu2	niow1	su1	mo2	no1	phu2	ɣu1	mjij̱1	bio1	khjɨ̱2
罗	树	及	苏	漫	那	树	首	尾	行	列，
□	□	□	□	□	□	□	□，	□	□	
zjɨ̱r1	ljɨ1	tsjụ1	mju̱2	thjo̱1	śjwi̱2	ɣiẹ2	to2	rjur1	kha1	
微	风	吹	动	妙	和	音	出，	世	间	

罗树及苏漫那树周遍①行列，微风吹动出和雅音，世间

19.38.2

□	□	□	□	□	□	□。
tshow1	ɣiẹ2	thja1	?	tja1	mjɨ1	njwi2
乐	音	彼	及	者	不	能。

音乐所不能及。

19.38.3

□	□，	□	□	□！	□	□	□	□	□	□
niow1	tśjɨ1	śja1	rjir2	gji2	thja2	tha1	lhjij2	iọ1	sọ1	niow2
复	次，	舍	利	子！	彼	佛	刹	中	三	恶
□	□。	□	□	□	□？	□	□、	□	□、	
tshwew1	mjij1	sọ1	tja1	thjij2	sjo2	djị1	jɨj2	sju2	dzju2	
趣	无。	三	者	何	云？	地	狱、	畜	生、	

复次，舍利弗！彼佛刹中无三恶趣。何等为三？所谓地狱、畜生、

① 周遍，西夏译作"□□"，字面意思是"首尾"。

19.38.4

[illegible]	[illegible]	[illegible]	[illegible]	[illegible]。	[illegible]	[illegible]	[illegible]	[illegible]	[illegible]	[illegible]
·jã^1	mo^2	njij^2	kiẹj^2	ŋwu^2	ɲia^2	tśhju^1	ŋowr^2	ŋowr^2	ɣạ^2	nẹw^2
剡	魔	王	界	是。	众	生	一	切	十	善
[illegible]	[illegible]，	[illegible]	[illegible]	[illegible]	[illegible]	[illegible]	[illegible]	[illegible]	[illegible]，	
śjɨj^1	·jiw^2	ljɨ̣^{2}	djịj^1	pjạ^1	sju^2	kie^1	tsə̣^{1}	wjɨ^2	sju^2	
成	就，	地	平	掌	如	金	色	犹	如，	

剡魔王界。一切众生成就十善，地平如掌而作金色，

19.38.5

[illegible]	[illegible]	[illegible]	[illegible]	[illegible]	[illegible]	[illegible]	[illegible]，	[illegible]	[illegible]	[illegible]
ɣju^1	lə^1	kə^1	dze^2	ɣjɨ̣^{1}	ɣa^1	mji^1	dju^1	thja^1	ljɨ̣^{2}	wə̣^{1}
沟	坑	荆	棘	瓦	砾	无	有，	其	地	柔
[illegible]	[illegible]	[illegible]	[illegible]	[illegible]	[illegible]，	[illegible]	[illegible]	[illegible]	[illegible]	
lhji̱^{1}	tu^1	lo^1	bə^1	mej^2	sju^2	tjij^1	dzjwo^2	dźjij^1	zjịj^1	
软	兜	罗	绵	绵	如，	若	人	行	时	

无有沟坑荆棘瓦砾，其地柔软如兜罗绵，足所履时

19.38.6

[illegible]	[illegible]	[illegible]	[illegible]，	[illegible]	[illegible]	[illegible]	[illegible]	[illegible]。	[illegible]	[illegible]
lej^2	bju^1	bji̱^{2}	we^2	khjɨ^1	tśhjij^1	zjịj^1	śji^1	sju^2	śja^1	rjir^2
踏	随	下	为，	足	举	时	初	如。	舍	利
[illegible]！	[illegible]	[illegible]	[illegible]	[illegible]	[illegible]	[illegible]	[illegible]	[illegible]。	[illegible]	
gji^2	thja^2	tha^1	lhjịj^2	·u^2	sọ^1	mə^2	ŋo^2	mjij^1	sọ^1	
子！	彼	佛	刹	中	三	种	病	无。	三	

其地即下，随举其足还复如初。舍利弗！彼佛刹中无三种病。

19.38.7

[illegible]	[illegible]	[illegible]？	[illegible]、	[illegible]、	[illegible]	[illegible]	[illegible]	[illegible]	[illegible]	[illegible]。
tja^1	thjij^2	sjo^2	ljɨ^1	nər^2	niəj^1	bju^1	·ja	śjwo^1	ŋo^2	ŋwu^2
者	何	云？	风、	黄、	浊	因	△	起	病	是。

[illegible]

śja^1 rjir^2 gji^2 thja^2 tha^1 lhjij^2 ·u^2 ɲia^2 tśhju^1 ŋowr^2

舍 利 子! 彼 佛 土 中 有 情 一

云何为三?谓风、黄、痰①所起之病。舍利弗!彼佛土中一切有情

19.39.1

[illegible]

ŋowr^2 la̱^{1} ljo̱r^1 da̱^{2} mjij^1 ? kja̱^{2} tsjɨ^1 mjij^1 lju̱^{2} mji^1

切 虚 妄 语 无, 丑 陋 亦 无, 身 无

[illegible]

tshie^2 tśior^2 lej^2 tshja̱^{1} lə^2 njɨ^2 to^2 źji^2 zji̠r^1 bji^1

臭 秽, 贪 瞋 痴 等 皆 悉 微 薄,

无虚妄语,亦无丑陋,身无臭秽,于贪瞋痴皆悉微薄,

19.39.2

[illegible]

niow^1 khjwɨ^2 jɨj^2 niow^1 phej^1 tśji̠r^2 ɲia^2 tśhju^1 tsjɨ^1 mjij^1 śja^1

亦 牢 狱 及 囚 系 众 生 亦 无。 舍

[illegible]

rjir^2 gji^2 thja^2 tha^1 lhji̠j^2 ·u^2 tśja^1 niow^1 do^2 ɣiew^1

利 子! 彼 佛 刹 中 道 外 异 学

亦无牢狱囚系众生。舍利弗!彼佛刹中无有外道异学

19.39.3

[illegible]

dźjij^2 mji^1 dju^1 rjur^1 phu^2 dzjiw^1 ·ju^2 wja̱^{1} rjir^2 ·o^1

众 无 有。 诸 树 木 常 华 果 有,

[illegible]

niow^1 rjar^1 gjij^1 phu^2 gjɨ^2 mjij^2 tja^1 kja^2 po^1 thja^1

复 殊 奇 树 有 号 者 劫 波, 其

之众。所生诸树常有华果,复有奇树时号劫波,

① 痰,西夏译作"[illegible]",字面意思是"浊"。

19.39.4

[illegible]	[illegible]	[illegible]	[illegible]	[illegible]，	[illegible]	[illegible]	[illegible]	[illegible]，	[illegible]	[illegible]
tśhja̱^{1}	lhwu^{1}	ŋạ^{2}	dźjij^{1}	to^{2}	źji^{2}	ŋwə^{1}	tsə̣^{1}	ŋowr^{2}	bji^{1}	wjạ^{1}
上	衣	名	精	出，	皆	五	色	备，	光	花

[illegible]	[illegible]，	[illegible]	[illegible]	[illegible]	[illegible]，	[illegible]	[illegible]	[illegible]	[illegible]
sej^{1}	rur^{2}	lji^{2}	ŋạ^{2}	me̱^{1}	lew^{2}	dzjɨj^{1}	ŋowr^{2}	ŋowr^{2}	kha^{1}
洁	清，	气	妙	芬	芳，	时	一	切	中

上出名衣，皆备五色，光花鲜洁，异气芬芳，于一切

19.39.5

[illegible]	[illegible]	[illegible]	[illegible]。	[illegible]	[illegible]	[illegible]	[illegible]	[illegible]	[illegible]	[illegible]	[illegible]，
·ju^{2}	ljij^{1}	?	mjij^{1}	dzjọ^{1}	sju^{2}	mə^{1}	wjạ^{1}	mə^{2}	mə^{2}	me̱^{1}	lew^{2}
常	变	易	无。	譬	如	天	花	种	种	芬	馥，

[illegible]	[illegible]	[illegible]	[illegible]	[illegible]	[illegible]	[illegible]	[illegible]，	[illegible]	[illegible]	[illegible]
thja^{1}	lhwu^{1}	lji^{2}	no^{2}	tsjɨ^{1}	thja^{1}	wjɨ^{2}	sju^{2}	rjur^{1}	lhwu^{1}	gjwi^{2}
彼	衣	香	气	亦	是	犹	如，	诸	衣	服

时常无变易。譬如天花种种芬馥，彼衣香气亦复如是，诸服用

19.39.6

[illegible]	[illegible]	[illegible]	[illegible]	[illegible]	[illegible]	[illegible]	[illegible]	[illegible]。	[illegible]	[illegible]
mjijr^{2}	ljụ^{2}	lji^{2}	ŋạ^{2}	to^{2}	lhwu^{1}	rjir^{2}	mji^{1}	do^{2}	dzjọ^{1}	sju^{2}
者	身	气	香	出	衣	与	无	异。	譬	如

[illegible]	[illegible]	[illegible]	[illegible]	[illegible]	[illegible]	[illegible]	[illegible]，	[illegible]	[illegible]
thjɨ^{2}	rjur^{1}	kięj^{2}	·u^{2}	ljịj^{2}	lo	lhejr^{2}	dzjwo^{2}	lhwu^{1}	gjwi^{2}
此	世	界	中	大	富	乐	人，	衣	服

者身所出香与衣无异。譬如此界富乐之人，名衣

19.39.7

[illegible]	[illegible]，	[illegible]	[illegible]	[illegible]	[illegible]。	[illegible]	[illegible]	[illegible]！	[illegible]	[illegible]
rejr^{2}	dźjij^{2}	phji^{1}	bju^{1}	wji^{1}	gjwi^{2}	śja^{1}	rjir^{2}	gji^{2}	thja^{2}	lhjịj^{2}
多	有，	意	如	用	服。	舍	利	子！	彼	土

[illegible]

·u^{2} ɲia^{2} tśhju^{1} ·jij^{1} śjwo^{1} śjwo^{1} thji^{1} dzji^{2}， sọ^{1} ɣạ^{2}

中 众 生 之 所 须 饮 食， 三 十

自丰，服用如意。舍利弗！彼土众生所须饮食，如三十

19.40.1

[illegible]

sọ^{1} mə^{1} rjir^{2} ·ja tjɨj^{2} ljɨ̱r^{2} bju^{1} ·jij^{1} dju^{1} nja̱^{2} bji̱^{1}

三 天 与 一 样 念 应 自 有， 秽 恶

[illegible]

mji^{1} sej^{1} mjij^{1} ljɨ^{1} śja^{1} rjir^{2} gji^{2} thja^{1} lhjịj^{2} ·u^{2} dźjịj^{1}

不 净 无 有。 舍 利 子！ 彼 国 中 居

三天应念而至，无有便利秽恶不净。舍利弗！彼国所居

19.40.2

[illegible]

tji̱^{2} mji̱^{1} pjụ^{2} du^{1} rjɨr^{2}， źji^{2} śja̱^{1} ljɨ̣^{1} ŋwu^{2} śjwo^{2} tshjịj^{2}

所 宫 殿 楼 阁， 皆 七 宝 以 庄 严。

[illegible]

thja^{1} ljɨr^{1} bju^{2} ɣa^{2} rjur^{1} dźiəj^{2} rejr^{2} wjij^{2} ·jar^{1} tśhja^{2} ·iow^{1}

其 四 边 于 诸 池 沼 有， 八 德 功

宫殿楼阁，皆以七宝而严饰之。于其四边多诸池沼，八功德

19.40.3

[illegible]

zjɨ̱r^{2} phji^{1} bju^{1} wji^{1} ɣiwej^{1} ·iọ^{2} pjụ^{2} rejr^{2} zjịj^{2} to^{2}

水 意 随 用 受。 园 观 多 众， 悉

[illegible]

źji^{2} gji^{1} sej^{1} rjur^{1} ɲia^{2} tśhju^{1} djịj^{1} rjɨr^{2} mja̱^{2} tsji̱r^{1}

皆 清 净。 诸 众 生 辈 △ 多 法

水受用随心。园观又多，悉皆清净。诸众生辈多以法

19.40.4

lhejr^2	bju^1	dźjij^1	śja^1	rjir^2	gji^2	thja^2	lhjij^2	io̜^{1}	dzjwo^2	źji̜^{1}
乐	以	居。	舍	利	子！	彼	刹	土	人	嫉
sew^1	mji^1	dju^1	sji^2	dzjwo^2	ŋowr^2	ŋowr^2	rjur^1	mjij^1	ljɨ^1	
妒	无	有，	女	人	一	切	诸	女	宝	

乐而居。舍利弗！彼刹人伦无有嫉妒，一切女人超诸女宝，

19.40.5

su^1	dzjij^1	mə^1	tśhja^2	·iow^1	lhjụ^2	ŋwer^1	ka^1	tji^2	mjij^1	thjɨ^2
超	过，	天	德	功	获	比	等	能	无，	此
thja^1	rjir^2	dzjọ^1	ku^1	·jir^2	phia̱^{2}	kha^1	lew^1	mjɨ^1	?	
彼	与	况，	则	百	分	中	一	不	及、	

获天功德此无能比，假令况之，百分不及一、

19.40.6

tụ^1	phia̱^{2}	kha^1	lew^1	mjɨ^1	?	·jir^2	tụ^1	phia̱^{2}	kha^1	lew^1	mjɨ^1	?	·jir^2
千	分	中	一	不	及、	百	千	分	中	一	不	及、	百

千分不及一、百千分不及一、百

19.40.7

tụ^1	kju^1	tśji^2	no^1	·jiw^1	thow^1	sej^1	ŋew^2	dzjọ^1	dza^2	rjɨr^2
千	俱	胝	那	由	他	算	数	譬	测	乃
njɨ^2	·u^2	po^1	nji^1	śia^1	thā^1	phia̱^{2}	kha^1	tsjɨ^1	lew^1	
至	邬	波	尼	杀	昙	分	中	亦	一	

千俱胝那由他算数譬喻乃至邬波尼杀昙分亦

19.41.1

[illegible]	[illegible]。	[illegible]	[illegible]	[illegible]!	[illegible]	[illegible]	[illegible]	[illegible]	[illegible]	[illegible]
mjɨ^1	?	śja^1	rjir^2	gji^2	thja^2	lhjịj^2	·u^2	rjur^1	dzjwo^2	thja^1
不	及。	舍	利	子!	彼	刹	中	诸	人	其
[illegible]	[illegible]	[illegible]	[illegible]	[illegible]	[illegible]	[illegible],	[illegible]	[illegible]	[illegible]	
sjwɨj^1	tshja^2	bju^1	rjur^1	lu^2	dźjwi^2	rjir^2	źji^2	śjạ^1	ljɨ^1	
业	报	随	诸	床	座	得,	皆	七	宝	

不及一。舍利弗！彼刹诸人随其业报感诸床座,皆七宝

19.41.2

[illegible]	[illegible]	[illegible]	[illegible]	[illegible]	[illegible],	[illegible]	[illegible]	[illegible]	[illegible]	[illegible]
ŋwu^2	śjɨj^1	śjwo^2	tshjij^2	ŋowr^2	lhə	thja^1	ɣię^2	śjwu^1	twụ^1	tu^1
以	成	庄	严	具	足,	其	声	息	各	兜
[illegible]	[illegible]	[illegible]	[illegible]	[illegible]	[illegible]。	[illegible]	[illegible]	[illegible]	[illegible]	
lo^1	bə^1	mej^2	ŋwu^2	wo^1	wji^1	thjɨ^2	tja^1	źji^2	mji^1	
罗	绵	绵	以	枕	为。	此	者	皆	不	

成严丽具足,其所偃息以兜罗绵枕。此皆由不

19.41.3

[illegible]	[illegible]	[illegible]	[illegible]	[illegible]	[illegible]	[illegible]	[illegible]	[illegible]	[illegible],	[illegible]
mju^2	mjor^1	ljij^2	·jij^1	njwo^2	tjị^1	ɣie^1	śjɨj^1	·jiw^2	nioẉ^1	thjɨ^2
动	如	来	之	昔	愿	力	成	就	由,	是
[illegible]	[illegible]	[illegible]	[illegible]	[illegible]	[illegible]。	[illegible]	[illegible]	[illegible]!	[illegible]	[illegible]
sju^2	mə^2	mə^2	śjwo^2	ŋạ^2	ljɨ^1	śja^1	rjir^2	gji^2	thja^1	lhjịj^2
如	种	种	严	好	也。	舍	利	子!	彼	刹

动如来往昔愿力成就,如是种种严好。舍利弗！彼刹

19.41.4

[illegible]	[illegible]	[illegible]	[illegible]	[illegible]	[illegible]	[illegible]	[illegible],	[illegible]	[illegible]	[illegible]
·u^2	rjur^1	dzjwo^2	·jij^1	·wu^2	sji^2	tjị^1	dzji^2	tsə̣^{1}	lji^2	wji^1
中	诸	人	之	资	用	饮	食,	色	香	味

[illegible]	[illegible]	[illegible]	[illegible]	[illegible]	[illegible]。	[illegible]	[illegible]	[illegible]	[illegible]	[illegible]
njɨ^2	rjur^1	mə^1	rjir^2	mji^1	do^2	dzjọ^1	sju^2	ɣjwị^1	tã^1	·jwar^1
等	诸	天	与	不	异。	譬	如	郁	单	越

诸人所资饮食,色香味等不异诸天。譬如郁单越①

19.41.5

[illegible]	[illegible]	[illegible]	[illegible]	[illegible],	[illegible]	[illegible]	[illegible]	[illegible]	[illegible]	[illegible]
dzjwo^2	ɣu^1	dzju^2	mji^1	dju^1	thja^2	thjo̱^{1}	de^2	lhjịj^2	tsjɨ^1	thja^1
人	头	主	无	有,	彼	妙	喜	国	亦	是
[illegible]	[illegible],	[illegible]	[illegible]	[illegible]	[illegible]	[illegible]	[illegible]	[illegible]	[illegible]	[illegible]。
wjɨ^2	sju^2	lew^1	mji^1	mju^2	mjor^1	ljịj^2	tsji̱r^1	wə^1	dja^2	we^2
犹	如,	唯	不	动	如	来	法	主	△	为。

人无别王者,彼妙喜国亦复如是,唯有不动如来以为法主。

汉文本

复次,舍利弗!彼佛得菩提时,大光普遍三千世界,日月诸天光悉不现。此亦不动如来昔愿圆满,今获斯瑞。时舍利弗白佛言:世尊,彼不动如来昔行菩萨道,诚有广大精进甲胄,能发如是弘誓之心。由彼往修菩萨行愿,能令无数百千众生殖诸善本于无上菩提,又以善根回向阿耨多罗三藐三菩提清净佛刹,如是如是回向,愿力悉皆圆满。

复次,舍利弗!彼佛刹中有菩提树,成以七宝,高一由旬,树身周围半拘卢舍,条叶垂荫周一由旬,下有基陛周四由旬,佛坐其上,证菩提道。道树四边有多罗树及苏漫那树周遍行列,微风吹动出和雅音,世间音乐所不能及。

复次,舍利弗!彼佛刹中无三恶趣。何等为三?所谓地狱、畜生、剡魔王界。一切众生成就十善,地平如掌而作金色,无有沟坑荆棘瓦砾,其地柔软如兜罗绵,足所履时其地即下,随举其足还复如初。舍利弗!彼佛刹中无三种病。云何为三?谓风、黄、痰所起之病。舍利弗!彼佛土中一切有情无虚妄语,亦无丑陋,身无臭秽,于贪瞋痴皆悉微薄,亦无牢狱囚系众生。舍利弗!彼佛刹中无有外道异学之众。所生诸树常有华果,复有奇树时号劫波,上出名衣,皆备五色,光花鲜洁,异气芬芳,于一切时常无变易。譬如天花种种芬馥,彼衣香气亦复如是,诸服用者身所出香与衣无异。譬如此界富乐之人,名衣自丰,服用如意。舍利弗!彼土众生所须饮食,如三十三天应念而至,无有便利秽恶不净。舍利弗!彼国所居宫殿楼阁,皆以七宝而严饰之。于其四边多诸池沼,八功德水受用随心。园观又多,悉皆清净。诸众生辈多以法乐而居。舍利弗!彼刹人伦无有嫉妒,一切女人超诸女宝,获天功德此无能比,假令况之,百分不及一、千分不及一、百千分不及一、百千俱胝那由他算数譬喻乃至邬波尼杀昙分亦不

① 郁单越,西夏本作“[illegible]”ɣjwị^{1}tã^1·jwar^1。梵文作 Uttara kuru,西夏文佛经中多从新译,作“[illegible]”(俱卢洲)。

及一。舍利弗！彼刹诸人随其业报感诸床座,皆七宝成严丽具足,其所偃息以兜罗绵枕。此皆由不动如来往昔愿力成就,如是种种严好。舍利弗！彼刹诸人所资饮食,色香味等不异诸天。譬如郁单越人无别王者,彼妙喜国亦复如是,唯有不动如来以为法主。

19.41.6

[illegible]	[illegible]	[illegible]	[illegible]	[illegible]	[illegible]	[illegible]	[illegible]	[illegible]	[illegible]，	[illegible]
thja^{1}	rjur^{1}	dzjwo^{2}	njɨ^{2}	źji^{2}	mjor^{1}	ljịj^{2}	·jij^{1}	tshji^{2}	ljịj^{1}	sọ^{1}
彼	诸	人	等	咸	如	来	之	侍	奉，	三
[illegible]	[illegible]	[illegible]	[illegible]	[illegible]	[illegible]	[illegible]	[illegible]	[illegible]	[illegible]	[illegible]。
ɣạ^{2}	sọ^{1}	mə^{1}	śjɨ^{2}	dzjwɨ^{1}	·jij^{1}	tshji^{2}	ljịj^{1}	rjir^{2}	·ja	tjɨj^{2}
十	三	天	释	帝	之	侍	奉	与	一	样。

又如三十三天奉事帝释,彼诸人等咸事如来。

19.41.7

[illegible]	[illegible]	[illegible]！	[illegible]	[illegible]	[illegible]	[illegible]	[illegible]	[illegible]	[illegible]	[illegible]
śja^{1}	rjir^{2}	gji^{2}	nji^{2}	thja^{2}	mji^{1}	mju^{2}	tha^{1}	lhjịj^{2}	tśhja^{2}	·iow^{1}
舍	利	子！	汝	彼	不	动	佛	刹	德	功
[illegible]	[illegible]	[illegible]	[illegible]。	[illegible]	[illegible]	[illegible]！	[illegible]	[illegible]	[illegible]	[illegible]
śjwo^{2}	tshjịj^{2}	nwə^{1}	lew^{2}	śja^{1}	rjir^{2}	gji^{2}	thja^{1}	lhjịj^{2}	·u^{2}	ɲia^{2}
庄	严	知	应。	舍	利	弗！	彼	土	中	众

舍利弗！汝应知彼不动佛刹功德庄严。舍利弗！彼土众

19.42.1

[illegible]	[illegible]	[illegible]	[illegible]	[illegible]。	[illegible]	[illegible]	[illegible]？	[illegible]	[illegible]	[illegible]
tśhju^{1}	njịj^{1}	śja^{1}	wjạ^{2}	mjij^{1}	thjij^{2}	sjo^{2}	ljɨ^{1}	mji^{1}	mju^{2}	mjor^{1}
生	心	放	逸	无。	何	云	故？	不	动	如
[illegible]	[illegible]	[illegible]	[illegible]	[illegible]	[illegible]	[illegible]。	[illegible]	[illegible]	[illegible]	
ljịj^{2}	·jij^{1}	mər^{2}	tjị^{1}	ɣie^{1}	nio̱w^{1}	ljɨ^{1}	dzjɨj^{1}	phji^{2}	khjiw^{2}	
来	之	本	愿	力	由	故。	时	比	丘	

生心无放逸。何以故？亦由不动如来本愿力故。时一比丘

19.42.2

[illegible]	[illegible]	[illegible]	[illegible]	[illegible]	[illegible]	[illegible]	[illegible]	[illegible]	[illegible]	[illegible]

gjɨ^{2} tha^{1} mji^{1} mju^{2} mjor^{1} ljij^{2} ·jij^{1} tha^{1} lhjịj^{2} tśhja^{2} ·iow^{1}

一 佛 不 动 如 来 之 佛 刹 德 功

[illegible]

·jow^{2} śja^{2} dạ^{2} mji^{1} njij^{1} dzu^{1} zjịj^{1} śjwo^{1} tha^{1} ·jij^{1}

赞 扬 言 闻， 心 贪 著 生， 佛 之

闻佛赞扬不动如来佛刹功德，心生贪著，而白佛

19.42.3

[illegible]

dạ^{2} jɨ^{2} rjur^{1} pjụ^{1} ŋa^{2} sjij^{1} mji^{1} mju^{2} tha^{1} lhjịj^{2} ·u^{2}

言 谓： 世 尊， 我 今 不 动 佛 刹 中

[illegible]

wjij^{2} we̱^{1} ŋa^{2} tha^{1} phji^{2} khjiw^{2} ·jij^{1} jɨ^{2} nji^{2} we̱^{1}

愿 生 △。 佛 比 丘 之 谓： 汝 生

言：世尊，我今愿生不动佛刹。佛告比丘：汝之

19.42.4

[illegible]

lhạ^{2} mjijr^{2} ŋwu^{2} thja^{2} thjij^{2} sjo^{2} we̱^{1} dzu^{1} zjịj^{1} njij^{1} bju^{1}

迷 者 是， 彼 何 云 生？ 爱 著 心 以

[illegible]

thja^{2} we̱^{1} mjɨ^{1} njwi^{2} lew^{1} rjur^{1} ne̱w^{2} tśhji^{2} ljị^{1} rjur^{1}

彼 生 不 能， 唯 诸 善 本 植、 诸

愚迷，岂得生彼，何以故？① 不以爱著之心而得往生，唯有殖诸善本、修诸

19.42.5

[illegible]

xiwã^{1} dźjɨ djọ^{2} ku^{1} tśhjwo^{1} thja^{2} do^{2} we̱^{1} njwi^{2}

梵 行 修 则 故 彼 处 生 能。

梵行得生彼故。

① “岂得生彼，何以故”，西夏本作“[illegible]”（何以生彼），表述较简。

19.42.6

[illegible]

niow^1 tśjɨ^1 śja^1 rjir^2 gji^2 thja^2 lhjịj^2 ·u^2 ɲia^2 tśhju^1 njij^1

复 次， 舍 利 子！ 彼 土 中 众 生 心

[illegible]

kjɨ^1 dzu^1 bju^1 gji^1 sej^1 dźiəj^2 rejr^2 ljɨ̣r^2 bju^1 xja^1 ljij^2

△ 乐 随， 清 净 池 沼， 念 应 即 见。

复次，舍利弗！彼土众生随其所乐，有清净池，应念而见。

19.42.7

[illegible]

·jar^1 tśhja^2 ·iow^1 thja^1 ·u^2 nja^1 swu^2 djij^2 khjɨ^2 liẹ^1 dzjwɨ^2

八 德 功 其 中 充 满， 饮 口 洗 沐

[illegible]

dźjow^1 zjij^1 dzjwo^2 źji^2 njij^1 ·o^2 tjij^1 mji^1 dzu^1 zjịj^1

浴 时 人 皆 心 悦。 或 不 乐 时，

八功德水充满其中，饮漱洗沐皆适人意。有不乐者，

19.43.1

[illegible]

tśhjɨ^2 rjar^2 mji^1 ljij^2 śja^1 rjir^2 gji^2 thja^2 tha^1 lhjịj^2 ·u^2

立 即 不 见。 舍 利 子！ 彼 佛 刹 中

[illegible]

śja^1 ljɨ^1 śjụ^1 me^2 ·ji^1 źji^2 njij^1 ·o^2 niow^1 thja^1

香 风 凉 巽， 众 皆 心 悦， 而 彼

即便不见。舍利弗！彼佛刹中香风和畅①，悦可众心，而彼

19.43.2

[illegible]

śja^1 ljɨ^1 rjur^1 mə^1 dzjwo^2 ·jij^1 rjur^1 śja^1 dạ^2 wji^1

---

① 香风和畅，西夏本作“[illegible]”，字面意思是“香风凉风”。“[illegible]”(巽)在此作“风”之义。

香	风	诸	天	人	之	诸	香	事	作，
[illegible]	[illegible]	[illegible]	[illegible]，	[illegible]	[illegible]	[illegible]	[illegible]	[illegible]。	[illegible]
źji^{2}	dzjwo^{2}	njij^{1}	bju^{1}	njɨ^{2}	mjɨ^{1}	njɨ^{2}	dju^{1}	ljɨ^{1}	śja^{1}
皆	人	心	从，	至	不	至	有	也。	舍

香风为诸天人作诸香事，曲从人心，有至不至。舍

19.43.3

[illegible]	[illegible]！	[illegible]	[illegible]	[illegible]	[illegible]	[illegible]	[illegible]	[illegible]	[illegible]	[illegible]
rjir^{2}	gji^{2}	thjɨ^{2}	tja^{1}	źji^{2}	mji^{1}	mju^{2}	mjor^{1}	ljịj^{2}	·jij^{1}	mər^{2}
利	子！	此	者	皆	不	动	如	来	之	本
[illegible]	[illegible]	[illegible]，	[illegible]	[illegible]	[illegible]	[illegible]	[illegible]。	[illegible]	[illegible]，	[illegible]
tjị^{1}	ɣie^{1}	nio̱w^{1}	tśhja^{2}	·iow^{1}	śjwo^{2}	tshjịj^{2}	ŋwu^{2}	niow^{1}	tśjɨ^{1}	śja^{1}
愿	力	故，	德	功	庄	严	是。	复	次，	舍

利弗！此皆不动如来本愿力故，功德庄严。复次，舍

19.43.4

[illegible]	[illegible]！	[illegible]	[illegible]	[illegible]	[illegible]	[illegible]	[illegible]	[illegible]	[illegible]	[illegible]
rjir^{2}	gji^{2}	thja^{2}	tha^{1}	lhjịj^{2}	·u^{2}	sji^{2}	dzjwo^{2}	·jij^{1}	lhwu^{1}	gjwi^{2}
利	子！	彼	佛	刹	中	女	人	之	衣	服
[illegible]	[illegible]	[illegible]	[illegible]，	[illegible]	[illegible]	[illegible]	[illegible]，	[illegible]	[illegible]	[illegible]
niow^{1}	śjwo^{2}	tshjịj^{2}	gju^{2}	źji^{2}	phu^{2}	ɣa^{2}	to^{2}	phji^{1}	bju^{1}	wji^{1}
及	庄	严	具，	皆	树	于	出，	意	随	用

利弗！彼佛刹中女人衣服及庄严具，从树而生，随意受用。

19.43.5

[illegible]。	[illegible]	[illegible]	[illegible]	[illegible]	[illegible]	[illegible]	[illegible]	[illegible]	[illegible]，	[illegible]
ɣiwej^{1}	thja^{2}	lhjịj^{2}	·u^{2}	sji^{2}	dzjwo^{2}	sji^{2}	dźjar^{2}	lju^{2}	mjij^{1}	thjɨ^{2}
受。	彼	国	中	女	人	女	罪	过	无，	此
[illegible]	[illegible]	[illegible]	[illegible]	[illegible]	[illegible]	[illegible]	[illegible]	[illegible]	[illegible]、	
rjur^{1}	kięj^{2}	·u^{2}	rjur^{1}	sji^{2}	njɨ^{2}	njij^{1}	źjɨ^{1}	sew^{1}	rejr^{2}	
世	界	中	诸	女	等	心	嫉	妒	多、	

彼国女人无女过失，不如此界诸女等心多嫉妒、

19.43.6

[illegible]	[illegible]	[illegible]	[illegible]	[illegible]	[illegible]。	[illegible]	[illegible]	[illegible]	[illegible]	[illegible]	[illegible]
dzjwɨ^{1}	lhjwa^{1}	niow^{2}	nẹ^{1}	sju^{2}	nja̱^{2}	niow^{1}	thja^{1}	phow^{1}	dzwew^{1}	low^{2}	ɣa^{2}
两	舌	恶	言	如	不。	又	彼	怀	襟	广	于
[illegible]	[illegible]	[illegible]	[illegible]	[illegible]	[illegible],	[illegible]	[illegible]	[illegible]	[illegible],	[illegible]	
śjwo^{1}	mə^{2}	wẹ^{1}	ɣa^{2}	kjɨ^{1}	njɨ^{2}	zjɨ^{1}	mja^{1}	no^{2}	nej^{2}	niow^{2}	
起	诞	生	于	乃	至,	子	母	安	适,	秽	

两舌恶口。又彼怀孕之时至于诞育,母子安适,

19.43.7

[illegible]	[illegible]	[illegible]。	[illegible]	[illegible]	[illegible]?	[illegible]	[illegible]	[illegible]	[illegible]	[illegible]
tśior^{2}	tsjɨ^{1}	mjij^{1}	thjij^{2}	sjo^{2}	ljɨ^{1}	thjɨ^{2}	tja^{1}	źji^{2}	mji^{1}	mju^{2}
污	亦	无。	何	云	故?	此	者	皆	不	动
[illegible]	[illegible]	[illegible]	[illegible]	[illegible]	[illegible]	[illegible]	[illegible]。	[illegible]	[illegible]	
mjor^{1}	ljị̣j^{2}	·jij^{1}	mər^{2}	tjị^{1}	ɣie^{1}	ŋwu^{2}	ljɨ^{1}	śja^{1}	rjir^{2}	
如	来	之	本	愿	力	是	故。	舍	利	

亦无秽污。何以故?此皆不动如来本愿力故。舍利

19.44.1

[illegible]!	[illegible]	[illegible]	[illegible]	[illegible]	[illegible]	[illegible]	[illegible]	[illegible]	[illegible]	[illegible]
gji^{2}	thja^{2}	tha^{1}	lhjịj^{2}	·u^{2}	thjɨ^{2}	sju^{2}	njɨ^{2}	no^{2}	nej^{2}	biẹj^{1}
子!	彼	佛	刹	中	是	如	等	安	稳	快
[illegible]	[illegible]。	[illegible]	[illegible]	[illegible]!	[illegible]	[illegible]	[illegible]	[illegible]	[illegible]、	
lhejr^{2}	dju^{1}	śja^{1}	rjir^{2}	gji^{2}	thja^{1}	mji^{1}	mju^{2}	mjor^{1}	ljịj^{2}	
乐	有。	舍	利	子!	彼	不	动	如	来、	

弗!彼佛刹中有如是等安隐①快乐。舍利弗!彼不动如来、

19.44.2

[illegible]	[illegible]、	[illegible]	[illegible]	[illegible]	[illegible]	[illegible]	[illegible]	[illegible],	[illegible]	[illegible]
bju^{1}	wo^{2}	tśhja^{2}	ka^{1}	dwewr^{2}	·jij^{1}	tha^{1}	lhjịj^{2}	·u^{2}	źji^{2}	lhej^{2}

---

① 隐,通"稳"。

应 供、 正 等 觉 之 佛 刹 中， 市 易

[illegible]

mjijr^2 mji^1 dju^1 lji̱^{2} lji̱^{1} sjwɨj^1 wji^1 mjijr^2 tsjɨ^1 mjij^1 ·ju^2

者 无 有， 田 农 业 作 者 亦 无， 常

应、正等觉佛刹土中，无有市易商贾，亦无田业农作，常

19.44.3

[illegible]

bie̱j^1 lhejr^2 rjir^2 śja^1 rjir^2 gji^2 thja^1 tha^1 lhji̱j^2 ·u^2 ·jow^2

快 乐 得。 舍 利 子！ 彼 佛 刹 中 咏

[illegible]

kja̱^{2} khe̱j^1 ·u^2 tjụ^2 kie̱j^2 rjir^2 mji^1 bju^1 śjij^1 thja^1 rjur^1

歌 游 戏， 淫 欲 与 无 相 应， 彼 诸

得快乐。舍利弗！彼佛刹中歌咏游戏，无有淫欲相应，彼诸

19.44.4

[illegible]

dzjwo^2 njɨ^2 lew^1 tsji̱r^1 lhejr^2 lhji̱j^2 śja^1 rjir^2 gji^2 thja^1 tha^1

人 等 唯 法 乐 受。 舍 利 子！ 彼 佛

[illegible]

lhji̱j^2 ·u^2 su^1 mã^1 no^1 phu^2 niow^1 tow^1 lo^1 phu^2 dzu̱^{2}

刹 中 苏 漫 那 树 及 多 罗 树 所

人等唯受法乐。舍利弗！彼佛刹中所有苏漫那树及多罗树

19.44.5

[illegible]

dzu̱^{2} tśjɨ^1 bio^1 khjɨ̱^{2} zjɨ̱r^1 lji^1 tsjụ^1 mju̱^{2} gji^1 śjwi̱^{2} ɣiẹ^2

立 次 行 列， 微 风 吹 动 净 和 音

[illegible]

to^2 mə^1 dzjwo^2 ·jij^1 mə^2 ɣiẹ^2 tsjɨ^1 thja^1 phu^2 zji̱j^1 mjɨ^1

出， 天 人 之 音 乐 亦 彼 树 略 不

而为行列，微风吹动出和雅音，假使天人音乐不如彼树。

19.44.6

[illegible]。	[illegible]	[illegible]	[illegible]！	[illegible]	[illegible]	[illegible]	[illegible]	[illegible]	[illegible]	[illegible]
?	śja^{1}	rjir^{2}	gji^{2}	tjij^{1}	po^{1}	tsa^{1}	ma^{2}	ŋạ^{2}	tsa^{1}	tha^{1}
及。	舍	利	子！	若	菩	萨	摩	诃	萨	佛
[illegible]	[illegible]	[illegible]，	[illegible]	[illegible]	[illegible]	[illegible]	[illegible]	[illegible]	[illegible]	[illegible]
lhjịj^{2}	ɣjiw^{1}	kiẹj^{2}	ku^{1}	thjɨ^{2}	sju^{2}	tśhja^{2}	·iow^{1}	niow^{1}	tha^{1}	lhjịj^{2}
土	摄	欲，	则	是	如	德	功	及	佛	国

舍利弗！若菩萨摩诃萨欲摄佛土者，应当摄受如是功德及净修佛国，

19.44.7

[illegible]	[illegible]，	[illegible]	[illegible]	[illegible]	[illegible]	[illegible]	[illegible]	[illegible]	[illegible]	[illegible]
sej^{1}	djọ^{2}	mji^{1}	mju^{2}	mjor^{1}	ljịj^{2}	·jij^{1}	ɲia^{2}	tsjij^{2}	dźjɨ	rjɨr^{2}
净	修，	不	动	如	来	之	菩	萨	行	△
[illegible]	[illegible]	[illegible]	[illegible]	[illegible]	[illegible]	[illegible]	[illegible]	[illegible]	[illegible]	[illegible]
dźjịj^{1}	zjọ^{2}	rjɨr^{2}	ɣjiw^{1}	ɣiwej^{1}	tha^{1}	lhjịj^{2}	tśhja^{2}	·iow^{1}	śjwo^{2}	tshjịj^{2}
行	时	△	摄	受	佛	刹	德	功	庄	严

如不动如来行菩萨行摄受佛刹功德庄严。

19.45.1

[illegible]	[illegible]	[illegible]。	[illegible]	[illegible]	[illegible]！	[illegible]	[illegible]	[illegible]	[illegible]	[illegible]
sju^{2}	wji^{1}	lew^{2}	śja^{1}	rjir^{2}	gji^{2}	thja^{2}	tha^{1}	lhjịj^{2}	·u^{2}	rjur^{1}
如	为	△。	舍	利	子！	彼	佛	土	中	诸
[illegible]	[illegible]	[illegible]，	[illegible]	[illegible]	[illegible]	[illegible]，	[illegible]	[illegible]	[illegible]	
na^{1}	nja̱^{1}	mjij^{1}	be^{2}	lhjị^{2}	kjɨ^{1}	dju^{1}	swew^{1}	bji^{1}	mji^{1}	
暗	黑	无，	日	月	虽	有，	明	光	不	

舍利弗！彼佛土中无诸黑暗，虽有日月，不现晖光。

19.45.2

[illegible]。	[illegible]	[illegible]	[illegible]？	[illegible]	[illegible]	[illegible]	[illegible]	[illegible]	[illegible]	[illegible]
śja^{2}	thjij^{2}	sjo^{2}	ljɨ^{1}	mji^{1}	mju^{2}	mjor^{1}	ljịj^{2}	·ju^{2}	swew^{1}	bji^{1}
现。	何	云	故？	不	动	如	来	常	光	明

[illegible]，	[illegible]	[illegible]	[illegible]	[illegible]	[illegible]。	[illegible]	[illegible]	[illegible]！	[illegible]
dju^{1}	tha^{1}	lhjịj^{2}	zjir^{2}	swew^{1}	ljɨ^{1}	śja^{1}	rjir^{2}	gji^{2}	dzjọ^{1}
有，	佛	刹	普	照	故。	舍	利	子！	譬

何以故？不动如来常有光明，普照佛刹故。舍利弗！譬

19.45.3

[illegible]	[illegible]	[illegible]	[illegible]	[illegible]	[illegible]	[illegible]	[illegible]	[illegible]，	[illegible]	[illegible]
sju^{2}	so^{2}	ljịj^{2}	du^{1}	rjɨr^{2}	ɣa^{1}	phio^{2}	źji^{2}	tjɨj^{1}	mo^{2}	nji^{1}
如	高	大	楼	阁	户	牖	皆	闭，	摩	尼
[illegible]	[illegible]	[illegible]	[illegible]	[illegible]	[illegible]，	[illegible]	[illegible]	[illegible]	[illegible]	
ljɨ^{1}	nji^{2}	thja^{1}	·u^{2}	rjɨr^{2}	tjị^{2}	thja^{1}	kha^{1}	ɲia^{2}	tśhju^{1}	
宝	珠	其	中	△	置，	其	内	有	情	

如高大楼阁密闭户牖，以摩尼宝置于室中，其内有情

19.45.4

[illegible]	[illegible]	[illegible]	[illegible]，	[illegible]	[illegible]	[illegible]	[illegible]。	[illegible]	[illegible]
njɨ^{2}	gjɨ^{2}	kjɨ^{1}	zar^{2}	·ju^{2}	swew^{1}	bji^{1}	ljij^{2}	thja^{2}	tha^{1}
昼	夜	虽	经，	常	光	耀	睹。	彼	佛
[illegible]	[illegible]	[illegible]	[illegible]	[illegible]	[illegible]，	[illegible]	[illegible]	[illegible]	[illegible]
lhjịj^{2}	·u^{2}	rjur^{1}	ɲia^{2}	tśhju^{1}	djịj^{1}	mjor^{1}	ljij^{2}	·jij^{1}	bji^{1}
刹	中	诸	众	生	类，	如	来	之	光

虽经昼夜，常睹光耀。彼佛刹中诸众生类，见如来光，

19.45.5

[illegible]，	[illegible]	[illegible]	[illegible]	[illegible]	[illegible]。	[illegible]	[illegible]	[illegible]！	[illegible]
ljij^{2}	tsjɨ^{1}	źji^{2}	thja^{1}	wjɨ^{2}	sju^{2}	śja^{1}	rjir^{2}	gji^{2}	ljịj^{2}
见，	亦	皆	是	犹	如。	舍	利	子！	大
[illegible]	[illegible]	[illegible]，	[illegible]	[illegible]	[illegible]	[illegible]	[illegible]	[illegible]	[illegible]。
du^{1}	rjɨr^{2}	tja^{1}	thja^{2}	rjijr^{2}	thjo̱^{1}	de^{2}	rjur^{1}	kiẹj^{2}	ŋwu^{2}
楼	阁	者，	彼	方	妙	喜	世	界	是。

亦复如是。舍利弗！大楼阁者，彼方妙喜世界。

19.45.6

[illegible]	[illegible]	[illegible]	[illegible]，	[illegible]	[illegible]	[illegible]	[illegible]	[illegible]	[illegible]。	[illegible]
mo^{2}	nji^{1}	ljɨ^{1}	tja^{1}	mji^{1}	mju^{2}	mjor^{1}	ljij^{2}	rjir^{2}	dzjọ^{1}	mo^{2}
摩	尼	宝	者，	不	动	如	来	与	喻。	摩
[illegible]	[illegible]	[illegible]，	[illegible]	[illegible]	[illegible]	[illegible]。	[illegible]	[illegible]	[illegible]	
nji^{1}	ljɨ^{1}	tja^{1}	thja^{1}	swew^{1}	bji^{1}	ŋwu^{2}	na^{1}	gu^{2}	ɲia^{2}	
尼	宝	者，	其	光	明	是。	阁	中	有	

摩尼宝者,此喻不动如来。摩尼宝光①者,喻佛光明②。阁中有情,

19.45.7

[illegible]	[illegible]，	[illegible]	[illegible]	[illegible]	[illegible]	[illegible]	[illegible]	[illegible]	[illegible]	[illegible]
tśhju^{1}	tja^{1}	thjọ^{1}	de^{2}	rjur^{1}	kięj^{2}	·u^{2}	rjur^{1}	ɲia^{2}	tśhju^{1}	njɨ^{2}
情	者，	妙	喜	世	界	中	诸	众	生	等
[illegible]。	[illegible]	[illegible]	[illegible]！	[illegible]	[illegible]	[illegible]	[illegible]	[illegible]	[illegible]	
ŋwu^{2}	śja^{1}	rjir^{2}	gji^{2}	mji^{1}	mju^{2}	mjor^{1}	ljij^{2}	rjɨr^{2}	dźjij^{1}	
是。	舍	利	子！	不	动	如	来	所	行	

譬妙国土诸群生等。舍利弗！不动如来随所行住,

19.46.1

[illegible]	[illegible]，	[illegible]	[illegible]	[illegible]	[illegible]	[illegible]	[illegible]	[illegible]	[illegible]，
dźjij^{1}	twụ^{1}	tụ^{1}	bạ^{2}	wją^{1}	sej^{1}	thja^{1}	śjij^{1}	rewr^{2}	lhjij^{2}
住	处，	千	叶	花	莲	自	然	足	承，
[illegible]	[illegible]	[illegible]	[illegible]	[illegible]	[illegible]	[illegible]	[illegible]。	[illegible]	[illegible]
thja^{1}	wją^{1}	kie^{1}	tsə̣^{1}	rjur^{1}	kha^{1}	dzjọ^{1}	mjij^{1}	śja^{1}	rjir^{2}
是	华	金	色	世	间	喻	无。	舍	利

有千叶莲花自然承足,是华金色世无可喻。舍利

19.46.2

[illegible]！	[illegible]	[illegible]	[illegible]	[illegible]	[illegible]	[illegible]、	[illegible]	[illegible]、	[illegible]	[illegible]

① “光”字义西夏本未见。

② 喻佛光明,西夏本作“[illegible]”(是其光明)。“其”承上指代“不动如来”。

gji²	thja¹	tsjɨ¹	mji¹	mju²	mjor¹	ljịj²	bju¹	wo²	tśhja²	ka¹
子！	此	亦	不	动	如	来、	应	供、	正	等
[Tangut]	[Tangut]	[Tangut]	[Tangut]	[Tangut]	[Tangut]	[Tangut]	[Tangut]	[Tangut]。	[Tangut]	
dwewr²	bu̱²	gjij¹	ɣie¹	dja²	śjɨj¹	·jiw²	nio̱w¹	ljɨ¹	dzjɨj¹	
觉	胜	殊	力	△	成	就	由	故。	时	

弗！此亦不动如来、应、正等觉殊胜力之所成就。时

19.46.3

[Tangut]	[Tangut]	[Tangut]	[Tangut]	[Tangut]	[Tangut]	[Tangut]	[Tangut]：	[Tangut]	[Tangut]，	[Tangut]
śja¹	rjir²	gji²	niow¹	tha¹	·jij¹	dạ²	jɨ²	rjur¹	pjụ¹	thja²
舍	利	子	复	佛	之	言	谓：	世	尊，	彼
[Tangut]	[Tangut]	[Tangut]	[Tangut]	[Tangut]	[Tangut]	[Tangut]	[Tangut]	[Tangut]，	[Tangut]	
mji¹	mju²	mjor¹	ljịj²	tjij¹	kjɨ̱r²	·u²	·o²	zjij¹	kie¹	
不	动	如	来	若	室	中	入	时，	金	

舍利弗复白佛言：世尊，彼不动如来若入室中，金

19.46.4

[Tangut]	[Tangut]	[Tangut]	[Tangut]	[Tangut]	[Tangut]	[Tangut]？	[Tangut]	[Tangut]	[Tangut]	[Tangut]
tsə̣¹	wjạ¹	sej¹	rewr²	·ja	lhjịj²	ljɨ¹	tha¹	śja¹	rjir²	gji²
色	花	莲	足	△	承	也？	佛	舍	利	子
[Tangut]	[Tangut]：	[Tangut]	[Tangut]	[Tangut]	[Tangut]，	[Tangut]	[Tangut]	[Tangut]	[Tangut]？	
·jij¹	jɨ²	thjɨ²	dạ²	zjɨ̱r¹	djɨj¹	·jir¹	nja²	thjij²	lew²	
之	告：	斯	言	微	浅，	问	汝	何	当？	

色莲花为承足不？佛告舍利弗言：斯事微浅，何勤致问？

19.46.5

[Tangut]	[Tangut]	[Tangut]	[Tangut]	[Tangut]	[Tangut]	[Tangut]	[Tangut]	[Tangut]	[Tangut]
thja²	tha¹	rjur¹	pjụ¹	tjij¹	gjij²	nji¹	kjɨr²	·jɨj²	·u²
彼	佛	世	尊	若	村	坊	舍	宅	中
[Tangut]，	[Tangut]	[Tangut]	[Tangut]	[Tangut]	[Tangut]	[Tangut]	[Tangut]	[Tangut]。	[Tangut]
·o²	tụ¹	bạ²	wjạ¹	sej¹	thja¹	bju¹	śja²	ljɨ¹	tjɨ¹
入，	千	叶	华	莲	其	随	现	也。	如

彼佛世尊若入村坊舍宅，其千叶华即随而现。若

19.46.6

[illegible]

tjij^1 ne̱w^2 go̱r^1 gji^2 ne̱w^2 sji^2 dzjwo^2 njɨ^2 thjɨ^2 sju^2 ljɨ̱r^2

若 善 男 子 善 女 人 等 是 如 念

[illegible]

wji^1 tjij^1 mjor^1 ljij^2 bju^1 nja^1 gjiw^1 thjɨ^2 kjɨ̱r^2 ·o^2

作: 若 如 来 随 降 尊 此 室 入

有善男子善女人作如是念:若如来降尊入此室者,

19.46.7

[illegible]

zjij^1 rewr^2 khju^1 wjạ^1 sej^1 ·ja we^2 kjij^1 tśiow^1 jɨ^2 thja^2

时, 足 下 花 莲 一 处 聚 集 谓, 其

[illegible]

·jij^1 ljɨ̱r^2 bju^1 wjạ^1 xja^1 tśiow^1 dzjɨ̣^{2} tjɨ^1 tjij^1 dzjwo^2

之 念 随 花 即 聚 集。 如 若 人

足下莲花应聚一处。随其所念花则为聚。若复

19.47.1

[illegible]

dju^1 thja^1 wjạ^1 ŋa^1 gu^2 wjij^2 djɨj^2 jɨ^2 ku^1 thja^1 wjɨ^2

有 彼 花 空 中 愿 住 谓, 则 彼 △

[illegible]

ljɨ̱r^2 bju^1 ŋa^1 gu^2 wjɨ^2 djɨj^2 thja^2 tsjɨ^1 thja^2 mjor^1 ljij^2

念 随 空 中 △ 住。 彼 亦 彼 如 来

有人愿花住空,即如彼念在空中住。由彼如来

19.47.2

[illegible]

·jij^1 pjụ^1 me̱^{2} ɣie^1 ŋwu^2 ljɨ^1 śja^1 rjir^2 gji^2 thja^1 rewr^2

之 威 神 力 是 故。 舍 利 子! 彼 足

lhjịj^{2} wją^{1} sej^{1} rjur^{1} dzjwo^{2} njɨ^{2} ·jij^{1} khjow^{1} bə^{2} du^{2} śjwo^{1}

承 华 莲 诸 人 等 之 给 塔 塔 起

威神力故。舍利弗！彼承足莲华与诸人等为塔供养。

19.47.3

kjụ^{1} tshwew^{1} wji^{1} phji^{1} śja^{1} rjir^{2} gji^{2} thja^{2} tha^{1} rjur^{1} pjụ^{1}

供 养 为 令。 舍 利 子！ 彼 佛 世 尊

tsji̱r^{1} tshji̱j^{1} nio̱w^{1} ku^{1} sọ^{1} tụ^{1} ljịj^{2} tụ^{1} rjur^{1} kięj^{2}

法 演 为 故， 三 千 大 千 世 界

舍利弗！彼佛世尊为演法故，遍游三千大千世界，

19.47.4

zjir^{2} da̱^{2} thja^{1} dja^{2} dźjij^{1} twụ^{1} xja^{1} wją^{1} sej^{1} śja^{2} niow^{1}

遍 游， 其 △ 行 处， 即 花 莲 现。 又

mjor^{1} lji̱j^{2} dja^{2} wjɨ̣^{1} śja^{2} tsji̱r^{1} rjijr^{2} lhji̱j^{2} iọ^{1} thja^{1}

如 来 △ 化 现 他 方 刹 土， 其

随所行处，其花①即现。又复如来随所化现他方刹土，其

19.47.5

kie^{1} tsə̣^{1} wją^{1} tsjɨ^{1} thja^{1} do^{2} śja^{2} ljɨ^{1} thja^{1} tha^{1} pjụ^{1}

金 色 花 亦 彼 处 现 也。 彼 佛 威

ɣie^{1} nio̱w^{1} ku^{1} sọ^{1} tụ^{1} ljịj^{2} tụ^{1} rjur^{1} kięj^{2} źji^{2}

力 以 故， 三 千 大 千 世 界 皆

金色花亦现于彼。以佛威力故，三千大千世界皆

① “其花”西夏本作“莲花”（莲花）。汉文本概承上指代。

19.47.6

[illegible]	[illegible]	[illegible]	[illegible]	[illegible]	[illegible]	[illegible]	[illegible]	[illegible]	[illegible]	[illegible]。
kie^{1}	tsə̣^{1}	tụ^{1}	bạ^{2}	wjạ^{1}	sej^{1}	thja^{1}	lhjịj^{2}	śjwo^{2}	tshjịj^{2}	ljɨ^{1}
金	色	千	叶	花	莲	其	土	庄	严	也。

以金色千叶莲花庄严其土。

汉文本

又如三十三天奉事帝释,彼诸人等咸事如来。舍利弗!汝应知彼不动佛刹功德庄严。舍利弗!彼土众生心无放逸。何以故?亦由不动如来本愿力故。时一比丘闻佛赞扬不动如来佛刹功德,心生贪著,而白佛言:世尊,我今愿生不动佛刹。佛告比丘:汝之愚迷,岂得生彼,何以故?不以爱著之心而得往生,唯有殖诸善本、修诸梵行得生彼故。

复次,舍利弗!彼土众生随其所乐,有清净池,应念而见。八功德水充满其中,饮漱洗沐皆适人意。有不乐者,即便不见。舍利弗!彼佛刹中香风和畅,悦可众心,而彼香风为诸天人作诸香事,曲从人心,有至不至。舍利弗!此皆不动如来本愿力故,功德庄严。复次,舍利弗!彼佛刹中女人衣服及庄严具,从树而生,随意受用。彼国女人无女过失,不如此界诸女等心多嫉妒、两舌恶口。又彼怀孕之时至于诞育,母子安适,亦无秽污。何以故?此皆不动如来本愿力故。舍利弗!彼佛刹中有如是等安隐快乐。舍利弗!彼不动如来、应、正等觉佛刹土中,无有市易商贾,亦无田业农作,常得快乐。舍利弗!彼佛刹中歌咏游戏,无有淫欲相应,彼诸人等唯受法乐。舍利弗!彼佛刹中所有苏漫那树及多罗树而为行列,微风吹动出和雅音,假使天人音乐不如彼树。舍利弗!若菩萨摩诃萨欲摄佛土者,应当摄受如是功德及净修佛国,如不动如来行菩萨行摄受佛刹功德庄严。舍利弗!彼佛土中无诸黑暗,虽有日月,不现晖光。何以故?不动如来常有光明,普照佛刹故。舍利弗!譬如高大楼阁密闭户牖,以摩尼宝置于室中,其内有情虽经昼夜,常睹光耀。彼佛刹中诸众生类,见如来光,亦复如是。舍利弗!大楼阁者,彼方妙喜世界。摩尼宝者,此喻不动如来。摩尼宝光者,喻佛光明。阁中有情,譬妙国土诸群生等。舍利弗!不动如来随所行住,有千叶莲花自然承足,是华金色世无可喻。舍利弗!此亦不动如来、应、正等觉殊胜力之所成就。时舍利弗复白佛言:世尊,彼不动如来若入室中,金色莲花为承足不?佛告舍利弗言:斯事微浅,何勤致问?

彼佛世尊若入村坊舍宅,其千叶华即随而现。若有善男子善女人作如是念:若如来降尊入此室者,足下莲花应聚一处。随其所念花则为聚。若复有人愿花住空,即如彼念在空中住。由彼如来威神力故。舍利弗!彼承足莲华与诸人等为塔供养。舍利弗!彼佛世尊为演法故,遍游三千大千世界,随所行处,其花即现。又复如来随所化现他方刹土,其金色花亦现于彼。以佛威力故,三千大千世界皆以金色千叶莲花庄严其土。

19.47.7

ɣię²	mji¹	·ji¹	tjij¹	sọ¹	tsew²
声	闻	众	品	第	三

声闻众品第三

19.48.1

niow¹	tśjɨ¹	śja¹	rjir²	gji²	thja²	mji¹	mju²	mjor¹	ljịj²	tsjịr¹
复	次，	舍	利	子！	彼	不	动	如	来	法
nẹ¹	tshjịj¹	zjịj¹	mjɨ¹	pjụ¹	ɲia²	tśhju¹	·jij¹	rjur¹	·jar²	źji²
演	说	时，	无	量	众	生	之	调	伏，	皆

复次，舍利弗！彼不动如来于说法时，能善调伏无量众生，皆

19.48.2

·ja	lo¹	xã¹	mja̱¹	mjor¹	lja̱¹	phji¹	mjij¹	sjwɨ̱¹	·jar¹	bie²
阿	罗	汉	果	现	证	令，	静	虑	八	解
thjij²	no²	dźjịj¹	mjijr²	tja¹	ŋew²	rejr²	zjịj²	ljɨ¹	śja¹	
脱	安	住	者	者	数	众	多	也。	舍	

令现证阿罗汉果，安住静虑八解脱者其数甚多。舍

19.48.3

rjir²	gji²	thja²	mji¹	mju²	mjor¹	ljịj²	bju¹	wo²	tśhja²	ka¹
利	子！	彼	不	动	如	来、	应	供、	正	等
dwewr²	mjɨ¹	pjụ¹	ŋew²	mjij¹	rjur¹	ɣię²	mji¹	·ji¹	tjij¹	
觉	无	量	数	无	诸	声	闻	众，	若	

利弗！彼不动如来、应、正等觉有无量无数诸声闻众，

19.48.4

[illegible]	[illegible]、	[illegible]	[illegible]	[illegible]	[illegible]，	[illegible]	[illegible]，	[illegible]	[illegible]	[illegible]、
sej^{1}	dzjịj^{2}	sej^{1}	dzjịj^{2}	dzjịj^{2}	gji^{2}	tśhjɨ^{1}	zjịj^{1}	phji^{1}	pho^{1}	lo^{1}
算	师、	算	师	弟	子，	尔	时，	频	婆	罗、
[illegible]	[illegible]	[illegible]、	[illegible]	[illegible]	[illegible]、	[illegible]	[illegible]	[illegible]、	[illegible]	[illegible]
khjã^{1}	khja^{2}	lo^{1}	po^{1}	thew^{2}	mo^{2}	·ja	lo^{1}	tśia^{1}	tśhjɨ^{1}	zjịj^{1}
殑	伽	罗、	波	头	摩、	阿	罗	咤、	尔	许

我不见若算师、算师弟子，有能算数彼声闻众，尔许①，频婆罗、殑伽罗、波头摩、阿罗咤、若干

19.48.5

[illegible]	[illegible]	[illegible]、	[illegible]	[illegible]	[illegible]	[illegible]	[illegible]，	[illegible]	[illegible]	[illegible]
·ja	phji^{1}	pho^{1}	·ja	phu^{2}	tow^{1}	ŋew^{2}	ŋwu^{2}	thja^{1}	ɣię̣^{2}	mji^{1}
阿	频	婆、	阿	部	多	数	是，	彼	声	闻
[illegible]	[illegible]	[illegible]	[illegible]	[illegible]	[illegible]	[illegible]	[illegible]	[illegible]。	[illegible]	
·ji^{1}	·jij^{1}	sej^{1}	bji̱^{2}	njwi^{2}	mjɨ^{1}	tśhjɨ^{1}	lji^{2}	ŋa^{2}	śja^{1}	
众	之	算	数	能	不	彼	见	△。	舍	

阿频婆、阿部多。舍

19.48.6

[illegible]	[illegible]！	[illegible]	[illegible]	[illegible]	[illegible]	[illegible]	[illegible]	[illegible]	[illegible]	[illegible]
rjir^{2}	gji^{2}	thjɨ^{2}	sju^{2}	sej^{1}	bji̱^{2}	ŋwu^{2}	thja^{1}	ɣię̣^{2}	mji^{1}	·ji^{1}
利	子！	此	如	算	数	以	彼	声	闻	众
[illegible]	[illegible]	[illegible]	[illegible]	[illegible]	[illegible]	[illegible]	[illegible]	[illegible]	[illegible]	
·jij^{1}	ŋew^{2}	tśhjɨ^{1}	zjịj^{1}	pjụ^{1}	dju^{1}	nja^{1}	djɨj^{2}	nwə^{1}	njwi^{2}	
之	数	尔	许	量	有	△	定	知	能	

利弗！如此算数无有能知彼声闻众定其数量若干名者。

19.48.7

[illegible]	[illegible]。	[illegible]	[illegible]	[illegible]！	[illegible]	[illegible]	[illegible]	[illegible]	[illegible]	[illegible]

① 尔许，西夏本作“[illegible][illegible]”(尔时)。按，“[illegible]”zjịj^{1}(时)字假借作“[illegible]”zjịj^{1}(许)。此二字在《择要》中同组(11.5.6)。参看下文(19.48.4)汉文本“若干”，西夏本正作“[illegible][illegible]”(尔许)。

tja^{1}	mjij^{1}	śja^{1}	rjir^{2}	gji^{2}	ŋa^{2}	thjɨ^{2}	lhjịj^{2}	·u^{2}	rjur^{1}	nẹw^{2}
者	无。	舍	利	子！	我	此	刹	中	诸	善
[illegible]	[illegible]	[illegible]	[illegible]	[illegible]、	[illegible]	[illegible]	[illegible]、	[illegible]	[illegible]	[illegible]
gọr^{1}	gji^{2}	śji^{1}	·o^{2}	rjir^{2}	lew^{1}	lja^{1}	rjir^{2}	mji^{1}	lhjwo^{1}	rjir^{2}
男	子	预	入	果、	一	来	果、	不	还	果

舍利弗！如我此刹诸善男子获预流①果、斯陀含②果、阿那含③果，

19.49.1

[illegible]	[illegible]，	[illegible]	[illegible]	[illegible]	[illegible]，	[illegible]	[illegible]	[illegible]	[illegible]
lhjụ^{2}	mjijr^{2}	ŋew^{2}	pjụ^{1}	mjij^{1}	sju^{2}	thja^{1}	tha^{1}	lhjịj^{2}	·u^{2}
获	者，	数	量	无	如，	彼	佛	刹	中
[illegible]	[illegible]	[illegible]	[illegible]	[illegible]	[illegible]	[illegible]	[illegible]	[illegible]。	[illegible]
·ja	lo^{1}	xā^{1}	ljạ^{1}	mjijr^{2}	tsjɨ^{1}	thja^{1}	wjɨ^{2}	sju^{2}	śja^{1}
阿	罗	汉	证	者	亦	是	犹	如。	舍

则无其数，于彼刹中证阿罗汉亦复如是。舍

19.49.2

[illegible]	[illegible]！	[illegible]	[illegible]	[illegible]	[illegible]	[illegible]	[illegible]	[illegible]	[illegible]	[illegible]
rjir^{2}	gji^{2}	dzjọ^{1}	sju^{2}	low^{2}	ljịj^{1}	śji^{1}	·o^{2}	rjir^{2}	śjạ^{1}	dźjow^{1}
利	子！	譬	如	懈	怠	预	入	果	七	返
[illegible]	[illegible]，	[illegible]	[illegible]	[illegible]	[illegible]	[illegible]	[illegible]	[illegible]	[illegible]	[illegible]，
wẹ^{1}	lhjịj^{2}	thja^{2}	·jij^{1}	tsji̱r^{1}	tshjịj^{1}	ku^{1}	tśhjwo^{1}	bu̱^{2}	rjir^{2}	rjir^{1}
生	受，	其	之	法	说	则	故	胜	果	得，

利弗！譬如懈怠预流果入七返受生，为其说法方获胜果，

19.49.3

[illegible]	[illegible]	[illegible]	[illegible]	[illegible]	[illegible]	[illegible]	[illegible]	[illegible]	[illegible]。	[illegible]
ŋa^{2}	thja^{1}	·jij^{1}	śjạ^{1}	dźjow^{1}	wẹ^{1}	dzjwo^{2}	ŋwu^{2}	jɨ^{2}	ŋa^{2}	śja^{1}

---

① 预流，西夏本作"[illegible][illegible]"(预入)。梵文 Srotāpanna，旧称"须陀洹"，译曰"逆流，入流"，同一之义。新称"窣路多阿半那"，译曰"预流果"。下同。

② 斯陀含，西夏本作"[illegible][illegible]"(一来)。梵文 Sakṛadāgāmin，西夏本从新译。下文 19.49.7 亦音译作"[illegible][illegible][illegible]"。

③ 阿那含，西夏本作"[illegible][illegible]"(不还)。梵文 Anāgāmin。下同。

我 其 之 七 返 生 人 是 谓 △。 舍

[illegible]

rjir² gji² tjij¹ mji¹ mju² mjor¹ ljịj² ·jij¹ ɣu¹ tsji̱r¹ tshji̱j¹

利 子! 若 不 动 如 来 之 初 法 说

我说名为七返生人。舍利弗!若有于不动如来初说

19.49.4

[illegible]

zjọ² śji¹ ·o² mja̱¹ rjir² nji̱¹ dźjow¹ tsji̱r¹ tshji̱j¹ zjọ² lew¹

时 预 入 果 获, 二 遍 法 说 时 一

[illegible]

lja¹ mja̱¹ lja̱¹ sọ¹ dźjow¹ tsji̱r¹ tshji̱j¹ zjọ² mji¹ lhjwo¹ mja̱¹

来 果 证, 三 遍 法 说 时 不 还 果

法时获预流果,第二说法证斯陀含,第三说法证阿那含,

19.49.5

[illegible]

lja̱¹ ljɨr¹ dźjow¹ tsji̱r¹ tshji̱j¹ zjọ² ·ja lo¹ xã¹ lja̱¹ ku¹

证, 四 遍 法 说 时 阿 罗 汉 证, 则

[illegible]

thja¹ rjur¹ dzjwo² njɨ² tjij¹ ·ja tśiẹj² djɨj² ·o² rjur¹ rar²

此 诸 人 等 若 一 续 定 入 诸 漏

第四说法证阿罗汉者,此诸人等非一坐①定得尽诸漏,

19.49.6

[illegible]

mji¹ sji¹ phji¹ ku¹ low² ljịj¹ dzjwo² jɨ² ljɨ¹ śja¹ rjir²

非 尽 令, 则 懒 惰 人 谓 也。 舍 利

[illegible]

gji² thja² tha¹ lhjịj² ·u² śji¹ ·o² rjir¹ mjijr² thja¹ mjor¹

① 坐,西夏本作“[illegible]”(续)。

子！ 彼 佛 刹 中 预 入 得 者， 此 现

名懒惰人。舍利弗！彼佛刹中得预流者，于此现

19.49.7

[illegible] [illegible] [illegible] [illegible] [illegible] [illegible]， [illegible] [illegible] [illegible] [illegible] [illegible]

ljụ^{2} tśhja̱^{1} rar^{2} sji^{1} lhjụ^{2} rjir^{1} thjɨ^{2} kięj^{2} ·u^{2} śją^{1} dźjow^{1}

身 于 漏 尽 获 得， 此 界 中 七 返

[illegible] [illegible] [illegible] [illegible] [illegible] [illegible]。 [illegible] [illegible] [illegible] [illegible]， [illegible]

we̱^{1} lhjịj^{2} mjijr^{2} sju^{2} ljɨ̣^{1} nja̱^{2} sə^{1} thow^{1} xã^{1} tja^{1} tśhjɨ^{2}

生 受 者 如 并 非。 斯 陀 含 者， 立

身而得漏尽，非如此界经七返生。斯陀含者，即

[illegible] [illegible] [illegible] [illegible] [illegible] [illegible] [illegible]， [illegible] [illegible] [illegible] [illegible]

rjar^{2} mjor^{1} zjọ^{2} tśjị^{1} bju^{2} sji^{1} njwi^{2} thjɨ^{2} kięj^{2} ·u^{2} ·ja

即 现 世 苦 际 尽 能， 此 界 中 一

[illegible] [illegible] [illegible] [illegible] [illegible] [illegible] [illegible] [illegible] [illegible]

dźjow^{1} lja^{1} wjij^{1} niow^{1} sə^{1} thow^{1} xã^{1} jɨ^{2} tja^{1}

遍 来 往 复 斯 陀 含 谓 者

于现生能尽苦际，匪如此界经一往来名斯陀含。

19.50.1

[illegible] [illegible] [illegible]。 [illegible] [illegible] [illegible] [illegible]， [illegible] [illegible] [illegible] [illegible]

rjir^{2} mji^{1} ləw^{2} ·ja no^{1} xã^{1} tja^{1} thja^{1} mjor^{1} ljụ^{2} ɣa^{2}

与 不 同。 阿 那 含 者， 彼 现 身 于

[illegible] [illegible] [illegible] [illegible] [illegible]， [illegible] [illegible] [illegible] [illegible] [illegible] [illegible]

·ja lo^{1} xã^{1} mja̱^{1} rjir^{1} thjɨ^{2} kięj^{2} phju^{2} ljɨ^{2} we̱^{1} śjɨ^{1}

阿 罗 汉 果 得， 此 界 上 地 生 往

阿那含者，彼于现身成阿罗汉①，非如此界往上地生

19.50.2

[illegible] [illegible] [illegible] [illegible] [illegible] [illegible] [illegible] [illegible] [illegible] [illegible] [illegible]。

① 成阿罗汉，西夏本作"[illegible]"（得阿罗汉果）。两者义通，仅在表述略有不同。

mji^{1} lhjwo^{1} nio̠w^{1} ·ja no^{1} xã^{1} jɨ^{2} tja^{1} rjir^{2} mji^{1} ləw^{2}

不 还 故 阿 那 含 谓 者 与 不 同。

śja^{1} rjir^{2} gji^{2} mji^{1} mju^{2} mjor^{1} ljij^{2} thja^{2} lhjij^{2} io̠^{1}

舍 利 子！ 不 动 如 来 彼 国 土

不还来此名阿那含。舍利弗！不动如来于彼刹

19.50.3

·u^{2} rjur^{1} ɣię^{2} mji^{1} dźjɨ mji̠^{1} do^{2} pha^{1} tshji̠j^{1} rjɨr^{2} njɨ^{2}

中 诸 声 闻 行 位 差 别 说， 乃 至

thjɨ^{2} sju^{2} śjɨj^{2} mja̠^{1} gu^{1} śjwo^{1} tjij^{1} ne̠w^{2} go̠r^{1} gji^{2} ne̠w^{2}

是 如 圣 果 安 立。 若 善 男 子 善

中说诸声闻行位差别，乃至安立如是圣果。若善男子善

19.50.4

sji^{2} dzjwo^{2} thjɨ^{2} tsji̠r^{1} tsjij^{2} njwi^{2} rjur^{1} sji̠j^{2} mji^{1} dźji̠j^{1} niow^{1} ɣiew^{1}

女 人 此 法 了 能， 诸 识 不 住 及 学

ljɨ̣^{2} ɣa^{2} lju̠^{2} kwər^{1} wjɨ^{2} dzjar^{2} ɣiew^{1} mjij^{1} ljɨ̣^{2} dźji̠j^{1} tśhjwo^{1}

地 于， 身 体 △ 亡 学 无 地 住 故

女人能了此法，不住诸识及于学地，而身殁亡住无学地方

19.50.5

gju^{1} dzjar^{2} lhjwi^{1} ljɨ^{1} śja^{1} rjir^{2} gji^{2} ɣiew^{11} mjij^{1} ljɨ̣^{2} tja^{1}

度 灭 取 也。 舍 利 子！ 学 无 地 者

·ja lo^{1} xã^{1} ljɨ̣^{2} ŋwu^{2} dź- mji̠j^{2} bju^{1} gu^{1} śjwo^{1} ɣiew^{1}

阿 罗 汉 地 是， 假 名 以 建 立。 学

取灭度。舍利弗！无学地者是阿罗汉地，假名建立。

19.50.6

[illegible]	[illegible]	[illegible]	[illegible]	[illegible]	[illegible]	[illegible]，	[illegible]	[illegible]	[illegible]	[illegible]。
mjij^{1}	jɨ^{2}	tja^{1}	·ja	lo^{1}	xã^{1}	ŋwu^{2}	dź-	mjịj^{2}	gu^{1}	śjwo^{1}
无	言	者	阿	罗	汉	是，	假	名	建	立。
[illegible]	[illegible]	[illegible]！	[illegible]	[illegible]	[illegible]	[illegible]	[illegible]	[illegible]	[illegible]	[illegible]
śja^{1}	rjir^{2}	gji^{2}	thja^{1}	mji^{1}	mju^{2}	mjor^{1}	ljịj^{2}	·jij^{1}	rjur^{1}	ɣiẹ^{2}
舍	利	子！	彼	不	动	如	来	之	诸	声

言无学者是阿罗汉，假名建立。舍利弗！彼不动如来诸声

19.50.7

[illegible]	[illegible]，	[illegible]	[illegible]	[illegible]	[illegible]，	[illegible]	[illegible]	[illegible]	[illegible]。	[illegible]
mji^{1}	·ji^{1}	gji^{1}	sej^{1}	ŋowr^{2}	lhə	gjwɨ^{1}	lwo^{2}	no^{2}	dźjij^{1}	śja^{1}
闻	众，	清	净	具	足，	坚	固	安	住。	舍
[illegible]	[illegible]！	[illegible]	[illegible]	[illegible]	[illegible]	[illegible]	[illegible]	[illegible]	[illegible]	[illegible]
rjir^{2}	gji^{2}	thjɨ^{2}	tja^{1}	mji^{1}	mju^{2}	mjor^{1}	ljịj^{2}	·jij^{1}	rjur^{1}	ɣiẹ^{2}
利	子！	此	是	不	动	如	来	之	诸	声

闻众，清净具足，安住坚固。舍利子！此是不动如来诸声

19.51.1

[illegible]	[illegible]	[illegible]	[illegible]	[illegible]	[illegible]	[illegible]，	[illegible]	[illegible]	[illegible]	[illegible]
mji^{1}	·ji^{1}	dź-	mjịj^{2}	gu^{1}	śjwo^{1}	ŋwu^{2}	thjɨ^{2}	tja^{1}	ljịj^{2}	·ja
闻	众	假	名	建	立	是，	此	是	大	阿
[illegible]	[illegible]	[illegible]	[illegible]	[illegible]	[illegible]，	[illegible]	[illegible]	[illegible]	[illegible]，	
lo^{1}	xã^{1}	rjur^{1}	rar^{2}	sji^{1}	dzjar^{2}	wji^{1}	lew^{2}	wjɨ^{2}	tjɨ^{2}	
罗	汉	诸	漏	尽	灭，	作	所	已	办，	

闻众假名建立，所谓大阿罗汉诸漏已尽，所作已办，

19.51.2

[illegible]	[illegible]	[illegible]	[illegible]，	[illegible]	[illegible]	[illegible]	[illegible]，	[illegible]	[illegible]	[illegible]
·ụ^{2}	ljɨ^{1}	phjɨ^{1}	tja^{1}	·jij^{1}	gjij^{1}	njɨ^{2}	rjir^{1}	rjur^{1}	dju^{1}	tśhiow^{1}
担	重	弃	者，	已	利	等	得，	诸	有	结

[illegible]	[illegible]	[illegible]	[illegible]	[illegible]。	[illegible]	[illegible]	[illegible]	[illegible]	[illegible]
sji^{1}	tśhja^{2}	tsji̱r^{1}	bie^{2}	thjij^{2}	thjɨ^{2}	rjur^{1}	lo^{1}	xã^{1}	rjɨr^{2}
尽	正	教	解	脱。	是	诸	罗	汉	乃

弃舍重担，逮得己利，尽诸有结正教解脱。是诸罗汉

19.51.3

[illegible]	[illegible]	[illegible]	[illegible]	[illegible]	[illegible]	[illegible]	[illegible]。	[illegible]	[illegible]	[illegible]！
mja̱^{2}	mjij^{1}	sjwɨ̱^{1}	·jar^{1}	bie^{2}	thjij^{2}	kha^{1}	dźji̱j^{1}	śja^{1}	rjir^{2}	gji^{2}
多	静	虑	八	解	脱	中	住。	舍	利	子！
[illegible]	[illegible]	[illegible]	[illegible]	[illegible]	[illegible]	[illegible]	[illegible]	[illegible]	[illegible]	[illegible]，
thja^{1}	mji^{1}	mju^{2}	mjor^{1}	lji̱j^{2}	thjɨ^{2}	sju^{2}	rjur^{1}	ɣię^{2}	mji^{1}	·ji^{1}
彼	不	动	如	来	是	如	诸	声	闻	众，

多住静虑八解脱中。舍利弗！彼不动如来有如是等诸声闻众，

19.51.4

[illegible]	[illegible]	[illegible]	[illegible]	[illegible]	[illegible]	[illegible]。
ŋowr^{2}	lhə	tśhja^{2}	·iow^{1}	śjwo^{2}	tshji̱j^{2}	ljɨ^{1}
具	足	德	功	庄	严	也。

具足功德之所庄严。

汉文本

声闻众品第三

复次，舍利弗！彼不动如来于说法时，能善调伏无量众生，皆令现证阿罗汉果，安住静虑八解脱者其数甚多。舍利弗！彼不动如来、应、正等觉有无量无数诸声闻众，我不见若算师、算师弟子，有能算数彼声闻众，尔许，频婆罗、殑伽罗、波头摩、阿罗咤、若干阿频婆、阿部多。舍利弗！如此算数无有能知彼声闻众定其数量若干名者。

舍利弗！如我此刹诸善男子获预流果、斯陀含果、阿那含果，则无其数，于彼刹中证阿罗汉亦复如是。舍利弗！譬如懈怠预流果人七返受生，为其说法方获胜果，我说名为七返生人。舍利弗！若有于不动如来初说法时获预流果，第二说法证斯陀含，第三说法证阿那含，第四说法证阿罗汉者，此诸人等非一坐定得尽诸漏，名懒惰人。舍利弗！彼佛刹中得预流者，于此现身而得漏尽，非如此界经七返生。斯陀含者，即于现生能尽苦际，匪如此界经一往来名斯陀含。阿那含者，彼于现身成阿罗汉，非如此界往上地生不还来此名阿那含。舍利弗！不动如来于彼刹中说诸声闻行位差别，乃至安立如是圣果。若善男子善女人能了此法，不住诸识及于学地，而身殁亡住无学地方取灭度。舍利弗！无学地者是阿

罗汉地，假名建立。言无学者是阿罗汉，假名建立。舍利弗！彼不动如来诸声闻众，清净具足，安住坚固。舍利子！此是不动如来诸声闻众假名建立，所谓大阿罗汉诸漏已尽，所作已办，弃舍重担，逮得己利，尽诸有结正教解脱。是诸罗汉多住静虑八解脱中。舍利弗！彼不动如来有如是等诸声闻众，具足功德之所庄严。

19.51.5

[illegible]	[illegible]，	[illegible]	[illegible]	[illegible]！	[illegible]	[illegible]	[illegible]	[illegible]	[illegible]、	[illegible]、
niow¹	tśjɨ¹	śja¹	rjir²	gji²	thja²	tha¹	lhjij²	·u²	kie¹	ŋwo²
复	次，	舍	利	子！	彼	佛	刹	中	金、	银、
[illegible]	[illegible]	[illegible]	[illegible]	[illegible]	[illegible]	[illegible]	[illegible]，	[illegible]	[illegible]	
nia̱²	ɣjɨ̣¹	so̱¹	ljɨ̣¹	ŋwu²	lej²	tśja¹	we²	·jā¹	xu¹	
琉	璃	三	宝	以	踏	道	为，	阎	浮	

复次，舍利弗！彼佛刹中以金、银、琉璃三宝为阶①，

19.51.6

[illegible]	[illegible]	[illegible]	[illegible]	[illegible]	[illegible]	[illegible]	[illegible]	[illegible]。	[illegible]
thji²	ɣa²	śjwo¹	tew¹	lji¹	mə¹	ɣa²	kjɨ¹	njɨ²	śja¹
提	于	从	忉	利	天	于	乃	至。	舍
[illegible]	[illegible]！	[illegible]	[illegible]	[illegible]	[illegible]	[illegible]	[illegible]	[illegible]	[illegible]
rjir²	gji²	so̱¹	ɣa̱²	so̱¹	mə¹	tjij¹	mji¹	mju²	mjor¹
利	子！	三	十	三	天	若	不	动	如

从阎浮提至忉利天。舍利弗，三十三天若欲乐见不动如

19.51.7

[illegible]	[illegible]	[illegible]	[illegible]	[illegible]	[illegible]	[illegible]，	[illegible]	[illegible]	[illegible]	[illegible]
ljij²	·jij¹	tśja¹	tshwew¹	kju̱¹	tshwew¹	kię²	ku¹	thja¹	rjur¹	mə¹
来	之	礼	拜	供	养	欲，	则	彼	诸	天
[illegible]	[illegible]	[illegible]	[illegible]	[illegible]	[illegible]	[illegible]	[illegible]	[illegible]	[illegible]	
·ji¹	ljɨ̣¹	lej²	tśja¹	ɣa²	nja¹	ljij²	thja²	tha¹	do²	
众	宝	踏	道	于	下	来	彼	佛	所	

来礼拜供养，彼诸天众从宝阶下至于佛所。

① 阶，西夏字面作“[illegible]”，字面意思是“踏道”。

19.52.1

nji^{2}	dzjɨj^{1}	thja^{2}	rjur^{1}	mə^{1}	·jã^{1}	xu^{1}	thji^{2}	dzjwo^{2}	kiər^{1}	lo
至。	时	彼	诸	天	阎	浮	提	人	富	盛
ŋowr^{2}	lhə	ljij^{2}	ku^{1}	xja^{1}	dzu^{1}	ŋwe^{1}	śjwo^{1}	thjɨ^{2}	sju^{2}	
具	足	见，	则	即	爱	乐	生，	是	如	

时彼诸天见阎浮提人富盛具足,便生爱乐,作如是

19.52.2

dạ^{2}	jɨ^{2}	ŋa^{2}	njɨ^{2}	rjur^{1}	mə^{1}	mə^{1}	ljo^{1}	tshja^{2}	dźjij^{2}	thja^{1}
言	谓：	我	等	诸	天	天	福	报	有，	彼
·jã^{1}	xu^{1}	thji^{2}	dzjwo^{2}	dzjwo^{2}	ljo^{1}	tshja^{2}	dźjij^{2}	ŋa^{2}	sjij^{1}	bu̱^{2}
阎	浮	提	人	人	福	报	有。	我	今	胜

言:我等诸天有天福报,彼阎浮提人有人福报。我今

19.52.3

gjij^{1}	ljo^{1}	ljij^{2}	tja^{1}	ŋa^{2}	rjir^{2}	mji^{1}	do^{2}	thja^{1}	·jã^{1}	xu^{1}
殊	福	见	者	我	与	无	异，	彼	阎	浮
thji^{2}	·u^{2}	niow^{1}	bu̱^{2}	ljo^{1}	dźjij^{2}	mə^{1}	su^{1}	dzjij^{1}	tja^{1}	tsjɨ^{1}
提	中	复	胜	福	有	天	于	过	者	亦

所见殊胜之福与我无异,然阎浮提复有胜福过于天者,

19.52.4

dju^{1}	mji^{1}	mju^{2}	mjor^{1}	ljij^{2}	tśhja^{2}	tsji̱r^{1}	nẹ^{1}	tshjij^{1}	ku^{1}	thjɨ^{2}
有，	不	动	如	来	正	法	演	说，	故	是

[illegible]	[illegible]	[illegible]	[illegible]	[illegible]	[illegible]	[illegible]。	[illegible]	[illegible]	[illegible]！	[illegible]
nio̱w^{1}	mə^{1}	·ji^{1}	·ju^{2}	dzjwo^{2}	kha^{1}	dzu^{1}	śja^{1}	rjir^{2}	gji^{2}	·jā^{1}
由	天	众	常	人	间	乐。	舍	利	子！	阎

谓不动如来演说正法，是故天众常乐人间。舍利弗！阎

19.52.5

[illegible]	[illegible]	[illegible]	[illegible]	[illegible]	[illegible]	[illegible]	[illegible]	[illegible]	[illegible]	[illegible]
xu^{1}	thji^{2}	dzjwo^{2}	tjij^{1}	mə^{1}	tśhja̱^{1}	·ja	śji^{2}	dzu^{1}	ŋwe^{1}	nji̱j^{1}
浮	提	人	若	天	上	△	往	爱	乐	心
[illegible]。	[illegible]	[illegible]	[illegible]？	[illegible]	[illegible]	[illegible]	[illegible]	[illegible]	[illegible]	
mjij^{1}	thjij^{2}	sjo^{2}	ljɨ^{1}	mji^{1}	mju^{2}	mjor^{1}	lji̱j^{2}	dzjwo^{2}	kha^{1}	
无。	何	云	故？	不	动	如	来	人	间	

浮提人若升天者了无爱乐。何以故？不动如来在于人间，

19.52.6

[illegible]，	[illegible]	[illegible]	[illegible]	[illegible]	[illegible]	[illegible]	[illegible]	[illegible]	[illegible]，	[illegible]
dźji̱j^{1}	tśhja^{2}	tsji̱r^{1}	ne̱^{1}	tshjij^{1}	ŋa^{2}	njɨ^{2}	·jij^{1}	gji̱j^{1}	ɣie^{2}	niow^{1}
在，	正	法	演	说	我	等	之	利	益，	然
[illegible]	[illegible]	[illegible]	[illegible]	[illegible]	[illegible]	[illegible]	[illegible]	[illegible]	[illegible]，	[illegible]
ŋa^{2}	·jij^{1}	ljo^{1}	tshja^{2}	tja^{1}	rjur^{1}	mə^{1}	rjir^{2}	mji^{1}	do^{2}	ku^{1}
我	之	福	报	者	诸	天	与	不	异，	故

常演正法饶益我等，然我之福报不异诸天，

19.52.7

[illegible]	[illegible]	[illegible]	[illegible]	[illegible]	[illegible]	[illegible]	[illegible]	[illegible]	[illegible]	[illegible]
thjɨ^{2}	nio̱w^{1}	so̱^{1}	ɣa̱^{2}	so̱^{1}	mə^{1}	tsjɨ^{1}	ŋa^{2}	njɨ^{2}	·jij^{1}	?
是	由	三	十	三	天	亦	我	等	之	及
[illegible]	[illegible]	[illegible]	[illegible]。	[illegible]	[illegible]	[illegible]！	[illegible]	[illegible]	[illegible]	[illegible]
mjɨ^{1}	njwi^{2}	jɨ^{2}	ljɨ^{1}	śja^{1}	rjir^{2}	gji^{2}	thja^{1}	kię̱j^{2}	dzjwo^{2}	mə^{1}
不	能	谓	也。	舍	利	子！	彼	界	人	天

是故三十三天所不能及。舍利弗！彼界人天

19.53.1

tha^{1}	me̱^{2}	ɣie^{1}	bju^{1}	·jij^{1}	gu^{2}	dźjwɨ^{1}	ljij^{2}	dzjo̱^{1}	thjɨ^{2}	kięj^{2}
佛	神	力	以	自	互	相	见，	譬	此	界
·jã^{1}	xu^{1}	thji^{2}	dzjwo^{2}	rjur^{1}	gjịj^{1}	lhjị^{2}	ljij^{2}	sju^{2}	śja^{1}	
阎	浮	提	人	诸	星	月	见	如。	舍	

以佛神力互得相见，譬如此界阎浮提人见诸星月。舍

19.53.2

rjir^{2}	gji^{2}	thja^{1}	rjur^{1}	dzjwo^{2}	·ji^{1}	phju^{2}	kięj^{2}	rjur^{1}	mə^{1}	mji̱^{1}
利	子！	彼	诸	人	众	上	界	诸	天	宫
pjụ^{2}	dźji	bjo̱^{1}	tsjɨ^{1}	thja^{1}	wjɨ^{2}	sju^{2}	śja^{1}	rjir^{2}	gji^{2}	thja^{1}
殿	仰	观，	亦	是	犹	如。	舍	利	子！	此

利弗！彼诸人众仰观上界诸天宫殿，亦复如是。舍利弗！此

19.53.3

tsjɨ^{1}	mji^{1}	mju^{2}	mjor^{1}	ljịj^{2}	njwo^{2}	ɲia^{2}	tsjij^{2}	dźjɨ	rjɨr^{2}	djo̱^{2}
亦	不	动	如	来	本	菩	萨	行	乃	修
zjo̱^{2}	tjị^{1}	ɣie^{1}	śjɨj^{1}	·jiw^{2}	ŋwu^{2}	ljɨ^{1}	śja^{1}	rjir^{2}	gji^{2}	thja^{2}
时	愿	力	成	就	是	也。	舍	利	子！	彼

亦是不动如来本修菩萨行时愿力成就。舍利弗！彼

19.53.4

tha^{1}	·jij^{1}	tsji̱r^{1}	tshjij^{1}	mə^{2}	ɣię^{2}	so̱^{1}	tụ^{1}	ljịj^{2}	tụ^{1}	rjur^{1}
佛	之	法	说	声	音	三	千	大	千	世

[illegible]	[illegible]	[illegible]，	[illegible]	[illegible]	[illegible]	[illegible]	[illegible]	[illegible]	[illegible]	[illegible]
kięj^{2}	zjir^{2}	njɨ^{2}	tsji̱r^{1}	nji^{2}	ljɨr^{1}	·ji^{1}	tsjɨ^{1}	ljɨ̣^{2}	wjɨ^{2}	mji^{1}
界	遍	至，	法	听	四	众	亦	地	△	无

佛说法之声普遍三千大千世界，听法四众间无空缺①。

19.53.5

[illegible]。	[illegible]	[illegible]	[illegible]！	[illegible]	[illegible]	[illegible]	[illegible]	[illegible]	[illegible]	[illegible]
bju^{1}	śja^{1}	rjir^{2}	gji^{2}	thja^{2}	ɣię^{2}	mji^{1}	·ji^{1}	lew^{1}	tsji̱r^{1}	tjị^{1}
明。	舍	利	子！	彼	声	闻	众	唯	法	食
[illegible]，	[illegible]	[illegible]	[illegible]	[illegible]。	[illegible]	[illegible]	[illegible]	[illegible]	[illegible]	[illegible]
gji̱^{2}	dzjij^{2}	tjị^{1}	sjij^{2}	mjij^{1}	thja^{1}	tsji̱r^{1}	nji^{2}	·jij^{1}	zjij^{1}	·ja
希，	余	食	想	无。	彼	法	听	临	时	一

舍利弗！彼声闻众唯希法食，无余食想。于听法时一

19.53.6

[illegible]	[illegible]	[illegible]，	[illegible]	[illegible]	[illegible]	[illegible]	[illegible]	[illegible]	[illegible]	[illegible]。
njij^{1}	mjij^{1}	sej^{1}	tjij^{1}	dzu̱^{2}	tjij^{1}	·jar^{1}	ljụ^{2}	njij^{1}	mji^{1}	dwər^{1}
心	寂	静，	若	坐	若	立	身	心	无	倦。
[illegible]	[illegible]	[illegible]！	[illegible]	[illegible]	[illegible]	[illegible]	[illegible]	[illegible]	[illegible]	[illegible]，
śja^{1}	rjir^{2}	gji^{2}	mji^{1}	mju^{2}	mjor^{1}	ljij^{2}	tshọ^{2}	ŋa^{1}	gu^{2}	dźjij^{1}
舍	利	子！	不	动	如	来	虚	空	中	住，

心寂静，若坐若立身心无倦。舍利弗！不动如来住虚空中，

19.53.7

[illegible]	[illegible]	[illegible]	[illegible]，	[illegible]	[illegible]	[illegible]	[illegible]	[illegible]	[illegible]	[illegible]
·ji^{1}	·jij^{1}	tsji̱r^{1}	tshjij^{1}	thja^{1}	ɣię^{2}	mji^{1}	·ji^{1}	tjij^{1}	me̱^{2}	mjijr^{2}
众	之	法	说，	彼	声	闻	众	若	神	通
[illegible]，	[illegible]	[illegible]	[illegible]	[illegible]	[illegible]，	[illegible]	[illegible]	[illegible]	[illegible]	[illegible]
rjir^{2}	tha^{1}	do^{2}	kjɨ^{1}	njɨ^{2}	tja^{1}	źji^{2}	tha^{1}	pjụ^{1}	ɣie^{1}	bju^{1}
得，	佛	处	乃	至	者，	皆	佛	威	力	以

为众说法，彼声闻众若得神通，及不得者②，以佛威力

---

① 间无空缺，西夏本作“[illegible]”（地△无明）。按，“[illegible]”bju^{1}（明）字于义不合，在此疑假借作“[illegible]”bju^{2}（边）。此二字在《择要》中同组（6.6.1）。

② 及不得者，西夏本作“[illegible]”（佛处乃至者）。

19.54.1

[illegible]	[illegible]	[illegible]	[illegible]，	[illegible]	[illegible]	[illegible]	[illegible]	[illegible]	[illegible]	[illegible]
ŋa^{1}	gu^{2}	dźjij^{1}	phji^{1}	sọ^{1}	pjụ^{1}	wer^{1}	ŋwu^{2}	tsji̱r^{1}	tshji^{1}	nji^{2}
空	中	住	令，	三	威	仪	以	法	要	听
[illegible]。	[illegible]	[illegible]	[illegible]	[illegible]?	[illegible]、	[illegible]、	[illegible]	[illegible]。	[illegible]	[illegible]
lhjɨj^{1}	sọ^{1}	tja^{1}	thjij^{2}	sjo^{2}	dźjij^{1}	dźjij^{1}	dzu̱^{2}	ŋwu^{2}	thja^{1}	ɣiẹ^{2}
闻。	三	者	何	云?	行、	住、	坐	以。	是	声

皆住虚空，以三威仪而听法要。何等为三？谓①行、住、坐。是声

19.54.2

[illegible]	[illegible]	[illegible]	[illegible]	[illegible]	[illegible]，	[illegible]	[illegible]	[illegible]	[illegible]	[illegible]，
mji^{1}	djij^{1}	tjij^{1}	djij^{2}	phã^{1}	kięj^{2}	ku^{1}	khjɨ^{1}	ljɨ̱^{1}	tśja^{1}	dzu̱^{2}
闻	辈	若	涅	槃	欲，	则	足	回	交	坐，
[illegible]	[illegible]	[illegible]	[illegible]。	[illegible]	[illegible]，	[illegible]	[illegible]	[illegible]	[illegible]	
tśhjɨ^{2}	rjar^{2}	gju^{1}	dzjar^{2}	tśhjɨ^{1}	zjọ^{2}	ljij^{2}	ljɨ̱^{2}	tśhjɨ^{2}	rjar^{2}	
立	即	度	灭。	尔	时，	大	地	立	即	

闻辈若欲涅槃，结加趺坐，而便灭度。尔时，大地

19.54.3

[illegible]	[illegible]	[illegible]	[illegible]	[illegible]	[illegible]。	[illegible]	[illegible]	[illegible]	[illegible]，	[illegible]
tśhjɨ^{1}	zji̱j^{1}	to^{2}	źji^{2}	sa̱r^{1}	mju̱^{2}	gju^{1}	dzjar^{2}	niow^{1}	rjijr^{2}	dzjwo^{2}
尔	许	悉	皆	震	动。	度	灭	既	向，	人
[illegible]	[illegible]	[illegible]	[illegible]	[illegible]	[illegible]	[illegible]。	[illegible]	[illegible]	[illegible]	
mə^{1}	ŋowr^{2}	ŋowr^{2}	źji^{2}	kjụ^{1}	tshwew^{1}	lja^{1}	tśhio̱w^{1}	tsjɨ^{1}	·ja	
天	一	切	皆	供	养	来。	或	亦	阿	

为之震动。既灭度已，一切天人皆来供养。或有阿

19.54.4

[illegible]	[illegible]	[illegible]	[illegible]	[illegible]	[illegible]，	[illegible]	[illegible]	[illegible]	[illegible]，

① 谓，西夏本作“[illegible]”（以）。按，“[illegible]”ŋwu^{2}（以）字于义不合，在此疑假借作“[illegible]”ŋwu^{2}（是）。此二字在《择要》中同组（7.8.6）。

lo¹ xã¹ gju¹ dzjar² ·jij¹ zjij¹ ljụ² ·u² mə̣¹ to²
罗 汉 度 灭 临 时， 身 中 火 出，
[illegible]
·jij¹ ·jij¹ pju² tśhjɨ̣¹ tśhio̱w¹ tsjɨ¹ thja¹ śjij¹ dji̱j¹ dzjar²
自 己 烧 焚； 或 亦 自 然 化 灭，

罗汉将欲灭度，身中出火，而自阇维；或有自然化灭，

19.54.5

[illegible]
śja¹ lji² mji¹ tji² tśhio̱w¹ tsjɨ¹ gju¹ dzjar² ·jij¹ zjij¹ ŋa¹
舍 利 无 遗； 或 亦 度 灭 临 时， 空
[illegible]
gu² dzjwɨ² dźjij¹ ŋwə¹ tsə̣¹ djɨ̣j² sju² tśhjɨ² rjar² dźjow¹ ka²
中 游 行， 五 色 云 如， 立 即 消 散，

无遗舍利；或有于灭度时，游行空中，如五色云，须臾消散，

19.54.6

[illegible]
rjir² lew² mji¹ dju¹ tśhio̱w¹ tsjɨ¹ tsho̱² ŋa¹ gu² dźji̱j¹ lhji̱j²
遗 应 无 有； 或 亦 虚 空 中 住， 刹
[illegible]
dew² nja¹ lji̱j² sju² ljɨ̣² tśhja̱¹ njɨ² zji̱j¹ tśhjɨ² rjar² dźjwu¹
雨 下 来 如， 地 上 至 时 立 即 消

灭无遗迹；或住虚空，如降时雨①，至地消尽。

19.54.7

[illegible]
dzjar² śja¹ rjir² gji² thja¹ tsjɨ¹ mji¹ mju² mjor¹ lji̱j² bju¹
尽。 舍 利 子！ 此 亦 不 动 如 来、 应
[illegible]

① 如降时雨，西夏本作“[illegible]”（如降国雨）。按，“[illegible]”lhji̱j²（国）字于义不合，在此疑假借作“[illegible]”lji̱j²（大）。

wo² tśhja² ka¹ dwewr² njwo² ɲia² tsjij² dźjɨ rjɨr² djo̤² zjo̤²
供、 正 等 觉 本 菩 萨 行 乃 修 时
舍利弗！此亦不动如来、应、正等觉本修菩萨行时

19.55.1

[illegible]
thjɨ² sju² tji̤¹ śjwo¹ tjij¹ ŋa² źji² phju² po¹ tjɨj¹ lja̤¹
是 如 愿 发： 若 我 无 上 菩 提 证
[illegible]
rjir¹ zjij¹ rjur¹ ɣie̤² mji¹ ·ji¹ so̤¹ pjṳ¹ wer¹ ŋwu²
得 时， 诸 声 闻 众 三 威 仪 以
作如是愿：若我得证无上菩提，诸声闻众以三威仪

19.55.2

[illegible]
wjij² gju¹ dzjar² jɨ² nio̱w¹ ljɨ¹
愿 度 灭 谓 由 故。
而取灭度。

19.55.3

[illegible]
niow¹ tśjɨ¹ śja¹ rjir² gji² thja² lhjij² ·u² rjur¹ ɣie̤² mji¹
复 次， 舍 利 子！ 彼 国 中 诸 声 闻
[illegible]
·ji¹ rjɨr² mja̱² ljɨr¹ le² lew² mjij¹ rjir² ljɨr¹ me̱²
众 △ 多 四 畏 所 无 获， 四 神
复次，舍利弗！彼佛国中诸声闻众多获四无所畏，得四神

19.55.4

[illegible]
rewr² lhjṳ² mjijr² tsjɨ¹ thjɨ² su¹ rejr² ljɨ¹ śja¹ rjir²
足 得 者 说 此 于 多 也。 舍 利

gji² thja² lhjịj² ·u² rjur¹ ɣię² mji¹ ·ji¹ thjɨ² sju²

子！ 彼 刹 中 诸 声 闻 众， 是 如

足者复多于此。舍利弗！彼刹土中诸声闻众，成就如是

19.55.5

ŋowr² lhə tśhja² ·iow¹ śjɨj¹ ·jiw² dzjɨj¹ śja¹ rjir² gji² tha¹

具 足 德 功 成 就。 时 舍 利 子 佛

·jij¹ dạ² jɨ² rjur¹ pjụ¹ thja¹ mji¹ mju² mjor¹ ljịj²

之 言 谓： 世 尊， 彼 不 动 如 来、

具足功德。时舍利弗白佛言：世尊，彼不动如来、

19.55.6

bju¹ wo² tśhja² ka¹ dwewr² ·jij¹ rjur¹ ɣię² mji¹ ·ji¹

应 供、 正 等 觉 之 诸 声 闻 众，

tśhja² ·iow¹ wejr¹ ljịj¹ wạ² ljịj² śjɨj¹ ·jiw² ljɨ¹

德 功 炽 盛， 广 大 成 就 也。

应、正等觉诸声闻众，功德炽盛，广大成就。

19.55.7

ljịj² ljɨ¹ tśiow¹ lwər² lhejr² ? ɣạ² gjɨ¹ tsew²

大 宝 积 契 经 卷 十 九 第

《大宝积经》卷第十九

汉文本

复次，舍利弗！彼佛刹中以金、银、琉璃三宝为阶，从阎浮提至忉利天。舍利弗，三十三天若欲乐见不动如来礼拜供养，彼诸天众从宝阶下至于佛所。时彼诸天见阎浮提人富盛具足，便生爱乐，作如

是言:我等诸天有天福报,彼阎浮提人有人福报。我今所见殊胜之福与我无异,然阎浮提复有胜福过于天者,谓不动如来演说正法,是故天众常乐人间。舍利弗!阎浮提人若升天者了无爱乐。何以故?不动如来在于人间,常演正法饶益我等,然我之福报不异诸天,是故三十三天所不能及。舍利弗!彼界人天以佛神力互得相见,譬如此界阎浮提人见诸星月。舍利弗!彼诸人众仰观上界诸天宫殿,亦复如是。舍利弗!此亦是不动如来本修菩萨行时愿力成就。

舍利弗!彼佛说法之声普遍三千大千世界,听法四众间无空缺。舍利弗!彼声闻众唯希法食,无余食想。于听法时一心寂静,若坐若立身心无倦。舍利弗!不动如来住虚空中,为众说法,彼声闻众若得神通,及不得者,以佛威力皆住虚空,以三威仪而听法要。何等为三?谓行、住、坐。是声闻辈若欲涅槃,结加趺坐,而便灭度。尔时,大地为之震动。既灭度已,一切天人皆来供养。或有阿罗汉将欲灭度,身中出火,而自阇维;或有自然化灭,无遗舍利;或有于灭度时,游行空中,如五色云,须臾消散,灭无遗迹;或住虚空,如降时雨,至地消尽。舍利弗!此亦不动如来、应、正等觉本修菩萨行时作如是愿:若我得证无上菩提,诸声闻众以三威仪而取灭度。

复次,舍利弗!彼佛国中诸声闻众多获四无所畏,得四神足者复多于此。舍利弗!彼刹土中诸声闻众,成就如是具足功德。时舍利弗白佛言:世尊,彼不动如来、应、正等觉诸声闻众,功德炽盛,广大成就。

《大宝积经》卷第十九

西夏文《大宝积经》

·卷二十·

《不动如来会》第六之二整理与研究

内容和版本介绍

《大宝积经·不动如来会》为菩提流志新译，主要内容叙述的是不动如来因地的弘誓愿行、其所成就的东方妙喜世界的殊胜无比、功德庄严以及众生往生彼佛刹土的种种善行因缘等内容。

西夏文《大宝积经》卷二十《不动如来会》第六之二，为1909年科兹洛夫率领的俄国皇家蒙古四川地理考察队于黑水城遗址所获，今藏俄罗斯科学院东方文献研究所。经题著录首见戈尔巴乔娃和克恰诺夫的《西夏文写本和刊本》[①]，又见西田龙雄的《西夏文佛经目录》[②]，其后有克恰诺夫给出的版本形制和内容描述[③]。据克恰诺夫《西夏佛典目录》可知，俄藏《大宝积经》卷二十共有4个编号，即инв. № 2664，инв. № 416，инв. № 7377和инв. № 5734。具体版本形制如下：

инв. № 2664，白绵纸。写本，经折装，折面34.5厘米×13.5厘米，版框高28厘米。每折7行，行21字。凡23折，存卷中。

инв. №.416，白绵纸。写本，经折装，折面(33—33.5)厘米×12厘米，版框高26.3—26.8厘米。每折6行，行19字。凡83折，全文保存。

инв. №.7377，本色麻纸。梵夹装，纸幅32.5厘米×50厘米，每叶26行，行19字。全文保存。

инв. №.5734，本色麻纸。梵夹装，纸幅19.5厘米×54.5厘米，每叶29行，行13字。全文保存。

在上述编号中，инв. № 416卷首存有款题"奉天显道"。据此可知，инв. № 416为西夏仁宗仁孝(1139—1193年在位)时期的校译本。инв. № 7377卷首存有款题"天生圆能禄番式法正国皇太后梁氏御译，就德主国增福正民大明皇帝嵬名御译"，此为西夏惠宗秉常(1067—1086年在位)时期的初译本。

下面的录文和释读依据инв. № 416，这一编号首次刊布于《俄藏黑水城文献》第21册。[④] 释读采用逐行对译的形式，以数字标示西夏文录文的卷次、原版折面和行次，如20.1.1，为第二十卷第一折第一行。每卷之后附有原文图版，以便对照阅读。

---

① З. И. Горбачева и Е. И. Кычанов, *Тангутские рукописи и ксилографы*, Москва: Издательство восточной литературы, 1963, с.119, 157.

② 西田龙雄:《西夏文华严经》Ⅲ，京都:京都大学文学部，1977年，第23页。

③ Е. И. Кычанов, *Каталог тангутских буддийских памятников*, Киото: Университет Киото, 1999, с.35, 324, 334- 337, 347- 349.

④ 俄罗斯科学院东方文献研究所、中国社会科学院民族学与人类学研究所、上海古籍出版社编:《俄藏黑水城文献》第21册，上海:上海古籍出版社，2013年，第133—138页。

文本释读

20.1.1

[illegible]	[illegible]	[illegible]	[illegible]	[illegible]	[illegible]	[illegible]	[illegible]	[illegible]
ljịj^{2}	ljɨ̣^{1}	tśiow^{1}	lwər^{2}	lhejr^{2}	?	njɨ̱^{1}	ɣạ^{2}	tsew^{2}
大	宝	积	经	契	卷	二	十	第

《大宝积经》卷第二十

20.1.2

[illegible]	[illegible]	[illegible]	[illegible]
tshjwu^{1}	bju^{1}	tśja^{1}	dźju^{1}
天	奉	道	显

奉天显道①

20.1.3

[illegible]	[illegible]	[illegible]	[illegible]	[illegible]	[illegible]	[illegible]	[illegible]
mji^{1}	mju^{2}	mjor^{1}	ljij^{2}	ljwu^{2}	tśhjiw^{1}	tsew^{2}	·jij^{1}
不	动	如	来	会	六	第	之
[illegible]	[illegible]	[illegible]	[illegible]	[illegible]	[illegible]	[illegible]	
njɨ̱^{1}	ɲia^{2}	tsjij^{2}	·ji^{1}	tjij^{1}	ljɨr^{1}	tsew^{2}	
二	菩	萨	众	品	四	第	

《不动如来会》第六之二菩萨众品第四②

20.1.4

[illegible]	[illegible]，	[illegible]	[illegible]	[illegible]	[illegible]	[illegible]	[illegible]	[illegible]
tśhjɨ^{1}	zjọ^{2}	pjụ^{1}	tja^{1}	śja^{1}	rjir^{2}	gji^{2}	thjɨ^{2}	sju^{2}
尔	时，	尊	者	舍	利	子	是	如
[illegible]	[illegible]：	[illegible]	[illegible]，	[illegible]	[illegible]	[illegible]	[illegible]	[illegible]

---

① 此为西夏仁宗尊号，汉文本无。据此可知俄藏 инв.№ 416 为仁宗皇帝（1139—1193 年在位）校译本。

② 汉文本此上署"大唐三藏菩提流志奉诏译"，西夏文本无。

ljɨ̣r^{2}	wji^{1}	rjur^{1}	pjụ^{1}	thjɨ^{2}	wjɨ^{2}	ɣię^{2}	mji^{1}	tśhja^{2}
念	作：	世	尊，	是	今	声	闻	德

尔时，尊者舍利弗①作如是念：世尊，今者已说声闻功

20.1.5

[illegible]	[illegible]	[illegible]	[illegible]	[illegible]，	[illegible]	[illegible]	[illegible]	[illegible]
·iow^{1}	rjɨr^{2}	tshjịj^{1}	dja^{2}	dźjwa^{1}	niow^{1}	rjur^{1}	ɲia^{2}	tsjij^{2}
功	△	说	△	已，	复	诸	菩	萨
[illegible]	[illegible]	[illegible]	[illegible]	[illegible]	[illegible]	[illegible]	[illegible]	[illegible]。
·jij^{1}	ŋowr^{2}	lhə	tśhja^{2}	·iow^{1}	·ja	tshjịj^{1}	·ja̱^{1}	jɨ^{2}
之	具	足	德	功	△	说	然	谓。

德，复愿说诸菩萨具足功德。

20.1.6

[illegible]	[illegible]	[illegible]？	[illegible]	[illegible]	[illegible]	[illegible]	[illegible]	[illegible]
thjij^{2}	sjo^{2}	ljɨ^{1}	tśhja^{2}	·iow^{1}	ŋowr^{2}	ŋowr^{2}	thjɨ^{2}	ɣa^{2}
何	云	故？	德	功	一	切	此	从
[illegible]	[illegible]	[illegible]。	[illegible]	[illegible]，	[illegible]	[illegible]	[illegible]	[illegible]
to^{2}	we̱^{1}	ljɨ^{1}	tśhjɨ^{1}	zjọ^{2}	rjur^{1}	pjụ^{1}	thja^{1}	śja^{1}
出	生	也。	尔	时，	世	尊	其	舍

何以故？一切功德从此出生。尔时，世尊

20.2.1

[illegible]	[illegible]	[illegible]	[illegible]	[illegible]	[illegible]	[illegible]	[illegible]，	[illegible]
rjir^{2}	gji^{2}	·jij^{1}	njij^{1}	khju^{1}	ljɨ̣r^{2}	tja^{1}	dwewr^{2}	thja^{2}
利	子	之	心	下	念	者	知，	其
[illegible]	[illegible]	[illegible]：	[illegible]	[illegible]	[illegible]	[illegible]	[illegible]	[illegible]
·jij^{1}	dạ^{2}	jɨ^{2}	thja^{2}	tha^{1}	lhjịj^{2}	·u^{2}	mji^{1}	pjụ^{1}
之	告	曰：	彼	佛	刹	中	无	量

知其所念，告舍利弗②：彼佛刹中有无量

---

① 舍利弗，西夏本作"[illegible]"（舍利子）。梵文Śāri-putra，汉译佛经作"舍利子"或"舍利弗"。《出三藏记》一曰："旧经舍利子，亦秋露子，新经舍利弗。"西夏本从旧译，下同。另见，西夏文佛经中亦音译作"[illegible]"（舍利弗）。

② 西夏文译作"[illegible]，[illegible]"（世尊知舍利弗心下所念，告其曰）。下句中的"其"字指代上句中的"舍利弗"。

20.2.2

[illegible]	[illegible]	[illegible]	[illegible]	[illegible]	[illegible]	[illegible]	[illegible]	[illegible]
·jir^2	tụ^1	rjir^2	rjur^1	ɲia^2	tsjij^2	·ji^1	źji^2	ljwu^2
百	千	亿	诸	菩	萨	众	皆	会
[illegible]	[illegible]，	[illegible]	[illegible]	[illegible]	[illegible]，	[illegible]	[illegible]	[illegible]
dzjɨ^2	ljịj^2	nji^1	phjɨ^1	ɲia^2	tsjij^2	tha^1	mẹ^2	ɣie^1
集	来，	出	家	菩	萨，	佛	神	力

百千亿诸菩萨众皆来集会，所有出家菩萨①，以佛神力，

20.2.3

[illegible]，	[illegible]	[illegible]	[illegible]	[illegible]，	[illegible]	[illegible]	[illegible]	[illegible]
bju^1	mji^1	mji^1	tsji̱r^1	tja^1	to^2	źji^2	tśjɨ^1	tsjij^2
以，	不	闻	法	者，	悉	皆	领	悟
[illegible]	[illegible]	[illegible]	[illegible]	[illegible]。	[illegible]	[illegible]	[illegible]！	[illegible]
ɣiwej^1	·jịj^1	do^1	tshjɨ̱^{1}	njwi^2	śja^1	rjir^2	gji^2	ŋa^2
受	持	读	诵	能。	舍	利	子！	我

随所听闻②，皆能领悟受持读诵。舍利弗！我

20.2.4

[illegible]	[illegible]	[illegible]	[illegible]	[illegible]	[illegible]	[illegible]	[illegible]	[illegible]
thjɨ^2	kiẹj^2	·u^2	rjɨr^2	tshjịj^1	tsji̱r^1	tja^1	źji^2	kha^1
此	界	中	△	说	法	者	甚	中
[illegible]	[illegible]，	[illegible]	[illegible]	[illegible]	[illegible]	[illegible]	[illegible]	[illegible]
ɣiə^1	njij^2	mji^1	mju^2	mjor^1	ljịj^2	·jij^1	rjɨr^2	tshjịj^1
稀	少，	不	动	如	来	之	所	说

于此界说法至少，比不动如来所说

20.2.5

[illegible]	[illegible]	[illegible]	[illegible]，	[illegible]	[illegible]	[illegible]	[illegible]	[illegible]

① “所有”二字西夏本未见。

② 随所听闻，西夏文译作“不闻法者”([illegible])。按，“[illegible]”mji^1(不)在此假借作“[illegible]”mji^1(闻)。此二字在《择要》中同组(7.5.2)。参看下文20.3.3、20.7.1可知。

tsji̱r^{1}	·ụ^{2}	rjir^{2}	dzjọ^{1}	ku^{1}	·jir^{2}	phia̱^{2}	tụ^{1}	phia̱^{2}
法	藏	与	比，	则	百	分	千	分
[illegible]	[illegible]	[illegible]，	[illegible]	[illegible]	[illegible]	[illegible]	[illegible]	[illegible]
·jir^{2}	tụ^{1}	phia̱^{2}	rjir^{2}	·jir^{2}	tụ^{1}	phia̱^{2}	sej^{1}	phia̱^{2}
百	千	分，	亿	百	千	分	算	分

法藏，百分千分百千分，亿百千分算分

20.2.6

□	□	□	[illegible]	[illegible]，	[illegible]	[illegible]	[illegible]	[illegible]
□	□	□	lo^{1}	phia̱^{2}	·u^{2}	po^{1}	nji^{1}	śia^{1}
□	□	□	罗	分，	邬	波	尼	杀
[illegible]	[illegible]	[illegible]，	[illegible]	[illegible]	[illegible]	[illegible]	[illegible]。	[illegible]
thã^{1}	phia̱^{2}	kha^{1}	tsjɨ^{1}	źji^{2}	lew^{1}	mjɨ^{1}	?	śja^{1}
昙	分	中，	亦	皆	一	不	及。	舍

（数分，迦）罗分，邬波尼杀昙分，亦所不及①。舍

20.3.1

[illegible]	[illegible]！	[illegible]	[illegible]	[illegible]	[illegible]	[illegible]	[illegible]	[illegible]、
rjir^{2}	gji^{2}	thjɨ^{2}	tja^{1}	źji^{2}	mji^{1}	mju^{2}	mjor^{1}	ljịj^{2}
利	子！	此	者	皆	不	动	如	来、
[illegible]	[illegible]、	[illegible]	[illegible]	[illegible]，	[illegible]	[illegible]	[illegible]	[illegible]
bju^{1}	wo^{2}	tśhja^{2}	ka^{1}	dwewr^{2}	ɲia^{2}	tsjij^{2}	dźjɨ	rjɨr^{2}
应	供、	正	等	觉，	菩	萨	行	△

利弗！此皆不动如来、应、正等觉，修菩萨行

20.3.2

[illegible]	[illegible]，	[illegible]	[illegible]	[illegible]	[illegible]	[illegible]。	[illegible]	[illegible]
djọ^{2}	zjọ^{2}	thjɨ^{2}	sju^{2}	tjị^{1}	·ja	śjwo^{1}	tjị^{1}	ŋa^{2}
修	时，	是	如	愿	△	发。	愿	我
[illegible]	[illegible]	[illegible]，	[illegible]	[illegible]	[illegible]	[illegible]	[illegible]	[illegible]

① 亦所不及，西夏文译作“[illegible]”，字面意思是“亦皆不及一”。

tha1	śjɨj1	zji̱j1	thja1	lhji̱j2	io̱1	·u2	dźji̱j1	dźji̱j1
佛	成	时，	彼	刹	土	中	有	有

时，发如是愿。愿我成佛，彼刹土中所有

20.3.3

[illegible]	[illegible]，	[illegible]	[illegible]	[illegible]	[illegible]，	[illegible]	[illegible]	[illegible]
ɲia2	tsjij2	ŋa2	pju̱1	ɣie1	bju1	mji1	mji1	tsji̱r1
菩	萨，	我	威	力	以，	闻	闻	法
[illegible]，	[illegible]	[illegible]	[illegible]	[illegible]	[illegible]	[illegible]	[illegible]	[illegible]
tja1	źji2	·jij1	tśjɨ1	tsjij2	ɣiwej1	·ji̱j1	rjijr2	do1
者，	皆	△	领	悟	受	持	愿	读

菩萨，以我威力，随所听闻，皆能领悟受持读

20.3.4

[illegible]	[illegible]。	[illegible]	[illegible]	[illegible]！	[illegible]	[illegible]	[illegible]	[illegible]
tshjɨ1	jɨ2	śja1	rjir2	gji2	thja1	rjur1	ɲia2	tsjij2
诵	谓。	舍	利	子！	是	诸	菩	萨
[illegible]	[illegible]	[illegible]	[illegible]	[illegible]	[illegible]	[illegible]	[illegible]	[illegible]，
thja2	mjor1	lji̱j2	·jij1	mər2	tji̱1	pju̱1	ɣie1	bju1
彼	如	来	之	本	愿	威	力	由，

诵。舍利弗！是诸菩萨由彼如来本愿神力①，

20.3.5

[illegible]	[illegible]	[illegible]	[illegible]，	[illegible]	[illegible]	[illegible]
tha1	rjɨr2	tshji̱j1	tshji̱j1	to2	źji2	tśjɨ1
佛	所	说	说，	悉	皆	领
[illegible]	[illegible]	[illegible]	[illegible]	[illegible]	[illegible]。	
tsjij2	ɣiwej1	·ji̱j1	do1	tshjɨ1	njwi2	
悟	受	持	读	诵	能。	

于佛所闻②，悉能领受讽诵通利③。

① 神力，西夏文译作“[illegible]”，字面意思是“威力”。

② 所闻，西夏文译作“[illegible]”（所说）。

③ 领受讽诵通利，西夏文译作“[illegible]”（领悟受持读诵）。两者义通。汉文本上文（20.3.3）亦作“领悟受持读诵”。

20.3.6

[illegible]	[illegible],	[illegible]	[illegible]	[illegible]!	[illegible]	[illegible]	[illegible]	[illegible]
niow^{1}	tśjɨ^{1}	śja^{1}	rjir^{2}	gji^{2}	thja^{1}	ɲia^{2}	tsjij^{2}	dzjij^{2}
复	次,	舍	利	子!	彼	菩	萨	他
[illegible]	[illegible]	[illegible]	[illegible]	[illegible]	[illegible],	[illegible]	[illegible]	
tha^{1}	lhjij^{2}	·u^{2}	śjɨ^{1}	kięj^{2}	zjij^{1}	njij^{1}	bju^{1}	
佛	土	中	往	欲	时,	心	随	

复次,舍利弗!若彼菩萨自心①欲乐往异佛土,举心②

20.4.1

[illegible]	[illegible]	[illegible]	[illegible]。	[illegible]	[illegible]	[illegible]	[illegible]	[illegible]
tśhjɨ^{2}	rjar^{2}	njɨ^{2}	śjɨ^{1}	mjor^{1}	la̱^{1}	lhwu^{1}	gjwi^{2}	niow^{1}
立	即	至	往。	容	颜	衣	服	及
[illegible]	[illegible]	[illegible],	[illegible]	[illegible]	[illegible]	[illegible]	[illegible]	[illegible]
ŋwu̱^{1}	dạ^{2}	njɨ^{2}	dzjij^{2}	lhjịj^{2}	io̱^{1}	dzjwo^{2}	rjir^{2}	·ja
言	语	等,	他	国	土	人	与	一

便至。形服言音,善同方俗。③

20.4.2

[illegible]。	[illegible]	[illegible]	[illegible]	[illegible]	[illegible]	[illegible]	[illegible],	[illegible]
tjɨ̣j^{2}	thja^{2}	mjor^{1}	ljij^{2}	·jij^{1}	tshwew^{1}	kjụ^{1}	tshwew^{1}	tśhja^{2}
样。	彼	如	来	之	礼	供	养,	正
[illegible]	[illegible]	[illegible],	[illegible]	[illegible]	[illegible]	[illegible],	[illegible]	[illegible]
tsji̱r^{1}	nji^{2}	lhjịj^{2}	·jiw^{2}	dạ^{2}	ɣju^{1}	·jɨr^{1}	wji^{1}	lew^{2}
法	听	受,	疑	语	请	问,	作	能

于彼如来礼拜供养,听闻④正法,善为问难⑤,

① "自心"二字义西夏本未见。

② 举心,西夏文译作"[illegible]",字面意思是"随心"。

③ 善同方俗,西夏文译作"[illegible]",字面意思是"与他国人相同"。

④ 听闻,西夏本作"[illegible]"(听受)。按,"[illegible]"lhjịj^{2}(受)字假借作"[illegible]"lhjɨj^{1}(闻)。此二字在《择要》中同组(11.6.9)。参看 20.71.2 正作"[illegible]"(听闻)。下文 20.7.4 和 20.14.1 亦同。

⑤ 善为问难,西夏文译作"[illegible]",字面意思是"疑语请问"。

20.4.3

[illegible]	[illegible]，	[illegible]	[illegible]	[illegible]	[illegible]。	[illegible]	[illegible]	[illegible]！
dja^{2}	dźjwa^{1}	lhjwo^{1}	tha^{1}	do^{2}	njɨ^{2}	śja^{1}	rjir^{2}	gji^{2}
已	竟，	归	佛	所	至。	舍	利	子！
[illegible]	[illegible]	[illegible]	[illegible]	[illegible]	[illegible]	[illegible]	[illegible]	[illegible]
thjɨ^{2}	me̱^{2}	kja^{2}	kha^{1}	gjɨ̱^{1}	·jir^{2}	gjɨ̱^{1}	ɣạ^{2}	tśhjiw^{1}
此	贤	劫	中	九	百	九	十	六

能事已周，还归佛所。舍利弗！此贤劫中有九百九十六

20.4.4

[illegible]，	[illegible]	[illegible]	[illegible]	[illegible]。	[illegible]	[illegible]	[illegible]	[illegible]
tha^{1}	rjur^{1}	kha^{1}	to^{2}	śja^{2}	tjɨ^{1}	tjij^{1}	ɲia^{2}	tsjij^{2}
佛，	世	间	出	现。	若	有	菩	萨
[illegible]	[illegible]	[illegible]	[illegible]	[illegible]，	[illegible]	[illegible]	[illegible]	[illegible]
thja^{1}	mjor^{1}	ljij^{2}	ljij^{2}	kie̱j^{2}	ku^{1}	mji^{1}	mju^{2}	tha^{1}
彼	如	来	见	欲，	则	不	动	佛

佛，当出于世。若有菩萨乐见此如来者，应愿生彼不动佛

20.4.5

[illegible] (boxed)	[illegible]	[illegible]	[illegible]	[illegible]。	[illegible]	[illegible]	[illegible]！	[illegible]
lhji̱j^{2}	iọ^{1}	we̱^{1}	śjɨ^{1}	lew^{2}	śja^{1}	rjir^{2}	gji^{2}	tjij^{1}
刹	土	生	往	应。	舍	利	子！	若
[illegible]	[illegible]	[illegible]	[illegible]	[illegible]	[illegible]，	[illegible]	[illegible]	[illegible]
ne̱w^{2}	go̱r^{1}	gji^{2}	ne̱w^{2}	sji^{2}	dzjwo^{2}	thjɨ^{2}	tha^{1}	lhjij^{2}
善	男	子	善	女	人，	此	佛	刹

刹。舍利弗！若善男子善女人，从此佛刹

20.4.6

□	□	[illegible] (boxed)	[illegible]	[illegible]	[illegible]	[illegible]	[illegible]	[illegible]
□	□	dzjij^{2}	tha^{1}	lhjij^{2}	·u^{2}	kạ^{1}	bja^{2}	niow^{1}
□	□	余	佛	刹	中	命	终	后

[illegible]，	[illegible]	[illegible]	[illegible]	[illegible]	[illegible]	[illegible]	[illegible]	[illegible]
rjijr²	mji¹	mju²	mjor¹	ljịj²	tha¹	lhjịj²	·u²	śji¹
愿，	不	动	如	来	佛	刹	中	已

及余佛刹于命终后，

20.5.1

[illegible]	[illegible]	[illegible]	[illegible]	[illegible]	[illegible]	[illegible]，	[illegible]	[illegible]
we̱¹	mjor¹	we̱¹	kụ¹	we̱¹	lew²	mjij¹	kjɨ¹	djɨj²
生	今	生	当	生	当	无，	必	定
[illegible]	[illegible]	[illegible]	[illegible]	[illegible]	[illegible]	[illegible]	[illegible]。	[illegible]
rjur¹	ɣię²	mji¹	ljɨ̣²	mji¹	dźiej²	mji¹	dźjịj¹	thjij²
诸	声	闻	地	不	信	不	住。	何

若已生若今生若当生①不动如来佛刹中者，必不信住②诸声闻地。

20.5.2

[illegible]	[illegible]？	[illegible]	[illegible]	[illegible]	[illegible]	[illegible]	[illegible]	[illegible]
sjo²	ljɨ¹	thja²	tha¹	tśja¹	dźjịj¹	·ju²	mjor¹	ljịj²
云	故？	彼	佛	道	行	常	如	来
[illegible]	[illegible]，	[illegible]	[illegible]	[illegible]	[illegible]	[illegible]	[illegible]	[illegible]
rjir²	ber²	mə¹	ljij²	po¹	sjwɨ¹	to²	źji²	mjɨ¹
与	遇，	天	魔	波	旬	悉	皆	不

何以故？彼行佛道常遇如来，天魔波旬不得其

20.5.3

[illegible]，	[illegible]	[illegible]	[illegible]	[illegible]	[illegible]	[illegible]	[illegible]	[illegible]，
tśier¹	njɨ̱¹	·ụ²	ljɨ̣²	ɣa²	twẹ²	twẹ²	tśjo	phja¹
便，	二	乘	地	于	续	续	永	断，
[illegible]	[illegible]	[illegible]	[illegible]	[illegible]	[illegible]	[illegible]	[illegible]，	[illegible]
kjɨ¹	djɨj²	źji²	phju²	po¹	tjɨj¹	rjir¹	lew²	·ju²

① 汉文本中三个“若”字义西夏本皆未见。

② 不信住，西夏本作“[illegible]”（不信不住）。

必	定	无	上	菩	提	得	当，	常

便①，于二乘地永断相续，必定当得无上菩提，常

20.5.4

[illegible]	[illegible]	[illegible]	[illegible]	[illegible]	[illegible]	[illegible]	[illegible]	[illegible]
mjor[1]	ljịj[2]	·jij[1]	rjur[1]	ljịj[2]	ljwu[2]	dzjị[2]	kha[1]	dźjij[1]
如	来	之	诸	大	会	集	中	在
[illegible]。	[illegible]	[illegible]	[illegible]！	[illegible]	[illegible]	[illegible]	[illegible]。	[illegible]
ljɨ[1]	śja[1]	rjir[2]	gji[2]	nji[2]	sjij[1]	nwə[1]	lew[2]	tjij[1]
也。	舍	利	子！	汝	今	知	当。	若

在如来诸大集会。舍利弗！汝应当知②。若

20.5.5

[illegible]	[illegible]	[illegible]	[illegible]	[illegible]	[illegible]	[illegible]	[illegible]	[illegible]，
mji[1]	mju[2]	mjor[1]	ljịj[2]	gji[1]	sej[1]	tha[1]	lhjịj[2]	dźjij[1]
不	动	如	来	清	净	佛	刹	住，
[illegible]	[illegible]	[illegible]	[illegible]	[illegible]	[illegible]	[illegible]	[illegible]	[illegible]，
ku[1]	thja[2]	rjur[1]	ɲia[2]	tśhju[1]	tśjo	mji[1]	ŋwer[2]	lhjwo[1]
则	彼	诸	众	生	终	不	懈	退，

住不动如来清净佛刹者，彼诸众生终不退堕，

20.5.6

[illegible]	[illegible]	[illegible]	[illegible]，	[illegible]	[illegible]	[illegible]	[illegible]，	[illegible]
tśhjij[1]	sjwi[2]	tjị[2]	mjij[1]	lhji̠[1]	lhjwo[1]	tsjɨ[1]	mjij[1]	źji[2]
摄	引	可	不，	退	还	亦	不，	无
[illegible]	[illegible]	[illegible]	[illegible]，	[illegible]	[illegible]	[illegible]	[illegible]	[illegible]
phju[2]	po[1]	tjɨj[1]	dźjịj[1]	ljịj[2]	ɣwie[1]	ɣie[1]	dźjij[2]	mju̠[2]
上	菩	提	住，	大	势	力	有	摇

不可引摄，亦不退还，住无上菩提，有大势力不可摇

① 不得其便，西夏本作“[illegible]”（悉皆不便）。

② 汝应当知，西夏本作“[illegible]”（汝今当知）。

20.6.1

[illegible]	[illegible]	[illegible],	[illegible]	[illegible]	[illegible]	[illegible]。	[illegible]	[illegible]
ljɨj^2	tjị^2	mjij^1	tśjo	mji^1	lhji̱^{1}	lhjwo^1	śja^1	rjir^2
动	可	不,	永	无	退	转。	舍	利
[illegible]!	[illegible]	[illegible]	[illegible]	[illegible]	[illegible]	[illegible]	[illegible]	[illegible],
gji^2	tjɨ^1	tjij^1	ne̱w^2	go̱r^1	gji^2	ne̱w^2	sji^2	dzjwo^2
子!	如	若	善	男	子	善	女	人,

动,永无退转。舍利弗!若有善男子善女人,

20.6.2

[illegible]	[illegible]	[illegible]	[illegible]	[illegible]	[illegible]	[illegible]	[illegible]	[illegible],
thjɨ^2	rjur^1	kięj^2	·u^2	tjij^1	dzjij^2	rjur^1	kięj^2	·u^2
此	世	界	中	或	他	世	界	中,
[illegible]	[illegible]	[illegible]	[illegible]	[illegible]	[illegible]	[illegible]	[illegible]	[illegible],
kạ^1	bja^2	niow^1	rjijr^2	thja^2	lhjịj^2	·u^2	wjɨ^2	we̱^{1}
命	断	以	后	彼	国	中	△	生,

于此世界或他世界,若命终后生于彼土,

20.6.3

[illegible]	[illegible]	[illegible]	[illegible]	[illegible]	[illegible]	[illegible]	[illegible],	[illegible]
tjij^1	we̱^{1}	·jij^1	zjij^1	thjɨ^2	sju^2	ljɨ̱r^2	śjwo^1	ŋa^2
若	生	临	时	是	如	念	生,	我
[illegible]	[illegible]	[illegible]	[illegible]	[illegible]、	[illegible]	[illegible]	□	[illegible]
mjor^1	ljij^2	·jij^1	·jɨ̱^{2}	·o^2	le^2	mjij^1	□	dźjij^1
如	来	之	室	入、	畏	无	□	住

即于生时得如是念,我已入如来室、住无畏城。

20.6.4

[illegible]	[illegible]。	[illegible]	[illegible]	[illegible]!	[illegible]	[illegible]	[illegible]	[illegible]
ŋa^2	jɨ^2	śja^1	rjir^2	gji^2	thja^2	rjur^1	ɲia^2	tsjij^2
△	谓。	舍	利	子!	彼	诸	菩	萨

[illegible]	[illegible]	[illegible]	[illegible]，	[illegible]	[illegible]	[illegible]	[illegible]	[illegible]
ŋwu̱^{1}	dạ^2	thjɨ^1	thjɨ^1	źji^2	pa^2	rja^2	po^1	lo^1
言	语	言	辞，	皆	般	若	波	罗

舍利弗！彼诸菩萨所有言议，皆与般若波罗

20.6.5

[illegible]	[illegible]	[illegible]	[illegible]，	[illegible]	[illegible]	[illegible]	[illegible]，	[illegible]	[illegible]	[illegible]	[illegible]。
bji̱^{2}	rjir^2	bju^1	śjij^1	·jij^1	gu^2	dzjwɨ̣^{1}	lhejr^2	śio^1	dzjij^2	sjij^2	śjwo^1
蜜	与	相	应，	自	相	尊	敬，	导	师	想	起。

蜜相应，互相尊敬，起导师想。

汉文本

《大宝积经》卷第二十

大唐三藏菩提流志奉诏译

《不动如来会》第六之二菩萨众品第四

尔时，尊者舍利弗作如是念：世尊，今者已说声闻功德，复愿说诸菩萨具足功德。何以故？一切功德从此出生。尔时，世尊知其所念，告舍利弗：彼佛刹中有无量百千亿诸菩萨众皆来集会，所有出家菩萨，以佛神力，随所听闻，皆能领悟受持读诵。舍利弗！我于此界，说法至少，比不动如来所说法藏，百分千分百千分，亿百千分算分（数分，迦）罗分，邬波尼杀昙分，亦所不及。舍利弗！此皆不动如来、应、正等觉，修菩萨行时，发如是愿。愿我成佛，彼刹土中所有菩萨，以我威力，随所听闻，皆能领悟受持读诵。舍利弗！是诸菩萨由彼如来本愿神力，于佛所闻，悉能领受讽诵通利。

复次，舍利弗！若彼菩萨自心欲乐往异佛土，举心便至。形服言音，善同方俗。于彼如来礼拜供养，听闻正法，善为问难，能事已周，还归佛所。舍利弗！此贤劫中有九百九十六佛，当出于世。若有菩萨乐见此如来者，应愿生彼不动佛刹。舍利弗！若善男子善女人，从此佛刹及余佛刹于命终后，若已生若今生若当生不动如来佛刹中者，必不信住诸声闻地。何以故？彼行佛道常遇如来，天魔波旬不得其便，于二乘地永断相续，必定当得无上菩提，常在如来诸大集会。舍利弗！汝应当知。若住不动如来清净佛刹者，彼诸众生终不退堕，不可引摄，亦不退还，住无上菩提，有大势力不可摇动，永无退转。舍利弗！若有善男子善女人，于此世界或他世界，若命终后生于彼土，即于生时得如是念，我已入如来室、住无畏城。舍利弗！彼诸菩萨所有言议，皆与般若波罗蜜相应，互相尊敬，起导师想。

20.6.6

[illegible]	[illegible]，	[illegible]	[illegible]	[illegible]！	[illegible]	[illegible]	[illegible]	[illegible]
niow^1	tśjɨ^1	śja^1	rjir^2	gji^2	thja^2	tha^1	lhjịj^2	·u^2

复	次，	舍	利	子！	彼	佛	刹	中
[illegible]	[illegible]	[illegible]	[illegible]，	[illegible]	[illegible]	[illegible]	[illegible]	[illegible]
rjur^1	ɲia^2	tsjij^2	·ji^1	nji^1	dźjịj^1	tja^1	ɣiə^1	njij^2
诸	菩	萨	众，	家	在	者	稀	少

复次，舍利弗！彼佛刹中诸菩萨众，在家者少

20.7.1

[illegible]	[illegible]	[illegible]	[illegible]	[illegible]，	[illegible]	[illegible]	[illegible]	[illegible]
nji^1	phjɨ^1	tja^1	rejr^2	zjịj^2	źji^2	tha^1	mẹ^2	ɣie^1
家	出	者	众	多，	皆	佛	神	力
[illegible]	[illegible]	[illegible]	[illegible]	[illegible]，	[illegible]	[illegible]	[illegible]	[illegible]，
bju^1	mji^1	mji^1	tsjịr^1	tja^1	tśhjɨ^2	rjar^2	tśjɨ^1	tsjij^2
以	闻	闻	法	者，	立	即	领	悟，

出家者多，皆以佛神力随所听闻，即能领悟，

20.7.2

[illegible]	[illegible]	[illegible]	[illegible]	[illegible]。	[illegible]	[illegible]	[illegible]！	[illegible]
ɣiwej^1	·jij^1	do^1	tshjɨ̱^{1}	njwi^2	śja^1	rjir^2	gji^2	tjij^1
受	持	读	诵	能。	舍	利	子！	若
[illegible]	[illegible]	[illegible]	[illegible]	[illegible]	[illegible]	[illegible]，	[illegible]	[illegible]
nji^1	dźjịj^1	po^1	tsa^1	ma^2	ŋạ^2	tsa^1	tsjịr^1	ljwu^2
家	在	菩	萨	摩	诃	萨，	法	会

受持讽诵。舍利弗！若在家菩萨摩诃萨，

20.7.3

[illegible]	[illegible]	[illegible]	[illegible]	[illegible]	[illegible]	[illegible]	[illegible]，	[illegible]
kha^1	mji^1	dźjịj^1	niow^1	njij^1	kjɨ^1	mji^1	tjị^1	ljọ^2
中	不	在	及	心	虽	不	专，	何
[illegible]	[illegible]	[illegible]，	[illegible]	[illegible]	[illegible]	[illegible]，	[illegible]	[illegible]
dja^2	dźjịj^1	twụ^1	tjij^1	dzṳ^2	tjij^1	·jar^1	tha^1	mẹ^2
△	在	处，	若	坐	若	立，	佛	神

虽不系念于法会中，随在方所，若坐若立，以佛神

20.7.4

[illegible]	[illegible]	[illegible]	[illegible]	[illegible]，	[illegible]	[illegible]	[illegible]	[illegible]，
ɣie^{1}	bju^{1}	źji^{2}	nji^{2}	lhjịj^{2}	tśjɨ^{1}	tsjij^{2}	ɣiwej^{1}	·jịj^{1}
力	以	皆	听	受，	领	悟	受	持，
[illegible]	[illegible]	[illegible]	[illegible]	[illegible]。	[illegible]	[illegible]	[illegible]	[illegible]
do^{1}	tshjɨ̱^{1}	mjịjr^{2}	dar^{1}	njwi^{2}	thja^{2}	nji^{1}	phjɨ^{1}	ɲia^{2}
读	诵	通	达	能。	彼	出	家	菩

力皆能听闻，领悟受持，读诵通利。彼出家菩

20.7.5

[illegible]	[illegible]	[illegible]	[illegible]	[illegible]，	[illegible]	[illegible]	[illegible]	[illegible]
tsjij^{2}	tsjɨ^{1}	thja^{1}	wjɨ^{2}	sju^{2}	ljọ^{2}	dja^{2}	dźjij^{1}	twụ^{1}
萨	亦	是	犹	如，	何	△	在	处
[illegible]	[illegible]	[illegible]	[illegible]	[illegible]	[illegible]	[illegible]	[illegible]	[illegible]。
rjɨr^{2}	njɨ^{2}	do^{1}	tshjɨ̱^{1}	tsjɨ^{1}	to^{2}	źji^{2}	·ja	tjɨj^{2}
乃	至	读	诵	亦	悉	皆	一	样。

萨亦复如是，诸在何方乃至讽诵无别。

20.7.6

[illegible]	[illegible]	[illegible]	[illegible]	[illegible]	[illegible]	[illegible]	[illegible]，	[illegible]
thjɨ^{2}	rjur^{1}	ɲia^{2}	tsjij^{2}	ljụ^{2}	dźjɨ̱r^{1}	ljụ^{2}	lhjịj^{2}	thja^{1}
是	诸	菩	萨	身	舍	身	受，	其
[illegible]	[illegible]	[illegible]	[illegible]	[illegible]	[illegible]	[illegible]	[illegible]，	[illegible]
śji^{1}	mji^{1}	lwər^{2}	lhejr^{2}	tśjo	mji^{1}	phjɨ^{1}	mjɨ̱^{2}	rjur^{1}
先	闻	经	契	终	不	失	忘，	诸

是诸菩萨舍身受身，于所闻经终不忘失，

20.8.1

[illegible]	[illegible]	[illegible]	[illegible]	[illegible]	[illegible]	[illegible]。	[illegible]	[illegible]
tha^{1}	lhjịj^{2}	·u^{2}	phji^{1}	bju^{1}	we̱^{1}	lhjịj^{2}	śja^{1}	rjir^{2}
佛	国	中	愿	随	生	受。	舍	利

[illegible]！	[illegible]	[illegible]	[illegible]	[illegible]	[illegible]	[illegible]	[illegible]	[illegible]
gji^{2}	thja^{2}	tsjɨ^{1}	mji^{1}	mju^{2}	mjor^{1}	ljịj^{2}	·jij^{1}	mər^{2}
子！	彼	亦	不	动	如	来	之	本

于诸佛土随愿受生。舍利弗！彼亦是不动如来本

20.8.2

[illegible]	[illegible]	[illegible]	[illegible]	[illegible]	[illegible]	[illegible]。	[illegible]	[illegible]
tjị^{1}	tśhja^{2}	·iow^{1}	rjɨr^{2}	śjwo^{2}	tshjịj^{2}	ŋwu^{2}	śja^{1}	rjir^{2}
愿	德	功	所	庄	严	是。	舍	利
[illegible]！	[illegible]	[illegible]	[illegible]	[illegible]	[illegible]	[illegible]	[illegible]	[illegible]，
gji^{2}	tjɨ^{1}	tjij^{1}	ɲia^{2}	tsjij^{2}	·ja	tśięj^{2}	we̱^{1}	lhjịj^{2}
子！	如	若	菩	萨	一	续	生	受，

愿功德之所庄严。舍利弗！若菩萨于一生①中，

20.8.3

[illegible]	[illegible]	[illegible]	[illegible]	[illegible]	[illegible]	[illegible]	[illegible]	[illegible]
ŋwu^{2}	mjɨ^{1}	pjụ^{1}	·jir^{2}	tụ^{1}	rjir^{2}	no^{1}	·jiw^{1}	thow^{1}
而	无	量	百	千	亿	那	由	他
[illegible]	[illegible]	[illegible]	[illegible]	[illegible]，	[illegible]	[illegible]	[illegible]	[illegible]
rjur^{1}	tha^{1}	·jij^{1}	ljij^{2}	kięj^{2}	ku^{1}	tjị^{1}	bju^{1}	mji^{1}
诸	佛	之	见	欲，	则	愿	依	不

欲见无量百千亿那由他诸佛者，应当愿生不

20.8.4

[illegible]	[illegible]	[illegible]	[illegible]	[illegible]	[illegible]	[illegible]。	[illegible]	[illegible]
mju^{2}	mjor^{1}	ljịj^{2}	do^{2}	we̱^{1}	śjɨ^{1}	lew^{2}	tjij^{1}	thja^{1}
动	如	来	所	生	往	应。	若	是
[illegible]	[illegible]	[illegible]	[illegible]	[illegible]，	[illegible]	[illegible]	[illegible]	[illegible]
ɲia^{2}	tsjij^{2}	thja^{2}	wjɨ^{2}	we̱^{1}	niow^{1}	tśhjɨ^{2}	rjar^{2}	mjɨ^{1}
菩	萨	彼	已	生，	复	立	即	无

动如来之所。若菩萨于彼生已，即见无

① 一生，西夏文译作“[illegible]”，字面意思是“受一续生”。

20.8.5

□	□	□	□，	□	□	□	□，	□
pjụ^{1}	rjur^{1}	tha^{1}	ljij^{2}	rjur^{1}	ne̱w^{2}	tśhji^{2}	ljị^{1}	niow^{1}
量	诸	佛	见，	诸	善	根	种，	复
□	□	□	□	□	□	□	□	□
ŋew^{2}	mjij^{1}	·jir^{2}	tụ^{1}	ɲia^{2}	tśhju^{1}	tsji̱r^{1}	tshji^{1}	nẹ^{1}
数	无	百	千	众	生	法	要	演

量诸佛，种诸善根，复能为无数百千众生演说法要，

20.8.6

□，	□	□	□	□	□	□	□	□
tshji̱j^{1}	rjur^{1}	ɲia^{2}	tśhju^{1}	·jij^{1}	ne̱w^{2}	tśhji^{2}	lhu^{1}	dzja^{1}
说，	诸	众	生	之	善	根	增	长
□。	□	□	□！	□	□	□	□	□
phji^{1}	śja^{1}	rjir^{2}	gji^{2}	thjɨ^{2}	me̱^{2}	kja^{2}	kha^{1}	rjur^{1}
令。	舍	利	子！	此	贤	劫	中	诸

令诸众生增长善根。舍利弗！此贤劫中诸

20.9.1

□	□	□	□	□	□	□，	□	□
tha^{1}	rjur^{1}	pjụ^{1}	rjur^{1}	kha^{1}	to^{2}	lew^{2}	tjij^{1}	rjur^{1}
佛	世	尊	诸	间	出	当，	若	诸
□	□	□	□、	□	□、	□	□、	□
ɲia^{2}	tsjij^{2}	lhwu^{1}	gjwi^{2}	tjị^{1}	dzji^{2}	gjwɨr^{1}	lju̱^{2}	tser^{1}
菩	萨	衣	服、	饮	食、	卧	具、	医

佛世尊当出于世①，若诸菩萨以衣服、饮食、卧具、医

20.9.2

□ □ □ □ □ □， □ □ □

① 世，西夏本作“□□”（诸间）。按，“□”rjur^{1}（诸）字于义不合，在此假借作“□”rjur^{1}（世）。

tsə̣¹	mə²	mə²	·wu²	gju²	ŋwu²	mjor¹	lji̠j²	·jij¹
药	种	种	资	具	以，	如	来	之
[illegible]	[illegible]	[illegible]	[illegible]	[illegible]	[illegible]，	[illegible]	[illegible]	[illegible]
kjụ¹	tshwew¹	tśhjɨ²	rjar²	nji¹	phjɨ¹	nji¹	phjɨ¹	dźjwa¹
供	养	立	即	家	出，	家	出	已

药种种资具，供养如来便即出家，

20.9.3

[illegible]，	[illegible]	[illegible]	[illegible]	[illegible]	[illegible]	[illegible]	[illegible]	[illegible]。
niow¹	thja¹	rjur¹	tha¹	do²	sej¹	xiwã¹	dźjɨ	djọ²
既，	彼	诸	佛	所	净	梵	行	修。
[illegible]	[illegible]	[illegible]	[illegible]，	[illegible]	[illegible]	[illegible]	[illegible]	[illegible]
thjɨ²	ne̠w²	tśhji²	ŋwu²	thja¹	mji¹	mju²	mjor¹	lji̠j²
此	善	根	以，	彼	不	动	如	来

既出家已，于诸佛所净修梵行。以此善根，

20.9.4

[illegible]	[illegible]	[illegible]	[illegible]	[illegible]，	[illegible]	[illegible]	[illegible]	[illegible]
do²	dzjij²	rjur¹	ɲia²	tsjij²	·ja	zjọ²	kha¹	po¹
所	余	诸	菩	萨，	一	生	中	波
[illegible]	[illegible]	[illegible]	[illegible]	[illegible]。	[illegible]	[illegible]	[illegible]	[illegible]
lo¹	bji̠²	rjir²	bju¹	śjij¹	rjɨr²	dzjị²	ljo¹	tśiow¹
罗	蜜	与	相	应。	所	集	福	聚

方余菩萨于不动如来之所，于一生中与波罗蜜相应。所有福聚

20.9.5

[illegible]	[illegible]	[illegible]	[illegible]	[illegible]	[illegible]	[illegible]	[illegible]	[illegible]，	[illegible]
rjir²	dzjọ¹	ku¹	·jir²	phia̠²	kha¹	lew¹	mjɨ¹	?	tụ¹
与	比	则	百	分	中	一	不	及，	千
[illegible]	[illegible]	[illegible]	[illegible]，	[illegible]	[illegible]，	[illegible]	[illegible]	[illegible]，	
kha¹	lew¹	mjɨ¹	?	sej¹	phia̠²	kja¹	lo¹	phia̠²	

中	一	不	及，	算	分，	迦	罗	分，

百分不及一，千分①不及一，算分，迦罗分，

20.9.6

[illegible]	[illegible]	[illegible]	[illegible]，	[illegible]	[illegible]	[illegible]	[illegible]	[illegible]
ŋew^{2}	phia̱^{2}	dzjo̱^{1}	phia̱^{2}	nji^{1}	śia^{1}	nji^{1}	śia^{1}	thã^{1}
数	分	喻	分，	邬	波	尼	杀	昙
[illegible]	[illegible]	[illegible]	[illegible]	[illegible]	[illegible]。	[illegible]	[illegible]	[illegible]！
phia̱^{2}	kha^{1}	tsjɨ^{1}	lew^{1}	mjɨ^{1}	?	śja^{1}	rjir^{2}	gji^{2}
分	中	亦	一	不	及。	舍	利	子！

数分喻分，邬波尼杀昙分亦不能及②。舍利弗！

20.10.1

[illegible]	[illegible]	[illegible]	[illegible]	[illegible]	[illegible]	[illegible]	[illegible]	[illegible]
thjɨ^{2}	tsjɨ^{1}	mji^{1}	mju^{2}	mjor^{1}	ljịj^{2}	·jij^{1}	gji^{1}	sej^{1}
此	亦	不	动	如	来	之	清	净
[illegible]	[illegible]，	[illegible]	[illegible]	[illegible]	[illegible]	[illegible]。	[illegible]	[illegible]
tha^{1}	lhjịj^{2}	tśhja^{2}	·iow^{1}	śjwo^{2}	tshjịj^{2}	ŋwu^{2}	śja^{1}	rjir^{2}
佛	刹，	德	功	庄	严	是。	舍	利

此亦不动如来清净佛刹，功德庄严。舍利

20.10.2

[illegible]！	[illegible]	[illegible]	[illegible]	[illegible]	[illegible]	[illegible]	[illegible]，	[illegible]
gji^{2}	tjɨ^{1}	tjij^{1}	ɲia^{2}	tsjij^{2}	thjɨ^{2}	rjur^{1}	kiẹj^{2}	niow^{1}
子！	如	若	菩	萨	此	世	界，	或
[illegible]	[illegible]	[illegible]	[illegible]	[illegible]	[illegible]	[illegible]	[illegible]，	[illegible]
dzjij^{2}	rjur^{1}	kiẹj^{2}	·u^{2}	ka̱^{1}	bja^{2}	niow^{1}	rjijr^{2}	mji^{1}
余	世	界	中	命	断	以	后，	不

弗！若有菩萨从此世界，或余世界于寿终后，

---

① “分”字义西夏本未见，疑脱“[illegible]”（分）字。

② 亦不能及，西夏文译作“[illegible]”，字面意思是“亦不及一”。

20.10.3

[illegible]	[illegible]	[illegible]	[illegible]	[illegible]	[illegible]	[illegible]	[illegible]	[illegible]
mju^{2}	mjor^{1}	ljij^{2}	·jij^{1}	lhjij^{2}	·u^{2}	tjij^{1}	śji^{1}	wẹ^{1}
动	如	来	之	刹	中	若	已	生
[illegible]	[illegible]	[illegible]	[illegible]	[illegible]	[illegible]	[illegible]	[illegible]，	[illegible]
tjij^{1}	mjor^{1}	wẹ^{1}	tjij^{1}	kụ^{1}	wẹ^{1}	lew^{2}	mjij^{1}	ŋowr^{2}
若	现	生	若	当	生	应	无，	一

若已生现生当生①不动如来佛刹者，

20.10.4

[illegible]	[illegible]	[illegible]	[illegible]	[illegible]	[illegible]	[illegible]。	[illegible]	[illegible]
ŋowr^{2}	źji^{2}	mji^{1}	lhji^{1}	lhjwo^{1}	mji^{1}	lhjụ^{2}	thjij^{2}	sjo^{2}
切	皆	不	退	转	位	得。	何	云
[illegible]？	[illegible]	[illegible]	[illegible]	[illegible]	[illegible]	[illegible]	[illegible]	[illegible]
ljɨ^{1}	thja^{2}	tha^{1}	lhjij^{2}	·u^{2}	mə^{1}	ljij^{2}	po^{1}	sjwɨ^{1}
故？	彼	佛	刹	中	天	魔	波	旬

一切皆得不退转位。何以故？彼佛刹中天魔波旬

20.10.5

[illegible]	[illegible]	[illegible]	[illegible]，	[illegible]	[illegible]	[illegible]	[illegible]	[illegible]
ɣie^{2}	lụ^{2}	mjɨ^{1}	wjị^{2}	niow^{1}	ljij^{2}	sjwɨj^{1}	·jij^{1}	tsjụ^{1}
障	碍	不	为，	亦	魔	业	之	娆
[illegible]	[illegible]	[illegible]	[illegible]	[illegible]。	[illegible]	[illegible]	[illegible]！	[illegible]
kier^{1}	lew^{2}	dạ^{2}	tsjɨ^{1}	mjij^{1}	śja^{1}	rjir^{2}	gji^{2}	dzjọ^{1}
乱	所	事	亦	无。	舍	利	子！	譬

不为障碍，亦无魔业之所娆乱。舍利弗！譬

20.10.6

[illegible]	[illegible]	[illegible]	[illegible]	[illegible]	[illegible]	[illegible]	[illegible]	[illegible]

---

① 若已生现生当生，西夏本作“[illegible]”(若已生若现生若当生)。另，句下有“[illegible]”(应无)二字，未详其义。下文 20.23.3 和 20.34.3 亦同。

sju2 phio2 do1 ŋwə̣1 ŋwu2 tśia̱2 phji1 ku1 mjɨ1
如 蛇 毒 咒 以 难 令 则 他
[illegible] [illegible] [illegible] [illegible]， [illegible] [illegible] [illegible] [illegible] [illegible]
·jij1 ŋjwo2 mjɨ1 ljɨ̱1 bə2 lụ1 ŋowr2 ŋowr2 thja1
之 害 不 能， 蛆 虫 一 切 彼

如毒蛇神咒所伏不能为害，一切诸虫见彼

20.11.1

[illegible] [illegible] [illegible] [illegible]， [illegible] [illegible] [illegible] [illegible]。 [illegible]
phio2 do1 ljij2 zjij1 źji2 mji1 kja̱1 le2 niow1
蛇 毒 见 时， 亦 无 忧 惧。 然
[illegible] [illegible] [illegible] [illegible] [illegible] [illegible] [illegible] [illegible]， [illegible]
thjɨ2 phio2 do1 do1 tśju̱1 kjɨ1 mjɨ1 njwi2 mər2
此 蛇 毒 毒 害 虽 不 能， 本

毒蛇，亦无忧惧。然此毒蛇虽无毒害，由本

20.11.2

[illegible] [illegible] [illegible] [illegible] [illegible] [illegible]， [illegible] [illegible] [illegible]
·jiw1 sjwɨj1 bju1 phio2 ljụ2 lhjij2 ku1 thja1 tsjɨ1
故 业 由 蛇 身 受， 故 此 亦
[illegible] [illegible] [illegible] [illegible]。 [illegible] [illegible] [illegible]！ [illegible] [illegible]
phio2 do1 jɨ2 ljɨ1 śja1 rjir2 gji2 thja2 ljij2
蛇 毒 谓 也。 舍 利 子！ 彼 魔

业故受此蛇身，故名毒蛇。舍利弗！彼魔

20.11.3

[illegible] [illegible] [illegible] [illegible] [illegible] [illegible]。 [illegible] [illegible] [illegible]
po1 sjwɨ1 tsjɨ1 thja1 wjɨ2 sju2 mji1 mju2 mjor1
波 旬 亦 是 犹 如。 不 动 如
[illegible] [illegible] [illegible] [illegible] [illegible] [illegible] [illegible]， [illegible] [illegible]
ljịj2 njwo2 ɲia2 tsjij2 dźjɨ djọ2 zjọ2 mər2 tjị1
来 往 菩 萨 行 修 时， 本 愿

波旬亦复如是。由不动如来往修菩萨行时，本愿

20.11.4

[西夏字]	[西夏字]	[西夏字]	[西夏字]	[西夏字]	[西夏字]	[西夏字],	[西夏字]	[西夏字]
ne̱w2	tśhji2	ŋwu2	thjɨ2	sju2	ljɨ1	tshwew1	tjị1	ŋa2
善	根	以	是	如	回	向,	愿	我
[西夏字]	[西夏字]	[西夏字]	[西夏字]	[西夏字]	[西夏字]	[西夏字],	[西夏字]	[西夏字]
źji2	phju2	po1	tjɨj1	ljạ1	ŋa2	zjịj1	rjur1	ljịj2
无	上	菩	提	证	△	时,	诸	魔

善根如是回向,愿我当证无上菩提,调伏诸魔,

20.11.5

[西夏字]	[西夏字]	[西夏字]	[西夏字]	[西夏字],	[西夏字]	[西夏字]	[西夏字]	[西夏字]。
·jij1	rjijr2	rjur1	·jar2	ŋa2	ɣie2	źjị1	djij2	mjij1
之	愿	调	伏	△,	障	恼	为	不。
[西夏字]	[西夏字]	[西夏字]	[西夏字]	[西夏字]	[西夏字]	[西夏字]	[西夏字],	[西夏字]
thja2	rjur1	ɲia2	tsjij2	ɣię2	mji1	·ju2	mur1	rjɨr2
彼	诸	菩	萨	声	闻	夫	凡,	乃

不为障恼。彼诸菩萨声闻凡夫,乃

20.11.6

[西夏字]	[西夏字]	[西夏字]	[西夏字]	[西夏字]	[西夏字]	[西夏字]	[西夏字]	[西夏字]
njɨ2	sọ1	tụ1	ljịj2	tụ1	rjur1	kięj2	·u2	tsjɨ1
至	三	千	大	千	世	界	中	亦
[西夏字]	[西夏字]	[西夏字]	[西夏字]	[西夏字]。	[西夏字]	[西夏字]	[西夏字]	[西夏字]
ɣie2	źjị1	djij2	mjij1	jɨ2	tjij1	śji1	sjwɨj1	bju1
障	恼	令	不	谓。	若	先	业	由

至三千大千世界亦不为障恼,然由先业

20.12.1

[西夏字]	[西夏字]	[西夏字]	[西夏字],	[西夏字]	[西夏字]	[西夏字]	[西夏字]	[西夏字]
thja1	ljịj2	ljụ2	lhjịj2	thja1	mə1	tśhja̱1	we̱1	tsjɨ1
此	魔	身	受,	彼	天	上	生	而

·ju^{2}	·jij^{1}	·jij^{1}	źier^{1}	njɨ̱^{2}	ɣu^{1}	mjij^{1}	sjwɨj^{1}	kjwi^{1}
常	自	自	悔	责，	始	无	业	故

所感受此魔身，生彼天中而自悔责，无始故业

20.12.2

bju^{1}	thjɨ^{2}	ljụ^{2}	mji̱j^{2}	rjir^{1}	·jij^{1}	dzju^{2}	kjɨ^{1}	rjir^{2}
由	此	身	名	获，	自	在	虽	得
·ju^{2}	dwər^{1}	kie^{2}	śjwo^{1}	tjij^{1}	thja^{2}	mjor^{1}	ljịj^{2}	tsji̱r^{1}
常	厌	患	生。	若	彼	如	来	法

获此身名，虽得自在常生厌患。于彼如来说法之时，

20.12.3

tshji̱j^{1}	·jij^{1}	zjij^{1}	rjur^{1}	lji̱j^{2}	wjɨ^{1}	dźjwɨ^{1}	tsji̱r^{1}	nji^{2}
说	临	时，	诸	魔	眷	属	法	听
kha^{1}	wjij^{1}	mji^{1}	niow^{1}	njij^{1}	sej^{1}	ɣię^{2}	mji^{1}	·ji^{1}
中	有，	闻	已	心	净，	声	闻	众

诸魔眷属常预听闻①，闻已心净，于声闻众

20.12.4

ɣa^{2}	dzu^{1}	ŋwe^{1}	njij^{1}	śjwo^{1}	thjij^{2}	sjo^{2}	mjij^{1}	sej^{1}
于	爱	乐	心	生，	何	云	寂	静
zji̱r^{1}	kię^{2}	lhə	nwə^{1}	dźji̱j^{1}	rjir^{1}	nji^{2}	jɨ^{2}	thja^{1}
少	欲	足	知	住	得	△	谓。	彼

而生爱乐，云何当得住于寂静少欲知足。彼

① 常预听闻，西夏本作“[illegible]”（有听法）。

20.12.5

[illegible]	[illegible]	[illegible]	[illegible]	[illegible]	[illegible]	[illegible]	[illegible]，	[illegible]
rjur^{1}	ljij^{2}	·ji^{1}	·ju^{2}	nji^{1}	phjɨ^{1}	njij^{1}	śjwo^{1}	ɣie^{2}
诸	魔	众	常	家	出	心	起，	障
[illegible]	[illegible]	[illegible]	[illegible]	[illegible]。	[illegible]	[illegible]	[illegible]	[illegible]
lụ^{2}	wji^{1}	sjij^{2}	mjij^{1}	ljɨ^{1}	thja^{2}	tha^{1}	lhjịj^{2}	·u^{2}
碍	为	想	无	故。	彼	佛	国	中

诸魔众常起出家之心，而无障碍之想故。彼国①中

20.12.6

[illegible]	[illegible]	[illegible]	[illegible]	[illegible]	[illegible]	[illegible]	[illegible]	[illegible]，
ɣię^{2}	mji^{1}	ɲia^{2}	tsjij^{2}	niow^{1}	·ju^{2}	mur^{1}	·ji^{1}	njɨ^{2}
声	闻	菩	萨	及	夫	凡	众	等，
[illegible]	[illegible]	[illegible]	[illegible]	[illegible]	[illegible]	[illegible]	[illegible]	[illegible]
źji^{2}	thja^{2}	tha^{1}	·jij^{1}	njwo^{2}	zjọ^{2}	jɨr^{2}	dźjij^{1}	ljịj^{2}
皆	彼	佛	之	往	世	精	勤	弘

声闻菩萨及凡夫众，皆由彼佛往昔精勤弘

20.13.1

[illegible] (boxed)	[illegible] (boxed)	[illegible]	[illegible]，	[illegible]	[illegible]	[illegible]	[illegible]。	[illegible]
tjị^{1}	pjụ^{1}	ɣie^{1}	bju^{1}	no^{2}	lhejr^{2}	dźjij^{1}	rjir^{1}	śja^{1}
誓	威	力	由，	安	乐	住	得。	舍
[illegible]	[illegible]！	[illegible]	[illegible]	[illegible]	[illegible]	[illegible]	[illegible]	[illegible]
rjir^{2}	gji^{2}	thjɨ^{2}	tsjɨ^{1}	mji^{1}	mju^{2}	tha^{1}	·jij^{1}	lhjịj^{2}
利	子！	此	亦	不	动	佛	之	刹

誓威力，得安乐住。舍利弗！此亦不动佛刹

20.13.2

[illegible]	[illegible]	[illegible]	[illegible]	[illegible]	[illegible]。	[illegible]	[illegible]	[illegible]

① 西夏本“国”上有“[illegible]”（佛）字。

·u^{2}	bu̱^{2}	gjij^{1}	śjwo^{2}	tshjịj^{2}	ŋwu^{2}	dzjɨ̣j^{1}	śja^{1}	rjir^{2}
中	胜	殊	庄	严	是。	时	舍	利
[illegible]	[illegible]	[illegible]	[illegible]	[illegible]：	[illegible]	[illegible]，	[illegible]	[illegible]
gji^{2}	tha^{1}	·jij^{1}	dạ^{2}	jɨ^{2}	rjur^{1}	pjụ^{1}	tjij^{1}	ne̱w^{2}
子	佛	之	言	谓：	世	尊，	若	善

殊胜庄严。时舍利弗白佛言：世尊，若有善

20.13.3

[illegible]	[illegible]	[illegible]	[illegible]	[illegible]，	[illegible]	[illegible]	[illegible]	[illegible]
go̱r^{1}	gji^{2}	ne̱w^{2}	sji^{2}	dzjwo^{2}	sọ^{1}	tụ^{1}	ljịj^{2}	tụ^{1}
男	子	善	女	人，	三	千	大	千
[illegible]	[illegible]	[illegible]	[illegible]	[illegible]	[illegible]	[illegible]	[illegible]，	[illegible]
rjur^{1}	kie̱j^{2}	·u^{2}	śjạ^{1}	ljɨ̣^{1}	dźjij^{1}	nja^{1}	swu^{2}	thja^{1}
世	界	中	七	宝	精	△	满，	其

男子善女人，以七宝满三千大千世界，

20.13.4

[illegible]	[illegible]	[illegible]	[illegible]，	[illegible]	[illegible]	[illegible]	[illegible]	[illegible]
ŋwu^{2}	zji^{1}	mji^{1}	nio̱w^{1}	tjị^{1}	thja^{2}	tha^{1}	lhjịj^{2}	·u^{2}
以	布	施	故，	愿	彼	佛	国	中
[illegible]	[illegible]	[illegible]	[illegible]，	[illegible]	[illegible]	[illegible]	[illegible]	[illegible]
wjij^{2}	we̱^{1}	ŋa^{2}	jɨ^{2}	thja^{1}	ne̱w^{2}	go̱r^{1}	gji^{2}	ne̱w^{2}
愿	生	△	谓，	此	善	男	子	善

持用布施，愿生彼国①，由兹行愿此善男子善

20.13.5

[illegible]	[illegible]	[illegible]	[illegible]	[illegible]	[illegible]，	[illegible]	[illegible]	[illegible]、
sji^{2}	dzjwo^{2}	thjɨ^{2}	dźjɨ	tjị^{1}	nio̱w^{1}	tśjo	ɣię^{2}	mji^{1}
女	人	此	行	愿	由，	终	声	闻、
[illegible]	[illegible]	[illegible]	[illegible]	[illegible]	[illegible]。	[illegible]	[illegible]	[illegible]

① 西夏本“国”上有“[illegible]”（佛）字。

tjij^{1}	dwewr^{2}	ljɨ̣^{2}	kha^{1}	mji^{1}	ljị^{1}	lew^{1}	tha^{1}	lhjij̣^{2}
独	觉	地	中	不	入。	一	佛	刹

女人,终不退堕声闻、辟支佛①地。从一佛刹

20.13.6

ɣa^{2}	śjwo^{1}	lew^{1}	tha^{1}	lhjij̣^{2}	ɣa^{2}	njɨ^{2}	rjur^{1}	tha^{1}
于	自	一	佛	刹	于	至,	诸	佛
mjor^{1}	ljij^{2}	·jij^{1}	tshji^{2}	ljịj^{1}	kjụ^{1}	tshwew^{1}	thja^{1}	rjur^{1}
如	来	之	侍	奉	供	养,	彼	诸

至一佛刹,历事供养诸佛如来,于诸

20.14.1

tha^{1}	do^{2}	tśhja^{2}	tsjịr^{1}	nji^{2}	lhjij̣^{2}	źji^{2}	phju^{2}	po^{1}
佛	所	正	法	听	受。	无	上	菩
tjɨj^{1}	kjɨ^{1}	mjij^{2}	lja̱^{1}	mjɨ^{1}	pjụ^{1}	·jir^{2}	tụ^{1}	rjɨr^{2}
提	虽	未	证,	无	量	百	千	乃

佛所听闻正法。虽未证得无上菩提,而能见彼无量百千乃

20.14.2

njɨ^{2}	no^{1}	·jiw^{1}	thow^{1}	·jir^{2}	tụ^{1}	rjur^{1}	tha^{1}	ljij^{2}
至	那	由	他	百	千	诸	佛	见
njwi^{2}	thja^{1}	rjur^{1}	tha^{1}	do^{2}	rjur^{1}	ne̱w^{2}	tśhji^{2}	lji^{1}
能,	彼	诸	佛	所	诸	善	根	种。

至亿②那由他百千诸佛,于诸佛所种诸善根。

---

① 辟支佛,西夏文译作"[Tangut]"(独觉)。独觉,来自藏文 Rang sangs rgyas,梵文 Pratyekabuddha,旧称"辟支佛",又曰"辟支迦罗"。《瑜伽论记》卷15(《大正藏》T42,P0482C):"独觉地,若依梵语,名钵剌翳迦陀。旧云辟支,讹也。此云独觉。初发心时,亦值佛世,闻法思惟。后得道身出无佛世,性乐寂静,不欲杂居,修加行满,无师友教,自然独悟,永出世间,中行中果,故名独觉。或观待缘,而悟圣果,亦名缘觉"。下文亦同。

② "亿"字义西夏本未见。

汉文本

复次，舍利弗！彼佛刹中诸菩萨众，在家者少出家者多，皆以佛神力随所听闻，即能领悟，受持讽诵。舍利弗！若在家菩萨摩诃萨，虽不系念于法会中，随在方所，若坐若立，以佛神力皆能听闻，领悟受持，读诵通利。彼出家菩萨亦复如是，诸在何方乃至讽诵无别。是诸菩萨舍身受身，于所闻经终不忘失，于诸佛土随愿受生。舍利弗！彼亦是不动如来本愿功德之所庄严。

舍利弗！若菩萨于一生中，欲见无量百千亿那由他诸佛者，应当愿生不动如来之所。若菩萨于彼生已，即见无量诸佛，种诸善根，复能为无数百千众生演说法要，令诸众生增长善根。舍利弗！此贤劫中诸佛世尊当出于世，若诸菩萨以衣服、饮食、卧具、医药种种资具，供养如来便即出家，既出家已，于诸佛所净修梵行。以此善根，方余菩萨于不动如来之所，于一生中与波罗蜜相应。所有福聚百分不及一，千分不及一，算分，迦罗分，数分喻分，邬波尼杀昙分亦不能及。舍利弗！此亦不动如来清净佛刹，功德庄严。

舍利弗！若有菩萨从此世界，或余世界于寿终后，若已生现生当生不动如来佛刹者，一切皆得不退转位。何以故？彼佛刹中天魔波旬不为障碍，亦无魔业之所娆乱。舍利弗！譬如毒蛇神咒所伏不能为害，一切诸虫见彼毒蛇，亦无忧惧。然此毒蛇虽无毒害，由本业故受此蛇身，故名毒蛇。舍利弗！彼魔波旬亦复如是。由不动如来往修菩萨行时，本愿善根如是回向，愿我当证无上菩提，调伏诸魔，不为障恼。彼诸菩萨声闻凡夫，乃至三千大千世界亦不为障恼，然由先业所感受此魔身，生彼天中而自悔责，无始故业获此身名，虽得自在常生厌患。于彼如来说法之时，诸魔眷属常预听闻，闻已心净，于声闻众而生爱乐，云何当得住于寂静少欲知足。彼诸魔众常起出家之心，而无障碍之想故。彼国中声闻菩萨及凡夫众，皆由彼佛往昔精勤弘誓威力，得安乐住。舍利弗！此亦不动佛刹殊胜庄严。

时舍利弗白佛言：世尊，若有善男子善女人，以七宝满三千大千世界，持用布施，愿生彼国，由兹行愿此善男子善女人，终不退堕声闻、辟支佛地。从一佛刹至一佛刹，历事供养诸佛如来，于诸佛所听闻正法。虽未证得无上菩提，而能见彼无量百千乃至亿那由他百千诸佛，于诸佛所种诸善根。

20.14.3

[illegible]	[illegible]，	[illegible]	[illegible]	[illegible]	[illegible]	[illegible]	[illegible]	[illegible]
rjur^{1}	pjụ^{1}	tjij^{1}	ne̱w^{2}	go̱r^{1}	gji^{2}	ne̱w^{2}	sji^{2}	dzjwo^{2}
世	尊，	若	善	男	子	善	女	人
[illegible]	[illegible]	[illegible]	[illegible]，	[illegible]	[illegible]	[illegible]	[illegible]	[illegible]
thjɨ^{2}	tśier^{1}	·ju^{2}	nio̱w^{1}	sọ^{1}	tụ^{1}	ljịj^{2}	tụ^{1}	rjur^{1}
此	方	便	由，	三	千	大	千	世

世尊，若善男子善女人由此方便，以七宝满三千大千世

20.14.4

[illegible]	[illegible]	[illegible]	[illegible]	[illegible]	[illegible]	[illegible]，	[illegible]	[illegible]

kiẹj^{2}	·u^{2}	śjạ^{1}	ljɨ̣^{1}	dźjij^{1}	nja^{1}	swu^{2}	thja^{1}	ŋwu^{2}
界	中	七	宝	精	△	满，	其	以
[illegible]	[illegible]，	[illegible]	[illegible]	[illegible]	[illegible]，	[illegible]	[illegible]	[illegible]
zji^{1}	mji^{1}	thjɨ^{2}	nẹw^{2}	tśhji^{2}	bju^{1}	thja^{1}	lhjịj^{2}	·u^{2}
布	施，	此	善	根	由，	彼	国	中

界，持用布施，由兹善舍①，往生彼国。

20.14.5

[illegible]	[illegible]。	[illegible]	[illegible]	[illegible]	[illegible]	[illegible]	[illegible]：	[illegible]
we̱^{1}	śjɨ^{1}	tha^{1}	śja^{1}	rjir^{2}	gji^{2}	·jij^{1}	jɨ^{2}	ŋwu^{2}
生	往。	佛	舍	利	子	之	告：	是
[illegible]	[illegible]	[illegible]！	[illegible]	[illegible]	[illegible]	[illegible]	[illegible]，	[illegible]
ljɨ^{1}	ŋwu^{2}	ljɨ^{1}	thja^{1}	we̱^{1}	śjɨ^{1}	njwi^{2}	mjijr^{2}	rjur^{1}
也	是	也！	彼	生	往	善	者，	诸

佛告舍利弗：如是如是！彼善生善往②，如是③诸

20.14.6

[illegible]	[illegible]	[illegible]	[illegible]	[illegible]	[illegible]	[illegible]	[illegible]。	[illegible]
po^{1}	tsa^{1}	ma^{2}	ŋa̱^{2}	tsa^{1}	lhjịj^{2}	·u^{2}	sə^{1}	śja^{1}
菩	萨	摩	诃	萨	刹	中	满。	舍
[illegible]	[illegible]！	[illegible]	[illegible]	[illegible]	[illegible]	[illegible]	[illegible]，	[illegible]
rjir^{2}	gji^{2}	dzjọ^{1}	sju^{2}	kie^{1}	ŋjow^{2}	rjur^{1}	tśhjwi^{1}	śjwu^{1}
利	子！	譬	如	金	矿	调	熔，	澄

菩萨摩诃萨满彼刹中。舍利弗！譬如金矿精加铸炼，

20.15.1

[illegible]	[illegible]	[illegible]	[illegible]	[illegible]，	[illegible]	[illegible]	[illegible]	[illegible]，
gji̱^{1}	bẹ^{1}	ɣa^{1}	lho	phji^{1}	lew^{1}	kie^{1}	ɣiej^{1}	rjir^{2}
清	砂	砾	去	令，	唯	金	真	有，

① 善舍，西夏本作“[illegible]”(善根)。
② 善生善往，西夏文译作“[illegible]”(善生往)。
③ “如是”二字义西夏本未见。

[illegible]	[illegible]	[illegible]	[illegible]	[illegible]	[illegible]	[illegible]。	[illegible]	[illegible]
rjur^{1}	śjwo^{2}	tshjịj^{2}	sji^{2}	gju^{2}	wji^{1}	ɣjɨr^{1}	śja^{1}	rjir^{2}
诸	严	饰	用	具	造	作。	舍	利

除去砂砾，唯有真金，造诸饰好严身之具。舍利

20.15.2

[illegible]！	[illegible]	[illegible]	[illegible]	[illegible]	[illegible]	[illegible]	[illegible]	[illegible]
gji^{2}	thja^{2}	tha^{1}	lhjịj^{2}	·u^{2}	po^{1}	tsa^{1}	ma^{2}	ŋạ^{2}
子！	彼	佛	刹	中	菩	萨	摩	诃
[illegible]	[illegible]	[illegible]	[illegible]	[illegible]，	[illegible]	[illegible]	[illegible]	[illegible]。
tsa^{1}	ʑjɨr^{1}	ɣiej^{1}	ɣa^{2}	dźjịj^{1}	tsjɨ^{1}	thja^{1}	wjɨ^{2}	sju^{2}
萨	实	真	于	住，	亦	是	犹	如。

弗！彼佛刹中菩萨摩诃萨住于真实，亦复如是。

20.15.3

[illegible]	[illegible]	[illegible]	[illegible]	[illegible]	[illegible]	[illegible]	[illegible]	[illegible]
niow^{1}	thja^{2}	po^{1}	tsa^{1}	ma^{2}	ŋạ^{2}	tsa^{1}	gji^{1}	sej^{1}
然	彼	菩	萨	摩	诃	萨	清	净
[illegible]	[illegible]，	[illegible]	[illegible]	[illegible]	[illegible]。	[illegible]	[illegible]，	[illegible]
ljwu^{2}	dzjị^{2}	nji^{2}	sjij^{1}	nwə^{1}	lew^{2}	niow^{1}	tśjɨ^{1}	śja^{1}
会	集，	汝	今	知	应。	复	次，	舍

然彼菩萨摩诃萨清净集会，汝今应知。复次，舍

20.15.4

[illegible]	[illegible]！	[illegible]	[illegible]	[illegible]	[illegible]	[illegible]	[illegible]	[illegible]
rjir^{2}	gji^{2}	thja^{2}	tha^{1}	lhjịj^{2}	·u^{2}	śji^{1}	we̱^{1}	mjor^{1}
利	子！	彼	佛	刹	中	已	生	现
[illegible]	[illegible]	[illegible]	[illegible]	[illegible]，	[illegible]	[illegible]	[illegible]	[illegible]
we̱^{1}	kụ^{1}	we̱^{1}	ɲia^{2}	tsjij^{2}	thjɨ^{2}	sju^{2}	ɲia^{2}	tsjij^{2}
生	当	生	菩	萨，	是	如	菩	萨

利弗！彼佛刹中所有菩萨，若已生若现生若当生①，如是菩萨

① “所有菩萨，若已生若现生若当生”，西夏本作“[illegible]”（已生现生当生菩萨）。

20.15.5

[illegible]	[illegible]	[illegible]	[illegible]，	[illegible]	[illegible]	[illegible]	[illegible]	[illegible]
źji^{2}	lew^{1}	dźjɨ	dźjịj^{1}	thjɨ^{2}	tja^{1}	mjor^{1}	ljịj^{2}	·jij^{1}
皆	一	行	行，	此	者	如	来	之
[illegible]	[illegible]。	[illegible]	[illegible]	[illegible]！	[illegible]	[illegible]	[illegible]	[illegible]
dźjɨ	ŋwu^{2}	śja^{1}	rjir^{2}	gji^{2}	mjor^{1}	ljịj^{2}	dźjɨ	tja^{1}
行	是。	舍	利	子！	如	来	行	者

皆行一行，所谓住①如来行。舍利弗！云何如来行？

20.15.6

[illegible]	[illegible]	[illegible]？	[illegible]	[illegible]、	[illegible]	[illegible]	[illegible]	[illegible]
ljɨ̣^{1}	kjɨ^{1}	ŋwu^{2}	ɣiẹ^{2}	mji^{1}	tjij^{1}	dwewr^{2}	ljɨ̣^{2}	gjịj^{1}
何	△	是？	声	闻、	独	觉	地	超
[illegible]	[illegible]	[illegible]，	[illegible]	[illegible]	[illegible]	[illegible]	[illegible]，	[illegible]
dzjịj^{1}	tja^{1}	ŋwu^{2}	lew^{1}	dźjɨ	dźjịj^{1}	jɨ^{2}	tja^{1}	thja^{2}
过	者	是，	一	行	行	言	者，	彼

所谓超过声闻、辟支佛地，言行一行者，是彼

20.16.1

[illegible]	[illegible]	[illegible]	[illegible]。	[illegible]	[illegible]	[illegible]	[illegible]	[illegible]！
·jij^{1}	dź-	mjịj^{2}	ŋwu^{2}	tśhjwo^{1}	thjɨ^{2}	śja^{1}	rjir^{2}	gji^{2}
之	假	名	是。	故	是	舍	利	子！
[illegible]	[illegible]	[illegible]	[illegible]	[illegible]	[illegible]	[illegible]	[illegible]	[illegible]
tjij^{1}	po^{1}	tsa^{1}	ma^{2}	ŋạ^{2}	tsa^{1}	lew^{1}	dźjɨ	dźjịj^{1}
若	菩	萨	摩	诃	萨	一	行	行

假名。是故舍利弗！若菩萨摩诃萨乐行一行者，

20.16.2

[illegible]，	[illegible]	[illegible]	[illegible]	[illegible]	[illegible]	[illegible]	[illegible]	[illegible]
kięj^{2}	ku^{1}	thja^{2}	tha^{1}	lhjịj^{2}	iọ^{1}	·u^{2}	wẹ^{1}	śjɨ^{1}

① “住”字义西夏本未见。

欲，	则	彼	佛	刹	土	中	生	往
[illegible]。	[illegible]	[illegible]	[illegible]！	[illegible]	[illegible]	[illegible]	[illegible]	[illegible]
lew^{2}	śja^{1}	rjir^{2}	gji^{2}	ŋa^{2}	kjɨ^{1}	la^{1}	mji^{1}	lhji̱^{1}
应。	舍	利	子！	我	所	记	不	退

应当愿生彼佛刹土。舍利弗！我所授记得不退

20.16.3

[illegible]	[illegible]	[illegible]	[illegible]	[illegible]	[illegible]	[illegible]	[illegible]	[illegible]①，
lhjwo^{1}	rjir^{1}	mjijr^{2}	po^{1}	tsa^{1}	ma^{2}	ŋạ^{2}	tsa^{1}	dźjij^{1}
转	得	者	菩	萨	摩	诃	萨	精，
[illegible]	[illegible]	[illegible]	[illegible]	[illegible]	[illegible]	[illegible]。	[illegible]	[illegible]
thja^{1}	mji^{1}	mju^{2}	tha^{1}	do^{2}	we̱^{1}	lew^{2}	śja^{1}	rjir^{2}
彼	不	动	佛	所	生	应。	舍	利

转菩萨摩诃萨，此辈②应生不动佛所。舍利

20.16.4

[illegible]！	[illegible]	[illegible]	[illegible]	[illegible]	[illegible]	[illegible]	[illegible]	[illegible]
gji^{2}	thjɨ^{2}	rjur^{1}	ɲia^{2}	tsjij^{2}	thja^{2}	tha^{1}	lhji̱j^{2}	·u^{2}
子！	是	诸	菩	萨	彼	佛	刹	中
[illegible]，	[illegible]	[illegible]	[illegible]	[illegible]	[illegible]。	[illegible]	[illegible]	[illegible]
we̱^{1}	ku^{1}	ŋa^{2}	mji^{1}	tśhjow^{1}	ka^{2}	dzjọ^{1}	sju^{2}	tśhia^{1}
生，	则	我	不	舍	离。	譬	如	刹

弗！是诸菩萨生彼佛刹者，我不舍离。譬如刹

20.16.5

[illegible]	[illegible]	[illegible]	[illegible]	[illegible]，	[illegible]	[illegible]	[illegible]	[illegible]
lji^{1}	tśjiw^{2}	pho^{1}	njij^{2}	ljij^{2}	lhji̱j^{2}	dźjwɨ^{1}	wjij^{2}	zjɨ̱^{1}
利	顶	灌	王	大，	国	相	敌	寇
[illegible]	[illegible]	[illegible]	[illegible]，	[illegible]	[illegible]	[illegible]	[illegible]，	[illegible]
lhji̱j^{2}	lji̱j^{2}	lja^{1}	kie̱j^{2}	thja^{1}	njij^{2}	mji̱^{1}	niow^{1}	thjɨ^{2}

① “[illegible]”dźjij^{1}（精、纯），在此疑假借作“[illegible]”dźjij^{2}（有）。此二字在《择要》中同组（12.5.3）。
② “辈”字义西夏本未见。

国	侵	来	欲，	彼	王	宫	已，	是

利灌顶大王,有敌国来欲侵财位,王既闻已①,

20.16.6

[illegible]	[illegible]	[illegible]：	[illegible]	[illegible]	[illegible]	[illegible]	[illegible]	[illegible]
sju^{2}	ljɨ̠r^{2}	wji^{1}	ŋa^{2}	·jij^{1}	ŋwər^{1}	dzow^{1}	niow^{1}	gji^{2}
如	思	作：	我	之	皇	后	及	子
[illegible]	[illegible]	[illegible]	[illegible]，	[illegible]	[illegible]	[illegible]	[illegible]	[illegible]
dzji^{1}	dwər^{2}	mjɨ^{1}	dźio̠w^{2}	niow^{1}	rjur^{1}	ljɨ̣^{1}	·war^{2}	źji^{2}
御	敌	不	堪，	及	诸	宝	财	皆

作是思惟:我之妃后爱子不堪御敌,及诸财宝

20.17.1

□	[illegible]	[illegible]	[illegible]，	[illegible]	[illegible]	[illegible]	[illegible]	[illegible]
□	mji̠^{1}	·u^{2}	ljwị^{1}	wjij^{2}	zjɨ̣^{1}	·jij^{1}	tśju̠^{1}	kier^{1}
□	宫	中	入，	敌	寇	之	害	压
[illegible]	[illegible]	[illegible]，	[illegible]	[illegible]	[illegible]	[illegible]	[illegible]	[illegible]
lew^{2}	mji^{1}	we^{2}	ku^{1}	njij^{2}	·jij^{1}	lhjij^{2}	io̠^{1}	no^{2}
所	不	为，	则	王	之	国	土	安

收入宫城,不为怨敌之所侵害,王之国祚安

20.17.2

[illegible]	[illegible]	[illegible]，	[illegible]	[illegible]	[illegible]	[illegible]	[illegible]	[illegible]
nej^{2}	kja̠^{1}	mjij^{1}	wjij^{2}	zjɨ̣^{1}	rjir^{2}	dwər^{2}	kja̠^{1}	ga̠^{1}
稳	惧	无，	敌	寇	与	敌	惧	忧
[illegible]	[illegible]。	[illegible]	[illegible]	[illegible]！	[illegible]	[illegible]	[illegible]	[illegible]
mjij^{1}	ljɨ^{1}	śja^{1}	rjir^{2}	gji^{2}	ŋa^{2}	rjur^{1}	ɲia^{2}	tsjij^{2}
无	也。	舍	利	子！	我	诸	菩	萨

静无虞,威震强敌不忧灾难。舍利弗!我不舍离诸菩萨者,

① 王既闻已,西夏文译作“[illegible]”(彼王宫已)。按,“[illegible]”mji̠^{1}(宫)字于义不合,在此假借作“[illegible]”mji^{1}(闻)。参看上下文(20.12.3、20.57.3)“闻已”皆作“[illegible]”。

20.17.3

[illegible]	[illegible]	[illegible]	[illegible]，	[illegible]	[illegible]	[illegible]	[illegible]，	[illegible]
·jij^{1}	mji^{1}	dźjɨ̠r^{1}	ka^{2}	tsjɨ^{1}	thja^{1}	wjɨ^{2}	sju^{2}	thja^{2}
之	不	舍	离，	亦	是	犹	如，	彼
[illegible]	[illegible]	[illegible]	[illegible]	[illegible]	[illegible]	[illegible]	[illegible]	[illegible]，
njij^{2}	·jij^{1}	ljɨ̣^{1}	·war^{2}	ŋwər^{1}	dzow^{1}	niow^{1}	gji^{2}	tja^{1}
王	之	宝	物	皇	后	及	子	者，

亦复如是，如彼王之宝物爱子妃后，

20.17.4

[illegible]	[illegible]	[illegible]	[illegible]	[illegible]	[illegible]	[illegible]	[illegible]	[illegible]
ɲia^{2}	tsjij^{2}	djọ^{2}	dźjịj^{1}	mjijr^{2}	rjir^{2}	dzjọ^{1}	thjɨ^{2}	sju^{2}
菩	萨	修	行	者	与	喻	是	如
[illegible]	[illegible]。	[illegible]	[illegible]	[illegible]	[illegible]	[illegible]	[illegible]	[illegible]
nwə^{1}	lew^{2}	thja^{2}	tha^{1}	lhjịj^{2}	·u^{2}	kjạ^{1}	le^{2}	mji^{1}
知	应。	彼	佛	刹	中	畏	惧	无

修菩萨行者应如是知。彼佛刹中无有畏惧

20.17.5

[illegible]，	[illegible]	[illegible]	[illegible]	[illegible]，	[illegible]	[illegible]	[illegible]	[illegible]
dju^{1}	mji̠^{1}	we^{2}	wjɨ^{2}	sju^{2}	thja^{1}	wjij^{2}	zjɨ̣^{1}	tja^{1}
有，	宫	城	犹	如，	彼	敌	寇	者
[illegible]	[illegible]	[illegible]	[illegible]，	[illegible]	[illegible]	[illegible]	[illegible]	[illegible]
ljịj^{2}	po^{1}	sjwɨ^{1}	ŋwu^{2}	ɲia^{2}	tsjij^{2}	dźjɨ	dźjịj^{1}	mjijr^{2}
魔	波	旬	是，	菩	萨	行	行	者

犹如宫城，彼敌王者即魔波旬，于菩萨行

20.17.6

[illegible]	[illegible]	[illegible]	[illegible]	[illegible]，	[illegible]	[illegible]	[illegible]	[illegible]
·jij^{1}	·ju^{2}	ɣie^{2}	lụ^{2}	wji^{1}	thja^{2}	tśjiw^{2}	pho^{1}	njij^{2}
之	常	障	碍	为，	彼	顶	灌	王

ljij^{2}	wjij^{2}	zjɨ^{1}	·jij^{1}	ljwij^{1}	tsjụ^{1}	kier^{1}	lew^{2}	mji^{1}
大	敌	寇	之	怨	侵	压	应	不

人勤①为障碍,如彼灌顶大王不被怨敌之所侵扰。

20.18.1

we^{2}	mjor^{1}	ljij^{2}	tsjɨ^{1}	thja^{1}	wjɨ^{2}	sju^{2}	mə^{1}	ljịj^{2}
为。	如	来	亦	是	犹	如,	天	魔
·jij^{1}	źjị^{1}	tśjṵ^{1}	lew^{2}	mji^{1}	we^{2}	ljɨ^{1}	śja^{1}	rjir^{2}
之	恼	扰	所	不	为	也。	舍	利

如来亦复如是,不为天魔之所扰恼。舍利

20.18.2

gji^{2}	dzjọ^{1}	sju^{2}	dzjwo^{2}	dju^{1}	we̱^{1}	·o^{1}	wjij^{2}	nio̱w^{1}
子!	譬	如	人	有	债	主	畏	因
ljɨ̣^{2}	bju^{2}	phjij^{1}	lja^{1}	ku^{1}	thja^{1}	we̱^{1}	·o^{1}	niow^{1}
地	边	隐	匿,	则	彼	债	主	及

弗!譬如有人畏于债主远适边国,不为债主及

20.18.3

dzjij^{2}	dzjwo^{2}	·jij^{1}	thja^{2}	źjị^{1}	lew^{2}	mji^{1}	we^{2}	thjij^{2}
他	人	之	彼	恼	所	不	为,	何
sjo^{2}	ljɨ^{1}	ljɨ̣^{2}	ŋwu^{2}	dźjo^{1}	khwa^{1}	thja^{1}	we̱^{1}	·o^{1}
云	故?	地	程	遥	远,	彼	债	主

于他人之所陵夺,何以故?由路远险绝,债主

① "勤"西夏本作"[illegible]",字面意思是"常"。

20.18.4

[illegible]	[illegible]	[illegible]	[illegible]	[illegible]	[illegible]	[illegible]。	[illegible]	[illegible]
niow^{1}	dzjij^{2}	dzjwo^{2}	rjɨr^{2}	mjɨ^{1}	njɨ^{2}	ljɨ^{1}	thja^{2}	rjur^{1}
及	他	人	所	不	达	也。	彼	诸
[illegible]	[illegible]	[illegible]	[illegible]	[illegible]	[illegible]	[illegible]	[illegible]	[illegible]，
ɲia^{2}	tsjij^{2}	thja^{1}	thjo̱^{1}	de^{2}	lhjij^{2}	·u^{2}	we̱^{1}	mjijr^{2}
菩	萨	彼	妙	喜	国	中	生	者，

家人不能达彼。彼诸菩萨生妙喜国者，

20.18.5

[illegible]	[illegible]	[illegible]	[illegible]	[illegible]	[illegible]	[illegible]，	[illegible]	[illegible]
rjur^{1}	ɲia^{2}	tsjij^{2}	tsjɨ^{1}	thja^{1}	wjɨ^{2}	sju^{2}	ljij^{2}	po^{1}
诸	菩	萨	亦	是	犹	如，	魔	波
[illegible]	[illegible]	[illegible]	[illegible]。	[illegible]	[illegible]	[illegible]！	[illegible]	[illegible]
sjwɨ^{1}	tśja^{1}	bja^{2}	ljɨ^{1}	śja^{1}	rjir^{2}	gji^{2}	thjɨ^{2}	sọ^{1}
旬	路	绝	也。	舍	利	子！	此	三

波旬路绝，亦复如是。舍利弗！此三

20.18.6

[illegible]	[illegible]	[illegible]	[illegible]	[illegible]	[illegible]	[illegible]	[illegible]	[illegible]
tụ^{1}	ljij^{2}	tụ^{1}	rjur^{1}	kiẹj^{2}	·u^{2}	mə^{1}	ljij^{2}	po^{1}
千	大	千	世	界	中	天	魔	波
[illegible]，	[illegible]	[illegible]	[illegible]	[illegible]	[illegible]	[illegible]	[illegible]	[illegible]
sjwɨ^{1}	·ju^{2}	ɲia^{2}	tsjij^{2}	ɣiẹ^{2}	mji^{1}	do^{2}	rjur^{1}	ɣie^{2}
旬，	常	菩	萨	声	闻	处	诸	障

千大千世界天魔波旬，常为菩萨声闻作诸障

20.19.1

[illegible]	[illegible]，	[illegible]	[illegible]	[illegible]	[illegible]	[illegible]	[illegible]	[illegible]
lụ^{2}	wji^{1}	thjo̱^{1}	de^{2}	lhjịj^{2}	·u^{2}	rjur^{1}	mə^{1}	ljij^{2}
碍	作，	妙	喜	刹	中	诸	天	魔

·ji^{1}	tja^{1}	ljịj^{2}	sjwɨj^{1}	mji^{1}	wji^{1}	ljɨ^{1}	thja^{2}	rjur^{1}
众	者	魔	业	不	为	也。	彼	诸

碍,妙喜刹中诸天魔众不为魔业。彼诸

20.19.2

ɲia^{2}	tsjij^{2}	tjij^{1}	śji^{1}	we̱^{1}	mjor^{1}	we̱^{1}	kụ^{1}	we̱^{1}
菩	萨	若	已	生	现	生	当	生,
·ju^{2}	kjạ^{1}	le^{2}	mjij^{1}	thjij^{2}	sjo^{2}	ljɨ^{1}	thja^{2}	mjor^{1}
常	恐	怖	无。	何	云	故?	彼	如

菩萨若已生现生当生,常无恐怖。何以故?由彼如

20.19.3

ljịj^{2}	tja^{1}	mər^{2}	ɲia^{2}	tsjij^{2}	tśja^{1}	rjɨr^{2}	dźjịj^{1}	zjọ^{2}
来	者	本	菩	萨	道	△	行	时,
dźjij^{2}	dźjij^{2}	ne̱w^{2}	tśhji^{2}	ŋwu^{2}	thjɨ^{2}	sju^{2}	ljɨ̱^{1}	tshwew^{1}
有	有	善	根	以	是	如	回	向,

来本行菩萨道时,所有善根如是回向,

20.19.4

tjị^{1}	ŋa^{2}	źji^{2}	phju^{2}	tśhja^{2}	ka^{1}	dwewr^{2}	ljạ^{1}	ŋa^{2}
愿	我	无	上	正	等	觉	证	△
zjịj^{1}	thja^{2}	mə^{1}	ljij^{2}	·ji^{1}	ɣie^{2}	źjị^{1}	tsjịr^{1}	wji^{1}
时,	彼	天	魔	众	障	恼	不	为,

我证无上正等觉时,彼天魔众不为障恼,

20.19.5

[illegible]	[illegible]	[illegible]	[illegible]	[illegible]	[illegible]。	[illegible]	[illegible]	[illegible]！
niow^{1}	ljij^{2}	sjwɨj^{1}	tsjịr^{1}	śjwo^{1}	jɨ^{2}	śja^{1}	rjir^{2}	gji^{2}
及	魔	事	不	生	谓。	舍	利	子！
[illegible]	[illegible]	[illegible]	[illegible]	[illegible]	[illegible]	[illegible]	[illegible]	[illegible]
dzjọ^{1}	sju^{2}	gọr^{1}	kiej^{2}	do^{1}	do^{2}	wjɨ^{2}	thji^{1}	dźjwu^{1}
譬	如	丈	夫	毒	毒	△	服	消

及作魔事。舍利弗！譬如丈夫善服毒药能使消

20.19.6

[illegible]	[illegible]	[illegible]，	[illegible]	[illegible]	[illegible]	[illegible]，	[illegible]	[illegible]
dzjar^{2}	phji^{1}	njwi^{2}	ɣie^{2}	lụ^{2}	mji^{1}	we^{2}	niow^{1}	ljụ^{2}
除	令	能，	障	碍	无	为，	而	身
[illegible]	[illegible]。	[illegible]	[illegible]	[illegible]	[illegible]	[illegible]	[illegible]	[illegible]
tsjɨ^{1}	tsə̣^{1}	thja^{1}	lhjịj^{2}	·u^{2}	mə^{1}	ljij^{2}	tsjɨ^{1}	thja^{1}
亦	药。	彼	刹	中	天	魔	亦	是

化，无有障碍，方为食事无有诸毒①。彼刹天魔亦复

20.20.1

[illegible]	[illegible]，	[illegible]	[illegible]	[illegible]	[illegible]	[illegible]	[illegible]	[illegible]
wjɨ^{2}	sju^{2}	·ju^{2}	gjịj^{1}	ɣie^{2}	lhu^{1}	ŋjwo^{2}	tśju̱^{1}	mji^{1}
犹	如，	常	利	益	加	损	害	不
[illegible]	[illegible]。	[illegible]	[illegible]	[illegible]！	[illegible]	[illegible]	[illegible]	[illegible]
wji^{1}	ljɨ^{1}	śja^{1}	rjir^{2}	gji^{2}	thja^{2}	tha^{1}	lhjịj^{2}	iọ^{1}
为	也。	舍	利	弗！	彼	佛	刹	土

如是，常加利益不为损害。舍利弗！彼佛刹土

20.20.2

[illegible]	[illegible]	[illegible]	[illegible]	[illegible]	[illegible]	[illegible]	[illegible]。
thjɨ^{2}	sju^{2}	mjɨ^{1}	pjụ^{1}	tśhja^{2}	·iow^{1}	śjɨj^{1}	·jiw^{2}

① 西夏本作"[illegible]"(而身亦药)。两者表述不同，但皆言"于身无毒"之义。

是	如	无	量	德	功	成	就。

成就如是无量功德。

汉文本

世尊,若善男子善女人由此方便,以七宝满三千大千世界,持用布施,由兹善舍,往生彼国。佛告舍利弗:如是如是!彼善生善往,如是诸菩萨摩诃萨满彼刹中。舍利弗!譬如金矿精加铸炼,除去砂砾,唯有真金,造诸饰好严身之具。舍利弗!彼佛刹中菩萨摩诃萨住于真实,亦复如是。

然彼菩萨摩诃萨清净集会,汝今应知。复次,舍利弗!彼佛刹中所有菩萨,若已生若现生若当生,如是菩萨皆行一行,所谓住如来行。舍利弗!云何如来行?所谓超过声闻、辟支佛地,言行一行者,是彼假名。是故舍利弗!若菩萨摩诃萨乐行一行者,应当愿生彼佛刹土。舍利弗!我所授记得不退转菩萨摩诃萨,此辈应生不动佛所。

舍利弗!是诸菩萨生彼佛刹者,我不舍离。譬如刹利灌顶大王,有敌国来欲侵财位,王既闻已,作是思惟:我之妃后爱子不堪御敌,及诸财宝收入宫城,不为怨敌之所侵害,王之国祚安静无虞,威震强敌不忧灾难。舍利弗!我不舍离诸菩萨者,亦复如是,如彼王之宝物爱子妃后,修菩萨行者应如是知。彼佛刹中无有畏惧犹如宫城,彼敌王者即魔波旬,于菩萨行人勤为障碍,如彼灌顶大王不被怨敌之所侵扰。如来亦复如是,不为天魔之所扰恼。

舍利弗!譬如有人畏于债主远适边国,不为债主及于他人之所陵夺,何以故?由路远险绝,债主家人不能达彼。彼诸菩萨生妙喜国者,波旬路绝,亦复如是。舍利弗!此三千大千世界天魔波旬,常为菩萨声闻作诸障碍,妙喜刹中诸天魔众不为魔业。彼诸菩萨若已生现生当生,常无恐怖。何以故?由彼如来本行菩萨道时,所有善根如是回向,我证无上正等觉时,彼天魔众不为障恼,及作魔事。舍利弗!譬如丈夫善服毒药能使消化,无有障碍,方为食事无有诸毒。彼刹天魔亦复如是,常加利益不为损害。舍利弗!彼佛刹土成就如是无量功德。

20.20.2

[illegible]	[illegible],	[illegible]	[illegible]	[illegible]	[illegible]	[illegible]	[illegible]	[illegible]:	[illegible]
tśhjɨ¹	zjọ²	śja¹	rjir²	gji²	thjɨ²	sju²	ljɨ̣r²	wji¹	ŋa²
尔	时,	舍	利	子	是	如	念	作:	我

尔时,舍利弗作是思惟:我

20.20.3

[illegible]	[illegible]	[illegible]	[illegible]	[illegible]	[illegible]	[illegible]	[illegible]	[illegible]、
sjij¹	thja²	rjur¹	kięj²	·u²	mji¹	mju²	mjor¹	ljij²
今	彼	世	界	中	不	动	如	来、
[illegible]	[illegible]、	[illegible]	[illegible]	[illegible]	[illegible]	[illegible]	[illegible]	[illegible]

bju1	wo2	tśhja2	ka1	dwewr2	niow1	ɣiẹ2	mji1	·ji1
应	供、	正	等	觉	及	声	闻	众

今欲见彼佛世界不动如来、应、正等觉及声闻众。

20.20.4

[illegible]	[illegible]	[illegible]	[illegible]。	[illegible]	[illegible]，	[illegible]	[illegible]	[illegible]
ljij2	kięj2	ŋa2	jɨ2	tśhjɨ1	zjọ2	rjur1	pjụ1	śja1
见	欲	△	谓。	尔	时，	世	尊	舍
[illegible]	[illegible]	[illegible]	[illegible]	[illegible]	[illegible]	[illegible]	[illegible]，	[illegible]
rjir2	gji2	·jij1	njij1	khju1	ljɨr2	tja1	dwewr2	xja1
利	子	之	心	下	念	者	知，	即

尔时，世尊知舍利弗心之所念，

20.20.5

[illegible]	[illegible]	[illegible]，	[illegible]	[illegible]	[illegible]	[illegible]，	[illegible]	[illegible]
me2	ɣie1	ŋwu2	dzụ2	tjị2	mji1	wor1	to2	źji2
神	力	以，	座	处	不	起，	悉	皆
[illegible]	[illegible]。	[illegible]	[illegible]	[illegible]	[illegible]	[illegible]：	[illegible]	[illegible]
ljij2	phji1	śja1	rjir2	gji2	·jij1	jɨ2	nji2	sjij1
见	令。	舍	利	子	之	告：	汝	今

则以神力，不起于座，皆令得见。告舍利弗言：汝今

20.20.6

[illegible]	[illegible]？	[illegible]	[illegible]：	[illegible]	[illegible]。	[illegible]	[illegible]	[illegible]
·ja	lji2	kụ2	dạ2	lji2	ŋa2	tha1	śja1	rjir2
△	见？	答	言：	已	△。	佛	舍	利
[illegible]	[illegible]	[illegible]：	[illegible]	[illegible]	[illegible]	[illegible]	[illegible]	[illegible]
gji2	·jij1	jɨ2	nji2	thja2	rjur1	mə1	dzjwo2	·jij1
子	之	告：	汝	彼	诸	天	人	之

见不？答言：已见。佛告舍利弗：汝见彼诸天人

20.21.1

[illegible]	[illegible]	[illegible]	[illegible]	[illegible]	[illegible]	[illegible]	[illegible]	[illegible]？

zjɨ̱r^{1}	zji̱j^{1}	bu̱^{2}	dźju^{2}	do^{2}	pha^{1}	·jij^{1}	·ja	lji^{2}
微	略	胜	劣	殊	异	相	△	见？
[illegible]	[illegible]：	[illegible]	[illegible]	[illegible]	[illegible]。	[illegible]	[illegible]	[illegible]？
kụ^{2}	dạ^{2}	mjɨ^{1}	tśhjɨ^{1}	lji^{2}	ŋa^{2}	thjij^{2}	sjo^{2}	ljɨ^{1}
答	言：	不	彼	见	△。	何	云	故？

微有胜劣殊异相不？答言：不见。何以故？

20.21.2

[illegible]	[illegible]	[illegible]	[illegible]	[illegible]	[illegible]	[illegible]	[illegible]	[illegible]、
ŋa^{2}	thjo̱^{1}	de^{2}	lhjij^{2}	io̱^{1}	·u^{2}	dzjwo^{2}	lhwu^{1}	gjwi^{2}
我	妙	喜	国	土	中	人	衣	服、
[illegible]	[illegible]	[illegible]	[illegible]	[illegible]	[illegible]	[illegible]，	[illegible]	[illegible]
tjị^{1}	dzji^{2}	niow^{1}	rjur^{1}	kiwej^{2}	ljɨ^{1}	ljij^{2}	źji^{2}	rjur^{1}
饮	食	及	诸	珍	宝	见，	皆	诸

我见妙喜国人衣服、饮食及诸珍玩，皆是诸

20.21.3

[illegible]	[illegible]	[illegible]	[illegible]。	[illegible]	[illegible]	[illegible]	[illegible]	[illegible]
mə^{1}	lhejr^{2}	gju^{2}	ŋwu^{2}	mji^{1}	mju^{2}	mjor^{1}	ljij^{2}	·ji^{1}
天	乐	具	是。	不	动	如	来	众
[illegible]	[illegible]	[illegible]，	[illegible]	[illegible]	[illegible]	[illegible]	[illegible]	
kha^{1}	tsji̱r^{1}	tshji̱j^{1}	kie^{1}	ŋər^{1}	wjɨ^{2}	sju^{2}	bji^{1}	
中	法	说，	金	山	犹	如	光	

天乐具。彼不动如来处众说法，犹若金山光

20.21.4

[illegible]	[illegible]	[illegible]。	[illegible]	[illegible]	[illegible]	[illegible]	[illegible]	[illegible]
swew^{1}	swew^{1}	rjɨ̱j^{2}	mjɨ^{1}	pjụ^{1}	bju^{2}	mjij^{1}	rjur^{1}	ɣię^{2}
明	赫	奕。	无	量	边	无	诸	声
[illegible]	[illegible]	[illegible]	[illegible]	[illegible]	[illegible]，	[illegible]	[illegible]	[illegible]
mji^{1}	·ji^{1}	to^{2}	źji^{2}	lji^{2}	ŋa^{2}	dzjo̱^{1}	sju^{2}	dzjwo^{2}
闻	众	悉	皆	见	△，	譬	如	人

明赫奕。诸声闻众无量无边，譬如有人

20.21.5

[illegible]	[illegible]	[illegible]	[illegible]	[illegible]，	[illegible]	[illegible]	[illegible]	[illegible]
dju^{1}	ljịj^{2}	so^{2}	·u^{2}	dźjij^{1}	zjɨ̣r^{2}	gu^{2}	njɨ^{2}	śjɨ^{1}
有	大	海	中	游，	水	中	至	往
[illegible]	[illegible]	[illegible]	[illegible]	[illegible]	[illegible]	[illegible]	[illegible]。	[illegible]
ljɨr^{1}	rjijr^{2}	rewr^{2}	khjụ^{2}	to^{2}	źji^{2}	mjɨ^{1}	sjwij^{1}	thja^{2}
四	方	岸	望	悉	皆	莫	知。	彼

游于大海，中流四望涯际莫知。

20.21.6

[illegible]	[illegible]	[illegible]	[illegible]	[illegible]	[illegible]	[illegible]	[illegible]，	[illegible]
ɣiẹ^{2}	mji^{1}	·jij^{1}	bjo̱^{1}	tsjɨ^{1}	thja^{1}	wjɨ^{2}	sju^{2}	thja^{1}
声	闻	之	观	亦	是	犹	如，	是
[illegible]	[illegible]	[illegible]	[illegible]	[illegible]	[illegible]	[illegible]，	[illegible]	[illegible]
rjur^{1}	ɣiẹ^{2}	mji^{1}	tha^{1}	tsjịr^{1}	mji^{1}	zjịj^{1}	ljụ^{2}	njij^{1}
诸	声	闻	佛	法	听	时，	身	心

观彼声闻亦复如是，是诸声闻随所听法①，身心

20.22.1

[illegible]	[illegible]	[illegible]	[illegible]	[illegible]	[illegible]，	[illegible]	[illegible]	[illegible]
mji^{1}	mju^{2}	śjã^{1}	djɨj^{2}	·o^{2}	sju^{2}	thjɨ^{2}	kięj^{2}	·u^{2}
不	动	禅	定	入	如，	此	界	中
[illegible]	[illegible]	[illegible]	[illegible]	[illegible]	[illegible]	[illegible]	[illegible]	[illegible]
śjã^{1}	djɨj^{2}	·o^{2}	dzjwo^{2}	gji^{2}	tjɨ̣^{1}	mju̱^{2}	ljɨ̣j^{2}	tja^{1}
禅	定	入	人	时	时	摇	动	者

不动如入禅定，匪如此界入定之人时或摇动。

20.22.2

[illegible]	[illegible]	[illegible]。	[illegible]	[illegible]，	[illegible]	[illegible]	[illegible]	[illegible]
rjir^{2}	mji^{1}	swu^{2}	rjur^{1}	pjụ^{1}	tjij^{1}	ne̱w^{2}	go̱r^{1}	gji^{2}

① 随所听法，西夏本作"[illegible][illegible][illegible][illegible]"（听佛法时）。

与	不	似。	世	尊，	若	善	男	子
[illegible]	[illegible]	[illegible]，	[illegible]	[illegible]	[illegible]	[illegible]	[illegible]	[illegible]
ne̱w^{2}	sji^{2}	dzjwo^{2}	sọ^{1}	tụ^{1}	ljij^{2}	tụ^{1}	rjur^{1}	kięj^{2}
善	女	人，	三	千	大	千	世	界

世尊，若善男子善女人，以七宝满三千大千世界

20.22.3

[illegible]	[illegible]	[illegible]	[illegible]	[illegible]	[illegible]	[illegible]	[illegible]	[illegible]
·u^{2}	śjạ^{1}	ljɨ̣^{1}	dźjij^{1}	nja^{1}	swu^{2}	thja^{1}	ŋwu^{2}	zji^{1}
中	七	宝	精	△	满	是	以	布
[illegible]，	[illegible]	[illegible]	[illegible]	[illegible]	[illegible]	[illegible]	[illegible]	[illegible]
mji^{1}	thja^{2}	rjur^{1}	ɲia^{2}	tsjij^{2}	thjɨ^{2}	ne̱w^{2}	tśhji^{2}	bju^{1}
施，	彼	诸	菩	萨	此	善	根	由

持用布施，由兹善舍①彼诸菩萨善得

20.22.4

[illegible]	[illegible]	[illegible]	[illegible]	[illegible]	[illegible]	[illegible]	[illegible]。	[illegible]
thjo̱^{1}	de^{2}	rjur^{1}	kięj^{2}	·u^{2}	we̱^{1}	śjɨ^{1}	njwi^{2}	thjij^{2}
妙	喜	世	界	中	生	往	能。	何
[illegible]	[illegible]？	[illegible]	[illegible]	[illegible]	[illegible]	[illegible]	[illegible]	[illegible]
sjo^{2}	ljɨ^{1}	thja^{1}	tsjɨ^{1}	thjɨ^{2}	sju^{2}	mji^{1}	lhji̱^{1}	lhjwo^{1}
云	故？	彼	亦	是	如	不	退	转

往生妙喜世界。何以故？彼亦如是得不退转。

20.22.5

[illegible]	[illegible]。	[illegible]	[illegible]，	[illegible]	[illegible]	[illegible]	[illegible]	[illegible]
rjir^{1}	ljɨ^{1}	rjur^{1}	pjụ^{1}	dzjọ^{1}	sju^{2}	njij^{2}	śjɨ^{1}	khwa^{1}
得	也。	世	尊，	譬	如	王	使	远
[illegible]	[illegible]	[illegible]，	[illegible]	[illegible]	[illegible]	[illegible]	[illegible]	[illegible]
mjɨ^{1}	lhjij^{2}	śji^{1}	zur^{2}	tjɨ̣j^{2}	zow^{2}	ku^{1}	tśja^{1}	zjir^{2}

① 善舍，西夏本作“[illegible]”（善根）。

他	国	往，	敕	印	执	持	途	长

世尊，譬如王使远适他国，执持符印经途

20.22.6

[illegible]	[illegible]，	[illegible]	[illegible]	[illegible]	[illegible]	[illegible]	[illegible]	[illegible]
lja[1]	wjij[1]	kiej[1]	khew[2]	sju[2]	ŋew[2]	ɣu[1]	dzju[2]	to[2]
来	往，	关	口	如	数	头	监	悉
[illegible]	[illegible]	[illegible]	[illegible]	[illegible]。	[illegible]	[illegible]	[illegible]？	[illegible]
źji[2]	ɣie[2]	wji[1]	mjɨ[1]	ljɨ̣[1]	thjij[2]	sjo[2]	ljɨ[1]	njij[2]
皆	碍	为	莫	能。	何	云	故？	王

来往，关防主司莫能为碍。何以故？以王

20.23.1

[illegible]	[illegible]	[illegible]，	[illegible]	[illegible]	[illegible]	[illegible]	[illegible]。	[illegible]
tjɨ̣j[2]	ɣie[1]	bju[1]	dzjwo[2]	tśhjwɨj[1]	t- [2]	mjij[1]	ljɨ[1]	thja[2]
印	力	以，	人	止	遮	无	也。	彼
[illegible]	[illegible]	[illegible]	[illegible]	[illegible]	[illegible]	[illegible]	[illegible]	[illegible]
rjur[1]	po[1]	tsa[1]	ma[2]	ŋạ[2]	tsa[1]	tsjɨ[1]	thja[1]	wjɨ[2]
诸	菩	萨	摩	诃	萨	亦	是	犹

印力，人无遮止。彼诸菩萨摩诃萨亦复如

20.23.2

[illegible]，	[illegible]	[illegible]	[illegible]	[illegible]	[illegible]	[illegible]	[illegible]	[illegible]
sju[2]	tjij[1]	thjɨ[2]	rjur[1]	kiẹj[2]	tjij[1]	dzjij[2]	rjur[1]	kiẹj[2]
如，	或	此	世	界	若	他	世	界
[illegible]	[illegible]	[illegible]	[illegible]	[illegible]，	[illegible]	[illegible]	[illegible]	[illegible]，
·u[2]	kạ[1]	bja[2]	niow[1]	rjijr[2]	thja[2]	tha[1]	lhjij[2]	·u[2]
中	命	断	以	后，	彼	佛	刹	中，

是，或从此界若他世界寿命终后，于彼佛刹，

20.23.3

[illegible]	[illegible]	[illegible]	[illegible]	[illegible]	[illegible]	[illegible]	[illegible]	[illegible]

tjij^{1}	śji^{1}	we̱^{1}	tjij^{1}	mjor^{1}	we̱^{1}	tjij^{1}	kụ^{1}	we̱^{1}
若	已	生	若	现	生	若	当	生
[illegible]	[illegible]，	[illegible]	[illegible]	[illegible]	[illegible]	[illegible]	[illegible]	[illegible]
lew^{2}	mjij^{1}	źji^{2}	·ja	du̱^{2}	tow^{1}	lo^{1}	sã^{1}	bia^{1}
应	无，	皆	阿	耨	多	罗	三	藐

若已生若现生若当生，皆不退转于阿耨多罗三藐

20.23.4

[illegible]	[illegible]	[illegible]	[illegible]	[illegible]	[illegible]	[illegible]。	[illegible]	[illegible]
sã^{1}	po^{1}	tjɨj^{1}	ɣa^{2}	mji^{1}	lhji̱^{1}	lhjwo^{1}	lew^{1}	tha^{1}
三	菩	提	于	不	退	转。	一	佛
[illegible]	[illegible]	[illegible]	[illegible]	[illegible]	[illegible]	[illegible]	[illegible]，	[illegible]
lhjịj^{2}	ɣa^{2}	śjwo^{1}	lew^{1}	tha^{1}	lhjịj^{2}	ɣa^{2}	njɨ^{2}	rjur^{1}
刹	于	自	一	佛	刹	于	至，	诸

三菩提。从一佛刹至一佛刹，

20.23.5

[illegible]	[illegible]	[illegible]	[illegible]	[illegible]	[illegible]	[illegible]	[illegible]，	[illegible]
tha^{1}	rjur^{1}	pjụ^{1}	rjir^{2}	·ju^{2}	mji^{1}	khwa^{1}	ka^{2}	źji^{2}
佛	世	尊	与	常	不	远	离，	皆
[illegible]	[illegible]	[illegible]	[illegible]	[illegible]	[illegible]	[illegible]。	[illegible]	[illegible]
xja^{1}	źji^{2}	phju^{2}	po^{1}	tjɨj^{1}	ljạ^{1}	lew^{2}	dzjɨj^{1}	śja^{1}
速	无	上	菩	提	证	当。	时	舍

常不远离诸佛世尊，皆当速证无上菩提。时舍

20.23.6

[illegible]	[illegible]	[illegible]	[illegible]	[illegible]	[illegible]	[illegible]：	[illegible]	[illegible]，
rjir^{2}	gji^{2}	niow^{1}	tha^{1}	·jij^{1}	dạ^{2}	jɨ^{2}	rjur^{1}	pjụ^{1}
利	子	复	佛	之	谓	曰：	世	尊，
[illegible]	[illegible]	[illegible]	[illegible]	[illegible]	[illegible]	[illegible]	[illegible]	[illegible]
thja^{2}	kiẹj^{2}	·u^{2}	wjɨ^{2}	we̱^{1}	po^{1}	tsa^{1}	ma^{2}	ŋạ^{2}
彼	界	中	所	生	菩	萨	摩	诃

利弗复白佛言：世尊，彼界所生菩萨摩诃

20.24.1

[illegible],	[illegible]	[illegible]	[illegible]	[illegible]	[illegible]	[illegible]	[illegible]	[illegible]
tsa^{1}	thjɨ^{2}	rjur^{1}	kięj^{2}	·u^{2}	śji^{1}	·o^{2}	mja̱^{1}	dzjwo^{2}
萨,	此	世	界	中	预	入	果	人
[illegible]	[illegible]	[illegible]	[illegible]	[illegible]。	[illegible]	[illegible]	[illegible]?	[illegible]
rjir^{2}	do^{2}	pha^{1}	mji^{1}	dju^{1}	thjij^{2}	sjo^{2}	ljɨ^{1}	śji^{1}
与	差	别	无	有。	何	云	故?	预

萨,与此世界预流①果人无有差别。何以故?如预

20.24.2

[illegible]	[illegible]	[illegible]	[illegible]	[illegible]	[illegible]	[illegible]	[illegible]	[illegible]。
·o^{2}	mja̱^{1}	dzjwo^{2}	tja^{1}	niow^{2}	tshwew^{1}	kha^{1}	mji^{1}	?
入	果	人	者	恶	趣	中	不	堕。
[illegible]	[illegible]	[illegible]	[illegible]	[illegible]	[illegible]	[illegible]	[illegible]	[illegible]
thja^{2}	kięj^{2}	·u^{2}	ɲia^{2}	tsjij^{2}	tjij^{1}	śji^{1}	we̱^{1}	tjij^{1}
彼	界	中	菩	萨	若	已	生	若

流果人不堕恶趣。彼界菩萨若已生

20.24.3

[illegible]	[illegible]	[illegible]	[illegible]	[illegible]	[illegible]	[illegible],	[illegible]	[illegible]
mjor^{1}	we̱^{1}	tjij^{1}	kụ^{1}	we̱^{1}	lew^{2}	mjij^{1}	źji^{2}	rjur^{1}
现	生	若	当	生	应	无,	皆	诸
[illegible]	[illegible]	[illegible]	[illegible]	[illegible]、	[illegible]	[illegible]	[illegible]	[illegible],
niow^{2}	tshwew^{1}	niow^{1}	ɣię^{2}	mji^{1}	tjịj^{1}	dwewr^{2}	ljị^{2}	phja^{1}
恶	趣	及	声	闻、	独	觉	地	断,

现生当生②,亦皆断诸恶趣及声闻、独觉地。

20.24.4

[illegible]	[illegible]	[illegible]	[illegible]	[illegible]	[illegible]	[illegible]	[illegible]。	[illegible]

① 预流,西夏本作“[illegible]”(预入)。梵文 Srotāpanna,旧称“须陀洹”,译曰“逆流,入流”,同一之义。新称“窣路多阿半那”,译曰“预流果”。下同。

② 若已生现生当生,西夏本作“[illegible]”(若已生若现生若当生)。

rjɨr^{2}	njɨ^{2}	źji^{2}	phju^{2}	po^{1}	tjịj^{1}	mji^{1}	ljạ^{1}	thjɨ^{2}
乃	至	无	上	菩	提	未	证。	此
[illegible]	[illegible]	[illegible]	[illegible]	[illegible]	[illegible]	[illegible]	[illegible]	[illegible]
rjijr^{2}	lew^{1}	tha^{1}	lhjịj^{2}	ɣa^{2}	śjwo^{1}	lew^{1}	tha^{1}	lhjịj^{2}
方	一	佛	刹	于	自	一	佛	刹

乃至未证无上菩提。从一佛刹至一佛刹,

20.24.5

[illegible]	[illegible],	[illegible]	[illegible]	[illegible]	[illegible]	[illegible]	[illegible]	[illegible]
ɣa^{2}	njɨ^{2}	·ju^{2}	rjur^{1}	tha^{1}	niow^{1}	ɣiẹ^{2}	mji^{1}	·ji^{1}
于	至,	常	诸	佛	及	声	闻	众
[illegible]	[illegible]	[illegible]。	[illegible]	[illegible]	[illegible]	[illegible]	[illegible]	[illegible]:
rjir^{2}	mji^{1}	ka^{2}	tha^{1}	śja^{1}	rjir^{2}	gji^{2}	·jij^{1}	jɨ^{2}
与	不	离。	佛	舍	利	子	之	告:

不离诸佛及声闻众。① 佛告舍利弗:

20.24.6

[illegible]	[illegible]	[illegible]	[illegible],	[illegible]	[illegible]	[illegible]	[illegible]	[illegible]
ŋwu^{2}	ljɨ^{1}	ŋwu^{2}	ljɨ^{1}	rjur^{1}	po^{1}	tsa^{1}	ma^{2}	ŋạ^{2}
是	也	是	也,	诸	菩	萨	摩	诃
[illegible]	[illegible]	[illegible]	[illegible]	[illegible]	[illegible],	[illegible]	[illegible]	[illegible]、
tsa^{1}	thja^{2}	lhjịj^{2}	·u^{2}	wjɨ^{2}	we̱^{1}	ku^{1}	ɣiẹ^{2}	mji^{1}
萨	彼	国	中	△	生,	则	声	闻、

如是如是,是诸菩萨摩诃萨受生彼国,不堕声闻、

20.25.1

[illegible]	[illegible]	[illegible]	[illegible]	[illegible],	[illegible]	[illegible]	[illegible]	[illegible]
tjịj^{1}	dwewr^{2}	ljị^{2}	mji^{1}	ljị^{1}	rjɨr^{2}	njɨ^{2}	źji^{2}	phju^{2}
独	觉	地	不	入,	乃	至	无	上
[illegible]	[illegible]	[illegible]	[illegible]。	[illegible]	[illegible]	[illegible]	[illegible]	[illegible]

① 西夏本句上有"[illegible]"(常)字。

po^{1}	tjɨj^{1}	mji^{1}	ljạ^{1}	thjɨ^{2}	rjijr^{2}	lew^{1}	tha^{1}	lhjịj^{2}
菩	提	未	证。	此	方	一	佛	土

辟支佛地，及至①未证无上菩提。从一佛土

20.25.2

[illegible]	[illegible]	[illegible]	[illegible]	[illegible]	[illegible]	[illegible]，	[illegible]	[illegible]
ɣa^{2}	śjwo^{1}	lew^{1}	tha^{1}	lhjịj^{2}	ɣa^{2}	njɨ^{2}	·ju^{2}	mjor^{1}
于	自	一	佛	土	于	至，	常	现
[illegible]	[illegible]	[illegible]	[illegible]	[illegible]	[illegible]，	[illegible]	[illegible]	[illegible]
·ju^{2}	rjur^{1}	tha^{1}	·jij^{1}	kjụ^{1}	tshwew^{1}	niow^{1}	tha^{1}	po^{1}
前	诸	佛	之	供	养，	及	佛	菩

至一佛土，常得现前供养诸佛，及当证得佛菩

20.25.3

[illegible]	[illegible]	[illegible]	[illegible]。	[illegible]	[illegible]	[illegible]！	[illegible]	[illegible]
tjɨj^{1}	mja̱^{1}	ljạ^{1}	rjir^{1}	śja^{1}	rjir^{2}	gji^{2}	dzjọ^{1}	sju^{2}
提	果	证	得。	舍	利	子！	譬	如
[illegible]	[illegible]	[illegible]	[illegible]，	[illegible]	[illegible]	[illegible]	[illegible]	[illegible]
śji^{1}	·o^{2}	mja̱^{1}	dzjwo^{2}	kjɨ^{1}	djɨj^{2}	ɣię^{2}	mji^{1}	po^{1}
预	入	果	人，	决	定	声	闻	菩

提果。舍利弗！譬如预流果人，决定当得声闻菩

20.25.4

[illegible]	[illegible]，	[illegible]	[illegible]	[illegible]	[illegible]	[illegible]	[illegible]。	[illegible]
tjɨj^{1}	rjir^{1}	tśjo	niow^{2}	tshwew^{1}	kha^{1}	mji^{1}	?	thja^{1}
提	得，	终	恶	趣	中	不	堕。	是
[illegible]	[illegible]	[illegible]	[illegible]	[illegible]	[illegible]	[illegible]。	[illegible]	[illegible]
rjur^{1}	ɲia^{2}	tsjij^{2}	tsjɨ^{1}	thja^{1}	wjɨ^{2}	sju^{2}	tjij^{1}	thjɨ^{2}
诸	菩	萨	亦	是	犹	如。	或	此

提，终不堕恶趣。是诸菩萨亦复如是。或从此

① 及至，西夏本作“[illegible][illegible]”（乃至）。汉文本“及”疑为“乃”字形讹，西夏本是。

20.25.5

[illegible]	[illegible]	[illegible]	[illegible]	[illegible]	[illegible]	[illegible]，	[illegible]	[illegible]
rjur^{1}	kięj^{2}	niow^{1}	dzjij^{2}	rjur^{1}	kięj^{2}	·u^{2}	ką^{1}	bja^{2}
世	界	及	他	世	界	中，	命	断
[illegible]	[illegible]，	[illegible]	[illegible]	[illegible]	[illegible]，	[illegible]	[illegible]	[illegible]
niow^{1}	rjijr^{2}	thja^{2}	lhjịj^{2}	·u^{2}	wẹ^{1}	ku^{1}	źji^{2}	kjɨ^{1}
以	后，	彼	刹	中	生，	彼	皆	决

世及以他世,命终之后,受生彼刹,彼皆决

20.25.6

[illegible]	[illegible]	[illegible]	[illegible]	[illegible]	[illegible]	[illegible]	[illegible]	[illegible]
djɨj^{2}	·ja	du̱^{2}	tow^{1}	lo^{1}	sã^{1}	bia^{1}	sã^{1}	po^{1}
定	阿	耨	多	罗	三	藐	三	菩
[illegible]	[illegible]。	[illegible]	[illegible]	[illegible]	[illegible]	[illegible]	[illegible]	[illegible]
tjɨj^{1}	lja̱^{1}	lew^{1}	tha^{1}	lhjịj^{2}	ɣa^{2}	śjwo^{1}	lew^{1}	tha^{1}
提	证。	一	佛	刹	于	自	一	佛

定当证阿耨多罗三藐三菩提。从一佛刹至一佛

20.26.1

[illegible]	[illegible]	[illegible]，	[illegible]	[illegible]	[illegible]	[illegible]，	[illegible]	[illegible]	[illegible]
lhjịj^{2}	ɣa^{2}	nji^{2}	thja^{1}	rjur^{1}	tha^{1}	do^{2}	·ja	du̱^{2}	tow^{1}
刹	于	至，	是	诸	佛	所，	阿	耨	多
[illegible]	[illegible]	[illegible]	[illegible]	[illegible]	[illegible]	[illegible]	[illegible]	[illegible]	
lo^{1}	sã^{1}	bia^{1}	sã^{1}	po^{1}	tjɨj^{1}	rjir^{2}	·ju^{2}	mji^{1}	
罗	三	藐	三	菩	提	与	常	不	

刹,于诸佛所,常不远离阿耨多罗三藐三菩提。

20.26.2

[illegible]	[illegible]。	[illegible]	[illegible]	[illegible]	[illegible]	[illegible]	[illegible]	[illegible]
khwa^{1}	ka^{2}	dzjɨj^{1}	śja^{1}	rjir^{2}	gji^{2}	niow^{1}	tha^{1}	·jij^{1}
远	离。	时	舍	利	子	复	佛	之

[illegible]	[illegible]：	[illegible]	[illegible]，	[illegible]	[illegible]	[illegible]	[illegible]，	[illegible]
dạ²	jɨ²	rjur¹	pjụ¹	thjɨ²	rjur¹	kięj²	·u²	lew¹
谓	曰：	世	尊，	此	世	界	中，	一

时舍利弗复白佛言：世尊，于此世界，所有①一

20.26.3

[illegible]	[illegible]	[illegible]	[illegible]	[illegible]	[illegible]，	[illegible]	[illegible]	[illegible]
lja¹	tshwew¹	niow¹	lew¹	lja¹	mja̱¹	rjɨr²	njɨ²	·ja
来	向	及	一	来	果，	乃	至	阿
[illegible]	[illegible]	[illegible]	[illegible]	[illegible]	[illegible]	[illegible]	[illegible]	[illegible]
lo¹	xã¹	tshwew¹	niow¹	·ja	lo¹	xã¹	mja̱¹	dźjij¹
罗	汉	向	及	阿	罗	汉	果	住

来向及一来果，乃至住阿罗汉向及罗汉果②，

20.26.4

[illegible]，	[illegible]	[illegible]	[illegible]	[illegible]	[illegible]	[illegible]	[illegible]	[illegible]
mjijr²	tsjɨ¹	thja²	tha¹	lhjịj²	·u²	wjɨ²	we̱¹	po¹
者，	亦	彼	佛	刹	中	所	生	菩
[illegible]	[illegible]	[illegible]	[illegible]	[illegible]	[illegible]	[illegible]	[illegible]	[illegible]
tsa¹	ma²	ŋạ²	tsa¹	rjir²	ka¹	do²	mjij¹	ljɨ¹
萨	摩	诃	萨	与	等	异	无	也

与彼佛刹所生菩萨摩诃萨等无有异。

20.26.5

[illegible]。	[illegible]	[illegible]	[illegible]	[illegible]	[illegible]	[illegible]：	[illegible]	[illegible]
mo²	tha¹	śja¹	rjir²	gji²	·jij¹	jɨ²	thjɨ²	dạ²
也。	佛	舍	利	子	之	告：	此	言
[illegible]	[illegible]	[illegible]。	[illegible]	[illegible]	[illegible]？	[illegible]	[illegible]	[illegible]
tsjịr¹	jɨ²	nja²	thjij²	sjo²	ljɨ¹	thjɨ²	tha¹	lhjịj²
勿	谓	△。	何	云	故？	此	佛	刹

佛告舍利弗：汝勿作此言。何以故？于此佛刹，

① "所有"二字义西夏本未见。
② "罗汉果"西夏本作"[illegible]"（阿罗汉果）。

20.26.6

[illegible]，	[illegible]	[illegible]	[illegible]	[illegible]	[illegible]	[illegible]	[illegible]	[illegible]
·u²	tha¹	kjɨ¹	la¹	ɣiwej¹	po¹	tsa¹	ma²	ŋạ²
中，	佛	△	记	受	菩	萨	摩	诃
[illegible]，	[illegible]	[illegible]	[illegible]	[illegible]	[illegible]	[illegible]	[illegible]	[illegible]
tsa¹	thja²	wjɨ²	wẹ¹	ɲia²	tsjij²	rjir²	ka¹	do²
萨，	彼	所	生	菩	萨	与	等	异

菩萨摩诃萨佛授记者，与彼所生菩萨等无有异。

20.27.1

[illegible]	[illegible]。	[illegible]	[illegible]，	[illegible]	[illegible]	[illegible]！	[illegible]	[illegible]
mjij¹	ljɨ¹	niow¹	tśjɨ¹	śja¹	rjir²	gji²	thjɨ²	rjur¹
无	也。	复	次，	舍	利	子！	此	世
[illegible]	[illegible]	[illegible]	[illegible]	[illegible]	[illegible]	[illegible]，	[illegible]	[illegible]
kiẹj²	·u²	lhejr²	lhjo̱r¹	dzṳ²	ɲia²	tsjij²	tsjɨ¹	thja²
界	中	道	场	坐	菩	萨，	亦	彼

复次，舍利弗！于此世界坐道场菩萨，与彼

20.27.2

[illegible]	[illegible]	[illegible]	[illegible]	[illegible]	[illegible]	[illegible]	[illegible]	[illegible]。
wjɨ²	wẹ¹	ɲia²	tsjij²	rjir²	ka¹	do²	mji¹	dju¹
所	生	菩	萨	与	等	异	无	有。
[illegible]	[illegible]	[illegible]？	[illegible]	[illegible]	[illegible]	[illegible]	[illegible]	[illegible]
thjij²	sjo²	ljɨ¹	thja¹	rjur¹	ɲia²	tsjij²	mjor¹	ljij²
何	云	故？	彼	诸	菩	萨	如	来

所生菩萨等无有异。何以故？彼诸菩萨行如来

20.27.3

[illegible]	[illegible]	[illegible]，	[illegible]	[illegible]	[illegible]	[illegible]	[illegible]	[illegible]
·jij¹	dźjɨ	dźjɨj¹	mə¹	ljij²	·jij¹	tśier¹	rjir¹	lew²
之	行	行，	天	魔	之	便	得	所

[illegible]	[illegible]，	[illegible]	[illegible]	[illegible]	[illegible]	[illegible]	[illegible]	[illegible]
mji^{1}	we^{2}	xja^{1}	njɨ̱^{1}	·ụ^{2}	ljɨ^{2}	twẹ^{2}	twẹ^{2}	tśjo
不	为，	即	二	乘	地	续	续	永

行，不为天魔之所得便，于二乘地永断相续，

20.27.4

[illegible]，	[illegible]	[illegible]	[illegible]	[illegible]	[illegible]	[illegible]	[illegible]	[illegible]
bja^{2}	lew^{1}	tha^{1}	lhjịj^{2}	ɣa^{2}	śjwo^{1}	lew^{1}	tha^{1}	lhjịj^{2}
断，	一	佛	刹	于	自	一	佛	刹
[illegible]	[illegible]，	[illegible]	[illegible]	[illegible]	[illegible]	[illegible]	[illegible]	[illegible]
ɣa^{2}	njɨ^{2}	·ju^{2}	mjor^{1}	ljij^{2}	ŋowr^{2}	ŋowr^{2}	·jij^{1}	kjụ^{1}
于	至，	常	如	来	一	切	之	供

从一佛刹至一佛刹，常能供养一切如来，

20.27.5

[illegible]	[illegible]，	[illegible]	[illegible]	[illegible]	[illegible]	[illegible]	[illegible]	[illegible]
tshwew^{1}	njwi^{2}	rjɨr^{2}	njɨ^{2}	źji^{2}	phju^{2}	tśhja^{2}	dwewr^{2}	lja̱^{1}
养	能，	乃	至	无	上	正	觉	证
[illegible]	[illegible]。	[illegible]	[illegible]，	[illegible]	[illegible]	[illegible]	[illegible]	[illegible]
rjir^{1}	ljɨ^{1}	tśhjɨ^{1}	zjọ^{2}	·ja	na^{1}	thjɨ^{2}	sju^{2}	ljɨ̱r^{2}
得	也。	尔	时，	阿	难	是	如	念

乃至证得无上正觉。尔时，阿难作如是念：

20.27.6

[illegible]：	[illegible]	[illegible]	[illegible]	[illegible]	[illegible]	[illegible]	[illegible]	[illegible]
wji^{1}	ŋa^{2}	sjij^{1}	pjụ^{1}	nar^{2}	sju^{2}	po^{1}	tjɨj^{1}	·jij^{1}
作：	我	今	尊	老	须	菩	提	之
[illegible]	[illegible]	[illegible]	[illegible]	[illegible]	[illegible]	[illegible]。	[illegible]	[illegible]
nuə	ŋwo^{2}	ɣie^{1}	thjụ^{1}	kiẹj^{2}	ŋa^{2}	jɨ^{2}	thjɨ^{2}	sju^{2}
辩	才	力	察	欲	△	谓。	是	如

我今应察长老须菩提辩才之力。作是

20.28.1

[illegible]	[illegible]	[illegible]，	[illegible]	[illegible]	[illegible]	[illegible]	[illegible]	[illegible]：
ljɨ̣r^{2}	wji^{1}	niow^{1}	sju^{2}	po^{1}	tjɨj^{1}	·jij^{1}	dạ^{2}	jɨ^{2}
念	作	已，	须	菩	提	之	言	谓：
[illegible]	[illegible]	[illegible]	[illegible]	[illegible]	[illegible]	[illegible]	[illegible]	[illegible]
ŋa^{2}	njɨ^{2}	mji^{1}	mju^{2}	mjor^{1}	ljij^{2}	·jij^{1}	lhjịj^{2}	iọ^{1}
我	等	不	动	如	来	之	国	土

念已，白须菩提言：我等应观不动如来

20.28.2

[illegible]	[illegible]	[illegible]	[illegible]	[illegible]	[illegible]	[illegible]	[illegible]。	[illegible]
niow^{1}	ɣiẹ^{2}	mji^{1}	·ji^{1}	ljij^{2}	kięj^{2}	nji^{2}	jɨ^{2}	dzjɨj^{1}
及	声	闻	众	见	欲	△	谓。	时
[illegible]	[illegible]	[illegible]	[illegible]	[illegible]	[illegible]	[illegible]：	[illegible]	[illegible]
sju^{2}	po^{1}	tjɨj^{1}	·ja	na^{1}	·jij^{1}	jɨ^{2}	nji^{2}	thja^{2}
须	菩	提	阿	难	之	告：	汝	彼

及声闻众兼彼佛土①。时须菩提告阿难言：汝

20.28.3

[illegible]	[illegible]	[illegible]	[illegible]	[illegible]，	[illegible]	[illegible]	[illegible]	[illegible]
mjor^{1}	ljij^{2}	·jij^{1}	ljij^{2}	kięj^{2}	ku^{1}	śji^{1}	rjɨr^{2}	phju^{2}
如	来	之	见	欲，	则	今	向	上
[illegible]	[illegible]	[illegible]	[illegible]	[illegible]	[illegible]。	[illegible]	[illegible]，	[illegible]
rjijr^{2}	rjɨr^{2}	djij^{2}	bjọ^{1}	nja^{2}	jɨ^{2}	tśhjɨ^{1}	zjọ^{2}	·ja
方	△	应	观	△	谓。	尔	时，	阿

欲见彼如来者，今应且观上方。尔时，阿

20.28.4

[illegible]	[illegible]	[illegible]	[illegible]	[illegible]	[illegible]，	[illegible]	[illegible]	[illegible]
na^{1}	rjɨr^{2}	phju^{2}	rjijr^{2}	wjɨ^{2}	bjọ^{1}	sju^{2}	po^{1}	tjɨj^{1}

① “佛土”西夏本作“[illegible][illegible]”（国土）。

难	向	上	方	已	观，	须	菩	提
[illegible]	[illegible]：	[illegible]	[illegible]	[illegible]	[illegible]	[illegible]	[illegible]，	[illegible]
·jij1	jɨ2	ŋa2	rjɨr2	phju2	rjijr2	wjɨ2	bjo̱1	źji2
之	谓：	我	向	上	方	已	观，	皆

难观上方已，白须菩提言：我极观上方①，皆

20.28.5

[illegible]	[illegible]	[illegible]	[illegible]。	[illegible]	[illegible]	[illegible]	[illegible]：	[illegible]
ŋa1	mjij1	sej1	ŋwu2	sju2	po1	tjɨj1	da̱2	thja2
空	寂	静	是。	须	菩	提	言：	彼
[illegible]	[illegible]	[illegible]	[illegible]	[illegible]	[illegible]	[illegible]	[illegible]	
mji1	mju2	mjor1	ljij2	·jij1	lhjij2	io̱1	niow1	
不	动	如	来	之	国	土	及	

空寂静。须菩提言：彼不动如来

20.28.6

[illegible]	[illegible]	[illegible]	[illegible]，	[illegible]	[illegible]	[illegible]
rjur1	ɣię2	mji1	·ji1	tsjɨ1	thja1	rjɨr2
诸	声	闻	众，	亦	是	向
[illegible]	[illegible]	[illegible]	[illegible]	[illegible]	[illegible]。	
phju2	rjijr2	rjir2	·ja	tjɨj2	ljɨ1	
上	方	与	一	样	也。	

诸声闻众及彼佛土，亦复如是如见上方。

20.29.1

[illegible]	[illegible]，	[illegible]	[illegible]	[illegible]	[illegible]	[illegible]	[illegible]	[illegible]：
tśhjɨ1	zjo̱2	śja1	rjir2	gji2	tha1	·jij1	da̱2	jɨ2
尔	时，	舍	利	子	佛	之	谓	曰：
[illegible]	[illegible]，	[illegible]	[illegible]	[illegible]	[illegible]，	[illegible]	[illegible]	[illegible]
rjur1	pju̱1	da̱2	mjor1	ŋwu2	nja2	thjɨ2	zjo̱2	rjur1

① 极观上方，西夏本作“[illegible]”（观上方已）。参看上文可知。

世 尊， 说 如 是 汝， 此 世 世

尔时，舍利弗白佛言：世尊，如佛所说，此世

20.29.2

[illegible] [illegible] [illegible] [illegible] [illegible] [illegible] [illegible] [illegible]， [illegible]

kiẹj^{2} ·u^{2} la^{1} ɣiwej^{1} rjir^{2} ɲia^{2} tsjij^{2} tja^{1} thja^{2}

界 中 记 受 得 菩 萨 者， 彼

[illegible] [illegible] [illegible] [illegible] [illegible] [illegible] [illegible] [illegible] [illegible]。

wjɨ^{2} we̱^{1} ɲia^{2} tsjij^{2} rjir^{2} ka^{1} do^{2} mjij^{1} ljɨ^{1}

所 生 菩 萨 与 等 异 无 也。

获记菩萨，与彼所生菩萨等无有异。

20.29.3

[illegible] [illegible]， [illegible] [illegible] [illegible] [illegible] [illegible] [illegible] [illegible]

rjur^{1} pjụ^{1} ŋa^{2} sjij^{1} wa^{2} sju^{2} ŋwu^{2} ka^{1} we^{2}

世 尊， 我 今 何 如 以 等 为

[illegible] [illegible] [illegible] [illegible]。 [illegible] [illegible] [illegible] [illegible] [illegible]

tja^{1} mjɨ^{1} nwə^{1} ŋa^{2} tha^{1} śja^{1} rjir^{2} gji^{2} ·jij^{1}

者 不 知 △。 佛 舍 利 子 之

世尊，我今不知以何为等。佛告舍利弗：

20.29.4

[illegible]： [illegible] [illegible] [illegible] [illegible] [illegible]， [illegible] [illegible] [illegible] [illegible] [illegible]。

jɨ^{2} tsji̱r^{1} kiẹj^{2} ka^{1} ku^{1} tśhjwo^{1} ka^{1} do^{2} mjij^{1} jɨ^{2} ljɨ^{1}

告： 法 界 等 则 故， 等 异 无 谓 也。

以法界等故，得无有异①。

汉文本

尔时，舍利弗作是思惟：我今欲见彼佛世界不动如来、应、正等觉及声闻众。尔时，世尊知舍利弗心之所念，则以神力，不起于座，皆令得见。告舍利弗言：汝今见不？答言：已见。佛告舍利弗：汝见彼

① 得无有异，西夏本作“[illegible][illegible][illegible][illegible][illegible]”（等无有异）。参看上下文，西夏本是。

诸天人微有胜劣殊异相不？答言：不见。何以故？我见妙喜国人衣服、饮食及诸珍玩，皆是诸天乐具。彼不动如来处众说法，犹若金山光明赫奕。诸声闻众无量无边，譬如有人游于大海，中流四望涯际莫知。观彼声闻亦复如是，是诸声闻随所听法，身心不动如入禅定，匪如此界入定之人时或摇动。世尊，若善男子善女人，以七宝满三千大千世界持用布施，由兹善舍彼诸菩萨善得往生妙喜世界。何以故？彼亦如是得不退转。世尊，譬如王使远适他国，执持符印经途来往，关防主司莫能为碍。何以故？以王印力，人无遮止。彼诸菩萨摩诃萨亦复如是，或从此界若他世界寿命终后，于彼佛刹，若已生若现生若当生，皆不退转于阿耨多罗三藐三菩提。从一佛刹至一佛刹，常不远离诸佛世尊，皆当速证无上菩提。

时舍利弗复白佛言：世尊，彼界所生菩萨摩诃萨，与此世界预流果人无有差别。何以故？如预流果人不堕恶趣。彼界菩萨若已生现生当生，亦皆断诸恶趣及声闻、独觉地。乃至未证无上菩提。从一佛刹至一佛刹，不离诸佛及声闻众。佛告舍利弗：如是如是，是诸菩萨摩诃萨受生彼国，不堕声闻、辟支佛地，及至未证无上菩提。从一佛土至一佛土，常得现前供养诸佛，及当证得佛菩提果。舍利弗！譬如预流果人，决定当得声闻菩提，终不堕恶趣。是诸菩萨亦复如是。或从此世及以他世，命终之后，受生彼刹，彼皆决定当证阿耨多罗三藐三菩提。从一佛刹至一佛刹，于诸佛所，常不远离阿耨多罗三藐三菩提。

时舍利弗复白佛言：世尊，于此世界，所有一来向及一来果，乃至住阿罗汉向及罗汉果，与彼佛刹所生菩萨摩诃萨等无有异。佛告舍利弗：汝勿作此言。何以故？于此佛刹，菩萨摩诃萨佛授记者，与彼所生菩萨等无有异。复次，舍利弗！于此世界坐道场菩萨，与彼所生菩萨等无有异。何以故？彼诸菩萨行如来行，不为天魔之所得便，于二乘地永断相续，从一佛刹至一佛刹，常能供养一切如来，乃至证得无上正觉。

尔时，阿难作如是念：我今应察长老须菩提辩才之力。作是念已，白须菩提言：我等应观不动如来及声闻众兼彼佛土。时须菩提告阿难言：汝欲见彼如来者，今应且观上方。尔时，阿难观上方已，白须菩提言：我极观上方，皆空寂静。须菩提言：彼不动如来诸声闻众及彼佛土，亦复如是如见上方。

尔时，舍利弗白佛言：世尊，如佛所说，此世获记菩萨，与彼所生菩萨等无有异。世尊，我今不知以何为等。佛告舍利弗：以法界等故，得无有异。

20.29.5

[illegible]	[illegible]	[illegible]	[illegible]	[illegible]	[illegible]	[illegible]
dji̱j^{2}	phã^{1}	tśhja^{2}	·iow^{1}	tjij^{1}	ŋwə^{1}	tsew^{2}
涅	槃	德	功	品	五	第

涅槃功德品第五

20.29.6

[illegible]	[illegible]，	[illegible]	[illegible]	[illegible]	[illegible]	[illegible]	[illegible]	[illegible]
tśhjɨ^{1}	zjọ^{2}	pjụ^{1}	tja^{1}	śja^{1}	rjir^{2}	gji^{2}	niow^{1}	thjɨ^{2}
尔	时，	尊	者	舍	利	子	复	是

ljɨ̣r^{2}	wji^{1}	rjur^{1}	pjụ^{1}	śji^{1}	mji^{1}	mju^{2}	mjor^{1}	ljịj^{2}
念	作：	世	尊	先	不	动	如	来、

尔时，尊者舍利弗复作是念：世尊已说不动如来、

20.30.1

bju^{1}	wo^{2}	tśhja^{2}	ka^{1}	dwewr^{2}	jɨ^{2}	njwo^{2}	ɲia^{2}	tsjij^{2}
应	供、	正	等	觉	说，	曾	菩	萨
tśja^{1}	rjɨr^{2}	djọ^{2}	zjọ^{2}	bju^{2}	mjij^{1}	tśhja^{2}	·iow^{1}	rjɨr^{2}
道	△	修	时，	边	无	德	功	△

应、正等觉，修菩萨道，功德无边。

20.30.2

tshjịj^{1}	nio̱w^{1}	thja^{2}	lhjịj^{2}	·u^{2}	ɣię^{2}	mji^{1}	ɲia^{2}	tsjij^{2}
说。	因	彼	土	中	声	闻	菩	萨
·jij^{1}	tśhja^{2}	sjwɨj^{1}	bụ^{2}	gjij^{1}	wạ^{2}	ljịj^{2}	śjwo^{2}	tshjịj^{2}
之	德	业	胜	殊，	广	大	庄	严

又①说彼土及声闻菩萨殊胜德业，广大庄严。

20.30.3

rjɨr^{2}	tshjịj^{1}	dja^{2}	dźjwa^{1}	rjur^{1}	pjụ^{1}	niow^{1}	thja^{2}	tha^{1}
△	说	△	竟。	世	尊，	复	彼	佛
·jij^{1}	gju^{1}	dzjar^{2}	niow^{1}	rjijr^{2}	dzjụ^{1}	dzjịj^{2}	śjij^{1}	thjij^{2}
之	度	灭	以	后	教	化	迹	何

复愿世尊于兹开示彼佛灭度化迹

① 又，西夏本作“”(因、由)。按，“”nio̱w^{1}(因、由)于义不合，在此假借作“”niow^{1}(又)。此二字在《择要》中同组(8.5.8)。

20.30.4

[illegible]	[illegible]	[illegible]	[illegible]	[illegible]	[illegible]	[illegible]。	[illegible]	[illegible]，
sjo^{2}	·ja	tshjịj^{1}	wji^{1}	ŋa^{2}	·ja^{1}	jɨ^{2}	tśhjɨ^{1}	zjọ^{2}
云	△	说	为	我	愿	谓。	尔	时，
[illegible]	[illegible]	[illegible]	[illegible]	[illegible]	[illegible]	[illegible]	[illegible]	[illegible]
rjur^{1}	pjụ^{1}	śja^{1}	rjir^{2}	gji^{2}	·jij^{1}	njịj^{1}	khju^{1}	ljɨ̣r^{2}
世	尊	舍	利	子	之	心	下	念

如何。尔时，世尊知舍利弗心之所念，

20.30.5

[illegible]	[illegible]，	[illegible]	[illegible]	[illegible]	[illegible]	[illegible]	[illegible]：	[illegible]
tja^{1}	dwewr^{2}	śja^{1}	rjir^{2}	gji^{2}	·jij^{1}	dạ^{2}	jɨ^{2}	mji^{1}
者	知，	舍	利	子	之	谓	曰：	不
[illegible]	[illegible]	[illegible]	[illegible]	[illegible]	[illegible]	[illegible]，	[illegible]	[illegible]
mju^{2}	mjor^{1}	ljij^{2}	pa^{2}	djịj^{2}	phā^{1}	njɨ̣^{2}	ljụ^{2}	djij^{1}
动	如	来	般	涅	槃	日，	身	化

告言：舍利弗！不动如来般涅槃日，化身

20.30.6

[illegible]	[illegible]	[illegible]	[illegible]	[illegible]	[illegible]	[illegible]，	[illegible]	[illegible]
rjur^{1}	rjur^{1}	rjur^{1}	kięj^{2}	ŋowr^{2}	ŋowr^{2}	zjir^{2}	śjụ^{1}	jɨj^{2}
诸	诸	世	界	一	切	遍，	地	狱
[illegible]	[illegible]	[illegible]	[illegible]	[illegible]，	[illegible]	[illegible]	[illegible]	[illegible]
·u^{2}	rjur^{1}	thjọ^{1}	tsjịr^{1}	tshjịj^{1}	tsjịr^{1}	ŋwu^{2}	mjɨ^{1}	pjụ^{1}
中	诸	妙	法	说，	法	以	无	量

分布一切世界，于地狱中说诸妙法，以法调伏无量

20.31.1

[illegible]	[illegible]	[illegible]	[illegible]	[illegible]，	[illegible]	[illegible]	[illegible]	[illegible]
ɲia^{2}	tśhju^{1}	·jij^{1}	rjur^{1}	·jar^{2}	źji^{2}	·ja	lo^{1}	xã^{1}
众	生	之	调	伏，	皆	阿	罗	汉

[illegible]	[illegible]	[illegible]。	[illegible]	[illegible]	[illegible]	[illegible]	[illegible]	[illegible],
mja̱^{1}	ljạ^1	phji^1	tśhjɨ^1	bjij^2	zjịj^1	mja̱^{1}	rjir^1	mjijr^2
果	证	令。	尔	时	时	果	得	者,

有情,皆当证得阿罗汉果。然此时获果

20.31.2

[illegible]	[illegible]	[illegible]	[illegible]	[illegible]	[illegible]	[illegible]	[illegible]	[illegible]
śji^1	mjij^2	gju^1	dzjar^2	su^1	ɣwə^2	rjir^2	ɣiew^1	mjij^1
先	未	度	灭	于	前	面	学	无
[illegible]	[illegible]	[illegible]	[illegible]	[illegible]	[illegible]。	[illegible]	[illegible]	[illegible],
mja̱^{1}	ljạ^1	mjijr^2	su^1	rejr^2	zjịj^2	niow^1	thja^1	njij^1
果	证	者	于	众	多。	即	此	心,

方灭度,前证无学人转增其数。即于此日①,

20.31.3

[illegible]	[illegible]	[illegible]	[illegible]	[illegible]	[illegible]	[illegible]	[illegible]	[illegible]
śja^1	bju^2	po^1	tsa^1	ma^2	ŋa^2	tsa^1	·jij^1	kjɨ^1
香	象	菩	萨	摩	诃	萨	之	△
[illegible]:	[illegible]	[illegible]	[illegible]	[illegible]	[illegible]	[illegible]	[illegible]	[illegible]
la^1	nji^2	ŋa^2	gju^1	dzjar^2	niow^1	rjijr^2	kjɨ^1	djɨj^2
记:	汝	我	度	灭	以	后	必	定

授香象菩萨摩诃萨记云:汝于我灭度后当得

20.31.4

[illegible]	[illegible],	[illegible]	[illegible]	[illegible]	[illegible]	[illegible]	[illegible]	[illegible]、
tha^1	we^2	mjij^2	tja^1	kie^1	wjạ^1	sej^1	mjor^1	ljịj^2
佛	作,	号	者	金	莲	花	如	来、
[illegible]	[illegible]、	[illegible]	[illegible]	[illegible]	[illegible]。	[illegible]	[illegible],	[illegible]
bju^1	wo^2	tśhja^2	ka^1	dwewr^2	jɨ^2	niow^1	tśjɨ^1	śja^1
应	供、	正	等	觉	谓。	复	次,	舍

作佛,号曰金莲如来、应、正等觉。复次,舍

① 日,西夏本作"[illegible]"(心)。按,"[illegible]"njij^1(心)字于义不合,在此疑假借作"[illegible]"njɨ^2(日)。

20.31.5

rjir^{2}	gji^{2}	thja^{2}	kie^{1}	wja̱^{1}	sej^{1}	mjor^{1}	ljịj^{2}	·jij^{1}
利	子！	彼	金	莲	花	如	来	之
lhjịj^{2}	·u^{2}	tśhja^{2}	·iow^{1}	ɣię^{2}	mji^{1}	·ji^{1}	ŋew^{2}	mji^{1}
刹	中	德	功	声	闻	众	数，	不

利弗！彼金莲如来佛①刹功德声闻众数，与不

20.31.6

mju^{2}	mjor^{1}	ljịj^{2}	rjir^{2}	·ja	tjɨj^{2}	mji^{1}	do^{2}	niow^{1}
动	如	来	与	一	样	无	异。	复
tśjɨ^{1}	śja^{1}	rjir^{2}	gji^{2}	mji^{1}	mju^{2}	mjor^{1}	ljịj^{2}	pa^{2}
次，	舍	利	子！	不	动	如	来	般

动如来等无有异。复次，舍利弗！不动如来入般

20.32.1

djịj^{2}	phã^{1}	kjɨ^{1}	·o^{2}	tśhjɨ^{1}	dzjɨj^{1}	ljịj^{2}	ljɨ̣^{2}	to^{2}
涅	槃	△	入，	尔	时，	大	地	悉
źji^{2}	sa̱r^{1}	mju^{2}	so̱^{1}	tụ^{1}	ljịj^{2}	tụ^{1}	rjur^{1}	kięj^{2}
皆	震	动，	三	千	大	千	世	界

涅槃，是时，大地普皆震动，一切三千大千世界

20.32.2

ŋowr^{2}	ŋowr^{2}	kwə^{2}	kiə^{1}	ɣię^{2}	to^{2}	thja^{1}	ɣię^{2}	phju^{2}
					，			

① "佛"字义西夏本未见。

一	切	吼	叫	声	发，	其	声	上
·ja	kja^{1}	nji^{1}	tśia^{1}	mə^{1}	njɨ^{2}	rjur^{1}	mə^{1}	mji^{1}
阿	迦	尼	吒	天	等，	诸	天	闻

震吼发声，其声上彻乃至阿迦尼吒天，诸天闻

20.32.3

niow^{1}	tśhjɨ^{2}	rjar^{2}	thja^{1}	tha^{1}	djij^{2}	phã^{1}	kjɨ^{1}	·o^{2}
已，	立	即	彼	佛	涅	槃	△	入
dwewr^{2}	niow^{1}	tśjɨ^{1}	śja^{1}	rjir^{2}	gji^{2}	thja^{2}	tha^{1}	lhjij^{2}
知。	复	次，	舍	利	子！	彼	佛	刹

已，即知彼佛入于涅槃。复次，舍利弗！彼佛刹

20.32.4

·u^{2}	śja^{1}	bo^{1}	dzjiw^{1}	dzjiw^{1}	niow^{1}	rjur^{1}	tsə^{1}	śjɨ^{2}
中	香	林	木	丛	及	诸	药	草，
to^{2}	źji^{2}	nja^{1}	gjiw^{1}	mji^{1}	mju^{2}	mjor^{1}	ljij^{2}	·jij^{1}
皆	悉	向	倾	不	动	如	来	之

中所有②丛林及诸药草，皆悉倾向不动如来

20.32.5

djij^{2}	phã^{1}	tjị^{1}	rjijr^{2}	ɣu^{1}	tshwew^{1}	tśhjɨ^{1}	dzjij^{1}	mə^{1}
涅	槃	归	向	上	趣。	是	时，	天
dzjwo^{2}	źji^{2}	wjạ^{1}	rer^{2}	mə^{2}	śja^{1}	niow^{1}	rjur^{1}	lhwu^{1}

① “[Tangut]”（香）疑为“[Tangut]”（园）字形讹。《掌中珠》13.3 作“[Tangut]”（园林）。

② “所有”二字义西夏本未见。

人，	悉	华	鬘	种	香	及	诸	衣

涅槃之处。是时，天人悉以华鬘杂香及诸衣

20.32.6

[illegible]	[illegible]	[illegible]	[illegible]	[illegible]	[illegible]，	[illegible]	[illegible]	[illegible]
gjwi^{2}	ŋwu^{2}	tha^{1}	tśhja̱^{1}	wjɨ^{2}	lju^{2}	śja^{1}	wja̱^{1}	ɣu^{1}
服	以	佛	上	△	散，	香	花	首
[illegible]	[illegible]	[illegible]	[illegible]	[illegible]	[illegible]	[illegible]	[illegible]	[illegible]
mji̱j^{2}	·wio̱^{1}	tśjɨ̱^{1}	bji̱^{2}	bjij^{2}	lew^{1}	·jiw^{1}	sjwɨ^{1}	rjar^{1}
尾	围	绕	低	高	一	由	旬	远

服而散佛上，所散香花周匝①围绕高一由旬。

20.33.1

[illegible]。	[illegible]	[illegible]，	[illegible]	[illegible]	[illegible]！	[illegible]	[illegible]	[illegible]
zji̱j^{1}	niow^{1}	tśjɨ^{1}	śja^{1}	rjir^{2}	gji^{2}	thja^{2}	djij^{2}	phã^{1}
约。	复	次，	舍	利	子！	彼	涅	槃
[illegible]，	[illegible]	[illegible]	[illegible]	[illegible]	[illegible]	[illegible]	[illegible]	[illegible]
zji̱j^{1}	so̱^{1}	tu̱^{1}	ljij^{2}	tu̱^{1}	rjur^{1}	kie̱j^{2}	·u^{2}	dźjij^{1}
时，	三	千	大	千	世	界	中	有

复次，舍利弗！彼涅槃时，三千大千世界所

20.33.2

[illegible]	[illegible]	[illegible]、	[illegible]	[illegible]、	[illegible]	[illegible]	[illegible]、	[illegible]
dźjij^{1}	me̱^{2}	we^{1}	·ja̱^{2}	khja^{2}	khjã^{2}	tha^{2}	pho^{1}	·ja
有	天	龙、	夜	叉、	乾	闼	婆、	阿
[illegible]	[illegible]、	[illegible]	[illegible]	[illegible]、	[illegible]	[illegible]	[illegible]、	[illegible]
sew^{2}	lo^{1}	kja^{1}	lew^{1}	lo^{1}	kjɨ̃^{1}	no^{1}	lo^{1}	mo^{2}
修	罗、	迦	楼	罗、	紧	那	罗、	摩

有天龙、夜叉、乾闼婆、阿修罗、迦楼罗、紧那罗、摩

① 周匝，西夏译作“[illegible][illegible]”，字面意思是“首尾”。

20.33.3

[illegible]	[illegible]	[illegible]	[illegible]，	[illegible]	[illegible]	[illegible]	[illegible]	[illegible]
xew^1	lo^1	khja^2	njɨ^2	to^2	źji^2	mji^1	mju^2	mjor^1
睺	罗	伽	等，	悉	皆	不	动	如
[illegible]	[illegible]	[illegible]	[illegible]	[illegible]	[illegible]	[illegible]。	[illegible]	[illegible]
ljij^2	rjijr^2	tshwew^1	pją^1	phjo̱^{2}	tśja^1	tshwew^1	tsjij^1	rjijr^2
来	方	向	掌	合	礼	敬。	他	方

睺罗伽等，皆向不动如来合掌作礼。他方

20.33.4

[illegible]	[illegible]	[illegible]	[illegible]	[illegible]，	[illegible]	[illegible]	[illegible]	[illegible]
rjur^1	mə^1	tha^1	me̱^{2}	ɣie^1	to^2	źji^2	pa^2	djịj^2
诸	天	佛	神	力，	悉	皆	般	涅
[illegible]	[illegible]	[illegible]。	[illegible]	[illegible]	[illegible]	[illegible]	[illegible]	[illegible]
phã^1	·o^2	ljij^2	thjɨ^2	rjur^1	mə^1	dzjwo^2	śją^1	njɨ̱^{2}
槃	入	见。	是	诸	天	人	七	日

诸天以①佛神力，悉皆得见入般涅槃。是诸天人经

20.33.5

[illegible]	[illegible]	[illegible]	[illegible]	[illegible]	[illegible]，	[illegible]	[illegible]	[illegible]
śją^1	gjɨ^2	njij^1	phji^1	ɣa^1	sjwɨ̱^{1}	dzjwo^2	mə^1	khe̱j^1
七	夜	心	意	悲	恼，	人	天	嬉
[illegible]	[illegible]	[illegible]	[illegible]	[illegible]，	[illegible]	[illegible]	[illegible]	[illegible]，
·u^2	bie̱j^1	lhejr^2	mji^1	lhjij^2	kie̱j^2	sjịj^2	tsjɨ^1	mjij^1
戏	娱	乐	不	受，	欲	想	亦	无，

七昼夜心怀悲恼，不受人天嬉戏娱乐，亦无欲想，

20.33.6

[illegible]	[illegible]	[illegible]	[illegible]，	[illegible]	[illegible]	[illegible]	[illegible]	[illegible]
·jij^1	gu^2	dạ^2	jɨ^2	mji^1	mju^2	mjor^1	ljịj^2	rjur^1

① “以”字义西夏本疑脱。

互	相	谓	言，	不	动	如	来	诸
[illegible]								
bji[1]	swew[1]	ŋwu[2]	ɲia[2]	tśhju[1]	·jij[1]	mej[1]	we[2]	thjɨ[2]
光	明	以	众	生	之	眼	作，	是

互相谓言，不动如来为世光明作众生眼，

20.34.1

[illegible]								
wjɨ[2]	gju[1]	dzjar[2]	dzjɨr[1]	ljɨ[1]	wa[2]	kjɨ[1]	jɨ[2]	śja[1]
今	度	灭	速	一	何	△	谓？	舍
[illegible]								
rjir[2]	gji[2]	tjij[1]	po[1]	tsa[1]	ma[2]	ŋạ[2]	tsa[1]	thjɨ[2]
利	子！	若	菩	萨	摩	诃	萨	此

今取灭度一何速哉？舍利弗！若菩萨摩诃萨从此

20.34.2

[illegible]								
rjur[1]	kięj[2]	niow[1]	dzjij[2]	rjur[1]	kięj[2]	·u[2]	kạ[1]	bja[2]
世	界	或	余	世	界	中，	命	终
[illegible]								
niow[1]	rjijr[2]	thja[2]	tha[1]	lhjịj[2]	·u[2]	tjij[1]	śji[1]	we̱[1]
以	后	彼	佛	刹	中	若	已	生，

世界或余世界，于命终后生①彼佛刹，

20.34.3

[illegible]								
tjij[1]	mjor[1]	we̱[1]	lew[2]	mjij[1]	źji[2]	·ja	du̱[2]	tow[1]
若	现	生	当	无，	皆	阿	耨	多
[illegible]								
lo[1]	sã[1]	bia[1]	sã[1]	po[1]	tjɨj[1]	la[1]	ɣiwej[1]	rjir[1]

① 生，西夏本作“[illegible]”（若已生）。

罗	三	藐	三	菩	提	记	受	得,

若现生,皆得授阿耨多罗三藐三菩提记,

20.34.4

[illegible]	[illegible]	[illegible]	[illegible]	[illegible],	[illegible]	[illegible]	[illegible]	[illegible]
·jir²	ŋew²	bju¹	mji¹	ŋewr¹	tụ¹	ŋew²	niow¹	·jir²
百	数	以	非	数,	千	数	及	百
[illegible]	[illegible]	[illegible]	[illegible]。	[illegible]	[illegible]	[illegible]!	[illegible]	[illegible]
tụ¹	ŋew²	ŋwu²	ŋewr¹	śja¹	rjir²	gji²	thja²	·jir²
千	数	以	数。	舍	利	子!	是	百

非可以百数而数,彼以千数及百千数。舍利弗!是百

20.34.5

[illegible]	[illegible]	[illegible]	[illegible]	[illegible]	[illegible]	[illegible]	[illegible],	[illegible]
tụ¹	po¹	tsa¹	ma²	ŋạ²	tsa¹	ŋew²	tja¹	mjor¹
千	菩	萨	摩	诃	萨	数	者,	如
[illegible]	[illegible]	[illegible]	[illegible],	[illegible]	[illegible]	[illegible]	[illegible]	[illegible],
ljịj²	ŋew²	kha¹	ljị¹	źji²	tha¹	ŋew²	kha¹	ljị¹
来	数	中	入,	皆	佛	数	中	入,

千菩萨摩诃萨数者,应知入如来数,皆入佛数,

20.34.6

[illegible]	[illegible]	[illegible]	[illegible]	[illegible],	[illegible]	[illegible]	[illegible]	[illegible]
źji²	tha¹	ŋew²	kha¹	ljị¹	ku¹	ŋowr²	ŋowr²	sjij²
皆	佛	数	中	入,	则	一	切	智
[illegible]	[illegible]	[illegible]	[illegible]。	[illegible]	[illegible]	[illegible]	[illegible]	[illegible]
tsjịr²	ŋew²	kha¹	ljị¹	tjɨ¹	tjij¹	po¹	tsa¹	ma²
性	数	中	入。	如	若	菩	萨	摩

皆入佛数,入一切智性数。若有菩萨摩

20.35.1

[illegible]	[illegible],	[illegible]	[illegible]	[illegible]	[illegible],	[illegible]	[illegible]	[illegible]

ŋạ^{2} tsa^{1} thja^{2} lhjịj^{2} ·u^{2} wẹ^{1} ku^{1} źji^{2} mjor^{1}

诃 萨, 彼 刹 中 生, 则 皆 如

[illegible] [illegible] [illegible] [illegible] [illegible] [illegible]。 [illegible] [illegible] [illegible]!

ljịj^{2} njɨ^{2} ŋew^{2} kha^{1} lji^{1} ljɨ^{1} śja^{1} rjir^{2} gji^{2}

来 等 数 中 入 也。 舍 利 子!

诃萨,当生彼刹者,亦皆得入如来等数。舍利弗!

20.35.2

[illegible] [illegible] [illegible] [illegible] [illegible] [illegible] [illegible] [illegible] [illegible]

thja^{1} mji^{1} lhji̠^{1} lhjwo^{1} po^{1} tsa^{1} ma^{2} ŋạ^{2} tsa^{1}

除 不 退 转 菩 萨 摩 诃 萨

[illegible] [illegible], [illegible] [illegible] [illegible] [illegible] [illegible] [illegible] [illegible]

rjɨr^{2} niow^{1} dzjij^{2} rjur^{1} ɲia^{2} tsjij^{2} thjɨ^{2} rjur^{1} kięj^{2}

以 外, 余 诸 菩 萨 此 世 界

除彼不退菩萨摩诃萨,所余菩萨于此世界,

20.35.3

[illegible], [illegible] [illegible] [illegible] [illegible] [illegible] [illegible] [illegible] [illegible]

·u^{2} tjij^{1} mji^{1} mju^{2} mjor^{1} ljịj^{2} ·jij^{1} tśhja^{2} ·iow^{1}

中, 若 不 动 如 来 之 德 功

[illegible] [illegible] [illegible] [illegible] [illegible] [illegible], [illegible] [illegible] [illegible]

tsji̠r^{1} ɣa^{1} ·jow^{2} tshjịj^{1} mji^{1} mji^{1} ku^{1} źji^{2} ljịj^{2}

法 门 称 赞 不 闻, 则 皆 魔

若不闻称赞不动如来功德法门者,皆为恶

20.35.4

[illegible] [illegible] [illegible] [illegible] [illegible] [illegible]。

niow^{2} ·jij^{1} ɣjiw^{1} ɣiwej^{1} lew^{2} we^{2}

恶 之 摄 受 所 为。

魔之所摄受。

汉文本

涅槃功德品第五

尔时,尊者舍利弗复作是念:世尊已说不动如来、应、正等觉,修菩萨道,功德无边。又说彼土及声闻菩萨殊胜德业,广大庄严。复愿世尊于兹开示彼佛灭度化迹如何。尔时,世尊知舍利弗心之所念,告言:舍利弗！不动如来般涅槃日,化身分布一切世界,于地狱中说诸妙法,以法调伏无量有情,皆当证得阿罗汉果。然此时获果方灭度,前证无学人转增其数。即于此日,授香象菩萨摩诃萨记云:汝于我灭度后当得作佛,号曰金莲如来、应、正等觉。

复次,舍利弗！彼金莲如来佛刹功德声闻众数,与不动如来等无有异。复次,舍利弗！不动如来入般涅槃,是时,大地普皆震动,一切三千大千世界震吼发声,其声上彻乃至阿迦尼咤天,诸天闻已,即知彼佛入于涅槃。复次,舍利弗！彼佛刹中所有丛林及诸药草,皆悉倾向不动如来涅槃之处。是时,天人悉以华鬘杂香及诸衣服而散佛上,所散香花周匝围绕高一由旬。复次,舍利弗！彼涅槃时,三千大千世界所有天龙、夜叉、乾闼婆、阿修罗、迦楼罗、紧那罗、摩睺罗伽等,皆向不动如来合掌作礼。他方诸天以佛神力,悉皆得见入般涅槃。是诸天人经七昼夜心怀悲恼,不受人天嬉戏娱乐,亦无欲想,互相谓言,不动如来为世光明作众生眼,今取灭度一何速哉？舍利弗！若菩萨摩诃萨从此世界或余世界,于命终后生彼佛刹,若现生,皆得授阿耨多罗三藐三菩提记,非可以百数而数,彼以千数及百千数。舍利弗！是百千菩萨摩诃萨数者,应知入如来数,皆入佛数,皆入佛数,入一切智性数。若有菩萨摩诃萨,当生彼刹者,亦皆得入如来等数。舍利弗！除彼不退菩萨摩诃萨,所余菩萨于此世界,若不闻称赞不动如来功德法门者,皆为恶魔之所摄受。

20.35.4

[illegible]	[illegible],	[illegible]	[illegible]	[illegible]！	[illegible]	[illegible]	[illegible]	[illegible]	[illegible]	[illegible]	[illegible]
niow^{1}	tśjɨ^{1}	śja^{1}	rjir^{2}	gji^{2}	mji^{1}	mju^{2}	mjor^{1}	ljịj^{2}	djij^{2}	phã^{1}	niow^{1}
复	次,	舍	利	子！	不	动	如	来	涅	槃	以

复次,舍利弗！不动如来般涅槃①后,

20.35.5

[illegible],	[illegible]	[illegible]	[illegible]	[illegible]	[illegible]	[illegible]。	[illegible]	[illegible]
rjijr^{2}	rjɨr^{2}	njɨ^{2}	tśhja^{2}	tsji̱r^{1}	rjur^{1}	dźji̱j^{1}	thja^{2}	tha^{1}
后,	乃	至	正	法	世	住。	彼	佛
[illegible]	[illegible]	[illegible]	[illegible]	[illegible]	[illegible]	[illegible]	[illegible]	[illegible],
lhjịj^{2}	·u^{2}	wjɨ^{2}	we̱^{1}	po^{1}	tsa^{1}	ma^{2}	ŋạ^{2}	tsa^{1}
刹	中	△	生	菩	萨	摩	诃	萨,

乃至正法住世。彼佛刹中所生菩萨摩诃萨,

① 般涅槃,西夏本简作"[illegible]"(涅槃)。上文20.30.5和20.33.4皆译作"[illegible]"(般涅槃)。

20.35.6

[illegible]	[illegible]	[illegible]	[illegible]	[illegible]。	[illegible]	[illegible]	[illegible]	[illegible]？
tsjɨ^{1}	thja^{2}	ŋew^{2}	kha^{1}	ljị^{1}	thjɨ^{2}	tja^{1}	thjij^{2}	sjo^{2}
亦	其	数	中	入。	此	者	何	云？
[illegible]	[illegible]	[illegible]	[illegible]	[illegible]	[illegible]	[illegible]	[illegible]。	[illegible]
thja^{1}	mjor^{1}	ljij^{2}	mər^{2}	tjị^{1}	ɣie^{1}	nio̱w^{1}	ljɨ^{1}	thja^{1}
彼	如	来	本	愿	力	由	故。	是

亦当入其数。所以者何？由彼如来本愿力故。是

20.36.1

[illegible]	[illegible]	[illegible]，	[illegible]	[illegible]	[illegible]	[illegible]	[illegible]	[illegible]
rjur^{1}	ɲia^{2}	tsjij^{2}	tjij^{1}	kụ^{1}	dzjɨj^{1}	ɣa^{2}	thja^{2}	·u^{2}
诸	菩	萨，	若	后	时	于	彼	中
[illegible]，	[illegible]	[illegible]	[illegible]	[illegible]	[illegible]	[illegible]	[illegible]	[illegible]，
we̱^{1}	ku^{1}	·jir^{2}	·jar^{1}	tsji̱r^{1}	ɣa^{1}	do^{1}	tshjɨ̱^{1}	lew^{2}
生，	则	百	八	法	门	读	诵	应，

诸菩萨，若于后时受生彼者，应当读诵百八法门，

20.36.2

[illegible]	[illegible]	[illegible]	[illegible]	[illegible]	[illegible]	[illegible]	[illegible]	[illegible]
thja^{1}	do^{1}	tshjɨ̱^{1}	ku^{1}	tśhjwo^{1}	thja^{2}	tsji̱r^{1}	ŋowr^{2}	ŋowr^{2}
其	读	诵	则	故	彼	法	一	切
[illegible]	[illegible]	[illegible]。	[illegible]	[illegible]	[illegible]	[illegible]	[illegible]	[illegible]
ɣiwej^{1}	·jij^{1}	njwi^{2}	thja^{1}	·jir^{2}	·jar^{1}	tsji̱r^{1}	ɣa^{1}	mər^{2}
受	持	能。	其	百	八	法	门	本

读诵兹已方能受持彼一切法。不动如来之所安立

20.36.3

[illegible]	[illegible]	[illegible]	[illegible]	[illegible]	[illegible]	[illegible]	[illegible]	[illegible]
tsji̱r^{2}	tja^{1}	mji^{1}	mju^{2}	mjor^{1}	ljij^{2}	·ja	su^{1}	śjwo^{1}
性	者	不	动	如	来	△	起	立

[illegible]。	[illegible]	[illegible]	[illegible]	[illegible]	[illegible],	[illegible]	[illegible]	[illegible]
sji^{2}	ŋa^{2}	gju^{1}	dzjar^{2}	niow^{1}	rjijr^{2}	tjɨ^{1}	tjij^{1}	po^{1}
所。	我	度	灭	以	后,	如	若	菩

一百八法门本性。我灭度后,若有菩

20.36.4

[illegible]	[illegible]	[illegible]	[illegible]	[illegible]	[illegible]	[illegible]	[illegible],	[illegible]
tsa^{1}	ma^{2}	ŋạ^{2}	tsa^{1}	thja^{2}	lhjij^{2}	·u^{2}	we̱^{1}	tsjɨ^{1}
萨	摩	诃	萨	彼	刹	中	生,	亦
[illegible]	[illegible]	[illegible]	[illegible]	[illegible]	[illegible]	[illegible],	[illegible]	[illegible]
thja^{1}	·jir^{2}	·jar^{1}	tsji̱r^{1}	ɣa^{1}	do^{1}	tshji̱^{1}	niow^{1}	tsji̱r^{1}
彼	百	八	法	门	读	诵,	及	法

萨摩诃萨当生彼刹者,亦当读诵一百八法门,及

20.36.5

[illegible]	[illegible]	[illegible]	[illegible]	[illegible]	[illegible]。	[illegible]	[illegible]	[illegible]!
ɣa^{1}	ŋowr^{2}	ŋowr^{2}	ɣiwej^{1}	·jij^{1}	lew^{2}	śja^{1}	rjir^{2}	gji^{2}
门	一	切	受	持	能。	舍	利	子!
[illegible]	[illegible]	[illegible]	[illegible]、	[illegible]	[illegible]、	[illegible]	[illegible]	[illegible],
mji^{1}	mju^{2}	mjor^{1}	ljij^{2}	bju^{1}	wo^{2}	tśhja^{2}	ka^{1}	dwewr^{2}
不	动	如	来、	应	供、	正	等	觉,

能受持一切法门。舍利弗!不动如来、应、正等觉,

20.36.6

[illegible]	[illegible]	[illegible]	[illegible]	[illegible]	[illegible]	[illegible]	[illegible]	[illegible]
rjur^{1}	po^{1}	tsa^{1}	ma^{2}	ŋạ^{2}	tsa^{1}	·jij^{1}	ɣjiw^{1}	ɣiwej^{1}
诸	菩	萨	摩	诃	萨	之	摄	受
[illegible]。	[illegible]	[illegible]	[illegible]	[illegible],	[illegible]	[illegible]	[illegible]	[illegible]
njwi^{2}	tha^{1}	kjɨ^{1}	gju^{1}	dzjar^{2}	thja^{1}	tsji̱r^{1}	tshjij^{1}	ɣiẹ^{2}
能。	佛	虽	度	灭,	其	法	说	声

善能摄受诸菩萨摩诃萨。佛虽灭度,其说法声

20.37.1

[illegible]	[illegible]	[illegible]	[illegible]	[illegible]，	[illegible]	[illegible]	[illegible]	[illegible]
niow^{1}	śjwo^{2}	tshjij^{2}	tśhja^{2}	·iow^{1}	tha^{1}	rjur^{1}	dźjij^{1}	rjir^{2}
及	庄	严	德	功，	佛	世	在	与
[illegible]	[illegible]。	[illegible]	[illegible]，	[illegible]	[illegible]	[illegible]！	[illegible]	[illegible]
mji^{1}	do^{2}	niow^{1}	tśjɨ^{1}	śja^{1}	rjir^{2}	gji^{2}	thja^{1}	mji^{1}
无	异。	复	次，	舍	利	子！	彼	不

及庄严功德，与佛在世等无有异。复次，舍利弗！彼不

20.37.2

[illegible]	[illegible]	[illegible]、	[illegible]	[illegible]、	[illegible]	[illegible]	[illegible]，	[illegible]
mju^{2}	mjor^{1}	ljij^{2}	bju^{1}	wo^{2}	tśhja^{2}	ka^{1}	dwewr^{2}	ljụ^{2}
动	如	来、	应	供、	正	等	觉，	身
[illegible]	[illegible]	[illegible]	[illegible]	[illegible]	[illegible]	[illegible]	[illegible]，	[illegible]
ɣa^{2}	mə̣^{1}	to^{2}	tśhjwo^{1}	·jij^{1}	ljụ^{2}	pju^{2}	tśhjɨ^{1}	wjɨ^{2}
从	火	出	故	自	身	阇	维，	△

动如来、应、正等觉，从身出火而自阇维，

20.37.3

[illegible]	[illegible]	[illegible]	[illegible]	[illegible]	[illegible]	[illegible]，	[illegible]	[illegible]
rjir^{2}	śja^{1}	lji^{2}	źji^{2}	kie^{1}	tsə̣^{1}	we^{2}	dzjọ^{1}	sju^{2}
遗	舍	利	皆	金	色	作，	譬	如
[illegible]	[illegible]	[illegible]	[illegible]，	[illegible]	[illegible]	[illegible]	[illegible]	[illegible]
tji^{2}	mji^{1}	lo^{1}	phu^{2}	ljọ^{2}	dja^{2}	khjwɨ^{1}	twụ^{1}	źji^{2}
低	弥	罗	树，	所	△	断	处	皆

舍利遗形皆作金色，譬如低弥罗树，随分断处皆

20.37.4

卍	（[illegible]	[illegible]	[illegible]	[illegible]）	[illegible]，	[illegible]	[illegible]	[illegible]	[illegible]	[illegible]
?	gjụ^{2}	rjur^{1}	zjɨr^{2}	·jij^{1}	·o^{1}	mjor^{1}	ljij^{2}	·jij^{1}	śja^{1}	lji^{2}
卍	（吉	祥	之	相）	有，	如	来	之	舍	利

[illegible]	[illegible]	[illegible]	[illegible]。	[illegible]	[illegible]，	[illegible]	[illegible]	[illegible]！	[illegible]
tsjɨ1	thja1	wjɨ2	sju2	niow1	tśjɨ1	śja1	rjir2	gji2	mji1
亦	是	犹	如。	复	次，	舍	利	子！	不

有卍（音万①）字之文，如来舍利亦复如是。复次，舍利弗！不

20.37.5

[illegible]	[illegible]	[illegible]	[illegible]	[illegible]	[illegible]	[illegible]，	[illegible]	[illegible]	[illegible]	[illegible]
mju2	mjor1	ljịj2	·jij1	śja1	lji2	tja1	phia̱2	phia̱2	·jij1	twụ1
动	如	来	之	舍	利	者，	分	分	自	各
[illegible]	[illegible]，	[illegible]	[illegible]	[illegible]	卍	（[illegible]	[illegible]	[illegible]	[illegible]）	
ɣu1	mjịj2	·u2	djɨr2	źji2	?	gju̱2	rjur1	zjɨr2	·jij1	
首	尾，	里	表	皆	卍	（吉	祥	之	相）	

动如来所有②舍利，分分周圆③，表里皆有吉祥之相（相表之文其状如下）卍。

20.37.6

[illegible]。	[illegible]	[illegible]	[illegible]！	[illegible]	[illegible]	[illegible]	[illegible]	[illegible]，
·o1	śja1	rjir2	gji2	dzjọ1	lu2	lo1	kja1	phu2
有。	舍	利	子！	譬	补	罗	迦	树，
[illegible]	[illegible]	[illegible]	[illegible]	[illegible]	[illegible]	[illegible]	[illegible]	[illegible]
khwụ2	ljọ2	dja2	khjwɨ1	twụ1	·u2	djɨr2	to2	źji2
锯	所	△	断	处	中	表	悉	皆

舍利弗！譬如补罗迦树，随解之处中表皆

20.38.1

卍	（[illegible]	[illegible]	[illegible]	[illegible]）	[illegible]，	[illegible]	[illegible]	[illegible]	[illegible]	[illegible]
?	gju̱2	rjur1	zjɨr2	·jij1	·o1	thja2	tha1	·jij1	śja1	lji2
卍	（吉	祥	之	相）	有，	彼	佛	之	舍	利
[illegible]	[illegible]	[illegible]	[illegible]。	[illegible]	[illegible]	[illegible]！	[illegible]	[illegible]	[illegible]	
tsjɨ1	thja1	wjɨ2	sju2	śja1	rjir2	gji2	thja2	lhjịj2	ɲia2	

① “音万”二字西夏本作“[illegible]”（吉祥之相）。原件中为双行小字，标注于“卍”之下。

② “所有”二字义西夏本未见。

③ 周圆，西夏译作“[illegible]”，字面意思是“各自首尾”。

亦	是	犹	如。	舍	利	子！	彼	国	众

有吉祥之文，彼佛舍利亦复如是。舍利弗！彼国众

20.38.2

[illegible]，	[illegible]	[illegible]	[illegible]	[illegible]	[illegible]	[illegible]	[illegible]	[illegible]
tśhju^{1}	śja^{1}	lji^{2}	·jij^{1}	kjụ^{1}	tshwew^{1}	nio̱w^{1}	śjạ^{1}	ljɨ̣^{1}
生，	舍	利	之	供	养	为	七	宝
[illegible]	[illegible]	[illegible]，	[illegible]	[illegible]	[illegible]	[illegible]	[illegible]	[illegible]
bə^{2}	du^{2}	śjwo^{1}	so̱^{1}	tụ^{1}	ljịj^{2}	tụ^{1}	rjur^{1}	kie̱j^{2}
塔	塔	起，	三	千	大	千	世	界

生，为供舍利起七宝塔，遍满三千大千世界，

20.38.3

[illegible]	[illegible]	[illegible]，	[illegible]	[illegible]	[illegible]	[illegible]	[illegible]	[illegible]
·u^{2}	nja^{1}	swu^{2}	niow^{1}	kie^{1}	tsə̣^{1}	tụ^{1}	bạ^{2}	wjạ^{1}
中	△	满，	又	金	色	千	叶	莲
[illegible]	[illegible]	[illegible]	[illegible]，	[illegible]	[illegible]	[illegible]	[illegible]	[illegible]，
sej^{1}	ŋwu^{2}	kjụ^{1}	tshwew^{1}	thja^{1}	ljịj^{2}	tụ^{1}	rjur^{1}	kie̱j^{2}
华	而	供	养，	其	大	千	世	界，

又以金色千叶莲华而为供养，其大千世界，

20.38.4

[illegible]	[illegible]	[illegible]	[illegible]	[illegible]	[illegible]	[illegible]	[illegible]	[illegible]。
bə^{2}	du^{2}	wjạ^{1}	ŋwu^{2}	tjạ^{1}	wer^{1}	śjwo^{2}	tshjịj^{2}	ljɨ^{1}
塔	塔	华	以	严	饰	庄	严	也。
[illegible]	[illegible]，	[illegible]	[illegible]	[illegible]！	[illegible]	[illegible]	[illegible]	[illegible]
niow^{1}	tśjɨ^{1}	śja^{1}	rjir^{2}	gji^{2}	tjij^{1}	rjur^{1}	ɲia^{2}	tsjij^{2}
复	次，	舍	利	子！	若	诸	菩	萨

即以塔华而为严饰。复次，舍利弗！若诸菩萨

20.38.5

[illegible]	[illegible]	[illegible]	[illegible]	[illegible]	[illegible]	[illegible]	[illegible]①	[illegible]，

① “[illegible]”wo^{2}（义）字于义不合，疑假借作“[illegible]”wo^{2}（应、当）。此二字在《择要》中同组（7.4.2）。下文 20.81.2 亦同。

mji^{1}	mju^{2}	tha^{1}	lhjịj^{2}	·u^{2}	gju^{1}	dzjar^{2}	wo^{2}	tja^{1}
不	动	佛	国	中	度	灭	义	者,
[illegible]	[illegible]	[illegible]	[illegible],	[illegible]	[illegible]	[illegible]	[illegible],	[illegible]
kạ^{1}	bja^{2}	·jij^{1}	zjịj^{1}	ljɨ̣r^{2}	phjɨ^{1}	mjij^{2}	djij^{2}	thjɨ^{2}
命	断	临	时,	念	失	未	曾,	是

于不动佛国将灭度者,临寿终时,曾不失念,

20.38.6

[illegible]	[illegible]	[illegible]	[illegible]	[illegible]	[illegible]。	[illegible]	[illegible]	[illegible]
sju^{2}	mə^{2}	mə^{2}	lja^{2}	·jij^{1}	ljij^{2}	tśhio̱w^{1}	tśhio̱w^{1}	ɲia^{2}
如	种	种	瑞	相	见。	或	或	菩
[illegible]	[illegible]	[illegible]	[illegible]	[illegible]	[illegible],	[illegible]	[illegible]	[illegible]
tsjij^{2}	we̱^{1}	śjɨ^{1}	tjị^{2}	lhjịj^{2}	·u^{2}	mjor^{1}	ljij^{2}	mji^{1}
萨	生	往	可	国	中,	如	来	无

而见如是种种瑞相。或有菩萨见当生土,无有如来,

20.39.1

[illegible],	[illegible]	[illegible]	[illegible]	[illegible]。	[illegible]	[illegible]	[illegible]	[illegible]
dju^{1}	·jij^{1}	tha^{1}	we^{2}	ljij^{2}	tśhio̱w^{1}	tśhio̱w^{1}	thja^{1}	lhjịj^{2}
有,	自	佛	作	见。	或	或	彼	国
[illegible]	[illegible]	[illegible],	[illegible]	[illegible]	[illegible]	[illegible]	[illegible]	[illegible]
·u^{2}	tha^{1}	dju^{1}	·jij^{1}	thja^{2}	·jij^{1}	tshji^{2}	ljij^{1}	djij^{2}
中	佛	有,	自	彼	之	侍	奉	曾

自方作佛。或见彼有佛,当即奉事。

20.39.2

[illegible]。	[illegible]	[illegible]	[illegible]	[illegible]	[illegible]	[illegible]	[illegible]	[illegible]
ljij^{2}	tśhio̱w^{1}	tśhio̱w^{1}	ɲia^{2}	tsjij^{2}	mja^{1}	·o^{1}	·u^{2}	·ja
见。	或	或	菩	萨	母	腹	中	△
[illegible]	[illegible],	[illegible]	[illegible]	[illegible]	[illegible]	[illegible]	[illegible]	[illegible]
ljị^{1}	ljij^{2}	tśhio̱w^{1}	tśhio̱w^{1}	ɲia^{2}	tsjij^{2}	ljij^{2}	gjwɨ^{1}	zjir^{2}
入	见,	或	或	菩	萨	大	甲	胄

或见菩萨入于母胎,或见菩萨被大甲胄,

20.39.3

[illegible]	[illegible]	[illegible]，	[illegible]	[illegible]	[illegible]	[illegible]	[illegible]	[illegible]
dja^{2}	gjwi^{2}	ljij^{2}	tśhio̱w^{1}	tśhio̱w^{1}	nji^{1}	phjɨ^{1}	nji^{1}	nja̱^{2}
△	衣	见，	或	或	家	舍	家	非
[illegible]	[illegible]	[illegible]	[illegible]，	[illegible]	[illegible]	[illegible]	[illegible]	[illegible]
rjijr^{2}	tshwew^{1}	djij^{2}	ljij^{2}	tśhio̱w^{1}	tśhio̱w^{1}	lhejr^{2}	lhjo̱r^{1}	·u^{2}
向	趣	△	见，	或	或	道	场	中

或见舍家趣于非家，或见坐于道场

20.39.4

[illegible]	[illegible]	[illegible]	[illegible]	[illegible]	[illegible]	[illegible]	[illegible]，	[illegible]
dzu̱^{2}	ljij^{2}	gja^{1}	·jij^{1}	rjur^{1}	·jar^{2}	djij^{2}	ljij^{2}	tśhio̱w^{1}
坐	魔	军	之	降	伏	△	见，	或
[illegible]	[illegible]	[illegible]	[illegible]	[illegible]	[illegible]	[illegible]	[illegible]	[illegible]
tśhio̱w^{1}	ɲia^{2}	tsjij^{2}	ŋowr^{2}	ŋowr^{2}	sji̱j^{2}	sji̱j^{2}	ljạ^{1}	djij^{2}
或	菩	萨	一	切	智	智	证	△

降伏魔军，或见菩萨证一切智智，

20.39.5

[illegible]，	[illegible]	[illegible]	[illegible]	[illegible]	[illegible]	[illegible]	[illegible]	[illegible]
ljij^{2}	tśhio̱w^{1}	tśhio̱w^{1}	ɲia^{2}	tsjij^{2}	sjwɨ^{2}	nji̱^{2}	rjur^{1}	kie̱j^{2}
见，	或	或	菩	萨	某	连	世	界
[illegible]，	[illegible]	[illegible]	[illegible]	[illegible]，	[illegible]	[illegible]	[illegible]	[illegible]
·u^{2}	tśhja^{2}	ka^{1}	dwewr^{2}	śjɨj^{1}	tsji̱r^{1}	dźiej^{2}	de̱j^{1}	djij^{2}
中，	正	等	觉	成，	法	轮	转	△

或见菩萨于某①世界，成等正觉，转于法轮。

20.39.6

[illegible]。	[illegible]	[illegible]	[illegible]	[illegible]	[illegible]	[illegible]	[illegible]	[illegible]，
ljij^{2}	tśhio̱w^{1}	tśhio̱w^{1}	ɲia^{2}	tsjij^{2}	tshọ^{2}	ŋa^{1}	gu^{2}	dźji̱j^{1}

① 某，西夏本作"[illegible]"（某连）。按，"[illegible]"nji̱^{2}（连）字与义不合，在此疑假借作"[illegible]"nji̱^{2}（何）。

见。 或 或 菩 萨 虚 空 中 住，

[illegible]

·jij¹ ljụ² mjịj² mjịj² dzjar² zjɨr¹ zjịj¹ mji¹ rjir²

自 身 渐 渐 灭， 少 许 不 遗，

或有菩萨住虚空中，自身渐灭，不遗少分，

20.40.1

[illegible]

śjɨ² tsji² pju² sju² ɣju¹ phju² rjijr² śjɨ¹ mjịj²

草 湿 燃 譬 烟 上 方 往， 渐

[illegible]

mjịj² dźjow¹ ka² źji² dzjar² sji¹ ljij² śja¹ rjir²

渐 离 散 皆 灭 尽 见。 舍 利

譬燃湿草烟气上腾，渐以消散至于灭尽。舍利

20.40.2

[illegible]

gji² thja¹ rjur¹ ɲia² tsjij² gju¹ dzjar² niow¹ rjijr²

子！ 是 诸 菩 萨 度 灭 以 后，

[illegible]

mə¹ dzjwo² ŋowr² ŋowr² wạ² tshwew¹ tshwew¹ djọ² niow¹

天 人 一 切 广 供 养 修。 复

弗！是诸菩萨既灭度已，一切天人备修供养。复

20.40.3

[illegible]

tśjɨ¹ śja¹ rjir² gji² mji¹ mju² mjor¹ ljij² ljij²

次， 舍 利 子！ 不 动 如 来 大

[illegible]

djịj² phã¹ bju¹ djịj² phã¹ kjɨ¹ ·o² tśhja² tsjịr¹

涅 槃 以， 涅 槃 △ 入 正 法

次，舍利弗！不动如来以大涅槃，涅槃已正法

20.40.4

[illegible]	[illegible]	[illegible]	[illegible]	[illegible]。	[illegible]	[illegible]	[illegible]	[illegible]
·jir^{2}	tụ^{1}	kja^{2}	rjur^{1}	dźjịj^{1}	dzjɨj^{1}	śja^{1}	rjir^{2}	gji^{2}
百	千	劫	世	住。	时	舍	利	子
[illegible]	[illegible]	[illegible]	[illegible]:	[illegible]	[illegible],	[illegible]	[illegible]	[illegible]
tha^{1}	·jij^{1}	dạ^{2}	jɨ^{2}	rjur^{1}	pjụ^{1}	mji^{1}	mju^{2}	mjor^{1}
佛	之	白	言:	世	尊,	不	动	如

住世经百千劫。时舍利弗白佛言:世尊,不动如

20.40.5

[illegible]	[illegible]	[illegible]	[illegible],	[illegible]	[illegible]	[illegible]	[illegible]	[illegible]
ljịj^{2}	tśhja^{2}	tsjịr^{1}	dźjịj^{1}	kja^{2}	tja^{1}	wa^{2}	sju^{2}	kja^{2}
来	正	法	住,	劫	者	何	如	劫
[illegible]?	[illegible]	[illegible]	[illegible]	[illegible]	[illegible]	[illegible]:	[illegible]	[illegible]
ŋwu^{2}	tha^{1}	śja^{1}	rjir^{2}	gji^{2}	·jij^{1}	jɨ^{2}	njɨ^{1}	ɣạ^{2}
是?	佛	舍	利	子	之	谓:	二	十

来正法所住,是何等劫?佛告舍利弗:二十

20.40.6

[illegible]	[illegible]	[illegible]	[illegible]	[illegible]	[illegible],	[illegible]	[illegible]	[illegible]
kja^{2}	tsəj^{1}	ŋwu^{2}	·ja	kja^{2}	we^{2}	thja^{1}	tsjịr^{1}	thjɨ^{2}
劫	小	以	一	劫	为,	彼	法	是
[illegible]	[illegible]	[illegible]	[illegible]	[illegible]	[illegible]	[illegible]。	[illegible]	[illegible]
sju^{2}	·jir^{2}	tụ^{1}	kja^{2}	ŋew^{2}	rjur^{1}	dźjịj^{1}	śja^{1}	rjir^{2}
如	百	千	劫	数	世	住。	舍	利

小劫以为一劫,彼住①如是百千劫数。舍利

20.41.1

[illegible]!	[illegible]	[illegible]	[illegible]	[illegible],	[illegible]	[illegible]	[illegible]	[illegible],
gji^{2}	tśhja^{2}	tsjịr^{1}	dzjar^{2}	niow^{1}	ljịj^{2}	bji^{1}	swew^{1}	dju^{1}

① 彼住,西夏本作“[illegible]”(彼法住世)。

子！	正	法	灭	已，	大	光	明	有，
[illegible]	[illegible]	[illegible]	[illegible]，	[illegible]	[illegible]	[illegible]	[illegible]	[illegible]
śja^{1}	rjijr^{2}	kię̣j^{2}	swew^{1}	źji^{2}	sa̱r^{1}	mju^{2}	lji̱j^{2}	mə^{2}
十	方	界	照，	皆	震	动	大	音

弗！正法灭已，有大光明，照十方界，地①皆震动发大音

20.41.2

[illegible]	[illegible]。	[illegible]	[illegible]	[illegible]	[illegible]	[illegible]	[illegible]②	[illegible]
ɣię̣^{2}	to^{2}	thja^{1}	tsji̱r^{1}	mə^{1}	lji̱j^{2}	dźjɨ	wji^{1}	dja^{2}
声	发。	彼	法	天	魔	△	△	△
[illegible]	[illegible]	[illegible]，	[illegible]	[illegible]	[illegible]	[illegible]	[illegible]	[illegible]
lji̱j^{2}	ljɨ̣^{1}	nja̱^{2}	mjor^{1}	lji̱j^{2}	niow^{1}	ɣię̣^{2}	mji^{1}	·ji^{1}
坏	亦	非，	如	来	及	声	闻	众

声。然彼非天魔之所能坏，亦非如来及声闻众

20.41.3

[illegible]	[illegible]	[illegible]	[illegible]	[illegible]	[illegible]	[illegible]。	[illegible]	[illegible]
dźjɨ	wji^{1}	bu^{1}	lwu^{2}	phji^{1}	ljɨ̣^{1}	nja̱^{2}	lew^{1}	tśhjɨ^{1}
△	△	沉	隐	令	亦	非。	但	彼
[illegible]	[illegible]	[illegible]	[illegible]	[illegible]	[illegible]，	[illegible]	[illegible]	[illegible]
bjij^{2}	dzjwo^{2}	nji^{2}	lhjij^{2}	mjijr^{2}	zjɨ̱r^{1}	mji^{1}	dzu^{1}	mjijr^{2}
时	人	听	受	者	少，	不	乐	者

而自沉隐。但由彼时人少有听受，多无欲乐。

20.41.4

[illegible]。	[illegible]	[illegible]	[illegible]	[illegible]，	[illegible]	[illegible]	[illegible]	[illegible]。
la̱^{1}	rjur^{1}	tsji̱r^{1}	tshjij^{1}	mjijr^{2}	to^{2}	źji^{2}	khwa^{1}	ta^{1}
多。	诸	法	说	者，	皆	悉	远	逃。
[illegible]	[illegible]	[illegible]	[illegible]	[illegible]	[illegible]	[illegible]	[illegible]	[illegible]，
tśhja^{2}	tsji̱r^{1}	ɣa^{2}	mji^{1}	rejr^{2}	mji^{1}	ku^{1}	mji^{1}	dźiej^{2}

① “地”字义西夏本未见。
② “[illegible][illegible]”为施动格标记，下同。

正	法	于	不	增	闻	则	不	信，

能说法者，皆悉远之。既于正法寡闻转增不信①，

20.41.5

[illegible]	[illegible]	[illegible]	[illegible]	[illegible]	[illegible]	[illegible]	[illegible]	[illegible]
gjij¹	ljịj¹	mji¹	dźiej²	ljịj¹	ku¹	khu¹	dźjij¹	tsjɨ¹
增	长	不	信	长	则	精	勤	亦
[illegible]。	[illegible]	[illegible]	[illegible]	[illegible]	[illegible]	[illegible]	[illegible]	[illegible]，
mjij¹	tsji̱r¹	nwə¹	phji²	khjiw²	·jij¹	mjij¹	sej¹	phjɨ¹
无。	法	知	比	丘	自	寂	静	退，

不信增长则无精勤。知法比丘自当退静，

20.41.6

[illegible]	[illegible]	[illegible]	[illegible]	[illegible]	[illegible]	[illegible]，	[illegible]
thja¹	tsji̱r¹	mji¹	dzu¹	mji¹	dej¹	dźjịj¹	ku¹
彼	法	闻	欲	不	宣	行，	则
[illegible]	[illegible]	[illegible]	[illegible]	[illegible]	[illegible]	[illegible]	[illegible]。
thja²	tha¹	·jij¹	tsji̱r¹	mji̱j²	mji̱j²	lwạ¹	ljɨ¹
彼	佛	之	法	渐	渐	灭	也。

观无②乐欲不复弘宣，彼佛微言③渐当隐没。

汉文本

复次，舍利弗！不动如来般涅槃后，乃至正法住世。彼佛刹中所生菩萨摩诃萨，亦当入其数。所以者何？由彼如来本愿力故。是诸菩萨，若于后时受生彼者，应当读诵百八法门，读诵兹已方能受持彼一切法。不动如来之所安立一百八法门本性。我灭度后，若有菩萨摩诃萨当生彼刹者，亦当读诵一百八法门，及能受持一切法门。舍利弗！不动如来、应、正等觉，善能摄受诸菩萨摩诃萨。佛虽灭度，其说法声及庄严功德，与佛在世等无有异。

复次，舍利弗！彼不动如来、应、正等觉，从身出火而自阇维，舍利遗形皆作金色，譬如低弥罗树，随分断处皆有卍（音万）字之文，如来舍利亦复如是。复次，舍利弗！不动如来所有舍利，分分周圆，表里皆有吉祥之相（相表之文其状如下）卍。舍利弗！譬如补罗迦树，随解之处中表皆有吉祥之文，彼佛

① 西夏本作“[illegible]”（不增闻则不信）。
② 观无，西夏本作“[illegible]”（彼法）。
③ 彼佛微言，西夏本作“[illegible]”（彼佛之法）。

舍利亦复如是。舍利弗！彼国众生,为供舍利起七宝塔,遍满三千大千世界,又以金色千叶莲华而为供养,其大千世界,即以塔华而为严饰。

复次,舍利弗！若诸菩萨于不动佛国将灭度者,临寿终时,曾不失念,而见如是种种瑞相。或有菩萨见当生土,无有如来,自方作佛。或见彼有佛,当即奉事。或见菩萨入于母胎,或见菩萨被大甲胄,或见舍家趣于非家,或见坐于道场降伏魔军,或见菩萨证一切智智,或见菩萨于某世界,成等正觉,转于法轮。或有菩萨住虚空中,自身渐灭,不遗少分,譬燃湿草烟气上腾,渐以消散至于灭尽。舍利弗！是诸菩萨既灭度已,一切天人备修供养。

复次,舍利弗！不动如来以大涅槃,涅槃已正法住世经百千劫。时舍利弗白佛言:世尊,不动如来正法所住,是何等劫？佛告舍利弗:二十小劫以为一劫,彼住如是百千劫数。舍利弗！正法灭已,有大光明,照十方界,地皆震动发大音声。然彼非天魔之所能坏,亦非如来及声闻众而自沉隐。但由彼时人少有听受,多无欲乐。能说法者,皆悉远之。既于正法寡闻转增不信,不信增长则无精勤。知法比丘自当退静,观无乐欲不复弘宣,彼佛微言渐当隐没。

20.42.1

[illegible]	[illegible]	[illegible]	[illegible]	[illegible]	[illegible]	[illegible]
we̱^{1}	śjɨ^{1}	·jiw^{1}	nio̱w^{1}	tjij^{1}	tśhjiw^{1}	tsew^{2}
往	生	因	缘	品	六	第

往生因缘品第六

20.42.2

[illegible]	[illegible]，	[illegible]	[illegible]	[illegible]	[illegible]	[illegible]	[illegible]	[illegible]
tśhjɨ^{1}	zjọ^{2}	pjụ^{1}	tja^{1}	śja^{1}	rjir^{2}	gji^{2}	tha^{1}	·jij^{1}
尔	时，	尊	者	舍	利	子	佛	之
[illegible]	[illegible]：	[illegible]	[illegible]，	[illegible]	[illegible]	[illegible]	[illegible]	[illegible]
dạ^{2}	jɨ^{2}	rjur^{1}	pjụ^{1}	po^{1}	tsa^{1}	ma^{2}	ŋạ^{2}	tsa^{1}
谓	言：	世	尊，	菩	萨	摩	诃	萨

尔时,尊者舍利弗白佛言:世尊,菩萨摩诃萨

20.42.3

[illegible]	[illegible]	[illegible]	[illegible]	[illegible]	[illegible]	[illegible]	[illegible]，	[illegible]	[illegible]
wa^{2}	sju^{2}	·jiw^{1}	nio̱w^{1}	ne̱w^{2}	tśhji^{2}	ɣie^{1}	bju^{1}	tha^{1}	lhjịj^{2}
何	如	因	缘	善	根	力	以，	佛	刹
[illegible]	[illegible]	[illegible]	[illegible]？	[illegible]	[illegible]	[illegible]	[illegible]	[illegible]	
·u^{2}	we̱^{1}	rjir^{1}	ljɨ^{1}	tha^{1}	śja^{1}	rjir^{2}	gji^{2}	·jij^{1}	

中	生	得	也？	佛	舍	利	子	之

以何因缘善根之力，于彼佛刹而得受生？佛告舍利弗：

20.42.4

[illegible]：	[illegible]	[illegible]	[illegible]	[illegible]	[illegible]	[illegible]	[illegible]	[illegible]
jɨ^{2}	tjij^{1}	po^{1}	tsa^{1}	ma^{2}	ŋạ^{2}	tsa^{1}	thjo̱^{1}	de^{2}
告：	若	菩	萨	摩	诃	萨	妙	喜
[illegible]	[illegible]	[illegible]	[illegible]	[illegible]，	[illegible]	[illegible]	[illegible]	[illegible]
rjur^{1}	kiẹj^{2}	·u^{2}	we̱^{1}	kiẹj^{2}	ku^{1}	thja^{1}	mji^{1}	mju^{2}
世	界	中	生	欲，	则	彼	不	动

若菩萨摩诃萨欲生妙喜世界者，

20.42.5

[illegible]	[illegible]	[illegible]	[illegible]	[illegible]	[illegible]	[illegible]	[illegible]	[illegible]、
mjor^{1}	ljịj^{2}	·jij^{1}	njwo^{2}	rjɨr^{2}	djọ^{2}	ɲia^{2}	tsjij^{2}	dźjɨ
如	来	之	昔	乃	修	菩	萨	行、
[illegible]	[illegible]	[illegible]	[illegible]	[illegible]	[illegible]	[illegible]	[illegible]	[illegible]
·ja	śjwo^{1}	tjị^{1}	dạ^{2}	ɣie^{1}	niow^{1}	thja^{1}	lhjịj^{2}	·u^{2}
△	发	誓	言	力	及	彼	国	中

应学①不动如来往昔行菩萨行、发弘誓心

20.42.6

[illegible]	[illegible]	[illegible]	[illegible]	[illegible]，	[illegible]	[illegible]	[illegible]	[illegible]
wjij^{2}	we̱^{1}	ŋa^{2}	jɨ^{2}	lew^{2}	thjɨ^{2}	sju^{2}	dźjɨ	tjị^{1}
愿	生	△	谓	应，	是	如	行	愿
[illegible]	[illegible]	[illegible]，	[illegible]	[illegible]	[illegible]	[illegible]	[illegible]	[illegible]。
·jiw^{1}	nio̱w^{1}	bju^{1}	thja^{2}	tha^{1}	lhjịj^{2}	·u^{2}	we̱^{1}	ljɨ^{1}
因	缘	以，	彼	佛	刹	中	生	也。

愿生其国，如是行愿能作因缘，生彼佛刹。

20.43.1

[illegible]	[illegible]，	[illegible]	[illegible]	[illegible]！	[illegible]	[illegible]	[illegible]	[illegible]

① 学，西夏本作“[illegible]”（力）。按，“[illegible]”ɣie^{1}（力）字假借作“[illegible]”ɣiew^{1}（学）。此二字在《择要》中同组（11.9.1）。

niow^{1}	tśjɨ^{1}	śja^{1}	rjir^{2}	gji^{2}	po^{1}	tsa^{1}	ma^{2}	ŋạ^{2}
复	次，	舍	利	子！	菩	萨	摩	诃
[illegible]	[illegible]	[illegible]	[illegible]	[illegible]	[illegible]	[illegible]，	[illegible]	[illegible]
tsa^{1}	thã^{1}	po^{1}	lo^{1}	bji̱^{2}	dźji̱j^{1}	zji̱j^{1}	thjɨ^{2}	rjir^{2}
萨	檀	波	罗	蜜	行	时，	此	与

复次，舍利弗！菩萨摩诃萨行檀波罗蜜时，以此

20.43.2

[illegible]	[illegible]	[illegible]	[illegible]	[illegible]	[illegible]	[illegible]	[illegible]	[illegible]
bju^{1}	śjij^{1}	ne̱w^{2}	tśhji^{2}	ŋwu^{2}	źji^{2}	phju^{2}	po^{1}	tjɨj^{1}
相	应	善	根	以	无	上	菩	提
[illegible]	[illegible]	[illegible]，	[illegible]	[illegible]	[illegible]	[illegible]	[illegible]	[illegible]
rjijr^{2}	ljɨ̱^{1}	tshwew^{1}	mji^{1}	mju^{2}	mjor^{1}	ljij^{2}	rjir^{2}	·jij^{1}
方	回	向，	不	动	如	来	与	愿

相应善根回向无上菩提，愿与不动如来

20.43.3

[illegible]	[illegible]	[illegible]	[illegible]。	[illegible]	[illegible]	[illegible]！	[illegible]	[illegible]
dźju^{2}	ber^{2}	nji^{2}	jɨ^{2}	śja^{1}	rjir^{2}	gji^{2}	thjɨ^{2}	·jiw^{1}
会	遇	△	谓。	舍	利	子！	此	因
[illegible]	[illegible]	[illegible]	[illegible]	[illegible]	[illegible]	[illegible]。	[illegible]	[illegible]
nio̱w^{1}	bju^{1}	thja^{2}	lhji̱j^{2}	·u^{2}	we̱^{1}	ljɨ^{1}	thjɨ^{2}	sju^{2}
缘	以	彼	国	中	生	也。	是	如

共相会遇。舍利弗！以此因缘当生彼界。如是

20.43.4

[illegible]	[illegible]	[illegible]	[illegible]	[illegible]，	[illegible]	[illegible]	[illegible]	[illegible]
po^{1}	tsa^{1}	ma^{2}	ŋạ^{2}	tsa^{1}	śiə^{1}	po^{1}	lo^{1}	bji̱^{2}
菩	萨	摩	诃	萨，	尸	波	罗	蜜
[illegible]	[illegible]	[illegible]	[illegible]	[illegible]	[illegible]	[illegible]	[illegible]，	[illegible]
rjɨr^{2}	njɨ^{2}	pa^{2}	rja^{2}	po^{1}	lo^{1}	bji̱^{2}	dźji̱j^{1}	tsjɨ^{1}
乃	至	般	若	波	罗	蜜	行，	亦

菩萨摩诃萨，行尸波罗蜜乃至般若波罗蜜，亦

20.43.5

[illegible]	[illegible]	[illegible]	[illegible]。	[illegible]	[illegible]，	[illegible]	[illegible]	[illegible]！
źji2	thja1	wjɨ2	sju2	niow1	tśjɨ1	śja1	rjir2	gji2
皆	是	犹	如。	复	次，	舍	利	子！
[illegible]	[illegible]	[illegible]	[illegible]	[illegible]	[illegible]	[illegible]，	[illegible]	[illegible]
mji1	mju2	mjor1	ljij2	·jij1	bji1	swew1	so̱1	tụ1
不	动	如	来	之	光	明，	三	千

复如是。复次，舍利弗！不动如来光明，普照三千

20.43.6

[illegible]	[illegible]	[illegible]	[illegible]	[illegible]	[illegible]	[illegible]。	[illegible]	[illegible]
ljij2	tụ1	tha1	lhjij2	io̱1	zjir2	swew1	ɲia2	tsjij2
大	千	佛	刹	土	普	照。	菩	萨
[illegible]	[illegible]：	[illegible]	[illegible]	[illegible]	[illegible]	[illegible]	[illegible]	[illegible]
thjɨ2	jɨ2	tjị1	kụ1	lja1	zjo̱2	thja1	bji1	kjij1
是	谓：	愿	后	来	世	彼	光	同

大千佛之刹土。① 愿于来世当见此光，

20.44.1

[illegible]	[illegible]，	[illegible]	[illegible]	[illegible]	[illegible]	[illegible]	[illegible]。	[illegible]
lji2	ŋa2	źji2	phju2	dwewr2	kjij1	lja̱1	ŋa2	thja1
见	△，	无	上	觉	同	证	△。	彼
[illegible]	[illegible]	[illegible]	[illegible]，	[illegible]	[illegible]	[illegible]	[illegible]	[illegible]
bji1	lji2	ŋa2	niow1	ljij2	po1	tjij1	djij2	śjɨj1
光	见	△	已，	大	菩	提	当	成

证无上觉。因见光已，成大菩提，复

20.44.2

[illegible]，	[illegible]	[illegible]	[illegible]	[illegible]	[illegible]	[illegible]	[illegible]	[illegible]
ŋa2	·jij1	ljụ2	bji1	ŋwu2	rjur1	kię̱j2	zjir2	kjij1

① 西夏本句下有“[illegible]”（菩萨是谓）四字。

△，	自	身	光	以	世	界	遍	同
[illegible]	[illegible]	[illegible]。	[illegible]	[illegible]	[illegible]！	[illegible]	[illegible]	[illegible]
swew[1]	ŋa[2]	jɨ[2]	śja[1]	rjir[2]	gji[2]	ɲia[2]	tsjij[2]	thjɨ[2]
照	△	谓。	舍	利	子！	菩	萨	是

以身光遍满世界。舍利弗！菩萨以

20.44.3

[illegible]	[illegible]	[illegible]	[illegible]	[illegible]	[illegible]	[illegible]	[illegible]。	[illegible]
·jiw[1]	nio̱w[1]	bju[1]	thja[2]	lhjịj[2]	·u[2]	we̱[1]	ljɨ[1]	niow[1]
因	缘	以	彼	土	中	生	也。	复
[illegible]，	[illegible]	[illegible]	[illegible]！	[illegible]	[illegible]	[illegible]	[illegible]：	[illegible]
tśjɨ[1]	śja[1]	rjir[2]	gji[2]	ɲia[2]	tsjij[2]	thjɨ[2]	jɨ[2]	tjị[1]
次，	舍	利	子！	菩	萨	是	谓：	愿

是因缘当生彼土。复次，舍利弗！① 彼不动

20.44.4

[illegible]	[illegible]	[illegible]	[illegible]	[illegible]	[illegible]、	[illegible]	[illegible]、	[illegible]
ŋa[2]	thja[2]	mji[1]	mju[2]	mjor[1]	ljịj[2]	bju[1]	wo[2]	tśhja[2]
我	彼	不	动	如	来、	应	供、	正
[illegible]	[illegible]、	[illegible]	[illegible]	[illegible]	[illegible]	[illegible]	[illegible]	[illegible]
ka[1]	dwewr[2]	niow[1]	mjɨ[1]	pjụ[1]	bju[2]	mjij[1]	rjur[1]	ɣię[2]
等	觉、	及	无	量	边	无	诸	声

如来、应、正等觉、诸声闻众无量无边②

20.44.5

[illegible]	[illegible]	[illegible]	[illegible]	[illegible]	[illegible]。	[illegible]	[illegible]	[illegible]
mji[1]	·ji[1]	·jij[1]	kjij[1]	lji[2]	ŋa[2]	thja[1]	lji[2]	ŋa[2]
闻	众	之	同	见	△。	彼	见	△
[illegible]，	[illegible]	[illegible]	[illegible]	[illegible]	[illegible]	[illegible]，	[illegible]	[illegible]
niow[1]	thjɨ[2]	sju[2]	dźjɨ	·jij[1]	śjwi[1]	ŋa[2]	tha[1]	po[1]

① 西夏本句下有“[illegible]”(菩萨是谓)四字。

② 西夏本“无量无边”义在“诸声闻众”之上。

已，　是　如　行　愿　起　△，　佛　菩

愿我当见。见已，起如是行，证佛菩

20.44.6

[illegible]

tjɨj1　kjij1　lja1　ŋa2　po1　tjɨj1　lja1　ŋa2　zjij1

提　同　证　△。　菩　提　证　△　时，

[illegible]

thjɨ2　sju2　mjɨ1　pju1　ŋew2　mjij1　rjur1　ɣie2　mji1

是　如　无　量　数　无　诸　声　闻

提。证菩提时，亦有如是无量无数诸声闻

20.45.1

[illegible]

·ji1　djij2　dźjo2　ŋa2　jɨ2　śja1　rjir2　gji2　po1

众　当　有　△　谓。　舍　利　子！　菩

[illegible]

tsa1　ma2　ŋa2　tsa1　thjɨ2　·jiw1　niow1　bju1　thja2

萨　摩　诃　萨　是　因　缘　以　彼

众。舍利弗！以是因缘故菩萨摩诃萨于彼

20.45.2

[illegible]

tha1　lhjij2　·u2　we1　ljɨ1

佛　刹　中　生　也。

佛刹而得受生。

汉文本

往生因缘品第六

尔时，尊者舍利弗白佛言：世尊，菩萨摩诃萨以何因缘善根之力，于彼佛刹而得受生？佛告舍利弗：若菩萨摩诃萨欲生妙喜世界者，应学不动如来往昔行菩萨行、发弘誓心愿生其国，如是行愿能作因缘，生彼佛刹。

复次,舍利弗!菩萨摩诃萨行檀波罗蜜时,以此相应善根回向无上菩提,愿与不动如来共相会遇。舍利弗!以此因缘当生彼界。如是菩萨摩诃萨,行尸波罗蜜乃至般若波罗蜜,亦复如是。

复次,舍利弗!不动如来光明,普照三千大千佛之刹土。愿于来世当见此光,证无上觉。因见光已,成大菩提,复以身光遍满世界。舍利弗!菩萨以是因缘当生彼土。

复次,舍利弗!彼不动如来、应、正等觉、诸声闻众无量无边愿我当见。见已,起如是行,证佛菩提。证菩提时,亦有如是无量无数诸声闻众。舍利弗!以是因缘故菩萨摩诃萨于彼佛刹而得受生。

20.45.2

[illegible]	[illegible],	[illegible]	[illegible]	[illegible]!	[illegible]	[illegible]
niow1	tśjɨ1	śja1	rjir2	gji2	ŋa2	thja2
复	次,	舍	利	子!	我	彼
[illegible]	[illegible]	[illegible]	[illegible]	[illegible]	[illegible]	
tha1	lhjịj2	·u2	mjɨ1	pjụ1	bju2	
佛	刹	中	无	量	边	

复次,舍利弗!彼佛刹中菩萨摩诃萨无量无

20.45.3

[illegible]	[illegible]	[illegible]	[illegible]	[illegible]	[illegible]	[illegible]	[illegible]	[illegible],
mjij1	po1	tsa1	ma2	ŋa2	tsa1	·jij1	ljij2	kięj2
无	菩	萨	摩	诃	萨	之	见	欲,
[illegible]	[illegible]	[illegible]	[illegible],	[illegible]	[illegible]	[illegible]	[illegible],	[illegible]
thja1	rjur1	ɲia2	tsjij2	śjā1	djɨj2	dźjɨ	dźjij1	tjị1
此	诸	菩	萨,	禅	定	行	行,	愿

边①我当欲见,此诸菩萨,行禅定行,愿

20.45.4

[illegible]	[illegible]	[illegible]	[illegible]	[illegible]	[illegible],	[illegible]	[illegible]	[illegible]
ŋa2	thja1	bju1	rjijr2	ɣiew1	ŋa2	rjur1	ɲia2	tsjij2
我	彼	随	愿	学	△,	诸	菩	萨
[illegible]	[illegible]	[illegible]	[illegible]	[illegible],	[illegible]	[illegible]	[illegible]	[illegible]
rjir2	rjur1	rjur1	rjijr2	dzjị2	nji2	ɣiew1	kjij1	thwụ1
与	处	处	愿	集,	且	学	同	同

当随学,与诸菩萨处处结集,同学同

---

① 西夏本"无量无边"义在"菩萨摩诃萨"之上。

20.45.5

[illegible]	[illegible]	[illegible]	[illegible]	[illegible]	[illegible]	[illegible]	[illegible]	[illegible]，
nji^{2}	·ụ^{2}	kjij^{1}	thwu̱^{1}	źji^{2}	dźjwa^{1}	tsjɨ^{1}	kjij^{1}	thwu̱^{1}
且	乘	同	同	究	竟	亦	同	同，
[illegible]	[illegible]	[illegible]	[illegible]	[illegible]	[illegible]	[illegible]	[illegible]	[illegible]
nji^{2}	tji̱^{1}	ŋa^{2}	iọ^{1}	sə^{1}	lji̱j^{2}	njij^{2}	wju̱^{1}	kju̱^{1}
且	愿	我	圆	满	大	慈	悲	求

乘同俱究竟，愿当会遇欲求圆满大慈悲者，欲求

20.45.6

[illegible]，	[illegible]	[illegible]	[illegible]	[illegible]	[illegible]	[illegible]	[illegible]，	[illegible]
mjijr^{2}	po^{1}	tjɨj^{1}	niow^{1}	śia^{1}	mẽ^{1}	kju̱^{1}	mjijr^{2}	njɨ̱^{1}
者，	菩	提	及	沙	门	求	者，	二
[illegible]	[illegible]	[illegible]	[illegible]	[illegible]，	[illegible]	[illegible]	[illegible]	[illegible]
·ụ^{2}	njij^{1}	dźjɨ̱r^{1}	ka^{2}	mjijr^{2}	źjɨr^{1}	ɣiej^{1}	ŋa^{1}	tsji̱r^{2}
乘	心	舍	离	者，	真	实	空	性

菩提及沙门者，舍离二乘心者，安住真实空性

20.46.1

[illegible]	[illegible]	[illegible]，	[illegible]	[illegible]	[illegible]	[illegible]	[illegible]	[illegible]
no^{2}	dźji̱j^{1}	mjijr^{2}	tha^{1}	mjor^{1}	lji̱j^{2}	ŋowr^{2}	ŋowr^{2}	sji̱j^{2}
安	住	者，	佛	如	来	一	切	智
[illegible]	[illegible]	[illegible]	[illegible]	[illegible]，	[illegible]	[illegible]	[illegible]	[illegible]
tsji̱r^{2}	niow^{1}	tsji̱r^{1}	sẽ^{1}	mji̱j^{2}	ljɨ̱r^{2}	dźjij^{1}	twẹ^{2}	twẹ^{2}
性	及	法	僧	名，	念	住	相	续

者，于佛如来一切智性及法僧名号，念住相续

20.46.2

[illegible]	[illegible]	[illegible]	[illegible]	[illegible]	[illegible]。	[illegible]	[illegible]	[illegible]！
mjijr^{2}	rjir^{2}	·jij^{1}	ber^{2}	ŋa^{2}	jɨ^{2}	śja^{1}	rjir^{2}	gji^{2}
者	与	乃	遇	△	谓。	舍	利	子！

tjij1	nẹw2	gọr1	gji2	nẹw2	sji2	dzjwo2	thja1	tsə̣1
若	善	男	子	善	女	人,	是	色

者。舍利弗！若善男子善女人,闻是色

20.46.3

djịj1	ɲia2	tsjij2	·jij1	mjịj2	mji1	tsjɨ1	thja2	tha1
类	菩	萨	之	名	闻,	亦	彼	佛
lhjịj2	·u2	wẹ1	rjir1	niow1	pa2	rja2	po1	lo1
刹	中	生	得。	况	般	若	波	罗

类菩萨名者,于彼佛刹当得受生。何况与般若波罗

20.46.4

bjị2	rjir2	bju1	śjij1	nẹw2	tśhji2	ŋwu2	mji1	mju2
蜜	与	相	应	善	根	以	不	动
mjor1	ljịj2	bju1	wo2	tśhja2	ka1	dwewr2	rjijr2	ljɨ̣1
如	来、	应	供、	正	等	觉	方	回

蜜相应善根回向不动如来、应、正等觉。

20.46.5

tshwew1	mjijr2	tja1	mji1	wẹ1	tjị2	ljọ2	wjij2	śja1
向	者	者,	不	生	可	何	有。	舍
rjir2	gji2	thja1	dzjwo2	thjɨ2	·jiw1	niọw1	bju1	kjɨ1
利	子!	是	人	是	因	缘	以	决

舍利弗！以是因缘是人于彼佛土决

20.46.6

[illegible]	[illegible]	[illegible]	[illegible]	[illegible]	[illegible]	[illegible]。	[illegible]	[illegible]，
djɨj^{2}	thja^{2}	tha^{1}	lhjịj^{2}	·u^{2}	wẹ^{1}	ljɨ^{1}	niow^{1}	tśjɨ^{1}
定	彼	佛	土	中	生	也。	复	次，
[illegible]	[illegible]	[illegible]！	[illegible]	[illegible]	[illegible]	[illegible]	[illegible]	[illegible]
śja^{1}	rjir^{2}	gji^{2}	tjij^{1}	po^{1}	tsa^{1}	ma^{2}	ŋạ^{2}	tsa^{1}
舍	利	子！	若	菩	萨	摩	诃	萨

定当生。复次，舍利弗！若菩萨摩诃萨

20.47.1

[illegible]	[illegible]	[illegible]	[illegible]	[illegible]	[illegible]，	[illegible]	[illegible]	[illegible]
thja^{2}	tha^{1}	lhjịj^{2}	·u^{2}	wẹ^{1}	kiẹj^{2}	ku^{1}	wjɨ̣^{2}	rjijr^{2}
彼	佛	刹	中	生	愿，	则	东	方
[illegible]	[illegible]	[illegible]	[illegible]	[illegible]，	[illegible]	[illegible]	[illegible]	[illegible]
mjɨ^{1}	pjụ^{1}	rjur^{1}	kiẹj^{2}	·u^{2}	rjur^{1}	tha^{1}	mjor^{1}	ljịj^{2}
无	量	世	界	中，	诸	佛	如	来

愿生彼佛刹者，于东方无量世界，诸佛如来

20.47.2

[illegible]	[illegible]	[illegible]	[illegible]，	[illegible]	[illegible]	[illegible]	[illegible]	[illegible]
rjɨr^{2}	tshjịj^{1}	thjọ^{1}	tsji̱r^{1}	niow^{1}	ɣiẹ^{2}	mji^{1}	·ji^{1}	thja^{1}
△	说	妙	法，	及	声	闻	众	其
[illegible]	[illegible]	[illegible]	[illegible]	[illegible]	[illegible]	[illegible]	[illegible]，	[illegible]
jwɨr^{1}	·jij^{1}	bju^{1}	·ju^{2}	rjir^{2}	dźjij^{1}	sju^{2}	ljɨ̱r^{2}	tjị^{1}
形	象	以	前	面	在	如	念，	愿

说微妙法，及声闻众应以其像随念在前，愿

20.47.3

[illegible]	[illegible]	[illegible]	[illegible]	[illegible]	[illegible]	[illegible]，	[illegible]	[illegible]
ŋa^{2}	kụ^{1}	po^{1}	tjɨj^{1}	kjij^{1}	ljạ^{1}	ŋa^{2}	thjọ^{1}	tsji̱r^{1}
我	当	菩	提	同	证	△，	妙	法

[illegible]	[illegible]	[illegible]。	[illegible]	[illegible]	[illegible]	[illegible]	[illegible]	[illegible]
rjijr^{2}	tshjịj^{1}	ŋa^{2}	niow^{1}	ɣię^{2}	mji^{1}	·ji^{1}	źji^{2}	thja^{1}
愿	说	△。	及	声	闻	众	皆	彼

我当证菩提，说微妙法。及声闻众皆如彼

20.47.4

[illegible]	[illegible]	[illegible]	[illegible]	[illegible]	[illegible]	[illegible]	[illegible]。	[illegible]
tha^{1}	rjir^{2}	·ja	tjɨj^{2}	djij^{2}	we^{2}	ŋa^{2}	jɨ^{2}	śja^{1}
佛	与	一	样	当	为	△	谓。	舍
[illegible]	[illegible]！	[illegible]	[illegible]	[illegible]	[illegible]	[illegible]	[illegible]	[illegible]
rjir^{2}	gji^{2}	thja^{1}	rjur^{1}	ɲia^{2}	tsjij^{2}	sọ^{1}	mə^{2}	bju^{1}
利	子！	是	诸	菩	萨	三	种	随

佛。舍利弗！是诸菩萨应修三种随

20.47.5

[illegible]	[illegible]	[illegible]	[illegible]，	[illegible]	[illegible]	[illegible]	[illegible]	[illegible]
ljɨ̣r^{2}	ne̱w^{2}	tśhji^{2}	djọ^{2}	thjɨ^{2}	ne̱w^{2}	tśhji^{2}	ŋwu^{2}	ɲia^{2}
念	善	根	修，	此	善	根	以	众
[illegible]	[illegible]	[illegible]	[illegible]	[illegible]	[illegible]	[illegible]	[illegible]，	[illegible]
tśhju^{1}	ŋowr^{2}	ŋowr^{2}	rjir^{2}	tśhja^{2}	ka^{1}	gu^{2}	wẹ^{1}	·ja
生	一	切	与	平	等	共	有，	阿

念善根，愿与一切众生平等共习，

20.47.6

[illegible]	[illegible]	[illegible]	[illegible]	[illegible]	[illegible]	[illegible]	[illegible]	[illegible]
du̱^{2}	tow^{1}	lo^{1}	sã^{1}	bia^{1}	sã^{1}	po^{1}	tjɨj^{1}	rjijr^{2}
耨	多	罗	三	藐	三	菩	提	方
[illegible]	[illegible]	[illegible]。	[illegible]	[illegible]	[illegible]！	[illegible]	[illegible]	[illegible]
ljɨ̱^{1}	tshwew^{1}	lew^{2}	śja^{1}	rjir^{2}	gji^{2}	thjɨ^{2}	sju^{2}	ɲia^{2}
回	向	应。	舍	利	子！	是	如	菩

以此善根①回向阿耨多罗三藐三菩提。舍利弗！如是菩

① 西夏本“以此善根”四字义位于“愿与一切众生平等共习”之上。

20.48.1

[illegible]	[illegible]	[illegible]	[illegible]	[illegible]	[illegible]	[illegible]	[illegible]	[illegible]
tsjij^{2}	·jij^{1}	ljɨ^{1}	tshwew^{1}	ne̱w^{2}	tśhji^{2}	tja^{1}	tsew^{2}	du^{2}
萨	之	回	向	善	根	者	限	量
[illegible]	[illegible]，	[illegible]	[illegible]	[illegible]	[illegible]	[illegible]	[illegible]，	[illegible]
mji^{1}	dju^{1}	tjɨ^{1}	tjij^{1}	ɲia^{2}	tśhju^{1}	ŋowr^{2}	ŋowr^{2}	·jij^{1}
无	有，	假	若	众	生	一	切，	各

萨回向善根无有限量，假使一切众生，各

20.48.2

[illegible]	[illegible]	[illegible]	[illegible]	[illegible]，	[illegible]①	[illegible]	[illegible]	[illegible]
twụ^{1}	gju^{2}	gji^{2}	gjɨ^{2}	zow^{2}	rjir^{2}	tshọ^{2}	ŋa^{1}	rjir^{2}
自	器	一	有	持，	才	虚	空	与
[illegible]，	[illegible]	[illegible]	[illegible]	[illegible]：	[illegible]	[illegible]！	[illegible]	[illegible]
ka^{1}	thjɨ^{2}	sju^{2}	dạ^{2}	jɨ^{2}	go̱r^{1}	kiej^{2}	nji^{2}	·jij^{1}
等，	是	如	言	谓：	丈	夫！	汝	之

持一器，量等虚空，作如是言：丈夫！

20.48.3

[illegible]	[illegible]	[illegible]	[illegible]	[illegible]	[illegible]	[illegible]	[illegible]	[illegible]。
ne̱w^{2}	tśhji^{2}	tja^{1}	ŋa^{2}	njɨ^{2}	·jij^{1}	djɨ^{2}	khjɨj^{1}	jɨ^{2}
善	根	者	我	等	之	与	予	谓。
[illegible]	[illegible]	[illegible]！	[illegible]	[illegible]	[illegible]	[illegible]	[illegible]	[illegible]
śja^{1}	rjir^{2}	gji^{2}	thja^{1}	rjur^{1}	ne̱w^{2}	tśhji^{2}	tjij^{1}	jwɨr^{1}
舍	利	子！	此	诸	善	根	若	形

彼之善根分与于我。舍利弗！此诸善根若有

20.48.4

[illegible]	[illegible]	[illegible]，	[illegible]	[illegible]	[illegible]	[illegible]	[illegible]	[illegible]
·jij^{1}	djij^{2}	dju^{1}	ku^{1}	ɲia^{2}	tśhju^{1}	·jij^{1}	gju^{1}	·u^{2}

① “[illegible]”（士、才）疑为“[illegible]”（若干、量）字形讹。

像	当	有,	则	众	生	之	度	中
[illegible]	[illegible],	[illegible]	[illegible]	[illegible]	[illegible],	[illegible]	[illegible]	[illegible]
lju²	sə¹	·jij¹	twụ¹	djij²	tśhjij¹	tsjɨ¹	thja¹	nẹw²
布	满,	各	各	当	持,	亦	彼	善

色相,给与众生皆满其器①,各各持去,而彼善

20.48.5

[illegible]	[illegible]	[illegible]	[illegible]	[illegible]。	[illegible]	[illegible]	[illegible]?	[illegible]
tśhji²	sji¹	phji¹	mjɨ¹	njwi²	thjij²	sjo²	ljɨ¹	·ja
根	尽	令	未	能。	何	云	故?	阿
[illegible]	[illegible]	[illegible]	[illegible]	[illegible]	[illegible]	[illegible]	[illegible]	[illegible]
du̱²	tow¹	lo¹	sã¹	bia¹	sã¹	po¹	tjɨj¹	rjijr²
耨	多	罗	三	藐	三	菩	提	方

根亦无穷尽。以回向阿耨多罗三藐三菩提,②

20.48.6

[illegible]	[illegible]	[illegible],	[illegible]	[illegible]	[illegible]	[illegible],	[illegible]	[illegible]
ljɨ¹	tshwew¹	tja¹	tsew²	du²	mji¹	dju¹	dji¹	nar²
回	向	者,	限	量	无	有,	移	转
[illegible]	[illegible]	[illegible]。	[illegible]	[illegible]	[illegible]!	[illegible]	[illegible]	[illegible]
tjị²	mjij¹	ljɨ¹	śja¹	rjir²	gji²	thja¹	sọ¹	bju¹
可	不	故。	舍	利	子!	彼	三	随

无有限量,不可移转故。舍利弗! 彼三随

20.49.1

[illegible]	[illegible]③	[illegible]	[illegible]	[illegible]	[illegible]	[illegible]	[illegible]	[illegible]
ljɨ̱r²	ŋwu²	ŋowr²	ŋowr²	mə²	sjij²	rjijr²	ljɨ¹	tshwew¹
念	是	一	切	种	智	方	回	向
[illegible],	[illegible]	[illegible]	[illegible]	[illegible]	[illegible]	[illegible]	[illegible]	[illegible]。

① 给与众生皆满其器,西夏本作"[illegible]",字面意思是"满众生度"。按,"[illegible]"gju¹(度)字于义不合,在此假借作"[illegible]"gju²(器、具)。此二字在《择要》中同组(12.3.8)。

② 西夏本句上有"[illegible]"(何以故)三字。

③ "[illegible]"ŋwu²(是)字于西夏语法不合,在此疑假借作"[illegible]"ŋwu²(以)。此二字在《择要》中同组(7.8.6)。

śjɨj^{1}	thjɨ^{2}	ne̱w^{2}	tśhji^{2}	ŋwu^{2}	sọ^{1}	ljɨ̣^{1}	bju^{1}	śjwiw^{2}
成,	此	善	根	以	三	宝	随	转。

念所成回向一切种智,以此善根三宝随转。

汉文本

复次,舍利弗!彼佛刹中菩萨摩诃萨无量无边我当欲见,此诸菩萨,行禅定行,愿当随学,与诸菩萨处处结集,同学同乘同俱究竟,愿当会遇欲求圆满大慈悲者,欲求菩提及沙门者,舍离二乘心者,安住真实空性者,于佛如来一切智性及法僧名号,念住相续者。舍利弗!若善男子善女人,闻是色类菩萨名者,于彼佛刹当得受生。何况与般若波罗蜜相应善根回向不动如来、应、正等觉。舍利弗!以是因缘是人于彼佛土决定当生。

复次,舍利弗!若菩萨摩诃萨愿生彼佛刹者,于东方无量世界,诸佛如来说微妙法,及声闻众应以其像随念在前,愿我当证菩提,说微妙法。及声闻众皆如彼佛。舍利弗!是诸菩萨应修三种随念善根,愿与一切众生平等共习,以此善根回向阿耨多罗三藐三菩提。舍利弗!如是菩萨回向善根无有限量,假使一切众生,各持一器,量等虚空,作如是言:丈夫!彼之善根分与于我。舍利弗!此诸善根若有色相,给与众生皆满其器,各各持去,而彼善根亦无穷尽。以回向阿耨多罗三藐三菩提,无有限量,不可移转故。舍利弗!彼三随念所成回向一切种智,以此善根三宝随转。

20.49.2

[illegible]	[illegible]	[illegible]!	[illegible]	[illegible]	[illegible]	[illegible]	[illegible]	[illegible]
śja^{1}	rjir^{2}	gji^{2}	tjɨ^{1}	tjij^{1}	ɲia^{2}	tsjij^{2}	thjɨ^{2}	ne̱w^{2}
舍	利	子!	如	若	菩	萨	此	善
[illegible]	[illegible]	[illegible],	[illegible]	[illegible]	[illegible]	[illegible]	[illegible]	[illegible]
tśhji^{2}	bju^{1}	śjɨj^{1}	ku^{1}	kjɨ^{1}	djɨj^{2}	niow^{2}	tshwew^{1}	ŋowr^{2}
根	依	成,	则	一	定	恶	趣	一

舍利弗!若有菩萨成此善根,应知不堕一切恶趣,

20.49.3

[illegible]	[illegible]	[illegible]	[illegible],	[illegible]	[illegible]	[illegible]	[illegible]	[illegible]
ŋowr^{2}	kha^{1}	mji^{1}	?	po^{1}	sjwɨ^{1}	niow^{1}	rjur^{1}	ljịj^{2}
切	中	不	堕,	波	旬	及	诸	魔
[illegible]	[illegible]	[illegible]	[illegible],	[illegible]	[illegible]	[illegible]	[illegible]	[illegible]
·ji^{1}	·jij^{1}	rjur^{1}	·jar^{2}	thja^{1}	tha^{1}	lhjịj^{2}	·u^{2}	phji^{1}
众	之	摧	伏,	彼	佛	刹	中	意

而能摧伏波旬及诸魔众,于彼彼佛刹

20.49.4

bju^{1}	wẹ^{1}	śjɨ^{1}	rjɨr^{2}	njɨ^{2}	zjɨr^{1}	lji^{2}	ljạ^{1}	rjijr^{2}
随	生	往。	乃	至	南	西	北	方
ljɨr^{1}	dzjɨj^{2}	phju^{2}	khju^{1}	tsjɨ^{1}	źji^{2}	tjị^{1}	bju^{1}	wẹ^{1}
四	维	上	下,	亦	皆	愿	随	生

随乐受生。乃至南西北方四维上下,亦复如是,皆得①随愿受生。

20.49.5

śjɨ^{1}	thjɨ^{2}	niọw^{1}	po^{1}	tsa^{1}	ma^{2}	ŋạ^{2}	thjɨ^{2}	bju^{1}
往。	是	故	菩	萨	摩	诃②,	此	随
tjị^{1}	nẹw^{2}	tśhji^{2}	dụ^{1}	dzjɨ^{2}	lew^{2}	thja^{1}	dụ^{1}	dzjɨ^{2}
念	善	根	积	集	应,	彼	积	集

是故菩萨摩诃萨,于此随念善根应当积集,彼积集

20.49.6

lew^{2}	thja^{1}	dụ^{1}	dzjɨ^{2}③	niọw^{1}	mji^{1}	mju^{2}	mjor^{1}	ljịj^{2}
应	彼	积	集	因,	不	动	如	来
rjijr^{2}	ljɨ^{1}	tshwew^{1}	ku^{1}	thja^{1}	tha^{1}	lhjịj^{2}	·u^{2}	wẹ^{1}
方	回	向,	则	彼	佛	刹	中	生

已④,应回向不动如来故,于彼刹当

---

① “亦复如是,皆得”,西夏本简作“”(亦皆)。

② 此下脱“”(萨)字。

③ 此上“”(彼积集)三字疑衍。

④ 彼积集已,西夏本作“”(彼积集因)。按,“”niọw^{1}(因)字于义不合,在此假借作“”niow^{1}(已)。此二字在《择要》中同组(8.5.8)。

20.50.1

[illegible]	[illegible]	[illegible]。	[illegible]	[illegible]，	[illegible]	[illegible]	[illegible]！	[illegible]
śjɨ^{1}	rjir^{1}	ljɨ^{1}	niow^{1}	tśjɨ^{1}	śja^{1}	rjir^{2}	gji^{2}	mji^{1}
往	得	也。	复	次，	舍	利	子！	不
[illegible]	[illegible]	[illegible]	[illegible]	[illegible]	[illegible]	[illegible]	[illegible]	[illegible]
mju^{2}	mjor^{1}	ljịj^{2}	tha^{1}	lhjịj^{2}	tśhja^{2}	·iow^{1}	wạ^{2}	ljịj^{2}
动	如	来	佛	刹	德	功	广	大

得受生。复次，舍利弗！不动如来佛刹功德广大

20.50.2

[illegible]	[illegible]	[illegible]，	[illegible]	[illegible]	[illegible]	[illegible]	[illegible]	[illegible]
śjwo^{2}	tshjịj^{2}	tja^{1}	mjɨ^{1}	pjụ^{1}	tha^{1}	lhjịj^{2}	·u^{2}	źji^{2}
庄	严	者，	无	量	佛	刹	中	皆
[illegible]。	[illegible]	[illegible]	[illegible]	[illegible]	[illegible]	[illegible]	[illegible]	[illegible]，
mjij^{1}	ku^{1}	thjɨ^{2}	nio̱w^{1}	po^{1}	tsa^{1}	ma^{2}	ŋạ^{2}	tsa^{1}
无。	则	是	故	菩	萨	摩	诃	萨，

庄严，于无量佛刹中彼皆无有①。是故菩萨摩诃萨，

20.50.3

[illegible]	[illegible]	[illegible]	[illegible]	[illegible]：	[illegible]	[illegible]	[illegible]	[illegible]
thjɨ^{2}	sju^{2}	njij^{1}	śjwo^{1}	lew^{2}	ŋa^{2}	thjɨ^{2}	ne̱w^{2}	tśhji^{2}
是	如	心	发	应：	我	此	善	根
[illegible]	[illegible]	[illegible]	[illegible]	[illegible]	[illegible]	[illegible]	[illegible]	[illegible]
ŋwu^{2}	thja^{2}	lhjịj^{2}	niow^{1}	thja^{2}	lhjịj^{2}	śjwo^{2}	tshjịj^{2}	kjij^{1}
以	彼	土	及	彼	土	庄	严	同

应当发如是心：我以此善根愿当见彼土、彼土庄严，

20.50.4

[illegible]	[illegible]，	[illegible]	[illegible]	[illegible]	[illegible]，	[illegible]	[illegible]	[illegible]
lji^{2}	ŋa^{2}	niow^{1}	ɣjiw^{1}	ɣiwej^{1}	ŋa^{2}	thja^{2}	rjur^{1}	ɲia^{2}

① 彼皆无有，西夏本简作“[illegible][illegible]”（皆无）。

见	△,	及	摄	受	△,	彼	诸	菩
[illegible]	[illegible]	[illegible]	[illegible]	[illegible]	[illegible]。	[illegible]	[illegible]	
tsjij^{2}	tsjɨ^{1}	kjij^{1}	lji^{2}	ŋa^{2}	jɨ^{2}	śja^{1}	rjir^{2}	
萨	亦	同	见	△	谓。	舍	利	

愿当摄受,亦愿当见彼诸菩萨。舍利

20.50.5

[illegible]!	[illegible]	[illegible]	[illegible]	[illegible]	[illegible]	[illegible],	[illegible]	[illegible]
gji^{2}	ɲia^{2}	tsjij^{2}	thjɨ^{2}	·jiw^{1}	nio̱w^{1}	bju^{1}	thja^{1}	lhjịj^{2}
子!	菩	萨	此	因	缘	以,	彼	国
[illegible]	[illegible]	[illegible]	[illegible]。	[illegible]	[illegible]	[illegible]!	[illegible]	[illegible]
·u^{2}	we̱^{1}	śjɨ^{1}	ljɨ^{1}	śja^{1}	rjir^{2}	gji^{2}	po^{1}	tsa^{1}
中	生	往	也。	舍	利	子!	菩	萨

弗!以此因缘,菩萨当生彼国。舍利弗!菩萨

20.50.6

[illegible]	[illegible]	[illegible]	[illegible]	[illegible]	[illegible]	[illegible]	[illegible]	[illegible]
ma^{2}	ŋạ^{2}	tsa^{1}	thja^{2}	tha^{1}	lhjịj^{2}	·u^{2}	we̱^{1}	śjɨ^{1}
摩	诃	萨	彼	佛	刹	中	生	往
[illegible],	[illegible]	[illegible]	[illegible]	[illegible]	[illegible]	[illegible]	[illegible]	[illegible]。
kiẹj^{2}	ku^{1}	bu̱^{2}	gjij^{1}	dzu^{1}	ŋwe^{1}	njij^{1}	śjwo^{1}	lew^{2}
愿,	则	胜	殊	乐	欲	心	发	应。

摩诃萨愿生彼佛刹者,应发增上①乐欲之心。

20.51.1

[illegible]	[illegible]	[illegible]!	[illegible]	[illegible]	[illegible]	[illegible]	[illegible]	[illegible]
śja^{1}	rjir^{2}	gji^{2}	tjij^{1}	ne̱w^{2}	go̱r^{1}	gji^{2}	ne̱w^{2}	sji^{2}
舍	利	子!	若	善	男	子	善	女
[illegible],	[illegible]	[illegible]	[illegible]	[illegible],	[illegible]	[illegible]	[illegible]	[illegible]
dzjwo^{2}	bu̱^{2}	gjij^{1}	njij^{1}	śjwo^{1}	ku^{1}	ŋa^{2}	thja^{2}	·jij^{1}

① 增上,西夏译作“[illegible]”,字面意思是“殊胜”。下同。

人，	胜	殊	心	发，	则	我	彼	之

舍利弗！若善男子善女人，发增上心，我

20.51.2

[illegible]	[illegible]，	[illegible]	[illegible]	[illegible]	[illegible]	[illegible]	[illegible]	[illegible]。
źji²	la¹	thja²	tha¹	lhjịj²	·u²	wẹ¹	śjɨ¹	lew²
皆	记，	彼	佛	刹	中	生	往	应。
[illegible]	[illegible]	[illegible]！	[illegible]	[illegible]	[illegible]	[illegible]，	[illegible]	[illegible]、
śja¹	rjir²	gji²	dzjọ¹	sju²	we²	gjɨ²	du¹	rjɨr²
舍	利	子！	譬	如	城	有，	楼	阁、

皆与记，于彼佛刹而得受生。舍利弗！譬如有城，无有楼阁、

20.51.3

[illegible]	[illegible]、	[illegible]	[illegible]	[illegible]	[illegible]，	[illegible]	[illegible]	[illegible]
·iọ²	bo¹	dźiəj²	rejr²	mji¹	wjij²	niow¹	bju²	rjijr¹
园	林、	池	沼	无	有，	亦	象	马
[illegible]	[illegible]	[illegible]	[illegible]	[illegible]。	[illegible]	[illegible]	[illegible]	[illegible]
dźjij¹	bjij²	tjị²	tsjɨ¹	mjij¹	thja²	we²	mə¹	zjɨ̣¹
游	行	处	亦	无。	彼	城	天	子

园林、池沼，亦无象马游行之处。彼城之王①

20.51.4

[illegible]	[illegible]	[illegible]	[illegible]	[illegible]	[illegible]	[illegible]	[illegible]，	[illegible]
·jij¹	pjụ¹	ɣie¹	dźjij²	no²	dźjij¹	kjɨ¹	njwi²	du¹
自	威	力	有	安	处	虽	能，	楼
[illegible]	[illegible]	[illegible]	[illegible]	[illegible]，	[illegible]	[illegible]	[illegible]	[illegible]
rjɨr²	rjur¹	tśhja²	·iow¹	mjij¹	ku¹	śjwo²	tshjịj²	nja̱²
阁	诸	德	功	无，	则	庄	严	非

虽有力安处，而城无楼阁诸功德故，则非庄严。

20.51.5

[illegible]。	[illegible]	[illegible]	[illegible]！	[illegible]	[illegible]	[illegible]	[illegible]	[illegible]

① 王，西夏本作“[illegible]”，字面意思是“天子”。

ljɨ^{1}	śja^{1}	rjir^{2}	gji^{2}	ŋa^{2}	thjɨ^{2}	tha^{1}	lhjịj^{2}	tsjɨ^{1}
也。	舍	利	子！	我	此	佛	刹	亦
thja^{1}	wjɨ^{2}	sju^{2}	tśhja^{2}	·iow^{1}	mjij^{1}	ku^{1}	śjwo^{2}	tshjịj^{2}
是	犹	如，	德	功	无	则	严	饰

舍利弗！我此佛刹亦复如是，无彼功德故则非严饰。

20.51.6

nja̱^{2}	ljɨ^{1}	śja^{1}	rjir^{2}	gji^{2}	ŋa^{2}	thjɨ^{2}	lhjịj^{2}	kha^{1}
非	故。	舍	利	子！	我	此	刹	中
tjɨ^{1}	tjij^{1}	thjɨ^{2}	sju^{2}	tśhja^{2}	·iow^{1}	śjwo^{2}	tshjịj^{2}	ku^{1}
假	若	是	如	德	功	庄	严，	则

舍利弗！我此刹中若有如是功德庄严，则

20.52.1

mji^{1}	mju^{2}	mjor^{1}	ljij^{2}	·jij^{1}	tha^{1}	lhjịj^{2}	śjwo^{2}	tshjịj^{2}
不	动	如	来	之	佛	刹	庄	严
rjir^{2}	swu^{2}	ljɨ^{1}	śja^{1}	rjir^{2}	gji^{2}	tjɨ^{1}	tjij^{1}	po^{1}
与	似	也。	舍	利	子！	假	若	菩

如不动如来佛刹严胜。舍利弗！若菩

20.52.2

tsa^{1}	ma^{2}	ŋạ^{2}	tsa^{1}	gji^{1}	sej^{1}	tha^{1}	lhjịj^{2}	ɣjiw^{1}
萨	摩	诃	萨，	清	净	佛	刹	摄
ɣiwej^{1}	kiẹj^{2}	ku^{1}	mji^{1}	mju^{2}	mjor^{1}	ljij^{2}	·jij^{1}	njwo^{2}
受	愿，	则	不	动	如	来	之	往

萨摩诃萨，愿当摄受清净佛刹者，应如不动如来往

20.52.3

[illegible]	[illegible]	[illegible]	[illegible]	[illegible]	[illegible]，	[illegible]	[illegible]	[illegible]
ɲia2	tsjij2	dźjɨ	rjɨr2	djọ2	zjọ2	·ji1	tśhja2	mər2
菩	萨	行	△	修	时，	众	德	本
[illegible]，	[illegible]	[illegible]	[illegible]	[illegible]	[illegible]	[illegible]	[illegible]，	[illegible]
ljị1	tha1	lhjij2	śjwo2	sej1	sju2	wji1	lew2	niow1
植，	佛	刹	严	净	如	为	应，	及

修菩萨行，植众德本，严净佛刹已，及

20.52.4

[illegible]	[illegible]	[illegible]	[illegible]	[illegible]	[illegible]	[illegible]。	[illegible]	[illegible]，
thjɨ2	sju2	tśhja2	·iow1	ɣjiw1	ɣiwej1	lew2	niow1	tśjɨ1
是	如	德	功	摄	取	当。	复	次，
[illegible]	[illegible]	[illegible]！	[illegible]	[illegible]	[illegible]	[illegible]	[illegible]	[illegible]
śja1	rjir2	gji2	ŋa2	·ja	du̱2	tow1	lo1	sã1
舍	利	子！	我	阿	耨	多	罗	三

当如是摄取功德。复次，舍利弗！如我今时得阿耨多罗三

20.52.5

[illegible]	[illegible]	[illegible]	[illegible]	[illegible]	[illegible]	[illegible]，	[illegible]	[illegible]
bia1	sã1	po1	tjɨj1	ljạ1	niow1	rjijr2	mjɨ1	pjụ1
藐	三	菩	提	证	以	后，	无	量
[illegible]	[illegible]	[illegible]	[illegible]	[illegible]，	[illegible]	[illegible]	[illegible]	[illegible]
ɲia2	tśhju1	·jij1	rjur1	·jar2	njɨ̱1	·ụ2	tśja1	ɣa2
众	生	之	调	伏，	二	乘	道	于

藐三菩提已，调伏无量众生，于二乘道

20.52.6

[illegible]	[illegible]	[illegible]	[illegible]，	[illegible]	[illegible]	[illegible]	[illegible]	[illegible]
źji2	mja̱1	ljạ1	phji1	niow1	ŋa2	·jij1	ɣiẹ2	mji1
皆	果	证	令，	及	我	之	声	闻

[illegible]	[illegible]	[illegible]	[illegible]	[illegible]	[illegible]	[illegible],	[illegible]	[illegible]
dzjij^{2}	gji^{2}	rjɨr^{2}	rjur^{1}	·jar^{2}	ɲia^{2}	tśhju^{1}	to^{2}	źji^{2}
教	子	所	调	伏	众	生,	悉	皆

皆获果证,及我声闻所调伏者①,悉皆

20.53.1

[illegible]	[illegible],	[illegible]	[illegible]	[illegible]	[illegible]	[illegible]	[illegible]	[illegible]
thjwɨ^{2}	ljị^{2}	thja^{1}	mjor^{1}	ljij^{2}	·jij^{1}	rjur^{1}	ɣiẹ^{2}	mji^{1}
积	聚,	彼	如	来	之	诸	声	闻
[illegible]	[illegible]	[illegible],	[illegible]	[illegible]	[illegible]	[illegible]	[illegible]	[illegible]
·ji^{1}	rjir^{2}	dzjọ^{1}	ku^{1}	·jir^{2}	phia̱^{2}	kha^{1}	lew^{1}	mjɨ^{1}
众	与	喻,	则	百	分	中	一	不

积聚,方彼如来诸声闻众,百分不及一,

20.53.2

[illegible],	[illegible]	[illegible]	[illegible]	[illegible]	[illegible]	[illegible],	[illegible]	[illegible]
?	tụ^{1}	phia̱^{2}	kha^{1}	lew^{1}	mjɨ^{1}	?	·jir^{2}	tụ^{1}
及,	千	分	中	一	不	及,	百	千
[illegible]	[illegible]	[illegible]	[illegible]	[illegible],	[illegible]	[illegible]	[illegible]	[illegible]
phia̱^{2}	rjir^{2}	·jir^{2}	tụ^{1}	phia̱^{2}	ŋew^{2}	phia̱^{2}	sej^{1}	phia̱^{2}
分	亿	百	千	分,	数	分	算	分

千分不及一,百千分亿百千分,数分算分

20.53.3

[illegible]	[illegible]	[illegible]	[illegible]	[illegible]	[illegible]	[illegible]	[illegible]	[illegible]
dzjọ^{1}	phia̱^{2}	nji^{1}	śia^{1}	nji^{1}	śia^{1}	thã^{1}	phia̱^{2}	kha^{1}
喻	分	邬	波	尼	杀	昙	分	中
[illegible]	[illegible]	[illegible]	[illegible]。	[illegible]	[illegible]	[illegible]?	[illegible]	[illegible]
tsjɨ^{1}	lew^{1}	mjɨ^{1}	?	thjij^{2}	sjo^{2}	ljɨ^{1}	ŋew^{2}	mjɨ^{1}
亦	一	不	及。	何	云	故?	数	无

喻分邬波尼杀昙分亦不及一。何以故?由数无

① 西夏本作“[illegible]”(及我声闻教子所调伏众生)。

20.53.4

[illegible]	[illegible]。	[illegible]	[illegible]	[illegible]	[illegible]	[illegible]	[illegible]	[illegible]
pjụ¹	ljɨ¹	tjij¹	bie²	thjij²	bju¹	sej¹	ku¹	do²
量	故。	若	解	脱	以	算	则	差
[illegible]	[illegible]	[illegible]，	[illegible]	[illegible]	[illegible]	[illegible]。	[illegible]	[illegible]
pha¹	mji¹	dju¹	thjɨ²	dạ²	djij²	tjị¹	śja¹	rjir²
异	无	有，	斯	事	当	置。	舍	利

量故。若言解脱则无有异，且止[1]斯事。舍利

20.53.5

[illegible]！	[illegible]	[illegible]	[illegible]	[illegible]	[illegible]	[illegible]	[illegible]	[illegible]
gji²	thja¹	mji¹	le²	mjor¹	ljij²	kụ¹	rjur¹	kha¹
子！	彼	弥	勒	如	来	当	世	间
[illegible]	[illegible]，	[illegible]	[illegible]	[illegible]	[illegible]	[illegible]	[illegible]	[illegible]
to²	zjịj¹	rjur¹	ɣię²	mji¹	·ji¹	niow¹	thja²	·jij¹
出	时，	诸	声	闻	众	及	彼	之

弗！彼弥勒如来当出于世，诸声闻众及彼

20.53.6

[illegible]	[illegible]	[illegible]	[illegible]	[illegible]	[illegible]	[illegible]，	[illegible]	[illegible]
rjɨr²	rjur¹	·jar²	rjur¹	dzjij²	ɣię²	mji¹	mji¹	mju²
所	调	伏	诸	余	声	闻，	不	动
[illegible]	[illegible]	[illegible]	[illegible]	[illegible]	[illegible]	[illegible]	[illegible]，	[illegible]
mjor¹	ljij²	·jij¹	ɣię²	mji¹	ŋew²	rjir²	dzjọ¹	ku¹
如	来	之	声	闻	数	与	喻，	则

调伏所余声闻，以方不动如来声闻之数，

20.54.1

[illegible]	[illegible]	[illegible]	[illegible]	[illegible]	[illegible]，	[illegible]	[illegible]	[illegible]
·jir²	phia̱²	kha¹	lew¹	mjɨ¹	？	dzjij²	phia̱²	źji²

① 止，西夏本作"[illegible]"（置）。此二字疑为汉语内部引发的通假，在12世纪的汉语西北方音中，此二字读音相同。

百	分	中	一	不	及，	余	分	皆
[illegible]								
śji1	dạ2	rjir2	ləw2	śja1	rjir2	gji2	thja1	mjor1
上	事	与	同。	舍	利	子！	彼	如

不及之分如上应知①。舍利弗！由彼如

20.54.2

[illegible]								
ljịj2	·ja	dźjow1	tsji̠r1	tshjij1	ŋwu2	mjɨ1	pjụ1	ɲia2
来	一	遍	法	说，	而	无	量	众
[illegible]								
tśhju1	·jij1	rjur1	·jar2	njwi2	niow1	thja2	rjur1	pjụ1
生	之	调	伏	能，	然	彼	世	尊

来于一说法，善能调伏无量有情，然彼世尊

20.54.3

[illegible]								
·jij1	rjɨr2	ɣjiw1	ɣiwej1	tja1	ŋew2	pjụ1	nwə1	njwi2
之	所	摄	受	者，	数	量	知	能
[illegible]								
mjijr2	mjij1	śja1	rjir2	gji2	ŋa2	·jij1	ɣię2	mji1
者	无。	舍	利	子！	我	之	声	闻

之所摄受，无有能知其数量者。舍利弗！我之声闻

20.54.4

[illegible]								
niow1	mji1	le2	mjor1	ljịj2	·jij1	rjur1	ɣię2	mji1
及	弥	勒	如	来	之	诸	声	闻
[illegible]								
·ji1	rjɨr2	njɨ2	me̠2	kja2	rjur1	tha1	rjur1	pjụ1

① 西夏本作“[illegible]”(百分不及一，余分皆如上)。

众，	乃	至	贤	劫	诸	佛	世	尊

及弥勒如来诸声闻众，乃至贤劫诸佛世尊

20.54.5

[illegible]	[illegible]①，	[illegible]	[illegible]	[illegible]	[illegible]	[illegible]	[illegible]	[illegible]
·jij^{1}	ɣię^{2}	niow^{1}	thja^{1}	ɣię^{2}	mji^{1}	njɨ^{2}	rjɨr^{2}	rjur^{1}
之	声，	及	彼	声	闻	等	所	调
[illegible]	[illegible]	[illegible]	[illegible]	[illegible]，	[illegible]	[illegible]	[illegible]	[illegible]。
·jar^{2}	dzjij^{2}	ɣię^{2}	mji^{1}	·ji^{1}	to^{2}	źji^{2}	thjwɨ^{2}	ljị^{2}
伏	余	声	闻	众，	悉	皆	积	聚。

所有声闻，及彼声闻当所调伏余声闻众，彼皆积聚。

20.54.6

[illegible]	[illegible]	[illegible]	[illegible]	[illegible]	[illegible]	[illegible]	[illegible]	[illegible]
mji^{1}	mju^{2}	mjor^{1}	ljịj^{2}	rjur^{1}	ɣię^{2}	mji^{1}	·ji^{1}	rjir^{2}
不	动	如	来	诸	声	闻	众	与
[illegible]，	[illegible]	[illegible]	[illegible]	[illegible]	[illegible]	[illegible]	[illegible]，	[illegible]
dzjọ^{1}	ku^{1}	·jir^{2}	phia̱^{2}	kha^{1}	lew^{1}	mjɨ^{1}	?	rjɨr^{2}
比，	则	百	分	中	一	不	及，	乃

比不动如来诸声闻众，百分不及一，乃

20.55.1

[illegible]	[illegible]	[illegible]	[illegible]	[illegible]	[illegible]	[illegible]	[illegible]	[illegible]
njɨ^{2}	nji^{1}	śia^{1}	nji^{1}	śia^{1}	thã^{1}	phia̱^{2}	kha^{1}	tsjɨ^{1}
至	邬	波	尼	杀	昙	分	中	亦
[illegible]	[illegible]	[illegible]。	[illegible]	[illegible]	[illegible]？	[illegible]	[illegible]	[illegible]
lew^{1}	mjɨ^{1}	?	thjij^{2}	sjo^{2}	ljɨ^{1}	bie^{2}	thjij^{2}	ljɨ^{1}
一	不	及。	何	云	故？	解	脱	虽

至邬波尼杀昙分亦不及一。何以故？其数多故，解脱

20.55.2

[illegible]，	[illegible]	[illegible]	[illegible]	[illegible]。	[illegible]	[illegible]	[illegible]	[illegible]

① 此下脱“[illegible]”（闻）字，汉文本作“声闻”。

do²	ŋew²	rejr²	zjịj²	ljɨ¹	dzjɨj¹	śja¹	rjir²	gji²
异，	数	众	多	故。	时	舍	利	子
[illegible]	[illegible]	[illegible]	[illegible]：	[illegible]	[illegible]，	[illegible]	[illegible]	[illegible]
tha¹	·jij¹	dạ²	jɨ²	rjur¹	pjụ¹	ŋa²	tha¹	rjɨr²
佛	之	谓	曰：	世	尊，	我	佛	所

无异①故。时舍利弗白佛言：世尊，如我解佛所

20.55.3

[illegible]	[illegible]	[illegible]	[illegible]	[illegible]	[illegible]，	[illegible]	[illegible]	[illegible]
tshjịj¹	wo²	bju¹	wjɨ²	sew²	ŋa²	ku¹	thja²	·ja
说	义	如	△	知	△，	则	彼	阿
[illegible]	[illegible]	[illegible]	[illegible]	[illegible]	[illegible]	[illegible]	[illegible]。	[illegible]
lo¹	xã¹	lhjịj²	tja¹	wẹ¹	mjijr²	lhjịj²	nja̱²	thjij²
罗	汉	刹	者	愚	者	刹	非。	何

说义者应知，彼阿罗汉刹非愚夫刹。何

20.55.4

[illegible]	[illegible]？	[illegible]	[illegible]	[illegible]	[illegible]	[illegible]	[illegible]②	[illegible]
sjo²	ljɨ¹	thja²	tha¹	lhjịj²	·u²	·ja	lo¹	kha¹
云	故？	彼	佛	刹	中	阿	罗	中
[illegible]	[illegible]。	[illegible]	[illegible]	[illegible]	[illegible]	[illegible]	[illegible]：	[illegible]
rejr²	ljɨ¹	tha¹	śja¹	rjir²	gji²	·jij¹	jɨ²	thjɨ²
多	故。	佛	舍	利	子	之	谓：	是

以故？彼佛刹中阿罗汉多故。佛告舍利弗：如是

20.55.5

[illegible]	[illegible]	[illegible]！	[illegible]	[illegible]	[illegible]	[illegible]，	[illegible]	[illegible]
sju²	thjɨ²	sju²	dạ²	mjor¹	ŋwu²	nja²	thja²	tha¹
如	是	如！	说	如	是	汝，	彼	佛
[illegible]	[illegible]	[illegible]	[illegible]	[illegible]	[illegible]	[illegible]	[illegible]	[illegible]。

① 解脱无异，西夏本作“[illegible]”（解脱虽异）。未详孰是。

② 此下脱“[illegible]”（汉）字，汉文本作“阿罗汉”。

lhjij² ·u² rar² sji¹ ·ja lo¹ xã¹ rejr² ljɨ¹
刹 中 漏 尽 阿 罗 汉 多 故。

如是！如汝所说，彼佛刹中多漏尽阿罗汉故。

汉文本

舍利弗！若有菩萨成此善根，应知不堕一切恶趣，而能摧伏波旬及诸魔众，于彼彼佛刹随乐受生。乃至南西北方四维上下，亦复如是，皆得随愿受生。是故菩萨摩诃萨，于此随念善根应当积集，彼积集已，应回向不动如来故，于彼刹当得受生。

复次，舍利弗！不动如来佛刹功德广大庄严，于无量佛刹中彼皆无有。是故菩萨摩诃萨，应当发如是心：我以此善根愿当见彼土、彼土庄严，愿当摄受，亦愿当见彼诸菩萨。舍利弗！以此因缘，菩萨当生彼国。舍利弗！菩萨摩诃萨愿生彼佛刹者，应发增上乐欲之心。

舍利弗！若善男子善女人，发增上心，我皆与记，于彼佛刹而得受生。舍利弗！譬如有城，无有楼阁、园林、池沼，亦无象马游行之处。彼城之王虽有力安处，而城无楼阁诸功德故，则非庄严。舍利弗！我此佛刹亦复如是，无彼功德故则非严饰。舍利弗！我此刹中若有如是功德庄严，则如不动如来佛刹严胜。舍利弗！若菩萨摩诃萨，愿当摄受清净佛刹者，应如不动如来往修菩萨行，植众德本，严净佛刹已，及当如是摄取功德。复次，舍利弗！如我今时得阿耨多罗三藐三菩提已，调伏无量众生，于二乘道皆获果证，及我声闻所调伏者，悉皆积聚，方彼如来诸声闻众，百分不及一，千分不及一，百千分亿百千分，数分算分喻分邬波尼杀昙分亦不及一。何以故？由数无量故。若言解脱则无有异，且止斯事。

舍利弗！彼弥勒如来当出于世，诸声闻众及彼调伏所余声闻，以方不动如来声闻之数，不及之分如上应知。舍利弗！由彼如来于一说法，善能调伏无量有情，然彼世尊之所摄受，无有能知其数量者。舍利弗！我之声闻及弥勒如来诸声闻众，乃至贤劫诸佛世尊所有声闻，及彼声闻当所调伏余声闻众，彼皆积聚。比不动如来诸声闻众，百分不及一，乃至邬波尼杀昙分亦不及一。何以故？其数多故，解脱无异故。时舍利弗白佛言：世尊，如我解佛所说义者应知，彼阿罗汉刹非愚夫刹。何以故？彼佛刹中阿罗汉多故。佛告舍利弗：如是如是！如汝所说，彼佛刹中多漏尽阿罗汉故。

20.55.6

[illegible]
niow¹ tśjɨ¹ śja¹ rjir² gji² thjɨ² so̱¹ tụ¹ ljịj²
复 次， 舍 利 子！ 此 三 千 大

[illegible]
tụ¹ rjur¹ kięj² ·u² gjɨ̣² gjij¹ ŋew² pjụ¹ thja²
千 世 界 中 星 宿 数 量， 彼

复次，舍利弗！此三千大千世界星宿数量，

20.56.1

□	□	□	□	□	□	□	□。	□
tha^{1}	·jij^{1}	ɣię^{2}	mji^{1}	·ji^{1}	zjịj^{1}	mjɨ^{1}	?	thjij^{2}
佛	之	声	闻	众	时	不	如。	何
□	□?	□	□	□	□	□	□	□
sjo^{2}	ljɨ^{1}	thja^{2}	tha^{1}	mjor^{1}	ljịj^{2}	·ja	dźjow^{1}	tsjịr^{1}
云	故?	彼	佛	如	来	一	遍	法

不如彼佛声闻众多①。何以故？由彼如来于一说法,②

20.56.2

□,	□	□	□	□	□	□	□	□
tshjịj^{1}	ŋwu^{2}	mjɨ^{1}	pjụ^{1}	ɲia^{2}	tśhju^{1}	·jij^{1}	·ja	lo^{1}
说,	而	无	量	有	情	之	阿	罗
□	□	□	□。	□	□	□!	□	□
xã^{1}	rjir^{1}	phji^{1}	ljɨ^{1}	śja^{1}	rjir^{2}	gji^{2}	thjɨ^{2}	sọ^{1}
汉	得	令	故。	舍	利	子!	此	三

无量有情得阿罗汉故。舍利弗！此三

20.56.3

□	□	□	□	□	□	□	□	□
tụ^{1}	ljịj^{2}	tụ^{1}	rjur^{1}	kięj^{2}	·u^{2}	gjɨ^{2}	gjịj^{1}	ljɨ^{1}
千	大	千	世	界	中	星	宿	虽
□	□	□,	□	□	□	□	□	□
ŋew^{2}	pjụ^{1}	dju^{1}	thja^{1}	ljɨ^{1}	ljɨ^{1}	ljwu^{2}	kha^{1}	mjɨ^{1}
数	量	有,	彼	一	一	会	中	无

千大千世界星宿犹有数量,彼一一会无

20.56.4

□	□	□	□	□	□	□	□,

① 多,西夏本作“□”(时)。按,“□”zjịj^{1}(时)字于义不合,在此假借作“□”zjịj^{2}(多)。此二字在《择要》中同组(11.5.6)。

② 西夏本句上有“□□□”(何以故)三字。

pjụ[1]	ɲia[2]	tśhju[1]	·ja	lo[1]	xã[1]	mja̱[1]	rjir[1]
量	有	情	阿	罗	汉	果	得，
[illegible]	[illegible]	[illegible]	[illegible]	[illegible]	[illegible]	[illegible]。	
rjur[1]	ljwu[2]	ɣię[2]	mji[1]	pjụ[1]	mjij[1]	ljɨ[1]	
诸	会	声	闻	量	无	也。	

量有情得阿罗汉故①，诸会声闻无有数量②。

20.56.5

[illegible]	[illegible]，	[illegible]	[illegible]	[illegible]！	[illegible]	[illegible]	[illegible]	[illegible]
niow[1]	tśjɨ[1]	śja[1]	rjir[2]	gji[2]	thja[2]	lhjịj[2]	·u[2]	dzjwo[2]
复	次，	舍	利	子！	彼	刹	中	人
[illegible]	[illegible]	[illegible]	[illegible]	[illegible]	[illegible]，	[illegible]	[illegible]	[illegible]
mə[1]	rjɨr[2]	ljị[1]	nẹw[2]	tśhji[2]	tja[1]	dzjij[2]	rjur[1]	dzjwo[2]
天	△	植	善	本	者，	余	诸	人

复次，舍利弗！彼刹天人殖众③善本，余界④人

20.56.6

[illegible]	[illegible]	[illegible]	[illegible]	[illegible]	[illegible]	[illegible]，	[illegible]	[illegible]
mə[1]	mə[1]	mej[1]	ŋwu[2]	thjij[2]	kjir[2]	·ju̱[1]	tsjɨ[1]	ljij[2]
天	天	眼	以	何	敢	见，	亦	见
[illegible]	[illegible]	[illegible]。	[illegible]	[illegible]	[illegible]！	[illegible]	[illegible]	[illegible]
mjɨ[1]	njwi[2]	ljɨ[1]	śja[1]	rjir[2]	gji[2]	tjɨ[1]	tjij[1]	dzjij[2]
不	能	也。	舍	利	子！	假	若	余

天纵以天眼⑤亦不能见。舍利弗！假令余

20.57.1

[illegible]	[illegible]	[illegible]	[illegible]	[illegible]，	[illegible]	[illegible]	[illegible]	[illegible]
kieẹj[2]	rjur[1]	mə[1]	niow[1]	dzjwo[2]	thja[1]	·u[2]	nẹw[2]	gọr[1]

---

① 得阿罗汉故，西夏本作“[illegible]”（得阿罗汉果）。

② 无有数量，西夏译作“[illegible]”（量无）。“[illegible]”（量）上疑脱“[illegible]”（数）字。参看上文 20.56.3“犹有数量”西夏本译作“[illegible]”（有数量）。

③ “众”字义西夏本未见。

④ 余界，西夏本作“[illegible]”（余）。下文 20.56.6—20.57.1 译作“[illegible]”（余界）。

⑤ 西夏本“亦不能见”上有“[illegible]”（何敢见）三字，汉文本未作。下文 20.57.2“亦不得见”之上亦同。

界	诸	天	及	人，	彼	中	善	男
[illegible]	[illegible]	[illegible]	[illegible]	[illegible]	[illegible]，	[illegible]	[illegible]	[illegible]
gji^{2}	ne̱w^{2}	sji^{2}	dzjwo^{2}	do^{2}	śjɨ^{1}	mə^{1}	mej^{1}	ŋwu^{2}
子	善	女	人	所	往，	天	眼	以

界诸天及人，往彼刹①中善男子善女人所，尽其天眼

20.57.2

[illegible]	[illegible]	[illegible]，	[illegible]	[illegible]	[illegible]	[illegible]	[illegible]。	[illegible]
thjij^{2}	kjir^{2}	·ju̱^{1}	tsjɨ^{1}	ljij^{2}	rjir^{1}	mjɨ^{1}	njwi^{2}	tjij^{1}
何	敢	见，	亦	见	得	不	能。	若
[illegible]	[illegible]	[illegible]	[illegible]	[illegible]	[illegible]	[illegible]	[illegible]	[illegible]，
dzjwo^{2}	thjɨ^{2}	tśhja^{2}	·iow^{1}	·jow^{2}	śja^{2}	tsji̱r^{1}	ɣa^{1}	mji^{1}
人	此	德	功	称	扬	法	门	闻，

亦不得见。若人闻此功德称扬法门，

20.57.3

[illegible]	[illegible]	[illegible]	[illegible]	[illegible]	[illegible]	[illegible]	[illegible]，	[illegible]
mji^{1}	niow^{1}	ɣiwej^{1}	·jij^{1}	do^{1}	tshji̱^{1}	tsjij^{2}	dar^{1}	ku^{1}
闻	已	受	持	读	诵	通	达，	则
[illegible]	[illegible]	[illegible]	[illegible]	[illegible]	[illegible]	[illegible]	[illegible]	[illegible]
thja^{1}	ne̱w^{2}	go̱r^{1}	gji^{2}	njɨ^{2}	źji^{2}	mjɨ^{1}	mju^{2}	mjor^{1}
彼	善	男	子	等	皆	不	动	如

闻已受持读诵通利，彼善男子等皆于不动如

20.57.4

[illegible]	[illegible]	[illegible]	[illegible]	[illegible]	[illegible]	[illegible]	[illegible]	[illegible]，
ljij^{2}	·jij^{1}	njwo^{2}	ɲia^{2}	tsjij^{2}	dźjɨ	rjɨr^{2}	dźjij^{1}	zjọ^{2}
来	之	昔	菩	萨	行	△	行	时，
[illegible]	[illegible]	[illegible]	[illegible]，	[illegible]	[illegible]	[illegible]	[illegible]	[illegible]
mji^{1}	ljij^{2}	djij^{2}	sji^{2}	ku^{1}	thjɨ^{2}	nio̱w^{1}	thjɨ^{2}	tsji̱r^{1}
闻	见	已	△，	则	是	故	此	法

来往昔行菩萨行时，皆已见闻，是故闻此法

---

① “刹”字义西夏本疑脱。

20.57.5

[illegible]	[illegible]	[illegible]	[illegible]	[illegible]	[illegible]	[illegible]	[illegible]	[illegible]。
ɣa^1	mji^1	zjịj^1	dźiej^2	njịj^1	gji^1	sej^1	rjir^1	ljɨ^1
门	闻	时	信	心	清	净	得	也。
[illegible]	[illegible]	[illegible]！	[illegible]	[illegible]	[illegible]	[illegible]	[illegible]	[illegible]
śja^1	rjir^2	gji^2	wjɨ̣^{2}	rjijr^2	rjur^1	kięj^2	ŋowr^2	ŋowr^2
舍	利	子！	东	方	世	界	一	切

门即得信心清净。舍利弗！东方一切世界

20.57.6

[illegible]	[illegible]	[illegible]	[illegible]，	[illegible]	[illegible]	[illegible]	[illegible]	[illegible]
rjur^1	lhjịj^2	io̜^{1}	·u^2	tjij^1	ɲia^2	tsjij^2	·u̜^{2}	tjij^1
诸	刹	土	中，	若	菩	萨	乘	或
[illegible]	[illegible]	[illegible]，	[illegible]	[illegible]	[illegible]	[illegible]	[illegible]	[illegible]
ɣię^2	mji^1	·u̜^{2}	thjɨ^2	tsjịr^1	ɣa^1	do^1	tshjɨ̣^{1}	tsjij^2
声	闻	乘，	此	法	门	读	诵	通

诸刹土中，若菩萨乘人或声闻乘人①，于此法门读诵

20.58.1

[illegible]	[illegible]，	[illegible]	[illegible]	[illegible]	[illegible]。	[illegible]	[illegible]	[illegible]
dar^1	mjijr^2	ŋew^2	źji^2	kha^1	rejr^2	thja^1	rjur^1	ɲia^2
达	者，	数	甚	中	多。	彼	诸	菩
[illegible]	[illegible]	[illegible]	[illegible]	[illegible]	[illegible]	[illegible]	[illegible]	[illegible]，
tsjij^2	niow^1	ɣię^2	mji^1	dzjwo^2	tjị^1	ɣie^1	nio̜w^1	ku^1
萨	及	声	闻	人	愿	力	由	故，

通利者，其数甚多。彼诸菩萨及声闻人由愿力故，

20.58.2

[illegible]	[illegible]	[illegible]	[illegible]	[illegible]	[illegible]	[illegible]、	[illegible]	[illegible]
mji^1	mju^2	lhjịj^2	·u^2	tjij^1	śji^1	wẹ^1	tjij^1	mjor^1

① 上下二“人”字西夏本皆省略未作。

不	动	刹	中	若	已	生、	若	现
wẹ^{1}	tjij^{1}	kụ^{1}	wẹ^{1}	ljɨ^{1}	lew^{1}	mji^{1}	lhjwo^{1}	ɲia^{2}
生、	若	当	生	故,	唯	不	退	菩

于不动刹中若已生、现生①、当生②,唯除不退菩

20.58.3

tsjij^{2}	mji^{1}	wjij^{1}	thjij^{2}	sjo^{2}	ljɨ^{1}	thja^{1}	mji^{1}	lhjị^{1}
萨	不	有。	何	云	故?	彼	不	退
lhjwo^{1}	ɲia^{2}	tsjij^{2}	tja^{1}	rjur^{1}	lhjịj^{2}	iọ^{1}	·u^{2}	·ja
转	菩	萨	者	诸	刹	之	中	阿

萨。③ 由彼菩萨④于诸刹中当得阿

20.58.4

du̱^{2}	tow^{1}	lo^{1}	sã^{1}	bia^{1}	sã^{1}	po^{1}	tjɨj^{1}	ljạ^{1}
耨	多	罗	三	藐	三	菩	提	证
ljɨ^{1}	thjɨ^{2}	sju^{2}	zjɨr^{1}	lji^{2}	ljạ^{1}	rjijr^{2}	ljɨr^{1}	dzjɨj^{2}
故。	是	如	南	西	北	方	四	维

耨多罗三藐三菩提故。南西北方四维

20.58.5

phju^{2}	khju^{1}	tsjɨ^{1}	źji^{2}	thja^{1}	wjɨ^{2}	sju^{2}	śja^{1}	rjir^{2}
上	下	亦	皆	是	犹	如。	舍	利

① 西夏本此上有“[Tangut]”(若)字。

② 西夏本此上有“[Tangut]”(若)字。

③ 不退菩萨,西夏本作“[Tangut]”(不退菩萨)。上下文 20.35.2 和 20.58.3 皆译作“[Tangut]”(不退转菩萨)。另,西夏本句下有“[Tangut]”(何以故)三字。

④ 菩萨,西夏本作“[Tangut]”(不退转菩萨)。汉文本承上省称。

[illegible]！	[illegible]	[illegible]	[illegible]	[illegible]	[illegible]	[illegible]	[illegible]	[illegible]
gji^{2}	thja^{1}	mji^{1}	mju^{2}	mjor^{1}	ljij^{2}	tja^{1}	thjo̱^{1}	de^{2}
子！	彼	不	动	如	来	者	妙	喜

上下亦复如是。舍利弗！彼不动如来于妙喜

20.58.6

[illegible]	[illegible]	[illegible]	[illegible]	[illegible]	[illegible]	[illegible]	[illegible]	[illegible]
rjur^{1}	kię̣j^{2}	niow^{1}	dzjij^{2}	rjijr^{2}	lhjij^{2}	io̤^{1}	·u^{2}	dźjij^{1}
世	界	及	他	方	刹	土	中	有
[illegible]	[illegible]	[illegible]	[illegible]	[illegible]	[illegible]	[illegible]	[illegible]	[illegible]
dźjij^{1}	ɲia^{2}	tsjij^{2}	njɨ^{2}	·ụ^{2}	kha^{1}	źji^{2}	phju^{2}	ɣu^{1}
有	菩	萨	等	藏	中	最	上	首

世界及他方刹土在菩萨等乘①中而为上首。

20.59.1

[illegible]。	[illegible]	[illegible]	[illegible]！	[illegible]	[illegible]	[illegible]	[illegible]	[illegible]
we^{2}	śja^{1}	rjir^{2}	gji^{2}	tjij^{1}	nẹw^{2}	go̱r^{1}	gji^{2}	nẹw^{2}
为。	舍	利	子！	若	善	男	子	善
[illegible]	[illegible]，	[illegible]	[illegible]	[illegible]	[illegible]	[illegible]	[illegible]	[illegible]
sji^{2}	dzjwo^{2}	mji^{1}	mju^{2}	mjor^{1}	ljij^{2}	·jij^{1}	tśhja^{2}	·iow^{1}
女	人，	不	动	如	来	之	德	功

舍利弗！若有善男子善女人，闻不动如来功德

20.59.2

[illegible]	[illegible]	[illegible]，	[illegible]	[illegible]	[illegible]	[illegible]	[illegible]	[illegible]，
tsji̱r^{1}	ɣa^{1}	mji^{1}	ɣiwej^{1}	·jij^{1}	do^{1}	tshjɨ̱^{1}	tsjij^{2}	dar^{1}
法	门	闻，	受	持	读	诵	通	达，
[illegible]	[illegible]	[illegible]	[illegible]	[illegible]，	[illegible]	[illegible]	[illegible]	[illegible]
thja^{2}	lhjij^{2}	·u^{2}	wẹ^{1}	kię̣j^{2}	ku^{1}	rjɨr^{2}	njɨ^{2}	ka̤^{1}
彼	刹	中	生	愿，	则	乃	至	命

法门，善能受持读诵通利，愿生彼刹者，乃至命

① 西夏本"菩萨"上有"[illegible][illegible]"(所有、所住)二字，汉文本未见。另，菩萨等乘，西夏本作"[illegible][illegible][illegible][illegible]"(菩萨等藏)。按，"[illegible]"·ụ^{2}(藏)字于义不合，在此假借作"[illegible]"·ụ^{2}(乘)。此二字在《择要》中同组(7.11.3)。下文20.65.5亦同。

20.59.3

[illegible]	[illegible]	[illegible]	[illegible]，	[illegible]	[illegible]	[illegible]	[illegible]	[illegible]
bja^{2}	ɣa^{2}	kjɨ^{1}	njɨ^{2}	mji^{1}	mju^{2}	mjor^{1}	ljịj^{2}	·ju^{2}
断	于	△	至，	不	动	如	来	常
[illegible]	[illegible]，	[illegible]	[illegible]	[illegible]	[illegible]	[illegible]	[illegible]	[illegible]
ljɨr^{2}	·wejr^{2}	ku^{1}	rjur^{1}	ljịj^{2}	niow^{1}	wjị^{1}	dźjwɨ^{1}	thja^{2}
念	护，	则	诸	魔	及	眷	属	其

终，不动如来常为护念，不使诸魔及魔眷属

20.59.4

[illegible]	[illegible]	[illegible]	[illegible]	[illegible]	[illegible]	[illegible]。	[illegible]	[illegible]
·jij^{1}	njịj^{1}	lhji̱^{1}	lhjwo^{1}	phji^{1}	mjɨ^{1}	ljɨ̣^{1}	śja^{1}	rjir^{2}
之	心	退	转	使	不	能。	舍	利
[illegible]！	[illegible]	[illegible]	[illegible]	[illegible]	[illegible]	[illegible]	[illegible]	[illegible]
gji^{2}	thjɨ^{2}	nio̱w^{1}	thja^{1}	ne̱w^{2}	go̱r^{1}	gji^{2}	ne̱w^{2}	sji^{2}
子！	是	故	彼	善	男	子	善	女

退转其心。舍利弗！应知①是善男子或善女人，

20.59.5

[illegible]，	[illegible]	[illegible]	[illegible]	[illegible]	[illegible]	[illegible]	[illegible]，	[illegible]
dzjwo^{2}	źji^{2}	phju^{2}	po^{1}	tjịj^{1}	ɣa^{2}	kjɨ^{1}	njɨ^{2}	lhji̱^{1}
人，	无	上	菩	提	于	△	至，	退
[illegible]	[illegible]	[illegible]	[illegible]，	[illegible]	[illegible]	[illegible]	[illegible]	[illegible]
lhjwo^{1}	kja̱^{1}	mji^{1}	dju^{1}	niow^{1}	zjɨ̱r^{2}	mə̣^{1}	bjɨr^{1}	bo^{2}
转	怖	无	有，	亦	水	火	刀	杖

乃至无上菩提，无有退转之怖，亦无水火刀杖

20.59.6

[illegible]	[illegible]	[illegible]	[illegible]	[illegible]	[illegible]	[illegible]	[illegible]	[illegible]
wjị^{1}	niow^{2}	bə^{2}	do^{1}	·jij^{1}	ŋjwo^{2}	tśjṳ^{1}	lew^{2}	mji^{1}

① 应知，西夏本作"[illegible]"（是故）。下文20.64.2亦同。

兽	恶	虫	毒	之	损	害	应	无
[illegible]，	[illegible]	[illegible]	[illegible]	[illegible]	[illegible]	[illegible]	[illegible]	[illegible]
we^2	niow^1	dzjwo^2	mji^1	dzjwo^2	njɨ^2	·jij^1	tha	lhji^2
为，	亦	人	非	人	等	之	殃	畏

恶兽毒虫之所损害，亦不为人非人等之所怖畏。

20.60.1

[illegible]	[illegible]	[illegible]。	[illegible]	[illegible]	[illegible]？	[illegible]	[illegible]	[illegible]
lew^2	mji^1	we^2	thjij^2	sjo^2	ljɨ^1	mji^1	mju^2	mjor^1
应	不	为。	何	云	故？	不	动	如
[illegible]	[illegible]	[illegible]	[illegible]，	[illegible]	[illegible]	[illegible]	[illegible]	[illegible]
ljịj^2	·ju^2	ljịɨr^2	·wejr^2	ku^1	thja^1	tha^1	lhjịj^2	·u^2
来	常	念	护，	则	彼	佛	刹	中

何以故？由不动如来常加护念，于彼佛刹

20.60.2

[illegible]	[illegible]	[illegible]。	[illegible]	[illegible]	[illegible]！	[illegible]	[illegible]	[illegible]
we̱^{1}	śjɨ^1	ljɨ^1	śja^1	rjir^2	gji^2	dzjọ^1	sju^2	be^2
生	往	故。	舍	利	子！	譬	如	日
[illegible]	[illegible]	[illegible]	[illegible]	[illegible]，	[illegible]	[illegible]	[illegible]	[illegible]
dźiej^2	khwa^1	ka^2	ljɨ̣^{1}	ŋwu^2	·jã^1	xu^1	thji^2	ɲia^2
轮	远	离	虽	是，	阎	浮	提	众

当受生故。舍利弗！譬如日轮虽复遥远，与阎浮提众

20.60.3

[illegible]	[illegible]	[illegible]	[illegible]	[illegible]。	[illegible]	[illegible]	[illegible]	[illegible]
tśhju^1	·jij^1	bji^1	swew^1	wji^1	mji^1	mju^2	mjor^1	ljịj^2
生	之	光	明	作。	不	动	如	来
[illegible]	[illegible]	[illegible]	[illegible]，	[illegible]	[illegible]	[illegible]	[illegible]，	[illegible]
tsjɨ^1	thja^1	wjɨ^2	sju^2	dźjịj^1	tjị^2	kjɨ^1	khwa^1	dzjij^2
亦	是	犹	如，	在	处	虽	远，	他

生而作光明。不动如来亦复如是，虽在遥远，能与

20.60.4

[illegible]	[illegible]	[illegible]	[illegible]	[illegible]	[illegible]	[illegible]	[illegible]	[illegible]
kiẹj^{2}	rjur^{1}	ɲia^{2}	tsjij^{2}	·ji^{1}	·jij^{1}	bji^{1}	swew^{1}	wji^{1}
界	诸	菩	萨	众	之	光	明	作
[illegible]。	[illegible]	[illegible]	[illegible]！	[illegible]	[illegible]	[illegible]	[illegible]	[illegible]
njwi^{2}	śja^{1}	rjir^{2}	gji^{2}	dzjọ^{1}	sju^{2}	mə^{1}	mej^{1}	dźjij^{2}
能。	舍	利	子！	譬	如	天	眼	有

他界诸菩萨众而作光明。舍利弗！譬如比丘有天眼者，

20.60.5

[illegible]	[illegible]，	[illegible]	[illegible]	[illegible]	[illegible]	[illegible]	[illegible]	[illegible]
phji^{2}	khjiw^{2}	khwa^{1}	khwa^{1}	rjur^{1}	ŋạ^{2}	niow^{2}	tsə̣^{1}	ljij^{2}
比	丘，	远	方	诸	善	恶	色	见
[illegible]。	[illegible]	[illegible]	[illegible]	[illegible]	[illegible]	[illegible]	[illegible]	[illegible]
njwi^{2}	mju^{2}	mju^{2}	mjor^{1}	ljịj^{2}	thja^{1}	lhjịj^{2}	·u^{2}	kjɨ^{1}
能。	不	动	如	来	彼	刹	中	虽

能见远方诸善恶色。不动如来虽在彼刹，

20.60.6

[illegible]，	[illegible]	[illegible]	[illegible]	[illegible]	[illegible]	[illegible]	[illegible]	[illegible]
dźjịj^{1}	dzjij^{2}	rjur^{1}	kiẹj^{2}	·u^{2}	rjur^{1}	ɲia^{2}	tsjij^{2}	·ji^{1}
在，	余	世	界	中	诸	菩	萨	众
[illegible]	[illegible]	[illegible]	[illegible]	[illegible]	[illegible]	[illegible]	[illegible]	[illegible]。
·jij^{1}	jwɨr^{1}	·jij^{1}	njɨ^{2}	tsə̣^{1}	to^{2}	źji^{2}	ljij^{2}	njwi^{2}
之	形	像	等	色	皆	悉	见	能。

余世界中诸菩萨众所有形类等色皆悉能见。

汉文本

复次，舍利弗！此三千大千世界星宿数量，不如彼佛声闻众多。何以故？由彼如来于一说法，无量有情得阿罗汉故。舍利弗！此三千大千世界星宿犹有数量，彼一一会无量有情得阿罗汉故，诸会声闻无有数量。

复次,舍利弗!彼刹天人殖众善本,余界人天纵以天眼亦不能见。舍利弗!假令余界诸天及人,往彼刹中善男子善女人所,尽其天眼亦不得见。若人闻此功德称扬法门,闻已受持读诵通利,彼善男子等皆于不动如来往昔行菩萨行时,皆已见闻,是故闻此法门即得信心清净。

舍利弗!东方一切世界诸刹土中,若菩萨乘人或声闻乘人,于此法门读诵通利者,其数甚多。彼诸菩萨及声闻人由愿力故,于不动刹中若已生、现生、当生,唯除不退菩萨。由彼菩萨于诸刹中当得阿耨多罗三藐三菩提故。南西北方四维上下亦复如是。舍利弗!彼不动如来于妙喜世界及他方刹土在菩萨等乘中而为上首。

舍利弗!若有善男子善女人,闻不动如来功德法门,善能受持读诵通利,愿生彼刹者,乃至命终,不动如来常为护念,不使诸魔及魔眷属退转其心。舍利弗!应知是善男子或善女人,乃至无上菩提,无有退转之怖,亦无水火刀杖恶兽毒虫之所损害,亦不为人非人等之所怖畏。何以故?由不动如来常加护念,于彼佛刹当受生故。舍利弗!譬如日轮虽复遥远,与阎浮提众生而作光明。不动如来亦复如是,虽在遥远,能与他界诸菩萨众而作光明。舍利弗!譬如比丘有天眼者,能见远方诸善恶色。不动如来虽在彼刹,余世界中诸菩萨众所有形类等色皆悉能见。

20.61.1

[illegible]	[illegible]	[illegible]!	[illegible]	[illegible]	[illegible]	[illegible]	[illegible],	[illegible]
śja^{1}	rjir^{2}	gji^{2}	niow^{1}	njij^{1}	·jij^{1}	dzju^{2}	rjir^{1}	mẹ^{2}
舍	利	子!	又	心	自	在	得,	神
[illegible]	[illegible]	[illegible]	[illegible]	[illegible]	[illegible]	[illegible]	[illegible],	[illegible]
mjijr^{2}	po^{1}	lo^{1}	bji̠^{2}	lhjụ^{2}	mjijr^{2}	phji^{2}	khjiw^{2}	khwa^{1}
通	波	罗	蜜	获	者	比	丘,	遥

舍利弗!又如比丘得心自在,获彼神通波罗蜜者,

20.61.2

[illegible]	[illegible]	[illegible],	[illegible]	[illegible]	[illegible]	[illegible]	[illegible]	[illegible]
khwa^{1}	kjɨ^{1}	dźjij^{1}	ɲia^{2}	tśhju^{1}	ŋowr^{2}	ŋowr^{2}	·jij^{1}	njij^{1}
远	虽	在,	有	情	一	切	之	心
[illegible]	[illegible]。	[illegible]	[illegible]	[illegible]	[illegible]	[illegible]	[illegible]	[illegible]
nwə^{1}	tsjij^{2}	mji^{1}	mju^{2}	mjor^{1}	ljịj^{2}	tsjɨ^{1}	thja^{1}	wjɨ^{2}
了	知。	不	动	如	来	亦	是	犹

虽在遥远,了知一切有情之心。不动如来亦复如

20.61.3

[illegible],	[illegible]	[illegible]	[illegible]	[illegible]	[illegible]	[illegible]	[illegible]	[illegible]

sju²	dzjij²	rjur¹	kięj²	ɲia²	tsjij²	·jij¹	njịj¹	nwə¹
如，	余	世	界	菩	萨	之	心	知
[illegible]	[illegible]。	[illegible]	[illegible]	[illegible]！	[illegible]	[illegible]	[illegible]	[illegible]
njwi²	ljɨ¹	śja¹	rjir²	gji²	dzjọ¹	sju²	phji²	khjiw²
能	也。	舍	利	子！	譬	如	比	丘

是，能知余界诸菩萨心。舍利弗！譬如比丘

20.61.4

[illegible]	[illegible]	[illegible]	[illegible]，	[illegible]	[illegible]	[illegible]	[illegible]	[illegible]，
mə¹	nju¹	ljạ¹	rjir¹	ljụ²	khwa¹	khwa¹	kjɨ¹	dźjịj¹
天	耳	证	得，	身	遥	远	虽	在，
[illegible]	[illegible]	[illegible]	[illegible]。	[illegible]	[illegible]	[illegible]	[illegible]	[illegible]
rjur¹	ɣię²	źji²	mji¹	mji¹	mju²	mjor¹	ljịj²	tsjɨ¹
诸	声	皆	闻。	不	动	如	来	亦

证得天耳，身虽在远，能闻诸声。不动如来亦

20.61.5

[illegible]	[illegible]	[illegible]，	[illegible]	[illegible]	[illegible]	[illegible]	[illegible]	[illegible]
thja¹	wjɨ²	sju²	dzjij²	rjur¹	kięj²	·u²	dźjịj¹	dźjịj¹
复	如	是，	余	诸	界	中	住	住
[illegible]	[illegible]	[illegible]	[illegible]	[illegible]	[illegible]：	[illegible]	[illegible]	[illegible]
ɲia²	tśhju¹	thjɨ²	sju²	dạ²	jɨ²	ŋa²	thja²	lhjij²
众	生	是	如	言	谓：	我	彼	刹

复如是。余世界中所住众生作如是言：我于彼刹

20.61.6

[illegible]	[illegible]	[illegible]	[illegible]	[illegible]。	[illegible]	[illegible]	[illegible]	[illegible]
·u²	kjạ¹	wẹ¹	ŋa²	jɨ²	ɣię²	thja²	tha¹	źji²
中	愿	生	△	谓。	声	彼	佛	皆
[illegible]。	[illegible]	[illegible]	[illegible]！	[illegible]	[illegible]	[illegible]	[illegible]	[illegible]
mji¹	śja¹	rjir²	gji²	thjɨ²	sju²	tsə̣¹	djịj¹	nẹw²

闻。 舍 利 子！ 是 如 色 类 善

愿当生者。彼佛皆闻①。舍利弗！如是色类善

20.62.1

[illegible]	[illegible]	[illegible]	[illegible]	[illegible]	[illegible]	[illegible]	[illegible]	[illegible]	[illegible]，
gọr1	gji2	ne̱w2	sji2	dzjwo2	·jij1	mjɨr1	mə2	mjɨj2	dji2
男	子	善	女	人	之	氏	姓	名	字，
[illegible]	[illegible]	[illegible]	[illegible]	[illegible]	[illegible]	[illegible]	[illegible]。	[illegible]	
mji1	mju2	mjor1	ljij2	to2	źji2	nwə1	tsjij2	tjij1	
不	动	如	来	皆	悉	了	知。	若	

男子善女人所有姓名，不动如来皆悉了知。若

20.62.2

[illegible]	[illegible]	[illegible]	[illegible]	[illegible]	[illegible]	[illegible]	[illegible]	[illegible]	[illegible]
dzjwo2	thjɨ2	tśhja2	·iow1	tsji̱r1	ɣa1	ɣiwej1	·jij1	do1	tshjɨ̱1
人	此	德	功	法	门	受	持	读	诵
[illegible]	[illegible]，	[illegible]	[illegible]	[illegible]	[illegible]	[illegible]	[illegible]	[illegible]	
tsjij2	dar1	ku1	thja1	rjur1	dzjwo2	njɨ2	źji2	mji1	
通	达，	则	此	诸	人	等	皆	不	

有受持读诵通利此功德法门者，此诸人等皆

20.62.3

[illegible]	[illegible]	[illegible]	[illegible]	[illegible]	[illegible]	[illegible]	[illegible]	[illegible]
mju2	mjor1	ljij2	·jij1	nwə1	ljij2	lji̱r2	tjij1	lew2
动	如	来	之	知	见	念	护	应
[illegible]。	[illegible]	[illegible]	[illegible]	[illegible]	[illegible]	[illegible]	[illegible]	[illegible]：
we2	dzjɨj1	śja1	rjir2	gji2	tha1	·jij1	dạ2	jɨ2
为。	时	舍	利	子	佛	之	言	谓：

为不动如来之所知见及已护念。时舍利弗白佛言：

20.62.4

[illegible] [illegible] [illegible] [illegible]， [illegible] [illegible] [illegible] [illegible] [illegible]

① 西夏本“闻”下有宾语“[illegible]”（声）字。

zjɨr^{1}	dju^{1}	rjur^{1}	pjụ^{1}	rjɨr^{2}	njɨ^{2}	thja^{2}	tha^{1}	rjur^{1}
稀	有	世	尊,	乃	至	彼	佛	世
[illegible]	[illegible]	[illegible]	[illegible]	[illegible]	[illegible]	[illegible]	[illegible]	[illegible]
pjụ^{1}	rjur^{1}	po^{1}	tsa^{1}	ma^{2}	ŋạ^{2}	tsa^{1}	·jij^{1}	ljɨr^{2}
尊	诸	菩	萨	摩	诃	萨	之	念

稀有世尊,乃至彼佛世尊护念彼诸菩萨摩诃萨。

20.62.5

[illegible]	[illegible]	[illegible]。	[illegible]	[illegible]	[illegible]	[illegible]。	[illegible]	[illegible]
·wejr^{2}	njwi^{2}	ljɨ^{1}	thjɨ^{2}	sju^{2}	jɨ^{2}	dźjwa^{1}	tha^{1}	śja^{1}
护	能	也。	是	如	谓	已。	佛	舍
[illegible]	[illegible]	[illegible]	[illegible]:	[illegible]	[illegible]	[illegible]	[illegible]!	[illegible]
rjir^{2}	gji^{2}	·jij^{1}	jɨ^{2}	thjɨ^{2}	sju^{2}	thjɨ^{2}	sju^{2}	dạ^{2}
利	子	之	告:	是	如	是	如!	言

如是白已。佛告舍利弗:如是如是!

20.62.6

[illegible]	[illegible]	[illegible]。	[illegible]	[illegible]	[illegible]	[illegible]	[illegible]	[illegible]
mjor^{1}	ŋwu^{2}	nja^{2}	mjor^{1}	ljịj^{2}	thja^{1}	po^{1}	tsa^{1}	ma^{2}
如	是	汝。	如	来	彼	菩	萨	摩
[illegible]	[illegible]	[illegible]	[illegible]	[illegible]。	[illegible]	[illegible]	[illegible]?	[illegible]
ŋạ^{2}	tsa^{1}	·jij^{1}	ljɨr^{2}	·wejr^{2}	thjij^{2}	sjo^{2}	ljɨ^{1}	ɲia^{2}
诃	萨	之	念	护。	何	云	故?	菩

如汝所言。彼菩萨摩诃萨如来之所护念。何以故?

20.63.1

[illegible]	[illegible]	[illegible]	[illegible]	[illegible],	[illegible]	[illegible]	[illegible]	[illegible]
tsjij^{2}	·jij^{1}	ljɨr^{2}	·wejr^{2}	niow^{1}	ku^{1}	ɲia^{2}	tśhju^{1}	ŋowr^{2}
萨	之	念	护	由,	则	众	生	一
[illegible]	[illegible]	[illegible]	[illegible]	[illegible]	[illegible]	[illegible]。	[illegible]	[illegible]
ŋowr^{2}	tsjɨ^{1}	źji^{2}	ljɨr^{2}	·wejr^{2}	rjir^{1}	ljɨ^{1}	śja^{1}	rjir^{2}
切	亦	皆	念	护	得	故。	舍	利

由护念菩萨故,一切众生皆得护念。舍利

20.63.2

[illegible]！	[illegible]	[illegible]	[illegible]	[illegible]	[illegible]	[illegible]	[illegible]	[illegible]，
gji²	dzjọ¹	sju²	ljị¹	lji¹	tśjiw²	pho¹	njij²	ljịj²
子！	譬	如	刹	利	顶	薄	王	大，
[illegible]	[illegible]	[illegible]	[illegible]	[illegible]	[illegible]，	[illegible]	[illegible]	[illegible]
śiọw¹	śji²	du¹	·ụ²	rejr²	dźjij²	tśju¹	ljịj¹	dzjwo²
谷	豆	楼	库	多	有，	局	分	人

弗！譬如刹利灌顶①大王，多有仓廪盈储谷豆，严诫主司②，

20.63.3

[illegible]	[illegible]	[illegible]	[illegible]	[illegible]，	[illegible]	[illegible]	[illegible]	[illegible]
·jij¹	ɣar¹	ɣar¹	dzjụ¹	bji²	njịj¹	tjị¹	khjụ²	·wejr²
之	严	严	诫	示，	心	诚	监	守
[illegible]。	[illegible]	[illegible]	[illegible]？	[illegible]	[illegible]	[illegible]	[illegible]	[illegible]
phji¹	thjij²	sjo²	ljɨ¹	dźjwiw²	pạ²	lja¹	zjịj¹	ɲia²
令。	何	云	故？	饥	馑	来	时	众

善③令监守。何以故？于饥馑世

20.63.4

[illegible]	[illegible]	[illegible]	[illegible]。	[illegible]	[illegible]	[illegible]！	[illegible]	[illegible]
tśhju¹	·jij¹	gjụ²	ljɨ¹	śja¹	rjir²	gji²	mjor¹	ljịj²
生	之	救	也。	舍	利	子！	如	来
[illegible]	[illegible]	[illegible]	[illegible]，	[illegible]	[illegible]	[illegible]	[illegible]	[illegible]
tsjɨ¹	thja¹	wjɨ²	sju²	thja¹	rjur¹	ɲia²	tsjij²	·jij¹
亦	复	如	是，	此	诸	菩	萨	之

当济群生。舍利弗！

20.63.5

[illegible]	[illegible]	[illegible]。	[illegible]	[illegible]	[illegible]？	[illegible]	[illegible]	[illegible]

① 灌顶，西夏本作“[illegible]”（顶薄）。按，“[illegible]”pho¹（薄）字于义不合，在此假借作“[illegible]”pho¹（灌）。参看上文 20.16.5 和 20.17.6 皆正作“[illegible]”（顶灌）。

② 主司，西夏本作“[illegible]”（局分人）。

③ 善，西夏本作“[illegible]”，字面意思是“诚心、专心”。

ljɨ̱r²	·wejr²	njwi²	thjij²	sjo²	ljɨ¹	thja¹	rjur¹	ɲia²
念	护	能。	何	云	故?	是	诸	菩
[illegible]	[illegible]	[illegible]	[illegible]	[illegible]	[illegible]	[illegible]	[illegible],	[illegible]
tsjij²	thja²	mjor¹	ljij²	gju¹	dzjar²	niow¹	rjijr²	źji²
萨	彼	如	来	灭	度	之	后,	无

是诸菩萨于彼如来灭度之后,①

20.63.6

[illegible]	[illegible]	[illegible]	[illegible]	[illegible]	[illegible],	[illegible]	[illegible]	[illegible]
phju²	tśhja²	ka¹	po¹	tjɨj¹	lja̱¹	dźjwiw²	pa̱²	lja¹
上	正	等	菩	提	证,	饥	馑	来
[illegible]	[illegible]	[illegible]	[illegible]	[illegible]	[illegible]	[illegible]	[illegible]	[illegible]。
zji̱j¹	tśhja²	tsji̱r¹	ŋwu²	wer¹	rjijr¹	wji¹	njwi²	ljɨ¹
时	正	法	以	丰	稔	作	能	也。

当证无上正等菩提,能于②正法饥馑之时③作大丰稔。如来亦复如是,善能覆护此诸菩萨。④

汉文本

舍利弗!又如比丘得心自在,获彼神通波罗蜜者,虽在遥远,了知一切有情之心。不动如来亦复如是,能知余界诸菩萨心。舍利弗!譬如比丘证得天耳,身虽在远,能闻诸声。不动如来亦复如是。余世界中所住众生作如是言:我于彼刹愿当生者。彼佛皆闻。舍利弗!如是色类善男子善女人所有姓名,不动如来皆悉了知。若有受持读诵通利此功德法门者,此诸人等皆为不动如来之所知见及已护念。时舍利弗白佛言:稀有世尊,乃至彼佛世尊护念彼诸菩萨摩诃萨。如是白已。佛告舍利弗:如是如是!如汝所言。彼菩萨摩诃萨如来之所护念。何以故?由护念菩萨故,一切众生皆得护念。

舍利弗!譬如刹利灌顶大王,多有仓廪盈储谷豆,严诫主司,善令监守。何以故?于饥馑世当济群生。舍利弗!是诸菩萨于彼如来灭度之后,当证无上正等菩提,能于正法饥馑之时作大丰稔。如来亦复如是,善能覆护此诸菩萨。

20.64.1

[illegible]	[illegible]	[illegible]!	[illegible]	[illegible]	[illegible]	[illegible]	[illegible]	[illegible]

① 西夏本句上有“[illegible]”(何以故)三字。
② 于,西夏本作“[illegible]”(以)。
③ 西夏本“饥馑之时”在“能于正法”之上,于义为切。
④ 西夏本“如来亦复如是,善能覆护此诸菩萨”在“是诸菩萨于彼如来灭度之后”句上。

śja^{1}	rjir^{2}	gji^{2}	thjɨ^{2}	rjur^{1}	kiẹj^{2}	rjur^{1}	ɲia^{2}	tsjij^{2}
舍	利	子！	此	世	界	诸	菩	萨
[illegible]，	[illegible]	[illegible]	[illegible]	[illegible]	[illegible]	[illegible]	[illegible]	[illegible]
njɨ^{2}	mji^{1}	mju^{2}	mjor^{1}	ljịj^{2}	·jij^{1}	tśhja^{2}	·iow^{1}	tsji̱r^{1}
等，	不	动	如	来	之	德	功	法

舍利弗！于此世界有诸菩萨，当闻不动如来功德法

20.64.2

[illegible]	[illegible]，	[illegible]	[illegible]	[illegible]	[illegible]	[illegible]	[illegible]，	[illegible]
ɣa^{1}	mji^{1}	ɣiwej^{1}	·jịj^{1}	do^{1}	tshjɨ̱^{1}	tsjij^{2}	dar^{1}	thja^{1}
门	闻，	受	持	读	诵	通	达，	彼
[illegible]	[illegible]	[illegible]	[illegible]	[illegible]	[illegible]，	[illegible]	[illegible]	[illegible]
tha^{1}	lhjịj^{2}	·u^{2}	we̱^{1}	śjɨ^{1}	kiẹj^{2}	ku^{1}	thjɨ^{2}	nio̱w^{1}
佛	刹	中	生	往	欲，	则	是	故

门，能善受持读诵通利，于彼佛刹愿欲受生，应知

20.64.3

[illegible]	[illegible]	[illegible]	[illegible]	[illegible]	[illegible]	[illegible]。	[illegible]	[illegible]
thja^{1}	dzjwo^{2}	mji^{1}	lhji̱^{1}	lhjwo^{1}	rjir^{1}	ljɨ^{1}	śja^{1}	rjir^{2}
此	人	不	退	转	得	也。	舍	利
[illegible]！	[illegible]	[illegible]	[illegible]	[illegible]	[illegible]	[illegible]	[illegible]，	[illegible]
gji^{2}	tjij^{1}	dzjij^{2}	ɲia^{2}	tsjij^{2}	thjɨ^{2}	tsji̱r^{1}	ɣa^{1}	ɣiwej^{1}
子！	若	余	菩	萨	此	法	门，	受

此人得不退转。舍利弗！若余菩萨于此法门，

20.64.4

[illegible]	[illegible]	[illegible]	[illegible]	[illegible]	[illegible]，	[illegible]	[illegible]	[illegible]
·jịj^{1}	do^{1}	tshjɨ̱^{1}	tsjij^{2}	dar^{1}	njwi^{2}	ku^{1}	mjɨ^{1}	pjụ^{1}
持	读	诵	通	达	能，	则	无	量
[illegible]	[illegible]	[illegible]	[illegible]	[illegible]	[illegible]	[illegible]	[illegible]	[illegible]
ŋew^{2}	mjij^{1}	·jir^{2}	tụ^{1}	ɲia^{2}	tśhju^{1}	·jij^{1}	phie^{2}	nẹj^{2}
数	无	百	千	众	生	之	开	示

善能受持读诵通利，为无量无数百千众生开示

20.64.5

nẹ^{1}	tshjịj^{1}	niow^{1}	rjur^{1}	ɲia^{2}	tśhju^{1}	·jij^{1}	thjɨ^{2}	sju^{2}
演	说,	亦	诸	有	情	之	是	如
·ji^{1}	nẹ^{1}	tśhji^{2}	ljị^{1}	źji^{2}	phju^{2}	po^{1}	tjɨj^{1}	rjijr^{2}
众	说	本	植,	无	上	菩	提	方

演说,亦令诸有情如是殖众善本①,使当亲近无上菩提。

20.64.6

?	njij^{1}	phji^{1}	lew^{2}	śja^{1}	rjir^{2}	gji^{2}	tjɨ^{1}	tjij^{1}
亲	近	使	当。	舍	利	子!	如	若
ɲia^{2}	tsjij^{2}	xja^{1}	źji^{2}	phju^{2}	po^{1}	tjɨj^{1}	ljạ^{1}	kiẹj^{2}
菩	萨	速	无	上	菩	提	证	愿,

舍利弗!若菩萨愿速证无上菩提者,

20.65.1

ku^{1}	thjɨ^{2}	sju^{2}	tsjịr^{1}	ɣa^{1}	ɣiwej^{1}	·jij^{1}	do^{1}	tshjɨ̱^{1}
则	是	如	法	门	受	持	读	诵
tsjij^{2}	dar^{1}	rjur^{1}	ɲia^{2}	tśhju^{1}	·jij^{1}	phie^{2}	nẹj^{2}	nẹ^{1}
通	达,	诸	众	生	之	开	示	演

应当受持读诵通利如是法门,为诸众生开示演

20.65.2

① 善本,西夏本作"□□"(说本)。按,"□"nẹ^{1}(说)字于义不合,在此假借作"□"nẹw^{2}(善)。此二字在《择要》中同组(6.2.6)。另,参看上文(20.56.5)"善本"译作"□□"亦可知。

tshjịj^{1}	lew^{2}	thjij^{2}	sjo^{2}	ljɨ^{1}	po^{1}	tsa^{1}	ma^{2}	ŋạ^{2}
说	应。	何	云	故？	菩	萨	摩	诃
[illegible]	[illegible]	[illegible]	[illegible]	[illegible]	[illegible]	[illegible]	[illegible]	[illegible]
tsa^{1}	thjɨ^{2}	sju^{2}	ŋwu^{2}	thjɨ^{2}	tśhja^{2}	·iow^{1}	ɣa^{2}	ljịj^{2}
萨	是	如	而	此	德	功	于	大

说。何以故？菩萨摩诃萨应如是演说此功德门①大

20.65.3

[illegible]	[illegible]	[illegible]	[illegible]	[illegible]，	[illegible]	[illegible]	[illegible]	[illegible]
sjịj^{2}	sjwɨj^{1}	nẹ^{1}	tshjịj^{1}	lew^{2}	thjɨ^{2}	sju^{2}	thjɨ^{2}	sju^{2}
智	业	演	说	应，	是	如	是	如
[illegible]	[illegible]	[illegible]	[illegible]	[illegible]	[illegible]。	[illegible]	[illegible]	[illegible]
ŋwu^{2}	śio̱^{1}	dzjị^{2}	su^{1}	śjwo^{1}	lew^{2}	thjɨ^{2}	rjur^{1}	dzjwo^{2}
而	积	集	发	起	当。	是	诸	人

智慧业，当如是如是发起积集。彼诸人

20.65.4

[illegible]	[illegible]	[illegible]	[illegible]	[illegible]	[illegible]	[illegible]，	[illegible]	[illegible]
njɨ^{2}	śio̱^{1}	dzjị^{2}	su^{1}	śjwo^{1}	nio̱w^{1}	ku^{1}	mjor^{1}	ljụ^{2}
等	积	集	发	起	由	故，	现	身
[illegible]	[illegible]	[illegible]	[illegible]	[illegible]。	[illegible]	[illegible]	[illegible]！	[illegible]
tśhja̱^{1}	rjur^{1}	rar^{2}	dzjar^{2}	ljɨ^{1}	śja^{1}	rjir^{2}	gji^{2}	thjɨ^{2}
于	诸	漏	尽	也。	舍	利	子！	是

等由发起积集故，于其现身诸漏当尽。舍利子！是

20.65.5

[illegible]	[illegible]	[illegible]	[illegible]	[illegible]，	[illegible]	[illegible]	[illegible]	[illegible]，
nio̱w^{1}	ɣiẹ^{2}	mji^{1}	·ụ^{2}	dzjwo^{2}	thja^{2}	tsji̱r^{1}	ɣa^{1}	mji^{1}
故	声	闻	藏	人，	彼	法	门	闻，
[illegible]	[illegible]	[illegible]	[illegible]	[illegible]	[illegible]	[illegible]，	[illegible]	[illegible]

① 功德门，西夏本作"[illegible]"（功德于）。按，"[illegible]"ɣa^{2}（于）字于义不合，在此假借作"[illegible]"ɣa^{1}（门）。此二字在《择要》中同组（11.10.6）。

ku^{1}	ɣiwej^{1}	·ji̱j^{1}	do^{1}	tshjɨ̱^{1}	tsjij^{2}	dar^{1}	ɲia^{2}	tśhju^{1}
则	受	持	读	诵	通	达，	众	生

故声闻乘①者，若闻彼法门，应当受持读诵通利，广为众生

20.65.6

[illegible]	[illegible]	[illegible]	[illegible]	[illegible]	[illegible]	[illegible]。	[illegible]	[illegible]
·jij^{1}	wạ^{2}	phie^{2}	ne̱j^{2}	nẹ^{1}	tshji̱j^{1}	lew^{2}	thjij^{2}	sjo^{2}
之	广	开	示	演	说	应。	何	云
[illegible]？	[illegible]	[illegible]	[illegible]	[illegible]	[illegible]	[illegible]	[illegible]，	[illegible]
ljɨ^{1}	thjɨ^{2}	ne̱w^{2}	go̱r^{1}	gji^{2}	ne̱w^{2}	sji^{2}	dzjwo^{2}	thjɨ^{2}
故？	此	善	男	子	善	女	人，	是

开示演说。何以故？此善男子善女人，

20.66.1

[illegible]	[illegible]	[illegible]	[illegible]	[illegible]	[illegible]，	[illegible]	[illegible]	[illegible]
sju^{2}	tśhja^{2}	tsji̱r^{1}	ɣiwej^{1}	·ji̱j^{1}	nio̱w^{1}	mjor^{1}	ljụ^{2}	tśhja̱^{1}
如	正	法	受	持	由，	现	身	于
[illegible]	[illegible]	[illegible]	[illegible]。	[illegible]	[illegible]	[illegible]！	[illegible]	[illegible]
ɣiew^{1}	mjij^{1}	ljạ^{1}	ljɨ^{1}	śja^{1}	rjir^{2}	gji^{2}	tjɨ^{1}	tjij^{1}
学	无	证	也。	舍	利	子！	如	若

由受持如是正法，于其现身当证无学。舍利弗！若有

20.66.2

[illegible]	[illegible]	[illegible]	[illegible]	[illegible]、	[illegible]	[illegible]	[illegible]，	[illegible]	[illegible]
sej^{1}	dźiej^{2}	ne̱w^{2}	go̱r^{1}	gji^{2}	ne̱w^{2}	sji^{2}	dzjwo^{2}	thjɨ^{2}	tśhja^{2}
净	信	善	男	子、	善	女	人，	此	德
[illegible]	[illegible]	[illegible]	[illegible]	[illegible]，	[illegible]	[illegible]	[illegible]	[illegible]	
·iow^{1}	·jow^{2}	śja^{2}	tsji̱r^{1}	ɣa^{1}	śjwɨ^{1}	śjwɨ^{1}	mjɨ^{1}	·jij^{1}	
功	称	赞	法	门，	时	时	他	之	

净信男子、女人②，于此功德称赞法门，应当为他时时

---

① 声闻乘，西夏本作“[illegible]”（声闻藏）。按，“[illegible]”·ụ^{2}（藏）字于义不合，在此假借作“[illegible]”·ụ^{2}（乘）。此二字在《择要》中同组（7.11.3）。

② “男子、女人”，西夏本作“[illegible]、[illegible]”（善男子、善女人）。

20.66.3

□	□。	□	□	□	□	□	□	□
nẹ^{1}	tshji̱j^{1}	ku^{1}	thja^{1}	rjur^{1}	dzjwo^{2}	njɨ̱^{1}	we̱^{1}	mji^{1}
演	说。	则	彼	诸	人	二	生	不
□，	□	□	□	□	□	□	□	□。
dzjịj^{1}	kụ^{1}	mjor^{1}	ljụ^{2}	tśhja̱^{1}	rjur^{1}	rar^{2}	dzjar^{2}	ljɨ^{1}
越，	当	现	身	于	诸	漏	尽	也。

演说。彼诸人等不越两生，当于现身得尽诸漏。

20.66.4

□	□，	□	□	□！	□	□	□	□
niow^{1}	tśjɨ^{1}	śja^{1}	rjir^{2}	gji^{2}	thjɨ^{2}	mji^{1}	mju^{2}	mjor^{1}
复	次，	舍	利	子！	此	不	动	如
□	□	□	□	□	□	□	□	□，
ljịj^{2}	·jij^{1}	tśhja^{2}	·iow^{1}	·jow^{2}	śja^{2}	tsji̱r^{1}	ɣa^{1}	tja^{1}
来	之	德	功	称	赞	法	门	者，

复次，舍利弗！此不动如来所有功德称赞法门，

20.66.5

□	□	□	□	□	□	□	□	□，
wẹ^{1}	lə^{2}	sjịj^{2}	zjɨ̱r^{1}	dzjwo^{2}	ɣiwej^{1}	lhjịj^{2}	mjɨ^{1}	njwi^{2}
愚	痴	智	少	人	持	受	不	能，
□	□	□	□	□	□	□	□。	□
na^{1}	wạ^{2}	sjịj^{2}	źjɨr^{1}	dźjij^{2}	ɣiwej^{1}	·jịj^{1}	njwi^{2}	śja^{1}
深	广	智	慧	有	持	受	能。	舍

非愚浅者①之所能受，其有智慧深广方能受持。舍

20.66.6

□	□！	□	□	□	□	□	□	□	□
rjir^{2}	gji^{2}	thja^{1}	ne̱w^{2}	go̱r^{1}	gji^{2}	ne̱w^{2}	sji^{2}	dzjwo^{2}	rjur^{1}

① 愚浅，西夏本作“□□□□□”，字面意思是“愚痴少智”。

利	子！	彼	善	男	子	善	女	人	诸
[illegible]	[illegible]	[illegible]，	[illegible]	[illegible]	[illegible]	[illegible]	[illegible]	[illegible]	
tha^{1}	ljij^{2}	zjịj^{1}	thjɨ^{2}	tśhja^{2}	·iow^{1}	ɣa^{1}	·jow^{2}	śja^{2}	
佛	见	时，	此	德	功	门	称	赞	

利弗！彼善男子善女人当见诸佛，于此功德①称赞

20.67.1

[illegible]	[illegible]，	[illegible]	[illegible]	[illegible]	[illegible]。	[illegible]	[illegible]	[illegible]！
tsji̱r^{1}	ɣa^{1}	kjɨ^{1}	djij^{2}	rjir^{1}	ljɨ^{1}	śja^{1}	rjir^{2}	gji^{2}
法	门，	必	定	得	也。	舍	利	子！
[illegible]	[illegible]	[illegible]	[illegible]	[illegible]	[illegible]	[illegible]	[illegible]	[illegible]
dzjọ^{1}	sju^{2}	pjụ^{1}	mjij^{1}	ljɨ̣^{1}	nji^{2}	ŋjow^{2}	·u^{2}	zow^{2}
譬	若	价	无	宝	珠	海	中	持

法门，必当身得。舍利弗！譬若无价宝珠从海持

20.67.2

[illegible]	[illegible]	[illegible]	[illegible]。	[illegible]	[illegible]	[illegible]	[illegible]？	[illegible]	[illegible]
wjɨ^{2}	dźjɨ̣	lja^{1}	zjij^{1}	phji^{1}	ɣa^{2}	thjij^{2}	sjo^{2}	thja^{1}	pjụ^{1}
△	拔	送	时。	意	于	何	云？	此	价
[illegible]	[illegible]	[illegible]	[illegible]	[illegible]	[illegible]	[illegible]	[illegible]	[illegible]	
mjij^{1}	ljɨ̣^{1}	śji^{1}	ɣu^{1}	sjwɨ^{2}	·jij^{1}	lạ^{1}	·u^{2}	ljɨ̣^{1}	
无	宝	先	先	谁	之	手	中	入	

来②。于意云何？此无价宝何人先得？

20.67.3

[illegible]？	[illegible]	[illegible]	[illegible]	[illegible]	[illegible]	[illegible]	[illegible]：	[illegible]	[illegible]，
ljɨ^{1}	śja^{1}	rjir^{2}	gji^{2}	tha^{1}	·jij^{1}	dạ^{2}	jɨ^{2}	rjur^{1}	pjụ^{1}
也？	舍	利	子	佛	之	言	谓：	世	尊，
[illegible]	[illegible]	[illegible]	[illegible]	[illegible]	[illegible]、	[illegible]	[illegible]	[illegible]	

① 于此功德，西夏本作“[illegible]”(此功德门)。按，“[illegible]”ɣa^{1}(门)字于义不合，在此假借作“[illegible]”ɣa^{2}(于)。此二字在《择要》中同组(11.10.6)。下文20.81.5亦同。

② 来，西夏本作“[illegible]”(送、还)。按，“[illegible]”lja^{1}(送、还)字疑假借作“[illegible]”ljij^{2}(来)。此二字在《择要》中同组(7.2.7)。

śji1	ɣu1	rjur1	lhji̠j2	njij2	gji2	ljịj2	bji2	·jij1
先	先	诸	国	王	子、	大	臣	之

舍利弗白佛言：世尊，有诸国王王子、大臣，

20.67.4

[illegible]	[illegible]	[illegible]	[illegible]。	[illegible]	[illegible]	[illegible]	[illegible]	[illegible]	[illegible]：
lạ1	·u2	ljị1	ljɨ1	tha1	śja1	rjir2	gji2	·jij1	jɨ2
手	中	入	也。	佛	舍	利	子	之	谓：
[illegible]	[illegible]	[illegible]	[illegible]	[illegible]	[illegible]	[illegible]	[illegible]	[illegible]	
thja2	tha1	·jij1	tśhja2	·iow1	tsji̠r1	ɣa1	tsjɨ1	thja1	
彼	佛	之	德	功	法	门	亦	是	

此人先得。佛告舍利弗：彼佛功德法门亦复

20.67.5

[illegible]	[illegible]，	[illegible]	[illegible]	[illegible]	[illegible]。	[illegible]	[illegible]	[illegible]	[illegible]
wjɨ2	sju2	ɲia2	tsjij2	śji1	rjir1	thja1	rjur1	ɲia2	tsjij2
犹	如，	菩	萨	先	得。	是	诸	菩	萨
[illegible]	[illegible]	[illegible]	[illegible]，	[illegible]	[illegible]	[illegible]	[illegible]	[illegible]	
mji1	lhji̠1	lhjwo1	rjir1	tjij1	thjɨ2	tsji̠r1	mji1	ku1	
不	退	转	得，	若	此	法	闻	则	

如是，菩萨先得。是诸菩萨当不退转，若闻此法

20.67.6

[illegible]	[illegible]	[illegible]	[illegible]	[illegible]	[illegible]	[illegible]	[illegible]	[illegible]，	[illegible]
kjɨ1	djɨj2	ɣiwej1	·jij1	do1	tshjɨ1	tsjij2	dar1	njwi2	źji2
必	定	受	持	读	诵	通	达	能，	无
[illegible]	[illegible]	[illegible]	[illegible]	[illegible]	[illegible]	[illegible]	[illegible]	[illegible]	[illegible]
phju2	po1	tjɨj1	nio̠w1	mjor1	ɣiej1	tsji̠r2	bju1	jɨr2	djọ2
上	菩	提	为	如	真	性	依	勤	修

必能受持读诵通利，为无上菩提于真如性当勤修

20.68.1

[illegible]	[illegible]。	[illegible]	[illegible]	[illegible]	[illegible]	[illegible]	[illegible]	[illegible]：	[illegible]

ɣiew1	ljɨ1	śja1	rjir2	gji2	tha1	·jij1	dạ2	jɨ2	rjur1
学	也。	舍	利	子	佛	之	言	谓：	世
[illegible],	[illegible]	[illegible]	[illegible]	[illegible]	[illegible]	[illegible]	[illegible]	[illegible]	
pjụ1	tjij1	rjur1	ɲia2	tsjij2	mji1	lhji̱1	lhjwo1	ljɨ2	
尊，	若	诸	菩	萨	不	退	转	地	

学。舍利弗白佛言：世尊，若诸菩萨欲住不退地者，

20.68.2

[illegible]	[illegible],	[illegible]	[illegible]	[illegible]	[illegible]	[illegible]	[illegible]	[illegible]	[illegible],
dźji̱j1	kiẹj2	ku1	thjɨ2	·jow2	śja2	tsji̱r1	ɣa1	mji1	zjij1
住	欲，	则	此	称	赞	法	门	闻	时，
[illegible]	[illegible]	[illegible]	[illegible]	[illegible]	[illegible]	[illegible]。	[illegible]	[illegible]	[illegible]？
ɣiwej1	·jij1	do1	tshji̱1	tsjij2	dar1	lew2	thjij2	sjo2	ljɨ1
受	持	读	诵	通	达	应。	何	云	故？

闻此称赞法门，应当受持读诵通利。何以故？

20.68.3

[illegible]	[illegible]	[illegible]	[illegible]	[illegible]	[illegible]	[illegible]	[illegible]	[illegible]	[illegible],
po1	tsa1	ma2	ŋạ2	tsa1	thjɨ2	tsji̱r1	ɣa1	bju1	dźji̱j1
菩	萨	摩	诃	萨	此	法	门	依	住，
[illegible]	[illegible]	[illegible]	[illegible]	[illegible]	[illegible]	[illegible]	[illegible]	[illegible]。	[illegible]
ku1	tsji̱r1	tsji̱r2	kha1	mji1	lhji̱1	lhjwo1	rjir1	ljɨ1	tha1
则	法	性	中	不	退	转	得	也。	佛

菩萨摩诃萨住此法门，于法性中当不退转。佛

20.68.4

[illegible]	[illegible]	[illegible]	[illegible]	[illegible]：	[illegible]	[illegible]	[illegible]	[illegible]	[illegible]
śja1	rjir2	gji2	·jij1	jɨ2	tjɨ1	tjij1	dzjwo2	dju1	mji1
舍	利	子	之	谓：	假	使	人	有	闻
[illegible]	[illegible],	[illegible]	[illegible]	[illegible]	[illegible]	[illegible]	[illegible]	[illegible]	[illegible]
gji2	niọw1	tśjo	·jã1	xu1	thji1	·u2	kie1	ljɨ1	dźjij1
冀	为，	终	阎	浮	提	中	金	宝	精

告舍利弗：假使有人终以金宝满阎浮提

20.68.5

[illegible]	[illegible]，	[illegible]	[illegible]	[illegible]	[illegible]，	[illegible]	[illegible]	[illegible]	[illegible]
nja^{1}	swu^{2}	thjɨ^{2}	ŋwu^{2}	zji^{1}	mji^{1}	tsjɨ^{1}	zjọ^{2}	mji^{1}	mji^{1}
△	满，	此	以	布	施，	亦	世	不	闻
[illegible]。	[illegible]	[illegible]	[illegible]？	[illegible]	[illegible]	[illegible]	[illegible]	[illegible]	[illegible]
ljɨ^{1}	thjij^{2}	sjo^{2}	ljɨ^{1}	thjɨ^{2}	tśhja^{2}	·iow^{1}	tsji̠r^{1}	tja^{1}	ljo^{1}
也。	何	云	故？	此	德	功	法	者	福

持用布施，冀闻此法，终亦不闻。何以故？此功德法

20.68.6

[illegible]	[illegible]	[illegible]	[illegible]	[illegible]	[illegible]	[illegible]	[illegible]	[illegible]。
bji^{1}	ɲia^{2}	tśhju^{1}	·jij^{1}	ɣiwej^{1}	·jij^{1}	lew^{2}	nja̱^{2}	ljɨ^{1}
薄	众	生	之	执	持	当	非	故。

非薄福众生当执持故。

汉文本

舍利弗！于此世界有诸菩萨，当闻不动如来功德法门，能善受持读诵通利，于彼佛刹愿欲受生，应知此人得不退转。舍利弗！若余菩萨于此法门，善能受持读诵通利，为无量无数百千众生开示演说，亦令诸有情如是殖众善本，使当亲近无上菩提。舍利弗！若菩萨愿速证无上菩提者，应当受持读诵通利如是法门，为诸众生开示演说。何以故？菩萨摩诃萨应如是演说此功德门大智慧业，当如是如是发起积集。彼诸人等由发起积集故，于其现身诸漏当尽。舍利子！是故声闻乘者，若闻彼法门，应当受持读诵通利，广为众生开示演说。何以故？此善男子善女人，由受持如是正法，于其现身当证无学。舍利弗！若有净信男子、女人，于此功德称赞法门，应当为他时时演说。彼诸人等不越两生，当于现身得尽诸漏。

复次，舍利弗！此不动如来所有功德称赞法门，非愚浅者之所能受，其有智慧深广方能受持。舍利弗！彼善男子善女人当见诸佛，于此功德称赞法门，必当身得。舍利弗！譬若无价宝珠从海持来。于意云何？此无价宝何人先得？舍利弗白佛言：世尊，有诸国王王子、大臣，此人先得。佛告舍利弗：彼佛功德法门亦复如是，菩萨先得。是诸菩萨当不退转，若闻此法必能受持读诵通利，为无上菩提于真如性当勤修学。舍利弗白佛言：世尊，若诸菩萨欲住不退地者，闻此称赞法门，应当受持读诵通利。何以故？菩萨摩诃萨住此法门，于法性中当不退转。佛告舍利弗：假使有人终以金宝满阎浮提持用布施，冀闻此法，终亦不闻。何以故？此功德法非薄福众生当执持故。

20.68.6

[illegible]　[illegible]，　[illegible]　[illegible]　[illegible]！　[illegible]　[illegible]　[illegible]　[illegible]　[illegible]　[illegible] niow^{1} tśjɨ^{1} śja^{1} rjir^{2} gji^{2} tjij^{1} ɣię^{2} mji^{1} ·ụ^{2} dzjwo^{2} thjɨ^{2}

复 次， 舍 利 子！ 若 声 闻 乘 人 此

复次，舍利弗！若声闻乘人

20.69.1

□ □ □ □ □ □ □ □ □， □

tśhja^{2} ·iow^{1} tsji̱r^{1} ɣa^{1} mji^{1} ɣiwej^{1} ·jij^{1} do^{1} tshjɨ̱^{1} źji^{2}

德 功 法 门 闻 受 持 读 诵， 无

□ □ □ □ □ □ □ □ □ □，

phju^{2} po^{1} tjɨj^{1} niow^{1} mjor^{1} ɣiej^{1} rjir^{2} bju^{1} śjij^{1} nio̱w^{1}

上 菩 提 及 如 真 与 相 应 故，

闻此功德法门受持读诵，为无上菩提及真如相应故，

20.69.2

□ □ □ □， □ □ □ □ □ □

jɨr^{2} dźjij^{1} djọ^{2} dzjɨ̱^{2} ku^{1} thja^{1} kụ^{1} ljụ^{2} ɣa^{2} tśhjwo^{1}

勤 精 修 习， 则 彼 后 身 于 故

□ □ □， □ □ □ □ □ □、

śjɨj^{1} ·jiw^{2} rjir^{1} tśhio̱w^{1} tśhio̱w^{1} njɨ̱^{1} we̱^{1} tśiej^{2} twẹ^{2}

成 就 得， 或 或 二 生 补 处、

精勤修习，彼于后身当得成就，或于二生补处、

20.69.3

□ □ □ □ □ □， □ □ □

tśhio̱w^{1} tśhio̱w^{1} so̱^{1} we̱^{1} mji^{1} dzjij^{1} tśhja^{2} dwewr^{2} śjɨj^{1}

或 或 三 生 不 过， 正 觉 成

□。 □ □ □ □ □ □ □ □

ljɨ^{1} thja^{1} dzjwo^{2} tjij^{1} thjɨ^{2} ·jow^{2} śja^{2} tsji̱r^{1} ɣa^{1}

也。 彼 人 若 此 称 赞 法 门

或复三生终不超过，当成正觉。彼若闻此称赞法门

20.69.4

□ □ □ □ □， □ □ □ □

mji^{1}	do^{1}	tshjɨ̱^{1}	tsjij^{2}	dar^{1}	ku^{1}	niow^{1}	mjɨ^{1}	pjụ^{1}
闻	读	诵	通	达，	则	复	无	量
[illegible]	[illegible]	[illegible]	[illegible]	[illegible]	[illegible]	[illegible]	[illegible]	[illegible]
·jir^{2}	tụ^{1}	ɲia^{2}	tśhju^{1}	·jij^{1}	phie^{2}	ne̠j^{2}	nẹ^{1}	tshjij̱^{1}
百	千	众	生	之	开	示	演	说

读诵通利，复为无量百千众生开示演说。

20.69.5

[illegible]。	[illegible]	[illegible]	[illegible]！	[illegible]	[illegible]	[illegible]	[illegible]	[illegible]，
ljɨ^{1}	śja^{1}	rjir^{2}	gji^{2}	dzjọ^{1}	sju^{2}	dźiej^{2}	de̠j^{1}	njij^{2}
也。	舍	利	子！	譬	如	转	轮	王，
[illegible]	[illegible]	[illegible]	[illegible]	[illegible]	[illegible]	[illegible]	[illegible]。	[illegible]
śji^{1}	zjọ^{2}	sjwɨj^{1}	bju^{1}	śją^{1}	ljị^{1}	·ju^{2}	śja^{2}	mji^{1}
先	世	业	以	七	宝	前	现。	不

舍利弗！如转轮王以先业感七宝现前。不

20.69.6

[illegible]	[illegible]	[illegible]	[illegible]	[illegible]	[illegible]	[illegible]，	[illegible]	[illegible]
mju^{2}	mjor^{1}	ljij^{2}	tsjɨ^{1}	thja^{1}	wjɨ^{2}	sju^{2}	mər^{2}	tjị^{1}
动	如	来	亦	是	犹	如，	本	愿
[illegible]	[illegible]，	[illegible]	[illegible]	[illegible]	[illegible]	[illegible]	[illegible]	[illegible]
ɣie^{1}	bju^{1}	ŋa^{2}	sjij^{1}	thjɨ^{2}	tśhja^{2}	·iow^{1}	tsji̠r^{1}	ɣa^{1}
力	以，	我	今	此	德	功	法	门

动如来亦复如是，以本愿力，我今说此功德法门。

20.70.1

[illegible]	[illegible]	[illegible]。	[illegible]	[illegible]	[illegible]！	[illegible]	[illegible]	[illegible]
rjɨr^{2}	tshjij^{1}	ŋa^{2}	śja^{1}	rjir^{2}	gji^{2}	tjij^{1}	rjur^{1}	po^{1}
△	说	△。	舍	利	子！	若	诸	菩
[illegible]	[illegible]	[illegible]	[illegible]	[illegible]	[illegible]	[illegible]	[illegible]	[illegible]，
tsa^{1}	ma^{2}	ŋą^{2}	tsa^{1}	thjɨ^{2}	·jow^{2}	śja^{2}	tsji̠r^{1}	ɣa^{1}
萨	摩	诃	萨	此	称	赞	法	门，

舍利弗！若诸菩萨摩诃萨于此称赞法门，

20.70.2

[illegible]								
tjij^{1}	śji^{1}	mji^{1}	tjij^{1}	kụ^{1}	mji^{1}	tja^{1}	źji^{2}	mji^{1}
若	已	闻	若	当	闻	者,	皆	不
[illegible]								
mju^{2}	mjor^{1}	ljij^{2}	·jij^{1}	njwo^{2}	ɲia^{2}	tsjij^{2}	dźjɨ	rjɨr^{2}
动	如	来	之	昔	菩	萨	行	△

若已闻若当闻者,彼皆由不动如来往昔行菩萨行

20.70.3

[illegible]								
djọ^{2}	zjọ^{2}	njij^{2}	wjụ^{1}	tjị^{1}	ɣie^{1}	ŋwu^{2}	tjij^{1}	me̠^{2}
修	时,	慈	悲	愿	力	是,	或	贤
[illegible]								
kja^{2}	rjur^{1}	tha^{1}	rjur^{1}	pjụ^{1}	do^{2}	śji^{1}	thjɨ^{2}	tsji̠r^{1}
劫	诸	佛	世	尊	所,	先	此	法

时,慈悲愿力,或当于贤劫中诸佛世尊之所,

20.70.4

[illegible]								
ɣa^{1}	phie^{2}	ne̠j^{2}	mji^{1}	djij^{2}	ŋa^{2}	sjij^{1}	mji̠j^{2}	ŋew^{2}
门	开	示	闻	曾,	我	今	名	数
[illegible]								
tśhjɨ^{1}	zjij^{1}	nẹ^{1}	tshjij^{1}	phie^{2}	ne̠j^{2}	rjir^{2}	·ja	tjɨj^{2}
若	干	演	说	开	示	与	一	样

预闻开示此之法门,如我于今演说开示

20.70.5

[illegible]								
lhu^{1}	tjịj^{1}	lew^{2}	mjij^{1}	śja^{1}	rjir^{2}	gji^{2}	thjɨ^{2}	nio̠w^{1}
增	减	应	无。	舍	利	子!	是	故

[illegible]	[illegible]	[illegible]	[illegible]	[illegible]	[illegible]	[illegible]	[illegible]	[illegible]
rjur¹	po¹	tsa¹	ma²	ŋa̱²	tsa¹	xja¹	źji²	phju²
诸	菩	萨	摩	诃	萨	速	无	上

不增不减名数若干。舍利弗！是故菩萨摩诃萨①欲速证无上

20.70.6

[illegible]	[illegible]	[illegible]	[illegible],	[illegible]	[illegible]	[illegible]	[illegible]	[illegible]
po¹	tjɨj¹	lja̱¹	kiej²	ku¹	thjɨ²	tśhja²	·iow¹	·jow²
菩	提	证	欲,	则	此	德	功	称
[illegible]	[illegible]	[illegible],	[illegible]	[illegible]	[illegible]	[illegible]	[illegible]	[illegible]
śja²	tsji̱r¹	ɣa¹	ɣiwej¹	·jij¹	do¹	tshjɨ̱¹	tsjij²	dar¹
赞	法	门,	受	持	读	诵	通	达

菩提者,于此功德称赞法门,应当受持读诵通利

20.71.1

[illegible]	[illegible]	[illegible]	[illegible]	[illegible]。	[illegible]	[illegible],	[illegible]	[illegible]
mjɨ¹	·jij¹	wa̱²	tshjij¹	lew²	niow¹	tśjɨ¹	śja¹	rjir²
他	之	广	说	应。	复	次,	舍	利
[illegible]!	[illegible]	[illegible]	[illegible]	[illegible]	[illegible]	[illegible]	[illegible]②	[illegible]
gji²	tjij¹	ne̱w²	go̱r¹	gji²	ne̱w²	sji²	thjɨ²	tsji̱r¹
子!	若	善	男	子	善	女	此	法

为他广说。复次,舍利弗！若善男子善女人为求此法

20.71.2

[illegible]	[illegible]	[illegible],	[illegible]	[illegible]	[illegible]	[illegible]	[illegible]	[illegible]
ɣa¹	kju̱¹	nio̱w¹	gjij²	nji¹	nji¹	wju̱²	dzjwɨ̱¹	mji̱¹
门	求	故,	村	落	村	邑	城	镇
[illegible],	[illegible]	[illegible]	[illegible]	[illegible]	[illegible]	[illegible]	[illegible]	[illegible]。
·u²	nji²	lhjɨj¹	ɣiwej¹	·jij¹	do¹	tshjɨ̱¹	tsjij²	dar¹
中,	听	闻	受	持	读	诵	通	达。

门故,于彼村落城邑,听闻受持读诵通利。

① 西夏本"菩萨摩诃萨"上有"[illegible]"(诸)字。

② 此下脱"[illegible]"字。

20.71.3

□	□	□	□	□	□	□	□	□
ku^1	nji^1	phjɨ^1	ɲia^2	tsjij^2	mur^1	dzjwo^2	nji^1	phjɨ^1
则	家	出	菩	萨	俗	人	家	出
□	□，	□	□	□	□	□，	□	□
kjɨ^1	dźjij^1	ŋa^2	thja^2	·jij^1	dźjar^2	mjij^1	niow^1	dźji̠j^1
△	居，	我	彼	之	过	无，	亦	住

虽出家菩萨居白衣家①,我说无过,亦

20.71.4

□	□	□	□。	□	□	□？	□	□
rjar^1	dju^1	jɨ^2	ŋa^2	thjij^2	sjo^2	ljɨ^1	thja^1	ne̠w^2
允	许	谓	△。	何	云	故？	彼	善
□	□	□	□	□	□	□	□	□，
go̠r^1	gji^2	ne̠w^2	sji^2	dzjwo^2	ka̠^{1}	bja^2	niow^1	rjijr^2
男	子	善	女	人	命	终	之	后，

随听住。何以故？彼善男子善女人于命终后，

20.71.5

□	□	□	□②	□	□	□	□	□。
thjɨ^2	tsji̠r^1	mji^1	lwa̠^{1}	mji^1	dzjar^2	phji^1	kię̠j^2	ljɨ^1
此	法	不	隐	不	灭	令	欲	也。
□	□	□！	□	□	□	□	□	□
śja^1	rjir^2	gji^2	tjij^1	thja^1	gjij^2	nji^1	nji^1	wju̠^{2}
舍	利	子！	若	彼	村	落	城	邑

欲令此法当不隐没。舍利弗！若彼村邑

20.71.6

□	□	□	□，	□	□	□	□	□

① 白衣家，西夏本作“□□□”，字面意思是“俗人家”。《显扬圣教论》卷三（《大正藏》T31，P494C）：“在俗者，谓处家白衣。”西夏本此下疑衍“□”（出、失）字。

② □，原件字形作“□”。

kha^1	khwa^1	khwa^1	dźji̱j^1	ku^1	rjur^1	ɲia^2	tsjij^2	tsjɨ^1
中	遥	远	住，	则	诸	菩	萨	亦
[illegible]	[illegible]	[illegible]	[illegible]，	[illegible]	[illegible]	[illegible]	[illegible]	[illegible]
thja^1	do^2	śjɨ^1	dźji̱j^1	ɣiwej^1	·ji̱j^1	do^1	tshjɨ̱^{1}	phie^2
彼	处	往	住，	受	持	读	诵	开

在于遥远，是诸菩萨亦当应往及住彼中，受持读诵开

20.72.1

[illegible]	[illegible]	[illegible]	[illegible]。	[illegible]	[illegible]	[illegible]！	[illegible]	[illegible]
nej^2	nẹ^1	tshjij^1	ljɨ^1	śja^1	rjir^2	gji^2	thja^1	ne̱w^2
示	演	说	也。	舍	利	子！	彼	善
[illegible]	[illegible]	[illegible]	[illegible]	[illegible]	[illegible]	[illegible]	[illegible]	[illegible]
go̱r^1	gji^2	ne̱w^2	sji^2	dzjwo^2	thja^1	rjɨr^2	de̱j^1	dźji̱j^1
男	子	善	女	人	彼	△	流	行

示演说。舍利弗！彼善男子善女人于已流布

20.72.2

[illegible]	[illegible]	[illegible]	[illegible]，	[illegible]	[illegible]	[illegible]	[illegible]	[illegible]
·jow^2	śja^2	tsji̱r^1	ɣa^1	tjij^1	mjɨ^1	dzjwo^2	thjɨ^2	lwər^2
称	赞	法	门，	或	他	人	是	经
[illegible]	[illegible]，	[illegible]	[illegible]	[illegible]	[illegible]	[illegible]	[illegible]	[illegible]。
lhejr^2	dźjij^2	ku^1	thja^1	do^2	rjar^1	kjur^1	śjɨ^1	lew^2
卷	有，	则	彼	处	书	撒	往	应。

称赞法门，或于他人有是经卷，应可诣彼而书写①之。

20.72.3

[illegible]	[illegible]	[illegible]	[illegible]	[illegible]，	[illegible]	[illegible]	[illegible]、	[illegible]

① 书写，西夏本作“[illegible]”（书撒）。按，“书写”二字于西夏文佛经中常见，多译作“[illegible]”rjar^{1}sjịj^2（书写）。又，《大宝积经·无量寿如来会》中译作“[illegible]”（得写），在此“[illegible]”rjar^1（得）假借作“[illegible]”rjar^1（写），此二字在《择要》中同组（6.1.3）。本经中三处（20.72.2、20.72.4 和 20.72.5）出现“书写”，西夏本皆译作“[illegible]”rjar^{1}kjur^1（书撒），在此疑为汉语内部引发的通假。考汉语“写”“撒”二字均属心母，一为入声曷韵一等，一为上声马韵三等，《切韵》音分别作 sɑt 和 si̯a。在 12 世纪西北方言里中古入声韵尾已经消失，二者的区别仅在三等介音 -i̯- 的有无。此前，龚煌城先生在《西夏语的音韵转换》一文中已经指出，添加 i 介音是西夏构词法的语音转换手段之一，那么就可相信，“撒”* *sa* 和“写”* *sia* 在西夏人听来是近似的，可以形成通假关系。

tjij^{1}	thja^{1}	dzjwo^{2}	tśhjɨ^{1}	nji^{2}	tjij^{1}	tjị^{1}	phja^{1}	tjij^{1}
若	彼	人	尔	汝，	或	食	断、	或
[illegible]	[illegible]、	[illegible]	[illegible]、	[illegible]	[illegible]	[illegible]	[illegible]，	[illegible]
dzjɨ̠^{2}	dźjij^{1}	tjij^{1}	dzu̠^{2}	tjij^{1}	·jar^{1}	njɨ^{2}	jɨ^{2}	ku^{1}
教	行、	若	坐、	若	立	等	谓，	则

彼人若有愿求汝，当断食、或使经行、若坐、若立等，

20.72.4

[illegible]	[illegible]	[illegible]	[illegible]，	[illegible]	[illegible]	[illegible]	[illegible]	[illegible]
thjɨ^{2}	dạ^{2}	bju^{1}	dźjij^{1}	thjɨ^{2}	lwər^{2}	lhejr^{2}	rjar^{1}	kjur^{1}
是	言	随	行，	是	经	契	书	撒
[illegible]。	[illegible]	[illegible]	[illegible]	[illegible]	[illegible]	[illegible]	[illegible]	[illegible]，
lew^{2}	tjij^{1}	thja^{1}	gjij^{2}	nji^{1}	kha^{1}	kjụ^{1}	tjị^{2}	mjij^{1}
应。	若	彼	村	落	中	求	可	无，

应曲随教命，书写是经。若于彼村求不能得，

20.72.5

[illegible]	[illegible]	[illegible]	[illegible]	[illegible]	[illegible]，	[illegible]	[illegible]	[illegible]
ku^{1}	phja^{1}	njij^{1}	twụ^{1}	rjar^{1}	kjur^{1}	ɣiwej^{1}	·jịj^{1}	do^{1}
则	邻	近	境	书	撒，	受	持	读
[illegible]	[illegible]	[illegible]	[illegible]	[illegible]，	[illegible]	[illegible]	[illegible]	[illegible]
tshjɨ̠^{1}	tsjij^{2}	dar^{1}	śjɨ^{1}	lew^{2}	niow^{1}	mjɨ^{1}	·jij^{1}	phie^{2}
诵	通	达	往	应，	复	他	之	开

应诣邻境书写，受持读诵通利，复为他人开

20.72.6

[illegible]	[illegible]	[illegible]	[illegible]。	[illegible]	[illegible]	[illegible]	[illegible]	[illegible]
nej̣^{2}	nẹ^{1}	tshjij^{1}	lew^{2}	tjij^{1}	dzjij^{2}	rjijr^{2}	śjɨ^{1}	jɨr^{2}
示	演	说	应。	若	余	方	往	勤
[illegible]	[illegible]	[illegible]，	[illegible]	[illegible]	[illegible]	[illegible]	[illegible]	
kjụ^{1}	mji^{1}	rjir^{1}	ku^{1}	thja^{1}	thjɨ^{2}	sju^{2}	tjị^{1}	
求	不	得，	则	彼	是	如	誓	

示演说。若往余方勤求不获，彼人应发

20.73.1

śjwo^{1}	lew^{2}	ŋa^{2}	źji^{2}	phju^{2}	po^{1}	tjɨj^{1}	ɣa^{2}	lhji̱^{1}
发	应：	我	无	上	菩	提	于	退
lhjwo^{1}	·jij^{1}	mji^{1}	śjwo^{1}	ŋa^{2}	mji^{1}	mju^{2}	mjor^{1}	ljịj^{2}
转	相	不	生，	我	不	动	如	来

如是誓心：我于无上菩提不应生于退转之相，由我已闻不动如来

20.73.2

·jij^{1}	tsji̱r^{1}	ɣa^{1}	mjij^{2}	dji^{2}	mjo^{1}	ŋa^{2}	thja^{1}	dzjwo^{2}
之	法	门	名	号	闻	△，	是	人
ŋa^{2}	·jij^{1}	gjij^{1}	ɣie^{2}	kiẹj^{2}	nio̱w^{1}	ŋa^{2}	mji^{1}	phji^{1}
我	之	利	益	欲	为，	我	闻	令

法门名号，是人于我欲为利益，令我听闻。

20.73.3

ŋa^{2}	śjow^{1}	jɨ^{2}	śja^{1}	rjir^{2}	gji^{2}	thjɨ^{2}	sju^{2}	·jow^{2}
△	且	谓。	舍	利	子！	是	如	称
śja^{2}	tsji̱r^{1}	ɣa^{1}	nẹ^{1}	tshji̱j^{1}	mji^{1}	rjir^{1}	mjijr^{2}	tja^{1}
赞	法	门，	演	说	闻	得	者	者，

舍利弗！如是称赞法门，有能演说及预闻者，

20.73.4

źji^{2}	mjor^{1}	ljịj^{2}	·jij^{1}	pjụ^{1}	me̱^{2}	ɣie^{1}	ŋwu^{2}	ljɨ^{1}
皆	如	来	之	威	神	力	是	也。

皆由如来威神之力。

汉文本

复次,舍利弗!若声闻乘人闻此功德法门受持读诵,为无上菩提及真如相应故,精勤修习,彼于后身当得成就,或于二生补处、或复三生终不超过,当成正觉。彼若闻此称赞法门读诵通利,复为无量百千众生开示演说。舍利弗!如转轮王以先业感七宝现前。不动如来亦复如是,以本愿力,我今说此功德法门。舍利弗!若诸菩萨摩诃萨于此称赞法门,若已闻若当闻者,彼皆由不动如来往昔行菩萨行时,慈悲愿力,或当于贤劫中诸佛世尊之所,预闻开示此之法门,如我于今演说开示不增不减名数若干。舍利弗!是故菩萨摩诃萨欲速证无上菩提者,于此功德称赞法门,应当受持读诵通利为他广说。

复次,舍利弗!若善男子善女人为求此法门故,于彼村落城邑,听闻受持读诵通利。虽出家菩萨居白衣家,我说无过,亦随听住。何以故?彼善男子善女人于命终后,欲令此法当不隐没。

舍利弗!若彼村邑在于遥远,是诸菩萨亦当应往及住彼中,受持读诵开示演说。舍利弗!彼善男子善女人于已流布称赞法门,或于他人有是经卷,应可诣彼而书写之。彼人若有愿求汝,当断食、或使经行、若坐、若立等,应曲随教命,书写是经。若于彼村求不能得,应诣邻境书写,受持读诵通利,复为他人开示演说。若往余方勤求不获,彼人应发如是誓心:我于无上菩提不应生于退转之相,由我已闻不动如来法门名号,是人于我欲为利益,令我听闻。舍利弗!如是称赞法门,有能演说及预闻者,皆由如来威神之力。

20.73.4

[illegible]	[illegible]	[illegible]	[illegible]	[illegible]	[illegible]	[illegible]	[illegible]:	[illegible]
dzjɨj^{1}	śja^{1}	rjir^{2}	gji^{2}	tha^{1}	·jij^{1}	dạ^{2}	jɨ^{2}	rjur^{1}
时	舍	利	子	佛	之	言	谓:	世

时舍利弗白佛言:世

20.73.5

[illegible],	[illegible]	[illegible]	[illegible]	[illegible]	[illegible]	[illegible],	[illegible]	[illegible]
pjụ^{1}	mjor^{1}	ljij^{2}	gju^{1}	dzjar^{2}	niow^{1}	rjijr^{2}	sjwɨ^{2}	·jij^{1}
尊,	如	来	度	灭	以	后,	谁	之
[illegible]	[illegible]	[illegible]	[illegible]	[illegible]	[illegible]。	[illegible]	[illegible]	[illegible]!
pjụ^{1}	ɣie^{1}	bju^{1}	mji^{1}	rjir^{1}	ljɨ^{1}	śja^{1}	rjir^{2}	gji^{2}
威	力	由	闻	得	也?	舍	利	子!

尊,如来灭后,由谁威力而当得闻?舍利弗!

20.73.6

[illegible]	[illegible]	[illegible]	[illegible]	[illegible],	[illegible]	[illegible]	[illegible]	[illegible]

ŋa^{2}	gju^{1}	dzjar^{2}	niow^{1}	rjijr^{2}	mji^{1}	mju^{2}	mjor^{1}	ljij^{2}
我	度	灭	以	后,	不	动	如	来
[illegible]	[illegible]	[illegible]	[illegible]	[illegible]	[illegible]	[illegible]。	[illegible]	[illegible]
·jij^{1}	pjụ^{1}	me̠^{2}	ɣie^{1}	bju^{1}	mji^{1}	rjir^{1}	tśhio̠w^{1}	tśhio̠w^{1}
之	威	神	力	由	闻	得。	或	或

我灭度后,由不动如来威神之力当复得闻。或由

20.74.1

[illegible]	[illegible]	[illegible]、	[illegible]	[illegible]	[illegible]	[illegible]	[illegible]	[illegible]
ljɨr^{1}	ŋwər^{1}	njij^{2}	śjɨ^{2}	ŋwər^{1}	dzjwɨ^{1}	njɨ^{2}	jɨr^{2}	tśjụ^{1}
四	天	王、	释	天	帝	等	勤	守
[illegible]	[illegible],	[illegible]	[illegible]	[illegible]	[illegible]	[illegible]	[illegible]	[illegible]
·wejr^{2}	niọw^{1}	rjur^{1}	tsji̠r^{1}	dzjij^{2}	·jij^{1}	thjɨ^{2}	tsji̠r^{1}	tshjij^{1}
护	由,	诸	法	师	之	此	法	说

四大①天王、释提桓因②等当勤加护,令诸法师宣扬此法。

20.74.2

[illegible]。	[illegible]	[illegible]	[illegible]	[illegible]	[illegible]	[illegible]	[illegible]	[illegible]
phji^{1}	niow^{1}	thja^{1}	ɲia^{2}	tsjij^{2}	mər^{2}	sjwɨj^{1}	śjɨj^{1}	·jiw^{2}
令。	及	彼	菩	萨	本	业	成	就
[illegible],	[illegible]	[illegible]	[illegible]	[illegible]	[illegible]	[illegible]	[illegible]	[illegible],
bju^{1}	ljɨr^{1}	ŋwər^{1}	njij^{2}	njɨ^{2}	pjụ^{1}	ɣie^{1}	ŋwu^{2}	bji̠j^{2}
依,	四	天	王	等	威	力	以	助,

及彼菩萨本业成熟,四天王等威加策进,

20.74.3

[illegible]	[illegible]	[illegible]	[illegible]	[illegible]	[illegible]	[illegible]。	[illegible]	[illegible]
rjur^{1}	ɲia^{2}	tsjij^{2}	·jij^{1}	mji^{1}	rjir^{1}	phji^{1}	śja^{1}	rjir^{2}
诸	菩	萨	之	闻	得	令。	舍	利

---

① "大"字义西夏本未见。

② 释提桓因,西夏本作"[illegible]"(释天帝)。《法华玄赞》二曰:"梵云释迦提婆因达罗,释迦姓也,此翻为能,提婆天也,因达罗帝也,正云能天帝。"西夏文《佛说阿弥陀经》与《维摩诘所说经》中皆音译作"[illegible]"(释提桓因),又,《维摩诘所说经》中简作"[illegible]"(释帝)。

[illegible]	[illegible]	[illegible]	[illegible]	[illegible]：	[illegible]	[illegible]，	[illegible]	[illegible]
gji²	tha¹	·jij¹	dạ²	jɨ²	rjur¹	pjụ¹	thjɨ²	sju²
子	佛	之	言	谓：	世	尊，	此	如

令诸菩萨而得听闻。舍利弗白佛言：世尊，如此

20.74.4

[illegible]	[illegible]	[illegible]	[illegible]	[illegible]	[illegible]	[illegible]	[illegible]	[illegible]
tsjịr¹	ɣa¹	tja¹	wạ²	ljij²	tśhja²	·iow¹	śjɨj¹	·jiw²
法	门	者	广	大	德	功	成	就
[illegible]	[illegible]。	[illegible]	[illegible]	[illegible]	[illegible]	[illegible]	[illegible]：	[illegible]
njwi²	ljɨ¹	tha¹	śja¹	rjir²	gji²	·jij¹	jɨ²	thjɨ²
能	也。	佛	舍	利	子	之	谓：	是

法门能成就广大功德。佛告舍利弗：如

20.74.5

[illegible]	[illegible]	[illegible]！	[illegible]	[illegible]	[illegible]	[illegible]。	[illegible]	[illegible]
sju²	thjɨ²	sju²	dạ²	mjor¹	ŋwu²	nja²	śja¹	rjir²
如	是	如！	言	如	是	汝。	舍	利
[illegible]！	[illegible]	[illegible]	[illegible]	[illegible]	[illegible]	[illegible]	[illegible]	[illegible]，
gji²	tjij¹	lhjij²	iọ¹	·u²	dew²	mur²	ŋjir¹	we²
子！	若	国	土	中	雨	雹	灾	为，

是如是！如汝所言。舍利弗！若于国中雨雹为灾，

20.74.6

[illegible]	[illegible]	[illegible]	[illegible]	[illegible]	[illegible]	[illegible]	[illegible]	[illegible]
mji¹	dzjɨj¹	dźjwu¹	ljị¹	lja¹	niow¹	dzjij²	mə²	mə²
非	时	霹	雳	来	及	余	种	种
[illegible]	[illegible]	[illegible]	[illegible]	[illegible]，	[illegible]	[illegible]	[illegible]	[illegible]、
kjạ¹	le²	dạ²	dju¹	zjij¹	thja¹	new²	gor¹	gji²
畏	怖	事	有	时，	彼	善	男	子、

非时霹雳及余种种可怖之事，彼善男子、

20.75.1

□	□	□	□，	□	□	□	□	□
ne̱w²	sji²	dzjwo²	njɨ²	njịj¹	tjị¹	ŋwu²	mji¹	mju²
善	女	人	等，	心	诚	而	不	动
□	□	□	□	□	□	□	□，	□
mjor¹	ljịj²	·jij¹	ljɨ̱r²	niow¹	mjịj²	dji²	tshjɨ̱¹	ku¹
如	来	之	念	及	名	字	诵，	则

善女人等，应当专念不动如来及称名号，

20.75.2

□	□	□	□	□	□	□	□。	□
thja¹	rjur¹	xo̱²	ŋjir¹	to²	źji²	dźjwi¹	dzjar²	thjij²
是	诸	灾	害	悉	皆	消	除。	何
□	□？	□	□	□	□	□	□	□
sjo²	ljɨ¹	thja¹	mjor¹	ljịj²	·jij¹	mər²	njwo²	wa̱²
云	故？	彼	如	来	之	本	昔	广

是诸灾害皆得消除。① 由②彼如来往昔

20.75.3

□	□	□	□	□	□	□	□	□
ljịj²	niow¹	·jir²	rjur¹	we¹	·ji¹	tśjị¹	bie²	thjij²
大	又	百	诸	龙	众	苦	解	脱
□，	□	□	□	□	□	□	□	□
ljɨ¹	niow¹	njij²	wjụ¹	mər²	tjị¹	źjɨr¹	ɣiej¹	mji¹
故，	又	慈	悲	本	愿	真	实	不

弘济百千③诸龙解脱众苦，又由慈悲本愿诚谛不

20.75.4

□，	□	□	□	□	□	□	□	□

① 西夏本句下有"□□□"（何以故）三字。

② 由，西夏本作"□"niow¹（又、复），疑假借作"□"nio̱w¹（由、缘）。此二字在《择要》中同组(8.5.8)。

③ "千"字义西夏本疑脱。

lạ^{1}	ne̱w^{2}	tśhji^{2}	ljɨ̣^{1}	tshwew^{1}	dạ^{2}	du^{2}	iọ^{1}	sə^{1}
虚，	善	根	回	向	言	量	圆	满
niọw^{1}	ku^{1}	tśhjwo^{1}	thja^{1}	mjij^{2}	tshjɨ̣^{1}	mjijr^{2}	ɲia^{2}	tśhju^{1}
故，	则	故	彼	名	诵	者	众	生

虚，回向善根要期圆满故，称彼名号忧患自消，唯除有情

20.75.5

·jij^{1}	njwo^{2}	sjwɨj^{1}	śjɨj^{1}	we^{1}	rjɨr^{2}	niow^{1}	sjwɨ̣^{1}	tśjị^{1}
之	宿	业	成	熟	除	外，	忧	苦
·jij^{1}	dzjar^{2}	ljɨ^{1}	śja^{1}	rjir^{2}	gji^{2}	tha^{1}	·jij^{1}	dạ^{2}
自	消	也。	舍	利	弗	佛	之	言

宿业成熟。舍利弗白佛

20.75.6

jɨ^{2}	rjur^{1}	pjụ^{1}	thja^{1}	rjur^{1}	ɲia^{2}	tsjij^{2}	mjor^{1}	ljụ^{2}
谓：	世	尊，	是	诸	菩	萨	现	身
tśhja̱^{1}	źji^{2}	phju^{2}	po^{1}	tjɨj^{1}	ljạ^{1}	kiẹj^{2}	ku^{1}	mji^{1}
于	无	上	菩	提	证	欲，	则	不

言：世尊，是诸菩萨现身欲证无上菩提者，应如不

20.76.1

mju^{2}	mjor^{1}	ljij^{2}	·jij^{1}	njwo^{2}	rjɨr^{2}	djọ^{2}	dźjij^{1}	dźjɨ
动	如	来	之	往	△	修	行	行
tjị^{1}	sju^{2}	wji^{1}	lew^{2}	tha^{1}	śja^{1}	rjir^{2}	gji^{2}	·jij^{1}
愿	如	为	应。	佛	舍	利	子	之

动如来往修愿行。佛告舍利弗：

20.76.2

[illegible]：	[illegible]	[illegible]	[illegible]	[illegible]！	[illegible]	[illegible]	[illegible]	[illegible]。
jɨ^{2}	thjɨ^{2}	sju^{2}	thjɨ^{2}	sju^{2}	dạ^{2}	mjor^{1}	ŋwu^{2}	nja^{2}
谓：	是	如	是	如！	言	如	是	汝。
[illegible]	[illegible]	[illegible]！	[illegible]	[illegible]	[illegible]	[illegible]	[illegible]	[illegible]
śja^{1}	rjir^{2}	gji^{2}	mji^{1}	mju^{2}	mjor^{1}	ljịj^{2}	sju^{2}	śji^{1}
舍	利	子！	不	动	如	来	如	先

如是如是！如汝所言。舍利弗！

20.76.3

[illegible]	[illegible]	[illegible]	[illegible]、	[illegible]	[illegible]	[illegible]	[illegible]	[illegible]
sej^{1}	lhjịj^{2}	ŋowr^{2}	djọ^{2}	kụ^{1}	sej^{1}	lhjịj^{2}	ŋowr^{2}	djọ^{2}
净	刹	具	修、	当	净	刹	具	修
[illegible]，	[illegible]	[illegible]	[illegible]	[illegible]	[illegible]	[illegible]	[illegible]	[illegible]。
mjijr^{2}	po^{1}	tsa^{1}	ma^{2}	ŋạ^{2}	tsa^{1}	ɣiə^{1}	njij^{2}	ljɨ^{1}
者，	菩	萨	摩	诃	萨	稀	少	也。

少有菩萨摩诃萨，已能如是具修净刹、及当净修如不动如来者。

20.76.4

[illegible]	[illegible]	[illegible]！	[illegible]	[illegible]	[illegible]	[illegible]	[illegible]	[illegible]
śja^{1}	rjir^{2}	gji^{2}	thja^{1}	rjur^{1}	ɲia^{2}	tsjij^{2}	źji^{2}	·ja
舍	利	子！	彼	诸	菩	萨	皆	阿
[illegible]	[illegible]	[illegible]	[illegible]	[illegible]	[illegible]	[illegible]	[illegible]	[illegible]，
du̱^{2}	tow^{1}	lo^{1}	sã^{1}	bia^{1}	sã^{1}	po^{1}	tjɨj^{1}	ljạ^{1}
耨	多	罗	三	藐	三	菩	提	证，

舍利弗！彼诸菩萨皆当证得阿耨多罗三藐三菩提，

20.76.5

[illegible]	[illegible]	[illegible]	[illegible]	[illegible]	[illegible]	[illegible]	[illegible]	[illegible]
tha^{1}	tsji̱r^{1}	niow^{1}	ŋowr^{2}	ŋowr^{2}	sjịj^{2}	ŋwu^{2}	tha^{1}	lhjịj^{2}
佛	法	及	一	切	智	以	佛	国

[illegible]	[illegible]，	[illegible]	[illegible]	[illegible]	[illegible]。	[illegible]	[illegible]	[illegible]
ɣjiw^{1}	ɣiwej^{1}	to^{2}	źji^{2}	·ja	tjɨ̣j^{2}	ɲia^{2}	tsjij^{2}	ɣiẹ^{2}
摄	受，	悉	皆	一	样。	菩	萨	声

而于佛性①及一切智摄受佛国,悉皆同等。菩萨声

20.76.6

[illegible]	[illegible]	[illegible]	[illegible]	[illegible]，	[illegible]	[illegible]	[illegible]	[illegible]
mji^{1}	bu̱^{2}	dźju^{2}	kjɨ^{1}	dju^{1}	bie^{2}	thjij^{2}	bju^{1}	sej^{1}
闻	优	劣	虽	有，	解	脱	以	计
[illegible]	[illegible]	[illegible]	[illegible]。	[illegible]	[illegible]，	[illegible]	[illegible]	[illegible]
ku^{1}	do^{2}	pha^{1}	mjij^{1}	tśhjɨ^{1}	zjọ^{2}	kięj^{2}	kięj^{2}	rjur^{1}
则	差	异	无。	尔	时，	欲	界	诸

闻非无优劣②,而于解脱则无有异。尔时,欲界诸天

20.77.1

[illegible]	[illegible]	[illegible]	[illegible]	[illegible]	[illegible]，	[illegible]	[illegible]	[illegible]
mə^{1}	niow^{1}	xiwã^{1}	·ji^{1}	mə^{1}	njɨ^{2}	źji^{2}	thja^{1}	mjor^{1}
天	及	梵	众	天	等，	皆	彼	如
[illegible]	[illegible]	[illegible]	[illegible]	[illegible]	[illegible]：	[illegible]	[illegible]	[illegible]
ljij^{2}	rjijr^{2}	pjạ^{1}	phjọ^{2}	tśja^{1}	tshwew^{1}	na^{1}	mu^{2}	mji^{1}
来	向	掌	合	顶	礼：	南	无	不

及梵众天等,皆向彼如来合掌顶礼,而三唱言:南无不

20.77.2

[illegible]	[illegible]	[illegible]、	[illegible]	[illegible]、	[illegible]	[illegible]	[illegible]	[illegible]
mju^{2}	mjor^{1}	ljij^{2}	bju^{1}	wo^{2}	tśhja^{2}	ka^{1}	dwewr^{2}	źji^{2}
动	如	来、	应	供、	正	等	觉	甚
[illegible]	[illegible]	[illegible]。	[illegible]	[illegible]	[illegible]	[illegible]	[illegible]。	[illegible]
kha^{1}	rjar^{1}	gjij^{1}	thjɨ^{2}	sju^{2}	sọ^{1}	dźjow^{1}	jɨ^{2}	niow^{1}
中	稀	奇。	是	如	三	遍	言。	又

动如来、应、正等觉甚为稀有。

---

① 佛性,西夏本作“[illegible]”(佛法)。按,“[illegible]”tsjii̱r^{1}(法)在此假借作“[illegible]”tsjii̱r^{2}(性)。此二字在《择要》中同组(7.1.2)。

② 非无优劣,西夏本作“[illegible]”(虽有优劣)。将双重否定句直译为肯定句。

20.77.3

[illegible]	[illegible]	[illegible]	[illegible]	[illegible]	[illegible]	[illegible]	[illegible]、	[illegible]
thjɨ^{2}	kię̣j^{2}	śjɨ^{2}	kja^{1}	mo^{2}	nji^{2}	mjor^{1}	ljịj^{2}	bju^{1}
此	界	释	迦	牟	尼	如	来、	应
[illegible]、	[illegible]	[illegible]	[illegible]	[illegible]	[illegible]	[illegible]，	[illegible]	[illegible]
wo^{2}	tśhja^{2}	ka^{1}	dwewr^{2}	·jij^{1}	bju^{1}	tjị^{1}	thja^{1}	·jow^{2}
供、	正	等	觉	之	依	归，	彼	称

又归命此界释迦牟尼如来、应、正等觉，

20.77.4

[illegible]	[illegible]	[illegible]	[illegible]	[illegible]	[illegible]	[illegible]	[illegible]。	[illegible]
śja^{2}	tsjịr^{1}	ɣa^{1}	nẹ^{1}	tshjịj^{1}	njwi^{2}	nja^{2}	jɨ^{2}	tśhjɨ^{1}
赞	法	门	宣	说	能	△	谓。	尔
[illegible]，	[illegible]	[illegible]	[illegible]	[illegible]	[illegible]	[illegible]	[illegible]	[illegible]
zjọ^{2}	kię̣j^{2}	kię̣j^{2}	rjur^{1}	mə^{1}	mã^{1}	thow^{1}	lo^{1}	wjạ^{1}
时，	欲	界	诸	天	曼	陀	罗	花

善能说彼称赞法门。尔时，欲界诸天以曼陀罗花

20.77.5

[illegible]	[illegible]	[illegible]	[illegible]	[illegible]	[illegible]	[illegible]	[illegible]	[illegible]，
niow^{1}	rjur^{1}	mə^{1}	śja^{1}	ŋwu^{2}	tha^{1}	tśhja̱^{1}	wjɨ^{2}	lju^{2}
及	诸	天	香	以	佛	上	△	散，
[illegible]	[illegible]	[illegible]	[illegible]	[illegible]	[illegible]	[illegible]	[illegible]	[illegible]
thja^{1}	wjɨ^{2}	lju^{2}	śja^{1}	wjạ^{1}	tshọ^{2}	ŋa^{1}	gu^{2}	?
彼	△	散	香	华	虚	空	中	停

及诸天香以散佛上，所散香华于虚空中

20.77.6

[illegible]	[illegible]	[illegible]	[illegible]，	[illegible]	[illegible]	[illegible]	[illegible]	[illegible]
phjo̱^{2}	ɣja^{2}	gjɨ^{2}	śjij^{1}	niow^{1}	rjur^{1}	mə^{1}	wjạ^{1}	śja^{1}
合	盖	一	成，	复	诸	天	花	香

[illegible]	[illegible]	[illegible]	[illegible]	[illegible]	[illegible]	[illegible]	[illegible]	[illegible]
ŋwu^2	dźjo^1	dźjo^1	thja^1	tha^1	rjijr^2	wjɨ^2	lju^2	kjụ^1
以	遥	远	彼	佛	向	△	散	供

合而成盖,复以诸天花香遥散彼佛以为供

20.78.1

[illegible]	[illegible]	[illegible]。
tshwew^1	wji^1	ljɨ^1
养	为	也。

养。

汉文本

时舍利弗白佛言:世尊,如来灭后,由谁威力而当得闻?舍利弗!我灭度后,由不动如来威神之力当复得闻。或由四大天王、释提桓因等当勤加护,令诸法师宣扬此法。及彼菩萨本业成熟,四天王等威加策进,令诸菩萨而得听闻。

舍利弗白佛言:世尊,如此法门能成就广大功德。佛告舍利弗:如是如是!如汝所言。舍利弗!若于国中雨雹为灾,非时霹雳及余种种可怖之事,彼善男子、善女人等,应当专念不动如来及称名号,是诸灾害皆得消除。由彼如来往昔弘济百千诸龙解脱众苦,又由慈悲本愿诚谛不虚,回向善根要期圆满故,称彼名号忧患自消,唯除有情宿业成熟。

舍利弗白佛言:世尊,是诸菩萨现身欲证无上菩提者,应如不动如来往修愿行。佛告舍利弗:如是如是!如汝所言。舍利弗!少有菩萨摩诃萨,已能如是具修净刹、及当净修如不动如来者。舍利弗!彼诸菩萨皆当证得阿耨多罗三藐三菩提,而于佛性及一切智摄受佛国,悉皆同等。菩萨声闻非无优劣,而于解脱则无有异。

尔时,欲界诸天及梵众天等,皆向彼如来合掌顶礼,而三唱言:南无不动如来、应、正等觉甚为稀有。又归命此界释迦牟尼如来、应、正等觉,善能说彼称赞法门。尔时,欲界诸天以曼陀罗花及诸天香以散佛上,所散香华于虚空中合而成盖,复以诸天花香遥散彼佛以为供养。

20.78.1

[illegible]	[illegible]	[illegible]	[illegible]	[illegible]	[illegible]	[illegible]	[illegible]:
dzjɨj^1	śjɨ^2	ŋwər^1	dzjwɨ^1	thjɨ^2	sju^2	ljɨ̣r^2	wji^1
时	释	天	帝	是	如	念	作:
[illegible]	[illegible]	[illegible]	[illegible]	[illegible]	[illegible]	[illegible]	
ŋa^2	thjɨ^2	ljɨr^1	·ji^1	niow^1	kięj^2	kięj^2	

我	此	四	众	及	欲	界

时天帝释作如是念:我此四众及欲界

20.78.2

[illegible]	[illegible]	[illegible]	[illegible]	[illegible]	[illegible]	[illegible]	[illegible]	[illegible]
rjur^{1}	mə^{1}	źji^{2}	thja^{2}	mji^{1}	mju^{2}	mjor^{1}	ljij^{2}	bju^{1}
诸	天，	皆	彼	不	动	如	来、	应
[illegible]	[illegible]	[illegible]	[illegible]	[illegible]	[illegible]	[illegible]	[illegible]	[illegible]
wo^{2}	tśhja^{2}	ka^{1}	dwewr^{2}	ljij^{2}	kięj^{2}	jɨ^{2}	tśhjɨ^{1}	zjọ^{2}
供、	正	等	觉	见	欲	谓。	尔	时，

诸天，皆欲见彼不动如来、应、正等觉。尔时，

20.78.3

[illegible]	[illegible]	[illegible]	[illegible]	[illegible]	[illegible]	[illegible]	[illegible]	[illegible]
rjur^{1}	pjụ^{1}	thja^{1}	śjɨ^{2}	ŋwər^{1}	dzjwɨ^{1}	·jij^{1}	njij^{1}	khju^{1}
世	尊	彼	释	天	帝	之	心	下
[illegible]	[illegible]	[illegible]	[illegible]	[illegible]	[illegible]	[illegible]	[illegible]	[illegible]
ljɨ̱r^{2}	tja^{1}	dwewr^{2}	khjɨ^{1}	ljɨ̱^{1}	tśja^{1}	dzṳ^{2}	ŋa^{1}	gu^{2}
念	者	知，	足	回	交	坐，	虚	空

世尊知彼释天心之所念，结加趺坐，安处虚空。

20.78.4

[illegible]	[illegible]	[illegible]	[illegible]	[illegible]	[illegible]	[illegible]	[illegible]	[illegible]
no^{2}	dźjij^{1}	thja^{1}	rjur^{1}	ljij^{2}	·ji^{1}	tsjɨ^{1}	tha^{1}	mẹ^{2}
安	处。	是	诸	大	众	亦	佛	神
[illegible]	[illegible]	[illegible]	[illegible]	[illegible]	[illegible]	[illegible]	[illegible]	[illegible]
ɣie^{1}	bju^{1}	źji^{2}	ŋa^{1}	gu^{2}	dźjij^{1}	dźjo^{1}	dźjo^{1}	thja^{1}
力	以，	皆	空	中	住，	遥	远	彼

是诸大众以佛神力，亦住空中，皆遥见

20.78.5

[illegible]	[illegible]	[illegible]	[illegible]	[illegible]	[illegible]	[illegible]	[illegible]	[illegible]

thjo̱1	de2	rjur1	kięj2	mji1	mju2	mjor1	ljịj2	niow1
妙	喜	世	界	不	动	如	来	及
[illegible]	[illegible]	[illegible]	[illegible]	[illegible]。	[illegible]	[illegible]	[illegible]	[illegible]，
ɣię2	mji1	·ji1	źji2	ljij2	·ji1	źji2	ljij2	niow1
声	闻	众	皆	见。	众	皆	见	已，

彼妙喜世界不动如来及声闻众。众皆见已，

20.78.6

[illegible]	[illegible]	[illegible]	[illegible]，	[illegible]	[illegible]	[illegible]	[illegible]、	[illegible]
tśier1	ŋwer2	ljɨ̣2	zjij1	mji1	mju2	mjor1	ljịj2	bju1
右	膝	地	著，	不	动	如	来、	应
[illegible]、	[illegible]	[illegible]	[illegible]	[illegible]	[illegible]	[illegible]。	[illegible]	[illegible]，
wo2	tśhja2	ka1	dwewr2	rjijr2	njijr2	tshwew1	tśhjɨ1	zjo̱2
供、	正	等	觉	方	向	趣。	尔	时，

右膝著地，向不动如来、应、正等觉。尔时，

20.79.1

[illegible]	[illegible]	[illegible]	[illegible]	[illegible]	[illegible]	[illegible]	[illegible]：	[illegible]
thjɨ2	kięj2	·ji1	dzjwo2	źji2	thjɨ2	ljɨ̱r2	wji1	thja1
此	界	众	人	皆	是	念	作：	彼
[illegible]	[illegible]	[illegible]	[illegible]	[illegible]	[illegible]	[illegible]	[illegible]	[illegible]
so̱1	ɣa̱2	so̱1	mə1	ŋwu2	thja1	tha1	·jij1	ljij2
三	十	三	天	是	彼	佛	之	见

此界众人皆作是念：岂非①三十三天为见彼佛，

20.79.2

[illegible]	[illegible]，	[illegible]	[illegible]	[illegible]	[illegible]	[illegible]	[illegible]	[illegible]
kięj2	nio̱w1	thjɨ2	kha1	ljwu2	dzjɨ̣2	tśja1	tshwew1	tshwew1
欲	为，	此	中	集	会	礼	拜	供
[illegible]	[illegible]	[illegible]。	[illegible]	[illegible]，	[illegible]	[illegible]	[illegible]	[illegible]
tshwew1	djij2	jɨ2	tśhjɨ1	dzjɨj1	śjɨ2	ŋwər1	dzjwɨ1	thjɨ2

① 岂非，西夏本译作“[illegible]”（是）。将反问或双重否定译作肯定，于西夏佛经中常见。

养	△	谓。	尔	时，	释	天	帝	是

而来集会礼拜供养？是时，帝释作如是念：

20.79.3

[illegible]	[illegible]	[illegible]：	[illegible]	[illegible]	[illegible]	[illegible]	[illegible]	[illegible]
sju²	ljɨr²	wji¹	thja¹	kiẹj²	rjur¹	mə¹	tja¹	dzjwo²
如	念	作：	彼	界	诸	天	者	人
[illegible]	[illegible]	[illegible]，	[illegible]	[illegible]	[illegible]	[illegible]	[illegible]	[illegible]
jwɨr¹	·jij¹	rjir²	ŋa²	thja²	swu²	rjur¹	dzjwo²	njɨ²
形	相	与，	我	彼	类	诸	人	等

彼界诸天以人相而住，我见彼诸人等

20.79.4

[illegible]	[illegible]	[illegible]	[illegible]	[illegible]，	[illegible]	[illegible]
lhwu¹	gjwi²	·wu²	gju²	ljij²	thja²	rjur¹
衣	服	资	具	见，	彼	诸
[illegible]	[illegible]	[illegible]	[illegible]	[illegible]	[illegible]	[illegible]。
mə¹	rjir²	zjɨr¹	zjij¹	bu̱²	dźju²	mjij¹
天	与	少	许	优	劣	无。

服玩资具，与彼诸天无少优劣。

20.79.5

[illegible]	[illegible]，	[illegible]	[illegible]	[illegible]	[illegible]	[illegible]	[illegible]，	[illegible]
tśhjɨ¹	zjọ²	rjur¹	pjụ¹	me̱²	mjijr²	ljɨ¹	niow¹	śjɨ²
尔	时，	世	尊	神	通	摄	已，	释
[illegible]	[illegible]	[illegible]	[illegible]	[illegible]：	[illegible]	[illegible]	[illegible]	[illegible]
ŋwər¹	dzjwɨ¹	·jij¹	dạ²	jɨ²	thja¹	rjur¹	sjij²	·ju²
天	帝	之	言	谓：	彼	诸	人	民

尔时，世尊摄神通已，告天帝言：彼诸人民

20.79.6

[illegible]	[illegible]	[illegible]	[illegible]，	[illegible]	[illegible]	[illegible]	[illegible]。	[illegible]

źji^{2}	mə^{1}	lhejr^{2}	lhjịj^{2}	nji^{2}	dzu^{1}	wier^{1}	lew^{2}	thja^{1}
皆	天	乐	受，	汝	爱	乐	应。	是
[illegible]	[illegible]	[illegible]	[illegible]	[illegible]	[illegible]	[illegible]	[illegible]，	[illegible]
rjur^{1}	dzjwo^{2}	njɨ^{2}	thja^{2}	mjor^{1}	ljịj^{2}	·jij^{1}	ljij^{2}	niow^{1}
诸	人	等	彼	如	来	之	见，	及

皆受天乐，汝应爱乐。是诸人等见彼如来，及

20.80.1

[illegible]	[illegible]	[illegible]	[illegible]	[illegible]	[illegible]	[illegible]	[illegible]	[illegible]，
thja^{2}	mə^{1}	·wu^{2}	gju^{2}	lhjịj^{2}	mjijr^{2}	·jij^{1}	dzu^{1}	wier^{1}
彼	天	资	具	受	者	之	爱	乐，
[illegible]	[illegible]	[illegible]	[illegible]	[illegible]	[illegible]	[illegible]	[illegible]	[illegible]
thja^{1}	rjur^{1}	ɲia^{2}	tśhju^{1}	dzjij^{2}	rjur^{1}	kięj^{2}	·u^{2}	kạ^{1}
彼	诸	众	生	余	世	界	中	命

爱乐彼受天资具者，彼诸众生从余世界命

20.80.2

[illegible]	[illegible]	[illegible]，	[illegible]	[illegible]	[illegible]	[illegible]	[illegible]	[illegible]	[illegible]
bja^{2}	niow^{1}	rjijr^{2}	źji^{2}	mji^{1}	mju^{2}	tha^{1}	lhjịj^{2}	wẹ^{1}	rjir^{1}
终	以	后，	皆	不	动	佛	刹	生	得
[illegible]。	[illegible]	[illegible]，	[illegible]	[illegible]	[illegible]	[illegible]	[illegible]	[illegible]	
ljɨ^{1}	tśhjɨ^{1}	zjọ^{2}	tha^{1}	śja^{1}	rjir^{2}	gji^{2}	śjɨ^{2}	dzjwɨ^{1}	
也。	尔	时，	佛	舍	利	子	释	帝	

终以后，皆得往生不动佛刹。尔时，舍利弗告帝释

20.80.3

[illegible]	[illegible]	[illegible]：	[illegible]	[illegible]	[illegible]	[illegible]	[illegible]	[illegible]
·jij^{1}	dạ^{2}	jɨ^{2}	nji^{2}	śjɨ^{2}	kja^{1}	mo^{2}	nji^{2}	tha^{1}
之	言	谓：	汝	释	迦	牟	尼	佛
[illegible]	[illegible]	[illegible]	[illegible]	[illegible]	[illegible]	[illegible]，	[illegible]	[illegible]
niow^{1}	mji^{1}	mju^{2}	mjor^{1}	ljịj^{2}	·jij^{1}	ljij^{2}	thjɨ^{2}	·jiw^{1}
及	不	动	如	来	之	见，	此	因

言：汝见释迦牟尼佛及不动如来，由此

20.80.4

[illegible]	[illegible]	[illegible]，	[illegible]	[illegible]	[illegible]	[illegible]	[illegible]	[illegible]
niọw^{1}	bju^{1}	tsjɨ^{1}	nji^{2}	mjor^{1}	ljụ^{2}	ɣa^{2}	ljịj^{2}	ne̱w^{2}
缘	由	△，	汝	现	身	于	大	善
[illegible]	[illegible]，	[illegible]	[illegible]	[illegible]	[illegible]	[illegible]	[illegible]	[illegible]
gjịj^{1}	rjir^{1}	niow^{1}	nji^{2}	dzjwo^{2}	su^{1}	dzjịj^{1}	tsji̱r^{1}	rjor^{2}
利	得，	况	汝	人	胜	过	法	得

缘故，汝于此身得大善利，况汝已得过人之法。

20.80.5

[illegible]	[illegible]	[illegible]	[illegible]	[illegible]	[illegible]。	[illegible]	[illegible]	[illegible]
nja^{2}	tja^{1}	jɨ^{2}	tjị^{2}	ljọ^{2}	wjij^{2}	dzjɨj^{1}	śjɨ^{2}	ŋwər^{1}
△	者	谓	可	何	有。	时	释	天
[illegible]	[illegible]	[illegible]	[illegible]	[illegible]：	[illegible]	[illegible]	[illegible]	[illegible]
dzjwɨ^{1}	thjɨ^{2}	sju^{2}	ljɨ̱r^{2}	wji^{1}	thja^{1}	rjur^{1}	ɲia^{2}	tśhju^{1}
帝	是	如	念	作：	彼	诸	众	生

时天帝释作如是念：彼诸众生

20.80.6

[illegible]	[illegible]	[illegible]	[illegible]，	[illegible]	[illegible]	[illegible]	[illegible]	[illegible]，
thjɨ^{2}	tsji̱r^{1}	ɣa^{1}	mji^{1}	tsjɨ^{1}	ljịj^{2}	ne̱w^{2}	gjịj^{1}	rjir^{2}
此	法	门	闻，	亦	大	善	利	得，
[illegible]	[illegible]	[illegible]	[illegible]	[illegible]	[illegible]	[illegible]，	[illegible]	[illegible]
niow^{1}	mji^{1}	mju^{2}	tha^{1}	lhjij^{2}	·u^{2}	we̱^{1}	ku^{1}	ne̱w^{2}
况	不	动	佛	刹	中	生，	则	善

闻此法门，亦得善利，何况得生不动佛刹。

20.81.1

[illegible]	[illegible]	[illegible]	[illegible]	[illegible]	[illegible]。	[illegible]	[illegible]，	[illegible]
gjịj^{1}	jɨ^{2}	tjị^{2}	ljọ^{2}	wjij^{2}	jɨ^{2}	tśhjɨ^{1}	zjọ^{2}	tha^{1}
利	谓	可	何	有	谓。	尔	时，	佛

[illegible]	[illegible]	[illegible]	[illegible]	[illegible]	[illegible]:	[illegible]	[illegible]	[illegible]
śjɨ^2	ŋwər^1	dzjwɨ^1	·jij^1	dạ^2	jɨ^2	thja^1	ɲia^2	tsjij^2
释	天	帝	之	言	谓:	彼	菩	萨

尔时,佛告天帝释言:彼菩萨

20.81.2

[illegible]	[illegible]	[illegible]	[illegible]	[illegible]	[illegible]	[illegible]	[illegible]	[illegible]
·ụ^2	dzjwo^2	kụ^1	thja^1	tha^1	lhjịj^2	·u^2	we̱^{1}	wo^2
乘	人	当	彼	佛	刹	中	生	义
[illegible],	[illegible]	[illegible]	[illegible]	[illegible]	[illegible]。	[illegible]	[illegible]	[illegible]?
tja^1	tsjɨ^1	rejr^2	ne̱w^2	gjịj^1	rjir^1	thjij^2	sjo^2	ljɨ^1
者,	亦	多	善	利	得。	何	云	故?

乘人当①生彼佛刹者,亦得善利。何以故?

20.81.3

[illegible]	[illegible]	[illegible]	[illegible]	[illegible]	[illegible]	[illegible]	[illegible]	[illegible]
thja^1	rjur^1	ɲia^2	tsjij^2	źji^2	mji^1	lhjị^1	lhjwo^1	dźjij^1
彼	诸	菩	萨	皆	不	退	转	住
[illegible]	[illegible]。	[illegible]	[illegible]	[illegible]	[illegible]	[illegible]	[illegible]	[illegible]
rjir^1	ljɨ^1	tjij^1	dzjij^2	ɲia^2	tsjij^2	thjɨ^2	mjor^1	ljụ^2
得	故。	若	余	菩	萨	其	现	身

彼诸菩萨皆应得住不退转故。若余菩萨于其现身

20.81.4

[illegible]	[illegible]	[illegible]	[illegible]	[illegible]	[illegible]	[illegible],	[illegible]	[illegible]
tśhja̱^{1}	thja^2	tha^1	lhjịj^2	·u^2	we̱^{1}	kięj^2	ku^1	thja^1
于	彼	佛	国	中	生	愿,	则	彼
[illegible]	[illegible]	[illegible]	[illegible]	[illegible]	[illegible]	[illegible]。	[illegible]	[illegible]
tsjɨ^1	źji^2	mji^1	lhjị^1	lhjwo^1	dźjij^1	ljɨ^1	tha^1	thjɨ^2
亦	皆	不	退	转	住	也。	佛	此

愿生彼佛国者,应知②皆是住不退转。佛说此

① 当,西夏本作“[illegible]”wo^2(义)。按,“[illegible]”wo^2(义)字于义不合,在此假借作“[illegible]”wo^2(当、应)。此二字在《择要》中同组(7.4.2)。

② “应知”二字义西夏本未见。

20.81.5

[illegible]	[illegible]	[illegible]	[illegible]，	[illegible]	[illegible]	[illegible]	[illegible]	[illegible]
tsji̱r^1	ɣa^1	tshji̱j^1	zjọ^2	ŋwə^1	·jir^2	phji^2	khjiw^2	rar^2
法	门	说	时，	五	百	比	丘	漏
[illegible]	[illegible]	[illegible]	[illegible]	[illegible]	[illegible]	[illegible]，	[illegible]	[illegible]
mjij^1	tsji̱r^1	ɣa^1	njij^1	bie^2	thjij^2	rjir^1	ŋwə^1	tụ^1
无	法	门	心	解	脱	得，	五	千

法门时，五百比丘于无漏法心得解脱，五千

20.81.6

[illegible]	[illegible]、	[illegible]	[illegible]	[illegible]	[illegible]	[illegible]、	[illegible]	[illegible]
ɲia^2	tsjij^2	tśhjiw^1	tụ^1	phji^2	khjiw^2	nji^1	·jar^1	tụ^1
菩	萨、	六	千	比	丘	尼、	八	千
[illegible]	[illegible]	[illegible]、	[illegible]	[illegible]	[illegible]	[illegible]	[illegible]	[illegible]
·jiw^2	pho^1	se^2	ɣạ^2	tụ^1	·jiw^2	pho^1	·ji^1	niow^1
优	婆	塞、	十	千	优	婆	夷	及

菩萨、六千比丘尼、八千优婆塞、十千优婆夷及

20.82.1

[illegible]	[illegible]	[illegible]	[illegible]	[illegible]	[illegible]	[illegible]，	[illegible]	[illegible]
kięj^2	kięj^2	·u^2	mjɨ^1	pjụ^1	mə^1	zjɨ̣^{1}	źji^2	thja^2
欲	界	中	无	量	天	子，	皆	彼
[illegible]	[illegible]	[illegible]	[illegible]	[illegible]	[illegible]。	[illegible]	[illegible]	[illegible]
tha^1	lhjij^2	·u^2	we̱^{1}	śjɨ^1	kięj^2	tśhjɨ^1	dzjɨj^1	mjor^1
佛	刹	中	生	往	愿。	尔	时	如

欲界中无量天子，于彼佛刹皆愿受生。如

20.82.2

[illegible]	[illegible]	[illegible]	[illegible]	[illegible]	[illegible]	[illegible]	[illegible]	[illegible]
ljij^2	tsjɨ^1	thja^1	njɨ^2	thja^2	tha^1	lhjij^2	·u^2	we̱^{1}
来	亦	是	等	彼	佛	刹	中	生

śjɨ^{1}	la^{1}	dja^{2}	khjow^{1}	tjij^{1}	dzjij^{2}	ɲia^{2}	tśhju^{1}	thja^{1}
往	记	△	授。	若	余	众	生	彼

来是时皆与授记,于彼佛刹当获往生。若余有情

20.82.3

lhjịj^{2}	·u^{2}	we̱^{1}	kięj^{2}	ku^{1}	mjor^{1}	ljịj^{2}	thja^{2}	·jij^{1}
刹	中	生	愿,	则	如	来	彼	之
tsjɨ^{1}	thja^{2}	tha^{1}	lhjịj^{2}	·u^{2}	we̱^{1}	śjɨ^{1}	la^{1}	khjow^{1}
亦	彼	佛	刹	中	生	往	记	授

当愿生者,如来亦当与记生彼佛刹。

20.82.4

ljɨ^{1}	tśhjɨ^{1}	dzjɨj^{1}	so̱^{1}	tụ^{1}	ljịj^{2}	tụ^{1}	rjur^{1}	kięj^{2}
也。	是	时,	三	千	大	千	世	界
tśhjiw^{1}	mə^{2}	sa̱r^{1}	mju^{2}	thjɨ^{2}	tja^{1}	mju^{2}	źji^{2}	mju^{2}
六	种	震	动,	此	者	动、	遍	动、

是时,三千大千世界六种震动,所谓动、遍动、

20.82.5

ka^{1}	źji^{2}	mju^{2}	ljịj^{2}	źji^{2}	ljịj^{2}	ka^{1}	źji^{2}	ljịj^{2}
等	遍	动,	摇、	遍	摇、	等	遍	来,
sa̱r^{1}	źji^{2}	sa̱r^{1}	ka^{1}	źji^{2}	sa̱r^{1}	ŋwu^{2}	thjij^{2}	sjo^{2}
震、	遍	震、	等	遍	震	是。	何	云

等遍动,摇、遍摇、等遍摇①,震、遍震、等遍震。②

① 等遍摇,西夏本作“[Tangut]”(等遍来)。按,“[Tangut]”ljịj^{2}(来)字于义不合,在此假借作“[Tangut]”ljịj^{2}(摇)。参看上文“摇、遍摇”,西夏译作“[Tangut]、[Tangut]”可知。另,此二字在《择要》中同组(7.2.7)。

② 此下西夏本有“[Tangut]”(何以故)三字。

20.82.6

[illegible]？	[illegible]	[illegible]	[illegible]	[illegible]	[illegible]	[illegible]	[illegible]。	[illegible]
ljɨ^{1}	thjɨ^{2}	tsjɨr^{1}	ɣa^{1}	·wu^{2}	bjij^{2}	nio̱w^{1}	ljɨ^{1}	thjɨ^{2}
故？	此	法	门	佑	助	由	故。	此
[illegible]	[illegible]	[illegible]	[illegible]，	[illegible]	[illegible]	[illegible]	[illegible]	[illegible]
lwər^{2}	lhejr^{2}	tshji̱j^{1}	dźjwa^{1}	śja^{1}	rjir^{2}	gji^{2}	njɨ^{2}	niow^{1}
经	契	说	已，	舍	利	子	等	及

由此法门所加持故。佛①说此经已，舍利弗等及

20.83.1

[illegible]	[illegible]	[illegible]	[illegible]	[illegible]、	[illegible]	[illegible]	[illegible]、	[illegible]
rjur^{1}	rjur^{1}	kha^{1}	dzjwo^{2}	mə^{1}	·ja	sew^{2}	lo^{1}	khjã^{2}
诸	世	间	人	天、	阿	修	罗、	乾
[illegible]	[illegible]、	[illegible]	[illegible]	[illegible]、	[illegible]	[illegible]	[illegible]、	[illegible]
tha^{2}	pho^{1}	kja^{1}	lew^{1}	lo^{1}	kjĩ^{1}	no^{1}	lo^{1}	mo^{2}
闼	婆、	迦	楼	罗、	紧	那	罗、	摩

诸世间天人、阿修罗、乾闼婆、迦楼罗、紧那罗、摩

20.83.2

[illegible]	[illegible]	[illegible]，	[illegible]	[illegible]	[illegible]	[illegible]，	[illegible]
xew^{1}	lo^{1}	khja^{2}	tha^{1}	rjɨr^{2}	tshji̱j^{1}	mji^{1}	źji^{2}
睺	罗	伽，	佛	所	说	闻，	皆
[illegible]	[illegible]	[illegible]，	[illegible]	[illegible]	[illegible]	[illegible]。	
lji̱j^{2}	nji̱j^{1}	ljɨ̱j^{2}	dźiej^{2}	ɣiwej^{1}	śjij^{1}	dźji̱j^{1}	
大	欢	喜，	信	受	奉	行。	

睺罗伽，闻佛所说，皆大欢喜，信受奉行。

20.83.3

[illegible]	[illegible]	[illegible]	[illegible]	[illegible]	[illegible]	[illegible]	[illegible]	[illegible]	[illegible]
ljij^{2}	ljɨ̱^{1}	tśiow^{1}	lwər^{2}	lhejr^{2}	?	njɨ̱^{1}	ɣa̱^{2}	tsew^{2}	lej^{1}

① “佛”字义西夏本未见。

大　宝　积　经　契　卷　二　十　第　石

《大宝积经》卷第二十　石①

汉文本

时天帝释作如是念：我此四众及欲界诸天，皆欲见彼不动如来、应、正等觉。尔时，世尊知彼释天心之所念，结加趺坐，安处虚空。是诸大众以佛神力，亦住空中，皆遥见彼妙喜世界不动如来及声闻众。众皆见已，右膝著地，向不动如来、应、正等觉。尔时，此界众人皆作是念：岂非三十三天为见彼佛，而来集会礼拜供养？是时，帝释作如是念：彼界诸天以人相而住，我见彼诸人等服玩资具，与彼诸天无少优劣。

尔时，世尊摄神通已，告天帝言：彼诸人民皆受天乐，汝应爱乐。是诸人等见彼如来，及爱乐彼受天资具者，彼诸众生从余世界命终以后，皆得往生不动佛刹。

尔时，舍利弗告帝释言：汝见释迦牟尼佛及不动如来，由此缘故，汝于此身得大善利，况汝已得过人之法。

时天帝释作如是念：彼诸众生闻此法门，亦得善利，何况得生不动佛刹。

尔时，佛告天帝释言：彼菩萨乘人当生彼佛刹者，亦得善利。何以故？彼诸菩萨皆应得住不退转故。若余菩萨于其现身愿生彼佛国者，应知皆是住不退转。

佛说此法门时，五百比丘于无漏法心得解脱，五千菩萨、六千比丘尼、八千优婆塞、十千优婆夷及欲界中无量天子，于彼佛刹皆愿受生。如来是时皆与授记，于彼佛刹当获往生。若余有情当愿生者，如来亦当与记生彼佛刹。是时，三千大千世界六种震动，所谓动、遍动、等遍动，摇、遍摇、等遍摇，震、遍震、等遍震。由此法门所加持故。

佛说此经已，舍利弗等及诸世间天人、阿修罗、乾闼婆、迦楼罗、紧那罗、摩睺罗伽，闻佛所说，皆大欢喜，信受奉行。

《大宝积经》卷第二十

① 西夏字“瓻”lej^{1}，为帙号，可以译作“石”。

西夏文《大宝积经》

·卷二十一·

《被甲庄严会》

第七之一整理与研究

内容和版本介绍

《大宝积经·被甲庄严会》为菩提流志新译，主要内容叙述的是佛为无边慧菩萨说菩萨被大甲胄，为诸众生作大饶益，乘于大乘、行于大道的大菩提法。

西夏文《大宝积经》卷二十一《被甲庄严会》第七之一，为1909年科兹洛夫率领的俄国皇家蒙古四川地理考察队于黑水城遗址所获，今藏俄罗斯科学院东方文献研究所。经题著录首见戈尔巴乔娃和克恰诺夫的《西夏文写本和刊本》[①]，又见西田龙雄的《西夏文佛经目录》[②]，其后有克恰诺夫给出的版本形制和内容描述[③]。据克恰诺夫《西夏佛典目录》可知，俄藏《大宝积经》卷二十一共有7个编号，即инв.№ 3133，инв.№ 3278，инв.№ 3540，инв.№ 5848，инв.№.427，инв.№ 7377，инв.№ 5734。具体版本形制如下：

инв.№ 3133，白绵纸。写本，经折装，折面34.5厘米×13.5厘米，版框高28.5厘米。每折7行，行21字。存2折。

инв.№ 3278，白绵纸。写本，经折装，折面34.5厘米×13.5厘米，版框高27.7厘米。每折7行，行21字。存49折，首尾俱残。

инв.№ 3540，白绵纸。写本，经折装，折面34.5厘米×13.5厘米，版框高28.3厘米。每折7行，行21字。存1折，卷尾重复标题。尾题[illegible]——“嵬名孝番校”“二遍校”。

инв.№ 5848，白绵纸。写本，经折装，折面34.5厘米×13.5厘米，版框高27.8厘米。每折7行，行22字。存7折，首尾俱残。

инв.№ 427，白绵纸。写本，经折装，折面（33—33.5）厘米×12厘米，版框高25.9—26.4厘米。每折6行，行19字。全文保存，共86折。黑绢护封上有题签，题签上有经名和卷次。经名后有帙号并仁宗皇帝尊号。卷尾有经名和帙号。

инв.№ 7377，本色麻纸。梵夹装，纸幅32.5厘米×50厘米，每叶26行，行19字。全文保存。

инв.№ 5734，本色麻纸。梵夹装，纸幅19.5厘米×54.5厘米，每叶29行，行13字。全文保存。

在上述编号中，有两个编号存有款题，инв.№ 427卷首署“奉天显道”，为西夏仁宗仁孝（1139—1193年在位）时期的校译本。инв.№ 7377卷首存有款题“天生圆能禄番圣祐正国皇太后梁氏御译，就

---

① З. И. Горбачева и Е. И. Кычанов, *Тангутские рукописи и ксилографы*, Москва: Издательство восточной литературы, 1963, с.119, 157.

② 西田龙雄：《西夏文华严经》Ⅲ，京都：京都大学文学部，1977年，第23页。

③ Е. И. Кычанов, *Каталог тангутских буддийских памятников*, Киото: Университет Киото, 1999, с.35, 320, 324, 334, 337, 347- 350.

德主国增福正民大明皇帝嵬名御译”，此为西夏惠宗秉常（1067—1086 年在位）时期的初译本。инв. № 3133、инв. № 3278、инв. № 3540 和 инв. № 5848 未见明确款题，据克恰诺夫著录，这组经文的抄写完成于 1162 年，卷尾有“发愿者黑水转运使嵬啰由牢，写者梁文殊奴，重校野利宝成”字样[①]。

下面的录文和释读依据 инв. № 427，这一编号首次刊布于《俄藏黑水城文献》第 21 册。[②] 释读采用逐行对译的形式，以数字标示西夏文录文的卷次、原版折面和行次，如 21.1.1，为第二十一卷第一折第一行。每卷之后附有原文图版，以便对照阅读。

① Е. И. Кычанов, *Каталог тангутских буддийских памятников*, Киото: Университет Киото, 1999. с. 321.

② 俄罗斯科学院东方文献研究所、中国社会科学院民族学与人类学研究所、上海古籍出版社编《俄藏黑水城文献》第 21 册，上海：上海古籍出版社，2013 年，第 138—143 页。

文本释读

21.1.1

[illegible]	[illegible]	[illegible]	[illegible]	[illegible]	[illegible]	[illegible]	[illegible]	[illegible]	[illegible]	[illegible]
ljij²	ljɨ¹	tśiow¹	lwər²	lhejr²	?	njɨ̱¹	ɣạ²	lew¹	tsew²	njo̱r¹
大	宝	积	经	契	卷	二	十	一	第	水

《大宝积经》卷第二十一　水①

21.1.2

[illegible]	[illegible]	[illegible]	[illegible]
tshjwu¹	bju¹	tśja¹	dźju¹
天	奉	道	显

奉天显道②

21.1.3

[illegible]	[illegible]	[illegible]	[illegible]	[illegible]	[illegible]	[illegible]	[illegible]	[illegible]
zjir²	gjwi²	śjwo²	tshjịj²	ljwu²	śjạ¹	tsew²	·jij¹	lew¹
甲	衣	庄	严	会	七	第	之	一

《被③甲庄严会》第七之一④

21.1.4

[illegible]	[illegible]	[illegible]	[illegible]：	[illegible]	[illegible]，	[illegible]	[illegible]	[illegible]
thjɨ²	sju²	mjo¹	ŋa²	lew¹	dzjɨj¹	tha¹	njij²	mji̱¹
是	如	闻	我：	一	时，	佛	王	舍
[illegible]	[illegible]	[illegible]	[illegible]	[illegible]	[illegible]	[illegible]，	[illegible]	[illegible]

① 西夏字"[illegible]"，为帙号，可以译作"水"。

② 此为西夏仁宗尊号，汉文本无。据此可知俄藏 инв.№ 427 为仁宗皇帝(1139—1193 年在位)校译本。

③ 被，西夏文译作"[illegible]"(衣)。按，"[illegible]"gjwi²(衣)为名词，与"被"(披)字动词词性不合，在此疑假借作"[illegible]"gjwi²(穿著)。此二字在西夏字书《择要常传同训杂字》中同组(13.7.3)。另，参看下文 21.19.1"被此甲胄乘于大乘"([illegible])亦可知。

④ 此上汉文本署"大唐三藏菩提流志奉诏译"，西夏文本无。

we^{2}	kja^{1}	lã^{1}	thow^{1}	lhjụ^{2}	bo^{1}	kha^{1}	ljịj^{2}	phji^{2}
城	迦	兰	陀	竹	林	中，	大	比

如是我闻：一时，佛住王舍城迦兰陀竹林，与大比

21.1.5

□	□	□	□	□	□	□	□	□
khjiw^{2}	·ji^{1}	niow^{1}	rjur^{1}	po^{1}	tsa^{1}	ma^{2}	ŋa̱^{2}	tsa^{1}
丘	众	及	诸	菩	萨	摩	诃	萨
□	□	□，	□	□	□	□	□	□
rjir^{2}	gu^{2}	dźjij^{1}	źji^{2}	mə^{2}	mə^{2}	tha^{1}	lhjij^{2}	ɣa^{2}
与	俱	住，	悉	种	种	佛	刹	从

丘众及诸菩萨摩诃萨俱，悉从种种佛刹

21.1.6

□	□	□	□	□	□。	□	□，	□
·wjɨ^{2}	ljịj^{2}	thja^{2}	kha^{1}	ljwu^{2}	dzjɨ̣^{2}	tśhjɨ^{1}	zjọ^{2}	rjur^{1}
△	来	其	中	会	集。	尔	时，	世
□	□	□	□	□	□	□	□	□
pjụ^{1}	mjɨ^{1}	pjụ^{1}	·jir^{2}	tụ^{1}	·ji^{1}	·wiọ^{1}	tśjɨ̣^{1}	kjụ^{1}
尊	无	量	百	千	众	围	绕	供

来集。尔时，世尊无量百千众所围绕供

21.2.1

□	□	□。	□	□	□	□	□	□
tshwew^{1}	dzjwɨ̣^{1}	lhejr^{2}	dzjɨj^{1}	thja^{1}	·ji^{1}	kha^{1}	po^{1}	tsa^{1}
养	恭	敬。	时	彼	众	中	菩	萨
□	□	□	□，	□	□	□	□	□，
ma^{2}	ŋa̱^{2}	tsa^{1}	gjɨ^{2}	mjịj^{2}	tja^{1}	bju^{2}	mjij^{1}	źjɨr^{1}
摩	诃	萨	有，	名	者	边	无	慧，

养恭敬。时彼众中有菩萨摩诃萨，名无边慧，

21.2.2

□	□	□	□，	□	□	□	□，	□

dzu̱2	tji̱2	·ja	wor1	źji̱1	wa̱1	pha1	gjwi2	tśier1
坐	处	△	起，	左	肩	偏	衣，	右
[illegible]	[illegible]	[illegible]，	[illegible]	[illegible]	[illegible]	[illegible]，	[illegible]	[illegible]
ŋwer2	lji̱2	zji̱j1	bju1	tji̱1	tśja1	tshwew1	tha1	rjijr2
膝	地	著，	依	归	礼	敬，	佛	向

即从坐起，偏袒右肩①，右膝著地，稽首作礼②，合掌向佛，

21.2.3

[illegible]	[illegible]，	[illegible]	[illegible]，	[illegible]	[illegible]	[illegible]：	[illegible]	[illegible]
pja̱1	phjo̱2	rjur1	pju̱1	·jij1	da̱2	jɨ2	ŋa2	zjɨ̱r1
掌	合，	世	尊，	之	言	谓：	我	少
[illegible]	[illegible]	[illegible]，	[illegible]	[illegible]	[illegible]	[illegible]	[illegible]	[illegible]，
zji̱j1	·jiw2	dju1	mjor1	ljij2	do2	ɣju1	·jɨr1	kie̱j2
许	疑	有，	如	来	于	请	问	欲，

白言：世尊，我有少疑，请问如来，

21.2.4

[illegible]	[illegible]	[illegible]	[illegible]	[illegible]	[illegible]	[illegible]	[illegible]	[illegible]
lew1	tji̱1	da̱2	wja̱1	ŋa2	·jij1	rjɨr2	tshji̱j1	wji1
惟	愿	言	许	我	之	△	说	为
[illegible]③。	[illegible]	[illegible]，	[illegible]	[illegible]	[illegible]	[illegible]	[illegible]	[illegible]
ŋa2	tśhjɨ1	zjo̱2	bju2	mjij1	źjɨr1	po1	tsa1	ma2
△。	尔	时，	边	无	慧	菩	萨	摩

愿垂听许为我宣说。尔时，无边慧菩萨摩

21.2.5

[illegible]	[illegible]	[illegible]	[illegible]	[illegible]	[illegible]：
ŋa̱2	tsa1	lja̱1	da̱2	rjɨr2	tshji̱j1
诃	萨	偈	言	乃	说：

诃萨而说偈言：

---

① 偏袒右肩，西夏文译作“[illegible]”，字面意思是“左肩偏衣”。
② 稽首作礼，西夏文译作“[illegible]”，字面意思是“归依礼拜”。
③ [illegible]，为第一人称单数动词人称呼应后缀，与句首“[illegible]”呼应。

21.2.6

[illegible]	[illegible]	[illegible]	[illegible]	[illegible]，	[illegible]	[illegible]	[illegible]
ljij^{2}	kjir^{1}	ljij^{2}	go̱r^{1}	kiej^{2}	rjur^{1}	kha^{1}	ŋwer^{1}
大	雄	大	君	子，	世	间	等
[illegible]	[illegible]，	[illegible]	[illegible]	[illegible]	[illegible]	[illegible]，	
dźjwɨ^{1}	mjij^{1}	ŋa^{2}	ɲia^{2}	tśhju^{1}	nio̱w^{1}	ku^{1}	
相	无，	我	情	有	为	故，	

大雄①大丈夫②，世间无与等，我为众生③故，

21.3.1

[illegible]	[illegible]	[illegible]	[illegible]	[illegible]。	[illegible]	[illegible]	[illegible]
zjɨ̣r^{1}	zjij^{1}	·jiw^{2}	ɣju^{1}	·jɨr^{1}	ka^{2}	tśjij^{2}	lu^{2}
少	时	疑	请	问。	狮	子	座
[illegible]	[illegible]，	[illegible]	[illegible]	[illegible]	[illegible]	[illegible]，	
mji^{1}	wor^{1}	śja^{1}	rjijr^{2}	njɨ^{2}	ljụ^{2}	śja^{2}	
不	起，	十	方	遍	身	现，	

少④疑当请问。不起狮子座，现身遍十方，

21.3.2

[illegible]	[illegible]	[illegible]	[illegible]	[illegible]，	[illegible]	[illegible]	[illegible]
do^{2}	ljɨ̣^{1}	ŋowr^{2}	ŋowr^{2}	kha^{1}	mju^{2}	ljɨ̣j^{2}	njwi^{2}
异	论	一	切	中，	动	摇	能
[illegible]	[illegible]。	[illegible]	[illegible]	[illegible]	[illegible]	[illegible]，	
mjijr^{2}	mjij^{1}	sjij^{2}	·ụ^{2}	bju^{2}	ljow^{2}	mjij^{1}	
者	无。	智	藏	边	际	无，	

一切异论中，无能倾动⑤者。智藏无边际，

---

① 大雄，西夏文译作“[illegible]”，字面意思是“大勇”。下文皆同。

② 丈夫，西夏文译作“[illegible]”，字面意思是“君子”。下文皆同。

③ 众生，梵文 Sattva，新译“有情”，旧译“众生”。《唯识述记》一本曰：“梵云萨埵，此言有情，有情识故。”西夏本从新译，作“[illegible]”（有情）。下文皆同。

④ 少，西夏文译作“[illegible]”（少时）。按，“[illegible]”zjịj^{1}（时）字于义不合，在此假借作“[illegible]”zjịj^{1}（许）。此二字在西夏字书《择要常传同训杂字》中同组（11.5.6）。另，参看上文 21.2.3“我有少疑”（[illegible]）亦可知。

⑤ 倾动，西夏文译作“[illegible]”，字面意思是“动摇”。

21.3.3

[illegible]	[illegible]	[illegible]	[illegible]	[illegible]，	[illegible]	[illegible]	[illegible]
rjur^{1}	ɣie^{1}	pju̱^{1}	mji^{1}	dju^{1}	rjur^{1}	pju̱^{1}	ljɨ^{1}
诸	力	量	无	有，	世	尊	一
[illegible]	[illegible]，	[illegible]	[illegible]	[illegible]	[illegible]	[illegible]。	
ljɨ^{1}	ɣie^{1}	źji^{2}	rjur^{1}	kha^{1}	gju^{1}	njwi^{2}	
一	力，	普	世	间	度	能。	

诸力无有量,世尊一一力,普能度世间。

21.3.4

[illegible]	[illegible]	[illegible]	[illegible]	[illegible]，	[illegible]	[illegible]	[illegible]
ŋowr^{2}	ŋowr^{2}	sji̱j^{2}	dźjij^{1}	njwi^{2}	ɣa̱^{2}	ɣie^{1}	no^{2}
一	切	智	住	善，	十	力	安
[illegible]	[illegible]，	[illegible]	[illegible]	[illegible]	[illegible]	[illegible]，	
dźji̱j^{1}	njwi^{2}	le^{2}	mjij^{1}	lji̱j^{2}	ka^{2}	tśjij^{2}	
住	善，	畏	无	大	狮	子，	

善住一切智,善住于①十力,无畏大狮子,

21.3.5

[illegible]	[illegible]	[illegible]	[illegible]	[illegible]。	[illegible]	[illegible]	[illegible]
źji^{2}	bu̱^{2}	źji^{2}	phju^{2}	pju̱^{1}	ɣa̱^{2}	·jar^{1}	mji^{1}
最	胜	无	上	尊。	十	八	不
[illegible]	[illegible]，	[illegible]	[illegible]	[illegible]	[illegible]	[illegible]，	
gu^{2}	tsji̱r^{1}	mjor^{1}	lji̱j^{2}	to^{2}	źji^{2}	dźjij^{2}	
共	法，	如	来	悉	皆	有，	

最胜无上②尊。十八不共法,如来之所有,

21.3.6

[illegible]	[illegible]	[illegible]	[illegible]	[illegible]，	[illegible]	[illegible]	[illegible]

① 住于,西夏文译作“[illegible][illegible]”(安住)。

② 无上,西夏文译作“[illegible][illegible]”,字面意思是“最上”。下文皆同。

rjur^{1}	kha^{1}	zjir^{2}	swew^{1}	swew^{1}	rjur^{1}	dow^{1}	tśja^{1}
世	间	遍	明	照，	诸	邪	道
[illegible]	[illegible]。	[illegible]	[illegible]	[illegible]	[illegible]	[illegible]，	
rjur^{1}	·jar^{2}	tsji̱r^{1}	ŋowr^{2}	ŋowr^{2}	nwə^{1}	tsjij^{2}	
降	伏。	法	一	切	知	了，	

照明于世间，摧伏诸外道①。了知一切法，

21.4.1

[illegible]	[illegible]	[illegible]	[illegible]	[illegible]，	[illegible]	[illegible]	[illegible]
thji^{2}	nio̱w^{1}	źji^{2}	phju^{2}	we^{2}	dźjar^{2}	mjij^{1}	ljị^{2}
是	故	无	上	为，	过	无	大
[illegible]	[illegible]，	[illegible]	[illegible]	[illegible]	[illegible]	[illegible]。	
śio^{1}	dzjịj^{2}	ŋa^{2}	sjij^{1}	·jiw^{2}	ɣju^{1}	·jɨr^{1}	
导	师，	我	今	疑	请	问。	

是故无过上②，无失③大导师，我疑当请问。

21.4.2

[illegible]	[illegible]	[illegible]	[illegible]	[illegible]，	[illegible]	[illegible]	[illegible]
bju^{2}	mjij^{1}	ror^{2}	mjij^{1}	sjịj^{2}	ljịj^{2}	ŋjow^{2}	mji^{1}
边	无	垢	无	智，	大	海	不
[illegible]	[illegible]，	[illegible]	[illegible]	[illegible]	[illegible]	[illegible]，	
mju^{2}	sjịj^{2}	mjɨ̱^{2}	kieẹj^{2}	ɣie^{2}	mjij^{1}	sjịj^{2}	
动	智，	境	界	碍	无	智，	

无边离④垢智，大海不动智，境界无碍智，

21.4.3

[illegible]	[illegible]	[illegible]	[illegible]	[illegible]。	[illegible]	[illegible]	[illegible]
ŋa^{2}	sjij^{1}	·jiw^{2}	ɣju^{1}	·jɨr^{1}	rjur^{1}	pjụ^{1}	djọ^{2}
我	今	疑	请	问。	世	尊	修

① 外道，西夏文译作“[illegible]”（邪道）。

② 无过上，西夏文译作“[illegible]”，字面意思是“为无上”。下文皆同。

③ 无失，西夏文译作“[illegible]”，字面意思是“无过”。两者义通，皆言无过失。

④ 离，西夏文译作“[illegible]”（无）。

□ □， □ □ □ □ □，

dzjɨ^{2} njwi^{2} tśja^{1} ɣa^{2} ·jiw^{2} ljɨj^{1} mjij^{1}

集 善， 道 于 疑 惑 无，

我疑当请问。世尊善修集，于道无疑惑，

21.4.4

□ □ □ □ □， □ □ □

no^{2} nej^{2} ljij^{2} śio^{1} dzjij^{2} ŋa^{2} sjij^{1} ·jiw^{2}

安 稳 大 导 师， 我 今 疑

□ □。 □ □ □ □ □，

ɣju^{1} ·jɨr^{1} rjur^{1} lhjwɨ^{2} rar^{2} ·wjɨ^{2} dzjij^{1}

请 问。 诸 暴 流 已 度，

安隐①大导师，我疑当请问。已度诸暴流，

21.4.5

□ □ □ □ □， □ □ □

rjur^{1} tśhiow^{1} tśjɨ̱r^{2} phja^{1} sji^{1} ·ji^{1} do^{1} ljị^{1}

诸 结 缚 断 尽， 众 毒 箭

□ □， □ □ □ □ □。

dźjɨ̣ njwi^{2} ŋa^{2} sjij^{1} ·jiw^{2} ɣju^{1} ·jɨr^{1}

拔 能， 我 今 疑 请 问。

已②断诸结缚，能拔众毒箭，我疑当请问。

21.4.6

□ □ □ □ □， □ □ □

bju^{1} mjij^{1} tew^{1} ŋjwo^{2} ljij^{2} źjị^{1} njɨ̱^{2} tsja^{1}

明 无 卵 破 坏， 烦 恼 热

□ □， □ □ □ □ □，

ta̱^{1} dźjwa^{1} gji^{1} śju̱^{1} no^{2} dźjij^{1} njwi^{2}

息 已， 清 凉 安 住 善，

已破无明觳，已息烦恼热，清凉善安住，

---

① 安隐，西夏文译作"□□"（安稳）。下文 21.37.2 亦作"□□"（安乐）。

② 已，西夏文译作"□"（尽）。两者表义不尽相同。

21.5.1

[illegible]	[illegible]	[illegible]	[illegible]	[illegible]。	[illegible]	[illegible]	[illegible]
ŋa^2	sjij^1	·jiw^2	ɣju^1	·jɨr^1	le^2	mjij^1	źji^2
我	今	疑	请	问。	畏	无	无
[illegible]	[illegible]，	[illegible]	[illegible]	[illegible]	[illegible]	[illegible]，	
phju^2	sjịj^2	zjịj^1	mjij^1	ɣie^2	mjij^1	sjịj^2	
上	智，	著	无	碍	无	智，	

我疑当请问。无畏无上智，无著无碍智，

21.5.2

[illegible]	[illegible]	[illegible]	[illegible]	[illegible]，	[illegible]	[illegible]	[illegible]
tsjịr^1	ŋjow^2	ŋowr^2	ŋowr^2	sjịj^2	mjor^1	ljịj^2	źji^2
法	海	一	切	智，	如	来	皆
[illegible]	[illegible]。	[illegible]	[illegible]	[illegible]	[illegible]	[illegible]，	
ljạ^1	rjir^2	tha^1	mjɨ^1	pjụ^1	tśhja^2	·iow^1	
证	得。	佛	无	量	德	功，	

法海一切智，如来已证得。佛无量功德，

21.5.3

[illegible]	[illegible]	[illegible]	[illegible]	[illegible]，	[illegible]	[illegible]	[illegible]
sjịj^2	ljạ^1	źji^2	iọ^1	sə^1	rar^2	dju^1	ŋowr^2
智	证	悉	圆	满，	漏	有	一
[illegible]	[illegible]，	[illegible]	[illegible]	[illegible]	[illegible]	[illegible]。	
ŋowr^2	sji^1	rjur^1	źji^1	njɨ̱^{2}	ljij^2	ljịj^2	
切	尽，	诸	烦	恼	见	破。	

智证悉圆满，尽一切有漏，破诸烦恼见。

21.5.4

[illegible]	[illegible]	[illegible]	[illegible]	[illegible]，	[illegible]	[illegible]	[illegible]
rjur^1	pjụ^1	rejr^2	mjɨ^1	pjụ^1	ljij^2	tśhja^2	·iow^1
世	尊	多	无	量，	大	德	功

[illegible]	[illegible]，	[illegible]	[illegible]	[illegible]	[illegible]	[illegible]，
tśiow^{1}	dzjɨ̣^{2}	sew^{2}	tshji̱j^{1}	mjij^{1}	tsji̱r^{1}	njij^{2}
积	集，	思	议	不	法	王，

世尊多积集，无量大功德，不思议法王，

21.5.5

[illegible]	[illegible]	[illegible]	[illegible]	[illegible]。	[illegible]	[illegible]	[illegible]
ŋa^{2}	sjij^{1}	·jiw^{2}	ɣju^{1}	·jɨr^{1}	rjur^{1}	pjụ^{1}	bu̱^{2}
我	今	疑	请	问。	世	尊	胜
[illegible]	[illegible]，	[illegible]	[illegible]	[illegible]	[illegible]	[illegible]，	
gjij^{1}	sji̱j^{2}	rjur^{1}	kha^{1}	źji^{2}	swew^{1}	njwi^{2}	
殊	智，	世	间	普	照	能，	

我疑当请问。世尊殊胜智，普能照世间，

21.5.6

[illegible]	[illegible]	[illegible]	[illegible]	[illegible]，	[illegible]	[illegible]	[illegible]
tsji̱r^{1}	bji^{1}	swew^{1}	bju^{2}	mjij^{1}	tśhja^{2}	·iow^{1}	ŋjow^{2}
法	光	明	边	无，	德	功	海
[illegible]	[illegible]。	[illegible]	[illegible]	[illegible]	[illegible]	[illegible]，	
nẹ^{1}	tshjij^{1}	śio^{1}	dzjij^{2}	tsji̱r^{1}	bji^{1}	swew^{1}	
演	说。	导	师	法	光	明，	

演畅法光明，无边功德海。导师法光故，

21.6.1

[illegible]	[illegible]	[illegible]	[illegible]	[illegible]，	[illegible]	[illegible]	[illegible]
rjur^{1}	kha^{1}	zjir^{2}	swew^{1}	ku^{1}	thjɨ^{2}	nio̱w^{1}	rjur^{1}
世	间	遍	照	故，	是	故	世
[illegible]	[illegible]，	[illegible]	[illegible]	[illegible]	[illegible]	[illegible]。	
kie̱j^{2}	·u^{2}	tha^{1}	tsji̱r^{1}	swew^{1}	bji^{1}	śja^{2}	
界	中，	佛	法	明	光	现。	

遍照于世间，是故世间中，佛法光明现。

21.6.2

[illegible]	[illegible]	[illegible]	[illegible]	[illegible]，	[illegible]	[illegible]	[illegible]
tsji̱r^{1}	ŋjow^{2}	ŋowr^{2}	ŋowr^{2}	sji̱j^{2}	nuə	ŋwo^{2}	źji^{2}
法	海	一	切	智，	辩	才	无
[illegible]	[illegible]，	[illegible]	[illegible]	[illegible]	[illegible]	[illegible]，	
kha^{1}	phju^{2}	khu^{1}	dźjij^{1}	sew^{2}	tshji̱j^{1}	mjij^{1}	
中	上，	进	精	思	议	不，	

法海一切智，辩才无有上，精进不思议，

21.6.3

[illegible]	[illegible]	[illegible]	[illegible]	[illegible]。	[illegible]	[illegible]	[illegible]
gji^{1}	sej^{1}	rjur^{1}	ljij^{2}	ka^{2}	tha^{1}	mej^{1}	bju^{2}
清	净	诸	见	离。	佛	眼	边
[illegible]	[illegible]，	[illegible]	[illegible]	[illegible]	[illegible]	[illegible]，	
mjij^{1}	ku^{1}	sji̱j^{2}	mjɨ̱^{2}	tsjɨ^{1}	bju^{2}	mjij^{1}	
无	故，	智	境	亦	边	无，	

清净离诸见。佛眼无边故，智境亦无边，

21.6.4

[illegible]	[illegible]	[illegible]	[illegible]	[illegible]，	[illegible]	[illegible]	[illegible]
rjur^{1}	kha^{1}	ŋwer^{1}	mjij^{1}	pju̱^{1}	ŋa^{2}	sjij^{1}	·jiw^{2}
世	间	等	无	尊，	我	今	疑
[illegible]	[illegible]。	[illegible]	[illegible]	[illegible]	[illegible]	[illegible]，	
ɣju^{1}	·jɨr^{1}	tsji̱r^{1}	njij^{2}	ljij^{2}	mo^{2}	nji^{1}	
请	问。	法	王	大	牟	尼，	

世间无等尊，我疑当请问。法王大牟尼，

21.6.5

[illegible]	[illegible]	[illegible]	[illegible]	[illegible]，	[illegible]	[illegible]	[illegible]
ɲia^{2}	tśhju^{1}	ljɨ̱j^{1}	phja^{1}	njwi^{2}	śio^{1}	dzji̱j^{2}	ŋa^{2}
情	有	惑	断	能，	导	师	我

[illegible] [illegible]， [illegible] [illegible] [illegible] [illegible] [illegible]。

sjij^{1} ·jɨr^{1} lew^{1} tji̱^{1} dzu^{1} bju^{1} tshjij^{1}

今 问， 唯 愿 乐 随 说。

能断众生惑，导师我当问，愿随其意乐。

21.6.6

[illegible] [illegible] [illegible] [illegible] [illegible]， [illegible] [illegible] [illegible]

ŋa^{2} do^{2} ŋowr^{2} ŋowr^{2} bio̱^{1} mə^{1} tśhja̱^{1} niow^{1}

我 处 一 切 观， 天 上 及

[illegible] [illegible]， [illegible] [illegible] [illegible] [illegible] [illegible]，

dzjwo^{2} kha^{1} tha^{1} rjir^{2} ŋwer^{1} mjijr^{2} mjij^{1}

人 间， 佛 与 等 者 无，

我观一切处，天上及人间，无有等如来①，

21.7.1

[illegible] [illegible] [illegible] [illegible] [illegible]。 [illegible] [illegible] [illegible]

rjur^{1} rjur^{1} źji^{2} swew^{1} mjijr^{2} rjur^{1} tśhja^{2} ·iow^{1}

处 处 普 照 者。 诸 德 功

[illegible] [illegible]， [illegible] [illegible] [illegible] [illegible] [illegible]，

dźjij^{1} njwi^{2} śjwo^{2} tshjij^{2} ljij^{2} go̱r^{1} kiej^{2}

住 善， 庄 严 大 君 子，

普遍照明者。善住诸功德，庄严大丈夫，

21.7.2

[illegible] [illegible] [illegible] [illegible] [illegible]， [illegible] [illegible] [illegible]

sew^{2} tshjij^{1} mjij^{1} tsji̱r^{1} njij^{2} śji^{1} kha^{1} swew^{1}

思 议 不 法 王， 仙 中 曜

[illegible] [illegible]。 [illegible] [illegible] [illegible] [illegible] [illegible]，

swew^{1} mjijr^{2} dzjo̱^{1} sju^{2} ljij^{2} wji̱^{1} ŋər^{1}

照 者。 譬 如 大 雪 山，

不思议法王，仙中照曜者。譬如大雪山，

① 如来，西夏文译作“佛”。

21.7.3

[illegible]	[illegible]	[illegible]	[illegible]	[illegible]，	[illegible]	[illegible]	[illegible]
·ji^{1}	ljɨ^{1}	kha^{1}	thjo̱^{1}	śjwo^{2}	rjur^{1}	pjṳ^{1}	tsji̱r^{1}
众	宝	中	妙	严，	世	尊	法
[illegible]	[illegible]，	[illegible]	[illegible]	[illegible]	[illegible]	[illegible]。	
lu^{2}	dzu̱^{2}	śjwo^{2}	śjwo^{2}	tsjɨ^{1}	thja^{2}	sju^{2}	
座	坐，	端	严	亦	彼	如。	

众宝端严处，世尊安法座，端严亦如是。

21.7.4

[illegible]	[illegible]	[illegible]	[illegible]	[illegible]，	[illegible]	[illegible]	[illegible]
thjo̱^{1}	ɣię^{2}	ljij^{2}	khu^{1}	dźjij^{1}	nji̱j^{1}	·o^{2}	ɣię^{2}
妙	音	大	进	精，	心	悦	声
[illegible]	[illegible]，	[illegible]	[illegible]	[illegible]	[illegible]	[illegible]，	
tshji̱j^{1}	njwi^{2}	tjij^{1}	ɲia^{2}	tśhju^{1}	mji^{1}	ku^{1}	
宣	能，	若	情	有	闻	故，	

妙音大精进，能宣悦意声，众生若得闻，

21.7.5

[illegible]	[illegible]	[illegible]	[illegible]	[illegible]。	[illegible]	[illegible]	[illegible]
ne̱w^{2}	tśhji^{2}	źji^{2}	gji^{1}	sej^{1}	rjur^{1}	pjṳ^{1}	dzjwo^{2}
善	根	悉	清	净。	世	尊	人
[illegible]	[illegible]，	[illegible]	[illegible]	[illegible]	[illegible]	[illegible]，	
kha^{1}	bu̱^{2}	dzjɨj^{1}	tsji̱r^{1}	swew^{1}	bji^{1}	tshji̱j^{1}	
中	胜，	时	法	明	光	说，	

善根悉清净。世尊人中胜，时演法光明，

21.7.6

[illegible]	[illegible]	[illegible]	[illegible]	[illegible]，	[illegible]	[illegible]	[illegible]
thji^{2}	nio̱w^{1}	rjur^{1}	ɲia^{2}	tśhju^{1}	phji^{1}	bju^{1}	xja^{1}
是	因	诸	情	有，	意	随	速

[illegible]	[illegible]。	[illegible]	[illegible]	[illegible]	[illegible]	[illegible]，
tśjɨ^{1}	tsjij^{2}	dzjɨj^{1}	nwə^{1}	·ji^{1}	ljwu^{2}	nwə^{1}
悟	了。	时	知	众	会	知，

以是诸众生，随意便开觉。知时知众会，

21.8.1

[illegible]	[illegible]	[illegible]	[illegible]	[illegible]，	[illegible]	[illegible]	[illegible]
dzjwo^{2}	nwə^{1}	ljịj^{2}	śio^{1}	dzjij^{2}	tsjịr^{1}	swew^{1}	bji^{1}
人	知	大	导	师，	法	明	光
[illegible]	[illegible]，	[illegible]	[illegible]	[illegible]	[illegible]	[illegible]。	
nẹ^{1}	tshjịj^{1}	dzjɨj^{1}	bju^{1}	sjịj^{2}	źjɨr^{1}	mjijr^{2}	
宣	说，	时	以	智	慧	者。	

知人大导师，敷演法光明，以时智慧者。

21.8.2

[illegible]	[illegible]	[illegible]	[illegible]	[illegible]，	[illegible]	[illegible]	[illegible]
xiwã^{1}	ɣiẹ^{2}	ljịj^{2}	khu^{1}	dźjij^{1}	tjị^{1}	gji^{1}	sej^{1}
梵	音	大	进	精，	愿	清	净
[illegible]	[illegible]，	[illegible]	[illegible]	[illegible]	[illegible]	[illegible]，	
dạ^{2}	tshjịj^{1}	dzjọ^{1}	sju^{2}	mə^{1}	ljịj^{2}	dzjụ^{2}	
言	说，	譬	如	天	大	雨，	

梵音大精进，愿赐清净言，如天雨大地，

21.8.3

[illegible]	[illegible]	[illegible]	[illegible]	[illegible]。	[illegible]	[illegible]	[illegible]
ljịj^{2}	ljɨ̣^{2}	źji^{2}	njọ^{1}	nejr^{1}	rjur^{1}	pjụ^{1}	·ji^{1}
大	地	遍	润	滑。	世	尊	众
[illegible]	[illegible]，	[illegible]	[illegible]	[illegible]	[illegible]	[illegible]，	
ljwu^{2}	kha^{1}	tsjịr^{1}	dzjụ^{2}	nẹ^{1}	tshjịj^{1}	dźjwa^{1}	
会	中，	法	雨	宣	说	已，	

法润遍沾洽①。世尊处众会，普宣法雨已，

① 此上二句西夏文译作"[illegible]，[illegible]"，字面意思是"譬如大天雨，大地遍润泽"。

21.8.4

[illegible]	[illegible]	[illegible]	[illegible]	[illegible]，	[illegible]	[illegible]	[illegible]
thjɨ^{2}	tsji̱r^{1}	dzu^{1}	kowr^{2}	mjij^{1}	ɲia^{2}	tśhju^{1}	źji^{2}
此	法	喜	爱	无，	情	有	皆
[illegible]	[illegible]。	[illegible]	[illegible]	[illegible]	[illegible]	[illegible]，	
sə^{1}	lhə	źji^{2}	phju^{2}	bu̱^{2}	no^{2}	dźji̱j^{1}	
满	足。	皆	上	胜	安	住，	

于①此法悕望②，众生皆满足。最上③胜安住，

21.8.5

[illegible]	[illegible]	[illegible]	[illegible]	[illegible]，	[illegible]	[illegible]	[illegible]
njij^{2}	thjo̱^{1}	so^{2}	dźji̱j^{1}	sju^{2}	rjur^{1}	ɲia^{2}	tśhju^{1}
王	妙	高	处	如，	诸	情	有
[illegible]	[illegible]，	[illegible]	[illegible]	[illegible]	[illegible]	[illegible]。	
·jij^{1}	mji^{1}	·ji^{1}	·jij^{1}	nji̱j^{1}	ljɨ̱j^{2}	phji^{1}	
之	施，	众	之	心	喜	令。	

如王处妙高，惠施诸众生，能令众欢喜。

21.8.6

[illegible]	[illegible]	[illegible]	[illegible]	[illegible]，	[illegible]	[illegible]	[illegible]
ljɨ̱j^{2}	kjir^{1}	njɨ̱^{1}	rewr^{2}	pju̱^{1}	sew^{2}	tshji̱j^{1}	mjij^{1}
大	勇	两	足	尊，	思	议	不
[illegible]	[illegible]，	[illegible]	[illegible]	[illegible]	[illegible]	[illegible]，	
mjɨ̱^{2}	kie̱j^{2}	rjur^{1}	ɲia^{2}	tśhju^{1}	ŋowr^{2}	ŋowr^{2}	
境	界，	诸	情	有	一	切，	

大雄两足尊，不思议境界，一切诸众生，

21.9.1

[illegible]	[illegible]	[illegible]	[illegible]	[illegible]。	[illegible]	[illegible]	[illegible]

① 于，西夏本作“[illegible]”（无）。未详孰是。

② 悕望，西夏文译作“[illegible][illegible]”（喜爱）。

③ 最上，西夏文译作“[illegible][illegible]”（皆上）。按，“[illegible]”źji^{2}（皆）字与义不合，在此假借作“[illegible]”źji^{2}（最）。此二字在西夏字书《择要常传同训杂字》中同组（6.3.7）。另，参看下文21.15.3“最上”（[illegible][illegible]）亦可知。

nwə^{1} tsjij^{2} njwi^{2} mjijr^{2} mjij^{1} mjɨ^{1} pjụ^{1} ljịj^{2}

知 了 能 者 无。 无 量 大

[illegible]

go̱r^{1} kiej^{2} ·ji^{1} ljwu^{2} źji^{2} kjɨ^{1} dzjị^{2}

君 子, 众 会 皆 已 集,

无有能知者。无量大丈夫,众会已和合,

21.9.2

[illegible]

ljịj^{2} mo^{2} nji^{1} bju^{1} lho̱^{1} njij^{1} tjị^{1} tha^{1}

大 牟 尼 依 恃, 心 诚 佛

[illegible]

mjɨ̱^{2} kjụ^{1} ŋa^{2} tha^{1} mjɨ̱^{2} śjwo^{1} tshwew^{1}

境 求。 我 佛 境 发 趣,

依怙大牟尼,志①求佛境界。我于佛境界,

21.9.3

[illegible]

thjɨ^{2} nio̱w^{1} dzjị^{2} ljịj^{2} ŋa^{2} śio^{1} dzjịj^{2} ɣie^{2}

是 故 集 来 △, 导 师 碍

[illegible]

mjij^{1} sjịj^{2} thjij^{2} sjo^{2} dzjɨr^{1} phie^{2} ne̱j^{2}

无 智, 何 云 疾 开 示。

发趣故来集,导师无碍智,如何疾开觉②。

21.9.4

[illegible]

ŋa^{2} njij^{1} kjɨ^{1} dzu^{1} bju^{1} bju̱^{1} ·ju̱^{1} ɣju^{1}

我 心 所 乐 随, 敬 瞻 请

[illegible]

---

① 志,西夏文译作“[illegible]”,字面意思是“心诚”。

② 开觉,西夏文译作“[illegible]”(开示)。

·jɨr^{1}	kiẹj^{2}	rjur^{1}	pjụ^{1}	phie^{2}	nẹj^{2}	ŋwu^{2}	
问	欲，	世	尊	开	示	以，	

我随其意乐，瞻颜欲请问，世尊愿开示，

21.9.5

□	□	□	□	□。	□	□	□
rjur^{1}	·jiw^{2}	phja^{1}	wji^{1}	ŋa^{2}	tjij^{1}	źji^{2}	phju^{2}
诸	疑	断	为	我。	若	无	上
□	□，	□	□	□	□	□，	
tsji̱r^{1}	mji^{1}	tśhjɨ^{2}	rjar^{2}	njij^{1}	njij^{1}	ljɨ̣j^{2}	
法	闻，	立	即	心	欢	喜，	

为断诸疑惑。若闻无上法，便得心欢喜，

21.9.6

□	□	□	□	□，	□	□	□
de^{2}	lhejr^{2}	ljụ^{2}	zjir^{2}	njɨ^{2}	·ji^{1}	·jiw^{2}	rer^{2}
喜	乐	身	遍	至，	众	疑	网
□	□。	□	□	□	□	□，	
phja^{1}	njwi^{2}	tsji̱r^{1}	njij^{2}	źji^{2}	phju^{2}	pjụ^{1}	
断	能。	法	王	无	上	尊，	

踊跃[①]充遍身，能断众疑网。法王无上尊，

21.10.1

□	□	□	□	□，	□	□	□
ŋowr^{2}	ŋowr^{2}	sjij^{2}	le^{2}	mjij^{1}	ŋowr^{2}	ŋowr^{2}	nwə^{1}
一	切	智	畏	无，	一	切	知
□	□，	□	□	□	□	□。	
ljij^{2}	mjij^{1}	ŋa^{2}	sjij^{1}	·jiw^{2}	ɣju^{1}	·jɨr^{1}	
见	无，	我	今	疑	请	问。	

一切智无畏，一切知见者[②]，我疑当请问。

---

① 踊跃，西夏文译作"□□"，字面意思是"喜乐"。下文 21.15.6 亦作"□□"。

② 知见者，西夏文本作"□□□"（无知见）。未详孰是。

21.10.2

[illegible]	[illegible]	[illegible]	[illegible]	[illegible]，	[illegible]	[illegible]	[illegible]
mjor^{1}	ljịj^{2}	rjur^{1}	tsji̱r^{1}	ɣa^{2}	zjɨ̱r^{1}	zjịj^{1}	·jiw^{2}
如	来	诸	法	于，	少	许	疑
[illegible]	[illegible]，	[illegible]	[illegible]	[illegible]	[illegible]	[illegible]，	
ljɨ̣j^{1}	mjij^{1}	khu^{1}	dźjij^{1}	ljịj^{2}	śio^{1}	dzjịj^{2}	
惑	无，	进	精	大	导	师，	

佛①于一切法，无有少疑惑，精进大导师，

21.10.3

[illegible]	[illegible]	[illegible]	[illegible]	[illegible]。	[illegible]	[illegible]	[illegible]
ŋa^{2}	sjij^{1}	·jiw^{2}	ɣju^{1}	·jɨr^{1}	źji^{2}	phju^{2}	·jiw^{2}
我	今	疑	请	问。	无	上	疑
[illegible]	[illegible]，	[illegible]	[illegible]	[illegible]	[illegible]	[illegible]，	
phja^{1}	mjijr^{2}	tsji̱r^{1}	ɣa^{2}	·jiw^{2}	ljɨ̣j^{1}	mjij^{1}	
断	者，	法	于	疑	惑	不，	

我疑当请问。无上断疑者，于法不疑惑，

21.10.4

[illegible]	[illegible]	[illegible]	[illegible]	[illegible]，	[illegible]	[illegible]	[illegible]
bju^{2}	mjij^{1}	tśhja^{2}	·iow^{1}	ŋjow^{2}	ŋa^{2}	sjij^{1}	·jiw^{2}
边	无	德	功	海，	我	今	疑
[illegible]	[illegible]。	[illegible]	[illegible]	[illegible]	[illegible]	[illegible]，	
ɣju^{1}	·jɨr^{1}	bju^{2}	mjij^{1}	ljịj^{2}	bji^{1}	swew^{1}	
请	问。	边	无	大	光	明，	

无边功德海，我疑当请问。无边大光明，

21.10.5

[illegible]	[illegible]	[illegible]	[illegible]	[illegible]，	[illegible]	[illegible]	[illegible]
bju^{2}	mjij^{1}	ljịj^{2}	tśhja^{2}	·iow^{1}	bju^{2}	mjij^{1}	gji^{1}

① 佛，西夏文译作"[illegible]"（如来）。

边 无 大 德 功， 边 无 清

[illegible] [illegible]， [illegible] [illegible] [illegible] [illegible] [illegible]。

sej¹ sjịj² ŋa² sjij¹ ·jiw² ɣju¹ ·jɨr¹

净 智， 我 今 疑 请 问。

无边大功德，无边清净智，我疑当请问。

21.10.6

[illegible] [illegible] [illegible] [illegible] [illegible]， [illegible] [illegible] [illegible]

bju² mjij¹ khu¹ dźjij¹ sjịj² bju² mjij¹ mjɨ̱²

边 无 进 精 智， 边 无 境

[illegible] [illegible]， [illegible] [illegible] [illegible] [illegible] [illegible]，

kieḙj² sjịj² bju² mjij¹ mji̱² ɣie² sjịj²

界 智， 边 无 饶 益 智，

无边精进智，无边境界智，无边饶益智，

21.11.1

[illegible] [illegible] [illegible] [illegible] [illegible]。 [illegible] [illegible] [illegible]

ŋa² sjij¹ ·jiw² ɣju¹ ·jɨr¹ rjur¹ pjụ¹ bju²

我 今 疑 请 问。 世 尊 边

[illegible] [illegible]， [illegible] [illegible] [illegible] [illegible] [illegible]，

mjij¹ sjịj² bju² niow¹ bju² mjij¹ ka²

无 智， 边 及 边 无 离，

我疑当请问。世尊无边智，离边及无边，

21.11.2

[illegible] [illegible] [illegible] [illegible] [illegible]， [illegible] [illegible] [illegible]

·jiw² ŋowr² ŋowr² phja¹ njwi² ŋa² sjij¹ ·jiw²

疑 一 切 断 能， 我 今 疑

[illegible] [illegible]。 [illegible] [illegible] [illegible] [illegible] [illegible]，

ɣju¹ ·jɨr¹ sew² tshjịj¹ mjij¹ tsjịr¹ njij²

请 问。 思 议 不 法 王，

能断一切疑，我疑当请问。不思议法王，

21.11.3

[illegible]	[illegible]	[illegible]	[illegible]	[illegible],	[illegible]	[illegible]	[illegible]
tjị^{1}	ŋa^{2}	·jij^{1}	njij^{2}	śjow^{1}	·jiw^{2}	dja^{2}	·jɨr^{1}
愿	我	之	哀	愍,	疑	所	问
[illegible]	[illegible],	[illegible]	[illegible]	[illegible]	[illegible]	[illegible],	
phji^{1}	ŋa^{2}	lew^{1}	tjị^{1}	mo^{2}	nji^{1}	pjụ^{1}	
令	我,	惟	愿	牟	尼	尊,	

垂哀听我问,见许我当问,牟尼为宣说。

21.11.4

[illegible]	[illegible]	[illegible]	[illegible]	[illegible]。	[illegible]	[illegible]	[illegible]
sjij^{1}	rjɨr^{2}	tshjij^{1}	wji^{1}	ŋa^{2}	ŋowr^{2}	ŋowr^{2}	sjij^{2}
今	△	说	为	我。	一	切	智
[illegible]	[illegible],	[illegible]	[illegible]	[illegible]	[illegible]	[illegible],	
śjɨ^{2}	kja^{1}	mjịj^{2}	dźjwow^{1}	pjụ^{1}	·jij^{1}	·jɨr^{1}	
释	迦,	名	称	尊	之	问,	

请问一切智,释迦名称尊,

21.11.5

[illegible]	[illegible]	[illegible]	[illegible]	[illegible],	[illegible]	[illegible]	[illegible]	[illegible]	[illegible]。
lew^{1}	tjị^{1}	ŋa^{2}	dạ^{2}	lhjwi^{1}	·jiw^{2}	rer^{2}	phja^{1}	wji^{1}	ŋa^{2}
惟	愿	我	言	取,	疑	网	断	为	我,

若垂听许我,愿决我疑网。

汉文本

《大宝积经》卷第二十一

大唐三藏菩提流志奉诏译

《被甲庄严会》第七之一

如是我闻:一时,佛住王舍城迦兰陀竹林,与大比丘众及诸菩萨摩诃萨俱,悉从种种佛刹来集。尔时,世尊无量百千众所围绕供养恭敬。时彼众中有菩萨摩诃萨,名无边慧,即从坐起,偏袒右肩,右膝著地,稽首作礼,合掌向佛,白言:世尊,我有少疑,请问如来,愿垂听许为我宣说。

尔时,无边慧菩萨摩诃萨而说偈言:

大雄大丈夫，世间无与等，
我为众生故，少疑当请问。
不起狮子座，现身遍十方，
一切异论中，无能倾动者。
智藏无边际，诸力无有量，
世尊一一力，普能度世间。
善住一切智，善住于十力，
无畏大狮子，最胜无上尊。
十八不共法，如来之所有，
照明于世间，摧伏诸外道。
了知一切法，是故无过上，
无失大导师，我疑当请问。
无边离垢智，大海不动智，
境界无碍智，我疑当请问。
世尊善修集，于道无疑惑，
安隐大导师，我疑当请问。
已度诸暴流，已断诸结缚，
能拔众毒箭，我疑当请问。
已破无明瞉，已息烦恼热，
清凉善安住，我疑当请问。
无畏无上智，无著无碍智，
法海一切智，如来已证得。
佛无量功德，智证悉圆满，
尽一切有漏，破诸烦恼见。
世尊多积集，无量大功德，
不思议法王，我疑当请问。
世尊殊胜智，普能照世间，
演畅法光明，无边功德海。
导师法光故，遍照于世间，
是故世间中，佛法光明现。
法海一切智，辩才无有上，
精进不思议，清净离诸见。
佛眼无边故，智境亦无边，
世间无等尊，我疑当请问。
法王大牟尼，能断众生惑，
导师我当问，愿随其意乐。
我观一切处，天上及人间，
无有等如来，普遍照明者。

善住诸功德，庄严大丈夫，
不思议法王，仙中照曜者。
譬如大雪山，众宝端严处，
世尊安法座，端严亦如是。
妙音大精进，能宣悦意声，
众生若得闻，善根悉清净。
世尊人中胜，时演法光明，
以是诸众生，随意便开觉。
知时知众会，知人大导师，
敷演法光明，以时智慧者。
梵音大精进，愿赐清净言，
如天雨大地，法润遍沾洽。
世尊处众会，普宣法雨已，
于此法悕望，众生皆满足。
最上胜安住，如王处妙高，
惠施诸众生，能令众欢喜。
大雄两足尊，不思议境界，
一切诸众生，无有能知者。
无量大丈夫，众会已和合，
依怙大牟尼，志求佛境界。
我于佛境界，发趣故来集，
导师无碍智，如何疾开觉。
我随其意乐，瞻颜欲请问，
世尊愿开示，为断诸疑惑。
若闻无上法，便得心欢喜，
踊跃充遍身，能断众疑网。
法王无上尊，一切智无畏，
一切知见者，我疑当请问。
佛于一切法，无有少疑惑，
精进大导师，我疑当请问。
无上断疑者，于法不疑惑，
无边功德海，我疑当请问。
无边大光明，无边大功德，
无边清净智，我疑当请问。
无边精进智，无边境界智，
无边饶益智，我疑当请问。
世尊无边智，离边及无边，
能断一切疑，我疑当请问。

不思议法王，垂哀听我问，
见许我当问，牟尼为宣说。
请问一切智，释迦名称尊，
若垂听许我，愿决我疑网。

21.11.6

[illegible]	[illegible]，	[illegible]	[illegible]	[illegible]	[illegible]	[illegible]	[illegible]	[illegible]
tśhjɨ1	zjọ2	rjur1	pjụ1	bju2	mjij1	źjɨr1	po1	tsa1
尔	时，	世	尊	边	无	慧	菩	萨
[illegible]	[illegible]	[illegible]	[illegible]	[illegible]	[illegible]：	[illegible]	[illegible]	[illegible]！
ma2	ŋạ2	tsa1	·jij1	dạ2	jɨ2	bju2	mjij1	źjɨr1
摩	诃	萨	之	言	谓：	边	无	慧！

尔时，世尊告无边慧菩萨摩诃萨言：无边慧！

21.12.1

[illegible]	[illegible]	[illegible]	[illegible]	[illegible]	[illegible]	[illegible]	[illegible]，	[illegible]
nji2	sjij1	ŋa2	do2	njịj1	tjị1	sju̱1	pạ2	mjor1
汝	今	我	於	心	诚	仰	渴，	如
[illegible]	[illegible]	[illegible]	[illegible]	[illegible]	[illegible]	[illegible]？	[illegible]	[illegible]
ljịj2	do2	wa2	sju2	dạ2	·jɨr1	kiẹj2	tjij1	·jɨr1
来	于	何	如	言	问	欲？	若	问

汝今于我渴仰志求，欲于如来几何所问？若有问者，

21.12.2

[illegible]	[illegible]，	[illegible]	[illegible]	[illegible]	[illegible]	[illegible]①。	[illegible]
lew2	dju1	ku1	phie2	tshji̱j1	wji1	nja2	tśhjɨ1
所	有，	则	解	说	为	△。	尔
[illegible]，	[illegible]	[illegible]	[illegible]	[illegible]	[illegible]	[illegible]：	
zjọ2	rjur1	pjụ1	lja̱1	dạ2	rjɨr2	tshji̱j1	
时，	世	尊	偈	言	△	说：	

我当解说。尔时，世尊而说偈言：

① [illegible]，人称呼应后缀，与第二人称单数“[illegible]”呼应。

21.12.3

[illegible]	[illegible]	[illegible]	[illegible]，	[illegible]	[illegible]	[illegible]	[illegible]，
nji^{2}	bju^{2}	mjij^{1}	źjɨr^{1}	wa^{2}	·jɨr^{1}	kiẹj^{2}	tja^{1}
汝	边	无	慧，	何	问	欲	者，
[illegible]	[illegible]	[illegible]	[illegible]，	[illegible]	[illegible]	[illegible]	[illegible]，
źji^{2}	dja^{2}	·jɨr^{1}	nja^{2}	nji^{2}	dja^{2}	·jɨr^{1}	bju^{1}
悉	所	问	△，	汝	所	问	如，

告无边慧，汝欲何问，悉应问之，我当解说。

21.12.4

[illegible]	[illegible]	[illegible]	[illegible]。	[illegible]	[illegible]	[illegible]	[illegible]，
źji^{2}	tshjịj^{1}	wji^{1}	nja^{2}	ljɨ^{1}	ljɨ^{1}	·jɨr^{1}	dạ^{2}
皆	说	为	汝。	一	一	问	曰，
[illegible]	[illegible]	[illegible]	[illegible]，	[illegible]	[illegible]	[illegible]	[illegible]。
njịj^{1}	kjɨ^{1}	dzu^{1}	bju^{1}	phie^{2}	tshjịj^{1}	wji^{1}	nja^{2}
心	所	乐	随，	开	说	为	汝。

如彼所问，一一发明①，随其乐欲，速为开示。

21.12.5

[illegible]	[illegible]	[illegible]	[illegible]，	[illegible]	[illegible]	[illegible]	[illegible]，
nji^{2}	·jij^{1}	tshjịj^{1}	ku^{1}	rjur^{1}	·jiw^{2}	źji^{2}	mjij^{1}
汝	之	说	故，	诸	疑	皆	无，
[illegible]	[illegible]	[illegible]	[illegible]，	[illegible]	[illegible]	[illegible]	[illegible]。
nji^{2}	wa^{2}	sju^{2}	kiẹj^{2}	wa^{2}	sju^{2}	·jɨr^{1}	bju^{1}
汝	何	如	欲，	何	如	问	依。

我为汝说，一切无疑，如汝志求，称汝所问。

21.12.6

[illegible]	[illegible]	[illegible]	[illegible]，	[illegible]	[illegible]	[illegible]	[illegible]，
dzjɨj^{1}	bju^{1}	·jɨr^{1}	lew^{2}	dzjɨj^{1}	bju^{1}	wo^{2}	bju^{1}

① 发明，西夏文译作“[illegible][illegible]”（问曰），义为“发问”。

时	如	问	应，	时	如	义	如，
[illegible]	[illegible]	[illegible]	[illegible]，	[illegible]	[illegible]	[illegible]	[illegible]。
dzjɨj^{1}	bju^{1}	·jɨr^{1}	ku^{1}	ŋa^{2}	kjɨ^{1}	djɨj^{2}	tshji̱j^{1}
时	以	问	故，	我	决	定	说。

汝今①时问，如时如义，以时问故，我决定说。

21.13.1

[illegible]	[illegible]	[illegible]	[illegible]，	[illegible]	[illegible]	[illegible]	[illegible]，
nji^{2}	sjij^{1}	phji^{1}	bju^{1}	dja^{2}	·jɨr^{1}	·jɨr^{1}	tja^{1}
汝	今	意	如，	所	问	问	者，
[illegible]	[illegible]	[illegible]	[illegible]，	[illegible]	[illegible]	[illegible]	[illegible]。
thja^{2}	bju^{1}	to^{2}	źji^{2}	rjɨr^{2}	tshji̱j^{1}	wji^{1}	nja^{2}
彼	随	悉	皆，	△	说	为	汝。

如汝意乐②，问所应问，我皆随顺，为汝说之。

21.13.2

[illegible]	[illegible]	[illegible]	[illegible]，	[illegible]	[illegible]	[illegible]	[illegible]，
nji^{2}	dzjɨj^{1}	bju^{1}	·jɨr^{1}	ŋa^{2}	dzjɨj^{1}	bju^{1}	tshji̱j^{1}
汝	时	依	问，	我	时	如	说，
[illegible]	[illegible]	[illegible]	[illegible]，	[illegible]	[illegible]	[illegible]	[illegible]。
nji^{2}	·jij^{1}	·jiw^{2}	phja^{1}	·jiw^{2}	mjij^{1}	phji^{1}	nja^{2}
汝	之	疑	断，	疑	无	令	汝。

汝今③时问，我亦时说，断汝疑网，当得无疑。

21.13.3

[illegible]	[illegible]	[illegible]	[illegible]，	[illegible]	[illegible]	[illegible]	[illegible]，
ŋa^{2}	tsji̱r^{1}	njij^{2}	ŋwu^{2}	wo^{2}	źji^{2}	dźjwa^{1}	tsjij^{2}
我	法	王	为，	义	究	竟	了，
[illegible]	[illegible]	[illegible]	[illegible]，	[illegible]	[illegible]	[illegible]	[illegible]。

① “今”字义西夏本未见。

② 如汝意乐，西夏文译作“[illegible]”（汝今如意）。

③ “今”字义西夏本未见。

tsjɨ̱r¹ ŋowr² ŋowr² ɣa² ·jiw² ljɨ̱j¹ mji¹ dju¹

法 一 切 于， 疑 惑 不 有。

我为法王，了义究竟，于一切法，得无疑惑。

21.13.4

[illegible] [illegible] [illegible] [illegible]， [illegible] [illegible] [illegible] [illegible]，

ŋa² rjur¹ tsjɨ̱r¹ ɣa² sew² gie¹ tśhja² dwewr²

我 诸 法 于， 思 难 正 觉，

[illegible] [illegible] [illegible] [illegible]， [illegible] [illegible] [illegible] [illegible]。

rjur¹ ɲia² tśhju¹ ·jij¹ ·jɨr¹ bju¹ źji² tshjɨ̱j¹

诸 情 有 之， 问 如 皆 说。

我于诸法，正觉难思，如众生意，所问为说。

21.13.5

[illegible] [illegible] [illegible] [illegible]， [illegible] [illegible] [illegible] [illegible]，

ŋa² rjur¹ tsjɨ̱r¹ ɣa² źji² ·jiw² njɨ̱j¹ mjij¹

我 诸 法 于， 悉 疑 心 无，

[illegible] [illegible] [illegible] [illegible]， [illegible] [illegible] [illegible] [illegible]。

dzjɨj¹ bju¹ ·jɨr¹ tja¹ xja¹ thja² ·jij¹ tshjɨ̱j¹

时 而 问 者， 速 彼 之 说。

我于诸法，悉无有疑，时而问者，速当为说。

21.13.6

[illegible] [illegible] [illegible] [illegible]， [illegible] [illegible] [illegible] [illegible]，

thja² ·jij¹ tshjɨ̱j¹ zjɨ̱j¹ ·jiw² ljɨ̱j¹ mji¹ dju¹

彼 之 说 时， 疑 惑 无 有，

[illegible] [illegible] [illegible] [illegible]， [illegible] [illegible] [illegible] [illegible]。

thja² ·jij¹ phji¹ bju¹ ·jiw² ljɨ̱j¹ dzjar² phji¹

其 之 意 如， 疑 惑 灭 令。

我时为说，无有疑惑，如其意乐，释彼所疑①。

① 释彼所疑，西夏文译作“[illegible]”，字面意思是“令疑惑灭”。

21.14.1

[illegible]	[illegible]	[illegible]	[illegible]，	[illegible]	[illegible]	[illegible]	[illegible]，
dzjɨj^{1}	niow^{1}	·ji^{1}	ljwu^{2}	rjur^{1}	ɲia^{2}	tśhju^{1}	njɨ^{2}
时	及	众	会，	诸	情	有	等，
[illegible]	[illegible]	[illegible]	[illegible]，	[illegible]	[illegible]	[illegible]	[illegible]。
phji^{1}	tshwew^{1}	tjị^{2}	thwụ^{1}	ŋa^{2}	·ju^{2}	nwə^{1}	tsjij^{2}
意	趣	所	同，	我	常	知	了。

我常了知，时及众会，诸众生等，意趣所同。

21.14.2

[illegible]	[illegible]	[illegible]	[illegible]，	[illegible]	[illegible]	[illegible]	[illegible]，
ɲia^{2}	tśhju^{1}	ŋowr^{2}	ŋowr^{2}	kięj^{2}	dju^{1}	kięj^{2}	mjij^{1}
情	有	一	切，	欲	有	欲	无，
[illegible]	[illegible]	[illegible]	[illegible]，	[illegible]	[illegible]	[illegible]	[illegible]。
·ju^{2}	bio̱^{1}	thjụ^{1}	ŋwu^{2}	to^{2}	źji^{2}	dźju^{1}	ljij^{2}
常	观	察	以，	悉	皆	明	见。

亦常观察，一切众生，有欲无欲，彼皆明见。

21.14.3

[illegible]	[illegible]	[illegible]	[illegible]，	[illegible]	[illegible]	[illegible]	[illegible]，
tjij^{1}	sjịj^{2}	źjɨr^{1}	dzjwo^{2}	djọ^{2}	dźjij^{1}	njwi^{2}	ku^{1}
若	智	慧	人，	修	行	善	故，
[illegible]	[illegible]	[illegible]	[illegible]，	[illegible]	[illegible]	[illegible]	[illegible]。
ŋa^{2}	źji^{2}	dzjɨj^{1}	bju^{1}	tśhja^{2}	tsjịr^{1}	phie^{2}	nẹj^{2}
我	皆	时	以，	正	法	开	悟。

若有智者，能善修行，我皆以时，正法开悟。

21.14.4

[illegible]	[illegible]	[illegible]	[illegible]，	[illegible]	[illegible]	[illegible]	[illegible]，
tjij^{1}	sjịj^{2}	mjij^{1}	dzjwo^{2}	wẹ^{1}	lə^{2}	dja^{2}	lhạ^{2}
若	智	无	人，	愚	痴	已	迷，

[illegible]	[illegible]	[illegible]	[illegible]，	[illegible]	[illegible]	[illegible]	[illegible]。
źji̱r^{1}	swew^{1}	mjij^{1}	ku^{1}	tsji̱r^{1}	mji^{1}	bju̱^{1}	bjij^{1}
慧	明	无	故，	法	不	尊	重。

若无智者，愚痴迷乱，彼无慧明，不尊重法。

21.14.5

[illegible]	[illegible]	[illegible]	[illegible]，	[illegible]	[illegible]	[illegible]	[illegible]，
bju̱^{1}	bjij^{1}	mjij^{1}	ku^{1}	tsji̱r^{1}	ɣa^{2}	mji^{1}	kjụ^{1}
尊	重	无	故，	法	于	不	求，
[illegible]	[illegible]	[illegible]	[illegible]，	[illegible]	[illegible]	[illegible]	[illegible]。
thjɨ^{2}	tsji̱r^{1}	kjɨ^{1}	mji^{1}	ljij^{2}	swew^{1}	sjij^{2}	mjij^{1}
此	法	虽	闻，	大	明	智	无。

若无尊重，于法不求，虽闻此法，无大明智。

21.14.6

[illegible]	[illegible]	[illegible]	[illegible]，	[illegible]	[illegible]	[illegible]	[illegible]，
tsji̱r^{1}	ne̱w^{2}	ɣjɨr^{1}	dzjwo^{2}	tsji̱r^{1}	ɣa^{2}	dzu^{1}	kjụ^{1}
法	善	巧	人，	法	于	喜	求，
[illegible]	[illegible]	[illegible]	[illegible]，	[illegible]	[illegible]	[illegible]	[illegible]。
thjɨ^{2}	tsji̱r^{1}	mji^{1}	ku^{1}	ljij^{2}	swew^{1}	sjij^{2}	rjir^{2}
此	法	闻	故，	大	明	智	得。

法善巧者，于法希求，若闻此法，得大明智。

21.15.1

[illegible]	[illegible]	[illegible]	[illegible]，	[illegible]	[illegible]	[illegible]	[illegible]，
ljij^{2}	·ụ^{2}	dzu^{1}	mjijr^{2}	dzjwo^{2}	kha^{1}	pjụ^{1}	kjụ^{1}
大	乘	乐	者，	人	中	尊	求，
[illegible]	[illegible]	[illegible]	[illegible]，	[illegible]	[illegible]	[illegible]	[illegible]。
thjɨ^{2}	tsji̱r^{1}	mji^{1}	niow^{1}	ljij^{2}	swew^{1}	sjij^{2}	rjir^{2}
斯	法	闻	已，	大	明	智	得。

乐大乘者，求人中尊，闻斯法已，得大明智。

21.15.2

[illegible]	[illegible]	[illegible]	[illegible],	[illegible]	[illegible]	[illegible]	[illegible],
tha^{1}	źji^{2}	phju^{2}	sjịj^{2}	sew^{2}	tshjịj^{1}	mjij^{1}	sjịj^{2}
佛	无	上	智,	思	议	不	智,
[illegible]	[illegible]	[illegible]	[illegible],	[illegible]	[illegible]	[illegible]	[illegible]。
śjwo^{1}	tshwew^{1}	mjijr^{2}	tja^{1}	mji^{1}	źji^{2}	sə^{1}	lhə
发	趣	者	者,	闻	皆	满	足。

佛无上智,不思议智,而发趣者,闻皆满足。

21.15.3

[illegible]	[illegible]	[illegible]	[illegible],	[illegible]	[illegible]	[illegible]	[illegible],
ɣie^{2}	mjij^{1}	sjịj^{2}	dzu^{1}	źji^{2}	phju^{2}	pjụ^{1}	kjụ^{1}
碍	无	智	乐,	最	上	尊	求,
[illegible]	[illegible]	[illegible]	[illegible],	[illegible]	[illegible]	[illegible]	[illegible]。
thjɨ^{2}	tsji̱r^{1}	mji^{1}	niow^{1}	ljịj^{2}	mji̱^{2}	ɣie^{2}	rjir^{2}
此	法	闻	已,	大	饶	益	得。

乐无碍智,求最上尊,彼闻此法,得大饶益。

21.15.4

[illegible]	[illegible]	[illegible]	[illegible],	[illegible]	[illegible]	[illegible]	[illegible],
tjij^{1}	sjịj^{2}	tsji̱r^{2}	dźjij^{2}	sew^{2}	tshjịj^{1}	mjij^{1}	kjụ^{1}
若	智	性	有,	思	议	不	求,
[illegible]	[illegible]	[illegible]	[illegible],	[illegible]	[illegible]	[illegible]	[illegible]。
thjɨ^{2}	tsji̱r^{1}	mji^{1}	niow^{1}	źji^{2}	phju^{2}	sjịj^{2}	rjir^{2}
此	法	闻	已,	无	上	智	得。

若有智性,求不思议,彼闻此法,得无上智。

21.15.5

[illegible]	[illegible]	[illegible]	[illegible],	[illegible]	[illegible]	[illegible]	[illegible],
tjɨ^{1}	tjij^{1}	ɲia^{2}	tśhju^{1}	tha^{1}	lhejr^{2}	lhjo̱r^{1}	kjụ^{1}
假	若	情	有,	佛	道	场	求,

[illegible]

źji^2　phju^2　dźiej^2　de̱j^1　tsji̱r^1　njij^1　ljɨj^2　rjir^2

无　上　轮　转，　法　心　喜　得。

若有众生,求佛道场,转无上轮,得法欢喜。

21.15.6

[illegible]

khu^1　dźjij^1　dzu^1　ŋwe^1　tsji̱r^1　ɣa^2　pjụ^1　bju̱^{1}

进　精　爱　乐，　法　于　尊　崇，

[illegible]

ror^2　ka^2　tsji̱r^1　mji^1　njij^1　ljɨj^2　rjɨr^2　gji̱j^1

垢　离　法　闻，　心　喜　踊　跃。

爱乐精进,于法尊崇,闻离垢法,欣然踊跃。

21.16.1

[illegible]

tjɨ^1　tjij^1　ɲia^2　tśhju^1　ne̱w^2　dzu^1　djọ^2　dzjɨ̱^{2}

假　若　情　有，　善　乐　修　习，

[illegible]

tsji̱r^1　bji^1　swew^1　ŋwu^2　źji^2　phju^2　tsji̱r^1　tshji̱j^1

法　光　明　以，　无　上　法　说。

若有众生,乐善修习,以法光明,说无上法。

21.16.2

[illegible]

rjur^1　·ụ^2　ljɨ^1　·ụ^2　bju^2　mjij^1　tśhjwɨj^1　djọ^2

诸　担　重　荷，　边　无　治　修，

[illegible]

thja^2　tsji̱r^1　mji^1　niow^1　njij^1　ljɨj^2　sə^1　lhə

彼　法　闻　已，　心　喜　满　足。

荷诸重担,无边策修,彼闻法已,欢喜充满。

21.16.3

[illegible]	[illegible]	[illegible]	[illegible]，	[illegible]	[illegible]	[illegible]	[illegible]，
tjij^{1}	dzjwo^{2}	ne̱w^{2}	tsji̱r^{1}	sjwɨ̱^{1}	sji̱j^{2}	kjụ^{1}	dzu^{1}
若	人	善	法，	思	惟	愿	希，
[illegible]	[illegible]	[illegible]	[illegible]，	[illegible]	[illegible]	[illegible]	[illegible]。
thja^{2}	·jij^{1}	njij^{2}	śjow^{1}	wạ^{2}	phie^{2}	tshji̱j^{1}	wji^{1}
彼	之	慈	哀，	广	开	说	为。

若有希愿，善法思惟，于彼慈哀，为之开释。

21.16.4

[illegible]	[illegible]	[illegible]	[illegible]，	[illegible]	[illegible]	[illegible]	[illegible]，
nji^{2}	·jij^{1}	njij^{2}	śjow^{1}	nji^{2}	dja^{2}	·jɨr^{1}	bju^{1}
汝	之	哀	愍，	汝	所	问	随，
[illegible]	[illegible]	[illegible]	[illegible]，	[illegible]	[illegible]	[illegible]	[illegible]。
kjɨ^{1}	djɨj^{2}	nji^{2}	·jij^{1}	·jiw^{2}	phja^{1}	wji^{1}	nja^{2}
决	定	汝	之，	疑	断	为	汝。

哀愍汝等，随汝所问，我能决定，当断汝疑。

21.16.5

[illegible]	[illegible]	[illegible]	[illegible]，	[illegible]	[illegible]	[illegible]	[illegible]，
ŋa^{2}	rejr^{2}	tụ^{1}	kjiw^{1}	ne̱w^{2}	ɣjɨr^{1}	djọ^{2}	dźjịj^{1}
我	多	千	岁，	善	巧	修	行，
[illegible]	[illegible]	[illegible]	[illegible]，	[illegible]	[illegible]	[illegible]	[illegible]。
·jiw^{2}	·wjɨ^{2}	dzjar^{2}	ku^{1}	nji^{2}	phji^{1}	ŋwe^{1}	nwə^{1}
疑	已	除	故，	汝	意	乐	知。

我多千岁，修行善巧，疑惑已除，知汝意乐。

21.16.6

[illegible]	[illegible]	[illegible]	[illegible]，	[illegible]	[illegible]	[illegible]	[illegible]，
nji^{2}	·jiw^{2}	dju^{1}	ku^{1}	phji^{1}	bju^{1}	·jɨr^{1}	lew^{2}
汝	疑	有	故，	意	依	问	所，

[illegible]	[illegible]	[illegible]	[illegible],	[illegible]	[illegible]	[illegible]	[illegible]。
nji[2]	·jij[1]	tshjɨj[1]	wji[1]	·jiw[2]	phja[1]	phji[1]	nja[2]
汝	之	说	为,	疑	断	令	汝。

若有疑者,恣汝所问,当为汝说,断诸疑惑。

21.17.1

[illegible]	[illegible]	[illegible]	[illegible],	[illegible]	[illegible]	[illegible]	[illegible],
tjij[1]	·jiw[2]	dju[1]	ku[1]	phji[1]	bju[1]	·jɨr[1]	lew[2]
若	疑	有	故,	意	依	问	所,
[illegible]	[illegible]	[illegible]	[illegible],	[illegible]	[illegible]	[illegible]	[illegible]。
njɨj[1]	dzu[1]	kięj[2]	bju[1]	źji[2]	tshjɨj[1]	wji[1]	nja[2]
心	乐	欲	如,	皆	说	为	汝。

若有疑者,恣汝所问,如其乐欲,我当说之①。

21.17.2

[illegible]	[illegible]	[illegible]	[illegible],	[illegible]	[illegible]	[illegible]	[illegible],
tjij[1]	·jiw[2]	dju[1]	ku[1]	phji[1]	bju[1]	·jɨr[1]	lew[2]
若	疑	有	故,	意	依	问	所,
[illegible]	[illegible]	[illegible]	[illegible],	[illegible]	[illegible]	[illegible]	[illegible]。
ŋa[2]	tsjɨr[1]	ɣa[2]	dźjij[1]	mju[2]	ljɨj[2]	mji[1]	dju[1]
我	法	于	住,	动	摇	无	有。

若有疑者,恣汝所问,我住于法,得无动摇。

21.17.3

[illegible]	[illegible],	[illegible]	[illegible]	[illegible]	[illegible]	[illegible]	[illegible]	[illegible]
tśhjɨ[1]	zjọ[2]	bju[2]	mjij[1]	źjɨr[1]	po[1]	tsa[1]	ma[2]	ŋạ[2]
尔	时,	边	无	慧	菩	萨	摩	诃
[illegible]	[illegible]	[illegible]	[illegible]	[illegible]:	[illegible]	[illegible]、	[illegible]	[illegible]、
tsa[1]	tha[1]	·jij[1]	dạ[2]	jɨ[2]	rjur[1]	pjụ[1]	mjor[1]	ljij[2]
萨	佛	之	言	谓:	世	尊、	如	来、

尔时,无边慧菩萨摩诃萨白佛言:世尊、如来、

---

① 我当说之,西夏文译作"[illegible]"(皆为汝说)。两者义通。

21.17.4

▯	▯、	▯	▯	▯，	▯	▯	▯	▯
bju^{1}	wo^{2}	tśhja^{2}	nwə^{1}	njɨ^{2}	ŋa^{2}	ɲia^{2}	tsjij^{2}	·ụ^{2}
应	供、	正	知	遍，	我	菩	萨	乘
▯	▯	▯	▯	▯，	▯	▯	▯	▯。
kha^{1}	zjɨ̱r^{1}	zjịj^{1}	·jiw^{2}	dju^{1}	thjɨ^{2}	wjɨ^{2}	·jɨr^{1}	ŋa^{2}
中	少	时	疑	有，	是	今	问	△。

应①、正遍知，我于菩萨乘中少②有所疑，今当请问。

21.17.5

▯	▯	▯	▯	▯	▯	▯	▯	▯，
thjij^{2}	sjo^{2}	ne̱w^{2}	go̱r^{1}	kiej^{2}	kjạ^{1}	le^{2}	khwa^{1}	ka^{2}
何	云	善	君	子	怖	畏	远	离，
▯	▯	▯	▯，	▯	▯	▯	▯	▯
·ja	njij^{1}	tśhja^{2}	ljɨ̱r^{2}	rjur^{1}	ɲia^{2}	tśhju^{1}	nio̱w^{1}	ljịj^{2}
一	心	正	念，	诸	情	有	为	大

何等善丈夫远离于怖畏，一心正念，为诸众生被大

21.17.6

▯	▯	▯，	▯	▯	▯	▯	▯，	▯
gjwɨ^{1}	zjir^{2}	gjwi^{2}	ljịj^{2}	zjir^{2}	gjwi^{2}	śjwo^{2}	tshjịj^{2}	ljịj^{2}
甲	胄	衣，	大	甲	衣	庄	严，	大
▯	▯	▯	▯	▯	▯	▯，	▯	▯
dzu^{1}	ŋwe^{1}	śjwo^{1}	pjụ^{1}	bju̱^{1}	dzjwɨ̣^{1}	lhejr^{2}	mji^{1}	śja^{1}
爱	乐	起	尊	重	恭	敬，	不	逸

甲胄，于大甲胄而庄严之，起大爱乐而尊重之，以不放逸

21.18.1

▯	▯	▯	▯	▯	▯	▯，	▯	▯

① 应，梵文 Arhant，佛陀十号之一，又作“应供”“应真”。西夏文译作“▯▯”，下文皆同。

② 少，西夏文作“▯▯”（少时）。按，“▯”zjịj^{1}（时）字在此假借作“▯”zjịj^{1}（许）。同于上文 21.3.1。

wjạ²	ŋwu²	ljịj²	·ụ²	ɣa²	bju¹	gjị²	ljịj²	gji¹
放	以	大	乘	于	依	靠，	大	清
[illegible]	[illegible]	[illegible]，	[illegible]	[illegible]	[illegible]	[illegible]	[illegible]	[illegible]
sej¹	tśhja²	ka¹	rjur¹	low²	wer¹	ɣjị¹	lụ¹	kə¹
净	正	平，	诸	隆	脊	瓦	石	荆

乘①此大乘，以大清净平正之道，无诸堆阜瓦石荆

21.18.2

[illegible]	[illegible]	[illegible]	[illegible]	[illegible]、	[illegible]	[illegible]	[illegible]	[illegible]，
dze²	·ji¹	niow²	dza¹	tśior²	rjur¹	ljij²	bo¹	lạ¹
棘	众	恶	杂	秽、	诸	见	林	厚，
[illegible]	[illegible]	[illegible]	[illegible]	[illegible]	[illegible]	[illegible]，	[illegible]	[illegible]
niow¹	do¹	źju̱¹	tśjị¹	źjị¹	lə¹	gjur²	niow¹	phej¹
亦	毒	刺	苦	恼	坑	堑，	亦	系

棘众恶杂秽、诸见稠林②，亦无毒刺苦恼坑陷，亦无系

21.18.3

[illegible]	[illegible]	[illegible]	[illegible]	[illegible]	[illegible]。	[illegible]	[illegible]	[illegible]
tśjɨ̱r²	kjạ¹	le²	gie¹	·jijr¹	mjij¹	tśhja²	twụ¹	mji¹
缚	怖	畏	难	艰	无。	正	直	无
[illegible]	[illegible]、	[illegible]	[illegible]	[illegible]	[illegible]，	[illegible]	[illegible]	[illegible]
kejr²	tśja¹	ɣie²	lụ²	mjij¹	tśja¹	ŋwu²	rjur¹	bo¹
曲	道、	障	碍	无	道，	而	诸	林

执怖惧艰难。正直无曲如理平道③、无障碍道，剪诸

21.18.4

[illegible]	[illegible]、	[illegible]	[illegible]	[illegible]	[illegible]、	[illegible]	[illegible]	[illegible]	[illegible]、
lạ¹	khjwɨ¹	rer²	ŋowr²	ŋowr²	khjiw²	na¹	nja̱¹	khwa¹	ka²
厚	剪、	网	一	切	裂、	暗	黑	远	离、

① 乘，西夏文译作“[illegible]”，字面意思是“依靠”。下文多同。

② 稠林，西夏文译作“[illegible]”(厚林)。按，“[illegible]”lạ¹(厚)字在此疑假借作“[illegible]”lạ²(稠、多)。此二字在西夏字书《择要常传同训杂字》中同组(12.11.4)。下文皆同。

③ 正直无曲如理平道，西夏文译作“[illegible]”(正直无曲道)，于义较简。

[illegible]	[illegible]	[illegible]	[illegible]，	[illegible]	[illegible]	[illegible]	[illegible]	[illegible]，
dzu^{1}	zjij^{1}	dzjar^{2}	ljịj^{2}	dzow^{1}	ŋwej^{2}	phjɨ^{1}	dźjɨ̱r^{1}	bju^{1}
爱	著	灭	毁，	和	合	弃	舍	故，

稠林、裂一切网、远离黑暗、蠲除爱著，舍和合故，

21.18.5

[illegible]	[illegible]	[illegible]	[illegible]	[illegible]	[illegible]	[illegible]	[illegible]	[illegible]
·ja	du̱^{2}	tow^{1}	lo^{1}	sã	mjiw^{2}	sã	po^{1}	tjɨj^{1}
阿	耨	多	罗	三	藐	三	菩	提
[illegible]	[illegible]	[illegible]	[illegible]。	[illegible]	[illegible]、	[illegible]	[illegible]、	[illegible]
rjijr^{2}	rjɨr^{2}	śjwo^{1}	tshwew^{1}	rjur^{1}	pjụ^{1}	mjor^{1}	ljịj^{2}	bju^{1}
向	△	发	趣。	世	尊、	如	来、	应

而发趣于阿耨多罗三藐三菩提。世尊、如来、应、

21.18.6

[illegible]、	[illegible]	[illegible]	[illegible]，	[illegible]	[illegible]	[illegible]	[illegible]，	[illegible]
wo^{2}	tśhja^{2}	nwə^{1}	njɨ^{2}	ŋa^{2}	thjɨ^{2}	wo^{2}	nio̱w^{1}	tśhjwo^{1}
供、	正	知	遍，	我	此	义	因，	故
[illegible]	[illegible]	[illegible]。	[illegible]	[illegible]	[illegible]	[illegible]	[illegible]	[illegible]？
dja^{2}	·jɨr^{1}	ŋa^{2}	ne̱w^{2}	go̱r^{1}	kiej^{2}	tja^{1}	thjij^{2}	sjo^{2}
所	问	△。	善	君	子	者	何	云？

正遍知，我于此义，故致斯问。何等善丈夫？

21.19.1

[illegible]	[illegible]	[illegible]	[illegible]	[illegible]	[illegible]	[illegible]	[illegible]	[illegible]？
ljịj^{2}	gjwɨ^{1}	zjir^{2}	tja^{1}	ljɨ^{1}	kjɨ^{1}	ŋwu^{2}	thjij^{2}	sjo^{2}
大	甲	胄	者	何	所	是	何	云？
[illegible]	[illegible]	[illegible]	[illegible]	[illegible]	[illegible]	[illegible]	[illegible]	[illegible]，
thjɨ^{2}	gjwɨ^{1}	zjir^{2}	gjwi^{2}	ljịj^{2}	·ụ^{2}	ɣa^{2}	bju^{1}	gji̱^{2}
此	甲	胄	披	大	乘	于	依	靠，

何等大甲胄？被此甲胄乘于大乘，

21.19.2

[illegible]	[illegible]	[illegible]	[illegible]	[illegible]	[illegible]	[illegible]。	[illegible]	[illegible]，
thjɨ[2]	ljịj[2]	tśja[1]	ŋwu[2]	śjwo[1]	tshwew[1]	ljɨ[1]	rjur[1]	pjụ[1]
斯	大	道	以	发	趣	也。	世	尊，
[illegible]	[illegible]	[illegible]	[illegible]	[illegible]	[illegible]	[illegible]	[illegible]	[illegible]
rjur[1]	po[1]	tsa[1]	ma[2]	ŋạ[2]	tsa[1]	gjwɨ[1]	zjir[2]	śjwo[2]
诸	菩	萨	摩	诃	萨	甲	胄	庄

以斯大道而当发趣。世尊,应说诸菩萨摩诃萨甲胄庄

21.19.3

[illegible]，	[illegible]	[illegible]	[illegible]	[illegible]，	[illegible]	[illegible]	[illegible]	[illegible]
tshjịj[2]	tśja[1]	ɣa[2]	no[2]	dźjịj[1]	rjur[1]	tsji̱r[1]	wo[2]	tshwew[1]
严，	道	于	安	住，	诸	法	理	趣
[illegible]	[illegible]	[illegible]	[illegible]，	[illegible]	[illegible]	[illegible]	[illegible]	[illegible]
ne̱w[2]	ɣjɨr[1]	no[2]	dźjịj[1]	tsji̱r[1]	wo[2]	tshwew[1]	ɣa[2]	ne̱w[2]
善	巧	安	住，	法	理	趣	于	善

严,安住于道,安住诸法理趣善巧,于法理趣住善

21.19.4

[illegible]	[illegible]	[illegible]，	[illegible]	[illegible]	[illegible]	[illegible]	[illegible]	[illegible]
ɣjɨr[1]	dźjịj[1]	ku[1]	rjur[1]	tsji̱r[1]	wo[2]	tshwew[1]	ne̱w[2]	ɣjɨr[1]
巧	住	故，	诸	法	理	趣	善	巧
[illegible]	[illegible]	[illegible]	[illegible]。	[illegible]	[illegible]	[illegible]	[illegible]，	[illegible]
bji[1]	swew[1]	śjwo[1]	njwi[2]	tsji̱r[1]	bji[1]	swew[1]	ku[1]	gjwɨ[1]
光	明	起	能。	法	光	明	故，	甲

巧故,而能起于诸法理趣善巧光明。法光明故,

21.19.5

[illegible]	[illegible]	[illegible]，	[illegible]	[illegible]	[illegible]	[illegible]	[illegible]，	[illegible]
zjir[2]	mji[1]	phjɨ[1]	ljịj[2]	·ụ[2]	ɣa[2]	bju[1]	gjị[2]	mji[1]
胄	不	舍，	大	乘	于	依	靠，	不

[illegible]	[illegible]	[illegible]	[illegible]	[illegible]、	[illegible]	[illegible]	[illegible]	[illegible]、
lhji̱^{1}	lhjwo^{1}	khu^{1}	dźjij^{1}	ɣie^{1}	mji^{1}	mjɨ̣^{2}	ljɨ̱r^{2}	tśhji^{2}
退	转	进	精	力、	不	忘	念	根、

不舍甲胄，乘于大乘，以不退转精进之力、无忘念根、

21.19.6

[illegible]	[illegible]	[illegible]	[illegible]	[illegible]，	[illegible]	[illegible]	[illegible]	[illegible]
twẹ^{2}	twẹ^{2}	źjɨr^{1}	ɣie^{1}	ŋwu^{2}	xja^{1}	tsji̱r^{1}	kiẹj^{2}	wo^{2}
续	续	慧	力	以，	速	法	界	理
[illegible]	[illegible]	[illegible]	[illegible]	[illegible]	[illegible]	[illegible]，	[illegible]	[illegible]
tshwew^{1}	dźju^{1}	sjwij^{1}	ne̱w^{2}	ɣjɨr^{1}	śjɨj^{1}	·jiw^{2}	lhejr^{2}	lhjo̱r^{1}
趣	分	明	善	巧	成	就，	道	场

相续慧力，速能成就法界理趣分明善巧，往诣道场，

21.20.1

[illegible]	[illegible]，	[illegible]	[illegible]	[illegible]	[illegible]，	[illegible]	[illegible]	[illegible]
·u^{2}	śjɨ^{1}	tśhja^{2}	tsji̱r^{1}	dźiej^{2}	de̱j^{1}	rjur^{1}	ɲia^{2}	tśhju^{1}
中	往，	正	法	轮	转，	诸	情	有
[illegible]	[illegible]	[illegible]	[illegible]，	[illegible]	[illegible]	[illegible]	[illegible]	[illegible]
tsji̱r^{1}	nẹ^{1}	tshji̱j^{1}	ku^{1}	ɲia^{2}	tśhju^{1}	ŋowr^{2}	ŋowr^{2}	·jij^{1}
法	演	说	故，	情	有	一	切	自

转于法轮，为诸众生演说法故，一切众生如其

21.20.2

[illegible]	[illegible]	[illegible]，	[illegible]	[illegible]	[illegible]	[illegible]	[illegible]	[illegible]
kjɨ^{1}	tjị^{1}	bju^{1}	niow^{1}	śjwo^{1}	tshwew^{1}	lhji^{2}	we̱^{1}	kha^{1}
所	愿	如，	及	发	趣	死	生	中
[illegible]	[illegible]	[illegible]	[illegible]	[illegible]	[illegible]	[illegible]	[illegible]。	[illegible]
bie^{2}	thjij^{2}	phji^{1}	sji^{2}	dạ^{2}	rjɨr^{2}	tshji̱j^{1}	nja^{2}	rjur^{1}
解	脱	令	△	言	所	说	△。	世

所愿，如其发趣解脱生死。世尊、

21.20.3

[illegible]、	[illegible]	[illegible]、	[illegible]	[illegible]、	[illegible]	[illegible]	[illegible]，	[illegible]
pjụ^{1}	mjor^{1}	ljịj^{2}	bju^{1}	wo^{2}	tśhja^{2}	njɨ^{2}	nwə^{1}	thjɨ^{2}
尊、	如	来、	应	供、	正	遍	知，	此
[illegible]	[illegible]	[illegible]，	[illegible]	[illegible]	[illegible]	[illegible]	[illegible]	[illegible]
ljịj^{2}	·ụ^{2}	tja^{1}	ŋa^{2}	ɲia^{2}	tśhju^{1}	·jij^{1}	gjịj^{1}	ɣie^{2}
大	乘	者，	我	情	有	之	利	益

如来、应、正遍知，此之大乘，我欲利益

21.20.4

[illegible]	[illegible]	[illegible]	[illegible]	[illegible]	[illegible]	[illegible]	[illegible]	[illegible]。
no^{2}	lhejr^{2}	kiẹj^{2}	niọw^{1}	thjɨ^{2}	wo^{2}	dja^{2}	·jɨr^{1}	ŋa^{2}
安	乐	欲	故	斯	义	△	问	△。
[illegible]	[illegible]，	[illegible]	[illegible]	[illegible]	[illegible]	[illegible]	[illegible]	[illegible]、
rjur^{1}	pjụ^{1}	mjor^{1}	ljịj^{2}	tja^{1}	ŋowr^{2}	ŋowr^{2}	nwə^{1}	mjijr^{2}
世	尊，	如	来	者	一	切	知	者、

安乐众生故问斯义。世尊，如来一切知者、

21.20.5

[illegible]	[illegible]	[illegible]	[illegible]	[illegible]，	[illegible]	[illegible]	[illegible]	[illegible]
ŋowr^{2}	ŋowr^{2}	ljij^{2}	mjijr^{2}	ŋwu^{2}	wa^{2}	sju^{2}	tsjịr^{1}	ŋwu^{2}
一	切	见	者	是，	何	如	法	以
[illegible]	[illegible]	[illegible]	[illegible]	[illegible]	[illegible]	[illegible]	[illegible]	[illegible]
rjur^{1}	po^{1}	tsa^{1}	ma^{2}	ŋạ^{2}	tsa^{1}	rjur^{1}	tsjịr^{1}	ŋowr^{2}
诸	菩	萨	摩	诃	萨	诸	法	一

一切见者，以何等法成就诸菩萨摩诃萨一

21.20.6

[illegible]	[illegible]	[illegible]	[illegible]	[illegible]	[illegible]	[illegible]，	[illegible]	[illegible]
ŋowr^{2}	ŋjow^{2}	tjịj^{2}	sã^{1}	mej^{2}	śjɨj^{1}	·jiw^{2}	sã^{1}	mej^{2}
切	海	印	三	昧	成	就，	三	昧

[illegible]	[illegible]	[illegible]	[illegible]	[illegible]	[illegible]	[illegible]	[illegible]	[illegible]
nio̱w^{1}	ku^{1}	rjur^{1}	po^{1}	tsa^{1}	ma^{2}	ŋạ^{2}	tsa^{1}	·jij^{1}
以	故	诸	菩	萨	摩	诃	萨	之

切诸法海印三昧，以三昧故令诸菩萨摩诃萨

21.21.1

[illegible]	[illegible]	[illegible]	[illegible]	[illegible]	[illegible]	[illegible]	[illegible]	[illegible]
rjɨr^{2}	njɨ^{2}	·ja	du̱^{2}	tow^{1}	lo^{1}	sã^{1}	mjiw^{2}	sã^{1}
乃	至	阿	耨	多	罗	三	藐	三
[illegible]	[illegible]	[illegible]	[illegible]，	[illegible]	[illegible]	[illegible]	[illegible]	[illegible]
po^{1}	tjɨj^{1}	mjij^{2}	ljạ^{1}	thjɨ^{2}	rjijr^{2}	mji^{1}	lhji̱^{1}	lhjwo^{1}
菩	提	未	证，	此	方	不	退	转

乃至未证阿耨多罗三藐三菩提，犹不退转？

21.21.2

[illegible]	[illegible]？	[illegible]	[illegible]，	[illegible]	[illegible]	[illegible]	[illegible]	[illegible]
phji^{1}	ljɨ^{1}	rjur^{1}	pjụ^{1}	mjor^{1}	ljij^{2}	nwə^{1}	ljij^{2}	dju^{1}
令	也？	世	尊，	如	来	知	见	有
[illegible]	[illegible]	[illegible]	[illegible]	[illegible]，	[illegible]	[illegible]	[illegible]	[illegible]
mjij^{2}	djij^{2}	tsji̱r^{1}	śjɨj^{1}	·jiw^{2}	rjur^{1}	ɲia^{2}	tśhju^{1}	·jij^{1}
未	曾	法	成	就，	诸	情	有	之

世尊，如来知见成就未曾有法，善①诸众生

21.21.3

[illegible]	[illegible]	[illegible]	[illegible]，	[illegible]	[illegible]	[illegible]	[illegible]	[illegible]。
sji̱j^{2}	źjɨr^{1}	tsə̣^{1}	tsjij^{2}	ku^{1}	tśhjwo^{1}	dja^{2}	·jɨr^{1}	ŋa^{2}
智	慧	药	知，	则	故	所	问	我。

智慧之药，故我问耳。

汉文本

尔时，世尊告无边慧菩萨摩诃萨言：无边慧！汝今于我渴仰志求，欲于如来几何所问？若有问者，

① 善，西夏文译作"[illegible]"，字面意思是"知晓、了悟"。

我当解说。

尔时,世尊而说偈言:

告无边慧,汝欲何问,悉应问之,
我当解说。如彼所问,一一发明,
随其乐欲,速为开示。我为汝说,
一切无疑,如汝志求,称汝所问。
汝今时问,如时如义,以时问故,
我决定说。如汝意乐,问所应问,
我皆随顺,为汝说之。汝今时问,
我亦时说,断汝疑网,当得无疑。
我为法王,了义究竟,于一切法,
得无疑惑。我于诸法,正觉难思,
如众生意,所问为说。我于诸法,
悉无有疑,时而问者,速当为说。
我时为说,无有疑惑,如其意乐,
释彼所疑。我常了知,时及众会,
诸众生等,意趣所同。亦常观察,
一切众生,有欲无欲,彼皆明见。
若有智者,能善修行,我皆以时,
正法开悟。若无智者,愚痴迷乱,
彼无慧明,不尊重法。若无尊重,
于法不求,虽闻此法,无大明智。
法善巧者,于法希求,若闻此法,
得大明智。乐大乘者,求人中尊,
闻斯法已,得大明智。佛无上智,
不思议智,而发趣者,闻皆满足。
乐无碍智,求最上尊,彼闻此法,
得大饶益。若有智性,求不思议,
彼闻此法,得无上智。若有众生,
求佛道场,转无上轮,得法欢喜。
爱乐精进,于法尊崇,闻离垢法,
欣然踊跃。若有众生,乐善修习,
以法光明,说无上法。荷诸重担,
无边策修,彼闻法已,欢喜充满。
若有希愿,善法思惟,于彼慈哀,
为之开释。哀愍汝等,随汝所问,
我能决定,当断汝疑。我多千岁,
修行善巧,疑惑已除,知汝意乐。

若有疑者,恣汝所问,当为汝说,
断诸疑惑。若有疑者,恣汝所问,
如其乐欲,我当说之。若有疑者,
恣汝所问,我住于法,得无动摇。

尔时,无边慧菩萨摩诃萨白佛言:世尊、如来、应、正遍知,我于菩萨乘中少有所疑,今当请问。何等善丈夫远离于怖畏,一心正念,为诸众生被大甲胄,于大甲胄而庄严之,起大爱乐而尊重之,以不放逸乘此大乘,以大清净平正之道,无诸堆阜瓦石荆棘众恶杂秽、诸见稠林,亦无毒刺苦恼坑陷,亦无系执怖惧艰难。正直无曲如理平道、无障碍道,剪诸稠林、裂一切网、远离黑暗、蠲除爱著,舍和合故,而发趣于阿耨多罗三藐三菩提。世尊、如来、应、正遍知,我于此义,故致斯问。何等善丈夫?何等大甲胄?被此甲胄乘于大乘,以斯大道而当发趣。世尊,应说诸菩萨摩诃萨甲胄庄严,安住于道,安住诸法理趣善巧,于法理趣住善巧故,而能起于诸法理趣善巧光明。法光明故,不舍甲胄,乘于大乘,以不退转精进之力、无忘念根、相续慧力,速能成就法界理趣分明善巧,往诣道场,转于法轮,为诸众生演说法故,一切众生如其所愿,如其发趣解脱生死。世尊、如来、应、正遍知,此之大乘,我欲利益安乐众生故问斯义。世尊,如来一切知者、一切见者,以何等法成就诸菩萨摩诃萨一切诸法海印三昧,以三昧故令诸菩萨摩诃萨乃至未证阿耨多罗三藐三菩提,犹不退转?世尊,如来知见成就未曾有法,善诸众生智慧之药,故我问耳。

21.21.3

[illegible]	[illegible],	[illegible]	[illegible]	[illegible]	[illegible]	[illegible]	[illegible]	[illegible]
tśhjɨ1	dzjɨj1	bju2	mjij1	źjɨr1	po1	tsa1	ma2	ŋạ2
尔	时,	边	无	慧	菩	萨	摩	诃

尔时,无边慧菩萨摩诃

21.21.4

[illegible]	[illegible]	[illegible]	[illegible]	[illegible]:
tsa1	lja̱1	dạ2	rjɨr2	tshji̱j1
萨	偈	言	乃	说:

萨而说偈言:

21.21.5

[illegible]	[illegible]	[illegible]	[illegible]	[illegible],	[illegible]	[illegible]	[illegible]
rjur1	ɲia2	tsjij2	nio̱w1	ku1	njɨ̱1	rewr2	pjụ1
诸	菩	萨	为	故,	二	足	尊
[illegible]	[illegible],	[illegible]	[illegible]	[illegible]	[illegible]	[illegible],	

ŋowr^{2} ŋowr^{2} nwə^{1} ljij^{2} mjijr^{2} źji^{2} na^{1}

一 切, 知 见 者 甚 深,

为诸菩萨故,我问两足尊,一切知见者,

21.21.6

[illegible] [illegible] [illegible] [illegible] [illegible]。 [illegible] [illegible] [illegible]

tha^{1} tsjịr^{1} wo^{2} ·jɨr^{1} ŋa^{2} ljịj^{2} ·ụ^{2} rjɨr^{2}

佛 法 义 问 我。 大 乘 所

[illegible] [illegible], [illegible] [illegible] [illegible] [illegible] [illegible]?

djọ^{2} dźjịj^{1} wa^{2} sju^{2} djɨj^{2} śjwo^{1} tshwew^{1}

修 行, 何 如 定 发 趣?

甚深佛法义。大乘所修行,何定能发趣?

21.22.1

[illegible] [illegible] [illegible] [illegible] [illegible], [illegible] [illegible] [illegible]

ɲia^{2} tśhju^{1} mjị^{2} ɣie^{2} niọw^{1} ŋa^{2} sjij^{1} źji^{2}

情 有 饶 益 为, 我 今 皆

[illegible] [illegible]。 [illegible] [illegible] [illegible] [illegible] [illegible],

ɣju^{1} ·jɨr^{1} thjij^{2} sjo^{2} nẹw^{2} gọr^{1} kiej^{2}

请 问。 何 云 善 君 子,

我今皆请问,饶益诸众生。云何善丈夫,

21.22.2

[illegible] [illegible] [illegible] [illegible] [illegible]? [illegible] [illegible] [illegible]

bju^{2} mjij^{1} zjir^{2} gjwi^{2} njwi^{2} thji^{2} sju^{2} zjir^{2}

边 无 甲 衣 能? 是 如 甲

[illegible] [illegible], [illegible] [illegible] [illegible] [illegible] [illegible]?

gjwi^{2} niọw^{1} thjij^{2} sjo^{2} śjwo^{1} tshwew^{1} lew^{2}

衣 因, 何 云 发 趣 当?

能被无边甲?如是被甲已①,云何当发趣?

① 已,西夏本作“[illegible]”(因)。按,“[illegible]”niọw^{1}(因)字与义不合,在此假借作“[illegible]”niow^{1}(已)。此二字在西夏字书《择要常传同训杂字》中同组(8.5.8)。

21.22.3

[illegible]	[illegible]	[illegible]	[illegible]	[illegible]？	[illegible]	[illegible]	[illegible]
thjij^2	sjo^2	ŋwe^1	kięj^2	śjwo^1	thjij^2	sjo^2	thja^2
何	云	乐	欲	起？	何	云	彼
[illegible]	[illegible]？	[illegible]	[illegible]	[illegible]	[illegible]	[illegible]？	
ɣa^2	dzu^1	thjij^2	sjo^2	ljịj^2	khu^1	dźjij^1	
于	爱？	何	云	大	进	精？	

云何起乐欲？云何爱于彼？云何大精进？

21.22.4

[illegible]	[illegible]	[illegible]	[illegible]	[illegible]？	[illegible]	[illegible]	[illegible]
thjij^2	sjo^2	mji^1	śja^1	wją^2	thjij^2	sjo^2	rjur^1
何	云	不	逸	放？	何	云	诸
[illegible]	[illegible]，	[illegible]	[illegible]	[illegible]	[illegible]	[illegible]？	
ɲia^2	tsjij^2	thjɨ^2	ljịj^2	·ụ^2	bju^1	gjị^2	
菩	萨，	此	大	乘	依	靠？	

云何不放逸？云何诸菩萨，乘于此大乘？

21.22.5

[illegible]	[illegible]	[illegible]	[illegible]	[illegible]？	[illegible]	[illegible]	[illegible]
bju^1	gjị^2	niow^1	thjij^2	sjo^2	thjɨ^2	dạ^2	sjij^1
依	靠	已	何	云？	此	言	今
[illegible]	[illegible]。	[illegible]	[illegible]	[illegible]	[illegible]	[illegible]，	
tshjịj^1	lew^2	thjij^2	sjo^2	ljịj^2	·ụ^2	bju^1	
说	当。	何	云	大	乘	依，	

乘已复云何？此事①应当说。云何乘②大乘，

21.22.6

[illegible]	[illegible]	[illegible]	[illegible]	[illegible]？	[illegible]	[illegible]	[illegible]

① 事，西夏本作“[illegible]”（言）。按，“[illegible]”dạ^2（言）字与义不合，在此假借作“[illegible]”dạ^2（事）。此二字在西夏字书《择要常传同训杂字》中同组（12.13.3）。

② 乘，西夏文译作“[illegible]”（依）。概为五字偈颂字数所限，将“[illegible][illegible]”（依靠）二字省作单字。参看上文 21.18.1 可知。

ɲia^2	tsjij^2	tśja^1	śjwo^1	tshwew^1	lew^1	tjị^1	rjur^1
菩	萨	道	发	趣？	唯	愿	世
[illegible]	[illegible]，	[illegible]	[illegible]	[illegible]	[illegible]	[illegible]。	
pjụ^1	dzji̱j^2	xja^1	rjɨr^2	tshji̱j^1	wji^1	ŋa^2	
尊	师，	速	△	说	为	我。	

发趣菩萨道？唯愿世尊师，速为我宣说。

21.23.1

[illegible]	[illegible]	[illegible]	[illegible]	[illegible]，	[illegible]	[illegible]	[illegible]
thjij^2	sjo^2	tśhja^2	ka^1	tśja^1	tśhja^2	ka^1	ŋwu^2
何	云	正	平	道，	平	等	而
[illegible]	[illegible]？	[illegible]	[illegible]	[illegible]	[illegible]	[illegible]，	
śjwo^1	tshwew^1	rjur^1	ljij^2	bo^1	lạ^1	kha^1	
发	趣？	诸	见	林	厚	中，	

云何平正道，平等而发趣？于诸见稠林，

21.23.2

[illegible]	[illegible]	[illegible]	[illegible]	[illegible]。	[illegible]	[illegible]	[illegible]
·ju^2	khjwɨ^1	dji̱j^1	mji^1	dwər^1	mjɨ̱^{2}	kięj^2	ŋowr^2
恒	剪	伐	无	倦。	境	界	一
[illegible]	[illegible]，	[illegible]	[illegible]	[illegible]	[illegible]	[illegible]？	
ŋowr^2	kha^1	thjij^2	sjo^2	gji̱j^1	dzji̱j^1	rjir^2	
切	中，	何	云	超	越	得？	

剪伐恒无倦。于诸境界中，云何得超越？

21.23.3

[illegible]	[illegible]	[illegible]	[illegible]	[illegible]，	[illegible]	[illegible]	[illegible]
thjij^2	sjo^2	tśhja^2	ka^1	ŋwu^2	lẹj^2	kięj^2	dzu^1
何	云	平	等	以，	贪	欲	爱
[illegible]	[illegible]？	[illegible]	[illegible]	[illegible]	[illegible]	[illegible]，	
rer^2	khjiw^2	thjij^2	sjo^2	na^1	nja̱^{1}	go^2	
网	裂？	何	云	暗	黑	除，	

云何以平等，裂于贪爱网？云何除黑暗，

21.23.4

ljij²	sjij²	swew¹	bji¹	rjir²	thja²	rjur¹	ɲia²
大	智	明	光	得？	彼	诸	菩
tsjij²	njɨ²	thjij²	sjo²	śjwo¹	tshwew¹	lew²	
萨	等，	何	云	发	趣	当？	

得大智光明？彼诸菩萨等，云何当发趣？

21.23.5

thjij²	sjo²	bio̱¹	thju̱¹	njwi²	·ji¹	tśhiow¹	tśjɨr²
何	云	观	察	能，	众	结	缚
khwa¹	ka²	thjij²	sjo²	rjur¹	ɲia²	tsjij²	
远	离？	何	云	诸	菩	萨，	

云何能观察，远离众结缚？云何诸菩萨，

21.23.6

tśjɨr²	ka²	no²	dźjij¹	njwi²	thjij²	sjo²	rjur¹
缚	离	安	住	善？	何	云	诸
ɲia²	tsjij²	ljij²	kja̱¹	le²	gjij¹	dzjij¹	
菩	萨，	大	怖	畏	超	过，	

离缚善安住？云何诸菩萨，超过大怖畏，

21.24.1

rjur¹	tsjɨr¹	wo²	ne̱w²	ɣjɨr¹	źji²	phju²	rjijr²
诸	法	义	善	巧，	无	上	方

[illegible]	[illegible]?	[illegible]	[illegible]	[illegible]	[illegible]	[illegible],
śjwo^{1}	tshwew^{1}	ɲia^{2}	tsjij^{2}	wa^{2}	sju^{2}	njɨ^{2}
发	趣?	菩	萨	何	如	等,

善巧诸法义,发趣于无上?菩萨被何等,

21.24.2

[illegible]	[illegible]	[illegible]	[illegible]	[illegible]?	[illegible]	[illegible]	[illegible]
bju^{2}	mjij^{1}	ljij^{2}	zjir^{2}	gjwi^{2}	thjɨ^{2}	gjwɨ^{1}	zjir^{2}
边	无	大	甲	衣?	斯	甲	胄
[illegible]	[illegible],	[illegible]	[illegible]	[illegible]	[illegible]	[illegible]。	
gjwi^{2}	niow^{1}	ljij^{2}	·ụ^{2}	ɣa^{2}	bju^{1}	gji̱^{2}	
衣	已,	大	乘	于	依	靠。	

无边大甲胄?被斯甲胄已,乘于此大乘。

21.24.3

[illegible]	[illegible]	[illegible]	[illegible]	[illegible],	[illegible]	[illegible]	[illegible]
rjur^{1}	ɲia^{2}	tsjij^{2}	thjij^{2}	sjo^{2}	tśhja^{2}	ka^{1}	tśja^{1}
诸	菩	萨	何	云,	正	平	道
[illegible]	[illegible]?	[illegible]	[illegible]	[illegible]	[illegible]	[illegible],	
śjwo^{1}	tshwew^{1}	ŋa^{2}	sjij^{1}	dja^{2}	·jɨr^{1}	bju^{1}	
发	趣?	我	今	所	问	如,	

云何诸菩萨,发趣平正道?我今所问者,

21.24.4

[illegible]	[illegible]	[illegible]	[illegible]	[illegible]。	[illegible]	[illegible]	[illegible]
rjur^{1}	pjụ^{1}	rjɨr^{2}	tshjij^{1}	nja^{2}	śjwo^{2}	tshjij^{2}	ljij^{2}
世	尊	△	说	△。	庄	严	大
[illegible]	[illegible],	[illegible]	[illegible]	[illegible]	[illegible]	[illegible],	
gjwɨ^{1}	zjir^{2}	śjwo^{2}	tshjij^{2}	źji^{2}	phju^{2}	·ụ^{2}	
甲	胄,	庄	严	无	上	乘,	

世尊应演说。菩萨云何得,庄严大甲胄,庄严无上乘,

21.24.5

[illegible]	[illegible]	[illegible]	[illegible]	[illegible]，	[illegible]	[illegible]	[illegible]
ɲia^{2}	tsjij^{2}	thjij^{2}	sjo^{2}	rjir^{1}	rjur^{1}	pjụ^{1}	rjɨr^{2}
菩	萨	何	云	得，	世	尊	△
[illegible]	[illegible]。	[illegible]	[illegible]	[illegible]	[illegible]	[illegible]，	
tshjịj^{1}	nja^{2}	thjɨ^{2}	tśja^{1}	ɣa^{2}	no^{2}	dźjịj^{1}	
说	△。	斯	道	于	安	住，	

世尊应演说。安住于斯道，

21.24.6

[illegible]	[illegible]	[illegible]	[illegible]	[illegible]，	[illegible]	[illegible]	[illegible]
niow^{1}	thja^{2}	tśja^{1}	śjwo^{2}	tshjij^{2}	tsjịr^{1}	ŋowr^{2}	ŋowr^{2}
及	彼	道	庄	严，	法	一	切
[illegible]	[illegible]，	[illegible]	[illegible]	[illegible]	[illegible]	[illegible]。	
nẹw^{2}	ɣjɨr^{1}	rjur^{1}	pjụ^{1}	rjɨr^{2}	tshjịj^{1}	nja^{2}	
善	巧，	世	尊	△	说	△。	

及彼道庄严，诸法之善巧，世尊应演说。

21.25.1

[illegible]	[illegible]	[illegible]	[illegible]	[illegible]，	[illegible]	[illegible]	[illegible]
tsjịr^{1}	kięj^{2}	·jij^{1}	wo^{2}	tshwew^{1}	tsjịr^{1}	nẹw^{2}	ɣjɨr^{1}
法	界	之	理	趣，	法	善	巧
[illegible]	[illegible]，	[illegible]	[illegible]	[illegible]	[illegible]	[illegible]？	
bji^{1}	swew^{1}	thjij^{2}	sjo^{2}	nwə^{1}	tsjij^{2}	njwi^{2}	
光	明，	何	云	知	了	能？	

云何能了知，法界之理趣，法善巧光明，

21.25.2

[illegible]	[illegible]	[illegible]	[illegible]	[illegible]。	[illegible]	[illegible]	[illegible]
rjur^{1}	pjụ^{1}	rjɨr^{2}	tshjịj^{1}	nja^{2}	rjur^{1}	ɲia^{2}	tsjij^{2}
世	尊	△	说	△。	诸	菩	萨

[illegible]

thjij² sjo² thjɨ² tsjɨr¹ bji¹ swew¹ rjir¹

何 云, 此 法 光 明 得,

世尊应演说。云何诸菩萨,得此法光明,

21.25.3

[illegible]

tsjɨr¹ ŋowr² ŋowr² źji² dźjwa¹ rjur¹ pjụ¹ rjɨr²

法 一 切 最 终, 世 尊 △

[illegible]

tshjɨj¹ nja² rjur¹ ɲia² tsjij² thjij² sjo²

说 △。 诸 菩 萨 何 云,

究竟①一切法,世尊应演说。云何诸菩萨,

21.25.4

[illegible]

tsjɨr¹ bji¹ rjir² swew¹ niow¹ ljịj² gjwɨ¹ zjir²

法 光 得 明 已, 大 甲 胄

[illegible]

mji¹ dźjɨr¹ thjɨ² niọw¹ śjwo¹ tshwew¹ ljɨ¹

不 舍, 是 由 发 趣 也?

得法光明已,不舍大甲胄,由是而发趣?

21.25.5

[illegible]

rjur¹ ɲia² tsjij² thjij² sjo² thjɨ² ljịj² ·ụ²

诸 菩 萨 何 云, 此 大 乘

[illegible]

bju¹ gjị² khu¹ dźjij¹ mji¹ lhjị¹ lhjwo¹

依 靠, 进 精 不 退 转,

云何诸菩萨,乘于此大乘,精进不退转,

① 究竟,西夏文译作"[illegible]",字面意思是"最终"。

21.25.6

thjɨ²	nio̱w¹	śjwo¹	tshwew¹	ljɨ¹	rjur¹	ɲia²	tsjij²
是	由	发	趣	也？	诸	菩	萨
thjij²	sjo²	kjur²	tji̱¹	·ju²	gjwɨ¹	lwo²	
何	云，	志	愿	常	坚	固，	

由是而发趣？云何诸菩萨，志念常坚固，

21.26.1

sjij²	źjɨr¹	bji¹	ɣie¹	ŋwu²	·jar²	wə̱¹	rjir²
智	慧	威	力	以，	降	伏	得
njwi²	ljɨ¹	tsji̱r¹	kie̱j²	·jij¹	wo²	tshwew¹	
善	也？	法	界	之	理	趣，	

能以智慧力，而得善调伏？云何得法界，

21.26.2

ne̱w²	ɣjɨr¹	thjij²	sjo²	rjir²	tsji̱r¹	njij²	sew²
善	巧	何	云	得，	法	王	思
tshji̱j¹	mjij¹	rjur¹	pju̱¹	rjɨr²	tshji̱j¹	nja²	
议	不，	世	尊	△	说	△。	

理趣之善巧，法王不思议，世尊愿宣说。

21.26.3

thjij²	sjo²	xja¹	po¹	tjɨj¹	lhejr²	lhjo̱r¹	·u²
何	云	速	菩	提，	道	场	中

[illegible]	[illegible]，	[illegible]	[illegible]	[illegible]	[illegible]	[illegible]，
njɨ^{2}	śjɨ^{1}	rjur^{1}	kha^{1}	de̱j^{1}	mjɨ^{1}	ljɨ̱^{1}
至	往，	世	间	转	未	能，

云何能速往,至于菩提场,转于大梵轮,

21.26.4

[illegible]	[illegible]	[illegible]	[illegible]	[illegible]。	[illegible]	[illegible]	[illegible]
ljij^{2}	xiwã^{1}	dźiej^{2}	de̱j^{1}	njwi^{2}	thjij^{2}	sjo^{2}	mju^{2}
大	梵	轮	转	能。	何	云	动
[illegible]	[illegible]，	[illegible]	[illegible]	[illegible]	[illegible]	[illegible]，	
ljɨ̱j^{2}	mjij^{1}	tsji̱r^{1}	ŋowr^{2}	ŋowr^{2}	nẹ^{1}	tshji̱j^{1}	
摇	无，	法	一	切	演	说，	

世无能转者。云何无所动,演说于诸法,

21.26.5

[illegible]	[illegible]	[illegible]	[illegible]	[illegible]，	[illegible]	[illegible]	[illegible]
ɲia^{2}	tśhju^{1}	ŋowr^{2}	ŋowr^{2}	nio̱w^{1}	njwo^{2}	zjọ^{2}	ŋwụ^{1}
情	有	一	切	为，	昔	世	誓
[illegible]	[illegible]。	[illegible]	[illegible]	[illegible]	[illegible]	[illegible]，	
tjị^{1}	bju^{1}	rjur^{1}	tsji̱r^{1}	nẹ^{1}	tshji̱j^{1}	ŋwu^{2}	
愿	如。	诸	法	演	说	以，	

为一切众生,如其昔所愿。演说诸法故,

21.26.6

[illegible]	[illegible]	[illegible]	[illegible]	[illegible]，	[illegible]	[illegible]	[illegible]
lhji^{2}	we̱^{1}	bie^{2}	thjij^{2}	phji^{1}	thjij^{2}	sjo^{2}	ɲia^{2}
死	生	解	脱	令，	何	云	情
[illegible]	[illegible]，	[illegible]	[illegible]	[illegible]	[illegible]	[illegible]？	
tśhju^{1}	·jij^{1}	sji^{1}	dźjwa^{1}	lhejr^{2}	rjir^{2}	phji^{1}	
有	之，	毕	竟	乐	得	令？	

解脱于生死,云何令众生,究竟获安乐?

21.27.1

[illegible]	[illegible]	[illegible]	[illegible]	[illegible]，	[illegible]	[illegible]	[illegible]
ɲia^{2}	tśhju^{1}	mji̱^{2}	ɣie^{2}	nio̱w^{1}	rjur^{1}	śio^{1}	dzji̱j^{2}
情	有	饶	益	故，	世	导	师
[illegible]	[illegible]，	[illegible]	[illegible]	[illegible]	[illegible]	[illegible]，	
·jij^{1}	·jɨr^{1}	ŋowr^{2}	ŋowr^{2}	nwə^{1}	ljij^{2}	mjijr^{2}	
之	问，	一	切	知	见	者，	

饶益众生故，我问世导师，一切知见者，

21.27.2

[illegible]	[illegible]	[illegible]	[illegible]	[illegible]。	[illegible]	[illegible]	[illegible]
lew^{1}	tjị^{1}	ŋa^{2}	·jij^{1}	tshji̱j^{1}	wa^{2}	sju^{2}	njɨ^{2}
惟	愿	我	之	说。	何	如	等
[illegible]	[illegible]，	[illegible]	[illegible]	[illegible]	[illegible]	[illegible]，	
tsji̱r^{1}	ŋwu^{2}	ɲia^{2}	tsjij^{2}	ŋowr^{2}	ŋowr^{2}	·jij^{1}	
法	以，	菩	萨	一	切	之，	

愿为我宣说。当以何等法，成就诸菩萨，

21.27.3

[illegible]	[illegible]	[illegible]	[illegible]	[illegible]，	[illegible]	[illegible]	[illegible]
rjur^{1}	tsji̱r^{1}	ŋjow^{2}	wji^{1}	lew^{2}	tjɨ̣j^{2}	sã^{1}	mej^{2}
诸	法	海	作	所，	印	三	昧
[illegible]	[illegible]。	[illegible]	[illegible]	[illegible]	[illegible]	[illegible]，	
śjɨj^{1}	·jiw^{2}	tha^{1}	tsji̱r^{1}	kjụ^{1}	dzu^{1}	mjijr^{2}	
成	就。	佛	法	求	乐	者，	

一切法大海，所作印三昧。① 乐求佛法者，

21.27.4

[illegible]	[illegible]	[illegible]	[illegible]	[illegible]，	[illegible]	[illegible]	[illegible]

① 此上“成就诸菩萨，一切法大海，所作印三昧”三句，西夏译本受五言偈颂体及西夏语法宾语前置的影响，语序与汉文本多有不同。

ljij^{2}	po^{1}	tjɨj^{1}	sju̱^{1}	pa̱^{2}	tjij^{1}	thjɨ^{2}	tsji̱r^{1}
大	菩	提	仰	渴，	若	此	法
[illegible]	[illegible]，	[illegible]	[illegible]	[illegible]	[illegible]	[illegible]。	
mji^{1}	ku^{1}	njij^{1}	ljɨj^{2}	lju̱^{2}	zjir^{2}	njɨ^{2}	
闻	故，	心	喜	身	全	悉。	

渴仰大菩提,若闻此法者,举身悉充悦①。

21.27.5

[illegible]	[illegible]，	[illegible]	[illegible]	[illegible]	[illegible]	[illegible]	[illegible]	[illegible]
tśhjɨ^{1}	zjo̱^{2}	rjur^{1}	pju̱^{1}	bju^{2}	mjij^{1}	źjɨr^{1}	po^{1}	tsa^{1}
尔	时，	世	尊	边	无	慧	菩	萨
[illegible]	[illegible]	[illegible]	[illegible]	[illegible]	[illegible]：	[illegible]	[illegible]	[illegible]
ma^{2}	ŋa̱^{2}	tsa^{1}	·jij^{1}	da̱^{2}	jɨ^{2}	tjij^{2}	rjijr^{2}	tjij^{2}
摩	诃	萨	之	言	谓：	善	哉	善

尔时,世尊告无边慧菩萨摩诃萨言:善哉善

21.27.6

[illegible]！	[illegible]	[illegible]	[illegible]！	[illegible]	[illegible]	[illegible]	[illegible]	[illegible]
rjijr^{2}	bju^{2}	mjij^{1}	źjɨr^{1}	nji^{2}	pjɨ^{1}	njwo^{2}	mjɨ^{1}	pju̱^{1}
哉！	边	无	慧！	汝	今	昔	无	量
[illegible]	[illegible]	[illegible]	[illegible]	[illegible]	[illegible]	[illegible]，	[illegible]	[illegible]
rjur^{1}	tha^{1}	·jij^{1}	tshji^{2}	ljij^{1}	kju̱^{1}	tshwew^{1}	rjur^{1}	ne̱w^{2}
诸	佛	之	侍	奉	供	养，	诸	善

哉！无边慧！汝于往昔②供养承事无量诸佛,种诸善

21.28.1

[illegible]	[illegible]	[illegible]，	[illegible]	[illegible]	[illegible]	[illegible]，	[illegible]	[illegible]
tśhji^{2}	rjɨr^{2}	lji̱^{1}	rjur^{1}	tśhja^{2}	·iow^{1}	dzji̱^{2}	pju̱^{1}	dza^{2}
根	△	种，	诸	德	功	集，	量	测

① 充悦,西夏文本译作“[illegible]”,字面意思是“心喜、欢喜”。下文21.34.2亦同。

② 往昔,西夏本作“[illegible]”(今昔)。按,“[illegible]”pjɨ^{1}(今)字与义不合,在此假借作“[illegible]”pjɨ^{1}(昔)。此二字在西夏字书《择要常传同训杂字》中同组(9.6.3)。

[illegible]	[illegible]，	[illegible]	[illegible]	[illegible]	[illegible]	[illegible]	[illegible]	[illegible]
tjị²	mjij¹	ku¹	thjɨ̱²	na¹	tsji̱r¹	ɣa²	kjụ¹	dzu¹
可	不，	则	此	深	法	于	求	乐

根，集诸功德，不可称量，于此深法欣求

21.28.2

[illegible]	[illegible]，	[illegible]	[illegible]	[illegible]	[illegible]	[illegible]	[illegible]	[illegible]
sju̱¹	pạ²	ljịj²	kjur²	tjị¹	ŋwu²	ɲia²	tśhju¹	·jij¹
仰	渴，	大	志	愿	以	情	有	之
[illegible]	[illegible]，	[illegible]	[illegible]	[illegible]	[illegible]	[illegible]	[illegible]	[illegible]
śjɨj¹	·jiw²	ljịj²	wju̱¹	njịj¹	śjwo¹	bju¹	mjor¹	ljịj²
成	就，	大	悲	心	兴	因	如	来

渴仰，以大志乐成就众生，而兴大悲问于如来。

21.28.3

[illegible]	[illegible]	[illegible]	[illegible]。	[illegible]	[illegible]	[illegible]	[illegible]，	[illegible]
·jij¹	·jɨr¹	njwi²	nja²	nji²	sjij¹	djị²	nji²	njịj¹
之	问	能	△。	汝	今	谛	听，	心
[illegible]	[illegible]	[illegible]，	[illegible]	[illegible]	[illegible]	[illegible]	[illegible]	[illegible]
tjị¹	ljɨ̱r²	lew²	ŋa²	·ji¹	nji²	·jij¹	rjur¹	po¹
诚	念	应，	我	众	汝	之	诸	菩

汝今谛听，善思念之，吾当为汝说①诸菩

21.28.4

[illegible]	[illegible]	[illegible]	[illegible]	[illegible]	[illegible]	[illegible]	[illegible]，	[illegible]
tsa¹	ma²	ŋạ²	tsa¹	tśhja²	·iow¹	śjɨj¹	·jiw²	ŋwu²
萨	摩	诃	萨	德	功	成	就，	而
[illegible]	[illegible]	[illegible]	[illegible]	[illegible]	[illegible]	[illegible]	[illegible]	[illegible]
·ja	du̱²	tow¹	lo¹	sã¹	mjiw²	sã¹	po¹	tjɨj¹
阿	耨	多	罗	三	藐	三	菩	提

萨摩诃萨以功德成就，而发趣于阿耨多罗三藐三菩提。

---

① 说，西夏本作“[illegible]”（事）。按，“[illegible]”dạ²（事）字与义不合，在此假借作“[illegible]”dạ²（言）。此二字在西夏字书《择要常传同训杂字》中同组（12.13.3）。

21.28.5

[illegible]	[illegible]	[illegible]	[illegible]	[illegible]	[illegible]。	[illegible]	[illegible]	[illegible]
śjwo^{1}	tshwew^{1}	dạ^{2}	tshjij^{1}	wji^{1}	nja^{2}	bju^{2}	mjij^{1}	źjɨr^{1}
发	趣	事	说	为	汝。	边	无	慧
[illegible]:	[illegible]	[illegible]	[illegible]	[illegible],	[illegible]	[illegible]	[illegible]	[illegible]
dạ^{2}	lew^{1}	tjị^{1}	rjur^{1}	pjụ^{1}	rjɨr^{2}	tshjij^{1}	nja^{2}	ŋa^{2}
言:	唯	愿	世	尊,	所	说	汝	我

唯然世尊,①

21.28.6

[illegible]	[illegible]	[illegible]。
tsjɨ^{1}	mji^{1}	ŋwe^{1}
亦	闻	乐。

愿乐欲闻。

汉文本

尔时,无边慧菩萨摩诃萨而说偈言:
为诸菩萨故,我问两足尊,
一切知见者,甚深佛法义。
大乘所修行,何定能发趣?
我今皆请问,饶益诸众生。
云何善丈夫,能被无边甲?
如是被甲已,云何当发趣?
云何起乐欲?云何爱于彼?
云何大精进?云何不放逸?
云何诸菩萨,乘于此大乘?
乘已复云何?此事应当说。
云何乘大乘,发趣菩萨道?
唯愿世尊师,速为我宣说。
云何平正道,平等而发趣?
于诸见稠林,剪伐恒无倦。

① 西夏本句上有“[illegible]”(无边慧言)四字,汉文本未见。

于诸境界中，云何得超越？
云何以平等，裂于贪爱网？
云何除黑暗，得大智光明？
彼诸菩萨等，云何当发趣？
云何能观察，远离众结缚？
云何诸菩萨，离缚善安住？
云何诸菩萨，超过大怖畏，
善巧诸法义，发趣于无上？
菩萨被何等，无边大甲胄？
被斯甲胄已，乘于此大乘。
云何诸菩萨，发趣平正道？
我今所问者，世尊应演说。
菩萨云何得，庄严大甲胄，
庄严无上乘，世尊应演说。
安住于斯道，及彼道庄严，
诸法之善巧，世尊应演说。
云何能了知，法界之理趣，
法善巧光明，世尊应演说。
云何诸菩萨，得此法光明，
究竟一切法，世尊应演说。
云何诸菩萨，得法光明已，
不舍大甲胄，由是而发趣？
云何诸菩萨，乘于此大乘，
精进不退转，由是而发趣？
云何诸菩萨，志念常坚固，
能以智慧力，而得善调伏？
云何得法界，理趣之善巧，
法王不思议，世尊愿宣说。
云何能速往，至于菩提场，
转于大梵轮，世无能转者。
云何无所动，演说于诸法，
为一切众生，如其昔所愿。
演说诸法故，解脱于生死，
云何令众生，究竟获安乐？
饶益众生故，我问世导师，
一切知见者，愿为我宣说。
当以何等法，成就诸菩萨，
一切法大海，所作印三昧。

乐求佛法者,渴仰大菩提,

若闻此法者,举身悉充悦。

尔时,世尊告无边慧菩萨摩诃萨言:善哉善哉!无边慧!汝于往昔供养承事无量诸佛,种诸善根,集诸功德,不可称量,于此深法欣求渴仰,以大志乐成就众生,而兴大悲问于如来。汝今谛听,善思念之,吾当为汝说诸菩萨摩诃萨以功德成就,而发趣于阿耨多罗三藐三菩提。唯然世尊,愿乐欲闻。

21.29.1

[illegible]	[illegible],	[illegible]	[illegible]	[illegible]	[illegible]	[illegible]	[illegible]	[illegible]
tśhjɨ^{1}	zjọ^{2}	rjur^{1}	pjụ^{1}	bju^{2}	mjij^{1}	źjɨr^{1}	po^{1}	tsa^{1}
尔	时,	世	尊	边	无	慧	菩	萨
[illegible]	[illegible]	[illegible]	[illegible]	[illegible]	[illegible]:	[illegible]	[illegible]	[illegible]!
ma^{2}	ŋạ^{2}	tsa^{1}	·jij^{1}	dạ^{2}	jɨ^{2}	bju^{2}	mjij^{1}	źjɨr^{1}
摩	诃	萨	之	言	谓:	边	无	慧!

尔时,世尊告无边慧菩萨摩诃萨言:无边慧!

21.29.2

[illegible]	[illegible]	[illegible]	[illegible]	[illegible]	[illegible]	[illegible]	[illegible]	[illegible]
rjur^{1}	po^{1}	tsa^{1}	ma^{2}	ŋạ^{2}	tsa^{1}	·ja	dụ^{2}	tow^{1}
诸	菩	萨	摩	诃	萨	阿	耨	多
[illegible]	[illegible]	[illegible]	[illegible]	[illegible]	[illegible]	[illegible]	[illegible]	[illegible]
lo^{1}	sã^{1}	mjiw^{2}	sã^{1}	po^{1}	tjɨj^{1}	niow^{1}	gjwɨ^{1}	zjir^{2}
罗	三	藐	三	菩	提	及	甲	胄

诸菩萨摩诃萨为①阿耨多罗三藐三菩提被甲胄者,

21.29.3

[illegible]	[illegible]	[illegible],	[illegible]	[illegible]	[illegible]	[illegible]	[illegible]	[illegible]
gjwi^{2}	mjijr^{2}	tja^{1}	rjur^{1}	ɲia^{2}	tśhju^{1}	·jij^{1}	ɣjiw^{1}	ɣiwej^{1}
衣	者	者,	诸	情	有	之	摄	受
[illegible]	[illegible],	[illegible]	[illegible]	[illegible]	[illegible]	[illegible];	[illegible]	[illegible]
kiẹj^{2}	nio̱w^{1}	ku^{1}	ljịj^{2}	gjwɨ^{1}	zjir^{2}	gjwi^{2}	rjur^{1}	ɲia^{2}
欲	为,	故	大	甲	胄	衣;	诸	情

为欲摄取诸众生故,被大甲胄;

① 为,西夏本作"[illegible]"(及)。按,"[illegible]"niow^{1}(及)字与义不合,在此假借作"[illegible]"nio̱w^{1}(为)。此二字在西夏字书《择要常传同训杂字》中同组(8.5.8)。参看下文排比句中"[illegible]"字亦可知。

21.29.4

[illegible]	[illegible]	[illegible]	[illegible]	[illegible]	[illegible]	[illegible]	[illegible],	[illegible]
tśhju^{1}	·jij^{1}	zji^{1}	mji^{1}	gji^{1}	sej^{1}	phji^{1}	nio̱w^{1}	ku^{1}
有	之	布	施	清	净	令	为，	故
[illegible]	[illegible]	[illegible]	[illegible]；	[illegible]	[illegible]	[illegible]	[illegible]	[illegible]
ljịj^{2}	gjwɨ^{1}	zjir^{2}	gjwi^{2}	rjur^{1}	ɲia^{2}	tśhju^{1}	·jij^{1}	kie^{1}
大	甲	胄	衣；	诸	情	有	之	戒

为诸众生布施清净故，被大甲胄；为诸众生持戒

21.29.5

[illegible]	[illegible]	[illegible]	[illegible]	[illegible],	[illegible]	[illegible]	[illegible]	[illegible]
·jij^{1}	gji^{1}	sej^{1}	phji^{1}	nio̱w^{1}	ku^{1}	ljịj^{2}	gjwɨ^{1}	zjir^{2}
持	清	净	令	为，	故	大	甲	胄
[illegible]；	[illegible]	[illegible]	[illegible]	[illegible]	[illegible]	[illegible]	[illegible]	[illegible]
gjwi^{2}	rjur^{1}	ɲia^{2}	tśhju^{1}	·jij^{1}	no^{2}	ze̱w^{2}	gji^{1}	sej^{1}
衣；	诸	情	有	之	安	忍	清	净

清净故，被大甲胄；为诸众生忍辱清净

21.29.6

[illegible]	[illegible],	[illegible]	[illegible]	[illegible]	[illegible]	[illegible]；	[illegible]	[illegible]
phji^{1}	nio̱w^{1}	ku^{1}	ljịj^{2}	gjwɨ^{1}	zjir^{2}	gjwi^{2}	rjur^{1}	ɲia^{2}
令	为，	故	大	甲	胄	衣；	诸	情
[illegible]	[illegible]	[illegible]	[illegible]	[illegible]	[illegible]	[illegible]	[illegible],	[illegible]
tśhju^{1}	·jij^{1}	khu^{1}	dźjij^{1}	gji^{1}	sej^{1}	phji^{1}	nio̱w^{1}	ku^{1}
有	之	进	精	清	净	令	为，	故

故，被大甲胄；为诸众生精进清净故，

21.30.1

[illegible]	[illegible]	[illegible]	[illegible]；	[illegible]	[illegible]	[illegible]	[illegible]	[illegible]
ljịj^{2}	gjwɨ^{1}	zjir^{2}	gjwi^{2}	rjur^{1}	ɲia^{2}	tśhju^{1}	·jij^{1}	śjã^{1}
大	甲	胄	衣；	诸	情	有	之	禅

djɨj^{2}	gji^{1}	sej^{1}	phji^{1}	nio̱w^{1}	ku^{1}	lji̱j^{2}	gjwɨ^{1}	zjir^{2}
定	清	净	令	为，	故	大	甲	胄

被大甲胄；为诸众生禅定清净故，被大甲胄；

21.30.2

gjwi^{2}	rjur^{1}	ɲia^{2}	tśhju^{1}	·jij^{1}	sji̱j^{2}	źjɨr^{1}	gji^{1}	sej^{1}
衣；	诸	情	有	之	智	慧	清	净
phji^{1}	nio̱w^{1}	ku^{1}	lji̱j^{2}	gjwɨ^{1}	zjir^{2}	gjwi^{2}	rjur^{1}	ɲia^{2}
令	为，	故	大	甲	胄	衣；	诸	情

为诸众生智慧清净故，被大甲胄；为诸众

21.30.3

tśhju^{1}	·jij^{1}	no^{2}	lhejr^{2}	rjir^{2}	phji^{1}	nio̱w^{1}	ku^{1}	lji̱j^{2}
有	之	安	乐	获	令	为，	故	大
gjwɨ^{1}	zjir^{2}	gjwi^{2}	rjur^{1}	ɲia^{2}	tśhju^{1}	·jij^{1}	mji̱^{2}	ɣie^{2}
甲	胄	衣；	诸	情	有	之	饶	益

生获安乐故，被大甲胄；为诸众生起饶益

21.30.4

dạ^{2}	bju^{1}	śjij^{1}	njij^{1}	śjwo^{1}	nio̱w^{1}	ku^{1}	lji̱j^{2}	gjwɨ^{1}
事	相	应	心	起	为，	故	大	甲
zjir^{2}	gjwi^{2}	rjur^{1}	ɲia^{2}	tśhju^{1}	·jij^{1}	lẹj^{2}	tshjạ^{1}	lə^{2}
胄	衣；	诸	情	有	之	贪	瞋	痴

事相应心故，被大甲胄；为诸众生贪瞋痴

21.30.5

ŋo^{2}	ŋwer^{1}	djị^{2}	nio̱w^{1}	ku^{1}	ljịj^{2}	gjwɨ^{1}	zjir^{2}	gjwi^{2}
病	对	治	为，	故	大	甲	胄	衣；
ljịj^{2}	tśhja^{2}	·iow^{1}	nio̱w^{1}	ne̱w^{2}	ɣjɨr^{1}	wji^{1}	nio̱w^{1}	ku^{1}
大	德	功	为	善	巧	作	为，	故

病作对治故，被大甲胄；为大功德作善巧故，

21.30.6

ljịj^{2}	gjwɨ^{1}	zjir^{2}	gjwi^{2}	źji^{2}	phju^{2}	sjịj^{2}	iọ^{1}	sə^{1}
大	甲	胄	衣；	无	上	智	圆	满
njwi^{2}	nio̱w^{1}	ku^{1}	ljịj^{2}	gjwɨ^{1}	zjir^{2}	gjwi^{2}	rjur^{1}	ɲia^{2}
善	为，	故	大	甲	胄	衣；	诸	情

被大甲胄；为无上智善圆满故，被大甲胄；为诸众

21.31.1

tśhju^{1}	·jij^{1}	lhji^{2}	we̱^{1}	kja̱^{1}	le^{2}	gju̱^{2}	·wejr^{2}	nio̱w^{1}
有	之	死	生	怖	畏	救	护	为，
ku^{1}	ljịj^{2}	gjwɨ^{1}	zjir^{2}	gjwi^{2}	ŋwer^{1}	ŋwer^{1}	mjij^{1}	sjịj^{2}
故	大	甲	胄	衣；	等	等	无	智

生生死怖畏作救护故，被大甲胄；为欲显现无等等智

21.31.2

dźju^{1}	śja^{2}	iọ^{1}	sə^{1}	kie̱j^{2}	nio̱w^{1}	ku^{1}	ljịj^{2}	gjwɨ^{1}
显	现	圆	满	欲	为，	故	大	甲

[illegible]	[illegible]。	[illegible]	[illegible]	[illegible]	[illegible]	[illegible]	[illegible]	[illegible]
zjir^{2}	gjwi^{2}	thjɨ^{2}	sọ^{1}	tụ^{1}	ljịj^{2}	tụ^{1}	rjur^{1}	kięj^{2}
胄	衣。	此	三	千	大	千	世	界

善圆满故，被大甲胄。于此三千大千世界

21.31.3

[illegible]	[illegible]	[illegible]	[illegible]	[illegible]、	[illegible]	[illegible]	[illegible]	[illegible]、
·u^{2}	dźjij^{1}	dźjij^{1}	rjur^{1}	ljij^{2}	tjij^{1}	ljij^{2}	wjɨ^{1}	dźjwɨ^{1}
中	有	有	诸	魔、	若	魔	眷	属、
[illegible]	[illegible]	[illegible]	[illegible]、	[illegible]	[illegible]	[illegible]	[illegible]，	[illegible]
tjij^{1}	ljij^{2}	phji̱^{1}	lew^{2}	ljij^{2}	sjwɨj^{1}	dźjij^{1}	mjijr^{2}	niow^{1}
若	魔	使	所、	魔	业	住	者，	及

所有诸魔、若魔眷属、若魔使者、住魔业者，及

21.31.4

[illegible]	[illegible]	[illegible]	[illegible]	[illegible]	[illegible]、	[illegible]	[illegible]	[illegible]
rjur^{1}	ljij^{2}	bo^{1}	lạ^{1}	bjịj^{1}	tśja^{1}	dźjij^{1}	mjijr^{2}	tśja^{1}
诸	见	林	厚	险	径、	行	者	道
[illegible]	[illegible]	[illegible]	[illegible]	[illegible]	[illegible]	[illegible]	[illegible]	[illegible]，
niow^{1}	ŋowr^{2}	ŋowr^{2}	rjur^{1}	tśja^{1}	lo^{1}	kja^{1}	nji^{1}	phjɨ^{1}
外	一	切	诸	遮	罗	迦	家	出，

行诸见稠林险径、一切外道诸遮罗迦出家，

21.31.5

[illegible]	[illegible]	[illegible]	[illegible]	[illegible]	[illegible]、	[illegible]	[illegible]	[illegible]
xjwi^{1}	thow^{1}	·u^{2}	mo^{2}	lji^{1}	kjɨ^{1}	lu^{1}	khja^{2}	·ja^{2}
吠	陀	乌	摩	利	迦、	路	迦	耶
[illegible]，	[illegible]	[illegible]	[illegible]	[illegible]	[illegible]	[illegible]	[illegible]	[illegible]，
thow^{1}	niow^{1}	thja^{1}	tśja^{1}	niow^{1}	·jij^{1}	bju^{1}	śjij^{1}	djịj^{1}
陀，	及	此	道	外	之	相	应	辈，

吠陀乌摩利迦、路伽耶陀，及此外道相应之辈，

21.31.6

[illegible]	[illegible]	[illegible]	[illegible]，	[illegible]	[illegible]	[illegible]	[illegible]	[illegible]。
rjir^{2}	ɣwej^{1}	dwər^{2}	ljɨ^{1}	ljịj^{2}	gjwɨ^{1}	zjir^{2}	gjwi^{2}	mjijr^{2}
与	战	交	故，	大	甲	胄	衣	者。
[illegible]	[illegible]	[illegible]	[illegible]	[illegible]	[illegible]	[illegible]	[illegible]	[illegible]
rjur^{1}	po^{1}	tsa^{1}	ma^{2}	ŋạ^{2}	tsa^{1}	thjɨ^{2}	sju^{2}	ljịj^{2}
诸	菩	萨	摩	诃	萨	是	如	大

与交战故，被大甲胄。诸菩萨摩诃萨如是被于大

21.32.1

[illegible]	[illegible]	[illegible]	[illegible]，	[illegible]	[illegible]	[illegible]	[illegible]	[illegible]
gjwɨ^{1}	zjir^{2}	gjwi^{2}	niow^{1}	gjwɨ^{1}	zjir^{2}	mji^{1}	phjɨ^{1}	ljịj^{2}
甲	胄	衣	已，	甲	胄	不	舍	大
[illegible]	[illegible]	[illegible]，	[illegible]	[illegible]	[illegible]	[illegible]	[illegible]	[illegible]
khu^{1}	dźjij^{1}	śjwo^{1}	ɲia^{2}	tśhju^{1}	rjur^{1}	ŋowr^{2}	ŋowr^{2}	kha^{1}
进	精	起，	情	有	界	一	切	中

甲胄已，不舍甲胄起大精进，能入一切众生界中，

21.32.2

[illegible]，	[illegible]	[illegible]	[illegible]	[illegible]	[illegible]	[illegible]	[illegible]	[illegible]，
·o^{2}	zẹw^{2}	ŋwu^{2}	no^{2}	dźjịj^{1}	kjạ^{1}	le^{2}	khwa^{1}	ka^{2}
入，	忍	以	安	住	怖	畏	远	离，
[illegible]	[illegible]	[illegible]	[illegible]，	[illegible]	[illegible]	[illegible]	[illegible]，	[illegible]
mji^{1}	tśjɨ̱r^{2}	mji^{1}	le^{2}	mji^{1}	mju^{2}	mji^{1}	ŋewr^{1}	niow^{1}
不	惊	不	惧，	不	动	不	乱，	复

以忍安住远离怖畏，不惊不惧，不动不乱，而复

21.32.3

[illegible]	[illegible]	[illegible]	[illegible]	[illegible]	[illegible]。	[illegible]	[illegible]	[illegible]
bju^{2}	mjij^{1}	gjwɨ^{1}	zjir^{2}	gjwi^{2}	njwi^{2}	thjɨ^{2}	tja^{1}	ɲia^{2}
边	无	甲	胄	衣	能。	是	者	情

[illegible]	[illegible]	[illegible]	[illegible]	[illegible]	[illegible]	[illegible]	[illegible]	[illegible]，
tśhju^1	ŋowr^2	ŋowr^2	·jij^1	gjụ^2	·wejr^2	sji^2	gjwɨ^1	zjir^2
有	一	切	之	救	护	△	甲	胄，

被于无边甲胄。所谓救护一切众生甲胄，

21.32.4

[illegible]	[illegible]	[illegible]	[illegible]	[illegible]	[illegible]	[illegible]	[illegible]	[illegible]，
ljij^2	ŋowr^2	ŋowr^2	bo^1	lạ^1	khjwɨ^1	sji^2	gjwɨ^1	zjir^2
见	一	切	林	厚	剪	△	甲	胄，
[illegible]	[illegible]	[illegible]	[illegible]	[illegible]	[illegible]	[illegible]	[illegible]，	[illegible]
rjur^1	ljij^2	gja^1	·jij^1	ljịj^2	sji^2	gjwɨ^1	zjir^2	sjịj^2
诸	魔	军	之	破	△	甲	胄，	智

剪一切见稠林甲胄，破诸魔军甲胄，

21.32.5

[illegible]	[illegible]	[illegible]	[illegible]	[illegible]	[illegible]，	[illegible]	[illegible]	[illegible]
źjɨr^1	khjow^1	njwi^2	sji^2	gjwɨ^1	zjir^2	bju^2	mjij^1	dzow^1
慧	授	能	△	甲	胄，	边	无	梁
[illegible]	[illegible]	[illegible]	[illegible]	[illegible]，	[illegible]	[illegible]	[illegible]	[illegible]
dzjwị^1	wji^1	sji^2	gjwɨ^1	zjir^2	rjur^1	·ụ^2	ljɨ̣^{1}	dzjịj^1
津	为	△	甲	胄，	诸	担	重	度

能授智慧甲胄，无边津梁甲胄，度诸重担甲胄，

21.32.6

[illegible]	[illegible]	[illegible]，	[illegible]	[illegible]	[illegible]	[illegible]	[illegible]	[illegible]
sji^2	gjwɨ^1	zjir^2	sej^1	dźiej^2	lhu^1	dzja^1	sji^2	gjwɨ^1
△	甲	胄，	净	信	增	长	△	甲
[illegible]，	[illegible]	[illegible]	[illegible]	[illegible]	[illegible]	[illegible]	[illegible]，	[illegible]
zjir^2	śiə^1	lo^1	no^2	dźjịj^1	sji^2	gjwɨ^1	zjir^2	sjwɨj^1
胄，	尸	罗	安	住	△	甲	胄，	业

增长净信甲胄，安住尸罗甲胄，

21.33.1

·ụ^{2}	sej^{1}	djị^{2}	sji^{2}	gjwɨ^{1}	zjir^{2}	gji^{1}	sej^{1}	ɣie^{1}
藏	净	治	△	甲	胄，	清	净	力
·ụ^{2}	ŋowr^{2}	ŋowr^{2}	gjwɨ^{1}	zjir^{2}	tśier^{1}	·ju^{2}	ne̱w^{2}	ɣjɨr^{1}
藏	一	切	甲	胄，	方	便	善	巧

净治业藏甲胄，一切清净力藏甲胄，方便善巧

21.33.2

ɣie^{1}	·ụ^{2}	gjwɨ^{1}	zjir^{2}	zow^{2}	zjịj^{1}	ŋowr^{2}	ŋowr^{2}	phja^{1}
力	藏	甲	胄，	执	着	一	切	断
njwi^{2}	sji^{2}	gjwɨ^{1}	zjir^{2}	mji^{1}	lhji̱^{1}	mji^{1}	lhjwo^{1}	sjịj^{2}
能	△	甲	胄，	不	悔	不	退	智

力藏甲胄，能断一切执着甲胄，不退不悔智

21.33.3

źjɨr^{1}	gjwɨ^{1}	zjir^{2}	ŋwu^{2}	rjur^{1}	po^{1}	tsa^{1}	ma^{2}	ŋạ^{2}
慧	甲	胄	是。	诸	菩	萨	摩	诃
tsa^{1}	thjɨ^{2}	sju^{2}	ljịj^{2}	gjwɨ^{1}	zjir^{2}	gjwi^{2}	niow^{1}	mji^{1}
萨	是	如	大	甲	胄	衣	亦	不

慧甲胄。诸菩萨摩诃萨被于如是大甲胄已亦不

21.33.4

dźji̱r^{1}	ka^{2}	ku^{1}	rjɨr^{2}	njɨ^{2}	bju^{2}	ljow^{2}	sji^{2}	gjwɨ^{1}
舍	离，	故	乃	至	边	际	△	坚

[illegible]	[illegible]	[illegible]	[illegible]	[illegible]	[illegible]	[illegible]	[illegible]	[illegible]
lwo^{2}	khu^{1}	dźjij^{1}	ɣie^{1}	bju^{2}	sji^{1}	ɣa^{2}	kjɨ^{1}	njɨ^{2}
固	进	精	力	边	尽	于	乃	至

舍离,乃至尽边际坚固精进力

21.33.5

[illegible]	[illegible]	[illegible]	[illegible],	[illegible]	[illegible]	[illegible]	[illegible]	[illegible]
mju^{2}	ljɨj^{2}	mjij^{2}	djij^{2}	·ja	du̱^{2}	tow^{1}	lo^{1}	sã^{1}
动	摇	未	曾,	阿	耨	多	罗	三
[illegible]	[illegible]	[illegible]	[illegible]	[illegible]	[illegible]	[illegible]	[illegible]。	[illegible]
mjiw^{2}	sã^{1}	po^{1}	tjɨj^{1}	ɣa^{2}	śjwo^{1}	tshwew^{1}	ljɨ^{1}	tśhjɨ^{1}
藐	三	菩	提	于	发	趣	也。	尔

曾不动摇,而发趣于阿耨多罗三藐三菩提。尔

21.33.6

[illegible],	[illegible]	[illegible]	[illegible]	[illegible]	[illegible]	[illegible]:
zjo̱^{2}	rjur^{1}	pju̱^{1}	lja̱^{1}	da̱^{2}	rjɨr^{2}	tshjij^{1}
时,	世	尊	偈	言	△	说:

时,世尊而说偈言:

21.34.1

[illegible]	[illegible]	[illegible]	[illegible]	[illegible],	[illegible]	[illegible]	[illegible]
ɲia^{2}	tśhju^{1}	·jij^{1}	ɣjiw^{1}	nio̱w^{1}	ɲia^{2}	tsjij^{2}	gjwɨ^{1}
情	有	之	摄	为,	菩	萨	甲
[illegible]	[illegible],	[illegible]	[illegible]	[illegible]	[illegible]	[illegible],	
zjir^{2}	gjwi^{2}	ɲia^{2}	tśhju^{1}	bju^{2}	mjij^{1}	ku^{1}	
胄	衣,	情	有	边	无	故,	

菩萨被甲胄,为摄诸众生,众生无边故,

21.34.2

[illegible]	[illegible]	[illegible]	[illegible]	[illegible]。	[illegible]	[illegible]	[illegible]
gjwɨ^{1}	zjir^{2}	tsjɨ^{1}	bju^{2}	mjij^{1}	zji^{1}	mji^{1}	gji^{1}

甲 胄 亦 边 无。 布 施 清

[illegible] [illegible]， [illegible] [illegible] [illegible] [illegible] [illegible]，

sej1 ku1 ŋowr2 ŋowr2 njịj1 ljɨ̣j2 phji1

净 故， 一 切 心 喜 令，

被甲亦无边。布施清净故，一切令充悦，

21.34.3

[illegible] [illegible] [illegible] [illegible] [illegible]， [illegible] [illegible] [illegible]

rjur1 ɲia2 tśhju1 gjịj1 nio̱w1 tśhjwo1 thjɨ2 gjwɨ1

诸 情 有 利 为， 故 斯 甲

[illegible] [illegible]。 [illegible] [illegible] [illegible] [illegible] [illegible]，

zjir2 gjwi2 kie1 ·jịj1 gji1 sej1 ku1

胄 衣。 戒 持 清 净 故，

为利诸众生，乃被斯甲胄。持戒清净故，

21.34.4

[illegible] [illegible] [illegible] [illegible] [illegible]， [illegible] [illegible] [illegible]

rjur1 kha1 ·jij1 mji̱2 ɣie̱2 rjur1 ɲia2 tśhju1

世 间 之 饶 益， 诸 情 有

[illegible] [illegible]， [illegible] [illegible] [illegible] [illegible] [illegible]。

gjịj1 nio̱w1 tśhjwo1 thjɨ2 gjwɨ1 zjir2 gjwi2

利 为， 故 斯 甲 胄 衣。

饶益于世间，为利诸众生，乃被斯甲胄。

21.34.5

[illegible] [illegible] [illegible] [illegible] [illegible]， [illegible] [illegible] [illegible]

no2 ze̱w2 gji1 sej1 ku1 kjir1 ·jiw2 no2

忍 辱 清 净 故， 勇 猛 安

[illegible] [illegible]， [illegible] [illegible] [illegible] [illegible] [illegible]，

dźjịj1 njwi2 rjur1 ɲia2 tśhju1 gjịj1 nio̱w1

住 善， 诸 情 有 利 为，

忍辱清净故，勇猛善安住，为利诸众生，

21.34.6

[illegible]	[illegible]	[illegible]	[illegible]	[illegible]。	[illegible]	[illegible]	[illegible]
tśhjwo1	thjɨ2	gjwɨ1	zjir2	gjwi2	khu1	dźjij1	gji1
故	斯	甲	胄	衣。	进	精	清
[illegible]	[illegible]，	[illegible]	[illegible]	[illegible]	[illegible]	[illegible]，	
sej1	ku1	mji1	lhji̱1	lhjwo1	śjɨj1	·jiw2	
净	故，	不	退	转	成	就，	

乃被斯甲胄。精进清净故，成就不退转，

21.35.1

[illegible]	[illegible]	[illegible]	[illegible]	[illegible]，	[illegible]	[illegible]	[illegible]
rjur1	ɲia2	tśhju1	gji̱j1	nio̱w1	tśhjwo1	thjɨ2	gjwɨ1
诸	情	有	利	为，	故	斯	甲
[illegible]	[illegible]。	[illegible]	[illegible]	[illegible]	[illegible]	[illegible]，	
zjir2	gjwi2	śjã1	djɨj2	gji1	sej1	ku1	
胄	衣。	禅	定	清	净	故，	

为利诸众生，乃被斯甲胄。禅定清净故，

21.35.2

[illegible]	[illegible]	[illegible]	[illegible]	[illegible]，	[illegible]	[illegible]	[illegible]
mjɨ̱2	kie̱j2	tsjɨ1	thja2	sju2	rjur1	ɲia2	tśhju1
境	界	亦	彼	如，	诸	情	有
[illegible]	[illegible]，	[illegible]	[illegible]	[illegible]	[illegible]	[illegible]。	
gji̱j1	nio̱w1	tśhjwo1	thjɨ2	gjwɨ1	zjir2	gjwi2	
利	为，	故	斯	甲	胄	衣。	

所行境亦然，为利诸众生，乃被斯甲胄。

21.35.3

[illegible]	[illegible]	[illegible]	[illegible]	[illegible]，	[illegible]	[illegible]	[illegible]
sji̱j2	źjɨr1	gji1	sej1	ku1	rar2	mjij1	źji2
智	慧	清	净	故，	漏	无	无

[illegible]	[illegible]，	[illegible]	[illegible]	[illegible]	[illegible]	[illegible]，
phju^{2}	we^{2}	rjur^{1}	ɲia^{2}	tśhju^{1}	gjịj^{1}	nio̱w^{1}
上	为，	诸	情	有	利	为，

智慧清净故，无漏无过上，为利诸众生，

21.35.4

[illegible]	[illegible]	[illegible]	[illegible]	[illegible]。	[illegible]	[illegible]	[illegible]
tśhjwo^{1}	thjɨ^{2}	gjwɨ^{1}	zjir^{2}	gjwi^{2}	ɲia^{2}	tśhju^{1}	ŋowr^{2}
乃	斯	甲	胄	衣。	情	有	一
[illegible]	[illegible]，	[illegible]	[illegible]	[illegible]	[illegible]	[illegible]，	
ŋowr^{2}	·jij^{1}	źji^{2}	lhejr^{2}	gju^{2}	mji^{1}	khjow^{1}	
切	之，	悉	乐	具	施	与，	

乃被斯甲胄。一切诸众生，乐具悉当与，

21.35.5

[illegible]	[illegible]	[illegible]	[illegible]	[illegible]，	[illegible]	[illegible]	[illegible]
thjɨ^{2}	wo^{2}	nwə^{1}	njwi^{2}	ku^{1}	tśhjwo^{1}	thjɨ^{2}	gjwɨ^{1}
此	义	知	善	故，	乃	斯	甲
[illegible]	[illegible]。	[illegible]	[illegible]	[illegible]	[illegible]	[illegible]，	
zjir^{2}	gjwi^{2}	ɲia^{2}	tsjij^{2}	ɲia^{2}	tśhju^{1}	ɣa^{2}	
胄	衣。	菩	萨	情	有	于，	

善知此义故，乃被斯甲胄。菩萨于众生，

21.35.6

[illegible]	[illegible]	[illegible]	[illegible]	[illegible]，	[illegible]	[illegible]	[illegible]
mji̱^{2}	ɣie^{2}	dạ^{2}	wji^{1}	njwi^{2}	gji^{1}	sej^{1}	ljɨr^{1}
饶	益	事	为	能，	清	净	四
[illegible]	[illegible]，	[illegible]	[illegible]	[illegible]	[illegible]	[illegible]。	
ɣjiw^{1}	ŋwu^{2}	rjur^{1}	dju^{1}	kha^{1}	źji^{2}	njɨ^{2}	
摄	以，	诸	有	中	普	遍。	

能为饶益事，以清净四摄，普遍诸有中。

21.36.1

[illegible]	[illegible]	[illegible]	[illegible]	[illegible],	[illegible]	[illegible]	[illegible]
tjij¹	sọ¹	lə²	ŋo²	thjwɨ¹	thja²	kha¹	djị²
若	三	痴	病	染,	其	中	治
[illegible]	[illegible],	[illegible]	[illegible]	[illegible]	[illegible]	[illegible]。	
mjijr²	we²	ɲia²	tśhju¹	·jij¹	tsə̣¹	khjow¹	
者	为,	情	有	之	药	授。	

若病贪瞋痴①,而为对治者,授诸众生药,

21.36.2

[illegible]	[illegible]	[illegible]	[illegible]	[illegible]。	[illegible]	[illegible]	[illegible]
·ji¹	ŋo²	źji²	ŋwər²	phji¹	thjɨ²	nio̱w¹	rjur¹
众	患	皆	愈	令。	是	由	诸
[illegible]	[illegible],	[illegible]	[illegible]	[illegible]	[illegible]	[illegible],	
ɲia²	tsjij²	ljịj²	gjwɨ¹	zjir²	gjwi²	njwi²	
菩	萨,	大	甲	胄	衣	善,	

所患令消除。由是诸菩萨,善能被甲胄,

21.36.3

[illegible]	[illegible]	[illegible]	[illegible]	[illegible],	[illegible]	[illegible]	[illegible]
tśhja²	·iow¹	·wụ²	dźjwij²	ɣa²	bju²	mjij¹	ne̱w²
德	功	资	粮	于,	边	无	善
[illegible]	[illegible]。	[illegible]	[illegible]	[illegible]	[illegible]	[illegible],	
ɣjɨr¹	rjir²	ɲia²	tśhju¹	lhji²	we̱¹	tśjị¹	
巧	获。	情	有	死	生	苦,	

于功德资粮,获无边善巧。众生生死苦,

21.36.4

[illegible]	[illegible]	[illegible]	[illegible]	[illegible],	[illegible]	[illegible]	[illegible]

① 若病贪瞋痴,西夏文译作"[illegible][illegible][illegible][illegible][illegible]",字面意思是"若染三痴病"。按,"贪瞋痴"指佛教"三毒",西夏本作"三痴",似于义不切。

tha	njij^2	nej^2	mji^1	rjir^2	thja^2	·jij^1	gju̱^{2}
逼	迫	安	不	得，	彼	之	救
[illegible]	[illegible]，	[illegible]	[illegible]	[illegible]	[illegible]	[illegible]。	
·wejr^2	nio̱w^1	bju^2	mjij^1	gjwɨ^1	zjir^2	gjwi^2	
护	为，	边	无	甲	胄	衣。	

逼迫不安隐，我当为救护，被甲胄无边。

21.36.5

[illegible]	[illegible]	[illegible]	[illegible]	[illegible]，	[illegible]	[illegible]	[illegible]
bju^2	mjij^1	lhji^2	we̱^{1}	tśji̱^{1}	ŋa^2	bie^2	thjij^2
边	无	死	生	苦，	我	解	脱
[illegible]	[illegible]，	[illegible]	[illegible]	[illegible]	[illegible]	[illegible]，	
phji^1	njwi^2	dzu^1	ljij^2	rer^2	tśjɨ̱r^2	tja^1	
令	能，	爱	见	网	缚	者，	

无边生死苦，我能令解脱，爱见网所缚，

21.36.6

[illegible]	[illegible]	[illegible]	[illegible]	[illegible].	[illegible]	[illegible]	[illegible]
ŋowr^2	ŋowr^2	źji^2	phja^1	phji^1	thjɨ^2	sju^2	źji̱^{1}
一	切	皆	断	令。	此	如	烦
[illegible]	[illegible]，	[illegible]	[illegible]	[illegible]	[illegible]	[illegible]，	
njɨ̱^{2}	rer^2	ŋowr^2	ŋowr^2	phja^1	njwi^2	mjijr^2	
恼	网，	一	切	断	能	者，	

一切皆当断。于此烦恼网，一切能断者，

21.37.1

[illegible]	[illegible]	[illegible]	[illegible]	[illegible]，	[illegible]	[illegible]	[illegible]
gjwɨ^1	lwo^2	khu^1	dźjij^1	ɣie^1	kjir^1	·jiw^2	gjwɨ^1
坚	固	进	精	力，	勇	猛	甲
[illegible]	[illegible]。	[illegible]	[illegible]	[illegible]	[illegible]	[illegible]，	
zjir^2	gjwi^2	ɲia^2	tśhju^1	ŋowr^2	ŋowr^2	·jij^1	
胄	衣。	情	有	一	切	之，	

坚固精进力，勇猛而被甲。一切诸众生，

21.37.2

[illegible]	[illegible]	[illegible]	[illegible]	[illegible]，	[illegible]	[illegible]	[illegible]
no^{2}	lhejr^{2}	tśja^{1}	dźjij^{1}	phji^{1}	thjɨ^{2}	niow^{1}	djij^{2}
安	乐	道	住	令，	是	以	涅
[illegible]	[illegible]，	[illegible]	[illegible]	[illegible]	[illegible]	[illegible]。	
phã^{1}	tshwew^{1}	no^{2}	lhejr^{2}	źji^{2}	phju^{2}	we^{2}	
槃	趣，	安	乐	无	上	为。	

令住安乐道，以是趣涅槃，安隐而无上。

21.37.3

[illegible]	[illegible]	[illegible]	[illegible]	[illegible]，	[illegible]	[illegible]	[illegible]
ljij^{2}	khu^{1}	dźjij^{1}	ɣie^{1}	ŋwu^{2}	tśhjwo^{1}	thjɨ^{2}	gjwɨ^{1}
大	进	精	力	以，	乃	斯	甲
[illegible]	[illegible]，	[illegible]	[illegible]	[illegible]	[illegible]	[illegible]，	
zjir^{2}	gjwi^{2}	·ju^{2}	do^{2}	ŋowr^{2}	ŋowr^{2}	rjir^{2}	
胄	衣，	常	处	一	切	与，	

以大精进力，乃被斯甲胄，当共一切魔①，

21.37.4

[illegible]	[illegible]	[illegible]	[illegible]	[illegible]。	[illegible]	[illegible]	[illegible]
ɣwej^{1}	dwər^{2}	mji^{1}	dwər^{1}	tjɨ̣^{2}	tjij^{1}	rjur^{1}	ljij^{2}
战	敌	无	厌	倦。	若	诸	见
[illegible]	[illegible]，	[illegible]	[illegible]	[illegible]	[illegible]	[illegible]，	
ɣa^{2}	dźjij^{1}	niow^{1}	bo^{1}	lạ^{1}	dźjij^{1}	mjijr^{2}	
于	住，	及	林	厚	行	者，	

敌战尝无倦。若住于诸见，稠林而行者，

21.37.5

[illegible]	[illegible]	[illegible]	[illegible]	[illegible]，	[illegible]	[illegible]	[illegible]
lu^{1}	khja^{2}	·ja^{2}	thow^{1}	njɨ^{2}	thja^{2}	niow^{1}	gjwɨ^{1}

① 当共一切魔，西夏本作"[illegible]"，字面意思是"常与一切共"。

路	伽	耶	陀	等，	彼	及	甲
[illegible]	[illegible]。	[illegible]	[illegible]	[illegible]	[illegible]	[illegible]，	
zjir^{2}	gjwi^{2}	niow^{1}	mjɨ^{1}	pjụ^{1}	·ji^{1}	ɣie^{2}	
胄	衣。	及	无	量	众	利，	

路伽耶陀等，被甲利于彼。及余无量众，

21.37.6

[illegible]	[illegible]	[illegible]	[illegible]	[illegible]，	[illegible]	[illegible]	[illegible]
rjur^{1}	mji^{1}	tśja^{1}	dźjij^{1}	mjijr^{2}	thja^{2}	·jij^{1}	gjịj^{1}
诸	非	道	行	者，	彼	之	利
[illegible]	[illegible]，	[illegible]	[illegible]	[illegible]	[illegible]	[illegible]。	
ɣie^{2}	nio̱w^{1}	bju^{2}	mjij^{1}	gjwɨ^{1}	zjir^{2}	gjwi^{2}	
益	故，	边	无	甲	胄	衣。	

行诸非道者，于彼咸利益，故被甲无边。

21.38.1

[illegible]	[illegible]	[illegible]	[illegible]	[illegible]，	[illegible]	[illegible]	[illegible]
thjɨ^{2}	sju^{2}	gjwɨ^{1}	gjwi^{2}	nio̱w^{1}	thja^{2}	gjwɨ^{1}	zjir^{2}
是	如	甲	衣	因，	彼	甲	胄
[illegible]	[illegible]，	[illegible]	[illegible]	[illegible]	[illegible]	[illegible]，	
mji^{1}	phjɨ^{1}	ljịj^{2}	khu^{1}	dźjij^{1}	ɣie^{1}	śjwo^{1}	
不	舍，	大	进	精	力	起，	

如是被甲已①，不舍于甲胄，起大精进力，

21.38.2

[illegible]	[illegible]	[illegible]	[illegible]	[illegible]。	[illegible]	[illegible]	[illegible]
zjir^{2}	gjwi^{2}	bu̱^{2}	gjwɨ^{1}	lwo^{2}	lhji^{2}	we̱^{1}	rjur^{1}
甲	衣	胜	坚	固。	死	生	世
[illegible]	[illegible]，	[illegible]	[illegible]	[illegible]	[illegible]	[illegible]，	
kha^{1}	·o^{2}	ze̱w^{2}	ŋwu^{2}	no^{2}	dźjij^{1}	rjir^{2}	

① 已，西夏本作“[illegible]”（因），在此假借作“[illegible]”niow^{1}（已）。同于上文21.22.2。

间	入,	忍	以	安	住	得,

被甲胜坚固。入于生死界,以忍得安住,

21.38.3

[illegible]	[illegible]	[illegible]	[illegible]	[illegible],	[illegible]	[illegible]	[illegible]
gjwɨ^{1}	lwo^{2}	ze̱w^{2}	śjɨj^{1}	·jiw^{2}	zjir^{2}	gjwi^{2}	źji^{2}
坚	固	忍	成	就,	甲	衣	无
[illegible]	[illegible]。	[illegible]	[illegible]	[illegible]	[illegible]	[illegible],	
phju^{2}	we^{2}	kjạ^{1}	le^{2}	njịj^{1}	khwa^{1}	ka^{2}	
上	为。	怖	畏	心	远	离,	

成就坚固忍,被甲无过上。远离于怖畏,

21.38.4

[illegible]	[illegible]	[illegible]	[illegible]	[illegible],	[illegible]	[illegible]	[illegible]
niow^{1}	tśjɨ̱r^{2}	le^{2}	mji^{1}	dju^{1}	bju^{2}	mjij^{1}	gjwɨ^{1}
亦	惊	惧	无	有,	边	无	甲
[illegible]	[illegible],	[illegible]	[illegible]	[illegible]	[illegible]	[illegible]。	
zjir^{2}	gjwi^{2}	ŋowr^{2}	ŋowr^{2}	jɨr^{2}	djọ^{2}	dzjɨ̱^{2}	
胄	衣,	一	切	勤	修	习。	

亦无有惊惧,被无边甲胄,一切勤修习。

21.38.5

[illegible]	[illegible]	[illegible]	[illegible]	[illegible],	[illegible]	[illegible]	[illegible]
gjwɨ^{1}	zjir^{2}	ɣa^{2}	dźjij^{1}	njwi^{2}	·ju^{2}	tśhja^{2}	bju^{1}
甲	胄	于	住	善,	常	正	如
[illegible]	[illegible],	[illegible]	[illegible]	[illegible]	[illegible]	[illegible],	
nwə^{1}	tsjij^{2}	mjij^{1}	sej^{1}	mji^{1}	mju^{2}	ljɨ̱j^{2}	
知	了,	寂	净	不	动	摇,	

善住于甲胄,常能正了知,寂然不动摇,

21.38.6

[illegible]	[illegible]	[illegible]	[illegible]	[illegible]。	[illegible]	[illegible]	[illegible]

mji^{1}	ŋewr^{1}	mji^{1}	lhji̠^{1}	lhjwo^{1}	thjɨ^{2}	sju^{2}	zjir^{2}
不	乱	不	退	转。	是	如	甲
[illegible]	[illegible]，	[illegible]	[illegible]	[illegible]	[illegible]	[illegible]，	
gjwi^{2}	niow^{1}	sji̠j^{2}	mjijr^{2}	niow^{1}	thjɨ^{2}	sju^{2}	
衣	已，	智	者	复	是	如，	

不乱不退转。被如是甲已，智者复当被①，

21.39.1

[illegible]	[illegible]	[illegible]	[illegible]	[illegible]，	[illegible]	[illegible]	[illegible]
ɲia^{2}	tśhju^{1}	gju̠^{2}	·wejr^{2}	zjir^{2}	ljij^{2}	·ji^{1}	ŋjwo^{2}
情	有	救	护	甲，	魔	众	破
[illegible]	[illegible]。	[illegible]	[illegible]	[illegible]	[illegible]	[illegible]，	
ljij^{2}	zjir^{2}	bju^{2}	mjij^{1}	dzow^{1}	dzjwɨ̣^{1}	zjir^{2}	
坏	甲。	边	无	梁	津	甲，	

救护众生甲，破坏众魔甲。无边津梁甲，

21.39.2

[illegible]	[illegible]	[illegible]	[illegible]	[illegible]，	[illegible]	[illegible]	[illegible]
ŋowr^{2}	ŋowr^{2}	źji^{2}	gjwi^{2}	lew^{2}	kjir^{1}	·jiw^{2}	bu̠^{2}
一	切	悉	衣	当，	勇	猛	胜
[illegible]	[illegible]，	[illegible]	[illegible]	[illegible]	[illegible]	[illegible]。	
sji̠j^{2}	dzjwo^{2}	gjwi^{2}	niow^{1}	no^{2}	dźjij^{1}	rjir^{2}	
智	人，	衣	已	安	住	得。	

一切悉当被，勇猛胜智人，被已得安住。

21.39.3

[illegible]	[illegible]	[illegible]	[illegible]	[illegible]，	[illegible]	[illegible]	[illegible]
ljij^{2}	·u̠^{2}	ljɨ̠^{1}	nio̠w^{1}	ku^{1}	źji^{2}	phju^{2}	gjwɨ^{1}
大	担	重	为	故，	无	上	甲
[illegible]	[illegible]，	[illegible]	[illegible]	[illegible]	[illegible]	[illegible]，	
zjir^{2}	gjwi^{2}	rjur^{1}	ɲia^{2}	tśhju^{1}	·jij^{1}	gju^{1}	

① 当被，西夏本概承上文，译作“[illegible][illegible]”（如是）。

胄 衣， 诸 情 有 之 度，

为大重担故，被甲无有上，度一切众生，

21.39.4

[illegible]

tśjị¹ ljịj² źji² thjịj² phji¹ gji¹ sej¹ dźiej²

苦 大 悉 脱 令。 清 净 信

[illegible]

dzja¹ ljịj¹ tśhjiw¹ tśhji² ɣa² dźjịj¹ njwi²

增 长， 六 根 于 住 善，

苦担①悉令脱。增长清净信，善住于六根，

21.39.5

[illegible]

kie¹ rjir² gu² bju¹ śjij¹ źji² phju² gjwɨ¹

戒 与 共 相 应， 无 上 甲

[illegible]

zjir² gjwi² kjir¹ ·jiw² sjịj² śjɨj¹ ·jiw²

胄 衣。 勇 猛 智 成 就，

戒得②共相应，被甲无过上。成就勇猛智，

21.39.6

[illegible]

ɲia² tsjij² pjụ¹ wer¹ kie¹ bju¹ śjij¹ no²

菩 萨 威 仪 戒， 相 应 安

[illegible]

dźjịj¹ njwi² mju² lew² mjij¹ zjir² gjwi²

住 能， 动 所 无 甲 衣。

菩萨能安住，威仪戒相应，被甲无所动。

---

① 苦担，西夏文译作"[illegible]"(大苦)。

② 得，西夏本作"[illegible]"(与)。按，"[illegible]"rjir²(与)在此疑假借作"[illegible]"rjir²(得)。

21.40.1

□	□	□	□	□，	□	□	□
njwo^{2}	bu̱^{2}	pju̱^{1}	·ji^{1}	do^{2}	gji^{1}	sej^{1}	rjur^{1}
昔	胜	尊	众	于，	清	净	诸
□	□，	□	□	□	□	□，	
sjwɨj^{1}	djo̱^{2}	thjɨ^{2}	nio̱w^{1}	gjwɨ^{1}	zjir^{2}	gjwi^{2}	
业	修，	是	故	甲	胄	衣，	

于昔胜尊众，清净修诸业，是故被甲胄，

21.40.2

□	□	□	□	□。	□	□	□
·ju^{2}	dźju^{2}	no̱^{1}	mji^{1}	dju^{1}	ɲia^{2}	tśhju^{1}	dzu^{1}
常	怯	弱	不	有。	情	有	爱
□	□，	□	□	□	□	□，	
źjɨr^{1}	ŋwu^{2}	rjur^{1}	rjur^{1}	kha^{1}	mji̱^{2}	ɣie^{2}	
慧	以，	诸	世	间	饶	益，	

而常不怯弱。以爱众生慧，饶益诸世间，

21.40.3

□	□	□	□	□，	□	□	□
tśier^{1}	·ju^{2}	mji̱jr^{2}	dar^{1}	ku^{1}	zjir^{2}	gjwi^{2}	no^{2}
方	便	通	达	故，	甲	衣	安
□	□。	□	□	□	□	□，	
dźji̱j^{1}	njwi^{2}	thjo̱^{1}	tśier^{1}	·ju^{2}	sji̱j^{2}	ɣa^{2}	
住	善。	巧	方	便	智	于，	

通达于方便，被甲善安住。于巧方便智，

21.40.4

□	□	□	□	□，	□	□	□
ɲia^{2}	tsjij^{2}	mji̱jr^{2}	dar^{1}	njwi^{2}	thjɨ^{2}	sju^{2}	zjir^{2}
菩	萨	通	达	能，	是	如	甲

[illegible] [illegible]， [illegible] [illegible] [illegible] [illegible] [illegible]。

gjwi[2] niow[1] ·ji[1] tśhiow[1] tśji̠r[2] źji[2] phja[1]

衣 已， 众 结 缚 皆 断。

菩萨能通达，如是被甲已，断除众结缚。

21.40.5

[illegible] [illegible] [illegible] [illegible] [illegible]， [illegible] [illegible] [illegible]

zow[2] ŋowr[2] ŋowr[2] khwa[1] ka[2] tśhja[2] dźiej[2] ljwu[1]

执 一 切 远 离， 正 信 违

[illegible] [illegible]， [illegible] [illegible] [illegible] [illegible] [illegible]，

nu[1] mjij[1] gjwɨ[1] zjir[2] gjwi[2] sji̠j[2] dzjwo[2]

背 不， 甲 胄 衣 智 人，

远离一切执，正信不违背，被甲之智人，

21.40.6

[illegible] [illegible] [illegible] [illegible] [illegible]。 [illegible] [illegible] [illegible]

źji[2] phju[2] rjijr[2] śjwo[1] tshwew[1] thja[1] ɲia[2] tsjij[2]

无 上 向 发 趣。 彼 菩 萨

[illegible] [illegible]， [illegible] [illegible] [illegible] [illegible] [illegible]，

kjɨ[1] djɨj[2] ·jij[1] gji̠j[1] tsjij[2] gji̠j[1] njwi[2]

决 定， 自 利 悟 利 能，

发趣于无上。菩萨能决定，自利及利他①，

21.41.1

[illegible] [illegible] [illegible] [illegible] [illegible]，

jɨr[2] khu[1] dźjij[1] ɣie[1] bju[1]

勤 进 精 力 以，

[illegible] [illegible] [illegible] [illegible] [illegible]。

gjwɨ[1] lwo[2] mji[1] lhji̠[1] lhjwo[1]

坚 固 无 退 退。

以善精进力，坚固无退转。

① 利他，西夏本作“[illegible][illegible]”(悟利)。按，“[illegible]”tsjij[2](悟、了)与义不合，在此假借作“[illegible]”tsjij[1](他)。此二字在西夏字书《择要》中同组(6.3.6)。

汉文本

尔时,世尊告无边慧菩萨摩诃萨言:无边慧!诸菩萨摩诃萨为阿耨多罗三藐三菩提被甲胄者,为欲摄取诸众生故,被大甲胄;为诸众生布施清净故,被大甲胄;为诸众生持戒清净故,被大甲胄;为诸众生忍辱清净故,被大甲胄;为诸众生精进清净故,被大甲胄;为诸众生禅定清净故,被大甲胄;为诸众生智慧清净故,被大甲胄;为诸众生获安乐故,被大甲胄;为诸众生起饶益事相应心故,被大甲胄;为诸众生贪瞋痴病作对治故,被大甲胄;为大功德作善巧故,被大甲胄;为无上智善圆满故,被大甲胄;为诸众生生死怖畏作救护故,被大甲胄;为欲显现无等等智善圆满故,被大甲胄。于此三千大千世界所有诸魔、若魔眷属、若魔使者、住魔业者,及行诸见稠林险径、一切外道诸遮罗迦出家,吠陀乌摩利迦、路伽耶陀,及此外道相应之辈,与交战故,被大甲胄。诸菩萨摩诃萨如是被于大甲胄已,不舍甲胄起大精进,能入一切众生界中,以忍安住远离怖畏,不惊不惧,不动不乱,而复被于无边甲胄。所谓救护一切众生甲胄,剪一切见稠林甲胄,破诸魔军甲胄,能授智慧甲胄,无边津梁甲胄,度诸重担甲胄,增长净信甲胄,安住尸罗甲胄,净治业藏甲胄,一切清净力藏甲胄,方便善巧力藏甲胄,能断一切执着甲胄,不退不悔智慧甲胄。诸菩萨摩诃萨被于如是大甲胄已亦不舍离,乃至尽边际坚固精进力曾不动摇,而发趣于阿耨多罗三藐三菩提。

尔时,世尊而说偈言:

菩萨被甲胄,为摄诸众生,
众生无边故,被甲亦无边。
布施清净故,一切令充悦,
为利诸众生,乃被斯甲胄。
持戒清净故,饶益于世间,
为利诸众生,乃被斯甲胄。
忍辱清净故,勇猛善安住,
为利诸众生,乃被斯甲胄。
精进清净故,成就不退转,
为利诸众生,乃被斯甲胄。
禅定清净故,所行境亦然,
为利诸众生,乃被斯甲胄。
智慧清净故,无漏无过上,
为利诸众生,乃被斯甲胄。
一切诸众生,乐具悉当与,
善知此义故,乃被斯甲胄。
菩萨于众生,能为饶益事,
以清净四摄,普遍诸有中。
若病贪瞋痴,而为对治者,
授诸众生药,所患令消除。
由是诸菩萨,善能被甲胄,

于功德资粮,获无边善巧。
众生生死苦,逼迫不安隐,
我当为救护,被甲胄无边。
无边生死苦,我能令解脱,
爱见网所缚,一切皆当断。
于此烦恼网,一切能断者,
坚固精进力,勇猛而被甲。
一切诸众生,令住安乐道,
以是趣涅槃,安隐而无上。
以大精进力,乃被斯甲胄,
当共一切魔,敌战尝无倦。
若住于诸见,稠林而行者,
路伽耶陀等,被甲利于彼。
及余无量众,行诸非道者,
于彼咸利益,故被甲无边。
如是被甲已,不舍于甲胄,
起大精进力,被甲胜坚固。
入于生死界,以忍得安住,
成就坚固忍,被甲无过上。
远离于怖畏,亦无有惊惧,
被无边甲胄,一切勤修习。
善住于甲胄,常能正了知,
寂然不动摇,不乱不退转。
被如是甲已,智者复当被,
救护众生甲,破坏众魔甲。
无边津梁甲,一切悉当被,
勇猛胜智人,被已得安住。
为大重担故,被甲无有上,
度一切众生,苦担悉令脱。
增长清净信,善住于六根,
戒得共相应,被甲无过上。
成就勇猛智,菩萨能安住,
威仪戒相应,被甲无所动。
于昔胜尊众,清净修诸业,
是故被甲胄,而常不怯弱。
以爱众生慧,饶益诸世间,
通达于方便,被甲善安住。
于巧方便智,菩萨能通达,

如是被甲已，断除众结缚。
远离一切执，正信不违背，
被甲之智人，发趣于无上。
菩萨能决定，自利及利他，
以善精进力，坚固无退转。

21.41.2

[illegible]	[illegible]，	[illegible]	[illegible]	[illegible]！	[illegible]	[illegible]	[illegible]	[illegible]
niow^{1}	tśjɨ^{1}	bju^{2}	mjij^{1}	źjɨr^{1}	rjur^{1}	po^{1}	tsa^{1}	ma^{2}
复	次，	边	无	慧！	诸	菩	萨	摩
[illegible]	[illegible]	[illegible]	[illegible]	[illegible]	[illegible]	[illegible]	[illegible]	[illegible]
ŋạ^{2}	tsa^{1}	mjɨ^{1}	pjụ^{1}	kja^{2}	ɣa^{2}	rjur^{1}	ljɨ̱^{1}	·ụ^{2}
诃	萨	无	量	劫	于	诸	重	担

复次，无边慧！诸菩萨摩诃萨于无量劫荷诸重担，

21.41.3

[illegible]	[illegible]，	[illegible]	[illegible]	[illegible]	[illegible]，	[illegible]	[illegible]	[illegible]
ljɨ̱^{1}	·ụ^{2}	ljịj^{2}	gjwɨ^{1}	zjir^{2}	gjwi^{2}	thjɨ^{2}	sju^{2}	gjwɨ^{1}
重	荷，	大	甲	胄	衣，	是	如	甲
[illegible]	[illegible]，	[illegible]	[illegible]、	[illegible]	[illegible]	[illegible]	[illegible]、	[illegible]
zjir^{2}	tja^{1}	tjij^{1}	ljịj^{2}	tjij^{1}	ljịj^{2}	wjɨ̱^{1}	dźjwɨ^{1}	tjij^{1}
胄	者，	若	魔、	若	魔	眷	属、	若

被大甲胄，如是甲胄，若魔、若魔眷属、或

21.41.4

[illegible]	[illegible]	[illegible]，	[illegible]	[illegible]	[illegible]	[illegible]	[illegible]	[illegible]
ljịj^{2}	phji̱^{1}	lew^{2}	niow^{1}	dow^{1}	ljij^{2}	bo^{1}	lạ^{1}	bjij^{1}
魔	使	所，	及	邪	见	林	厚	险
[illegible]	[illegible]	[illegible]，	[illegible]	[illegible]	[illegible]	[illegible]	[illegible]	[illegible]
tśja^{1}	dźjij^{1}	mjijr^{2}	rjur^{1}	ɲia^{2}	tśhju^{1}	njɨ^{2}	źji^{2}	ljij^{2}
道	行	者，	诸	情	有	等	皆	见

魔使者，及行邪见稠林恶碛①，诸众生等所

① 恶碛，西夏文译作“[illegible]”（险路）。上文 21.31.4 亦对译汉文本“险径”。

21.41.5

[illegible]	[illegible]。	[illegible]	[illegible]	[illegible]？	[illegible]	[illegible]	[illegible]	[illegible]，
mjɨ^{1}	njwi^{2}	thjij^{2}	sjo^{2}	ljɨ^{1}	jwɨr^{1}	·jij^{1}	mji^{1}	dju^{1}
不	能。	何	云	也？	形	相	无	有，
[illegible]	[illegible]	[illegible]	[illegible]，	[illegible]	[illegible]	[illegible]	[illegible]，	[illegible]
dźju^{1}	nẹj^{2}	tjị^{2}	mjij^{1}	ɣie^{2}	mjij^{1}	tsə̣^{1}	mjij^{1}	·jij^{1}
现	示	可	不，	碍	无	色	无，	相

不能见。何以故？无有形色①，不可示现，无对无相②，

21.41.6

[illegible]	[illegible]	[illegible]，	[illegible]	[illegible]	[illegible]	[illegible]。	[illegible]	[illegible]
dźjɨ̣r^{1}	·jij^{1}	ka^{2}	mjịj^{2}	dji^{2}	mjij^{1}	ljɨ^{1}	bju^{2}	mjij^{1}
舍	相	离，	名	字	无	故。	边	无
[illegible]	[illegible]	[illegible]！	[illegible]	[illegible]	[illegible]	[illegible]	[illegible]③	[illegible]
źjɨr^{1}	ɲia^{2}	tsjij^{2}	tjɨ^{1}	tjij^{1}	ljị^{1}	dźjwow^{1}	rjir^{2}	sju^{2}
慧	菩	萨！	假	若	箭	飞	才	须

舍相离相，无名字故。无边慧④！假使飞箭量如须

21.42.1

[illegible]	[illegible]	[illegible]，	[illegible]	[illegible]	[illegible]	[illegible]	[illegible]	[illegible]，
mji^{1}	ŋər^{1}	sju^{2}	ɣu^{1}	mjịj^{1}	ka^{1}	ka^{1}	kjij^{1}	śiạ^{2}
弥	山	如，	首	尾	齐	齐	同	发，
[illegible]	[illegible]	[illegible]	[illegible]	[illegible]	[illegible]。	[illegible]	[illegible]	[illegible]
tsjɨ^{1}	thja^{1}	zjir^{2}	bẹ^{1}	mjɨ^{1}	ljɨ̣^{1}	tjij^{1}	sọ^{1}	tụ^{1}
亦	其	甲	穿	不	能。	若	三	千

弥，攒锋激射，无能中者。⑤ 设以三千

① 形色，西夏本作“[illegible]”（形相）。

② 无对无相，西夏本作“[illegible]”（无碍无色）。

③ [illegible]（才、儒），疑为“[illegible]”（若干、量）形讹。参看下文 21.58.6“微少”，西夏本作“[illegible]”（微才）亦可知。“[illegible]”字，在本文共出现五次，皆为“[illegible]”之形讹。

④ 西夏本此下有“[illegible]”（菩萨）二字。

⑤ “攒锋激射，无能中者”，西夏文译作“[illegible]，[illegible]”，字面意思是“首尾齐齐同发，亦无能穿其甲”。

21.42.2

□	□	□	□	□	□	□	□	□
ljịj^{2}	tụ^{1}	rjur^{1}	kięj^{2}	·u^{2}	ɲia^{2}	tśhju^{1}	dźjịj^{1}	dźjịj^{1}
大	千	世	界	中	情	有	有	有
□	□	□	□	□	□，	□	□	□
źji^{2}	lej^{2}	ljịj^{2}	njij^{2}	djij^{2}	we^{2}	·jij^{1}	twụ^{1}	tśhjɨ^{1}
皆	化	魔	王	令	为，	自	各	尔

大千世界所有众生一一为魔，各有

21.42.3

□	□	□	□	□	□	□，	□	□
zjịj^{1}	ljịj^{2}	gja^{1}	wjị^{1}	dźjwɨ^{1}	djij^{2}	dju^{1}	ka^{1}	ka^{1}
许	魔	军	眷	属	虽	有，	齐	齐
□①	□	□	□	□，	□	□	□，	□
rjir^{2}	sju^{2}	mji^{1}	ŋər^{1}	sju^{2}	ljị^{1}	rjijr^{2}	wją^{2}	tsjɨ^{1}
才	须	弥	山	如，	箭	愿	发，	亦

若干魔军眷属，竞共俱时发诸利箭，亦如须弥，彼终不能坏。②

21.42.4

□。	□	□	□	□	□	□	□	□
zjọ^{2}	rjur^{1}	po^{1}	tsa^{1}	ma^{2}	ŋạ^{2}	tsa^{1}	·jij^{1}	dja^{2}
世。	诸	菩	萨	摩	诃	萨	之	所
□	□	□，	□	□	□	□	□	□
gjwi^{2}	gjwɨ^{1}	zjir^{2}	rjɨr^{2}	njɨ^{2}	mej^{2}	bięj^{2}	zjịj^{1}	ŋjwo^{2}
衣	甲	胄，	乃	至	毫	厘	许	损

诸菩萨摩诃萨如是甲胄，乃至不能损一毛端。

21.42.5

□	□	□。	□	□	□	□	□	□

① □（才），疑为"□"（若干）形讹。

② "竞共俱时发诸利箭，亦如须弥，彼终不能坏"，西夏文译作"□□□□□□□，□□□，□□"，字面意思是"齐齐发箭，量如须弥山"，此下疑有脱文。

tśju̱^{1}	mjɨ^1	ljɨ̱^{1}	niow^1	rjur^1	po^1	tsa^1	ma^2	ŋa̱^{2}
害	不	能。	及	诸	菩	萨	摩	诃
[illegible]	[illegible]	[illegible]，	[illegible]	[illegible]	[illegible]	[illegible]	[illegible]	[illegible]
tsa^1	·jij^1	njij^1	tsjɨ^1	do^2	ljɨ̱r^2	śjwo^1	phji^1	mjɨ^1
萨	之	心，	尚	异	念	生	令	不

于诸菩萨摩诃萨意，尚犹不能令有异念，

21.42.6

[illegible]，	[illegible]	[illegible]	[illegible]	[illegible]	[illegible]	[illegible]	[illegible]。	[illegible]
njwi^2	niow^1	lju̱^{2}	kwər^1	ŋjwo^2	tji̱^{2}	ljo̱^{2}	wjij^2	rjur^1
能，	况	身	体	损	可	何	有。	诸
[illegible]	[illegible]	[illegible]	[illegible]	[illegible]	[illegible]	[illegible]	[illegible]	[illegible]
po^1	tsa^1	ma^2	ŋa̱^{2}	tsa^1	tjij^1	·ja	njij^1	ŋwu^2
菩	萨	摩	诃	萨	若	一	心	以

何况身也。诸菩萨摩诃萨若以一心

21.43.1

[illegible]	[illegible]	[illegible]，	[illegible]	[illegible]	[illegible]	[illegible]	[illegible]	[illegible]
thja^2	rjur^1	·jar^2	niow^1	·ji^1	gja^1	lhjwo^1	sar^2	źji^2
彼	降	伏，	及	众	军	退	散	皆
[illegible]	[illegible]	[illegible]，	[illegible]	[illegible]	[illegible]	[illegible]	[illegible]	[illegible]
bej^1	phji^1	njwi^2	thjɨ^2	sju^2	gjwɨ^1	zjir^2	ɣa^2	no^2
败	令	善，	是	如	甲	胄	于	安

摧伏彼者，能令众魔退散消灭，善能安住如是甲胄而

21.43.2

[illegible]	[illegible]	[illegible]	[illegible]，	[illegible]	[illegible]	[illegible]	[illegible]	[illegible]
dźjij^1	mji^1	mju^2	ljɨj^2	ɲia^2	tśhju^1	ŋowr^2	ŋowr^2	ljij^2
住	不	动	摇，	情	有	一	切	坏
[illegible]	[illegible]	[illegible]。	[illegible]	[illegible]	[illegible]？	[illegible]	[illegible]	[illegible]
njwi^2	tja^1	mjij^1	thjij^2	sjo^2	ljɨ^1	jwɨr^1	·jij^1	mjij^1
能	者	无。	何	云	也？	形	相	无

不动摇，一切众生无能坏者。何以故？以无相

21.43.3

[illegible]，	[illegible]	[illegible]	[illegible]	[illegible]	[illegible]	[illegible]	[illegible]	[illegible]，
ljɨ^{1}	rjur^{1}	ɲia^{2}	tśhju^{1}	·jij^{1}	thju̱^{1}	ljij^{2}	lew^{2}	nja̱^{2}
故，	诸	情	有	之	察	见	所	非，
[illegible]	[illegible]	[illegible]	[illegible]	[illegible]	[illegible]	[illegible]	[illegible]	[illegible]。
ku^{1}	ɲia^{2}	tśhju^{1}	·jij^{1}	ŋowr^{2}	nwə^{1}	ljij^{2}	mjɨ^{1}	njwi^{2}
故	情	有	之	皆	知	见	不	能。

故，非诸众生见所行故，一切众生不能见知。

21.43.4

[illegible]	[illegible]	[illegible]	[illegible]	[illegible]	[illegible]	[illegible]	[illegible]	[illegible]
rjur^{1}	po^{1}	tsa^{1}	ma^{2}	ŋạ^{2}	tsa^{1}	tsji̱r^{1}	ŋowr^{2}	ŋowr^{2}
诸	菩	萨	摩	诃	萨	法	一	切
[illegible]	[illegible]	[illegible]，	[illegible]	[illegible]	[illegible]	[illegible]	[illegible]	[illegible]
nwə^{1}	tsjij^{2}	njwi^{2}	ku^{1}	thja^{1}	ljij^{2}	gjwɨ^{1}	zjir^{2}	źjɨr^{1}
知	了	能，	故	彼	大	甲	胄	实

诸菩萨摩诃萨而能了知一切法故，如实知见被大甲胄，

21.43.5

[illegible]	[illegible]	[illegible]，	[illegible]	[illegible]	[illegible]	[illegible]	[illegible]	[illegible]
bju^{1}	nwə^{1}	ljij^{2}	rjur^{1}	ɲia^{2}	tśhju^{1}	·jij^{1}	gju̱^{2}	·wejr^{2}
如	知	见，	诸	情	有	之	救	护
[illegible]，	[illegible]	[illegible]	[illegible]	[illegible]	[illegible]	[illegible]	[illegible]	[illegible]
kie̱j^{2}	ku^{1}	tsji̱r^{1}	ŋowr^{2}	ŋowr^{2}	ɣa^{2}	zow^{2}	zji̱j^{1}	lew^{2}
欲，	故	法	一	切	于	执	着	所

为欲救护诸众生故，于一切法无所执着，

21.43.6

[illegible]，	[illegible]	[illegible]	[illegible]	[illegible]	[illegible]	[illegible]	[illegible]，	[illegible]
mjij^{1}	rjur^{1}	ɲia^{2}	tśhju^{1}	·jij^{1}	mji̱^{2}	ɣie^{2}	kie̱j^{2}	ku^{1}
无，	诸	情	有	之	饶	益	欲，	故

[illegible]	[illegible]	[illegible]	[illegible]	[illegible]	[illegible]	[illegible]	[illegible]，	[illegible]
tsjịr^1	ŋowr^2	ŋowr^2	ɣa^2	rjir^2	lew^2	tsjɨ^1	mjij^1	thjɨ^2
法	一	切	于	得	所	亦	无，	是

为欲饶益诸众生故，于一切法亦无所得，是

21.44.1

[illegible]	[illegible]	[illegible]	[illegible]	[illegible]	[illegible]	[illegible]	[illegible]。	[illegible]
nio̱w^1	ɲia^2	tśhju^1	nwə^1	ljij^2	mjɨ^1	njwi^2	ljɨ^1	thjɨ^2
故	情	有	知	见	不	能	也。	是
[illegible]	[illegible]	[illegible]	[illegible]，	□	□	□	□	[illegible]
sju^2	gjwɨ^1	zjir^2	tja^1	□	□	□	□	dźju^1
如	甲	胄	者，	□	□	□	□	现

故众生不能见知。如是甲胄，（无有形相、）

21.44.2

[illegible]	[illegible]	[illegible]、	[illegible]	[illegible]	[illegible]	[illegible]，	[illegible]	[illegible]
ne̱j^2	tji̱^{2}	mjij^1	ŋwu̱^{1}	da̱^{2}	tsjɨ^1	mjij^1	ku^1	tsə̣^{1}
示	可	无、	言	说	亦	无，	故	色
[illegible]	[illegible]	[illegible]	[illegible]、	[illegible]	[illegible]	[illegible]	[illegible]	[illegible]
rjir^2	mji^1	bju^1	śjij^1	lhjij^2	sjij^2	dźjɨ	sjij^2	rjir^2
与	不	相	应、	受	想	行	识	与

无有示现、无言说故，不与色相应、不与受想行识

21.44.3

[illegible]	[illegible]	[illegible]、	[illegible]	[illegible]	[illegible]	[illegible]	[illegible]、	[illegible]
mji^1	bju^1	śjij^1	·u^2	rjir^2	mji^1	bju^1	śjij^1	djɨr^2
不	相	应、	内	与	不	相	应、	外
[illegible]	[illegible]	[illegible]	[illegible]、	[illegible]	[illegible]	[illegible]	[illegible]	[illegible]
rjir^2	mji^1	bju^1	śjij^1	·u^2	djɨr^2	rjir^2	tsjɨ^1	mji^1
与	不	相	应、	内	外	与	亦	不

相应，不与内相应、不与外相应、不与亦内亦外

21.44.4

[illegible]	[illegible]、	[illegible]	[illegible]	[illegible]	[illegible]	𗒘	𗅋	[illegible]
bju^{1}	śjij^{1}	·u^{2}	nja̱^{2}	djɨr^{2}	nja̱^{2}	rjir^{2}	mji^{1}	bju^{1}
相	应、	内	非	外	非	与	不	相
[illegible]，	[illegible]	𗒘	𗅋	[illegible]	[illegible]、	[illegible]	𗒘	𗅋
śjij^{1}	kięj^{2}	rjir^{2}	mji^{1}	bju^{1}	śjij^{1}	do^{2}	rjir^{2}	mji^{1}
应，	界	与	不	相	应、	处	与	不

相应、不与非内非外相应，不与界相应，不与处

21.44.5

[illegible]	[illegible]。	[illegible]	[illegible]	𗒘	𗅋	[illegible]	[illegible]、	[illegible]
bju^{1}	śjij^{1}	ljɨ̣^{2}	kięj^{2}	rjir^{2}	mji^{1}	bju^{1}	śjij^{1}	zjɨ̱r^{2}
相	应。	地	界	与	不	相	应、	水
[illegible]	𗒘	𗅋	[illegible]	[illegible]、	[illegible]	[illegible]	[illegible]	[illegible]
kięj^{2}	rjir^{2}	mji^{1}	bju^{1}	śjij^{1}	mə̣^{1}	ljɨ^{1}	ŋa^{1}	kięj^{2}
界	与	不	相	应、	火	风	空	界

相应。不与地界相应、不与水界相应、不与火风空界

21.44.6

𗒘	𗅋	[illegible]	[illegible]。	[illegible]	[illegible]	𗒘	𗅋	[illegible]
rjir^{2}	mji^{1}	bju^{1}	śjij^{1}	kięj^{2}	kięj^{2}	rjir^{2}	mji^{1}	bju^{1}
与	不	相	应。	欲	界	与	不	相
[illegible]、	[illegible]	[illegible]	𗂧	[illegible]	𗒘	𗅋	[illegible]	[illegible]。
śjij^{1}	tsə̣^{1}	tsə̣^{1}	mjij^{1}	kięj^{2}	rjir^{2}	mji^{1}	bju^{1}	śjij^{1}
应、	色	色	无	界	与	不	相	应。

相应。不与欲界相应、不与色无色界相应。

21.45.1

[illegible]	𘓐	𗒘	𗅋	[illegible]	[illegible]、	[illegible]	𗂧	𗒘
wji^{1}	dju^{1}	rjir^{2}	mji^{1}	bju^{1}	śjij^{1}	wji^{1}	mjij^{1}	rjir^{2}
作	有	与	不	相	应、	作	无	与

[illegible]	[illegible]	[illegible]、	[illegible]	[illegible]	[illegible]	[illegible]	[illegible]	[illegible]
mji^{1}	bju^{1}	śjij^{1}	wji^{1}	dju^{1}	wji^{1}	mjij^{1}	rjir^{2}	tsjɨ^{1}
不	相	应、	作	有	作	无	与	亦

不与有作相应、不与无作相应、不与亦有作亦无作

21.45.2

[illegible]	[illegible]	[illegible]、	[illegible]	[illegible]	[illegible]	[illegible]	[illegible]	[illegible]
mji^{1}	bju^{1}	śjij^{1}	wji^{1}	dju^{1}	nja̱^{2}	wji^{1}	mjij^{1}	nja̱^{2}
不	相	应、	作	有	非	作	无	非
[illegible]	[illegible]	[illegible]	[illegible]。	[illegible]	[illegible]	[illegible]	[illegible]	[illegible]
rjir^{2}	mji^{1}	bju^{1}	śjij^{1}	ɣiẹ^{2}	mji^{1}	ljɨ̣^{2}	rjir^{2}	mji^{1}
与	不	相	应。	声	闻	地	与	不

相应、不与非有作非无作相应。不与声闻地

21.45.3

[illegible]	[illegible]、	[illegible]	[illegible]	[illegible]	[illegible]	[illegible]	[illegible]	[illegible]、
bju^{1}	śjij^{1}	tjij^{1}	dwewr^{2}	ljɨ̣^{2}	rjir^{2}	mji^{1}	bju^{1}	śjij^{1}
相	应、	独	觉	地	与	不	相	应、
[illegible]	[illegible]	[illegible]	[illegible]	[illegible]	[illegible]。	[illegible]	[illegible]	[illegible]
tha^{1}	ljɨ̣^{2}	rjir^{2}	mji^{1}	bju^{1}	śjij^{1}	ŋwu̱^{1}	dạ^{2}	tśja^{1}
佛	地	与	不	相	应。	语	言	道

相应、不与独觉地相应、不与佛地相应。不与语言道

21.45.4

[illegible]	[illegible]	[illegible]	[illegible]。	[illegible]	[illegible]	[illegible]	[illegible]	[illegible]
rjir^{2}	mji^{1}	bju^{1}	śjij^{1}	tsə̣^{1}	·jiw^{1}	rjir^{2}	mji^{1}	bju^{1}
与	不	相	应。	色	因	与	不	相
[illegible]、	[illegible]	[illegible]	[illegible]	[illegible]	[illegible]	[illegible]、	[illegible]	[illegible]
śjij^{1}	tsə̣^{1}	·jij^{1}	rjir^{2}	mji^{1}	bju^{1}	śjij^{1}	lhjij^{2}	sjịj^{2}
应、	色	相	与	不	相	应、	受	想

相应。亦不与色因相应、不与色相相应，不与受想

21.45.5

[illegible]	[illegible]	[illegible]	[illegible]	[illegible]	[illegible]	[illegible]、	[illegible]	[illegible]
dźjɨ	sjij^{2}	·jiw^{1}	rjir^{2}	mji^{1}	bju^{1}	śjij^{1}	lhjịj^{2}	sji̱j^{2}
行	识	因	与	不	相	应、	受	想
[illegible]	[illegible]	[illegible]	[illegible]	[illegible]	[illegible]	[illegible]，	[illegible]	[illegible]
dźjɨ	sjij^{2}	·jij^{1}	rjir^{2}	mji^{1}	bju^{1}	śjij^{1}	·jij^{1}	·jij^{1}
行	识	相	与	不	相	应，	相	相

行识因相应、不与受想行识相相应，亦不与相非相

21.45.6

[illegible]	[illegible]	[illegible]	[illegible]	[illegible]，	[illegible]	[illegible]	[illegible]	[illegible]
nja̱^{2}	rjir^{2}	mji^{1}	bju^{1}	śjij^{1}	tsji̱r^{1}	ŋowr^{2}	ŋowr^{2}	rjir^{2}
非	与	不	相	应，	法	一	切	与
[illegible]	[illegible]	[illegible]、	[illegible]	[illegible]	[illegible]	[illegible]。	[illegible]	[illegible]
mji^{1}	bju^{1}	śjij^{1}	mji^{1}	mji^{1}	bju^{1}	śjij^{1}	phej^{1}	tśji̱r^{2}
不	相	应、	非	不	相	应。	系	缚

相应，亦不与一切法相应、非不相应。无有系缚，

21.46.1

[illegible]	[illegible]，	[illegible]	[illegible]	[illegible]	[illegible]，	[illegible]	[illegible]	[illegible]
mji^{1}	dju^{1}	bie^{2}	thjij^{2}	tsjɨ^{1}	mjij^{1}	sej^{1}	bji̱^{2}	dzjọ^{1}
无	有，	解	脱	亦	无，	算	数	譬
[illegible]	[illegible]	[illegible]	[illegible]	[illegible]，	[illegible]	[illegible]	[illegible]？	
dza^{2}	ŋwu^{2}	nwə^{1}	lew^{2}	nja̱^{2}	thjij^{2}	sjo^{2}	ljɨ^{1}	
喻	而	知	可	非，	何	云	也？	

无有解脱，亦非算数譬喻可知，①

21.46.2

[illegible]	[illegible]	[illegible]	[illegible]	[illegible]	[illegible]	[illegible]	[illegible]。	[illegible]
rjur^{1}	tsji̱r^{1}	ŋowr^{2}	ŋowr^{2}	rjur^{1}	ŋewr^{2}	dzjij^{1}	ljɨ^{1}	thjɨ^{2}

① 此下西夏本有“[illegible]”（何以故）三字，汉文本未见。

诸	法	一	切	诸	数	过	故。	是
□	□	□	□，	□	□	□	□	
sju^{2}	gjwɨ^{1}	zjir^{2}	tja^{1}	tsji̠r^{1}	ŋowr^{2}	ŋowr^{2}	ljij^{2}	
如	甲	胄	者，	法	一	切	见	

以一切法过诸数故。如是甲胄，一切法见

21.46.3

□	□	□	□，	□	□	□	□	□、
źji^{2}	rjir^{1}	tji̠^{2}	mjij^{1}	tsə̣^{1}	ljij^{2}	rjir^{1}	tji̠^{2}	mjij^{1}
皆	得	可	不，	色	见	得	可	不、
□	□	□	□	□	□	□	□，	
lhjij^{2}	sji̠j^{2}	dźjɨ	sjij^{2}	ljij^{2}	rjir^{1}	tji̠^{2}	mjij^{1}	
受	想	行	识	见	得	可	不，	

皆不可得，色见不可得、受想行识见不可得，

21.46.4

□	□	□	□	□	□	□	□
rjɨr^{2}	njɨ^{2}	zji̠r^{1}	tsji̠r^{1}	ljij^{2}	tsjɨ^{1}	rjir^{1}	tji̠^{2}
乃	至	少	法	见	亦	得	可
□。	□	□	□	□	□，	□	□
mjij^{1}	thjɨ^{2}	sju^{2}	gjwɨ^{1}	zjir^{2}	tja^{1}	tsji̠r^{1}	ŋowr^{2}
不。	是	如	甲	胄	者，	法	一

乃至无少法见可得①。如是甲胄，不与一切法

21.46.5

□	□	□	□	□、	□	□	□	□，
ŋowr^{2}	rjir^{2}	mji^{1}	bju^{1}	śjij^{1}	mji^{1}	mji^{1}	bju^{1}	śjij^{1}
切	与	不	相	应、	非	不	相	应，
□	□	□	□	□、	□	□	□	□，
tsə̣^{1}	rjir^{2}	mji^{1}	bju^{1}	śjij^{1}	mji^{1}	mji^{1}	bju^{1}	śjij^{1}

① 无少法见可得，西夏本译作“□□□□□□□”，义为“少法见亦不可得”。参看上文，皆言“* * 见不可得”，可知西夏本于义为切。

色 与 不 相 应、 非 不 相 应，

相应、非不相应，不与色相应、非不相应，

21.46.6

□ □ □ □ □ □ □ □、 □

lhjịj^{2} sjij^{2} dźjɨ sjij^{2} rjir^{2} mji^{1} bju^{1} śjij^{1} mji^{1}

受 想 行 识 与 不 相 应、 非

□ □ □。 □ □ □ □ □ □

mji^{1} bju^{1} śjij^{1} tsji̱r^{1} ŋowr^{2} ŋowr^{2} ɣa^{2} bju^{1} śjij^{1}

不 相 应。 法 一 切 于 相 应

不与受想行识相应、非不相应。于一切法若相应

21.47.1

□ □ □， □ □， □ □ □ □。

mji^{1} bju^{1} śjij^{1} lew^{2} mjij^{1} to^{2} źji^{2} khwa^{1} ka^{2}

不 相 应， 所 无， 悉 皆 远 离。

□ □ □ □ □， □ □ □ □，

thjɨ^{2} sju^{2} gjwɨ^{1} zjir^{2} tja^{1} wji^{1} tsjɨ^{1} mji^{1} dju^{1}

是 如 甲 胄 者， 作 亦 无 有，

不相应①，彼皆远离。如是甲胄，亦无有作，

21.47.2

□ □ □ □。 □ □ □ □， □

wji^{1} mjijr^{2} mjij^{1} ljɨ^{1} ·jij^{1} tsjɨ^{1} mji^{1} dju^{1} ·jij^{1}

作 者 无 故。 相 亦 无 有， 相

□ □ □。 □ □ □ □， □ □

dju^{1} nja̱^{2} ljɨ^{1} dźjij^{1} tjị^{2} ·jij^{1} mjij^{1} dzow^{1} ŋwej^{2}

有 非 故。 住 所 相 无， 和 合

作者无故。亦无有相，相非有故。无处所相，无和合

21.47.3

□ □， □ □ □ □， □ □ □

① 西夏本此下有“□□”（无所）二字，疑衍。

·jij1	mjij1	phjo2	kar2	mji1	dju1	mju2	ljɨj2	mji1
相	无,	分	别	无	有,	动	摇	无
[illegible],	[illegible]	[illegible]	[illegible]	[illegible],	[illegible]	[illegible]	[illegible]	[illegible]
dju1	mjɨ2	kowr2	mji1	dju1	ljij2	tjị2	tsjịr2	mjij1
有,	境	爱	无	有,	见	可	性	无

相,无有分别,无有动摇,无有攀缘①,无性可见。

21.47.4

[illegible]。	[illegible]	[illegible]	[illegible]	[illegible]	[illegible]	[illegible]	[illegible]	[illegible],
ljɨ1	gjwɨ1	zjir2	gjwi2	mjijr2	tsjɨ1	rjir1	tjị2	mjij1
也。	甲	胄	衣	者	亦	得	可	不,
[illegible]	[illegible]	[illegible]	[illegible]	[illegible]	[illegible]	[illegible]	[illegible]。	[illegible]
thjɨ2	sju2	zjir2	gjwi2	tsjɨ1	ljij2	tjị2	mjij1	thjij2
是	如	甲	衣	亦	见	可	不。	何

被甲胄者亦不可得,如是被甲亦不可见。何

21.47.5

[illegible]	[illegible]?	[illegible]	[illegible]	[illegible]	[illegible]	[illegible]	[illegible]	[illegible]
sjo2	ljɨ1	rjur1	po1	tsa1	ma2	ŋạ2	tsa1	gjwɨ1
云	也?	诸	菩	萨	摩	诃	萨	甲
[illegible]	[illegible]	[illegible],	[illegible]	[illegible]	[illegible]	[illegible]、	[illegible]	[illegible]
zjir2	gjwi2	zjịj1	zjir2	gjwi2	mjijr2	sjwɨ1	ljọ2	do2
胄	衣	时,	甲	衣	者	谁、	何	处

以故?诸菩萨摩诃萨被甲胄时,而不见有谁为被甲、何处

21.47.6

[illegible]	[illegible]、	[illegible]	[illegible]	[illegible]	[illegible],	[illegible]	[illegible]	[illegible]
zjir2	gjwi2	wa2	ɣa2	zjir2	gjwi2	źji2	mjɨ1	tśhjɨ1
甲	衣、	何	从	甲	衣,	皆	不	彼
[illegible],	[illegible]	[illegible]	[illegible]	[illegible]	[illegible]、	[illegible]	[illegible]	[illegible]

① 攀缘,西夏文译作"[illegible][illegible]",字面意思是"爱境"。义指心随外境而转。

ljij^{2}	niow^{1}	ŋa^{2}	zjir^{2}	gjwi^{2}	njwi^{2}	ŋa^{2}	·jij^{1}	zjir^{2}
见，	亦	我	甲	衣	能、	我	之	甲

被甲、从何被甲，亦不见有我能被甲、我所被甲，

21.48.1

[illegible]	[illegible]	[illegible]	[illegible]	[illegible]，	[illegible]	[illegible]	[illegible]	[illegible]、
gjwi^{2}	tsjɨ^{1}	mjɨ^{1}	tśhjɨ^{1}	ljij^{2}	niow^{1}	thju^{2}	zjir^{2}	gjwi^{2}
衣	亦	不	彼	见，	亦	此	甲	衣、
[illegible]	[illegible]	[illegible]	[illegible]	[illegible]	[illegible]，	[illegible]	[illegible]	[illegible]
thja^{2}	zjir^{2}	gjwi^{2}	mjɨ^{1}	tśhjɨ^{1}	ljij^{2}	niow^{1}	thjɨ^{2}	sju^{2}
彼	甲	衣	不	彼	见，	亦	是	如

亦不见有此处被甲、他处被甲，亦不见有如是

21.48.2

[illegible]	[illegible]	[illegible]	[illegible]	[illegible]	[illegible]	[illegible]	[illegible]	[illegible]
zjir^{2}	gjwi^{2}	dzjij^{2}	lew^{2}	ɲia^{2}	tśhju^{1}	tsjɨ^{1}	mjɨ^{1}	tśhjɨ^{1}
甲	衣	教	所	情	有	亦	不	彼
[illegible]，	[illegible]	[illegible]	[illegible]	[illegible]	[illegible]	[illegible]	[illegible]	[illegible]、
ljij^{2}	tsji̱r^{1}	ŋowr^{2}	ŋowr^{2}	ɣa^{2}	thju̱^{1}	lew^{2}	mjij^{1}	ljɨ^{1}
见，	法	一	切	于	察	所	无	故、

被甲所为①众生，于一切法无所行②故、

21.48.3

[illegible]	[illegible]	[illegible]	[illegible]	[illegible]。	[illegible]	[illegible]	[illegible]	[illegible]
niow^{1}	dju^{1}	lew^{2}	mjij^{1}	ljɨ^{1}	rjur^{1}	po^{1}	tsa^{1}	ma^{2}
亦	有	所	无	故。	诸	菩	萨	摩
[illegible]	[illegible]	[illegible]	[illegible]	[illegible]	[illegible]	[illegible]，	[illegible]	[illegible]
ŋa̱^{2}	tsa^{1}	thjɨ^{2}	sju^{2}	gjwɨ^{1}	zjir^{2}	gjwi^{2}	ku^{1}	mjor^{1}
诃	萨	是	如	甲	胄	衣，	则	如

无所有故。诸菩萨摩诃萨被如是甲胄，则被如

① 为，西夏本作"[illegible]"（教）。
② 行，西夏本作"[illegible]"（察）。

21.48.4

[illegible]

ljij^{2} ·jij^{1} dja^{2} gjwi^{2} gjwɨ^{1} zjir^{2} rjir^{2} ·ja tjɨj^{2}

来 之 所 衣 甲 胄 与 一 样，

[illegible]

ljụ^{2} rjir^{1} tjị^{2} mjij^{1} njij^{1} rjir^{1} tjị^{2} mjij^{1} phji^{1}

身 得 可 不、 心 得 可 不、 意

来所被甲胄①，身不可得、心不可得、意

21.48.5

[illegible]

rjir^{1} tjị^{2} mjij^{1} rjir^{1} tjị^{2} mjij^{1} ku^{1} phjo^{2} kar^{2} khwa^{1} ka^{2}

得 可 不。 得 可 不 故， 分 别 远 离。

[illegible]

rjur^{1} po^{1} tsa^{1} ma^{2} ŋạ^{2} tsa^{1} tjij^{1} zjɨr^{1} zjij^{1} tsjɨr^{1}

诸 菩 萨 摩 诃 萨 若 少 许 法

不可得。不可得故，远离分别。诸菩萨摩诃萨若住少法、

21.48.6

[illegible]

dźjij^{1} tjij^{1} zjɨr^{1} zjij^{1} tsjɨr^{1} rjir^{1} mjor^{1} gjwɨ^{1} zjir^{2}

住、 若 少 许 法 得， 现 甲 胄

[illegible]

gjwi^{2} kụ^{1} gjwɨ^{1} zjir^{2} gjwi^{2} ku^{1} ljịj^{2} gjwɨ^{1} zjir^{2}

衣、 后 甲 胄 衣， 故 大 甲 胄

若得少法，现被甲胄、当被甲胄，不应说名被大甲胄。

21.49.1

[illegible]

gjwi^{2} jɨ^{2} rjar^{1} mjij^{1} tjij^{1} njij^{1} gjij^{1} dzjij^{1} ku^{1}

① 则被如来所被甲胄，西夏文译作“[illegible]”(则与如来所衣甲胄一样)。

衣	说	应	不。	若	心	超	过，	故
[illegible]	[illegible]	[illegible]	[illegible]	[illegible]	[illegible]	[illegible]	[illegible]	[illegible]
tśhjɨ^{1}	mja^{1}	niow^{1}	sew^{2}	tshjịj^{1}	mjij^{1}	ljịj^{2}	gjwɨ^{1}	zjir^{2}
尔	然	后	思	议	不	大	甲	胄

若心超过，乃可说名被不思议大甲胄也。

21.49.2

[illegible]	[illegible]。	[illegible]	[illegible]	[illegible]	[illegible]	[illegible]	[illegible]	[illegible]
gjwi^{2}	jɨ^{2}	rjur^{1}	po^{1}	tsa^{1}	ma^{2}	ŋạ^{2}	zjɨ̱r^{1}	zjịj^{1}
衣	说。	诸	菩	萨	摩	诃	少	许
[illegible]	[illegible]	[illegible]，	[illegible]	[illegible]	[illegible]	[illegible]	[illegible]；	[illegible]
ɲia^{2}	tśhju^{1}	nio̱w^{1}	ljịj^{2}	gjwɨ^{1}	zjir^{2}	mji^{1}	gjwi^{2}	·ja
情	有	为，	大	甲	胄	不	衣；	一

诸菩萨摩诃萨不为少众生故，被大甲胄；

21.49.3

[illegible]	[illegible]	[illegible]	[illegible]，	[illegible]	[illegible]	[illegible]	[illegible]	[illegible]；
kja^{2}	ɲia^{2}	tśhju^{1}	nio̱w^{1}	ljịj^{2}	gjwɨ^{1}	zjir^{2}	mji^{1}	gjwi^{2}
劫	情	有	为，	大	甲	胄	不	衣；
[illegible]	[illegible]	[illegible]	[illegible]	[illegible]	[illegible]	[illegible]	[illegible]、	[illegible]
·jir^{2}	tụ^{1}	kja^{2}	·jir^{2}	tụ^{1}	kju^{1}	tśji^{2}	kja^{2}	·jir^{2}
百	千	劫	百	千	俱	胝	劫	百

亦不为一劫众生故，被大甲胄；亦不为百千劫百千俱胝劫、百

21.49.4

[illegible]	[illegible]	[illegible]	[illegible]	[illegible]	[illegible]	[illegible]	[illegible]	[illegible]
tụ^{1}	no^{1}	·jiw^{1}	thow^{1}	kju^{1}	tśji^{2}	kja^{2}	rjur^{1}	ɲia^{2}
千	那	由	他	俱	胝	劫	诸	情
[illegible]	[illegible]，	[illegible]	[illegible]	[illegible]	[illegible]	[illegible]；	[illegible]	[illegible]
tśhju^{1}	nio̱w^{1}	ljịj^{2}	gjwɨ^{1}	zjir^{2}	mji^{1}	gjwi^{2}	mjɨ^{1}	pjụ^{1}
有	为，	大	甲	胄	不	衣；	无	量

千那由他俱胝劫诸众生故，被大甲胄；为于无量

21.49.5

[illegible]	[illegible]	[illegible]	[illegible]	[illegible]	[illegible]	[illegible]，	[illegible]	[illegible]
ŋewr^{2}	mjij^{1}	kja^{2}	rjur^{1}	ɲia^{2}	tśhju^{1}	nio̱w^{1}	lji̱j^{2}	gjwɨ^{1}
数	无	劫	诸	情	有	为，	大	甲
[illegible]	[illegible]，	[illegible]	[illegible]	[illegible]	[illegible]	[illegible]	[illegible]	[illegible]
zjir^{2}	gjwi^{2}	thjɨ^{2}	nio̱w^{1}	mjɨ^{1}	pjụ^{1}	lji̱j^{2}	gjwɨ^{1}	zjir^{2}
胄	衣，	是	故	无	量	大	甲	胄

无数劫中诸众生故，被大甲胄，是故说名被于无量大甲胄也。

21.49.6

[illegible]	[illegible]	[illegible]。	[illegible]	[illegible]	[illegible]	[illegible]	[illegible]	[illegible]
gjwi^{2}	jɨ^{2}	ljɨ^{1}	rjur^{1}	po^{1}	tsa^{1}	ma^{2}	ŋạ^{2}	tsa^{1}
衣	说	也。	诸	菩	萨	摩	诃	萨
[illegible]	[illegible]	[illegible]	[illegible]，	[illegible]	[illegible]	[illegible]	[illegible]	[illegible]
gjwɨ^{1}	zjir^{2}	gjwi^{2}	zji̱j^{1}	ɲia^{2}	tśhju^{1}	sji̱j^{2}	mji^{1}	dźji̱j^{1}
甲	胄	衣	时，	情	有	想	不	住

诸菩萨摩诃萨被甲胄时，被于不住众生想

21.50.1

[illegible]	[illegible]，	[illegible]	[illegible]	[illegible]	[illegible]	[illegible]	[illegible]，	[illegible]
gjwɨ^{1}	zjir^{2}	ŋa^{2}	sji̱j^{2}	mji^{1}	śjwo^{1}	gjwɨ^{1}	zjir^{2}	ɲia^{2}
甲	胄，	我	想	不	起	甲	胄，	情
[illegible]	[illegible]	[illegible]	[illegible]	[illegible]，	[illegible]	[illegible]	[illegible]	[illegible]
tśhju^{1}	sji̱j^{2}	ka^{2}	gjwɨ^{1}	zjir^{2}	ŋa^{2}	sji̱j^{2}	dzjar^{2}	gjwɨ^{1}
有	想	离	甲	胄，	我	想	灭	甲

甲胄，不起我想甲胄，离众生想甲胄，灭我想甲

21.50.2

[illegible]，	[illegible]	[illegible]	[illegible]	[illegible]	[illegible]	[illegible]，	[illegible]	[illegible]
zjir^{2}	ɲia^{2}	tśhju^{1}	tsji̱r^{2}	nwə^{1}	gjwɨ^{1}	zjir^{2}	ŋa^{2}	tsji̱r^{1}
胄，	情	有	性	知	甲	胄，	我	法

nwə^{1}	gjwɨ^{1}	zjir^{2}	sjịj^{2}	lhjịj^{2}	dzjịj^{1}	gjwɨ^{1}	zjir^{2}	tsji̱r^{1}
知	甲	胄，	想	受	过	甲	胄，	法

胄，知众生性甲胄，知我性①甲胄，过想受甲胄，

21.50.3

ŋowr^{2}	ŋowr^{2}	wji^{1}	·jij^{1}	mjij^{1}	nwə^{1}	gjwɨ^{1}	zjir^{2}	ŋa^{1}
一	切	作	相	无	知	甲	胄，	空
·jij^{1}	gjwɨ^{1}	zjir^{2}	sjịj^{2}	·jij^{1}	mjij^{1}	gjwɨ^{1}	zjir^{2}	tjị^{1}
相	甲	胄，	想	相	无	甲	胄，	愿

知一切法无作相甲胄，空相甲胄，无想相甲胄，无愿

21.50.4

·jij^{1}	mjij^{1}	gjwɨ^{1}	zjir^{2}	tsji̱r^{1}	ŋowr^{2}	ŋowr^{2}	we̱^{1}	mjij^{1}
相	无	甲	胄，	法	一	切	生	无
·jij^{1}	nwə^{1}	gjwɨ^{1}	zjir^{2}	dzjar^{2}	mjij^{1}	·jij^{1}	gjwɨ^{1}	zjir^{2}
相	知	甲	胄，	灭	无	相	甲	胄，

相甲胄，知一切法无生相甲胄，无灭相甲胄，

21.50.5

tsji̱r^{1}	ŋowr^{2}	ŋowr^{2}	do^{2}	pha^{1}	tsji̱r^{2}	·jij^{1}	nwə^{1}	gjwɨ^{1}
法	一	切	差	别	性	相	知	甲
zjir^{2}	do^{2}	pha^{1}	tsji̱r^{2}	·jij^{1}	mjij^{1}	gjwɨ^{1}	zjir^{2}	tsji̱r^{1}
胄，	差	别	性	相	无	甲	胄，	法

知一切法差别性相甲胄，无差别性相甲胄，

① 性，西夏本作“[illegible]”（法）。按，“[illegible]”tsji̱r^{1}（法）字于义不合，在此假借作“[illegible]”tsji̱r^{2}（性）。此二字在西夏字书《择要常传同训杂字》中同组（7.1.2）。

21.50.6

□	□	□	□	□	□	□，	□	□
ŋowr^{2}	ŋowr^{2}	dạ^{2}	·jij^{1}	nwə^{1}	gjwɨ^{1}	zjir^{2}	dạ^{2}	·jij^{1}
一	切	事	相	知	甲	胄，	事	相
□	□	□	□	□	□。	□	□	□
mjij^{1}	gjwɨ^{1}	zjir^{2}	dźjij^{1}	gjwi^{2}	ljɨ^{1}	bju^{2}	mjij^{1}	źjɨr^{1}
无	甲	胄	精	衣	也。	边	无	慧

知一切法事相甲胄，无事相甲胄。无边慧①！

21.51.1

□	□！	□	□	□	□	□	□	□，
ɲia^{2}	tsjij^{2}	tjij^{1}	dạ^{2}	ɣa^{2}	dźjij^{1}	gjwɨ^{1}	zjir^{2}	gjwi^{2}
菩	萨！	若	事	于	住	甲	胄	衣，
□	□	□	□	□	□	□	□	□。
ku^{1}	zjọ^{2}	ljij^{2}	gjwɨ^{1}	zjir^{2}	gjwi^{2}	mjij^{2}	mji^{1}	rjir^{1}
则	终	大	甲	胄	衣	名	不	得。

若住于事而被甲胄，终②不说名被大甲胄。

21.51.2

□	□	□	□	□	□	□	□	□
rjur^{1}	po^{1}	tsa^{1}	ma^{2}	ŋạ^{2}	tsa^{1}	dạ^{2}	ɣa^{2}	mji^{1}
诸	菩	萨	摩	诃	萨	事	于	不
□	□	□	□	□，	□	□	□	□
dźjij^{1}	ljij^{2}	sjij^{2}	źjɨr^{1}	kjụ^{1}	ku^{1}	thjɨ^{2}	niọw^{1}	ljij^{2}
住	大	智	慧	求，	则	是	故	大

以诸菩萨摩诃萨不住于事求大智慧，是故

21.51.3

□ □ □ □ □。

① 西夏本此下有“□□”（菩萨）二字。

② 终，西夏本作“□”（世）。按，“□”zjọ^{1}（世）字于义不合，在此假借作“□”tśjo（终）。此二字在西夏字书《择要常传同训杂字》中同组(7.2.3)。

gjwɨ^{1}	zjir^{2}	gjwi^{2}	jɨ^{2}	ljɨ^{1}
甲	胄	衣	谓	也。

说为被大甲胄。

汉文本

复次，无边慧！诸菩萨摩诃萨于无量劫荷诸重担，被大甲胄，如是甲胄，若魔、若魔眷属、或魔使者，及行邪见稠林恶碛，诸众生等所不能见。何以故？无有形色，不可示现，无对无相，舍相离相，无名字故。无边慧！假使飞箭量如须弥，攒锋激射，无能中者。设以三千大千世界所有众生一一为魔，各有若干魔军眷属，竞共俱时发诸利箭，亦如须弥，彼终不能坏。诸菩萨摩诃萨如是甲胄，乃至不能损一毛端。于诸菩萨摩诃萨意，尚犹不能令有异念，何况身也。诸菩萨摩诃萨若以一心摧伏彼者，能令众魔退散消灭，善能安住如是甲胄而不动摇，一切众生无能坏者。何以故？以无相故，非诸众生见所行故，一切众生不能见知。诸菩萨摩诃萨而能了知一切法故，如实知见被大甲胄，为欲救护诸众生故，于一切法无所执着，为欲饶益诸众生故，于一切法亦无所得，是故众生不能见知。

如是甲胄，(无有形相、)无有示现、无言说故，不与色相应、不与受想行识相应，不与内相应、不与外相应、不与亦内亦外相应、不与非内非外相应，不与界相应，不与处相应。不与地界相应、不与水界相应、不与火风空界相应。不与欲界相应、不与色无色界相应。不与有作相应、不与无作相应、不与亦有作亦无作相应、不与非有作非无作相应。不与声闻地相应、不与独觉地相应、不与佛地相应。不与语言道相应。亦不与色因相应、不与色相相应，不与受想行识因相应、不与受想行识相相应，亦不与相非相相应，亦不与一切法相应、非不相应。无有系缚，无有解脱，亦非算数譬喻可知，以一切法过诸数故。如是甲胄，一切法见皆不可得，色见不可得、受想行识见不可得，乃至无少法见可得。如是甲胄，不与一切法相应、非不相应，不与色相应、非不相应，不与受想行识相应、非不相应。于一切法若相应不相应，彼皆远离。如是甲胄，亦无有作，作者无故。亦无有相，相非有故。无处所相，无和合相，无有分别，无有动摇，无有攀缘，无性可见。被甲胄者亦不可得，如是被甲亦不可见。何以故？诸菩萨摩诃萨被甲胄时，而不见有谁为被甲、何处被甲、从何被甲，亦不见有我能被甲、我所被甲，亦不见有此处被甲、他处被甲，亦不见有如是被甲所为众生，于一切法无所行故、无所有故。

诸菩萨摩诃萨被如是甲胄，则被如来所被甲胄，身不可得、心不可得、意不可得。不可得故，远离分别。诸菩萨摩诃萨若住少法、若得少法，现被甲胄、当被甲胄，不应说名被大甲胄。若心超过，乃可说名被不思议大甲胄也。诸菩萨摩诃萨不为少众生故，被大甲胄；亦不为一劫众生故，被大甲胄；亦不为百千劫百千俱胝劫、百千那由他俱胝劫诸众生故，被大甲胄；为于无量无数劫中诸众生故，被大甲胄，是故说名被于无量大甲胄也。

诸菩萨摩诃萨被甲胄时，被于不住众生想甲胄，不起我想甲胄，离众生想甲胄，灭我想甲胄，知众生性甲胄，知我性甲胄，过想受甲胄，知一切法无作相甲胄，空相甲胄，无想相甲胄，无愿相甲胄，知一切法无生相甲胄，无灭相甲胄，知一切法差别性相甲胄，无差别性相甲胄，知一切法事相甲胄，无事相甲胄。

无边慧！若住于事而被甲胄，终不说名被大甲胄。以诸菩萨摩诃萨不住于事求大智慧，是故说为被大甲胄。

21.51.3

□	□,	□	□	□	□	□	□:
tśhjɨ^{1}	zjọ^{2}	rjur^{1}	pjụ^{1}	lja̱^{1}	dạ^{2}	rjɨr^{2}	tshjịj^{1}
尔	时,	世	尊	偈	言	△	说:

尔时,世尊而说偈言:

21.51.4

□	□	□	□	□,	□	□	□
mjɨ^{1}	pjụ^{1}	tụ^{1}	kja^{2}	kha^{1}	ɲia^{2}	tśhju^{1}	rjur^{1}
无	量	千	劫	中,	情	有	诸
□	□,	□	□	□	□	□,	
tśjị^{1}	źjị^{1}	bie^{2}	thjij^{2}	phji^{1}	kiẹj^{2}	nio̱w^{1}	
苦	恼,	解	脱	令	欲	为,	

无量千劫中,被大无边甲,为欲令众生,

21.51.5

□	□	□	□	□。	□	□	□
ljij^{2}	bju^{2}	mjij^{1}	zjir^{2}	gjwi^{2}	thjɨ^{2}	sju^{2}	ljij^{2}
大	边	无	甲	衣。	是	如	大
□	□,	□	□	□	□	□,	
zjir^{2}	tja^{1}	tjij^{1}	ljij^{2}	niow^{1}	phji̱^{1}	lew^{2}	
甲	者,	若	魔	及	使	所,	

解脱诸苦恼。如是大甲胄,若魔若魔使①,

21.51.6

□	□	□	□	□,	□	□	□
rjur^{1}	ljij^{2}	sjwɨj^{1}	wji^{1}	mjijr^{2}	mej^{1}	ŋwu^{2}	ljij^{2}
诸	魔	业	作	者,	眼	以	见
□	□。	□	□	□	□	□,	

① 若魔若魔使,西夏文译作"□□□□□"(若魔及所使)。概因五言偈颂字数所限,西夏本省略第二个"魔"字未译,参看上文21.41.4"魔使"西夏文译作"□□□"(魔所使)。

mjɨ^{1}	njwi^{2}	niow^{1}	dzjij^{2}	ɲia^{2}	tśhju^{1}	njɨ^{2}
不	能。	及	余	情	有	等，

作诸魔业者，眼所不能见。及余众生等，

21.52.1

[illegible]	[illegible]	[illegible]	[illegible]	[illegible]，	[illegible]	[illegible]	[illegible]
ljij^{2}	bo^{1}	la̤^{1}	dźjij^{1}	mjijr^{2}	sew^{2}	tshji̠j^{1}	mjij^{1}
见	林	厚	行	者，	思	议	不
[illegible]	[illegible]，	[illegible]	[illegible]	[illegible]	[illegible]	[illegible]。	
zjir^{2}	tja^{1}	thja^{2}	·jij^{1}	ljij^{2}	lew^{2}	nja̱^{2}	
甲	者，	彼	之	见	所	非。	

行见稠林者，甲胄不思议，亦非彼所见。

21.52.2

[illegible]	[illegible]	[illegible]	[illegible]	[illegible]，	[illegible]	[illegible]	[illegible]
tsə̣^{1}	mjij^{1}	lju̠^{2}	swu^{2}	mjij^{1}	ɣie^{2}	dźjo^{1}	wji̠j^{1}
色	无	身	像	无，	碍	长	短
[illegible]	[illegible]，	[illegible]	[illegible]	[illegible]	[illegible]	[illegible]，	
njɨ^{2}	mjij^{1}	sew^{2}	tshji̠j^{1}	mjij^{1}	zjir^{2}	tja^{1}	
等	无，	思	议	不	甲	者，	

无色无形像①，无对无相待②，甲胄不思议，

21.52.3

[illegible]	[illegible]	[illegible]	[illegible]	[illegible]。	[illegible]	[illegible]	[illegible]
mej^{1}	ŋwu^{2}	ljij^{2}	lew^{2}	nja̱^{2}	mji̠j^{2}	mjij^{1}	·jij^{1}
眼	以	见	所	非。	名	无	相
[illegible]	[illegible]，	[illegible]	[illegible]	[illegible]	[illegible]	[illegible]，	
tsjɨ^{1}	mjij^{1}	·jij^{1}	ŋowr^{2}	ŋowr^{2}	khwa^{1}	ka^{2}	
亦	无，	相	一	切	远	离，	

故非眼所见。无名亦无相，远离一切相，

---

① 形像，西夏文译作“[illegible]”，字面意思是“身像”。

② 无对无相待，西夏文译作“[illegible]”（无碍无长短）。《维摩经义疏》卷第三（T38，No.1781）：“诸法相待生，犹长短比而形。”义指既无长短，亦无相待。

21.52.4

[illegible]	[illegible]	[illegible]	[illegible]	[illegible],	[illegible]	[illegible]	[illegible]
gjwɨ^{1}	zjir^{2}	bju^{2}	mji^{1}	dju^{1}	·jij^{1}	mjij^{1}	ljij^{2}
甲	胄	边	无	有,	相	无	见
[illegible]	[illegible]。	[illegible]	[illegible]①	[illegible]	[illegible]	[illegible],	
mjijr^{2}	mjij^{1}	tjij^{1}	rjir^{2}	sju^{2}	mji^{1}	ljị^{1}	
者	无。	若	才	须	弥	箭,	

甲胄无有边,故无相见者②。假如须弥箭,

21.52.5

[illegible]	[illegible]	[illegible]	[illegible]	[illegible],	[illegible]	[illegible]	[illegible]
ɣu^{1}	mjịj^{1}	kjij^{1}	śia̱^{2}	tsjɨ^{1}	sew^{2}	tshjịj^{1}	mjij^{1}
始	终	同	发	亦,	思	议	不
[illegible]	[illegible],	[illegible]	[illegible]	[illegible]	[illegible]	[illegible]。	
gjwɨ^{1}	zjir^{2}	thja^{2}	ljị^{1}	·jij^{1}	lhjị^{2}	phji^{1}	
甲	胄,	彼	箭	自	折	令。	

攒钻来中射③,甲胄不思议,令箭自摧折。

21.52.6

[illegible]	[illegible]	[illegible]	[illegible]	[illegible],	[illegible]④	[illegible]	[illegible]
rjur^{1}	kha^{1}	dźjịj^{1}	dźjịj^{1}	ljịj^{2}	rjir^{2}	sju^{2}	mji^{1}
世	间	有	有	魔,	才	须	弥
[illegible]	[illegible],	[illegible]	[illegible]	[illegible]	[illegible]	[illegible],	
ljị^{1}	ŋwu^{2}	thjɨ^{2}	ljịj^{2}	gjwɨ^{1}	zjir^{2}	ɣa^{2}	
箭	以,	斯	大	甲	胄	于,	

世界所有魔,亦以须弥箭,于斯大甲胄,

21.53.1

[illegible]	[illegible]	[illegible]	[illegible]	[illegible]。	[illegible]	[illegible]	[illegible]

① [illegible](才),疑为“[illegible]”(若干)形讹。
② 故无相见者,西夏文译作“[illegible][illegible][illegible][illegible][illegible]”,字面意思是“无相见者无”。
③ 攒钻来中射,西夏文译作“[illegible][illegible][illegible][illegible][illegible]”(始终同发亦)。
④ [illegible](才),疑为“[illegible]”(若干)形讹。

ka^1	ka^1	kjij^1	śia̱^{2}	ŋwu^2	thja^2	ljịj^2	gjwɨ^1
齐	齐	同	发	以。	彼	大	甲
[illegible]	[illegible]，	[illegible]	[illegible]	[illegible]	[illegible]	[illegible]，	
zjir^2	tja^1	mej^2	bie̱j^2	zjịj^1	mji^1	ŋjwo^2	
胄	者，	毫	厘	许	不	损，	

竞共来激射①。然于大甲胄，不损如毛端，

21.53.2

[illegible]	[illegible]	[illegible]	[illegible]	[illegible]，	[illegible]	[illegible]	[illegible]
sew^2	tshjịj^1	mjij^1	gjwɨ^1	zjir^2	ŋjwo^2	ljịj^2	njwi^2
思	议	不	甲	胄，	损	坏	能
[illegible]	[illegible]。	[illegible]	[illegible]	[illegible]	[illegible]	[illegible]，	
mjijr^2	mjij^1	thjɨ^2	nio̱w^1	rjur^1	ɲia^2	tsjij^2	
者	无。	是	由	诸	菩	萨，	

甲胄不思议，无能摧坏者。由是诸菩萨，

21.53.3

[illegible]	[illegible]	[illegible]	[illegible]	[illegible]，	[illegible]	[illegible]	[illegible]
ljụ^2	njịj^1	mji^1	dji^1	nar^2	sew^2	tshjịj^1	mjij^1
身	心	无	变	动，	思	议	不
[illegible]	[illegible]，	[illegible]	[illegible]	[illegible]	[illegible]	[illegible]？	
gjwɨ^1	zjir^2	mju^2	ljɨj^2	njwi^2	tja^1	sjwɨ^1	
甲	胄，	动	摇	能	者	谁？	

身心无变异，甲胄不思议，谁能倾动者？

21.53.4

[illegible]	[illegible]	[illegible]	[illegible]	[illegible]，	[illegible]	[illegible]	[illegible]
tjij^1	·ja	ljɨr^2	njịj^1	ŋwu^2	rjur^1	ljịj^2	·ji^1
若	一	念	心	以，	诸	魔	众
[illegible]	[illegible]，	[illegible]	[illegible]	[illegible]	[illegible]	[illegible]，	
rjur^1	·jar^2	ɲia^2	tsjij^2	sew^2	tshjịj^1	mjij^1	

① 竞共来激射，西夏文译作“[illegible]”（一齐同发以）。

降 伏， 菩 萨 思 议 不，

若以一念心，摧伏诸魔众，菩萨不思议，

21.53.5

□ □ □ □ □。 □ □ □

ljij^{2} gja^{1} lhjwo^{1} sar^{2} phji^{1} thjɨ^{2} sju^{2} ljij^{2}

魔 军 退 散 令。 是 如 大

□ □， □ □ □ □ □，

gjwɨ^{1} zjir^{2} mju^{2} ljɨ̣j^{2} mjɨ^{1} tśhjɨ^{1} djij^{2}

甲 胄， 动 摇 未 彼 曾，

魔军咸退散。如是大甲胄，未尝有动摇，

21.53.6

□ □ □ □ □， □ □ □

rjur^{1} ɲia^{2} tśhju^{1} ŋowr^{2} ŋowr^{2} ljij^{2} njwi^{2} tja^{1}

诸 情 有 一 切， 见 能 者

□ □。 □ □ □ □ □，

mjij^{1} ljɨ^{1} rjur^{1} ɲia^{2} tśhju^{1} ŋowr^{2} ŋowr^{2}

无 也。 诸 情 有 一 切，

一切诸众生，而无能见者。一切诸众生，

21.54.1

□ □ □ □ □， □ □ □

gjwɨ^{1} zjir^{2} ·jij^{1} mjɨ^{1} nwə^{1} thjɨ^{2} nio̱w^{1} rjur^{1}

甲 胄 相 不 知， 是 故 诸

□ □， □ □ □ □ □。

ɲia^{2} tśhju^{1} mej^{1} ŋwu^{2} ljij^{2} mjɨ^{1} njwi^{2}

情 有， 眼 以 见 不 能。

不知甲胄相，是故诸众生，眼所不能见。

21.54.2

□ □ □ □ □， □ □ □

ɲia^{2}	tsjij^{2}	bju^{1}	gji̠^{2}	we^{2}	tsji̠r^{1}	ŋowr^{2}	ŋowr^{2}
菩	萨	依	靠	为，	法	一	切
□	□，	□	□	□	□	□，	
nwə^{1}	njwi^{2}	bu̠^{2}	kię^{1}	dźja^{2}	·wjɨ^{2}	sju^{2}	
知	能，	胜	金	刚	犹	如，	

菩萨为依怙，能知一切法，犹若胜金刚，

21.54.3

□	□	□	□	□。	□	□	□
thja^{2}	gjwi^{2}	njwi^{2}	mjijr^{2}	ŋwu^{2}	tsji̠r^{1}	ŋowr^{2}	ŋowr^{2}
斯	衣	善	者	为。	法	一	切
□	□，	□	□	□	□	□，	
mji^{1}	lhji̠j^{2}	rjur^{1}	ɲia^{2}	tśhju^{1}	gju̠^{2}	·wejr^{2}	
不	受，	诸	情	有	救	护，	

斯为善被者。不受一切法，救护诸众生，

21.54.4

□	□	□	□	□，	□	□	□
tha^{1}	tsji̠r^{1}	śjij^{1}	wji^{1}	ku^{1}	thja^{2}	gjwi^{2}	njwi^{2}
佛	法	顺	为	故，	斯	衣	善
□	□。	□	□	□	□	□，	
mjijr^{2}	ŋwu^{2}	gjwɨ^{1}	zjir^{2}	lhjwi^{1}	lew^{2}	mjij^{1}	
者	为。	甲	胄	取	所	无，	

顺诸佛法故，斯为善被者。甲胄无所取，

21.54.5

□	□	□	□	□，	□	□	□
tsji̠r^{1}	ŋowr^{2}	ŋowr^{2}	śjij^{1}	wji^{1}	sew^{2}	tshjij^{1}	mjij^{1}
法	一	切	顺	作，	思	议	不
□	□，	□	□	□	□	□。	
gjwɨ^{1}	zjir^{2}	thja^{2}	gjwi^{2}	njwi^{2}	mjijr^{2}	ŋwu^{2}	
甲	胄，	斯	衣	善	者	为。	

随顺一切法，甲胄不思议，斯为善被者。

21.54.6

[illegible]	[illegible]	[illegible]	[illegible]	[illegible],	[illegible]	[illegible]	[illegible]
gjwɨ1	zjir2	dźju1	śja2	mjij1	tsji̱r1	ŋowr2	ŋowr2
甲	胄	示	现	无,	法	一	切
[illegible]	[illegible],	[illegible]	[illegible]	[illegible]	[illegible]	[illegible],	
sej1	dji̤2	rjur1	tsji̱r1	ŋwu̱1	da̤2	ka2	
净	治,	诸	法	言	说	离,	

甲胄无示现,净治一切法,诸法离言说,

21.55.1

[illegible]	[illegible]	[illegible]	[illegible]	[illegible]。	[illegible]	[illegible]	[illegible]
dźju1	śja2	njwi2	mjijr2	mjij1	tsə̣1	rjir2	mji1
示	现	能	者	无。	色	与	不
[illegible]	[illegible],	[illegible]	[illegible]	[illegible]	[illegible]	[illegible],	
bju1	śjij1	lhjij2	rjir2	mji1	bju1	śjij1	
相	应,	受	与	不	相	应,	

无能示现者。不与色相应,不与受相应,

21.55.2

[illegible]	[illegible]	[illegible]	[illegible]	[illegible],	[illegible]	[illegible]	[illegible]
sji̱j2	dźjɨ	niow1	sjij2	rjir2	mji1	bju1	mji1
想	行	复	识	与,	不	应	不
[illegible]	[illegible]。	[illegible]	[illegible]	[illegible]	[illegible]	[illegible],	
dzow1	ŋwej2	·u2	rjir2	mji1	bju1	śjij1	
和	合。	内	与	不	相	应,	

不与想行识,相应及和合。不与内相应,

21.55.3

[illegible]	[illegible]	[illegible]	[illegible]	[illegible],	[illegible]	[illegible]	[illegible]
djɨr2	rjir2	mji1	bju1	śjij1	·u2	djɨr2	zji̤2
外	与	不	相	应,	内	外	俱

	，					。
njɨ̣^{1}	rjir^{2}	mji^{1}	bju^{1}	mji^{1}	dzow^{1}	ŋwej^{2}
二	与，	不	应	不	和	合。

不与外相应，不与内外俱，相应及和合。

21.55.4

				，			
kięj^{2}	rjir^{2}	mji^{1}	bju^{1}	śjij^{1}	do^{2}	rjir^{2}	mji^{1}
界	与	不	相	应，	处	与	不
	，					，	
bju^{1}	śjij^{1}	tjij^{1}	kięj^{2}	tjij^{1}	do^{2}	kha^{1}	
相	应，	若	界	若	处	中，	

不与界相应，不与处相应，若界若处中，

21.55.5

				。			
dzow^{1}	ŋwej^{2}	tsjɨ^{1}	mji^{1}	dju^{1}	ljɨ̣^{2}	rjir^{2}	mji^{1}
和	合	亦	无	有。	地	与	不
	，					，	
bju^{1}	śjij^{1}	zjɨr^{2}	rjir^{2}	mji^{1}	bju^{1}	śjij^{1}	
相	应，	水	与	不	相	应，	

亦无有和合。不与地相应，不与水相应，

21.55.6

				，			
mə̣^{1}	ljɨ^{1}	niow^{1}	ŋa^{1}	rjir^{2}	mji^{1}	bju^{1}	mji^{1}
火	风	及	空	与，	不	应	不
	。					，	
dzow^{1}	ŋwej^{2}	kiej^{2}	kięj^{2}	rjir^{2}	mji^{1}	bju^{1}	
和	合。	欲	界	与	不	应，	

不与火风空，相应及和合。不与欲相应，

21.56.1

[illegible]	[illegible]	[illegible]	[illegible]	[illegible]，	[illegible]	[illegible]	[illegible]
tsə̣^{1}	kięj^{2}	rjir^{2}	mji^{1}	bju^{1}	niow^{1}	tsə̣^{1}	mjij^{1}
色	界	与	不	应，	及	色	无
[illegible]	[illegible]，	[illegible]	[illegible]	[illegible]	[illegible]	[illegible]。	
kięj^{2}	rjir^{2}	mji^{1}	bju^{1}	mji^{1}	dzow^{1}	ŋwej^{2}	
界	与，	不	应	不	和	合。	

不与色相应，不与无色界，相应及和合。

21.56.2

[illegible]	[illegible]	[illegible]	[illegible]	[illegible]，	[illegible]	[illegible]	[illegible]
ŋowr^{2}	ŋowr^{2}	rjir^{2}	lew^{2}	mjij^{1}	wji^{1}	dju^{1}	mji^{1}
一	切	得	所	无，	作	有	不
[illegible]	[illegible]，	[illegible]	[illegible]	[illegible]	[illegible]	[illegible]，	
wji^{1}	mjij^{1}	thjɨ^{2}	sju^{2}	ŋowr^{2}	ŋowr^{2}	rjir^{2}	
作	无，	是	如	一	切	与，	

一切无所得，不与诸有作，不与诸无作，

21.56.3

[illegible]	[illegible]	[illegible]	[illegible]	[illegible]。	[illegible]	[illegible]	[illegible]
mji^{1}	bju^{1}	mji^{1}	dzow^{1}	ŋwej^{2}	sew^{2}	tshji̱j^{1}	mjij^{1}
不	应	不	和	合。	思	议	不
[illegible]	[illegible]，	[illegible]	[illegible]	[illegible]	[illegible]	[illegible]，	
gjwɨ^{1}	zjir^{2}	dźjij^{1}	mjij^{1}	dzow^{1}	ŋwej^{2}	mjij^{1}	
甲	胄，	住	无	和	合	无，	

相应及和合。甲胄不思议，无住无和合，

21.56.4

[illegible]	[illegible]	[illegible]	[illegible]	[illegible]，	[illegible]	[illegible]	[illegible]
tśji̱r^{2}	mjij^{1}	bie^{2}	thjij^{2}	mjij^{1}	mji^{1}	bju^{1}	śjij^{1}
缚	无	解	脱	无，	不	相	应

[illegible]

tsjɨ^{1} mjij^{1} gjwɨ^{1} zjir^{2} bju^{2} ljow^{2} mjij^{1}

亦 无。 甲 胄 边 际 无，

无缚无解脱，亦无不相应。甲胄无边际，

21.56.5

[illegible]

ɣię^{2} mji^{1} niow^{1} tjij^{1} dwewr^{2} thjɨ^{2} sju^{2} njɨ̱^{1}

声 闻 及 独 觉， 是 如 二

[illegible]

ljɨ̣^{2} rjir^{2} mji^{1} bju^{1} mji^{1} dzow^{1} ŋwej^{2}

地 与， 不 应 不 和 合。

不共声闻地，不共独觉地，相应及和合。

21.56.6

[illegible]

rjɨr^{2} njɨ^{2} rjur^{1} tha^{1} ljɨ̣^{2} niow^{1} tsji̱r^{1} ŋowr^{2}

乃 至 诸 佛 地， 及 法 一

[illegible]

ŋowr^{2} rjir^{2} ŋowr^{2} ŋowr^{2} mji^{1} bju^{1} śjij^{1}

切 与， 一 切 不 相 应，

乃至诸佛地，及与一切法，一切不相应，

21.57.1

[illegible]

ŋowr^{2} ŋowr^{2} mji^{1} dzow^{1} ŋwej^{2} mə^{2} mə^{2} ŋwu̱^{1}

一 切 不 和 合。 种 种 言

[illegible]

dạ^{2} tśja^{1} źji^{2} nẹ^{1} tshjij^{1} mjɨ^{1} ljɨ̱^{1}

语 道， 皆 宣 说 无 能，

一切不和合。种种语言道，而无能及者①，

① 而无能及者，西夏本作“[illegible]”，字面意思是“皆无能演说”。

21.57.2

[illegible]	[illegible]	[illegible]	[illegible]	[illegible]，	[illegible]	[illegible]	[illegible]
gjwɨ^{1}	zjir^{2}	bju^{2}	mji^{1}	dju^{1}	kwər^{1}	mjij^{1}	sew^{2}
甲	胄	边	不	有，	体	无	思
[illegible]	[illegible]。	[illegible]	[illegible]	[illegible]	[illegible]	[illegible]，	
gie^{1}	ku^{1}	rjur^{1}	tsji̱r^{1}	ŋowr^{2}	ŋowr^{2}	rjir^{2}	
难	故。	诸	法	一	切	与，	

甲胄无有边，无体难思故。不与一切法，

21.57.3

[illegible]	[illegible]	[illegible]	[illegible]	[illegible]，	[illegible]	[illegible]	[illegible]
bju^{1}	śjij^{1}	mji^{1}	bju^{1}	śjij^{1}	sew^{2}	tshji̱j^{1}	mjij^{1}
相	应	不	相	应，	思	议	不
[illegible]	[illegible]，	[illegible]	[illegible]	[illegible]	[illegible]	[illegible]。	
gjwɨ^{1}	zjir^{2}	ŋewr^{2}	ŋowr^{2}	ŋowr^{2}	gji̱j^{1}	dzji̱j^{1}	
甲	胄，	数	一	切	超	过。	

相应不相应，甲胄不思议，超过一切数。

21.57.4

[illegible]	[illegible]	[illegible]	[illegible]	[illegible]，	[illegible]	[illegible]	[illegible]
gjwɨ^{1}	zjir^{2}	źji^{2}	phju^{2}	we^{2}	tśji̱r^{2}	mjij^{1}	tśji̱r^{2}
甲	胄	无	上	为，	缚	无	缚
[illegible]	[illegible]，	[illegible]	[illegible]	[illegible]	[illegible]	[illegible]，	
nja̱^{2}	mjij^{1}	tsə̣^{1}	·jij^{1}	lhji̱j^{2}	sji̱j^{2}	·jij^{1}	
非	无，	色	相	受	想	相，	

甲胄无有上，无缚无非缚，亦无有色相，

21.57.5

[illegible]	[illegible]	[illegible]	[illegible]	[illegible]。	[illegible]	[illegible]	[illegible]
dźjɨ	sjij^{2}	·jij^{1}	mji^{1}	dju^{1}	niow^{1}	thja^{2}	rjur^{1}
行	识	相	无	有。	及	彼	诸

□	□,	□	□	□	□	□。
·jij^{1}	rjir^{2}	mji^{1}	bju^{1}	mji^{1}	dzow^{1}	ŋwej^{2}
相	与,	不	应	不	和	合。

受想行识相。不与彼诸相,相应及和合,

21.57.6

□	□	□	□	□,	□	□	□
tsji̠r^{1}	·jij^{1}	ŋowr^{2}	ŋowr^{2}	rjir^{2}	bju^{1}	śjij^{1}	mji^{1}
法	相	一	切	与,	相	应	不
□	□,	□	□	□	□	□,	
bju^{1}	śjij^{1}	niow^{1}	tsjɨ^{1}	·jij^{1}	mjij^{1}	rjir^{2}	
相	应,	及	亦	相	无	与,	

不与诸法相,相应不相应,亦不与无相,

21.58.1

□	□	□	□	□。	□	□	□
mji^{1}	bju^{1}	mji^{1}	dzow^{1}	ŋwej^{2}	gjwɨ^{1}	zjir^{2}	źji^{2}
不	应	不	和	合。	甲	胄	无
□	□,	□	□	□	□	□,	
phju^{2}	we^{2}	tśjɨr^{2}	mjij^{1}	bie^{2}	thjij^{2}	mjij^{1}	
上	为,	缚	无	解	脱	无,	

相应及和合。甲胄无有上,无缚无解脱,

21.58.2

□	□	□	□	□,	□	□	□
rjur^{1}	tsji̠r^{1}	ŋowr^{2}	ŋowr^{2}	kha^{1}	lew^{1}	tsji̠r^{1}	ŋewr^{2}
诸	法	一	切	中,	一	法	数
□	□。	□	□	□	□	□,	
mji^{1}	lji̠^{1}	rjur^{1}	tsji̠r^{1}	ŋowr^{2}	ŋowr^{2}	kha^{1}	
不	堕。	诸	法	一	切	中,	

一切诸法中,不堕一法数。一切诸法中,

21.58.3

gjwɨ^{1} zjir^{2} rjir^{1} tjị^{2} mjij^{1} thjɨ^{2} nio̱w^{1} źji^{2}

甲 胄 得 可 不, 是 故 无

phju^{2} we^{2} sew^{2} tshjij^{1} mjij^{1} mjij^{2} rjir^{2}

上 为, 思 议 不 名 得。

甲胄不可得,是故无有上,说名不思议。

21.58.4

gjwɨ^{1} zjir^{2} tsə̣^{1} mji^{1} dju^{1} lhjij^{2} mjij^{1} sjij^{2}

甲 胄 色 无 有, 受 无 想

tsjɨ^{1} mjij^{1} dźjɨ mjij^{1} sjij^{2} tsjɨ^{1} mjij^{1}

亦 无, 行 无 识 亦 无,

甲胄无有色,无受亦无想,无行亦无识,

21.58.5

rjur^{1} ŋur^{1} kha^{1} mji^{1} ɣjiw^{1} thjɨ^{2} sju^{2} kjir^{1}

诸 蕴 中 不 摄。 是 如 勇

·jiw^{2} mjijr^{2} ljụ^{2} njij^{1} rjir^{1} lew^{2} mjij^{1}

猛 者, 身 心 得 所 无,

非诸蕴所摄。如是勇猛者,被斯大甲胄①,身心无所得,

21.58.6

zjɨ̱r^{1} rjir^{2} tsji̱r^{1} mji^{1} ljij^{2} rjur^{1} sew^{2} dza^{2}

① “被斯大甲胄”一句西夏本未见。

微	才	法	不	见。	诸	思	计
[illegible]	[illegible]，	[illegible]	[illegible]	[illegible]	[illegible]	[illegible]，	
dzjij^{1}	ku^{1}	gji^{1}	sej^{1}	njij^{1}	no^{2}	dźjij^{1}	
过	故，	清	净	心	安	住，	

不见微少①法。过诸思择故，清净心安住，

21.59.1

[illegible]	[illegible]	[illegible]	[illegible]	[illegible]，	[illegible]	[illegible]	[illegible]
·ju^{2}	mji^{1}	dźju^{2}	no^{1}	ku^{1}	sew^{2}	tshjij^{1}	mjij^{1}
常	无	怯	弱	故，	思	议	不
[illegible]	[illegible]。	[illegible]	[illegible]	[illegible]	[illegible]	[illegible]，	
mjij^{2}	rjir^{2}	gjwɨ^{1}	lwo^{2}	gjwɨ^{1}	zjir^{2}	gjwi^{2}	
名	得。	坚	固	甲	胄	衣，	

而常无怯弱，说名不思议。坚固被甲胄，

21.59.2

[illegible]	[illegible]	[illegible]	[illegible]	[illegible]，	[illegible]	[illegible]	[illegible]
njij^{1}	phji^{1}	mji^{1}	mju^{2}	ljɨj^{2}	rjur^{1}	kja^{2}	tsew^{2}
心	意	无	动	摇，	诸	劫	量
[illegible]	[illegible]，	[illegible]	[illegible]	[illegible]	[illegible]	[illegible]。	
mji^{1}	sej^{1}	sew^{2}	tshjij^{1}	mjij^{1}	mjij^{2}	rjir^{2}	
不	计，	思	议	不	名	得。	

其心无所动，不计诸劫量，说名不思议。

21.59.3

[illegible]	[illegible]	[illegible]	[illegible]	[illegible]，	[illegible]	[illegible]	[illegible]
gjwɨ^{1}	zjir^{2}	pju^{1}	mji^{1}	dju^{1}	tsjir^{1}	mji^{1}	tsjir^{1}
甲	胄	量	无	有，	法	不	法
[illegible]	[illegible]，	[illegible]	[illegible]	[illegible]	[illegible]	[illegible]，	
mji^{1}	lhjwi^{1}	dzjɨj^{1}	pju^{1}	mjij^{1}	niow^{1}	ku^{1}	

① 微少，西夏本作“[illegible][illegible]”（微才）。“[illegible]”（才）字疑为“[illegible]”（若干）形讹，正作“[illegible][illegible]”（微少、少许）。

不　取，　时　量　无　以　故，

甲胄无有量，不取法非法，以无时量故，

21.59.4

□　□　□　□　□。　□　□　□

pju̧^{1}　mjij^{1}　tshjịj^{1}　mjịj^{2}　rjir^{2}　ɲia^{2}　tśhju^{1}　sjịj^{2}

量　不　说　名　得。　情　有　想

□　□，　□　□　□　□　□，

mji^{1}　śjwo^{1}　ŋa^{2}　sjịj^{2}　tsjɨ^{1}　mji^{1}　dju^{1}

不　起，　我　想　亦　不　有，

说名不可量。不起众生想，亦无有我想，

21.59.5

□　□　□　□　□，　□　□　□

thjɨ^{2}　sjịj^{2}　nwə^{1}　njwi^{2}　ku^{1}　sjịj^{2}　ŋowr^{2}　ŋowr^{2}

此　想　知　能　故，　想　一　切

□　□。　□　□　□　□　□，

mji^{1}　śjwo^{1}　niow^{1}　tsji̱r^{1}　ŋowr^{2}　ŋowr^{2}　nwə^{1}

不　生。　及　法　一　切　知，

能知此想故，一切想不生。亦知一切法，

21.59.6

□　□　□　□　□，　□　□　□

thja^{2}　tsji̱r^{1}　źji^{2}　·jij^{1}　mjij^{1}　thjɨ^{2}　sju^{2}　zjir^{2}

彼　法　皆　相　无，　是　如　甲

□　□，　□　□　□　□　□。

gjwi^{2}　ku^{1}　sew^{2}　tshjịj^{1}　mjij^{1}　mjịj^{2}　rjir^{2}

衣　故，　思　议　不　名　得。

此法皆无相，如是被甲胄，说名不思议。

21.60.1

□　□，　□　□　□！　□　□　□　□

niow1	tśjɨ1	bju2	mjij1	źjɨr1	thjɨ2	ljịj2	gjwɨ1	zjir2
复	次，	边	无	慧！	此	大	甲	胄
[illegible]	[illegible]	[illegible]	[illegible]	[illegible]	[illegible]	[illegible]	[illegible]	[illegible]；
mjịj2	tja1	thjọ1	tsji̱r1	śjwo2	gju2	śjwo2	tshjịj2	ŋwu2
名	曰	妙	法	严	具	庄	严	是；

复次，无边慧！此大甲胄名曰妙法严具庄严；

21.60.2

[illegible]	[illegible]	[illegible]	[illegible]	[illegible]，	[illegible]	[illegible]	[illegible]	[illegible]；
niow1	mjịj2	źji2	phju2	ŋwu2	ljịj2	tjị2	mjij1	ljɨ1
亦	名	最	上	是，	坏	可	不	故；
[illegible]	[illegible]	[illegible]	[illegible]	[illegible]	[illegible]	[illegible]	[illegible]	[illegible]，
niow1	mjịj2	tsji̱r1	ŋowr2	ŋowr2	do2	pha1	mjij1	ŋwu2
亦	名	法	一	切	差	别	无	是，

亦名最上，不可坏故；亦名一切法无差别，

21.60.3

[illegible]	[illegible]	[illegible]	[illegible]	[illegible]	[illegible]	[illegible]	[illegible]	[illegible]。
zji̱r1	zjịj1	tsji̱r1	ɣa2	do2	pha1	mji1	wji1	ljɨ1
少	许	法	于	差	别	不	作	故。
[illegible]	[illegible]	[illegible]	[illegible]	[illegible]	[illegible]	[illegible]	[illegible]	[illegible]
rjur1	po1	tsa1	ma2	ŋạ2	tsa1	thjɨ2	gjwɨ1	zjir2
诸	菩	萨	摩	诃	萨	此	甲	胄

不于少法作差别故。诸菩萨摩诃萨被此甲胄，

21.60.4

[illegible]，	[illegible]	[illegible]	[illegible]	[illegible]，	[illegible]	[illegible]、	[illegible]	[illegible]
gjwi2	ljịj2	źjɨr1	ɣie1	·jịj1	ljịj2	·ụ2	źji2	phju2
衣，	大	慧	力	持，	大	乘、	最	上
[illegible]、	[illegible]	[illegible]	[illegible]	[illegible]、	[illegible]	[illegible]	[illegible]	[illegible]、
·ụ2	ŋwer1	ŋwer1	mjij1	·ụ2	ljịj2	ɣjiw1	ɣiwej1	·ụ2
乘、	等	等	无	乘、	大	摄	受	乘、

持大慧力，乘于大乘、最上之乘、无等等乘、大摄受乘、

21.60.5

[illegible]	[illegible]	[illegible]	[illegible]	[illegible]	[illegible]	[illegible]	[illegible]，	[illegible]
bju^{2}	mjij^{1}	ɣjiw^{1}	ɣiwej^{1}	·ụ^{2}	ɣa^{2}	bju^{1}	gji̠^{2}	ɲia^{2}
边	无	摄	受	乘	于	依	靠，	情
[illegible]	[illegible]	[illegible]	[illegible]	[illegible]	[illegible]	[illegible]，	[illegible]	[illegible]
tśhju^{1}	ŋowr^{2}	ŋowr^{2}	thjɨ^{2}	·ụ^{2}	bju^{1}	gji̠^{2}	ku^{1}	thjɨ^{2}
有	一	切	此	乘	依	靠，	故	此

无边摄受乘，一切众生乘此乘者，于此

21.60.6

[illegible]	[illegible]	[illegible]	[illegible]	[illegible]	[illegible]，	[illegible]	[illegible]	[illegible]
·ụ^{2}	kha^{1}	mji^{1}	dzjɨj^{2}	·o^{2}	mjij^{1}	niow^{1}	thjɨ^{2}	·ụ^{2}
乘	中	不	容	受	无，	及	此	乘
[illegible]	[illegible]	[illegible]	[illegible]	[illegible]，	[illegible]	[illegible]	[illegible]	[illegible]
tja^{1}	mji^{1}	lhu^{1}	mji^{1}	tjịj^{1}	ɲia^{2}	tśhju^{1}	·jij^{1}	no^{2}
者	不	增	不	减，	情	有	之	安

乘中无不容受，然于此乘不增不减，能令众生安

21.61.1

[illegible]	[illegible]	[illegible]	[illegible]，	[illegible]	[illegible]	[illegible]	[illegible]	[illegible]
lhejr^{2}	dźjij^{1}	phji^{1}	njwi^{2}	niow^{1}	ɲia^{2}	tśhju^{1}	·jij^{1}	no^{2}
乐	住	令	能，	亦	情	有	之	安
[illegible]	[illegible]	[illegible]	[illegible]。	[illegible]	[illegible]	[illegible]	[illegible]	[illegible]
lhejr^{2}	lho	phji^{1}	njwi^{2}	tjɨ^{1}	tjịj^{1}	ɲia^{2}	tśhju^{1}	thjɨ^{2}
乐	出	令	能。	假	若	情	有	此

乐而住，亦令众生安乐而出。若有众生乘此

21.61.2

[illegible]	[illegible]	[illegible]	[illegible]	[illegible]	[illegible]	[illegible]，	[illegible]	[illegible]
kjɨ^{1}	djịj^{2}	no^{2}	lhejr^{2}	·ụ^{2}	bju^{1}	gji̠^{2}	ku^{1}	lju̠^{2}
决	定	安	乐	乘	依	靠，	则	身

[illegible]	[illegible]	[illegible]	[illegible]	[illegible]	[illegible]。	[illegible]	[illegible]	[illegible]
njij^{1}	dwər^{1}	tjị^{2}	tśjị^{1}	mji^{1}	dju^{1}	bju^{2}	mjij^{1}	źjɨr^{1}
心	倦	疲	苦	无	有。	边	无	慧

决定安乐乘者,无有身心疲倦劳苦。无边慧①!

21.61.3

[illegible]	[illegible]!	[illegible]	[illegible]	[illegible]	[illegible]	[illegible]	[illegible]	[illegible]
ɲia^{2}	tsjij^{2}	thjɨ^{2}	·ụ^{2}	tja^{1}	rjur^{1}	kha^{1}	ŋowr^{2}	ŋowr^{2}
菩	萨!	此	乘	者	世	间	一	切
[illegible]、	[illegible]、	[illegible]	[illegible]	[illegible]、	[illegible]	[illegible]、	[illegible]	[illegible]
mə^{1}	dzjwo^{2}	·ja	sew^{2}	lo^{1}	ɣię^{2}	mji^{1}	tjij^{1}	dwewr^{2}
天、	人、	阿	修	罗、	声	闻、	独	觉

此乘映蔽一切世间天、人、阿修罗、声闻、缘觉②

21.61.4

[illegible]	[illegible]	[illegible]	[illegible]	[illegible]	[illegible]	[illegible]	[illegible]	[illegible]
niow^{1}	dzjij^{2}	rjur^{1}	·ụ^{2}	kha^{1}	lja^{1}	lho	niow^{1}	·jwɨ̣^{1}
及	余	诸	乘	中	超	出	及	蔽
[illegible]	[illegible]	[illegible]。	[illegible]	[illegible]	[illegible]	[illegible]	[illegible]	[illegible]
t-^{2}	tsjɨ^{1}	njwi^{2}	thjɨ^{2}	·ụ^{2}	tja^{1}	lja^{1}	mjij^{1}	śjɨ^{1}
遮	亦	能。	此	乘	者	来	无	去

及余诸乘而当出离。此乘无来无去、

21.61.5

[illegible]、	[illegible]	[illegible]	[illegible]	[illegible]	[illegible]	[illegible],	[illegible]	[illegible]
mjij^{1}	dźjịj^{1}	mjij^{1}	ljij^{2}	mjij^{1}	nwə^{1}	mjij^{1}	śji^{1}	zjọ^{2}
无、	住	无	见	无	知	无,	前	际
[illegible]	[illegible]	[illegible]、	[illegible]	[illegible]	[illegible]	[illegible]	[illegible]、	[illegible]
rjir^{1}	tjị^{2}	mjij^{1}	kụ^{1}	zjọ^{2}	rjir^{2}	tjị^{2}	mjij^{1}	mjor^{1}

① 西夏本此下有“[illegible][illegible]”(菩萨)二字。

② 缘觉,梵文 Pratyeka buddha,译作“辟支迦佛”,亦作“辟支”“辟支佛”。旧译“缘觉”,新译“独觉”。西夏本从新译。

得	可	不、	后	际	得	可	不、	现

无住无见无知，前际不可得、后际不可得、中

21.61.6

□	□	□	□，	□	□	□	□	□
zjọ^2	rjir^2	tji^2	mjij^1	sọ^1	zjọ^2	tśhja^2	ka^1	tshọ^2
际	得	可	不，	三	世	平	等	虚
□	□	□，	□	□	□	□，	□	□
ŋa^1	·wjɨ^2	sju^2	lhjɨ^2	la^1	mji^1	ka^2	dźjwɨ^1	bju^1
空	犹	如，	尘	染	不	离，	相	依

际①不可得，三世平等犹如虚空，不离尘染，无有相待②，

21.62.1

□	□	□	□，	□	□	□	□，	□
ka^1	śjwo^1	mji^1	dju^1	ɣie^2	lụ^2	mji^1	dju^1	zow^2
并	生	无	有，	碍	障	无	有，	执
□	□	□，	□	□	□	□	□	□
zjij^1	tsjɨ^1	mjij^1	thjɨ^2	·ụ^2	niọw^1	ku^1	lho	ka^2
着	亦	无，	此	乘	因	故	出	离

无有障碍，亦无执着，以此乘故而当出离。

21.62.2

□	□。	□	□	□	□，	□	□	□
rjir^2	ljɨ^1	thjɨ^2	·ụ^2	mjɨ^1	pjụ^1	pjụ^1	tji^2	mjij^1
得	也。	此	乘	无	量，	量	可	不
□；	□	□	□	□，	□	□；	□	□
ljɨ^1	mər^2	ɣie^2	·jij^1	mjij^1	dźjij^1	ljɨ^1	źji^2	phju^2
故；	本	碍	相	无，	住	故；	最	上

此乘无量，不可量故；本无碍相，不住相故③；最上

① 中际，西夏文字面作“□□”（现世）。
② 相待，西夏文译作“□□□□”，字面意思是“互依并生”。
③ 不住相故，西夏本仅作“□□”（住故）。此上疑脱“□□”（相不）二字。

21.62.3

[illegible]	[illegible]。	[illegible]	[illegible]	[illegible]	[illegible]	[illegible]	[illegible]，	[illegible]
phju^{2}	tsew^{2}	thjɨ^{2}	·ụ^{2}	ɣa^{2}	bju^{1}	gjị^{2}	mjijr^{2}	njịj^{1}
上	第。	此	乘	于	依	靠	者，	心
[illegible]	[illegible]	[illegible]，	[illegible]	[illegible]	[illegible]	[illegible]	[illegible]	[illegible]
mji^{1}	dźju^{2}	no̱^{1}	·ja	du̱^{2}	tow^{1}	lo^{1}	sã^{1}	mjiw^{2}
无	怯	弱，	阿	耨	多	罗	三	藐

第一。乘此乘者，无怯弱心，而发趣于阿耨多罗三藐

21.62.4

[illegible]	[illegible]	[illegible]	[illegible]	[illegible]	[illegible]。
sã^{1}	po^{1}	tjij^{1}	śjwo^{1}	tshwew^{1}	ljɨ^{1}
三	菩	提	发	趣	也。

三菩提。

汉文本

尔时，世尊而说偈言：

无量千劫中，被大无边甲，
为欲令众生，解脱诸苦恼。
如是大甲胄，若魔若魔使，
作诸魔业者，眼所不能见。
及余众生等，行见稠林者，
甲胄不思议，亦非彼所见。
无色无形像，无对无相待，
甲胄不思议，故非眼所见。
无名亦无相，远离一切相，
甲胄无有边，故无相见者。
假如须弥箭，攒钻来中射，
甲胄不思议，令箭自摧折。
世界所有魔，亦以须弥箭，
于斯大甲胄，竞共来激射。
然于大甲胄，不损如毛端，
甲胄不思议，无能摧坏者。

由是诸菩萨,身心无变异,
甲胄不思议,谁能倾动者?
若以一念心,摧伏诸魔众,
菩萨不思议,魔军咸退散。
如是大甲胄,未尝有动摇,
一切诸众生,而无能见者。
一切诸众生,不知甲胄相,
是故诸众生,眼所不能见。
菩萨为依怙,能知一切法,
犹若胜金刚,斯为善被者。
不受一切法,救护诸众生,
顺诸佛法故,斯为善被者。
甲胄无所取,随顺一切法,
甲胄不思议,斯为善被者。
甲胄无示现,净治一切法,
诸法离言说,无能示现者。
不与色相应,不与受相应,
不与想行识,相应及和合。
不与内相应,不与外相应,
不与内外俱,相应及和合。
不与界相应,不与处相应,
若界若处中,亦无有和合。
不与地相应,不与水相应,
不与火风空,相应及和合。
不与欲相应,不与色相应,
不与无色界,相应及和合。
一切无所得,不与诸有作,
不与诸无作,相应及和合。
甲胄不思议,无住无和合,
无缚无解脱,亦无不相应。
甲胄无边际,不共声闻地,
不共独觉地,相应及和合。
乃至诸佛地,及与一切法,
一切不相应,一切不和合。
种种语言道,而无能及者,
甲胄无有边,无体难思故。
不与一切法,相应不相应,
甲胄不思议,超过一切数。

甲胄无有上，无缚无非缚，
亦无有色相，受想行识相。
不与彼诸相，相应及和合，
不与诸法相，相应不相应，
亦不与无相，相应及和合。
甲胄无有上，无缚无解脱，
一切诸法中，不堕一法数。
一切诸法中，甲胄不可得，
是故无有上，说名不思议。
甲胄无有色，无受亦无想，
无行亦无识，非诸蕴所摄。
如是勇猛者，被斯大甲胄，
身心无所得，不见微少法。
过诸思择故，清净心安住，
而常无怯弱，说名不思议。
坚固被甲胄，其心无所动，
不计诸劫量，说名不思议。
甲胄无有量，不取法非法，
以无时量故，说名不可量。
不起众生想，亦无有我想，
能知此想故，一切想不生。
亦知一切法，此法皆无相，
如是被甲胄，说名不思议。

复次，无边慧！此大甲胄名曰妙法严具庄严；亦名最上，不可坏故；亦名一切法无差别，不于少法作差别故。诸菩萨摩诃萨被此甲胄，持大慧力，乘于大乘、最上之乘、无等等乘、大摄受乘、无边摄受乘，一切众生乘此乘者，于此乘中无不容受，然于此乘不增不减，能令众生安乐而住，亦令众生安乐而出。若有众生乘此决定安乐乘者，无有身心疲倦劳苦。无边慧！此乘映蔽一切世间天、人、阿修罗、声闻、缘觉及余诸乘而当出离。此乘无来无去、无住无见无知，前际不可得、后际不可得、中际不可得，三世平等犹如虚空，不离尘染，无有相待，无有障碍，亦无执着，以此乘故而当出离。此乘无量，不可量故；本无碍相，不住相故；最上第一。乘此乘者，无怯弱心，而发趣于阿耨多罗三藐三菩提。

21.62.4

[illegible]	[illegible]	[illegible]	[illegible]	[illegible]！	[illegible]
bju²	mjij¹	źjɨr¹	ɲia²	tsjij²	thjɨ²
边	无	慧	菩	萨！	此
[illegible]	[illegible]	[illegible]	[illegible]、	[illegible]	[illegible]

·ụ²	tja¹	tjij¹	sju²	be²	lhjị²
乘	者	灯	如、	日	月

无边慧①！此乘如灯、如日月轮，

21.62.5

[illegible]	[illegible]，	[illegible]	[illegible]	[illegible]	[illegible]	[illegible]	[illegible]	[illegible]
dźiej²	sju²	rjur¹	ɲia²	tśhju¹	·jij¹	ljịj²	bji¹	swew¹
轮	如，	诸	情	有	之	大	光	明
[illegible]。	[illegible]	[illegible]	[illegible]	[illegible]	[illegible]	[illegible]	[illegible]，	[illegible]
wji¹	thjɨ²	ljịj²	·ụ²	tsjɨ¹	thja²	·wjɨ²	sju²	bji¹
作。	此	大	乘	亦	彼	犹	如，	光

为诸众生作大光明。此之大乘亦复如是，光

21.62.6

[illegible]	[illegible]	[illegible]	[illegible]	[illegible]	[illegible]	[illegible]	[illegible]，	[illegible]
sọ¹	tụ¹	ljịj²	tụ¹	rjur¹	kięj²	zjir²	swew¹	·jwɨ̣¹
三	千	大	千	世	界	遍	照，	蔽
[illegible]	[illegible]	[illegible]	[illegible]、	[illegible]	[illegible]	[illegible]	[illegible]	[illegible]，
t-²	njwi²	mjijr²	mjij¹	ɣie²	lụ²	njwi²	mjijr²	mjij¹
遮	能	者	无、	碍	障	能	者	无，

照三千大千世界，无能映蔽、无能障碍，

21.63.1

[illegible]	[illegible]	[illegible]	[illegible]	[illegible]	[illegible]	[illegible]	[illegible]	[illegible]
bju²	mjij¹	ljịj²	tśhja²	·iow¹	ŋjow²	bju¹	·ja	dụ²
边	无	大	德	功	海	以	阿	耨
[illegible]	[illegible]	[illegible]	[illegible]	[illegible]	[illegible]	[illegible]	[illegible]	[illegible]
tow¹	lo¹	sã¹	mjiw²	sã¹	po¹	tjɨj¹	śjwo¹	tshwew¹
多	罗	三	藐	三	菩	提	发	趣

能以无边大功德海而发趣于阿耨多罗三藐三菩提。

---

① 西夏本此下有“[illegible]”(菩萨)二字。

21.63.2

[illegible]	[illegible]。	[illegible]	[illegible]	[illegible]	[illegible]	[illegible]!	[illegible]	[illegible]
njwi²	ljɨ¹	bju²	mjij¹	źjɨr¹	ɲia²	tsjij²	thjɨ²	·ụ²
能	也。	边	无	慧	菩	萨!	此	乘
[illegible]	[illegible],	[illegible]	[illegible]	[illegible]	[illegible]	[illegible]	[illegible]	[illegible]
na¹	ka²	rjur¹	kha¹	ŋowr²	ŋowr²	·jij¹	ŋo²	dji̱²
暗	离,	世	间	一	切	之	病	治

无边慧①！此乘离暗,能除一切世间之病,

21.63.3

[illegible],	[illegible]	[illegible]	[illegible]	[illegible]	[illegible]	[illegible]	[illegible]	[illegible];	[illegible]
njwi²	rjur¹	kha¹	ŋowr²	ŋowr²	gjij¹	dzji̱j¹	lji̱j²	tsji̱r¹	ɲia²
能,	世	间	一	切	超	过	大	法;	情
[illegible]	[illegible]	[illegible],	[illegible]	[illegible]	[illegible]	[illegible]	[illegible]	[illegible]	
tśhju¹	·jij¹	ɣjiw¹	lji̱j²	gjwɨ¹	zjir²	gjwi²	mjijr²	rjɨr²	
有	之	摄,	大	甲	胄	衣	者	除	

超过一切世间之法;摄大众生,非诸②下劣所能乘也,唯除

21.63.4

[illegible],	[illegible]	[illegible]	[illegible]	[illegible]	[illegible]	[illegible]	[illegible]	[illegible]
niow¹	dju¹	bji̱²	dźju²	dzjwo²	·jij¹	bju¹	gji̱²	tji̱²
外,	有	下	劣	人	之	依	靠	所
[illegible]。	[illegible]	[illegible]	[illegible]	[illegible],	[illegible]	[illegible]	[illegible]	[illegible]
nja̱²	ŋa²	śji¹	rjɨr²	tshjij¹	mjɨ¹	pjụ¹	kja²	kha¹
非。	我	先	所	说,	无	量	劫	中

能被大甲胄者。如我所说,于无量劫

21.63.5

[illegible]	[illegible]	[illegible]	[illegible]	[illegible],	[illegible]	[illegible]	[illegible]	[illegible]

---

① 西夏本此下有“[illegible]”(菩萨)二字。

② 诸,西夏本作“[illegible]”(有),疑为“[illegible]”(诸)字形讹。

ɲia^{2}	tśhju^{1}	·jij^{1}	gju̱^{2}	·wejr^{2}	rjur^{1}	tha^{1}	kju̱^{1}	tshwew^{1}
情	有	之	救	护，	诸	佛	供	养
[illegible]	[illegible]	[illegible]	[illegible]	[illegible]	[illegible]	[illegible]	[illegible]	[illegible]
mə^{2}	mə^{2}	ne̱w^{2}	tśhji^{2}	·wụ^{2}	dźjwij^{2}	gji^{1}	sej^{1}	mjijr^{2}
种	种	善	根	资	粮	清	净	者

救护众生，供养诸佛种种善根资粮清净

21.63.6

[illegible]	[illegible]	[illegible]	[illegible]，	[illegible]	[illegible]	[illegible]	[illegible]	[illegible]
bju^{1}	gji̱^{2}	njwi^{2}	ljɨ^{1}	ɣię^{2}	mji^{1}	tjij^{1}	dwewr^{2}	niow^{1}
依	靠	能	也，	声	闻	独	觉	及
[illegible]	[illegible]	[illegible]	[illegible]	[illegible]	[illegible]	[illegible]、	[illegible]	[illegible]
dzjij^{2}	bji̱^{2}	dźju^{2}	rjur^{1}	kha^{1}	phej^{1}	tśji̱r^{2}	rjur^{1}	kha^{1}
余	下	劣	世	间	系	缚、	世	间

之所能乘，声闻缘觉及余下劣系缚世间、世间

21.64.1

[illegible]	[illegible]，	[illegible]	[illegible]	[illegible]、	[illegible]	[illegible]	[illegible]①	[illegible]
bju^{1}	śjij^{1}	bu̱^{2}	gjij^{1}	khwe̱j^{1}	khwe̱j^{1}	dźjɨ	wji^{1}	kjɨ^{1}
相	应，	增	倍	慢、	慢	△	△	△
[illegible]	[illegible]，	[illegible]	[illegible]	[illegible]	[illegible]	[illegible]	[illegible]	[illegible]
tśhjwɨj^{1}	rjir^{2}	tśja^{1}	niow^{1}	ŋowr^{2}	ŋowr^{2}	dźiej^{2}	mjij^{1}	dji̱j^{1}
制	止，	道	外	一	切	信	无	辈

相应，或增上慢、慢所调伏②，一切外道无信之辈，

21.64.2

[illegible]，	[illegible]	[illegible]	[illegible]	[illegible]	[illegible]	[illegible]	[illegible]	[illegible]，
njɨ^{2}	thjɨ^{2}	·u̱^{2}	·jij^{1}	mji̱j^{2}	tsjɨ^{1}	mji^{1}	mji^{1}	kię^{2}
等，	此	乘	之	名	亦	闻	不	欲，
[illegible]	[illegible]	[illegible]	[illegible]	[illegible]	[illegible]	[illegible]	[illegible]。	[illegible]

① “[illegible][illegible]”(dźjɨ wji^{1})，义为“行为”，在此为施动标记。

② 调伏，西夏文译作“[illegible][illegible]”，字面意思是“制止、遏止”。

mji^{1}	thjɨ^{2}	·ụ^{2}	bju^{1}	gjị^{2}	tjị^{2}	ljọ^{2}	wjij^{2}	tjɨ^{1}
不	此	乘	依	靠	可	何	有。	假

尚不欲闻此乘之名，何况①而能乘此乘也。若

21.64.3

tjij^{1}	ɲia^{2}	tśhju^{1}	sew^{2}	tshjịj^{1}	tjị^{2}	mjij^{1}	mjɨ^{2}	kiẹj^{2}
若	情	有	思	议	可	不	境	界
khẹj^{1}	dźjij^{1}	thjɨ^{2}	·ụ^{2}	bju^{1}	gjị^{2}	ku^{1}	·jij^{1}	bụ^{2}
游	行，	此	乘	依	靠，	故	自	胜

有众生游戏不可思议境界，乘此乘已，如其胜

21.64.4

tjị^{1}	bju^{1}	·ja	dụ^{2}	tow^{1}	lo^{1}	sã^{1}	mjiw^{2}	sã^{1}
愿	而	阿	耨	多	罗	三	藐	三
po^{1}	tjɨj^{1}	śjwo^{1}	tshwew^{1}	bju^{2}	mjij^{1}	źjɨr^{1}	ɲia^{2}	tsjij^{2}
菩	提	发	趣。	边	无	慧	菩	萨！

愿而发趣于阿耨多罗三藐三菩提。无边慧②！

21.64.5

thjɨ^{2}	·ụ^{2}	zjọ^{2}	mjij^{1}	śji^{1}	kụ^{1}	mjor^{1}	zjọ^{2}	nwə^{1}
此	乘	际	无，	初	后	现	际	知
tsjij^{2}	tjị^{2}	mjij^{1}	thjɨ^{2}	·ụ^{2}	zjọ^{2}	phja^{1}	zjọ^{2}	rjir^{2}
了	可	不。	此	乘	际	断、	际	得

此乘无际，初中后际③不可了知。此乘际断、际不

① 何况，西夏本作“[illegible]”（不），疑为“[illegible]”（况）字形讹。
② 西夏本此下有“[illegible]”（菩萨）二字。
③ 初中后际，西夏文译作“[illegible]”，字面顺序是“初后中际”。

21.64.6

[西夏字]	[西夏字]，	[西夏字]	[西夏字]	[西夏字]	[西夏字]	[西夏字]	[西夏字]	[西夏字]
tjị^{2}	mjij^{1}	bju^{2}	mjij^{1}	zjọ^{2}	tja^{1}	·ụ^{2}	·jij^{1}	zjọ^{2}
可	不，	边	无	际	者	乘	之	际
[西夏字]，	[西夏字]	[西夏字]	[西夏字]	[西夏字]	[西夏字]	[西夏字]	[西夏字]	[西夏字]。
ŋwu^{2}	mjɨ^{1}	pjụ^{1}	zjọ^{2}	tja^{1}	·ụ^{2}	·jij^{1}	zjọ^{2}	ŋwu^{2}
是，	无	量	际	者	乘	之	际	是。

可得，无边际是乘际，无量际是乘际。

21.65.1

[西夏字]	[西夏字]	[西夏字]	[西夏字]	[西夏字]！	[西夏字]	[西夏字]	[西夏字]	[西夏字]，
bju^{2}	mjij^{1}	źjɨr^{1}	ɲia^{2}	tsjij^{2}	·ụ^{2}	bju^{2}	zjọ^{2}	mjij^{1}
边	无	慧	菩	萨！	乘	边	际	无，
[西夏字]	[西夏字]	[西夏字]	[西夏字]，	[西夏字]	[西夏字]	[西夏字]	[西夏字]	[西夏字]
niow^{1}	mjor^{1}	zjọ^{2}	mjij^{1}	niow^{1}	zjɨ̱r^{1}	zjịj^{1}	phja^{1}	lew^{2}
亦	现	际	无，	亦	少	许	断	可

无边慧①！乘无边际，亦无中际，无有少际而可断者。

21.65.2

[西夏字]	[西夏字]	[西夏字]。	[西夏字]	[西夏字]	[西夏字]	[西夏字]，	[西夏字]	[西夏字]
zjọ^{2}	tsjɨ^{1}	mjij^{1}	zjọ^{2}	phja^{1}	jɨ^{2}	tja^{1}	zjɨ̱r^{1}	zjịj^{1}
际	亦	无。	际	断	言	者，	少	许
[西夏字]	[西夏字]	[西夏字]	[西夏字]	[西夏字]	[西夏字]	[西夏字]，	[西夏字]	[西夏字]
zjọ^{2}	mjij^{1}	ku^{1}	tśhjwo^{1}	zjọ^{2}	phja^{1}	jɨ^{2}	zjọ^{2}	mji^{1}
际	无	则	故	际	断	说，	际	不

言际断者，以无少际说为际断，不

21.65.3

[西夏字]	[西夏字]	[西夏字]	[西夏字]	[西夏字]	[西夏字]	[西夏字]，	[西夏字]	[西夏字]
phjo^{2}	kar^{2}	ku^{1}	tśhjwo^{1}	zjọ^{2}	phja^{1}	jɨ^{2}	thjɨ^{2}	tja^{1}

① 西夏本此下有“[西夏字][西夏字]”(菩萨)二字。

分	别	则	故	际	断	说，	是	者
[Tangut]	[Tangut]	[Tangut]	[Tangut]	[Tangut]	[Tangut]。	[Tangut]	[Tangut]	[Tangut]
thjɨ²	·ụ²	·jij¹	zjọ²	phja¹	ŋwu²	zjọ²	dju¹	lew²
此	乘	之	际	断	是。	际	有	所

分别际说为际断，如是名为此乘际断。际无所有，

21.65.4

[Tangut]，	[Tangut]	[Tangut]	[Tangut]	[Tangut]；	[Tangut]	[Tangut]	[Tangut]	[Tangut]，
mjij¹	ku¹	mjor¹	zjọ²	jɨ²	zjọ²	dju¹	lew²	mjij¹
无，	故	现	际	说；	际	有	所	无，
[Tangut]	[Tangut]	[Tangut]	[Tangut]；	[Tangut]	[Tangut]	[Tangut]	[Tangut]，	[Tangut]
ku¹	bju²	zjọ²	jɨ²	zjọ²	dju¹	lew²	mjij¹	ku¹
故	边	际	说；	际	有	所	无，	故

说为中际；际无所有，说为边际；际无所有，

21.65.5

[Tangut]	[Tangut]	[Tangut]	[Tangut]。	[Tangut]	[Tangut]	[Tangut]	[Tangut]，	[Tangut]
thjɨ²	ŋwu²	zjọ²	tshjij¹	niow¹	thja¹	zjọ²	kha¹	zjọ²
是	以	际	说。	及	彼	际	中，	际
[Tangut]	[Tangut]	[Tangut]，	[Tangut]	[Tangut]	[Tangut]	[Tangut]	[Tangut]	[Tangut]
rjir²	tjị²	mjij¹	rjir²	tjị²	mjij¹	ku¹	bju²	zjọ²
得	可	不，	得	可	不	故	边	际

以际说之。于彼际中，际不可得，不可得故边际

21.65.6

[Tangut]	[Tangut]，	[Tangut]	[Tangut]	[Tangut]	[Tangut]，	[Tangut]	[Tangut]	[Tangut]
mjor¹	zjọ²	zjọ²	mjij¹	zjọ²	phja¹	zjọ²	ɣa¹	·u²
现	际，	际	无	际	断，	际	门	中
[Tangut]，	[Tangut]	[Tangut]	[Tangut]	[Tangut]，	[Tangut]	[Tangut]	[Tangut]	[Tangut]
·o²	zjọ²	ɣa¹	·u²	·o²	ku¹	thjɨ²	·ụ²	gjij¹
入，	际	门	中	入，	故	此	乘	超

中际，无际无断①，入于际门，入际门故，此乘超过，

① 无际无断，西夏文译作“[Tangut]”，字面意思是“无际际断”。

21.66.1

□，	□	□	□	□，	□	□	□	□
dzjịj^{1}	thja^{1}	gjịj^{1}	dzjịj^{1}	ɣa^{2}	tsjɨ^{1}	rjir^{2}	lew^{2}	mjij^{1}
过，	彼	超	过	于，	亦	得	所	无
□。	□	□	□	□	□！	□	□	□
ljɨ^{1}	bju^{2}	mjij^{1}	źjɨr^{1}	ɲia^{2}	tsjij^{2}	zjọ^{2}	tja^{1}	ljɨ^{1}
故。	边	无	慧	菩	萨！	际	者	何

于彼超过，亦无所得。无边慧①！何者为际？

21.66.2

□	□？	□、	□	□	□。	□	□	□
kjɨ^{1}	ŋwu^{2}	bja^{2}	·ju^{2}	zjọ^{2}	ŋwu^{2}	ŋwu̱^{1}	dạ^{2}	·o^{2}
△	是？	断、	常	际	是。	言	语	入
□	□	□	□	□。	□	□	□	□
ku^{1}	zjọ^{2}	tja^{1}	zjọ^{2}	nja̱^{2}	thja^{2}	bja^{2}	·ju^{2}	bju^{2}
故	际	者	际	非。	彼	断	常	边

谓断、常际。入语言故际则非际。彼断常

21.66.3

□	□	□，	□	□	□	□	□	□
zjọ^{2}	mji^{1}	dju^{1}	thja^{2}	zjọ^{2}	tja^{1}	·jij^{1}	·jij^{1}	bju^{2}
际	无	有，	彼	际	者	相	相	边
□	□。	□	□	□	□	□	□	□，
mjij^{1}	ljɨ^{1}	zjọ^{2}	jɨ^{2}	tja^{1}	phjo^{2}	kar^{2}	mji^{1}	dju^{1}
无	故。	际	说	者	分	别	无	有，

际无有边际，以彼际相相无边故。所言际者无有分别，

21.66.4

□	□	□	□，	□	□	□	□	□，
phjo^{2}	kar^{2}	bja^{2}	ljɨ^{1}	thja^{2}	zjọ^{2}	ɣa^{2}	gjịj^{1}	dzjịj^{1}

① 西夏本此下有“□□”(菩萨)二字。

分	别	断	故，	彼	际	于	超	过，
[illegible]	[illegible]	[illegible]	[illegible]。	[illegible]	[illegible]	[illegible]	[illegible]	[illegible]！
bja²	·ju²	khwa¹	ka²	bju²	mjij¹	źjɨr¹	ɲia²	tsjij²
断	常	远	离。	边	无	慧	菩	萨！

分别断故，超过于际，远离断常。无边慧①！

21.66.5

[illegible]	[illegible]	[illegible]	[illegible]	[illegible]	[illegible]	[illegible]	[illegible]	[illegible]
lju̱²	ljij²	dju¹	ku¹	tśhjwo¹	zjo̱²	ɣa¹	ɣa²	bju¹
身	见	有	则	故	际	门	于	依
[illegible]	[illegible]	[illegible]，	[illegible]	[illegible]	[illegible]	[illegible]	[illegible]	[illegible]
gji̱²	lew²	dju¹	tjij¹	lju̱²	ljij²	mjij¹	ku¹	tśhjwo¹
靠	所	有，	若	身	见	无	则	故

有身见者则于际门有所依止，若无身见则

21.66.6

[illegible]	[illegible]	[illegible]	[illegible]	[illegible]	[illegible]	[illegible]。	[illegible]	[illegible]
zjo̱²	ɣa¹	ɣa²	zow²	zji̱j¹	lew²	mjij¹	zow²	zji̱j¹
际	门	于	执	着	所	无。	执	着
[illegible]	[illegible]	[illegible]	[illegible]	[illegible]	[illegible]	[illegible]	[illegible]	[illegible]
mjij¹	ku¹	bja²	·ju²	zjo̱²	ɣa²	gjij¹	dzji̱j¹	njwi²
无	故	断	常	际	于	超	过	能

于际门无所执着。无执着故，于断常际乃能超过。

21.67.1

[illegible]。	[illegible]	[illegible]	[illegible]	[illegible]	[illegible]！	[illegible]	[illegible]	[illegible]
ljɨ¹	bju²	mjij¹	źjɨr¹	ɲia²	tsjij²	bja²	·ju²	zjo̱²
也。	边	无	慧	菩	萨！	断	常	际
[illegible]，	[illegible]	[illegible]	[illegible]	[illegible]，	[illegible]	[illegible]	[illegible]	[illegible]。
tja¹	źjɨr¹	ɣiej¹	mji¹	dju¹	lew¹	la̱¹	da̱²	ŋwu²

① 西夏本此下有“[illegible][illegible]”（菩萨）二字。

者，　实　真　无　有，　但　诳　言　是。

无边慧[1]！断常际者，而无有实，但诳语言。

21.67.2

[illegible] [illegible] [illegible] [illegible] [illegible] [illegible] [illegible] [illegible]， [illegible]

thja^2 so̧^{1} dju^1 kha^1 nji̠^{1} zjo̧^{2} phjo^2 kar^2 thja^2

其　三　有　中　二　际　分　别，　彼

[illegible] [illegible] [illegible] [illegible] [illegible] [illegible] [illegible]、 [illegible] [illegible]

nji̠^{1} zjo̧^{2} ɣa^2 tjij^1 mji^1 ɣjiw^1 lhjwi^1 tjij^1 mji^1

二　际　于　若　不　摄　取、　若　不

于三有中分别二际，于彼二际若不摄取、若不

21.67.3

[illegible] [illegible]， [illegible] [illegible] [illegible] [illegible] [illegible]， [illegible][2] [illegible]

bju^1 śjij^1 ku^1 tśhjwo^1 bja^2 ljij^2 lju̧^{2} ljij^2 dzji̧j^1

相　应，　则　故　断　见　身，　见　过

[illegible]， [illegible] [illegible] [illegible] [illegible] [illegible] [illegible] [illegible] [illegible]。

njwi^2 nji̠^{1} zjo̧^{2} ɣa^2 ɣa^1 zow^2 lew^2 mjij^1 lji̠^{1}

能，　二　际　于　门　执　所　无　也。

相应，乃能超过，断身见故，于二际门而无所执。

21.67.4

[illegible] [illegible] [illegible] [illegible] [illegible]！ [illegible] [illegible] [illegible] [illegible]

bju^2 mjij^1 źji̠r^1 ɲia^2 tsjij^2 tjij^1 rjur^1 po^1 tsa^1

边　无　慧　菩　萨！　若　诸　菩　萨

[illegible] [illegible] [illegible] [illegible] [illegible] [illegible] [illegible]， [illegible] [illegible]

ma^2 ŋa̧^{2} tsa^1 lju̧^{2} ljij^2 mjij^2 ka^2 ku^1 lji̧j^2

摩　诃　萨　身　见　未　离，　则　大

无边慧[3]！若诸菩萨摩诃萨未离身见，则

---

① 西夏本此下有“[illegible][illegible]”(菩萨)二字。

② [illegible](见)，疑为“[illegible]”(超)字之误。参看上下文可知。

③ 西夏本此下有“[illegible][illegible]”(菩萨)二字。

21.67.5

[illegible]	[illegible]	[illegible]	[illegible]	[illegible]	[illegible]	[illegible]	[illegible]	[illegible]
gjwɨ^{1}	zjir^{2}	gjwi^{2}	mjịj^{2}	mji^{1}	rjir^{2}	ljịj^{2}	·ụ^{2}	bju^{1}
甲	胄	衣	名	不	得	大	乘	依
[illegible]，	[illegible]	[illegible]	[illegible]	[illegible]	[illegible]	[illegible]	[illegible]	[illegible]。
gjị^{2}	thja^{2}	zjọ^{2}	ɣa^{1}	ɣa^{2}	zow^{2}	zjịj^{1}	mjijr^{2}	we^{2}
靠，	彼	际	门	于	执	着	者	为。

不名为被大甲胄乘于大乘，于彼际门则为执着。

21.67.6

[illegible]	[illegible]	[illegible]	[illegible]	[illegible]	[illegible]	[illegible]	[illegible]，	[illegible]
zjọ^{2}	bja^{2}	kjɨ^{1}	kięj^{2}	zjọ^{2}	bja^{2}	sjịj^{2}	śjwo^{1}	ku^{1}
际	断	△	欲	际	断	想	起，	故
[illegible]	[illegible]	[illegible]	[illegible]	[illegible]	[illegible]	[illegible]	[illegible]。	[illegible]
śji^{1}	kụ^{1}	zjọ^{2}	ɣa^{2}	phjo^{2}	kar^{2}	dju^{1}	ljɨ^{1}	tjij^{1}
前	后	际	于	分	别	有	也。	若

设欲断际起断际想，于前后际而有分别。若

21.68.1

[illegible]	[illegible]	[illegible]	[illegible]	[illegible]	[illegible]	[illegible]	[illegible]	[illegible]，
rjur^{1}	po^{1}	tsa^{1}	ma^{2}	ŋạ^{2}	tsa^{1}	ljụ^{2}	ljij^{2}	ka^{2}
诸	菩	萨	摩	诃	萨	身	见	离，
[illegible]	[illegible]	[illegible]	[illegible]	[illegible]	[illegible]	[illegible]	[illegible]	[illegible]
ku^{1}	tśhjwo^{1}	ljịj^{2}	gjwɨ^{1}	zjir^{2}	gjwi^{2}	mjịj^{2}	rjir^{2}	ljịj^{2}
则	故	大	甲	胄	衣	名	得	大

诸菩萨摩诃萨已离身见，是则名为被大甲胄

21.68.2

[illegible]	[illegible]	[illegible]，	[illegible]	[illegible]	[illegible]	[illegible]	[illegible]	[illegible]
·ụ^{2}	bju^{1}	gjị^{2}	thja^{1}	zjọ^{2}	ɣa^{2}	ɣa^{1}	zow^{2}	zjịj^{1}
乘	依	靠，	彼	际	于	门	执	着

	。				,			
mji^{1}	dju^{1}	nji̱^{1}	zjọ^{2}	·wjɨ^{2}	dzjịj^{1}	no^{2}	lhejr^{2}	·ụ^{2}
无	有。	二	际	已	过,	安	乐	乘

乘于大乘,于彼际门①则无所执。过二际已,以安乐乘

21.68.3

bju^{1}	·ja	du̱^{2}	tow^{1}	lo^{1}	sã^{1}	mjiw^{2}	sã^{1}	po^{1}
以	阿	耨	多	罗	三	藐	三	菩
		。					!	
tjɨj^{1}	śjwo^{1}	tshwew^{1}	bju^{2}	mjij^{1}	źjɨr^{1}	ɲia^{2}	tsjij^{2}	rjur^{1}
提	发	趣。	边	无	慧	菩	萨!	诸

而发趣于阿耨多罗三藐三菩提。无边慧②!诸

21.68.4

								,
po^{1}	tsa^{1}	ma^{2}	ŋa̱^{2}	tsa^{1}	ljịj^{2}	źjɨr^{1}	ɣie^{1}	ŋwu^{2}
菩	萨	摩	诃	萨	大	慧	力	以,
							,	
zjọ^{2}	dźjij^{1}	tsji̱r^{1}	ŋowr^{2}	ŋowr^{2}	mji^{1}	phja^{1}	ljịj^{2}	tśier^{1}
际	住	法	一	切	不	断	破,	方

菩萨摩诃萨以大慧力,能于一切住际之法不断不破③,

21.68.5

							,	
·ju^{2}	ne̱w^{2}	ɣjɨr^{1}	ŋwu^{2}	djɨj^{2}	bio̱^{1}	ɣjiw^{1}	ɣiwej^{1}	·jij^{1}
便	善	巧	而	定	观	摄	受,	相
		,				,		

① 于彼际门,西夏本作“[illegible]”(彼际于门)。“[illegible]”(于门)二字不合西夏语法,参看上文21.67.5“于彼际门”([illegible])可知。考其原因,或为书写时误倒,或为通假字的使用所致。“[illegible]”ɣa^{2}(于)、“[illegible]”ɣa^{1}(门)二字在西夏字书《择要常传同训杂字》中同组(11.10.6)。

② 西夏本此下有“[illegible]”(菩萨)二字。

③ 不断不破,西夏本作“[illegible]”(不断破)。

mjij^{1}	djọ^{2}	dzjɨ̠^{2}	·jij^{1}	mjij^{1}	ljạ^{1}	rjir^{1}	ku^{1}	rjur^{1}
无	修	习,	相	无	证	得,	则	诸

善巧方便摄取①止观,修习无相,得无相证,则为诸

21.68.6

[illegible]	[illegible]	[illegible]	[illegible]	[illegible]	[illegible]	[illegible]。	[illegible]	[illegible]
tha^{1}	thja^{1}	·jij^{1}	tsjɨ̠r^{1}	bji^{1}	swew^{1}	khjow^{1}	tsjɨ̠r^{1}	bji^{1}
佛	彼	之	法	光	明	授。	法	光
[illegible]	[illegible]	[illegible]	[illegible]	[illegible]	[illegible],	[illegible]	[illegible]	[illegible]
swew^{1}	ku^{1}	zjọ^{2}	ŋowr^{2}	ŋowr^{2}	bja^{2}	thja^{2}	zjọ^{2}	bja^{2}
明	故	际	一	切	断,	彼	际	断

佛授法光明。法光明故一切际断,于彼际断

21.69.1

[illegible]	[illegible]	[illegible]	[illegible]	[illegible],	[illegible]	[illegible]	[illegible]	[illegible]
ɣa^{2}	zow^{2}	zjịj^{1}	lew^{2}	mjij^{1}	zjɨ̠r^{1}	zjịj^{1}	thja^{2}	zjọ^{2}
于	执	着	所	无,	少	时	彼	际
[illegible],	[illegible]	[illegible]	[illegible]、	[illegible]	[illegible]	[illegible]	[illegible],	[illegible]
rjir^{2}	tjij^{1}	bju^{1}	śjij^{1}	tjij^{1}	mji^{1}	bju^{1}	śjij^{1}	tjij^{1}
与,	若	相	应、	若	不	相	应,	若

亦无所执,无有少②际于彼际门③,若相应、若不相应,若

21.69.2

[illegible]	[illegible]、	[illegible]	[illegible]	[illegible]	[illegible],	[illegible]	[illegible]	[illegible]
sjwɨ̠^{1}	ljɨ̠r^{2}	tjij^{1}	mji^{1}	sjwɨ̠^{1}	ljɨ̠r^{2}	zjọ^{2}	źji^{2}	mjij^{1}
忆	念、	若	不	忆	念,	际	皆	无
[illegible]	[illegible]	[illegible]	[illegible]	[illegible]	[illegible]	[illegible]	[illegible]	[illegible]
tsjɨ̠r^{1}	ŋowr^{2}	ŋowr^{2}	ɣa^{2}	tśier^{1}	·ju^{2}	nẹw^{2}	ɣjɨr^{1}	ŋwu^{2}
法	一	切	于	方	便	善	巧	而

忆念、若不忆念,④于一切法善巧方便

---

① 摄取,西夏本作“[illegible]”,字面意思是“摄受”。上文 21.67.2 亦作“[illegible]”(摄取)。

② 少,西夏本作“[illegible]”(少时)。按,“[illegible]”zjịj^{1}(时)在此假借作“[illegible]”zjịj^{1}(许)。详见上文 21.3.1。

③ 无有少际于彼际门,西夏本作“[illegible]”(少彼际与),疑有脱文。据上下文,此句似可拟作“[illegible]”。

④ 此下西夏本有“[illegible]”(际皆无)三字,疑衍。

21.69.3

[illegible]	[illegible]	[illegible]	[illegible]，	[illegible]	[illegible]	[illegible]	[illegible]	[illegible]
djɨj^2	bio̱^{1}	no^2	dźjij^1	tśhjɨ^2	rjar^2	bju^2	mjij^1	ljịj^2
定	观	安	住，	立	即	边	无	大
[illegible]	[illegible]	[illegible]	[illegible]。	[illegible]	[illegible]	[illegible]	[illegible]	[illegible]
tsjịr^1	swew^1	bji^1	rjir^2	tsjịr^1	swew^1	bji^1	ku^1	na^1
法	明	光	获。	法	明	光	故	暗

安住止观，便获无边大法光明。法光明故远离黑暗

21.69.4

[illegible]	[illegible]	[illegible]	[illegible]	[illegible]	[illegible]	[illegible]，	[illegible]	[illegible]
nja̱^{1}	kja̱^{1}	le^2	mej^2	dźia^2	khwa^1	ka^2	ljịj^2	tsjịr^1
黑	怖	畏	毛	竖	远	离，	大	法
[illegible]	[illegible]、	[illegible]	[illegible]	[illegible]	[illegible]、	[illegible]	[illegible]	[illegible]
dźjow^1	śjwo^1	ljịj^2	xiwã^1	ɣię^2	to^2	ljịj^2	ka^2	tśjij^2
幢	起、	大	梵	音	出、	大	狮	子

怖畏毛竖，建大法幢、出大梵音、大狮子

21.69.5

[illegible]，	[illegible]	[illegible]	[illegible]	[illegible]	[illegible]：	[illegible]	[illegible]	[illegible]
kwə^2	ɲia^2	tśhju^1	·jij^1	da̱^{2}	jɨ^2	nji^2	njɨ^2	thjɨ^2
吼，	情	有	之	言	谓：	汝	等	此
[illegible]	[illegible]、	[illegible]	[illegible]	[illegible]	[illegible]、	[illegible]	[illegible]	[illegible]
ljịj^2	·ụ^2	ljịj^2	no^2	lhejr^2	·ụ^2	ljịj^2	rjur^1	·jar^2
大	乘、	大	安	乐	乘、	大	调	御

吼，告众生言：汝等速来于此大乘、大安乐乘、大调御

21.69.6

[illegible]、	[illegible]	[illegible]	[illegible]	[illegible]	[illegible]	[illegible]	[illegible]	[illegible]
·ụ^2	ljịj^2	śjwo^1	tshwew^1	·ụ^2	bju^1	·ja	du̱^{2}	tow^1
乘、	大	发	趣	乘	而	阿	耨	多

[illegible]	[illegible]	[illegible]	[illegible]	[illegible]	[illegible]	[illegible]	[illegible]	[illegible]
lo^{1}	sã^{1}	mjiw^{2}	sã^{1}	po^{1}	tjɨj^{1}	śjwo^{1}	tshwew^{1}	lja^{1}
罗	三	藐	三	菩	提	发	趣	来

乘、大发趣乘而发趣于阿耨多罗三藐三菩提。

21.70.1

[illegible]。	[illegible]	[illegible]	[illegible]	[illegible]	[illegible]	[illegible]	[illegible]	[illegible]，
nji^{2}	rjur^{1}	ɲia^{2}	tśhju^{1}	·jij^{1}	tsji̱r^{1}	swew^{1}	bji^{1}	tshji̱j^{1}
△。	诸	情	有	之	法	明	光	说，
[illegible]	[illegible]	[illegible]	[illegible]	[illegible]	[illegible]	[illegible]	[illegible]	[illegible]
tsji̱r^{1}	swew^{1}	bji^{1}	ku^{1}	ɲia^{2}	tśhju^{1}	·jij^{1}	lji̱j^{2}	gjwɨ^{1}
法	明	光	故	情	有	之	大	甲

为诸众生演法光明，法光明故能令众生被大甲

21.70.2

[illegible]	[illegible]，	[illegible]	[illegible]	[illegible]	[illegible]	[illegible]	[illegible]	[illegible]
zjir^{2}	gjwi^{2}	thjɨ^{2}	lji̱j^{2}	·ụ^{2}	bju^{1}	gji̱^{2}	phji^{1}	njwi^{2}
胄	衣，	此	大	乘	依	靠	令	能
[illegible]。	[illegible]	[illegible]	[illegible]	[illegible]	[illegible]！	[illegible]	[illegible]	[illegible]
ljɨ^{1}	bju^{2}	mjij^{1}	źjɨr^{1}	ɲia^{2}	tsjij^{2}	rjur^{1}	po^{1}	tsa^{1}
也。	边	无	慧	菩	萨！	诸	菩	萨

胄，乘此大乘。无边慧①！诸菩萨

21.70.3

[illegible]	[illegible]	[illegible]	[illegible]	[illegible]	[illegible]	[illegible]	[illegible]	[illegible]
ma^{2}	ŋạ^{2}	tsa^{1}	thjɨ^{2}	lji̱j^{2}	·ụ^{2}	thjɨ^{2}	lji̱j^{2}	gjwɨ^{1}
摩	诃	萨	此	大	乘	此	大	甲
[illegible]	[illegible]	[illegible]	[illegible]	[illegible]	[illegible]，	[illegible]	[illegible]	[illegible]
zjir^{2}	ɣa^{2}	wier^{1}	lhju̱^{1}	mji^{1}	śjwo^{1}	lew^{2}	tji̱^{1}	ɲia^{2}
胄	于	悭	吝	不	生，	当	愿	情

摩诃萨于此大乘此大甲胄勿生悭吝，当愿众

---

① 西夏本此下有“[illegible][illegible]”（菩萨）二字。

21.70.4

[illegible]	[illegible]	[illegible]	[illegible]	[illegible]	[illegible]	[illegible]，	[illegible]	[illegible]
tśhju^{1}	·jij^{1}	po^{1}	tjɨj^{1}	njij^{1}	·jij^{1}	śjwo^{1}	thjɨ^{2}	gjwɨ^{1}
有	之	菩	提	心	乃	发，	此	甲
[illegible]	[illegible]	[illegible]，	[illegible]	[illegible]	[illegible]	[illegible]	[illegible]	[illegible]
zjir^{2}	·jij^{1}	gjwi^{2}	thjɨ^{2}	ljịj^{2}	·ụ^{2}	ɣa^{2}	kjij^{1}	bju^{1}
胄	乃	衣，	此	大	乘	于	同	依

生发菩提心，被此甲胄，乘此大乘。

21.70.5

[illegible]。	[illegible]	[illegible]	[illegible]	[illegible]	[illegible]	[illegible]	[illegible]	[illegible]
gjị^{2}	thjɨ^{2}	ljịj^{2}	·ụ^{2}	thjɨ^{2}	ljịj^{2}	gjwɨ^{1}	zjir^{2}	ɣa^{2}
靠。	此	大	乘	此	大	甲	胄	于
[illegible]	[illegible]	[illegible]	[illegible]，	[illegible]	[illegible]	[illegible]	[illegible]	[illegible]
wier^{1}	lhjụ^{1}	tji^{1}	śjwo^{1}	tśjɨ^{1}	bju^{1}	rjur^{1}	ɲia^{2}	tśhju^{1}
悭	吝	勿	生，	次	依	诸	情	有

于此大乘此大甲胄亦勿悭吝，而能展转[①]劝诸众生，

21.70.6

[illegible]	[illegible]	[illegible]，	[illegible]	[illegible]	[illegible]	[illegible]	[illegible]	[illegible]
·jij^{1}	pjwɨ̱r^{1}	njwi^{2}	niow^{1}	tjị^{1}	ɲia^{2}	tśhju^{1}	thjɨ^{2}	gjwɨ^{1}
之	劝	能，	复	愿	情	有	此	甲
[illegible]	[illegible]	[illegible]，	[illegible]	[illegible]	[illegible]	[illegible]	[illegible]	[illegible]，
zjir^{2}	·jij^{1}	gjwi^{2}	thjɨ^{2}	ljịj^{2}	·ụ^{2}	rjijr^{2}	bju^{1}	gjị^{2}
胄	乃	衣，	此	大	乘	愿	依	靠，

复愿众生被此甲胄，乘此大乘，

21.71.1

[illegible]	[illegible]	[illegible]	[illegible]	[illegible]	[illegible]。	[illegible]	[illegible]	[illegible]
lho	ka^{2}	djij^{2}	rjir^{1}	jɨ^{2}	lew^{2}	rjur^{1}	po^{1}	tsa^{1}

① 展转，西夏文译作“[illegible]”，字面意思是“依次”。

出 离 当 得 说 所。 诸 菩 萨

[illegible] [illegible] [illegible] [illegible] [illegible] [illegible] [illegible]， [illegible] [illegible]

ma^{2} ŋa̱^{2} tsa^{1} thjɨ^{2} dźjɨ dźjịj^{1} zjịj^{1} tha^{1} lhjịj^{2}

摩 诃 萨 是 行 住 时， 佛 国

而当出离。诸菩萨摩诃萨住是行时，摄取①佛国、

21.71.2

[illegible] [illegible]、 [illegible] [illegible] [illegible] [illegible]， [illegible] [illegible] [illegible]

ɣjiw^{1} ɣiwej^{1} tha^{1} lhjịj^{2} śjwo^{2} sej^{1} ɣię̣^{2} mji^{1} niow^{1}

摄 受、 佛 国 严 净， 声 闻 及

[illegible] [illegible] [illegible] [illegible] [illegible] [illegible] [illegible] [illegible] [illegible]

rjur^{1} ɲia^{2} tsjij^{2} ·jij^{1} io̱^{1} sə^{1} tśhja^{2} ·iow^{1} ɣjiw^{1}

诸 菩 萨 之 圆 满 德 功 摄

清净②佛国，摄取③声闻及诸菩萨圆满功德，

21.71.3

[illegible]， [illegible] [illegible] [illegible] [illegible] [illegible] [illegible] [illegible] [illegible] [illegible]

ɣiwej^{1} thjɨ^{2} bju^{2} mjij^{1} ljịj^{2} tśhja^{2} ·iow^{1} ŋjow^{2} bju^{1} ·ja

受， 此 边 无 大 德 功 海 而 阿

[illegible] [illegible] [illegible] [illegible] [illegible] [illegible] [illegible] [illegible] [illegible]

du̱^{2} tow^{1} lo^{1} sã^{1} mjiw^{2} sã^{1} po^{1} tjɨj^{1} śjwo^{1}

耨 多 罗 三 藐 三 菩 提 发

以此无边大功德海而发趣于阿耨多罗三藐三菩提。

21.71.4

[illegible]。 [illegible] [illegible] [illegible] [illegible] [illegible]！ [illegible] [illegible] [illegible]

tshwew^{1} bju^{2} mjij^{1} źjɨr^{1} ɲia^{2} tsjij^{2} thjɨ^{2} ljịj^{2} ·u̱^{2}

趣。 边 无 慧 菩 萨！ 此 大 乘

[illegible] [illegible] [illegible] [illegible] [illegible]， [illegible] [illegible] [illegible] [illegible]

① 摄取，西夏本作“[illegible][illegible]”（摄受）。

② 清净，西夏本作“[illegible][illegible]”（严净）。下文21.86.1亦对译作“[illegible][illegible]”（清净）。

③ 摄取，西夏本作“[illegible][illegible]”（摄受）。

tja^1	tsji̱r^1	kiẹj^2	rjir^2	ka^1	thjɨ^2	tjịj^1	rewr^2	rewr^2
者	法	界	与	等,	此	彼	岸	岸

无边慧①! 此之大乘等于法界,此岸彼岸②

21.71.5

[illegible]	[illegible]	[illegible]	[illegible],	[illegible]	[illegible]	[illegible]	[illegible]	[illegible]
rjir^1	tjị^2	kjɨ^1	mjij^1	ɲia^2	tśhju^1	ŋowr^2	ŋowr^2	·jij^1
得	可	△	不,	情	有	一	切	之
[illegible]	[illegible]	[illegible]	[illegible]	[illegible]	[illegible]	[illegible]	[illegible]	[illegible]
śjwu^1	ɣiẹj^2	thjɨ^2	ɣa^2	śjwo^1	tsji̱r^1	kiẹj^2	kha^1	kjɨ^1
运	输	此	从	自	法	界	中	△

无可得者,然能运载一切众生从此至于法界之中。

21.71.6

[illegible]。	[illegible]	[illegible]	[illegible]、	[illegible]	[illegible]	[illegible]	[illegible]、	[illegible]
njị^1	do^2	bju^1	śjij^1	tsji̱r^1	kiẹj^2	bju^1	śjij^1	gjwɨ^1
投。	处	相	应、	法	界	相	应、	甲
[illegible]	[illegible]	[illegible]	[illegible]	[illegible]。	[illegible]	[illegible]	[illegible]	[illegible]
zjir^2	bju^1	śjij^1	źji^2	mjij^1	tjij^1	thjɨ^2	·ụ^2	bju^1
胄	相	应	悉	无。	若	此	乘	而

无处相应、法界相应、甲胄相应。若于此乘等于

21.72.1

[illegible]	[illegible]	[illegible]	[illegible]	[illegible]	[illegible]	[illegible],	[illegible]	[illegible]
tsji̱r^1	kiẹj^2	rjir^2	ka^1	jɨr^2	djọ^2	dzjɨ̣^{2}	ku^1	·ja
法	界	与	等	勤	修	习,	故	阿
[illegible]	[illegible]	[illegible]	[illegible]	[illegible]	[illegible]	[illegible]	[illegible]	[illegible]
du̱^{2}	tow^1	lo^1	sã^1	mjiw^2	sã^1	po^1	tjịj^1	śjwo^1
耨	多	罗	三	藐	三	菩	提	发

法界勤修习者,而发趣于阿耨多罗三藐三菩提。

① 西夏本此下有“[illegible][illegible]”(菩萨)二字。

② 此岸彼岸,西夏本作“[illegible][illegible][illegible][illegible]”(此彼岸岸),第二、三字疑倒,正作“[illegible][illegible][illegible][illegible]”。

21.72.2

□	□。	□	□	□	□	□！	□	□
tshwew1	lew2	bju2	mjij1	źjɨr1	ɲia2	tsjij2	dzjo̱1	sju2
趣	当。	边	无	慧	菩	萨！	譬	如
□	□	□	□	□	□、	□	□	□
tsji̱r1	kię̱j2	lhjɨ2	la1	mji1	dju1	lji̱j2	njwi2	mjijr2
法	界	尘	染	无	有、	坏	能	者

无边慧①！譬如法界无有尘染、无能坏者、

21.72.3

□、	□	□	□	□。	□	□	□	□
mjij1	tśior1	njwi2	mjijr2	mjij1	thjɨ2	lji̱j2	·u̱2	tsjɨ1
无、	垢	能	者	无。	此	大	乘	亦
□	□	□，	□	□	□	□，	□	□
thja2	·wjɨ2	sju2	lji̱j2	mjij1	la1	mjij1	lji̱j2	la1
彼	犹	如，	坏	无	染	无，	坏	染

无能染②者。此之大乘亦复如是，无坏无染，无坏染

21.72.4

□	□	□	□	□	□	□	□	□，
mjij1	ku1	tśhjwo1	ŋowr2	ŋowr2	sjij2	sjij2	rjijr2	tshwew1
无	则	故	一	切	智	智	向	趣，
□	□	□	□	□	□	□	□。	□
thjɨ2	nio̱w1	thjɨ2	·u̱2	lji̱j2	·u̱2	mji̱j2	rjir1	thjɨ2
是	故	此	乘	大	乘	名	得。	此

故而当趣于一切智智，是故此乘说为大乘。此

21.72.5

□	□	□，	□	□	□	□	□、	□、

① 西夏本此下有“□□”（菩萨）二字。

② 染，西夏本作“□”（垢、污）。下文亦对译作“□”（染）。

·ụ^2	ɣie^2	mjij^1	rjur^1	kha^1	ŋowr^2	ŋowr^2	mə^1	dzjwo^2
乘	碍	无，	世	间	一	切	天、	人、
[illegible]	[illegible]	[illegible]	[illegible]	[illegible]	[illegible]	[illegible]	[illegible]，	[illegible]
·ja	sew^2	lo^1	lhji̱^{1}	lhjwo^1	phji^1	mjɨ^1	ljɨ̱^{1}	zji̱j^1
阿	修	罗	退	转	令	不	能，	著

乘无碍，一切世间天、人、阿修罗不能退转，以无著

21.72.6

[illegible]	[illegible]	[illegible]	[illegible]	[illegible]	[illegible]	[illegible]	[illegible]	[illegible]，
mjij^1	nio̱w^1	ku^1	ŋowr^2	ŋowr^2	sji̱j^2	sji̱j^2	rjijr^2	tshwew^1
无	故	则	一	切	智	智	向	趣，
[illegible]	[illegible]	[illegible]	[illegible]	[illegible]	[illegible]	[illegible]	[illegible]。	[illegible]
thjɨ^2	nio̱w^1	thjɨ^2	·ụ^2	lji̱j^2	·ụ^2	mji̱j^2	rjir^2	lji̱j^2
是	故	此	乘	大	乘	名	得。	大

故而当趣于一切智智，是故此乘说为大乘。言大

21.73.1

[illegible]	[illegible]	[illegible]，	[illegible]	[illegible]	[illegible]	[illegible]，	[illegible]	[illegible]
·ụ^2	jɨ^2	tja^1	lji̱j^2	śjwo^2	tshji̱j^2	ŋwu^2	śjwo^2	tshji̱j^2
乘	谓	者，	大	庄	严	是，	庄	严
[illegible]	[illegible]	[illegible]	[illegible]	[illegible]	[illegible]	[illegible]	[illegible]	[illegible]
ŋowr^2	ŋowr^2	thjɨ^2	lji̱j^2	·ụ^2	kha^1	mji^1	wjij^1	tja^1
一	切	此	大	乘	中	不	在	者

乘者，谓大庄严，一切庄严无不入此大乘中者。

21.73.2

[illegible]。
mjij^1
无。

汉文本

无边慧！此乘如灯、如日月轮，为诸众生作大光明。此之大乘亦复如是，光照三千大千世界，无能映蔽、无能障碍，能以无边大功德海而发趣于阿耨多罗三藐三菩提。无边慧！此乘离暗，能除一切世间之病，超过一切世间之法；摄大众生，非诸下劣所能乘也，唯除能被大甲胄者。如我所说，于无量劫救护众生，供养诸佛种种善根资粮清净之所能乘，声闻缘觉及余下劣系缚世间、世间相应，或增上慢、慢所调伏，一切外道无信之辈，尚不欲闻此乘之名，何况而能乘此乘也。若有众生游戏不可思议境界，乘此乘已，如其胜愿而发趣于阿耨多罗三藐三菩提。

无边慧！此乘无际，初中后际不可了知。此乘际断、际不可得，无边际是乘际，无量际是乘际。无边慧！乘无边际，亦无中际，无有少际而可断者。言际断者，以无少际说为际断，不分别际说为际断，如是名为此乘际断。际无所有，说为中际；际无所有，说为边际；际无所有，以际说之。于彼际中，际不可得，不可得故边际中际，无际无断，入于际门，入际门故，此乘超过，于彼超过，亦无所得。无边慧！何者为际？谓断、常际。入语言故际则非际。彼断常际无有边际，以彼际相相无边故。所言际者无有分别，分别断故，超过于际，远离断常。无边慧！有身见者则于际门有所依止，若无身见则于际门无所执着。无执着故，于断常际乃能超过。无边慧！断常际者，而无有实，但诳语言。于三有中分别二际，于彼二际若不摄取、若不相应，乃能超过，断身见故，于二际门而无所执。无边慧！若诸菩萨摩诃萨未离身见，则不名为被大甲胄乘于大乘，于彼际门则为执着。设欲断际起断际想，于前后际而有分别。若诸菩萨摩诃萨已离身见，是则名为被大甲胄乘于大乘，于彼际门则无所执。过二际已，以安乐乘而发趣于阿耨多罗三藐三菩提。

无边慧！诸菩萨摩诃萨以大慧力，能于一切住际之法不断不破，善巧方便摄取止观，修习无相，得无相证，则为诸佛授法光明。法光明故一切际断，于彼际断亦无所执，无有少际于彼际门，若相应、若不相应，若忆念、若不忆念，于一切法善巧方便安住止观，便获无边大法光明。法光明故远离黑暗怖畏毛竖，建大法幢、出大梵音、大狮子吼，告众生言：汝等速来于此大乘、大安乐乘、大调御乘、大发趣乘而发趣于阿耨多罗三藐三菩提。为诸众生演法光明，法光明故能令众生被大甲胄，乘此大乘。

无边慧！诸菩萨摩诃萨于此大乘此大甲胄勿生悭悋，当愿众生发菩提心，被此甲胄，乘此大乘。于此大乘此大甲胄亦勿悭悋，而能展转劝诸众生，复愿众生被此甲胄，乘此大乘，而当出离。诸菩萨摩诃萨住是行时，摄取佛国、清净佛国，摄取声闻及诸菩萨圆满功德，以此无边大功德海而发趣于阿耨多罗三藐三菩提。无边慧！此之大乘等于法界，此岸彼岸无可得者，然能运载一切众生从此至于法界之中，无处相应、法界相应、甲胄相应。若于此乘等于法界勤修习者，而发趣于阿耨多罗三藐三菩提。

无边慧！譬如法界无有尘染、无能坏者、无能染者。此之大乘亦复如是，无坏无染，无坏染故而当趣于一切智智，是故此乘说为大乘。此乘无碍，一切世间天、人、阿修罗不能退转，以无著故而当趣于一切智智，是故此乘说为大乘。言大乘者，谓大庄严，一切庄严无不入此大乘中者。

21.73.2

[Tangut]	[Tangut]，	[Tangut]	[Tangut]	[Tangut]	[Tangut]	[Tangut]	[Tangut]	[Tangut]
tśhjɨ[1]	zjọ[2]	bju[2]	mjij[1]	źjɨr[1]	po[1]	tsa[1]	ma[2]	ŋạ[2]
尔	时，	边	无	慧	菩	萨	摩	诃
[Tangut]	[Tangut]	[Tangut]	[Tangut]	[Tangut]：	[Tangut]	[Tangut]，	[Tangut]	
tsa[1]	tha[1]	·jij[1]	dạ[2]	jɨ[2]	rjur[1]	pjụ[1]	thjɨ[2]	
萨	佛	之	言	说：	世	尊，	此	

尔时，无边慧菩萨摩诃萨白佛言：世尊，于此

21.73.3

[Tangut]	[Tangut]	[Tangut]	[Tangut]	[Tangut]	[Tangut]	[Tangut]	[Tangut]	[Tangut]
ljij[2]	·ụ[2]	kha[1]	dźiəj[2]	lhẹw[2]	rjur[1]	śjwo[2]	tsjɨ[1]	dju[1]
大	乘	中	为	有	诸	庄	亦	有
[Tangut]	[Tangut]？	[Tangut]	[Tangut]，	[Tangut]	[Tangut]	[Tangut]	[Tangut]	[Tangut]
ljɨ[1]	mo[2]	tśhjɨ[1]	zjọ[2]	rjur[1]	pjụ[1]	bju[2]	mjij[1]	źjɨr[1]
耶	乎？	尔	时，	世	尊	边	无	慧

乘中岂有有为诸庄严耶？尔时，世尊告无边慧

21.73.4

[Tangut]	[Tangut]	[Tangut]	[Tangut]	[Tangut]	[Tangut]	[Tangut]	[Tangut]：	[Tangut]
po[1]	tsa[1]	ma[2]	ŋạ[2]	tsa[1]	·jij[1]	dạ[2]	jɨ[2]	ŋwu[2]
菩	萨	摩	诃	萨	之	言	谓：	是
[Tangut]	[Tangut]	[Tangut]。	[Tangut]	[Tangut]	[Tangut]！	[Tangut]	[Tangut]	[Tangut]
ljɨ[1]	ŋwu[2]	ljɨ[1]	bju[2]	mjij[1]	źjɨr[1]	ŋa[2]	rjur[1]	mur[1]
也	是	也。	边	无	慧！	我	世	俗

菩萨摩诃萨言：如是如是。无边慧①！我随世俗，

21.73.5

[Tangut]，	[Tangut]	[Tangut]	[Tangut]	[Tangut]	[Tangut]	[Tangut]	[Tangut]	[Tangut]

① 西夏本此下有“[Tangut][Tangut]”（菩萨）二字。

bju^{1}	thjɨ^{2}	ljịj^{2}	·ụ^{2}	kha^{1}	dźiəj^{2}	lhe̱w^{2}	śjwo^{2}	tshjịj^{2}
随，	此	大	乘	中	为	有	庄	严
□	□	□	□	□。	□	□	□	□
ŋowr^{2}	ŋowr^{2}	rjɨr^{2}	tshjịj^{1}	ŋa^{2}	bju^{2}	mjij^{1}	źjɨr^{1}	ɲia^{2}
一	切	△	说	△。	边	无	慧	菩

于此乘中亦说一切有为庄严。无边慧①！

21.73.6

□！	□	□	□	□、	□	□	□	□，
tsjij^{2}	tjij^{1}	dźiej^{2}	dẹj^{1}	njij^{2}	śjɨ^{2}	dzjwɨ^{1}	xiwã^{1}	njij^{2}
萨！	若	轮	转	王、	释	帝	梵	王，
□	□	□	□	□	□。	□	□	□、
źji^{2}	thjɨ^{2}	ljịj^{2}	·ụ^{2}	kha^{1}	to^{2}	tjij^{1}	śji^{1}	to^{2}
皆	此	大	乘	中	出。	若	先	出、

若转轮王、帝释梵王，无不②皆从此大乘出。若已出者、

21.74.1

□	□	□	□③，	□	□、	□	□	□
kụ^{1}	to^{2}	lew^{2}	mjij^{1}	dźiej^{2}	dẹj^{1}	śjɨ^{2}	xiwã^{1}	pjụ^{1}
后	出	当	无，	轮	转、	释	梵	尊
□	□	□，	□	□	□	□	□	□
lu^{2}	kjɨ^{1}	dźjij^{1}	lhji^{2}	wẹ^{1}	źjị^{1}	njɨ̱^{2}	dźjar^{2}	lju^{2}
位	虽	住，	死	生	烦	恼	过	失

若当出者，虽住转轮、释梵尊位，不为生死烦恼过失

21.74.2

□	□	□	□	□	□，	□	□	□
·jij^{1}	la^{1}	zjịj^{1}	lew^{2}	mji^{1}	we^{2}	rjur^{1}	kiẹj^{2}	lhejr^{2}
之	染	著	所	不	为，	诸	欲	乐

① 西夏本此下有“□□”（菩萨）二字。
② “无不”二字义西夏本未见。
③ “□”（无）字疑衍。

kha¹	ljɨ¹	ljɨ¹	pjụ¹	dza²	pjụ¹	dza²	dźjwa¹	niow¹
中	一	一	量	称,	量	称	已	既,

之所染著,能于诸欲①一一称量,既称量已,

21.74.3

tśhjɨ²	rjar²	dwər¹	ka²	lho	ka²	tśja¹	ɣa²	nwə¹
立	即	厌	离,	出	离	道	于	知
tsjij²	njwi²	ljɨ¹	bju²	mjij¹	źjɨr¹	ɲia²	tsjij²	tjij¹
了	能	也。	边	无	慧	菩	萨!	若

则便厌舍,于出离道而能了知。无边慧②!

21.74.4

po¹	tsa¹	ma²	ŋạ²	tsa¹	thjɨ²	·ụ²	bju¹	gjị²
菩	萨	摩	诃	萨	此	乘	依	靠,
ku¹	lhji²	wẹ¹	kjɨ¹	lhjịj²	ŋowr²	ŋowr²	do²	la¹
故	死	生	虽	受,	一	切	处	染

若诸菩萨摩诃萨乘此乘者,虽受生死,于一切处

21.74.5

zjịj¹	mji¹	śjwo¹	dźjar²	lju²	ljij²	njwi²	lho	ka²
著	不	生,	过	失	见	能,	出	离
nwə¹	njwi²	tjij¹	ŋa²	thjɨ²	ɣa²	rjur¹	tsjịr¹	niow¹

① 欲,西夏文译作"[Tangut]"(欲乐)。

② 西夏本此下有"[Tangut]"(菩萨)二字。

知	能。	若	我	此	于	诸	法	及

不为染污，能见过患，能知出离。若我于此未说诸法及

21.74.6

[illegible]	[illegible]	[illegible]	[illegible]	[illegible]，	[illegible]	[illegible]	[illegible]	[illegible]
rjur^{1}	śjwo^{2}	tshjịj^{2}	mjij^{2}	tshjij^{1}	tsjɨ^{1}	thjɨ^{2}	·ụ^{2}	·jij^{1}
诸	庄	严	未	说，	亦	此	乘	相
[illegible]，	[illegible]	[illegible]	[illegible]	[illegible]	[illegible]	[illegible]	[illegible]	[illegible]
ŋwu^{2}	thja^{2}	rjur^{1}	tsji̱r^{1}	niow^{1}	rjur^{1}	śjwo^{2}	tshjịj^{2}	ɣa^{2}
以，	彼	诸	法	及	诸	庄	严	于

诸庄严，以此乘相，于彼诸法及诸庄严

21.75.1

[illegible]	[illegible]	[illegible]	[illegible]，	[illegible]	[illegible]	[illegible]	[illegible]	[illegible]
źji^{2}	nwə^{1}	tsjij^{2}	njwi^{2}	·ja	du̱^{2}	tow^{1}	lo^{1}	sã^{1}
皆	知	了	能，	阿	耨	多	罗	三
[illegible]	[illegible]	[illegible]	[illegible]	[illegible]	[illegible]	[illegible]。	[illegible]	[illegible]，
mjiw^{2}	sã^{1}	po^{1}	tjɨj^{1}	śjwo^{1}	tshwew^{1}	ljɨ^{1}	tśhjɨ^{1}	zjọ^{2}
藐	三	菩	提	发	趣	也。	尔	时，

亦能了知，而发趣于阿耨多罗三藐三菩提。尔时，

21.75.2

[illegible]	[illegible]	[illegible]	[illegible]	[illegible]	[illegible]：
rjur^{1}	pjụ^{1}	lja̱^{1}	dạ^{2}	rjɨr^{2}	tshjij^{1}
世	尊	偈	言	△	说：

世尊而说偈言：

21.75.3

[illegible]	[illegible]	[illegible]	[illegible]	[illegible]，	[illegible]	[illegible]	[illegible]
ljij^{2}	·ụ^{2}	źji^{2}	phju^{2}	·ụ^{2}	thjɨ^{2}	·ụ^{2}	sew^{2}
大	乘	无	上	乘，	此	乘	思

[illegible]	[illegible]，	[illegible]	[illegible]	[illegible]	[illegible]	[illegible]，
tshjịj^{1}	mjij^{1}	thjɨ^{2}	·ụ^{2}	bju^{1}	gjị^{2}	ku^{1}
议	不，	此	乘	依	靠	故，

大乘无上乘，此乘不思议，若有乘此乘，

21.75.4

[illegible]	[illegible]	[illegible]	[illegible]	[illegible]。	[illegible]	[illegible]	[illegible]
to^{2}	źji^{2}	lho	ka^{2}	rjir^{2}	ljịj^{2}	bju^{1}	gjị^{2}
一	切	出	离	得。	大	依	靠
[illegible]	[illegible]，	[illegible]	[illegible]	[illegible]	[illegible]	[illegible]，	
tjị^{2}	ŋwu^{2}	thjɨ^{2}	·ụ^{2}	sew^{2}	tshjịj^{1}	mjij^{1}	
处	是，	此	乘	思	议	不，	

彼皆当出离。是大依止处，此乘不思议，

21.75.5

[illegible]	[illegible]	[illegible]	[illegible]	[illegible]，	[illegible]	[illegible]	[illegible]
mjɨ^{1}	pjụ^{1}	bju^{2}	mjij^{1}	ku^{1}	tśhjwo^{1}	ljịj^{2}	·ụ^{2}
无	量	边	无	则，	故	大	乘
[illegible]	[illegible]。	[illegible]	[illegible]	[illegible]	[illegible]	[illegible]，	
mjịj^{2}	rjir^{2}	rjur^{1}	ɲia^{2}	tśhju^{1}	ŋowr^{2}	ŋowr^{2}	
名	得。	诸	情	有	一	切，	

无量无边际，故名为大乘。一切诸众生，

21.75.6

[illegible]	[illegible]	[illegible]	[illegible]	[illegible]，	[illegible]	[illegible]	[illegible]
thjɨ^{2}	·ụ^{2}	bju^{1}	gjị^{2}	ku^{1}	thjɨ^{2}	·ụ^{2}	dzəj^{1}
此	乘	依	靠	故，	此	乘	减
[illegible]	[illegible]，	[illegible]	[illegible]	[illegible]	[illegible]	[illegible]。	
lew^{2}	mjij^{1}	niow^{1}	lhu^{1}	lew^{2}	tsjɨ^{1}	mjij^{1}	
所	无，	复	增	所	亦	无。	

乘于此乘者，此乘无有减，亦复无有增。

21.76.1

[illegible]	[illegible]	[illegible]	[illegible]	[illegible]，	[illegible]	[illegible]	[illegible]
rjur^{1}	ɲia^{2}	tśhju^{1}	ŋowr^{2}	ŋowr^{2}	thjɨ^{2}	·ụ^{2}	bju^{1}
诸	情	有	一	切，	此	乘	依
[illegible]	[illegible]，	[illegible]	[illegible]	[illegible]	[illegible]	[illegible]，	
gjị^{2}	ku^{1}	no^{2}	lhejr^{2}	bju^{1}	śjwo^{1}	tshwew^{1}	
靠	故，	安	乐	而	发	趣，	

一切诸众生，乘于此乘者，安乐而发趣，

21.76.2

[illegible]	[illegible]	[illegible]	[illegible]	[illegible]。	[illegible]	[illegible]	[illegible]
thja^{2}	kha^{1}	tśjị^{1}	źjị^{1}	mjij^{1}	tjij^{1}	rjur^{1}	ɲia^{2}
其	中	苦	恼	无。	若	诸	菩
[illegible]	[illegible]，	[illegible]	[illegible]	[illegible]	[illegible]	[illegible]，	
tsjij^{2}	njɨ^{2}	thjɨ^{2}	·ụ^{2}	bju^{1}	śjwo^{1}	tshwew^{1}	
萨	等，	此	乘	而	发	趣，	

于中无苦恼。若诸菩萨等，于此乘发趣，

21.76.3

[illegible]	[illegible]	[illegible]	[illegible]	[illegible]，	[illegible]	[illegible]	[illegible]
twụ^{1}	śjɨ^{1}	dzjij^{2}	dźjɨ	mjij^{1}	ljụ^{2}	njij^{1}	mji^{1}
处	往	他	行	无，	身	心	不
[illegible]	[illegible]。	[illegible]	[illegible]	[illegible]	[illegible]	[illegible]，	
dwər^{1}	tjɨ̣^{2}	rjur^{1}	kha^{1}	zjir^{2}	swew^{1}	swew^{1}	
倦	疲。	世	间	遍	照	明，	

直进无他行，身心不疲倦。照明于世间，

21.76.4

[illegible]	[illegible]	[illegible]	[illegible]	[illegible]，	[illegible]	[illegible]	[illegible]
mə^{1}	dzjwo^{2}	·ja	sew^{2}	lo^{1}	thjɨ^{2}	ljịj^{2}	·ụ^{2}
天	人	阿	修	罗，	此	大	乘

[illegible]	[illegible],	[illegible]	[illegible]	[illegible]	[illegible]	[illegible]。
bju¹	gji̠²	źji²	phju²	rjijr²	śjwo¹	tshwew¹
依	靠,	无	上	向	发	趣。

天人阿修罗,当于此大乘,无上而发趣。

21.76.5

[illegible]	[illegible]	[illegible]	[illegible]	[illegible],	[illegible]	[illegible]	[illegible]
ɣie̠²	mji¹	tjij¹	dwewr²	·u̠²	thja²	nji̠¹	·jij¹
声	闻	独	觉	乘,	彼	二	之
[illegible]	[illegible],	[illegible]	[illegible]	[illegible]	[illegible]	[illegible],	
·jwi̠¹	njwi²	thja²	tsji̠¹	ljij²	·u̠²	bju¹	
蔽	能,	彼	亦	大	乘	依,	

映蔽诸缘觉,及以声闻乘,亦于此大乘,

21.76.6

[illegible]	[illegible]	[illegible]	[illegible]	[illegible]。	[illegible]	[illegible]	[illegible]
źji²	phju²	rjijr²	śjwo¹	tshwew¹	lja¹	mjij¹	śji̠¹
无	上	向	发	趣。	来	无	去
[illegible]	[illegible],	[illegible]	[illegible]	[illegible]	[illegible]	[illegible],	
tsji̠¹	mjij¹	dźjij¹	mjij¹	śji¹	zjo̠²	mjij¹	
亦	无,	住	无	前	际	无,	

无上而发趣。无来亦无去,无住无前际,

21.77.1

[illegible]	[illegible]	[illegible]	[illegible]	[illegible],	[illegible]	[illegible]	[illegible]
ku̠¹	zjo̠²	mjor¹	zjo̠²	mjij¹	rjir²	mjij¹	ljij²
后	际	现	际	无,	得	无	见
[illegible]	[illegible]。	[illegible]	[illegible]	[illegible]	[illegible]	[illegible],	
lew²	mjij¹	so̠¹	zjo̠²	źji²	tśhja²	ka¹	
所	无。	三	世	悉	正	平,	

后际及中际①,无得无所见。三世悉平等,

① "无住无前际、后际及中际"二句,西夏文译作"[illegible],[illegible]"(无住无前际,无后际中际)。西夏本之所以在句末增加了一个"[illegible]"(无)字,大概是由于既要保持五言偈颂字数上的工整,又要兼顾西夏语法的缘故。

21.77.2

[illegible]	[illegible]	[illegible]	[illegible]	[illegible]，	[illegible]	[illegible]	[illegible]
dzjọ^{1}	sju^{2}	sej^{1}	tshọ^{2}	ŋa^{1}	thjɨ^{2}	·ụ^{2}	tsjɨ^{1}
譬	如	净	虚	空，	此	乘	亦
[illegible]	[illegible]，	[illegible]	[illegible]	[illegible]	[illegible]	[illegible]。	
thja^{2}	sju^{2}	rjur^{1}	źjị^{1}	njɨ̱^{2}	khwa^{1}	ka^{2}	
彼	如，	诸	烦	恼	远	离。	

犹若净虚空，此乘亦如是，远离诸烦恼。

21.77.3

[illegible]	[illegible]	[illegible]	[illegible]	[illegible]，	[illegible]	[illegible]	[illegible]
thjɨ^{2}	·ụ^{2}	ŋwer^{1}	dźjwɨ^{1}	mjij^{1}	ɣie^{2}	mjij^{1}	ɣie^{2}
此	乘	比	相	无，	障	无	碍
[illegible]	[illegible]，	[illegible]	[illegible]	[illegible]	[illegible]	[illegible]，	
lụ^{2}	mjij^{1}	ŋowr^{2}	ŋowr^{2}	źji^{2}	gju̱^{2}	njwi^{2}	
障	无，	一	切	悉	救	能，	

此乘无相待，无障无挂碍，一切悉能救，

21.77.4

[illegible]	[illegible]	[illegible]	[illegible]	[illegible]。	[illegible]	[illegible]	[illegible]
tshwew^{1}	tshwew^{1}	zow^{2}	zjij^{1}	mjij^{1}	thjɨ^{2}	·ụ^{2}	pjụ^{1}
礼	礼	执	着	无。	此	乘	量
[illegible]	[illegible]，	[illegible]	[illegible]	[illegible]	[illegible]	[illegible]，	
mji^{1}	dju^{1}	niow^{1}	·jij^{1}	ŋowr^{2}	ŋowr^{2}	mjij^{1}	
无	有，	亦	相	一	切	无，	

所向①无执着。此乘无有量，亦无一切相，

21.77.5

[illegible]	[illegible]	[illegible]	[illegible]	[illegible]，	[illegible]	[illegible]	[illegible]

① 所向，西夏文译作“[illegible]”（礼礼）。按，“[illegible]”tshwew^{1}（礼、拜）于义不合，在此假借作“[illegible]”tshwew^{1}（向、趣），正作“[illegible]”（向向），二字连用表“所向”之义。此二字在西夏字书《择要常传同训杂字》中同组（7.2.1）。

·jij^{1}	tsji̠r^{2}	rjir^{1}	tji̠^{2}	mjij^{1}	le^{2}	mjij^{1}	sew^{2}
自	性	得	可	不，	畏	无	思
[illegible]	[illegible]。	[illegible]	[illegible]	[illegible]	[illegible]	[illegible]，	
tshjij^{1}	mjij^{1}	tjij^{1}	thjɨ^{2}	·ụ^{2}	bju^{1}	gji̠^{2}	
议	不。	若	此	乘	依	靠，	

自性不可得，无畏不思议。若有乘此乘，

21.77.6

[illegible]	[illegible]	[illegible]	[illegible]	[illegible]，	[illegible]	[illegible]	[illegible]
le^{2}	lew^{2}	mjij^{1}	rjir^{2}	ku^{1}	tśhjwo^{1}	thjɨ^{2}	tha^{1}
畏	所	无	得	则，	故	此	佛
[illegible]	[illegible]，	[illegible]	[illegible]	[illegible]	[illegible]	[illegible]。	
tsji̠r^{1}	kha^{1}	ɣie^{2}	mjij^{1}	ɣie^{2}	lụ^{2}	mjij^{1}	
法	中，	障	无	碍	障	无。	

得无所畏者，乃于佛法中，无障无挂碍。

21.78.1

[illegible]	[illegible]	[illegible]	[illegible]	[illegible]，	[illegible]	[illegible]	[illegible]
thjɨ^{2}	·ụ^{2}	bju^{1}	śjwo^{1}	tshwew^{1}	rjur^{1}	kha^{1}	zjir^{2}
此	乘	以	发	趣，	世	间	普
[illegible]	[illegible]，	[illegible]	[illegible]	[illegible]	[illegible]	[illegible]，	
swew^{1}	swew^{1}	be^{2}	·jir^{2}	tụ^{1}	bji^{1}	sju^{2}	
明	照，	日	百	千	光	如，	

以此乘发趣，普明于世间，如日百千光，

21.78.2

[illegible]	[illegible]	[illegible]	[illegible]	[illegible]。	[illegible]	[illegible]	[illegible]
mji^{1}	swew^{1}	swew^{1}	be^{2}	mjij^{1}	thjɨ^{2}	·ụ^{2}	ljij^{2}
不	照	明	日	无。	此	乘	坏
[illegible]	[illegible]，	[illegible]	[illegible]	[illegible]	[illegible]	[illegible]，	
tji̠^{2}	mjij^{1}	·jwɨ^{1}	t-^{2}	njwi^{2}	mjijr^{2}	mjij^{1}	

可	不，	蔽	遮	能	者	无，

无时而不照。此乘不可坏，无能映蔽者，

21.78.3

[illegible]	[illegible]	[illegible]	[illegible]	[illegible]，	[illegible]	[illegible]	[illegible]
mjɨ^{1}	pjụ^{1}	tśhja^{2}	·wụ^{2}	dźjwij^{2}	źji^{2}	phju^{2}	rjijr^{2}
无	量	德	资	粮，	无	上	向
[illegible]	[illegible]。	[illegible]	[illegible]	[illegible]	[illegible]	[illegible]，	
śjwo^{1}	tshwew^{1}	thjɨ^{2}	·ụ^{2}	rjur^{1}	kha^{1}	dzjịj^{1}	
发	趣。	此	乘	世	间	超，	

无量德资粮，无上而发趣。此乘超世间，

21.78.4

[illegible]	[illegible]	[illegible]	[illegible]	[illegible]，	[illegible]	[illegible]	[illegible]
sọ^{1}	kiẹj^{2}	·u^{2}	lho	ka^{2}	rjur^{1}	na^{1}	njạ^{1}
三	界	中	出	离，	诸	暗	黑
[illegible]	[illegible]，	[illegible]	[illegible]	[illegible]	[illegible]	[illegible]。	
khwa^{1}	ka^{2}	rar^{2}	mjij^{1}	rjijr^{2}	tshwew^{1}	njwi^{2}	
远	离，	漏	无	向	趣	能。	

出过于三界，远离诸黑暗，能趣于无漏。

21.78.5

[illegible]	[illegible]	[illegible]	[illegible]	[illegible]，	[illegible]	[illegible]	[illegible]
rjur^{1}	ɲia^{2}	tsjij^{2}	ŋowr^{2}	ŋowr^{2}	thjɨ^{2}	·ụ^{2}	lew^{1}
诸	菩	萨	一	切，	此	乘	唯
[illegible]	[illegible]，	[illegible]	[illegible]	[illegible]	[illegible]	[illegible]，	
ɲia^{2}	tsjij^{2}	ŋowr^{2}	ŋowr^{2}	·jij^{1}	ɣjiw^{1}	ɣiwej^{1}	
菩	萨，	一	切	之	摄	受，	

此乘唯摄取，一切诸菩萨，

21.78.6

[illegible]	[illegible]	[illegible]	[illegible]	[illegible]，	[illegible]	[illegible]	[illegible]

dzjij^{2} rjur^{1} ɲia^{2} tśhju^{1} djịj^{1} thjɨ^{2} kha^{1} mji^{1}
余 诸 情 有 类， 此 中 不
[illegible] [illegible]。 [illegible] [illegible] [illegible] [illegible] [illegible]，
dzjɨj^{2} ·o^{2} tjɨ^{1} tjij^{1} sjịj^{2} źjɨr^{1} dzjwo^{2}
容 入。 假 若 智 慧 人，

其余众生类，于中不容受。若有智慧者，

21.79.1

[illegible] [illegible] [illegible] [illegible] [illegible]， [illegible] [illegible] [illegible]
mjɨ^{1} pjụ^{1} tụ^{1} kja^{2} kha^{1} tśier^{1} ·ju^{2} jɨr^{2}
无 量 千 劫 中， 方 便 勤
[illegible] [illegible]， [illegible] [illegible] [illegible] [illegible] [illegible]。
djọ^{2} ku^{1} thjɨ^{2} ·ụ^{2} bju^{1} gjị^{2} njwi^{2}
修 故， 此 乘 依 靠 能。

无量千劫中，方便勤修习，乃乘于此乘。

21.79.2

[illegible] [illegible] [illegible] [illegible] [illegible]， [illegible] [illegible] [illegible]
rjur^{1} dzjij^{2} ɣiẹ^{2} mji^{1} ·ji^{1} niow^{1} rjur^{1} tjij^{1}
诸 余 声 闻 众， 及 诸 独
[illegible] [illegible]， [illegible] [illegible] [illegible] [illegible] [illegible]，
dwewr^{2} njɨ^{2} tśja^{1} niow^{1} djịj^{1} ŋowr^{2} ŋowr^{2}
觉 等， 道 外 辈 一 切，

非诸声闻众，及以诸缘觉，一切外道辈，

21.79.3

[illegible] [illegible] [illegible] [illegible] [illegible]。 [illegible] [illegible] [illegible]
thjɨ^{2} ·ụ^{2} gjị^{2} mjɨ^{1} ljɨ̣^{1} tjɨ^{1} tjij^{1} rjur^{1}
此 乘 靠 无 能。 假 若 诸
[illegible] [illegible]， [illegible] [illegible] [illegible] [illegible] [illegible]，
ɲia^{2} tśhju^{1} mji^{1} tśja^{1} rjijr^{2} tshwew^{1} ku^{1}

情 有， 非 道 向 趣 故，

而能乘此乘。若有诸众生，趣于非道者，

21.79.4

[illegible] [illegible] [illegible] [illegible] [illegible]， [illegible] [illegible] [illegible]

thjɨ² dzjwo² ljo¹ tśhja² zjɨ̠r¹ thjɨ² ·ụ² mji¹

斯 人 福 德 少， 此 乘 闻

[illegible] [illegible]。 [illegible] [illegible] [illegible] [illegible] [illegible]，

mjɨ¹ ljwị j² tjɨ¹ tjij¹ rjur¹ ɲia² tśhju¹

不 消。 假 若 诸 情 有，

斯人尠福德，不堪闻此乘。若有诸众生，

21.79.5

[illegible] [illegible] [illegible] [illegible] [illegible]， [illegible] [illegible] [illegible]

sew² tshjij¹ mjij¹ tsji̠r¹ ɣa² ne̠w² ɣjɨr¹ ŋwu²

思 议 不 法 于， 善 巧 而

[illegible] [illegible]， [illegible] [illegible] [illegible] [illegible] [illegible]。

khe̠j¹ dźjij¹ thjɨ² ·ụ² ɣa² no² dźji̠j¹

游 行， 此 乘 于 安 住。

于不思议法，善巧而游戏，安住于此乘。

21.79.6

[illegible] [illegible] [illegible] [illegible] [illegible]。 [illegible] [illegible] [illegible]

thja² ·jij¹ ·ja śjwo¹ śjwo¹ bu̠² gjij¹ ŋwụ¹

彼 之 一 生 立。 胜 殊 誓

[illegible] [illegible]， [illegible] [illegible] [illegible] [illegible] [illegible]，

tji̠¹ bju¹ thjɨ² tśhja² tśja¹ ·u² dźji̠j¹

愿 随， 斯 正 道 中 住，

随其所建立，殊胜之誓愿，住斯正道中，

21.80.1

[illegible] [illegible] [illegible] [illegible] [illegible]。 [illegible] [illegible] [illegible] źji^{2} phju^{2} rjijr^{2} śjwo^{1} tshwew^{1} thjɨ^{2} ·ụ^{2} bju^{2}

无 上 向 发 趣。 此 乘 边

[illegible] [illegible]， [illegible] [illegible] [illegible] [illegible] [illegible]，

zjọ^{2} mjij^{1} niow^{1} mjor^{1} zjọ^{2} tsjɨ^{1} mjij^{1}

际 无， 亦 现 际 亦 无，

无上而发趣。此乘无边际，亦无有中际，

21.80.2

[illegible] [illegible] [illegible] [illegible] [illegible]， [illegible] [illegible] [illegible]

bju^{2} zjọ^{2} niow^{1} mjor^{1} zjọ^{2} ŋowr^{2} ŋowr^{2} rjir^{2}

边 际 及 现 际， 一 切 得

[illegible] [illegible]。 [illegible] [illegible] [illegible] [illegible] [illegible]，

tjị^{2} mjij^{1} zjọ^{2} rjir^{2} tjị^{2} mjij^{1} ku^{1}

可 不。 际 得 可 不 故，

边际及中际，一切不可得。以际不可得，

21.80.3

[illegible] [illegible] [illegible] [illegible] [illegible]， [illegible] [illegible] [illegible]

thjɨ^{2} ·ụ^{2} zjọ^{2} mjɨ^{1} dju^{1} zjọ^{2} ŋowr^{2} ŋowr^{2}

此 乘 际 无 有， 际 一 切

[illegible] [illegible]， [illegible] [illegible] [illegible] [illegible] [illegible]。

phja^{1} ku^{1} no^{2} lhejr^{2} bju^{1} śjwo^{1} tshwew^{1}

断 故， 安 乐 而 发 趣。

此乘无有际，一切际断故，安乐而发趣。

21.80.4

[illegible] [illegible] [illegible] [illegible] [illegible]， [illegible] [illegible] [illegible]

thjɨ^{2} ·ụ^{2} bju^{2} zjọ^{2} mjij^{1} bju^{2} mjij^{1} ·ụ^{2}

此 乘 边 际 无， 边 无 乘

[illegible] [illegible]， [illegible] [illegible] [illegible] [illegible] [illegible]，

zjọ^{2} ŋwu^{2} thjɨ^{2} ·ụ^{2} zjọ^{2} mjɨ^{1} pjụ^{1}

际　是，　此　乘　际　无　量，

此乘无边际，无边是乘际，此乘无量际，

21.80.5

[illegible] [illegible] [illegible] [illegible] [illegible]。 [illegible] [illegible] [illegible]

mjɨ1 pjụ1 ·ụ2 zjọ2 ŋwu2 thjɨ2 ·ụ2 zjọ2

无　量　乘　际　是。　此　乘　际

[illegible] [illegible]， [illegible] [illegible] [illegible] [illegible] [illegible]，

phja1 phja1 zjọ2 mjij1 zjọ2 phja1 we2

断　断，　际　无　际　断　为，

无量是乘际。此乘无际断①，无际为际断，

21.80.6

[illegible] [illegible] [illegible] [illegible] [illegible]， [illegible] [illegible] [illegible]

zjọ2 ɣa2 mji1 phjo2 kar2 phja1 tsjɨ1 rjir1

际　于　不　分　别，　断　亦　得

[illegible] [illegible]。 [illegible] [illegible] [illegible] [illegible] [illegible]，

tjị2 mjij1 ·ụ2 zjọ2 bju2 zjọ2 mjij1

可　不。　乘　际　边　际　无，

于际不分别，断亦不可得。乘际无边际，

21.81.1

[illegible] [illegible] [illegible] [illegible] [illegible]， [illegible] [illegible] [illegible]

mjor1 zjọ2 tsjɨ1 mji1 dju1 zjọ2 mjij1 zjọ2

现　际　亦　无　有，　际　无　际

[illegible] [illegible]， [illegible] [illegible] [illegible] [illegible] [illegible]。

tsjɨ1 mjij1 zjọ2 tsji̱r2 tsjɨ1 mji1 dju1

亦　无，　际　性　亦　不　有。

亦无有中际，亦无无际际，际性无所有。

---

① 无际断，西夏本作"[illegible][illegible][illegible]"（际所断），未详孰是。

21.81.2

[illegible]	[illegible]	[illegible]	[illegible]	[illegible]，	[illegible]	[illegible]	[illegible]
zjọ^{2}	zjọ^{2}	mjij^{1}	·jij^{1}	ɣa^{2}	zjọ^{2}	nja̱^{2}	zjọ^{2}
际	际	无	相	于，	际	非	际
[illegible]	[illegible]，	[illegible]	[illegible]	[illegible]	[illegible]	[illegible]，	
·jij^{1}	we^{2}	niow^{1}	thja^{2}	rjur^{1}	zjọ^{2}	kha^{1}	
相	为，	及	彼	诸	际	中，	

于际无际相，非际为际相，于彼诸际中，

21.81.3

[illegible]	[illegible]	[illegible]	[illegible]	[illegible]。	[illegible]	[illegible]	[illegible]
zjọ^{2}	·jij^{1}	dju^{1}	lew^{2}	mjij^{1}	zjọ^{2}	nja̱^{2}	zjọ^{2}
际	相	有	所	无。	际	非	际
[illegible]	[illegible]，	[illegible]	[illegible]	[illegible]	[illegible]	[illegible]，	
ɣa^{1}	tshjij^{1}	thjɨ^{2}	·ụ^{2}	rjɨr^{2}	gjịj^{1}	dzjịj^{1}	
门	说，	此	乘	△	超	过，	

际相无所有。非际说际门，此乘已超过，

21.81.4

[illegible]	[illegible]	[illegible]	[illegible]	[illegible]，	[illegible]	[illegible]	[illegible]
thja^{2}	·wjɨ^{2}	dzjịj^{1}	pjụ^{1}	ɣa^{2}	bju^{1}	śjij^{1}	rjir^{1}
彼	所	过	量	于，	相	应	得
[illegible]	[illegible]。	[illegible]	[illegible]	[illegible]	[illegible]	[illegible]，	
tjị^{2}	mjij^{1}	ŋa^{2}	tshjịj^{1}	phja^{1}	·ju^{2}	zjọ^{2}	
可	不。	我	说	断	常	际，	

于彼所过量，相应不可得。我说断常际，

21.81.5

[illegible]	[illegible]	[illegible]	[illegible]	[illegible]，	[illegible]	[illegible]	[illegible]
bju^{2}	dju^{1}	bju^{2}	zjọ^{2}	mjij^{1}	thjɨ^{2}	sju^{2}	zjọ^{2}

边 有 边 际 无， 是 如 际

[illegible] [illegible]， [illegible] [illegible] [illegible] [illegible] [illegible]。

ŋowr^{2} ŋowr^{2} thja^{2} zjọ^{2} źji^{2} zjọ^{2} nja̱^{2}

一 切， 彼 际 悉 际 非。

有边无边际，如是一切际，彼际悉非际。

21.81.6

[illegible] [illegible] [illegible] [illegible] [illegible]， [illegible] [illegible] [illegible]

zjọ^{2} ŋowr^{2} ŋowr^{2} bju^{2} mjij^{1} zjọ^{2} ·jij^{1} dju^{1}

际 一 切 边 无， 际 相 有

[illegible] [illegible]， [illegible] [illegible] [illegible] [illegible] [illegible]，

lew^{2} mjij^{1} zjọ^{2} ŋowr^{2} ŋowr^{2} ·jij^{1} tsji̱r^{2}

所 无， 际 一 切 自 性，

一切际无边，际相无所有，一切际自性，

21.82.1

[illegible] [illegible] [illegible] [illegible] [illegible]。 [illegible] [illegible] [illegible]

thja^{2} kha^{1} mji^{1} phjo^{2} kar^{2} thjɨ^{2} sju^{2} rjur^{1}

其 中 不 分 别。 是 如 诸

[illegible] [illegible]， [illegible] [illegible] [illegible] [illegible] [illegible]，

zjọ^{2} kha^{1} phjo^{2} kar^{2} phja^{1} niọw^{1} ku^{1}

际 中， 分 别 断 因 故，

于中不分别。如是诸际中，以断于分别，

21.82.2

[illegible] [illegible] [illegible] [illegible] [illegible]， [illegible] [illegible] [illegible]

bju^{2} zjọ^{2} bju^{2} zjọ^{2} mjij^{1} ŋowr^{2} ŋowr^{2} źji^{2}

边 际 边 际 无， 一 切 悉

[illegible] [illegible]。 [illegible] [illegible] [illegible] [illegible] [illegible]，

phja^{1} njwi^{2} tjij^{1} lju̱^{2} ljij^{2} dju^{1} ku^{1}

断 能。 若 身 见 有 故，

边际无边际，一切悉能断。若有有身见，

21.82.3

[illegible]	[illegible]	[illegible]	[illegible]	[illegible],	[illegible]	[illegible]	[illegible]
tśhjwo¹	rjur¹	zjọ²	ɣa¹	tshjịj¹	thjɨ²	rjur¹	zjọ²
故	诸	际	门	说,	此	诸	际
[illegible]	[illegible],	[illegible]	[illegible]	[illegible]	[illegible]	[illegible]。	
zow²	zjịj¹	bju¹	tjị¹	mjij¹	mjijr²	we²	
执	着,	依	归	无	者	为。	

则说诸际门,执着此诸际,为无依怙者。

21.82.4

[illegible]	[illegible]	[illegible]	[illegible]	[illegible],	[illegible]	[illegible]	[illegible]
tjij¹	ljụ²	ljij²	mjij¹	ku¹	rjur¹	zjọ²	ɣa¹
若	身	见	无	故,	诸	际	门
[illegible]	[illegible],	[illegible]	[illegible]	[illegible]	[illegible]	[illegible],	
mji¹	zjịj¹	zjọ²	ŋowr²	ŋowr²	mji¹	zow²	
不	著,	际	一	切	不	执,	

若无有身见,不著诸际门,不执一切际,

21.82.5

[illegible]	[illegible]	[illegible]	[illegible]	[illegible]。	[illegible]	[illegible]	[illegible]
swew¹	swew¹	njwi²	mjijr²	we²	zjọ²	ŋowr²	ŋowr²
明	照	能	者	为。	际	一	切
[illegible]	[illegible],	[illegible]	[illegible]	[illegible]	[illegible]	[illegible],	
zjọ²	nja̱²	rjur¹	zjọ²	mji¹	źjɨr¹	ɣiej¹	
际	非,	诸	际	非	实	真,	

为能照明者。一切际非际,诸际非真实,

21.82.6

[illegible]	[illegible]	[illegible]	[illegible]	[illegible],	[illegible]	[illegible]	[illegible]
zjọ²	tsjịr²	ŋowr²	ŋowr²	·jij¹	thja²	źji²	dju¹

际 性 一 切 相， 彼 皆 有

[illegible]。 [illegible]，

lew^{2} mjij^{1} zjọ^{2} ŋowr^{2} ŋowr^{2} mji^{1} lhjịj^{2}

所 无。 际 一 切 不 受，

一切际性相，彼皆无所有。不受一切际，

21.83.1

[illegible]， [illegible]

zjọ^{2} ɣa^{2} źji^{2} gjịj^{1} dzjịj^{1} rjur^{1} zjọ^{2} ɣa^{2}

际 于 悉 超 过， 诸 际 于

[illegible]， [illegible]。

mji^{1} zjịj^{1} ljụ^{2} ljij^{2} dju^{1} phja^{1} njwi^{2}

不 著， 身 见 有 断 能。

于际悉超过，不著诸际门，能断有身见。

21.83.2

[illegible]， [illegible]

tjij^{1} ljụ^{2} ljij^{2} dju^{1} ku^{1} mji^{1} phja^{1} mji^{1}

若 身 见 有 故， 不 断 不

[illegible]， [illegible]，

khwa^{1} ka^{2} ljij^{2} gjwɨ^{1} zjir^{2} mji^{1} gjwi^{2}

远 离， 大 甲 胄 不 衣，

若于有身见，不断不远离，不被大甲胄，

21.83.3

[illegible]， [illegible]

ljij^{2} ·ụ^{2} mji^{1} bju^{1} gjị^{2} rjur^{1} zjọ^{2} lhjịj^{2}

大 乘 不 依 靠， 诸 际 受

[illegible]， [illegible]，

nio̱w^{1} ku^{1} rjur^{1} zjọ^{2} ·jij^{1} phjo^{2} kar^{2}

因	故，	诸	际	相	分	别，

不乘于大乘。以受于诸际,分别诸际相,

21.83.4

[illegible]	[illegible]	[illegible]	[illegible]	[illegible]，	[illegible]	[illegible]	[illegible]
śji^{1}	zjọ^{2}	niow^{1}	kụ^{1}	zjọ^{2}	ŋowr^{2}	ŋowr^{2}	źji^{2}
前	际	及	后	际，	一	切	皆
[illegible]	[illegible]。	[illegible]	[illegible]	[illegible]	[illegible]	[illegible]，	
phjo^{2}	kar^{2}	tjɨ^{1}	tjij^{1}	ljụ^{2}	ljij^{2}	ɣa^{1}	
分	别。	假	若	身	见	门，	

前际及后际,一切皆分别。若于①有身见,

21.83.5

[illegible]	[illegible]	[illegible]	[illegible]	[illegible]，	[illegible]	[illegible]	[illegible]
ŋowr^{2}	ŋowr^{2}	źji^{2}	phja^{1}	njwi^{2}	tśhjwo^{1}	bju^{2}	mjij^{1}
一	切	皆	断	能，	乃	边	无
[illegible]	[illegible]，	[illegible]	[illegible]	[illegible]	[illegible]	[illegible]。	
zjir^{2}	gjwi^{2}	źji^{2}	phju^{2}	·ụ^{2}	bju^{1}	gjị^{2}	
甲	衣，	无	上	乘	依	靠。	

一切已能断,乃被无边甲,乘于无上乘。

21.83.6

[illegible]	[illegible]	[illegible]	[illegible]	[illegible]，	[illegible]	[illegible]	[illegible]
rjur^{1}	zjọ^{2}	ɣa^{1}	mji^{1}	zjịj^{1}	rjur^{1}	sjịj^{2}	źjɨr^{1}
诸	际	门	不	著，	诸	智	慧
[illegible]	[illegible]，	[illegible]	[illegible]	[illegible]	[illegible]	[illegible]，	
mjijr^{2}	we^{2}	thja^{2}	mə^{2}	mə^{2}	zjọ^{2}	ɣa^{2}	
者	为，	彼	种	种	际	于，	

不著诸际门,为世②智慧者,能于种种际,

① 于,西夏文译作"[illegible]"(门)。按,"[illegible]"ɣa^{1}(门)字于义不合,在此假借作"[illegible]"ɣa^{2}(于)。此二字在西夏字书《择要常传同训杂字》中同组(11.10.6)。

② 世,西夏文译作"[illegible]"(诸)。按,"[illegible]"rjur^{1}(诸)字于义不合,在此假借作"[illegible]"rjur^{1}(世)。此二字在西夏字书《择要常传同训杂字》中同组(7.5.4)。

21.84.1

[illegible]	[illegible]	[illegible]	[illegible]	[illegible]。	[illegible]	[illegible]	[illegible]
ŋowr^{2}	ŋowr^{2}	źji^{2}	gji̱j^{1}	dzji̱j^{1}	thjɨ^{2}	nio̱w^{1}	tha^{1}
一	切	悉	超	过。	是	由	佛
[illegible]	[illegible]，	[illegible]	[illegible]	[illegible]	[illegible]	[illegible]，	
tsji̱r^{1}	kha^{1}	no^{2}	lhejr^{2}	bju^{1}	śjwo^{1}	tshwew^{1}	
法	中，	安	乐	而	发	趣，	

一切悉超过。由是佛法中，安乐而发趣，

21.84.2

[illegible]	[illegible]	[illegible]	[illegible]	[illegible]，	[illegible]	[illegible]	[illegible]
ɲia^{2}	tsjij^{2}	bio̱^{1}	thju̱^{1}	njwi^{2}	lji̱j^{2}	sji̱j^{2}	źjɨr^{1}
菩	萨	观	察	善，	大	智	慧
[illegible]	[illegible]。	[illegible]	[illegible]	[illegible]	[illegible]	[illegible]，	
ɣie^{1}	ŋwu^{2}	zjɨ̱r^{1}	zji̱j^{1}	phja^{1}	lew^{2}	tsji̱r^{1}	
力	以。	少	许	断	可	法，	

菩萨善观察，能以大慧力。不得少有法，

21.84.3

[illegible]	[illegible]	[illegible]	[illegible]	[illegible]，	[illegible]	[illegible]	[illegible]
dzjar^{2}	lew^{2}	tsji̱r^{1}	mji^{1}	rjir^{1}	·ju^{2}	ne̱w^{2}	tśier^{1}
灭	可	法	不	得，	常	善	方
[illegible]	[illegible]，	[illegible]	[illegible]	[illegible]	[illegible]	[illegible]。	
·ju^{2}	ŋwu^{2}	djɨ̱j^{2}	bio̱^{1}	ɣjiw^{1}	ɣiwej^{1}	njwi^{2}	
便	以，	定	观	摄	受	善。	

可断可除灭，常以善方便，善摄于止观①。

21.84.4

[illegible]	[illegible]	[illegible]	[illegible]	[illegible]，	[illegible]	[illegible]	[illegible]

① 止观，梵文 Sāmatha，译言“止寂”“定慧”。《大乘义章》十曰：“止者，外国名奢摩他，此翻名止，守心住缘，离于散动，故为止。止心不乱，故复名定。”西夏文译作“[illegible][illegible]”（定观），是。

lew^{1}	·jij^{1}	nwə^{1}	tsjij^{2}	ku^{1}	rjur^{1}	·jij^{1}	tsjɨ^{1}
一	相	知	了	故，	诸	相	亦
[illegible]	[illegible]，	[illegible]	[illegible]	[illegible]	[illegible]	[illegible]，	
źji^{2}	tsjij^{2}	tśhja^{2}	tsji̠r^{1}	ɣa^{2}	no^{2}	dźjij^{1}	
皆	了，	正	法	于	安	住，	

一相了知故，诸相皆了知，安住于正法，

21.84.5

[illegible]	[illegible]	[illegible]	[illegible]	[illegible]。	[illegible]	[illegible]	[illegible]
ljịj^{2}	tsji̠r^{1}	bji^{1}	swew^{1}	rjir^{1}	thja^{2}	tsji̠r^{1}	bji^{1}
大	法	光	明	得。	彼	法	光
[illegible]	[illegible]，	[illegible]	[illegible]	[illegible]	[illegible]	[illegible]，	
swew^{1}	nio̠w^{1}	thja^{2}	rjur^{1}	zjọ^{2}	tśjɨ^{1}	tsjij^{2}	
明	因，	彼	诸	际	悟	了，	

得大法光明。以是法光明，决了彼诸际，

21.84.6

[illegible]	[illegible]	[illegible]	[illegible]	[illegible]，	[illegible]	[illegible]	[illegible]
zjɨ̠r^{1}	zjịj^{1}	zjọ^{2}	nja^{2}	zjọ^{2}	thja^{2}	rjir^{2}	bju^{1}
少	时	际	非	际，	彼	与	相
[illegible]	[illegible]，	[illegible]	[illegible]	[illegible]	[illegible]	[illegible]，	
śjij^{1}	zjọ^{2}	to^{2}	źji^{2}	mjɨ^{1}	tśhjɨ^{1}	ljij^{2}	
应	际，	悉	皆	不	尔	见，	

不见少①有际，若际及非际，于彼可相应，

21.85.1

[illegible]	[illegible]	[illegible]	[illegible]	[illegible]。	[illegible]	[illegible]	[illegible]
ŋowr^{2}	ŋowr^{2}	zjij^{1}	lew^{2}	mjij^{1}	tjij^{1}	tśjị^{1}	ɲia^{2}
一	切	著	所	无。	若	苦	情
[illegible]	[illegible]，	[illegible]	[illegible]	[illegible]	[illegible]	[illegible]：	

① 少，西夏本作"[illegible]"(少时)。按，"[illegible]"zjịj^{1}(时)在此假借作"[illegible]"zjịj^{1}(许)。详见上文21.3.1。

tśhju^{1}	ljij^{2}	njij^{1}	ljwị^{1}	wji^{1}	dạ^{2}	jɨ^{2}
有	见，	心	置	作	言	谓：

一切无所著。若见苦众生，慰谕①而告言：

21.85.2

[illegible]	[illegible]	[illegible]	[illegible]	[illegible]，	[illegible]	[illegible]	[illegible]
nji^{2}	sjij^{1}	thjɨ^{2}	·ụ^{2}	bju^{1}	no^{2}	lhejr^{2}	lho
汝	今	此	乘	于，	安	乐	出
[illegible]	[illegible]，	[illegible]	[illegible]	[illegible]	[illegible]	[illegible]，	
ka^{2}	lew^{2}	wẹ^{1}	lhjij^{2}	tjị^{2}	ŋowr^{2}	ŋowr^{2}	
离	可，	生	受	处	一	切，	

汝来于此乘，安乐而出离，一切受生处，

21.85.3

[illegible]	[illegible]	[illegible]	[illegible]	[illegible]。	[illegible]	[illegible]	[illegible]
tsjɨ̣r^{1}	bji^{1}	swew^{1}	wji^{1}	njwi^{2}	zjir^{2}	gjwi^{2}	ljịj^{2}
法	光	明	作	能。	甲	衣	大
[illegible]	[illegible]，	[illegible]	[illegible]	[illegible]	[illegible]	[illegible]，	
·ụ^{2}	bju^{1}	niow^{1}	tsjɨ^{1}	thjɨ^{2}	phie^{2}	nej^{2}	
乘	依，	复	亦	此	开	示，	

能作法光明。被甲乘大乘，亦以此开示，

21.85.4

[illegible]	[illegible]	[illegible]	[illegible]	[illegible]，	[illegible]	[illegible]	[illegible]
thjɨ^{2}	·ụ^{2}	thjɨ^{2}	gjwɨ^{1}	zjir^{2}	thja^{2}	ɣa^{2}	tji^{1}
此	乘	此	甲	胄，	彼	于	不
[illegible]	[illegible]。	[illegible]	[illegible]	[illegible]	[illegible]	[illegible]，	
wier^{1}	lhjụ^{1}	niow^{1}	rjur^{1}	ɲia^{2}	tśhju^{1}	·jij^{1}	
悭	吝。	亦	诸	情	有	之，	

此乘此甲胄，于彼勿悭吝。亦令诸众生，

① 慰谕，西夏文译作“[illegible]”，字面意思是“置心”。义为“推心置腹”。

21.85.5

[illegible]	[illegible]	[illegible]	[illegible]	[illegible],	[illegible]	[illegible]	[illegible]
zjir^{2}	gjwi^{2}	ljịj^{2}	·ụ^{2}	bju^{1}	thjɨ^{2}	no^{2}	lhejr^{2}
甲	衣	大	乘	依,	此	安	乐
[illegible]	[illegible],	[illegible]	[illegible]	[illegible]	[illegible]	[illegible]。	
·ụ^{2}	gjị^{2}	źji^{2}	phju^{2}	śjwo^{1}	tshwew^{1}	phji^{1}	
乘	靠,	无	上	发	趣	令。	

被甲乘大乘,乘此安乐乘,无上而发趣。

21.85.6

[illegible]	[illegible]	[illegible]	[illegible]	[illegible],	[illegible]	[illegible]	[illegible]
thjɨ^{2}	sju^{2}	rjur^{1}	ɲia^{2}	tsjij^{2}	thjɨ^{2}	djọ^{2}	dźjij^{1}
是	如	诸	菩	萨,	此	修	行
[illegible]	[illegible],	[illegible]	[illegible]	[illegible]	[illegible]	[illegible],	
no^{2}	dźjij^{1}	tśhjwo^{1}	thjɨ^{2}	tha^{1}	tsji̠r^{1}	kha^{1}	
安	住,	故	此	佛	法	中,	

如是诸菩萨,安住此修行,能于佛法中,

21.86.1

[illegible]	[illegible]	[illegible]	[illegible]	[illegible]。	[illegible]	[illegible]	[illegible]
dzjɨr^{1}	ɣa^{2}	śjwo^{1}	tshwew^{1}	njwi^{2}	gji^{1}	sej^{1}	tha^{1}
速	于	发	趣	能。	清	净	佛
[illegible]	[illegible],	[illegible]	[illegible]	[illegible]	[illegible]	[illegible],	
lhjịj^{2}	iọ^{1}	rjur^{1}	ɲia^{2}	tsjij^{2}	ɣiẹ^{2}	mji^{1}	
国	土,	诸	菩	萨	声	闻,	

以速而发趣。清净佛国土,摄受诸声闻,

21.86.2

[illegible]	[illegible]	[illegible]	[illegible]	[illegible],	[illegible]	[illegible]	[illegible]	[illegible]	[illegible]。
tśhja^{2}	·iow^{1}	śjwo^{2}	tshjịj^{2}	dạ^{2}	to^{2}	źji^{2}	ɣjiw^{1}	ɣiwej^{1}	njwi^{2}

德	功	庄	严	事，	悉	皆	摄	受	能。

及诸菩萨等，功德庄严事。

21.86.3

[illegible]	[illegible]	[illegible]	[illegible]	[illegible]	[illegible]
ljịj²	ljɨ¹	tśiow¹	lwər²	lhejr²	?
大	宝	积	经	契	卷
[illegible]	[illegible]	[illegible]	[illegible]	[illegible]	
njɨ¹	ɣạ²	lew¹	tsew²	njo̱r¹	
二	十	一	第	汲	

《大宝积经》卷第二十一

汉文本

尔时，无边慧菩萨摩诃萨白佛言：世尊，于此乘中，岂有有为诸庄严耶？

尔时，世尊告无边慧菩萨摩诃萨言：如是如是。无边慧！我随世俗，于此乘中亦说一切有为庄严。无边慧！若转轮王、帝释梵王，无不皆从此大乘出。若已出者、若当出者，虽住转轮、释梵尊位，不为生死烦恼过失之所染著，能于诸欲一一称量，既称量已，则便厌舍，于出离道而能了知。无边慧！若诸菩萨摩诃萨乘此乘者，虽受生死，于一切处不为染污，能见过患，能知出离。若我于此未说诸法及诸庄严，以此乘相，于彼诸法及诸庄严亦能了知，而发趣于阿耨多罗三藐三菩提。

尔时，世尊而说偈言：

大乘无上乘，此乘不思议，

若有乘此乘，彼皆当出离。

是大依止处，此乘不思议，

无量无边际，故名为大乘。

一切诸众生，乘于此乘者，

此乘无有减，亦复无有增。

一切诸众生，乘于此乘者，

安乐而发趣，于中无苦恼。

若诸菩萨等，于此乘发趣，

直进无他行，身心不疲倦。

照明于世间，天人阿修罗，

当于此大乘，无上而发趣。

映蔽诸缘觉,及以声闻乘,
亦于此大乘,无上而发趣。
无来亦无去,无住无前际,
后际及中际,无得无所见。
三世悉平等,犹若净虚空,
此乘亦如是,远离诸烦恼。
此乘无相待,无障无挂碍,
一切悉能救,所向无执着。
此乘无有量,亦无一切相,
自性不可得,无畏不思议。
若有乘此乘,得无所畏者,
乃于佛法中,无障无挂碍。
以此乘发趣,普明于世间,
如日百千光,无时而不照。
此乘不可坏,无能映蔽者,
无量德资粮,无上而发趣。
此乘超世间,出过于三界,
远离诸黑暗,能趣于无漏。
此乘唯摄取,一切诸菩萨,
其余众生类,于中不容受。
若有智慧者,无量千劫中,
方便勤修习,乃乘于此乘。
非诸声闻众,及以诸缘觉,
一切外道辈,而能乘此乘。
若有诸众生,趣于非道者,
斯人尠福德,不堪闻此乘。
若有诸众生,于不思议法,
善巧而游戏,安住于此乘。
随其所建立,殊胜之誓愿,
住斯正道中,无上而发趣。
此乘无边际,亦无有中际,
边际及中际,一切不可得。
以际不可得,此乘无有际,
一切际断故,安乐而发趣。
此乘无边际,无边是乘际,

此乘无量际，无量是乘际。
此乘无际断，无际为际断，
于际不分别，断亦不可得。
乘际无边际，亦无有中际，
亦无无际际，际性无所有。
于际无际相，非际为际相，
于彼诸际中，际相无所有。
非际说际门，此乘已超过，
于彼所过量，相应不可得。
我说断常际，有边无边际，
如是一切际，彼际悉非际。
一切际无边，际相无所有，
一切际自性，于中不分别。
如是诸际中，以断于分别，
边际无边际，一切悉能断。
若有有身见，则说诸际门，
执着此诸际，为无依怙者。
若无有身见，不著诸际门，
不执一切际，为能照明者。
一切际非际，诸际非真实，
一切际性相，彼皆无所有。
不受一切际，于际悉超过，
不著诸际门，能断有身见。
若于有身见，不断不远离，
不被大甲胄，不乘于大乘。
以受于诸际，分别诸际相，
前际及后际，一切皆分别。
若于有身见，一切已能断，
乃被无边甲，乘于无上乘。
不著诸际门，为世智慧者，
能于种种际，一切悉超过。
由是佛法中，安乐而发趣，
菩萨善观察，能以大慧力。
不得少有法，可断可除灭，
常以善方便，善摄于止观。

一相了知故,诸相皆了知,
安住于正法,得大法光明。
以是法光明,决了彼诸际,
不见少有际,若际及非际,
于彼可相应,一切无所著。
若见苦众生,慰谕而告言:
汝来于此乘,安乐而出离,
一切受生处,能作法光明。
被甲乘大乘,亦以此开示,
此乘此甲胄,于彼勿悭吝。
亦令诸众生,被甲乘大乘,
乘此安乐乘,无上而发趣。
如是诸菩萨,安住此修行,
能于佛法中,以速而发趣。
清净佛国土,摄受诸声闻,
及诸菩萨等,功德庄严事。
《大宝积经》卷第二十一